Ferdinand de Lesseps

OUVRAGES DU MÊME AUTEUR

HISTOIRE

Les Secrets du Gotha (Julliard, 1962).
George III (Berger-Levrault, 1966).
Service de France (Émile-Paul, 1972).
Histoire de l'Émigration (Grasset, 1975, et réédition Perrin 1984) — Couronné par l'Académie française — Prix du Nouveau Cercle.
Necker ou la faillite de la vertu (Perrin, 1978 et 1987) — Prix du Cercle de l'Union.
Madame de Staël (Perrin, 1983) — Bourse Goncourt de la biographie — Grand Prix des lectrices de *Elle*.
La Princesse Bibesco, 1886-1973 (Perrin, 1986) — Prix des Cent Libraires de Normandie.
La Double Vie de la duchesse Colonna (Perrin, 1988).
Proust (Perrin, 1991) — Prix Marcel Proust — Prix du Printemps — Grand Prix de la Biographie décerné par l'Académie française.
Philippe Jullian, un esthète aux Enfers (Plon, 1993) — Prix Oscar Wilde.
Châteaubriand (Perrin, 1995) — Prix de l'A.N.F. — Prix du Pen Club.
Échec à Bonaparte (Perrin, 1980) — en collaboration avec Robert Grouvel — Couronné par l'Académie française.

ESSAIS

Le Tour de Jules Verne en quatre-vingts livres (Julliard, 1969) — Prix de l'académie de Bretagne.
Le Gentilhomme de notre temps (Hachette-Littérature, 1972).

ROMANS

Iphigénie en Thuringe, nouvelles (Julliard, 1960).
Un joli train de vie (Julliard, 1962) — Prix Cazes.
Le Grand Mourzouk (Julliard, 1969).
Au Bon Patriote (Plon, 1996) — Prix du Rotary Club de Paris.

GHISLAIN DE DIESBACH

FERDINAND DE LESSEPS

PERRIN

ISBN 2-262 01234-2

À Mme Léon Bonnasse.

INTRODUCTION

Une force de la nature, un caractère indomptable et jamais abattu, contrarié parfois, mais, comme Antée, trouvant dans l'échec une nouvelle impulsion, Ferdinand de Lesseps appartient à cette génération qui prendra le contre-pied de celle des *René*, des *Adolphe* et du funèbre orphelin de Musset pour mettre le romantisme en action et changer le monde, au lieu de le refaire au café ou dans les salles de rédaction.

Appelé par Gambetta le *Grand Français*, Lesseps justifie ce titre en n'ayant aucun des habituels défauts des Français, tout en possédant les qualités qui leur manquent. Sans doute est-ce pour cela que la France aimera se reconnaître en lui. Né par hasard à Versailles, il est issu d'une dynastie de consuls dont la plupart naissent, vivent et meurent à l'étranger. Il y passera lui-même une grande partie de son existence, ayant toujours le souci, comme les autres Lesseps, de donner une image améliorée de leur patrie en appliquant strictement un code idéal d'honneur et de probité, de courage et de dévouement.

Partageant les espérances et les illusions de son siècle, il est un héros vernien avant la lettre, grand seigneur à l'égal de lord Glenarvan, ingénieux autant que Cyrus Smith, hardi comme le docteur Fergusson, aussi exact en tout que Phileas Fogg, et partageant un peu la folie du capitaine Hatteras, fasciné par les isthmes comme l'Anglais par le pôle Nord.

Personnage entier, tout d'une pièce, il est déjà coulé dans le bronze de sa future statue, à Port-Saïd, et sur lui glissent les critiques ou s'émoussent les flèches. D'une robustesse à toute épreuve, ignorant la fatigue et la maladie, il affronte avec une même égalité d'âme une tempête de sable ou une mer démontée, une salle hostile ou des pillards du désert. C'est un grand voyageur, toujours pressé, roulant jour et nuit pour gagner du temps et trouvant celui d'entretenir avec le monde entier une vaste correspondance, qui témoigne aujourd'hui de sa prodigieuse activité.

Tout en conservant un ton d'Ancien Régime, il incarne l'esprit moderne et croit à l'avenir de la science, à un bonheur que l'humanité trouvera désormais dans l'industrie et non plus seulement dans la philosophie. De tempérament libéral et d'une grande tolérance en matière religieuse, ignorant les préjugés de classe et aussi à son aise avec un fellah qu'avec un ministre ou une altesse, il est apolitique et, jaloux de sa liberté d'opinion, refusera de s'inféoder à quelque parti que ce soit. Patriote, il n'est pas nationaliste et se veut européen, voire citoyen du monde, ayant la curiosité de tous les pays et le respect de toutes les races, persuadé qu'il y a du bon dans chaque homme, à condition de savoir l'y trouver.

Républicain de tempérament, mais élitiste, il s'entend néanmoins merveilleusement avec les autocrates, de Metternich à Guillaume Ier, en passant par les vice-rois successifs de l'Egypte et Napoléon III, devenu son cousin par alliance en épousant la fille du comte de Montijo.

Il y a de l'Oriental en lui, moins par le biais d'une mère espagnole ayant sans doute un peu de sang maure que par imprégnation morale, avec un père qui fut longtemps consul au Maroc, en Egypte et en Syrie pour finir sa carrière à Tunis. Comme les Orientaux, il est fataliste, avec un rien de superstition. Il croit en son étoile, interprétant les signes célestes en sa faveur et faisant partager cette croyance à son entourage. Intrépide, son mépris du danger lui vient en partie d'un sentiment d'invulnérabilité qui lui permet de garder son sang-froid lors d'épidémies de choléra, encourageant des médecins défaillants et rassurant des populations éperdues.

Ainsi que les Orientaux, il sait allier le faste à la frugalité. En Egypte, et plus tard à Paris, il tient table ouverte, accueillant chaque jour vingt personnes à déjeuner ou à dîner, mais rien de plus dépouillé que sa chambre au chalet d'Ismaïlia. Sur les chantiers de Suez, il mène une vie spartiate : « Nous n'avons pour tous flambeaux que des bouteilles, écrit en 1861 l'ingénieur Voisin, et quand nous passons dans la salle à manger, nous emportons nos chaises avec nous. C'est vraiment chose à la fois plaisante et fort curieuse que de voir des hommes comme MM. de Lesseps, Mougel et de Chancel recoudre eux-mêmes leurs boutons et se priver si longtemps du bien-être et du confort auxquels ils sont habitués. »

Comme son père, il parle arabe et a lu le Coran. Ami d'Abd el-Kader, bon connaisseur de l'islam, il a sur les problèmes de l'Afrique du Nord des vues originales et prophétiques. Au lieu de coloniser l'Algérie, il souhaiterait y établir, ainsi que l'avaient envisagé son père et le maréchal Clauzel, un protectorat, en faisant administrer le pays par des princes musulmans. Lors de l'expansion coloniale en Afrique noire, il encouragera les débuts de Savorgnan de Brazza et il n'aura pas de plus brillant disciple que Lyautey, qui appliquera ses méthodes au Maroc.

Sa carrière diplomatique, en Egypte et en Espagne, s'achève en 1849 par un retentissant échec à Rome où il était chargé de négocier entre le corps expéditionnaire français du général Oudinot, le gouvernement insurrectionnel qui avait renversé le pape et celui-ci. Imitant Cincinnatus — ou Candide — il s'était retiré à la campagne, y cultivant son jardin, en l'occurrence un domaine appartenant à sa belle-mère. Il y montrait des talents insoupçonnés d'agriculteur et d'éleveur, lorsqu'en 1854 la mort d'Abbas pacha fait d'un jeune prince qu'il a bien connu en Egypte le troisième vice-roi de la dynastie fondée par Méhémet-Ali. C'est pour lui l'occasion de réaliser un projet qui lui tient à cœur depuis vingt-cinq ans : percer l'isthme de Suez pour ouvrir au commerce international une nouvelle route des Indes et d'Extrême-Orient, de moitié plus courte.

*

Il a cinquante ans, l'âge auquel, à cette époque, on a réussi ou raté sa vie, lorsque la sienne commence enfin, du moins celle que retiendra l'Histoire. Il va se lancer dans une entreprise à laquelle les Etats destinés à en profiter le plus sont précisément les plus opposés : la Turquie, dont l'Egypte est alors une province, par crainte de voir ce vassal s'émanciper ; la Grande-Bretagne, par crainte de voir la France, en s'implantant à Suez, mettre la main sur l'Egypte, et la France, attachée à sa bonne entente avec la Grande-Bretagne, après des siècles de rivalité, par crainte de déplaire à son alliée.

Pendant quinze ans, Lesseps mène un combat qui fait honneur à sa persévérance et à sa pugnacité. Maintes fois, la partie semble perdue, mais, jamais lassé, il reprend les négociations. Contrairement à ce que l'on pourrait croire, il a fallu plus de temps pour arracher à Constantinople et à Londres l'autorisation de percer l'isthme de Suez que pour creuser le canal lui-même, dont l'ouverture à la navigation sera considérée par Paul Valéry comme le plus grand événement de la seconde moitié du XIXe siècle.

Aboutissement d'une tradition de quatre mille ans, solution d'un problème économique apparu quand Vasco de Gama, en découvrant la route des Indes par le Cap, avait permis aux Portugais de ravir à Venise sa prépondérance commerciale, le canal est aussi le résultat d'une préparation technique ordonnée par Bonaparte en 1798 et poursuivie par les saint-simoniens. Si jusque-là études et projets n'avaient pas abouti, c'est que les circonstances ne s'y prêtaient pas, mais que manquait surtout l'homme assez audacieux pour relever le défi, assez obstiné pour lasser les oppositions, assez habile également pour trouver les appuis nécessaires, assez éloquent pour intéresser l'opinion publique à sa cause et drainer les fonds des épargnants, assez intuitif pour recruter des collaborateurs de haut niveau, tout en donnant une seconde chance à nombre de parias ou de réprouvés.

Si le canal représente à l'époque une prouesse technique, la Compagnie universelle du canal maritime de Suez est en elle-même un chef-d'œuvre. Elle constitue alors un Etat dans l'Etat, presque indépendant au sein de l'Egypte et de l'Empire ottoman, seule compagnie commerciale à figurer dans l'*Almanach de Gotha* au même rang que la Bulgarie, la principauté de Samos ou la régence de Tunis. Un moment, pendant les travaux, elle a battu monnaie, possédé une flotte, et elle continuera d'avoir son pavillon.

Intelligente application d'un saint-simonisme épuré de ses utopies, la Compagnie est, au point de vue social, d'un siècle en avance sur son époque, avec, pour son personnel, des dispositions qui n'ont pas encore un équivalent de nos jours. Dès que le trafic espéré a été atteint, puis largement dépassé, l'action de Suez, regardée par les notaires comme « le rempart de la dot », a été une des plus appréciées en Bourse.

Avec le Vatican et les Lloyd's, la Banque d'Angleterre et l'Académie française, la Compagnie de Suez fut, jusqu'à la confiscation de son canal, l'un des symboles de la puissance européenne. Elle rappelait certains grands ordres chevaleresques, car s'y ajoutait un élément militaire, ou du moins martial. Entreprise à vocation internationale, occupant une position stratégique entre l'Orient et l'Occident, elle était une caste, avec une hiérarchie aussi stricte que sa discipline, et une solidarité parfaite entre tous les degrés de cette hiérarchie. Le plus modeste employé avait le sentiment d'appartenir à un corps d'élite, et aurait-il voulu entrer dans une autre société qu'il était certain d'y être embauché à un rang supérieur — mais on ne songeait guère à quitter M. de Lesseps. Son personnel lui était passionnément attaché, bien qu'à la longue on pût constater chez certains de ses proches collaborateurs ou chez quelques actionnaires une tendance à se rebeller contre une autorité quasi dictatoriale.

Habitué, lors de ses visites à l'étranger, aux ovations des foules, traité par les souverains européens sur un pied d'égalité, il est presque un souverain lui-même. Il y a du Bonaparte en lui : clarté dans la conception, rapidité de décision, sens de la grandeur et volonté inflexible. Il entend être obéi sur-le-champ et n'admet pas les objections ou les atermoiements. Autre défaut qui s'accroît chez lui avec l'âge : il a des idées fixes et ne s'en laisse pas distraire. Eugène-Melchior de Vogüé se souviendra que lorsque au Caire il dînait avec Lesseps, celui-ci « prenait peu de part à l'entretien ; il paraissait absent, indifférent aux questions, aux livres qui nous intéressaient, dira-t-il, mais dès qu'un mot lui en fournissait l'occasion, il faisait dévier la conversation sur le canal de Suez ». Ce qui ennuie un peu son entourage fait sa force auprès de ses adversaires, car il ne leur laisse aucun répit avant d'avoir obtenu satisfaction. Nubar pacha, ministre égyptien qui ne l'aime guère et le juge « une personnalité bruyante et encombrante », raconte dans ses *Mémoires* que, pour éviter un tête-à-tête en train avec Lesseps venu l'entretenir à Vichy d'une question de terrains, le vice-roi Ismaïl l'avait prié de les accompagner pendant le trajet de Vichy à Toulon, où le prince devait s'embarquer : « C'était fatigant, écrit Nubar, car Lesseps mettait à chaque occasion son projet sur le tapis. Le vice-roi jetait des regards de mon côté. Je refusai et pris le refus à mon compte. » Faut-il ajouter que Lesseps eut finalement gain de cause ?

*

Par une singularité de ce destin hors pair, il ne réussira jamais deux fois la même aventure. En Espagne, il avait été, sous la pression des circonstances, un médiateur habile entre deux partis, sauvant ainsi bien des vies humaines. A Rome, où il devait jour un rôle analogue, il avait échoué.

A Suez, il a vaincu tous les obstacles, déjouant les prévisions des gouvernements, les manœuvres des diplomates et les machinations des agioteurs. Bien que sans formation scientifique, il a, par son bon sens et son audace, eu souvent raison contre l'avis de ses ingénieurs. Son prestige en a donc fait, au début de la IIIe République, un personnage aussi célèbre et encensé que Victor Hugo, un oracle auquel on demande son opinion sur tout et que le maréchal de Mac-Mahon appellera plusieurs fois à l'Elysée en consultation.

Ainsi est-il conduit à s'intéresser, entre autres projets, à celui du percement de l'isthme unissant les deux Amériques et se trouve-t-il entraîné, à soixante-treize ans, dans le guêpier de Panama, encouragé d'ailleurs par Victor Hugo qui voit dans l'entreprise un moyen de hâter l'avènement de la République universelle.

Il a gardé intacts sa verdeur, son endurance et son optimisme. « Il porte son âge avec aisance et bonne grâce, ne montrant aucun signe de vieillissement, note à cette époque un reporter du *New York Herald*. Ses cheveux sont presque blancs. Ses yeux sont noirs, grands, mobiles et bordés de cils épais au-dessus desquels se dessinent des sourcils touffus. Son visage est tanné... Sa moustache est le seul hirsute ornement de son visage. Elle est petite, gris de fer, hérissée et a une allure agressive. Sa taille est un peu en dessous de la moyenne. Il se tient très droit, a des manières douces, courtoises et policées. » Il est encore aussi bon danseur que hardi cavalier, et surtout, reste un incomparable orateur, électrisant le public en ayant l'art de simplifier les problèmes et, remarque un journaliste anglais, « d'insuffler aux autres esprits la foi et la ferveur qui animent le sien ». Il donne à chaque auditeur l'impression que par son vote ou sa souscription il contribuera au relèvement de la France, humiliée par sa défaite, et à son rayonnement dans le monde. Autrefois cosmopolite, il fait désormais vibrer la corde nationaliste et participe ainsi à la fondation de l'Alliance française. Il y avait du Bonaparte en lui ; il s'y joint du Déroulède et même un peu de Barnum. Pendant quelques années, ses conférences et ses meetings, ses triomphales tournées à l'étranger donneront de Panama une image résolument rassurante et entretiendront l'illusion jusqu'à ce que le rêve américain se transforme en cauchemar.

Alors qu'à Suez il était constamment sur les chantiers, voyant tout et tranchant de tout, du choix d'une machine à celui d'un menu pour un invité de marque, attentif au recrutement et contrôlant la comptabilité, à Panama, où il ne se rend que deux fois en visite officielle, il ne joue qu'un rôle honorifique. Il assume à Paris la présidence de la Compagnie du canal transocéanique, abandonnant à son fils Charles la direction de l'entreprise dont la faillite sera moins dûe à une mauvaise gestion qu'à une méconnaissance, à Panama, du terrain et du climat, et, à Paris, d'un environnement politique hostile.

Longtemps Lesseps a été un homme heureux à qui tout souriait : fortune, amour et gloire. A quatre-vingts ans, il possède encore tout cela. Beaucoup ne le lui pardonnent pas, notamment ceux qui, lors de l'inauguration du canal de Suez, tentaient de l'abattre afin de construire leur empire sur les ruines du sien. Leurs intrigues vont réussir avec Panama. L'époque, en effet, s'y prête infiniment mieux que sous le Second Empire. A un clan de grands entrepreneurs sans scrupules et ambitieux, mais compétents et tenus en respect par le pouvoir impérial, a succédé une faune interlope où des hommes, incapables de créer ou même de concevoir de grandes choses, exploitent cyniquement ceux qui les réalisent : chantage et corruption sont devenus un moyen de gouvernement et constituent les bases d'un nouvelle morale : ceux qui ne savent pas s'enrichir rapidement grâce au travail des autres sont regardés comme des sots.

En voyant ce déchaînement des appétits, on pourrait s'imaginer que ces politiciens opportunistes, ces *députés d'affaires*, comme on les a surnommés, prennent leur revanche d'une injustice à leur égard. Ils se croient meilleurs républicains que d'autres en pillant sans vergogne une France enrichie sous l'Empire et en lui faisant expier ainsi le crime de s'être abandonnée à un despote. La fête impériale a été remplacée par la foire d'empoigne. Etre reçus chez le baron de Reinach ou Cornélius Herz, où ils sont assurés de ne pas trouver le préjugé de la naissance et de l'éducation, les venge de ne pas l'avoir été aux Tuileries.

A cet égard, Cornélius Herz représente l'anti-Lesseps, le génie malfaisant qui sera l'un des principaux acteurs du drame de Panama. Maître chanteur plein de ressources, véritable Protée s'insinuant jusque dans les plus hautes sphères du gouvernement, il exerce un mystérieux pouvoir sur les excellences du régime, à commencer par Jules Grévy, le président de la République, et Clemenceau, pénétrant hardiment dans les cabinets des ministres, traitant ceux-ci avec condescendance et jovialité, comme un noceur caresse une fille dont les complaisances sont tarifées. Il est familier, entreprenant, généreux, sachant que tout peut s'acheter, surtout lorsqu'on dispose de l'argent d'autrui.

Il entraînera Charles de Lesseps, son père et la Compagnie de Panama, ainsi que Gustave Eiffel et bien d'autres, dans cette descente aux Enfers où s'abîmeront la réputation des Lesseps, leur fortune et l'argent des actionnaires. Titan foudroyé, Ferdinand de Lesseps ne sera pas pleinement conscient de cet effondrement dont l'ampleur est d'autant plus ressentie que son apothéose a été plus éclatante. L'homme à qui les souverains d'Europe ont envoyé leurs plus flatteuses distinctions, l'académicien, membre éminent de plusieurs sociétés savantes, le président légendaire et vénéré de la Compagnie de Suez, l'amphytrion généreux, toujours prêt à rendre service, est traduit devant les tribunaux, accusé de ce que l'on devrait plutôt reprocher à ses ennemis et condamné à une prison dans laquelle on n'osera pas l'enfermer. Le conquistador pacifique a sombré dans le bourbier parlementaire, éclaboussé par un scandale sans précédent, mais non sans suite : en effet, de Panama procédera en grande partie l'affaire Dreyfus.

Lesseps n'attendra pas longtemps que justice lui soit rendue. A sa mort, en 1894, la presse, en sa quasi-totalité, rendra hommage à celui qui, né au début d'une nouvelle ère, « eut l'intuition de ces métamorphoses à l'heure où une divination du génie pouvait seule les pressentir » et en fut « le principal promoteur et le plus efficace artisan[1] ».

*

Avant cette tragédie, aucun contemporain, sauf Napoléon et Victor Hugo, n'avait suscité un tel culte. Chaque apparition en public de Lesseps, entouré de sa nombreuse famille, excitait l'enthousiasme, et les camelots vendaient leurs photographies sur les boulevards. Les journaux relataient les voyages du grand homme ou ses réceptions tandis qu'écrivains et poètes célébraient une œuvre entrée déjà dans l'Histoire, éveillant des nostalgies ou des vocations. Peu avant de mourir, Flaubert regrettait de ne pouvoir retourner en Orient pour y « étudier l'Orient moderne, l'Orient-isthme de Suez », et c'est après avoir assisté à l'une de ses conférences que Philippe Bunau-Varilla, subjugué par le personnage, avait décidé qu'un jour il rejoindrait Lesseps pour travailler avec lui.

Le canal de Suez n'était pas achevé qu'il était l'objet de nombreux

1. Extrait du discours d'Eugène-Melchior de Vogüé, prononcé lors de l'inauguration le 17 novembre 1899 de la statue de Ferdinand de Lesseps à Port-Saïd et gravé sur la plaque commémorative, dans le grand escalier de la Compagnie de Suez, devenue Suez Lyonnaise des Eaux, 1, rue d'Astorg, à Paris.

reportages et attirait des visiteurs auxquels il donnait la curiosité de voir le reste de l'Egypte. Edmond About lui avait réservé de nombreuses pages dans son livre *Le Fellah*, et ce romancier populaire avait bien deviné l'avenir en écrivant : « Dans cette vaste entreprise, conduite avec autant de patience que de courage, la plus grande dépense a été pour l'Egypte, la plus grande gloire pour la France et le plus grand profit pour l'Angleterre ». En effet, celle-ci, qui en était de loin le premier usager, devait, en 1875, racheter les actions du khédive Ismaël, puis, en 1882, s'assurer le contrôle du canal en établissant sur l'Egypte une manière de protectorat.

Alors que Lesseps se débattait dans d'infinies complications diplomatiques, l'Académie française proposait le futur canal comme sujet d'un concours de poésie. Henri de Bornier avait remporté le prix avec un poème où il assimilait le désert à « une prison qui marche avec le voyageur ». On ferait tout un livre des pièces de circonstance écrites à propos de Suez et un autre de toutes celles reçues personnellement par Lesseps.

Un projet, finalement abandonné, de percer l'isthme de Gabès afin de créer une mer intérieure au Sahara devait plus tard servir de thème à Jules Verne pour un de ses derniers romans, *L'Invasion de la mer*.

Le canal de Panama ne devait pas le céder à celui de Suez. Si le peintre Paul Gauguin, ouvrier sur ses chantiers pendant quelques semaines, n'en a laissé aucun tableau, Mallarmé y trouva une étrange inspiration. En 1893, il publia dans *The National Observer* un article en anglais dans lequel il s'avouait fasciné par la catastrophe et, pour l'expliquer, distinguait en Lesseps deux personnalités contraires : le romantique, qui avait réalisé Suez, et le symboliste, plus attaché aux faits qu'aux idées, qui avait échoué à Panama.

D'après ses exégètes, ce serait à Panama que Mallarmé aurait songé en écrivant son plus fameux poème :

Un coup de dés jamais n'abolira le hasard.

Maurice Barrès a retracé l'affaire et les deux procès de Panama dans *Leurs figures*, et le successeur de Lesseps à l'Académie française, Anatole France, évoqua l'un des plus fameux incidents du procès — la déposition de Mme Cottu — en le situant au XVIIIe siècle dans *Les Opinions de M. Jérôme Coignard*.

*

Parmi les nombreux ouvrages écrits sur la *ténébreuse affaire* de Panama, deux sont particulièrement remarquables et d'une lecture aussi passionnante que celle du roman de Balzac portant ce titre. Il s'agit de *The path between the seas. The Creation of the Panama Canal*, de David McCullough, qui met en relief le rôle étonnant de Philippe Bunau-Varilla, un second Lesseps, digne de son modèle, et la magistrale étude, extrêmement bien documentée, de Jean-Yves Mollier, *Le Scandale de Panama*, à laquelle j'ai eu sans cesse recours, car elle fait le point de la question.

Sur le canal de Suez, Jules Charles-Roux, en 1901, répertoriait déjà, dans son *Histoire de l'isthme et du canal de Suez*, 1499 livres, opuscules et brochures en diverses langues. Il faut rappeler l'intérêt capital des œuvres de Lesseps lui-même, entre autres ses *Lettres, Journal et documents pour servir à l'histoire du canal de Suez*, et ses *Souvenirs de quarante ans*, ainsi que les sept volumes, austères mais instructifs, de l'ingénieur en chef des travaux, Voisin-bey.

Nombreux ont été les biographes de Lesseps, qui n'ont pas attendu sa mort pour retracer sa vie. A ces livres forcément incomplets se sont ajoutées après sa disparition de véritables hagiographies, l'une d'entre elles si discrète que son auteur omet de mentionner Panama... Après une éclipse, un regain d'intérêt s'est manifesté pour Lesseps peu avant la dernière guerre, afin de redonner à la jeunesse des figures exemplaires à imiter, Lesseps entrant dans la galerie des héros bâtisseurs d'empires ou créateurs de rêves, comme Lyautey, Stanley, Bournazel ou Kipling.

Pendant la guerre elle-même, les biographes de Lesseps, peut-être pour satisfaire à la censure, ont mis l'accent sur ses démêlés avec Albion et la perfidie bien connue de celle-ci. Enfin est venu George Edgar-Bonnet qui, dans un ouvrage exhaustif en deux tomes, a fait pour Lesseps ce que celui-ci avait fait pour Suez. Sans doute aucun il est celui qui a le mieux compris *l'homme de Suez*, démiurge impatient, ne pouvant se reposer le septième jour et qui, par sa frénétique activité comme par son ambition d'améliorer l'œuvre de Dieu, a le mieux illustré par sa vie ce passage de *L'Île Mystérieuse* : « Ainsi en est-il du cœur de l'homme. Le besoin de faire œuvre qui dure, qui lui survive, est le signe de sa supériorité sur tout ce qui vit ici-bas. C'est ce qui a fondé sa domination et c'est ce qui la justifie sur le monde entier. »

1

UNE DYNASTIE CONSULAIRE
1805-1831

Il suffit parfois d'un mince événement, baptisé par les croyants Providence et par les sceptiques hasard, pour changer non seulement le destin d'un homme, mais celui d'une famille et même d'un pays. Ainsi le canal de Suez n'aurait pas été creusé, ou bien ne l'aurait pas été par Ferdinand de Lesseps, si un jour de 1733 M. de Saint-Contest, intendant de Guyenne et passant par Bayonne, n'y avait rendu visite à Pierre de Lesseps, un greffier de baillage, homme estimable et de bon sens, père heureux de sept enfants bien vivants sur les onze que lui a donnés son épouse. L'un d'entre eux, Dominique, âgé de dix-huit ans, fait si bonne impression sur l'intendant que celui-ci l'emmène avec lui à Hendaye et à Fontarabie où il doit régler avec des émissaires du roi d'Espagne un problème de frontière entre les deux pays. Dominique de Lesseps lui sert d'interprète, car il connaît l'espagnol, et à l'occasion de secrétaire. Sensible « à la parfaite éducation, la bonne mine et la précoce intelligence » du garçon, Saint-Contest le garde auprès de lui pour un autre règlement de frontière, puis lui rend sa liberté. Il ne l'oubliera pas, et sans doute est-ce grâce à lui que Dominique de Lesseps peut achever son droit à Paris avant de revenir à Bayonne y succéder un jour à son père.

Entre-temps, M. de Saint-Contest est passé à la généralité de Caen, puis en 1740 à l'intendance de Bourgogne où il offre à Dominique de Lesseps de le rejoindre en qualité de premier secrétaire. C'est là une proposition flatteuse et un choix difficile à faire. Enracinés depuis le XVIe siècle à Bayonne, les Lesseps n'en sont guère sortis, contents de leur position, dénués d'esprit d'aventure ou d'ambition. Ils occupent paisiblement des emplois modestes, tout en s'élevant peu à peu jusqu'à des fonctions publiques et des charges royales. Certains sont maîtres-charpentiers, d'autres maîtres-frobisseurs, c'est-à-dire fabricants de lames et de couteaux, voire armuriers, tous appartenant à ces corporations qui, à l'instar des confréries, tirent leur force de leur solidarité, mais aussi de leur esprit de famille.

Cette cohésion familiale est un des principes auxquels tient particulièrement Pierre de Lesseps, le premier à occuper une charge de greffier qu'il veut conserver dans sa descendance. Aussi a-t-il été fort déçu de voir son fils accepter la proposition de M. de Saint-Contest et se faire recevoir en 1743 au parlement de Dijon. A cette époque, Dominique est envoyé à Genève afin d'y régler un différend avec le duc de Savoie et le fait si bien qu'il est félicité par le ministre, le comte de Maurepas. Le voilà sur le chemin des honneurs et définitivement perdu pour Bayonne où il ne reviendra plus. La carrière diplomatique lui est ouverte, et, lorsque M. de Saint-Contest part comme ambassadeur auprès des Provinces-Unies de Hollande, il le suit. Ayant besoin d'aide, et fidèle à l'esprit de famille, il fait venir à La Haye son frère Michel, un garçon de vingt ans. C'est un nouveau Lesseps arraché à Bayonne, aux emplois casaniers comme à la routine provinciale.

Bientôt une nouvelle opportunité s'offre à ses talents. Rappelé à Versailles pour y devenir ministre des Affaires étrangères, Saint-Contest lui laisse l'ambassade à gérer, tâche délicate en un pays traditionnellement hostile à la France et grand foyer d'intrigues européennes. Dominique de Lesseps réussit à faire prévaloir les points de vue français, ce qui lui vaut d'être nommé en 1752 ministre à Bruxelles, capitale des Pays-Bas autrichiens. Quatre ans plus tard, commence la guerre de Sept Ans, pendant laquelle il défendra les intérêts de la France, et avec succès, dans cette ville où règne une intense activité diplomatique.

Il s'est si totalement consacré au service du roi qu'il n'a pas pris le temps de se marier. Il ne le fait qu'après sa retraite, en 1765. Anobli par Louis XVI en 1777, député de la noblesse aux états-généraux en 1789, il meurt en 1794, laissant de son tardif mariage deux fils qui seront au siècle suivant les secrétaires de Mathieu de Lesseps, père de Ferdinand de Lesseps. Comme il n'avait pas d'enfants à recommander au roi lorsqu'il était en poste, il avait poussé dans la carrière ses deux frères, Michel, devenu commis aux Affaires étrangères, et Martin, grand-père du créateur du canal de Suez.

En 1756, il avait fait nommer Martin consul à Carthagène, et en 1762 il avait obtenu pour lui la survivance du consulat de Hambourg, un poste de premier ordre. En effet, Hambourg est une ville libre où les puissances européennes ont des intérêts de plus en plus importants au fur et à mesure que s'accroît le commerce avec les ports de la Baltique, et notamment Saint-Pétersbourg. Le consulat de Hambourg est occupé par M. de Lagau, centenaire allègre et veuf chronique, ayant déjà enterré plusieurs épouses. Il a bon pied, bon œil et paraît disposé à vivre un autre siècle. Il meurt néanmoins à cent huit ans, laissant Martin de Lesseps enfin maître du consulat qu'il gère avec compétence avant de prendre en 1774 celui de Saint-Pétersbourg. De son mariage avec Anne de Cayzergues, fille du consul à Carthagène auquel il avait succédé, il a eu, outre une fille, deux fils en qui vont s'épanouir les vertus accumulées depuis des siècles par les aïeux de Bayonne et vivifiées au contact d'un monde ouvert sur de plus vastes horizons. Avec eux s'affirmera la vocation cosmopolite des Lesseps, appelés de plus en plus à vivre hors de France et à se marier, puis à marier leurs enfants à ceux d'autres consuls, faisant ainsi du monde consulaire une vaste famille, éparpillée à travers l'Europe et néanmoins étroitement unie par une communauté d'intérêts.

Par son tempérament, son caractère et son entregent, Barthélemy de Lesseps, l'aîné des fils de Martin, préfigure un peu Ferdinand de Lesseps. Né en 1766, élevé à Hambourg, il parle avec facilité l'allemand, l'espagnol et le russe. Après avoir achevé son éducation à Versailles, il est nommé en 1783 vice-consul à Cronstadt, le port de guerre russe sur le golfe de Finlande. Comme son oncle Dominique un demi-siècle auparavant, sa bonne mine et sa précocité le font remarquer par l'ambassadeur de France à Saint-Pétersbourg, le comte de Ségur, qui le charge d'une mission à Versailles. Il y rencontre La Pérouse, le vainqueur des Anglais dans la baie d'Hudson, qui vient d'être chargé par Louis XVI d'une exploration scientifique autour du monde et cherche à recruter des collaborateurs de qualité. Aussitôt séduit par l'intelligence et l'esprit de décision du jeune homme, l'amiral obtient du ministère des Affaires étrangères qu'il soit détaché auprès de lui comme enseigne.

Au lieu de retourner à Cronstadt, prison maritime assez lugubre, Lesseps embarque à bord de *l'Astrolabe*, commandée par le vicomte de Langle. *L'Astrolabe* et *la Boussole* quittent Brest le 1er août 1785 et, après avoir visité les côtes septentrionales de l'Asie, arrivent le 6 septembre 1787 à la pointe du Kamtchatka où elles relâchent pendant trois semaines, le temps pour La Pérouse de mettre au point ses premières observations qu'il veut envoyer à Versailles sans attendre la fin de l'expédition. Il les confie à Barthélemy de Lesseps, qu'il vient de nommer lieutenant de vaisseau, et par ce choix il fera de lui le seul survivant de ce fameux voyage, interrompu tragiquement, l'année suivante, par la perte des deux frégates sur les récifs de Vanikoro.

Son retour en France est un exploit à peine crédible. Parti au mois de septembre 1787, Barthélemy de Lesseps met un an pour franchir les quatre mille lieues qui séparent le Kamtchatka de Versailles. A son arrivée, le comte de La Luzerne, ministre de la Marine, le présente au roi et lui accorde un congé d'un an. Il l'occupe à écrire une relation de son voyage qui paraît, en deux tomes, à la fin de l'année 1788. C'est un récit pittoresque et vivement mené, jamais fastidieux en dépit d'un certain ton didactique et de la monotonie des pays traversés. Bien qu'il ne cherche aucunement à se mettre en valeur, on devine, en le lisant, ses qualités peu communes d'endurance et de volonté pour effectuer un tel voyage au milieu des Yakoutes et autres peuplades peu ragoûtantes, partageant leurs misérables abris et leur nourriture, adoptant leurs usages et ne perdant jamais, dans les pires circonstances, son humour et son insatiable curiosité d'esprit. Cette faculté d'adaptation à des mœurs et des climats différents se retrouvera chez son neveu Ferdinand de Lesseps, ainsi que la même facilité de plume.

*

La Révolution interrompt cette ascension des Lesseps. Dominique est accusé du crime d'émigration, bien qu'il n'ait pas quitté la France, et son château du Quercy, confisqué. Son frère Michel, coupable d'aristocratie, est jeté en prison. Bien qu'ayant cédé son poste à son fils Barthélemy, Martin de Lesseps reste en Russie. Il n'en part qu'en 1796 et se retire à Saint-Nom-la-Bretèche. Barthélemy, qui n'a pu rejoindre son poste à Saint-Pétersbourg, attend patiemment la fin des hostilités qui paraissent devoir durer longtemps, la France ayant déclaré la guerre à tous les rois de l'Europe. En pleine Terreur, il s'est marié suivant la tradition consulaire, épousant la fille d'un ancien consul, le chevalier Ruffin, interprète en langues orientales auprès du ministère des Affaires étrangères. En 1794, il est attaché à M. de Verninhac, ambassadeur auprès de la Sublime Porte, et part pour Constantinople. Il en reviendra deux ans plus tard pour recruter en France ingénieurs et ouvriers afin de construire à Constantinople un bassin de carénage analogue à celui du port de Toulon.

Son frère cadet, Mathieu, qui a toujours vécu à Hambourg — où il est né en 1774 — puis à Saint-Pétersbourg, n'a découvert la France qu'à la veille de la Révolution et s'est vite aperçu qu'elle était devenue un séjour malsain. Aussi l'a-t-il quittée volontiers pour suivre au Maroc le général Durocher, chargé d'une mission auprès du sultan Moulay Soliman. Rappelé en 1794, le général Durocher laisse Mathieu de Lesseps au Maroc, en charge des intérêts français. Sans instructions du ministre et le plus souvent sans traitement, Mathieu de Lesseps connaît des moments pénibles, et le seul avantage de ce séjour sera pour lui d'avoir appris l'arabe, ainsi que la psychologie des musulmans. Cette double connaissance aura une influence déterminante sur sa future carrière et, indirectement, sur celle de son fils Ferdinand.

Après un intermède à Tripoli de Barbarie, il retourne au Maroc, avec des appointements cette fois, et y restera jusqu'en 1800. Le Premier consul le nomme alors à Cadix où fonctionne un commissariat général pour régler tous les problèmes politiques et commerciaux créés par la situation de l'Espagne, dont le régime est déjà une déplorable anarchie, tempérée par les idées fixes des souverains.

Lors d'un séjour à Malaga, Mathieu de Lesseps y est reçu par un négociant en vins, fort à son aise, Henri Grivégnée, un ancien sujet du prince-évêque de Liège. Il a quitté son pays pour chercher fortune en Espagne et l'a trouvée. Il y a également trouvé une épouse, fille d'un notable, Doña Antonia de Gallegos, dont il a eu deux filles. L'aînée, Marie-Françoise, a épousé un Écossais, Guillaume Kirckpatrick de Closeburn, lui aussi établi — et enrichi — dans le commerce des vins. La seconde, Catherine, est à marier. En l'épousant, Mathieu de Lesseps ne peut se douter un instant que sa belle-sœur sera la grand-mère de la duchesse d'Albe et de l'impératrice Eugénie. Il en serait bien étonné ; les Grivégnée de Liège, où ils vivotaient dans le petit commerce, auraient été plus surpris encore.

Le mariage de Mathieu de Lesseps et de Catherine Grivégnée y Gallegos est béni le 21 mai 1801 dans la cathédrale de Malaga. La famille du marié juge cette union satisfaisante à tous égards, surtout en ces temps troublés qui voient se conclure hâtivement tant de *mariages de garnison* : « Mathieu est marié dans toutes les règles, écrit Martin de Lesseps à son fils aîné. Il a une femme qu'il aime et dont il est aimé passionnément. Elle a, au dire de son mari et de tout le monde, les meilleures qualités du cœur et de l'esprit. M. de Grivégnée, son père, a la réputation d'un très riche négociant de Malaga[1]. »

Il y a effectivement beaucoup à faire, à défaire et à refaire dans les bureaux du commissariat où s'entremêlent de nombreux intérêts, quelques-uns si puissants qu'il faut un cœur romain pour ne pas se laisser aller à des accommodements qui, tout en simplifiant la tâche, améliorent le traitement d'un fonctionnaire. Lorsque, deux ans plus tard, Mathieu de Lesseps regagne la France, il est félicité par le Premier consul : « Vous vous êtes conduit, lui dit celui-ci, comme l'agent le plus probe et le plus zélé du gouvernement. »

Un agent qui connaît l'allemand, l'espagnol, le russe et même l'arabe est un oiseau rare, à placer dans un poste important ou pouvant le devenir. Malgré son échec devant Saint-Jean-d'Acre et le départ des troupes françaises au mois de septembre 1801, Bonaparte n'a pas renoncé à l'Egypte, et, s'il ne se soucie pas d'occuper à nouveau le pays, du moins veut-il empêcher les Anglais de le faire, ainsi qu'ils y sont parvenus. Ils viennent à leur tour d'amorcer leur départ, laissant l'Egypte en état de complète anarchie. Si le pays n'est qu'une province de l'Empire ottoman, le pacha qui le gouverne au nom de la Porte a pris au fil du temps une large autonomie, ou, plutôt, en laisse une au Divan, composé de vingt-quatre beys, eux-mêmes assez puissants pour discuter ses ordres et le déposer éventuellement. Les janissaires et les mameluks, jadis recrutés pour renforcer l'autorité du pacha, se sont constitués en faction armée qui domine tout. L'autorité de la Porte est devenue nominale.

---

1. L. Bridier, *Les de Lesseps*, p. 155.

Il ne reste au sultan qu'un moyen de maintenir un semblant d'autorité : susciter des divisions entre beys de manière à ce qu'aucun ne puisse évincer les autres et se proclamer maître du pays.

L'expédition française avait passagèrement réconcilié contre l'ennemi commun sultan de Contantinople et beys dissidents. Une fois les Français partis, grâce au concours des Anglais, la Porte essaie de replacer l'Egypte sous le joug, en supprimant tous les avantages arrachés peu à peu à sa faiblesse. Youssouf pacha, le grand vizir, et le kapitan pacha, autrement dit le grand amiral, qui commandent conjointement les forces turques en Egypte, ont manifesté clairement les intentions de leur maître en massacrant un certain nombre de beys. Les Anglais, témoins de ce règlement de comptes, préconisent une réconciliation et, pour y parvenir, se maintiennent en Egypte au mépris du traité d'Amiens qui garantissait l'intégrité de l'Empire ottoman.

A l'automne de 1802, le Premier consul envoie le général Sébastiani à Constantinople avec mission de hâter l'évacuation du corps expéditionnaire anglais. La situation au Caire et à Alexandrie est si confuse qu'elle justifie, pour la sécurité des résidents européens, l'envoi d'une force d'intervention. En repartant pour Constantinople, le grand vizir avait remis le gouvernement de l'Egypte à l'une de ses créatures, Khosrew pacha, bien vite en butte aux pires difficultés, dont la moindre n'était pas l'agitation des Albanais. Enrôlés pour lutter contre l'armée française, les Albanais réclamaient à cor et à cri le paiement de leur solde, et, au mois de mai 1803, un de leurs chefs, Taher pacha, passe à l'action, contraignant Khosrew à s'enfuir du Caire et à se réfugier à Damiette où il est bientôt fait prisonnier. Reconduit au Caire et mis aux arrêts dans la Citadelle, il se démet en faveur de son rival, Mohammed-Ali, dit El Djeraïzy, qui rappelle aussitôt les beys proscrits par le grand vizir.

Telle est, à peu près, la situation politique en Egypte au moment où Mathieu de Lesseps y arrive en qualité de chargé d'affaires et commissaire général. Alexandrie, où il débarque, est la seule ville encore fidèle à la Porte ; le reste du pays se trouve entre les mains des beys qui se disputent le pouvoir, au plus grand dam des habitants, résignés par fatalisme, et des Européens craignant à chaque instant pour leur vie ou, pire, pour leurs biens.

Devant cet état des choses, Mathieu de Lesseps hésite sur le parti à prendre : doit-il rester à Alexandrie, sous la protection ottomane, ou bien se rendre au Caire afin d'y représenter la France auprès des autorités de fait, sinon de droit, pour protéger ses compatriotes ? Le seul trajet d'Alexandrie au Caire est déjà une périlleuse entreprise. Arrivé au début du printemps 1803, il se voit, quatre mois plus tard, dans le même embarras : « Outre les obstacles qui s'opposent à ce que je me rende au Caire, lieu de ma destination, et qui proviennent de l'interruption de la navigation sur le Nil où les Arabes pillent et massacrent tous ceux qui s'y exposent, écrit-il à Paris, il en est un plus grand encore, c'est la crainte que si le gouvernement actuel du Caire, c'est-à-dire les beys et les Albanais, consentait à ce que je résidasse au Caire en ma qualité, cette démarche de ma part n'indisposât contre les Français et contre moi les agents de la Porte elle-même[1]. »

Au mois d'août 1803, il est toujours dans la même incertitude et soumet son cas de conscience au vice-roi Mohammed-Ali pacha, venu en visite à Alexandrie. Celui-ci lui dit que s'il est résolu « à braver la haine des mameluks, l'indiscipline et l'insolence des Albanais, l'avidité et le brigandage des Arabes, il [est] de son devoir, de l'intérêt de la France, et même de la Porte, de se rendre au Caire[2]. »

Malgré la chaleur et un état de faiblesse dû à une dysentrie chronique, Mathieu de Lesseps part pour le Caire où il trouve une situation telle que Mohammed-Ali pacha la lui a décrite. Il continue de souffrir de sa dysentrie et, ne voyant aucun remède à son mal, comme d'ailleurs aux maux de l'Egypte, il écrit le 20 septembre à Talleyrand, ministre des Relations extérieures, pour demander son retour en France : « J'ai tout sacrifié au service de votre département et je supplie Votre Excellence de considérer que je suis père de famille et que mon séjour prolongé au-delà de six mois l'en priverait[3] ». Talleyrand faisant la sourde oreille, Lesseps revient à la charge, mais sans illusion sur la sensibilité du cœur des excellences républicaines : « Quant à moi, écrit-il, j'ai fait depuis longtemps au gouvernement le sacrifice de ma vie. Je prends seulement la liberté de recommander à Votre Excellence le sort de ma famille[4]... ». Celle-ci, qu'il n'était pas question d'emmener dans un poste aussi exposé, se compose déjà d'un fils, Théodore, né à Cadix le 25 septembre 1802, et vient de s'augmenter d'une fille, Adélaïde, dite Adèle, le 4 décembre 1803.

C'est seulement au début de l'année 1804 qu'apparaît dans la correspondance échangée entre Mathieu de Lesseps et Talleyrand le nom de l'homme appelé à marquer l'histoire de l'Egypte et à tenir une grande place dans celle de Ferdinand de Lesseps. En effet, le 7 février 1804, Mathieu de Lesseps écrit à Talleyrand : « Le chef des Albanais [Méhémet-Ali], les cheiks puissants de la loi nous sont dévoués et je cultive avec soin l'amitié de tous. Malheureusement, je ne puis rien donner et l'Angleterre prodigue l'or et les présents[5]. »

Méhémet-Ali, le fondateur de l'Egypte moderne, est le fils d'un négociant en tabac de Kavalla, petit port de Macédoine où il est né vers 1770, mais il se dira plus tard né en 1769, la même année que

---

1. G. Douin, *Correspondance des consuls de France en Egypte*, p. 50.
2. *Ibid.*, p. 62.
3. *Ibid.*, p. 136.
4. *Ibid.*, p. 150.
5. *Ibid.*, p. 156.

Bonaparte. Il prétendra de même avoir été orphelin de bonne heure, afin d'embellir sa légende, alors qu'à l'époque de la mort de son père, il a déjà une vingtaine d'années. Initié très vite au commerce du tabac, il a été encouragé dans son désir de s'instruire par un commerçant marseillais, le sieur Lion, qui fut le premier à discerner en lui une intelligence aiguë, ainsi qu'une volonté peu commune, habilement dissimulées sous une mine affable et des manières engageantes. S'il ignore l'alphabet, qu'il apprendra sur le tard, Méhémet-Ali sait lire au moins dans les consciences et les apprécier à leur juste prix. Il a fait partie du contingent albanais levé par le sultan pour l'aider à repousser les forces françaises et y a pris du grade au point d'avoir remplacé le commandant de la troupe. Resté en Egypte avec ses hommes après le départ des Français, puis des Anglais, il guette une occasion d'agir dans son propre intérêt, tout en paraissant servir celui du sultan. Il a participé au complot pour éliminer Khosrew pacha, il soutient officiellement Kourchid pacha, investi en grande pompe au mois de mars 1804 du *pachalik* d'Egypte, mais c'est lui qui est désormais l'homme fort du pays, et Mathieu de Lesseps ne s'y trompe pas : « Mohammed-Ali[1], chef des Arnaoutes, écrivait-il le 25 février 1804 à Talleyrand, désire la protection de la France et sa médiation auprès du Grand Seigneur. Je puis vous assurer d'avance que son projet n'est plus équivoque et qu'il veut s'emparer de l'autorité suprême ; mais, quoique ce chef ne soit pas aussi féroce que ses semblables, qu'il nous paraisse attaché, je ne crois point qu'il ait le génie de concevoir un plan vaste et les moyens pour l'exécuter[2]. »

Là, Mathieu de Lesseps se trompe, et il s'en aperçoit lorsqu'il voit Méhémet-Ali déposer Kourchid pacha l'année suivante et se proclamer pacha d'Egypte, exerçant aussitôt le pouvoir sans attendre une ratification que le sultan n'osera pas refuser.

Dans cette fulgurante ascension, quel fut exactement le rôle de Mathieu de Lesseps ? Il est malaisé de le savoir. Une légende entourera bientôt le fondateur d'une dynastie qui régnera jusqu'en 1952, et Méhémet-Ali contribuera lui-même à l'enjoliver, semblant ne souligner à plaisir la modestie de ses débuts que pour mieux faire ressortir sa prodigieuse fortune. Quelque trente ans plus tard, recevant Ferdinand de Lesseps, il le désignera devant ses familiers en disant : « Vous voyez ce jeune homme ? Eh bien, son père était un grand personnage alors que j'en étais un bien petit. Il m'avait un jour engagé à dîner. J'appris qu'on avait volé un couvert d'argent à sa table, et comme j'étais la seule personne qui pût être soupçonnée de ce larcin, je n'osais pas retourner

1. Le nom s'écrivait d'abord Mohammed-Ali, mais l'orthographe Méhémet-Ali a fini par prévaloir, adoptée par tous les historiens.
2. G. Douin, *Correspondance des consuls de France en Egypte*, p. 173.

dans la maison de l'agent français qui fut obligé de m'envoyer chercher et de me rassurer[1]. »

L'histoire a sans doute été inventée par le vice-roi pour flatter son invité, car en 1803 il était déjà un personnage et assez conscient de son importance pour ne pas s'imaginer que le consul français pût le soupçonner de vol. Plus vraisemblable est l'anecdote du janissaire albanais, ancien compagnon d'armes du souverain et devenu cawas au consulat de France. Chaque fois qu'il le voyait, le vice-roi lui donnait une bourse d'or, et l'ancien soldat s'écriait, admiratif : « Méhémet-Ali est un grand homme, moi je suis resté une bourrique ! »

Dans une période aussi troublée, où la France et la Grande-Bretagne s'affrontent par factions interposées, Mathieu de Lesseps a su louvoyer avec prudence, éviter les incidents et maintenir l'influence française en se gardant de fournir à la Porte ou à la Grande-Bretagne des motifs de plainte. En dépit d'une santé chancelante, il a rendu de grands services, mais il n'a pas *fait* Méhémet-Ali comme Ferdinand de Lesseps et la plupart des biographes de celui-ci l'affirmeront. Il n'a pu que lui apporter, en secret, l'appui ou plutôt la neutralité de la France, et lui laisser un souvenir dont Ferdinand de Lesseps saura profiter.

Ayant bien mérité de la patrie, Mathieu de Lesseps reçoit enfin, au mois de juillet 1804, le congé tant espéré, mais la situation, qui s'est encore aggravée, le retient en Egypte. Au printemps, il s'est installé à Alexandrie, laissant au Caire un de ses cousins, Jean-Baptiste de Lesseps, qui parvient à protéger beaucoup de Français des vexations, vols et attentats des mameluks. Le Caire est la proie des soldats arnaoutes qui, après avoir emprisonné leurs officiers, pillent maisons et magasins, répandant la terreur au point que l'on n'ose plus se hasarder dans les rues que « couvert de la livrée de la misère tant on craint d'être dépouillé et assassiné ».

Au mois de novembre, Mathieu de Lesseps peut quitter Alexandrie, et, le 10 décembre 1804, il débarque à Livourne, après une traversée de vingt-deux jours. Talleyrand lui rend hommage : « M. de Lesseps a rempli la tâche la plus difficile et la plus périlleuse sous tous les rapports, car chaque jour renouvelait ses dangers et ses embarras. »

*

Contrairement à ses craintes, Mathieu de Lesseps n'a pas laissé sa vie en Egypte et, ragaillardi par son retour en France, il donne à l'Empereur un sujet de plus. Neuf mois plus tard, en effet, naît à Versailles, le 19 novembre 1805, un garçon que l'on prénomme Ferdinand, car Ferdinand Desoër, un cousin germain de sa mère, en est le parrain[2].

---

1. L. Bridier, *Les de Lesseps*, p. 156.
2. Une plaque a été apposée sur la maison natale de Ferdinand de Lesseps, un bel immeuble au 19 de la rue des Réservoirs. Son parrain, Ferdinand Desoër (1780-1857) fut sénateur, commandant de la Louveterie impériale, et une personnalité dans la société de son temps. Sa descendance

L'intention de Napoléon, qui n'a pas renoncé à ses visées orientales, est de renvoyer Lesseps en Egypte, et c'est grâce à Talleyrand que Mathieu, qui allait s'embarquer pour Alexandrie, apprend sa nomination au consulat de France à Livourne.

Bien que de création récente, Livourne est une ville importante et surtout très mondaine, étant le port de transit des Anglais qui séjournent à Rome ou à Florence. C'est de là également que partent les antiques achetés à vil prix — quand ils n'ont pas été volés — aux curés de village ou aux paysans. Devant ce port, celui du grand-duché de Toscane et des Etats pontificaux, croisent inlassablement les escadres anglaises qui contrôlent cette partie de la Méditerranée. Il est vrai que le grand-duché de Toscane est devenu en 1801 le royaume d'Etrurie pour y installer le prince Louis de Bourbon, dépouillé de son duché de Parme, et depuis la mort de ce prince, en 1803, il est administré par sa veuve, une fille du roi d'Espagne, Charles IV, en tous points semblable à ses affreux parents tels que Goya les a peints. Elle a si peu de liberté d'action que ce royaume est en réalité une possession française et le devient plus encore lorsqu'il est transformé l'année suivante en trois départements, puis, redevenu grand-duché de Toscane, attribué en 1809 à Elisa Bacciochi, sœur de Napoléon.

Ces vicissitudes politiques et l'inféodation du territoire à la France font du consulat de Livourne une sorte de préfecture impériale, et les problèmes les plus importants sont réglés de Paris. Mathieu de Lesseps a fait nommer près de lui ses deux cousins, Jean-Baptiste et Pascal de Lesseps, nés du mariage tardif de Dominique de Lesseps, auteur de la fortune familiale. Jean-Baptiste l'avait accompagné en Egypte, où il avait fait ses preuves ; après quelque temps à Livourne, il sera nommé secrétaire général de la préfecture de Sienne. Pascal, lui, quittera la carrière et s'établira colon en Algérie où il deviendra maire d'Oran. Les deux frères sont décrits comme « honnêtes et laborieux », ce qui laisse à penser qu'ils travaillent beaucoup et sont peu payés.

Après l'Egypte et son insécurité, Livourne est un paradis où il peut enfin, dans une ville aux rues tracées au cordeau, aux monuments imposants, oublier la poussière et la saleté d'Alexandrie, les ruelles tortueuses du Caire aux masures écroulées. Il apprécie surtout les joies de la vie de famille, et, dans une lettre à son frère, alors consul de France à Saint-Pétersbourg, il s'attendrit sur ses enfants, « jolis, intéressants », discernant déjà chez eux « le germe d'excellentes qualités, sans y découvrir ce qu'on voit ordinairement dans les enfants de cet âge : l'entêtement, l'humeur et la violence ». Et il ajoute : « Ils ne sont que très vifs et très sensibles au moindre petit accident qui chagrine l'un d'eux. Ils sont fort robustes, très bien portants ; jouer avec eux est ma

---

s'alliera aux meilleures maisons de Belgique : Beauffort, Marnix de Sainte-Aldegonde, Mérode et Croÿ.

récréation favorite, et leur attachement enfantin me récompense des soins que je leur prodigue[1]. »

En mentionnant ces soins paternels, Mathieu de Lesseps dit vrai car, contrairement à bien des pères de cette époque, indifférents à leurs enfants tant qu'ils sont petits, et même lorsqu'ils ont grandi, il aime à s'occuper des siens. Il le fait notamment pendant un voyage de sa femme en Espagne pour y revoir ses parents. Elle a mal choisi son moment car, à Madrid, elle tombe en pleine insurrection. Heureusement, elle n'est pas inquiétée, ni par les Français comme espagnole, ni par les Espagnols comme française. C'est une femme de tête, aimable, ayant de la conversation et sachant diriger celle-ci lorsqu'elle reçoit. Bonne musicienne, elle apprend le solfège à ses enfants. Un tableau exécuté un peu plus tard la montre en mère heureuse, épanouie et même un peu forte, avec un de ses fils blotti contre elle, un autre essayant de grimper sur son dos et le troisième, Jules, né en 1809, assis sur ses genoux, tandis que sa fille Adèle est au clavecin. Mathieu de Lesseps, absent, est représenté par une miniature que sa femme tient à la main.

Il est parti à la fin de l'année 1809 pour les îles Ioniennes en qualité de commissaire impérial, mais il n'a pas voulu emmener sa famille à Corfou, ville à la merci d'un bombardement ou d'un débarquement des Anglais dont l'escadre sillonne l'archipel. Avant de partir, il a installé sa femme et ses enfants à Pise, dans une vaste demeure, appelée palazzo da Silva, et située derrière l'église des Carmes, via Malagonella.

De Pise et du palazzo da Silva datent les premiers souvenirs de Ferdinand de Lesseps qui, dans sa vieillesse, évoquera les chameaux avec lesquels les marchands de bois effectuaient leurs livraisons, laissant tomber les bûches, à grand fracas, devant les portes cochères. Dans un vaste jardin, derrière la maison, Théodore et lui disputent des courses, dangereuses pour des garçons de cet âge : s'aidant de grands bâtons, dont ils empoignent l'extrémité supérieure, ils s'enlèvent en prenant leur élan et progressent ainsi par bonds. Un jour, un des piquets de Ferdinand lui échappe et la pointe, en glissant, lui perce la joue.

Assez curieusement, Ferdinand de Lesseps, si disert sur les autres périodes de sa vie, sur son consulat à Barcelone ou sa mission à Rome, sans parler du canal de Suez, n'aura jamais grand-chose à raconter sur son enfance et même sa jeunesse. Cette période d'éveil de son intelligence et de formation de son esprit était-elle à ses yeux sans intérêt parce qu'elle n'était pas pour lui le temps de l'action ? En général les souvenirs d'enfance marquent toute l'existence, et, lorsque celle-ci touche à sa fin, ils reviennent avec une force accrue, comme pour signifier que la vie s'achève et que le cycle est fermé. Chez Lesseps, seuls

1. L. Bridier, *Les de Lesseps*, p. 138.

compteront les actes et les réalisations, non les rêves et les espoirs. Il n'aura jamais de retours attendris sur son passé, sur ses années de Livourne et, surtout, de Pise où il vécut jusqu'à l'âge de neuf ans.

Elevé au début de son existence à l'étranger, dans un climat de cosmopolitisme, il acquiert très tôt une certaine maturité d'esprit, ne serait-ce qu'en écoutant les personnalités venues voir son père ou fréquentant le salon de sa mère, ouvert aux étrangers de distinction comme aux résidents français, fonctionnaires civils et militaires. Parmi ces derniers figure Paul-Louis Courier, alors commandant d'artillerie, qui occupe ses loisirs à compléter le manuscrit de Longus, *Daphnis et Chloé*, retrouvé par lui à la bibliothèque de Florence. Il passe pour avoir appris au jeune Ferdinand à monter et, si la chose est vraie, l'élève, excellent cavalier jusqu'à plus de quatre-vingts ans, fera honneur à son maître.

*

A Corfou, le commissaire impérial Mathieu de Lesseps a moins de loisirs que le commandant Courier, et beaucoup plus de soucis, qu'il partage avec le gouverneur des îles Ioniennes, le général Donzelot. A l'encontre de son prédécesseur, Julien Bessières, le frère du maréchal, il s'entend bien avec Donzelot, unissant ses efforts aux siens pour déjouer les intrigues des notables corfiotes. Est-ce par un de ces notables, avec lesquels il faut bien composer, ou par Donzelot, qu'il est initié à la Maçonnerie, ou bien se fait-il recevoir membre de la loge locale parce que c'est pour lui une occasion de parler d'autre chose que de ravitaillement et d'administration ? On l'ignore. Un fait est certain : il sera plus tard un des fondateurs du Chapitre du Mont-Thabor, à l'Orient de Paris.

Peu après son arrivée à Corfou, sa femme, supportant mal cette séparation, se met en tête de l'y rejoindre. Alarmé par cette décision, car il craint de voir les siens interceptés par la flotte anglaise, il s'en ouvre à Donzelot : « Il est possible que ma femme fît un coup de tête à l'espagnole et se décidât à venir. Dans ce cas, je serais bien aise de la mettre à même de profiter de vos bontés, et de lui envoyer un petit mot de votre part pour la croisière ennemie qui ne peut avoir aucun intérêt à envoyer à Malte une femme et des enfants[1]. » Finalement, Mme de Lesseps demeure à Pise et fait bien, car, à la fin de l'année 1810, une escadre britannique vient bloquer le port de Corfou.

Du coup, le ravitaillement est interrompu, les ressources de l'île s'épuisent, il faut rationner les habitants. Comme l'argent de la solde n'arrive pas non plus, les troupes, composées surtout de Grecs, d'Italiens ou de Libanais, commencent à murmurer. Pour les apaiser,

1. *Ibid.*, p. 167.

Mathieu de Lesseps, sur ses fonds personnels, leur avance une partie de leur paie, donnant ainsi un bel exemple de civisme et de solidarité. Sa fermeté en ces circonstances difficiles, ses talents d'administrateur le font de plus en plus apprécier par le général Donzelot qui demande à l'Empereur de le récompenser en lui accordant un titre de baron. La lettre, arrêtée en route, arrivera malheureusement trop tard : Napoléon venait d'abdiquer.

Le 6 juin 1814, un nouveau commissaire, royal cette fois, paraît devant Corfou : M. de Boulnois est chargé de veiller à l'exécution de la convention passée entre la France et les Alliés au sujet des îles Ioniennes, bientôt unifiées en République sous protectorat britannique. Après avoir remis ses pouvoirs au lieutenant-général Campbell, Mathieu de Lesseps quitte Corfou le 28 juin 1814. Il gagne Livourne où il pensait retrouver sa femme et ses enfants, mais ceux-ci ont déjà regagné la France, non sans incidents. Ferdinand de Lesseps gardera le souvenir d'une traversée du Mont-Cenis particulièrement mouvementée.

Bien qu'heureux de revoir sa famille après cinq ans de séparation, Mathieu de Lesseps envisage l'avenir avec inquiétude. Il a été précédé à Paris par une lettre du général Donzelot le recommandant à Dupont de l'Etang, le nouveau ministre de la Guerre, afin qu'on ne laissât pas sans emploi un administrateur de cette qualité. Hélas ! il y a tant de rivaux à satisfaire, tant de courtisans du malheur à récompenser, tant de transfuges à recueillir et tant de traîtres à payer qu'il craint d'avoir longtemps à patienter. L'argent qu'il avait avancé pour solder les troupes ne lui sera certainement pas remboursé avant des mois, voire des années ; en attendant, il faut vivre. En souvenir de son père, il espérait obtenir le consulat de Hambourg, mais il apprend qu'il y a trente candidats pour ce poste... Ses démarches dans les bureaux restent vaines et le découragent par le nombre de solliciteurs qu'il y croise. Il parvient à voir Talleyrand qui le reçoit gracieusement et lui dit que le nom de Lesseps est « une propriété du Département », que l'on finira par lui trouver un poste à son gré, mais les nominations se font sans que son nom apparaisse sur les listes de bénéficiaires. L'a-t-on oublié ou bien le punit-on ainsi d'avoir servi sous l'Usurpateur ?

Il reprend espoir en apprenant que celui-ci a débarqué à Golfe-Juan et marche sur Paris. Le 20 mars 1815, Napoléon arrive aux Tuileries. Avec la rapidité de conception et de décision qui lui est propre, il réorganise l'administration impériale et pourvoit aux nouveaux emplois. D'après les souvenirs de Ferdinand de Lesseps, ce serait le soir même du 20 mars que le comte de Montalivet serait venu annoncer à son père qu'il était nommé préfet du Cantal et, de surcroît, créé comte de l'Empire. Cette résurrection de l'Empire a si peu duré que Mathieu de Lesseps n'obtint jamais de lettres patentes et ne put faire enregistrer son titre. En revanche, paraît au *Moniteur*, le 6 avril 1815, sa nomination à la préfecture du Cantal. Comme le nouveau ministre des Affaires étrangères, Caulaincourt, déplorait de voir Mathieu de Lesseps quitter son département pour passer à celui de l'Intérieur, Napoléon lui aurait dit : « Je sais que Lesseps est un excellent consul, mais, pour le présent, j'ai surtout besoin de bons préfets, et il m'a prouvé que je pouvais compter sur lui. »

Le nouveau préfet n'a plus qu'à gagner Aurillac, petite ville assez morne en comparaison de Livourne et de Corfou. Il n'aura pas le temps de s'y ennuyer car, après avoir fait une levée de conscrits dans la campagne environnante afin d'envoyer des renforts à l'armée, il lui faut, après Waterloo, faire afficher l'avis de la seconde abdication de Napoléon. L'intermède a été bref et l'a surtout compromis auprès de la royauté une seconde fois restaurée. Néanmoins, pendant les deux mois passés à Aurillac, il a su se faire apprécier de ses administrés qui souhaitent le conserver à la préfecture et veulent faire une pétition en sa faveur, mais il refuse et regagne Paris dans l'espoir d'obtenir enfin le consulat qui l'éloignerait d'une France où il a si peu vécu qu'il s'y sent étranger.

Comme Ferdinand vient de se casser le bras, puis d'attraper la typhoïde, il part seul, laissant sa famille à la préfecture où elle doit cohabiter avec son remplaçant, le baron Locard. Au début, tout va bien, et c'est un assaut de prévenances réciproques. Mme de Lesseps, qui a une voiture, la prête au baron Locard pour ses tournées, mais lorsqu'elle apprend que cette voiture a servi pour l'arrestation du maréchal Ney, caché depuis le 26 juillet dans un château des environs appartenant à Mme de Bessonies, elle se fâche. Avec toute l'ardeur et la vivacité de son tempérament espagnol, elle reproche au préfet d'avoir accompli un acte de basse police et lui dit vertement qu'elle ne veut pas demeurer plus longtemps sous le même toit que lui. Bien que Ferdinand ne soit guère transportable, elle rassemble ses affaires et ses enfants, empaquette le tout et part pour Paris.

Les Lesseps ne réintègrent pas la place Beauvau, où ils occupaient un appartement l'année précédente, et vont s'établir au Plessis-Piquet, chez Barthélemy de Lesseps. Celui-ci a fait du chemin depuis qu'il avait accompagné M. de Verninhac à Constantinople. Lors de l'expédition d'Egypte, il avait été mis par le sultan aux Sept Tours, célèbre et sinistre prison d'Etat, en représailles de la violation du territoire ottoman par la France. Libéré après l'évacuation de l'Egypte, il avait été nommé en 1802 consul à Saint-Pétersbourg, puis, lorsque la Grande Armée avait envahi la Russie, il s'était vu confier l'intendance de la province de Moscou, ville comprise, et avait fort payé de sa personne au moment de l'incendie. C'était à bon droit qu'il avait pu écrire à Talleyrand, le 31 mars 1813, qu'il considérait cette intendance comme « le bouquet du roman de [sa] vie » et qu'il ne souhaitait plus d'autres aventures... Après avoir patienté quelque temps, il vient d'être nommé consul général à Lisbonne, où il finira ses jours en 1834.

Cet été-là, au Plessis-Piquet, Ferdinand de Lesseps a une mésaventure qui aurait pu lui coûter la vie. Avec un de ses frères, il s'amuse à chevaucher des bottes de paille entassées dans un grenier. A un moment, la botte sur laquelle il est juché glisse et l'entraîne vers une des ouvertures béantes du grenier. Il se cramponne et atterrit dans la cour de la ferme, où la paille amortit le choc.

A la fin de l'été, il faut se préoccuper de l'éducation des trois garçons. Leur père attend toujours le remboursement des sommes avancées naguère à Corfou, et, lorsqu'il le reçoit enfin, il le touche en rentes sur l'Etat. Comme la situation économique est désastreuse, la rente atteint le tiers environ de sa valeur nominale. Etant contraint de réaliser, Mathieu de Lesseps perd ainsi les deux tiers de l'argent qu'il avait prêté. Le souvenir de cette espèce de spoliation restera si fort chez Ferdinand de Lesseps que dans son testament, rappelant le service éminent rendu par son père et la perte qu'il avait subie, il souhaitera que ses descendants continuent de porter le titre octroyé en 1815 par Napoléon, récompense à la fois de son patriotisme et de son désintéressement.

Lorsque Montalivet avait annoncé à Mathieu de Lesseps qu'il était nommé préfet du Cantal, il avait ajouté : « Dans l'état actuel de la France, je ne sais ce que cela vous vaudra pour l'avenir, mais vous êtes pauvre, et je vous apporte aussi deux bourses qui vous permettront au moins d'élever vos deux fils aînés, Théodore et Ferdinand[1]. »

Les deux garçons entrent donc comme boursiers au collège Henri-IV. Ferdinand y passera sept années pour en sortir bachelier ; il gardera un bon souvenir de son internat et, devenu célèbre, acceptera de présider les banquets d'anciens élèves, mais, toujours positif, n'éprouvera jamais à l'égard de ce collège, où il ne dut pas connaître que de bons moments, la moindre nostalgie.

Esprit vif et curieux de tout, doué d'une excellente mémoire, il est aussi doué pour les exercices physiques et les jeux que pour les études. Il est non seulement bon marcheur, mais bon nageur, ce qui est rare à l'époque. Ainsi, un jour de sortie, allant avec son frère aîné rendre visite à leur mère installée pour l'été près de Saint-Germain, il veut traverser la Seine à la nage, plutôt que prendre le bac. Attachant ses souliers autour de son cou, il met sa chemise et ses bas dans son chapeau qu'il enfonce sur sa tête et entreprend de nager d'une main tandis que, de l'autre, il tient au-dessus de l'eau un bâton auquel sont accrochés, comme à un portemanteau, jaquette, culotte et gilet. Bien entendu, il finit par lâcher le bâton, et il lui faudra sécher ses vêtements aux branches d'un arbre avant de poursuivre sa route.

1. *Ibid.*, p. 164.

De taille moyenne et râblé, il est vigoureux, volontiers batailleur, et sait s'imposer à ses camarades. Parmi ceux-ci, figurent les ducs de Chartres et de Nemours que leur père, le duc d'Orléans, futur roi Louis-Philippe, vient voir régulièrement. Un jour, Chartres arrive au parloir essoufflé, décoiffé, disant, pour faire excuser sa tenue, qu'il vient de se battre avec Ferdinand de Lesseps. « Pour quel motif ? demande son père.

— Parce qu'il s'était moqué de moi.

— Et parce que vous êtes prince, observe le duc, croyez-vous qu'il n'en ait pas le droit ? Lesseps a très bien fait de vous donner une leçon et je vous charge de le lui dire de ma part. »

Le collège Henri-IV est alors un des meilleurs de Paris, fréquenté par beaucoup de fils de famille, et Ferdinand de Lesseps y noue des amitiés durables qu'il retrouvera, toujours fidèles, au cours de sa carrière. Il reçoit, lui aussi, des visites de son père qui, au début de la seconde Restauration, l'emmène parfois, les jours de sortie, voir le général Donzelot, emprisonné à l'Abbaye pour s'être rallié à Napoléon pendant les Cent-Jours.

*

Tel aurait pu être aussi le destin de Mathieu de Lesseps s'il n'avait été, pendant cette période, qu'un modeste fonctionnaire civil. La réaction royale, en 1815, s'explique à la fois par celle des Alliés, décidés après cette expérience à mettre la France hors d'état de nuire, et par la peur éprouvée. Si Mathieu de Lesseps a échappé à la répression, il n'est pas *persona grata* et attend toujours une nouvelle affectation, ou simplement une mission. Son frère aîné, Barthélemy, lui a proposé de l'accueillir à Lisbonne. C'est un asile, et non une position. Aussi hésite-t-il à se rendre au Portugal, comme il hésite à partir pour l'Egypte où Méhémet-Ali, en souvenir de leurs relations, lui a offert un emploi, mais il répugne à passer, comme certains demi-soldes, au service étranger. « Aucune offre, aucune ouverture, aucune perspective au monde, écrit-il à son frère, ne me feront dévier des principes qui sont communs à toi et à moi : Français avant tout et partout. En ce moment même, je donne au ministère une preuve bien patente de l'invariabilité de mon opinion à cet égard puisque, pour servir la plus belle des causes, celle de l'humanité, pour aller — ceci bien entre nous — m'exposer à des périls, à des fatigues et des travaux de tout genre, je n'ai demandé, à ceux qui ont besoin de moi pour cela, que l'ordre de mon gouvernement et que la mission me soit donnée par lui[1]. »

Cette mission sous la bannière de l'humanité consiste à se rendre au Maroc pour y acheter du blé dont la France, après tant de guerres

1. *Ibid.*, p. 189.

et plusieurs mauvaises récoltes, manque au point que règne une disette, génératrice d'émeutes. Aucun homme ne paraît plus apte à conclure un tel marché que Mathieu de Lesseps, qui connaît le Maroc et sa langue. On peut craindre évidemment, lorsqu'on connaît l'esprit des bureaux, que ces titres soient justement un obstacle et que le choix se porte sur un diplomate ignorant tout des blés, du Maroc et de l'arabe. Il faut plus d'un an à Mathieu de Lesseps pour persuader le ministère qu'il est l'homme idoine. Il part enfin, achète les blés, mais se heurte, au moment de leur embarquement, à une foule excitée qui, voyant ces sacs partir pour l'étranger, crie qu'on veut l'affamer. Au cours de l'échauffourée qui s'ensuit, il est atteint d'une pierre en pleine poitrine et souffrira longtemps de ce coup. Après avoir vu ses blés chargés, il revient par le chemin des écoliers, s'arrête à Lisbonne où il passe un mois chez son frère et sa belle-sœur. Celle-ci se montre effarouchée par les deux lions qu'il a rapportés du Maroc et qu'il traite comme deux gros chats. Il fait ensuite un détour par Cadix, où il retrouve sa nièce, Dona Manuela Kirckpatrick de Closeburn, récemment mariée au comte de Téba, grand d'Espagne. Il arrive enfin à Paris et laisse le lion — la lionne étant morte en route — au Jardin des Plantes où, le dimanche, on va en famille lui rendre visite : « Hier, nous avons été voir Mimour, que j'ai beaucoup caressé, dit-il dans une lettre à Barthélemy ; il m'a reconnu et a été on ne peut plus touché de me revoir ; il m'a fait tant de caresses que ma femme et mes enfants en étaient attendris[1]. »

Cette mission a été un épisode, une diversion, mais pas un poste ou seulement un emploi. Toujours sans affectation et donc sans revenu, Mathieu de Lesseps se voit réduit aux expédients. Il ne peut pas adresser un appel au secours à ses beaux-parents, car les Grivégnée ont fait de si mauvaises affaires qu'ils mourront ruinés. Il met en gage sa montre et les bijoux de sa femme : « Il n'y avait plus d'argent à la maison », avoue-t-il à son frère en lui annonçant, au mois de septembre 1818, sa nomination comme consul général à Philadelphie, aux appointements de vingt mille francs par an. « A cette nouvelle inespérée, poursuit-il, ma femme s'est trouvée mal et mes enfants ont fondu en larmes de joie », puis tous se sont ressaisis pour sauter au cou du messager venu leur apporter la bonne nouvelle.

Sans doute cette nomination est-elle une grâce du ministre pour justifier un secours dont Mathieu de Lesseps a le plus cruel besoin, car il ne se hâte point de rejoindre son poste et ne s'en va qu'un an plus tard, mais il jouit de son traitement depuis sa nomination. Rendu sur place, à la fin de l'année 1819, il s'aperçoit que le poste est bien une sinécure. Il y a tout le loisir d'apprendre l'anglais, mais surtout de soi-

1. *Ibid.*, p. 191.

gner sa santé, fort délabrée. Il souffre sans cesse de l'estomac, se ressent toujours du coup reçu à Tanger et marche avec difficulté.

Après deux années passées aux Etats-Unis, il est nommé au consulat d'Alep, en Syrie, ce qui correspond davantage à ses goûts, mais convient moins à sa santé. Lorsqu'il regagne la France et le petit appartement de la rue Hilarin-Bertin [1], où il avait installé sa famille, il trouve ses enfants fort changés. Ferdinand, qui vient d'avoir dix-sept ans, se prépare à passer son baccalauréat ; Adèle a épousé en son absence Jules Tallien de Cabarrus, fils de la célèbre Mme Tallien, devenue princesse de Chimay, fils aussi, murmurait-on, du banquier Ouvrard, bien que Tallien en eût endossé la paternité. L'appui d'Ouvrard va d'ailleurs se manifester discrètement, car il permettra un peu plus tard à Ferdinand d'être embauché dans les bureaux de l'intendance militaire où, avec deux cents francs par mois, il gagnera sa vie tout en faisant son droit. Jules est toujours élève au collège Henri-IV et Théodore, qui a vingt ans, accompagnera son père en Syrie.

Celui-ci, une fois de plus, doit s'arracher à sa famille et partir pour un pays lointain, avec la perspective d'une longue absence et l'appréhension de ne jamais revoir les siens si la mort le surprend là-bas : « Mon cœur se brise en pensant que je ne fais constamment que te dire adieu, qu'apercevoir un éclair de bonheur [2] », écrit-il à sa femme après avoir embarqué sur *La Médée*.

En décomptant les voyages de Mathieu de Lesseps et ses longs séjours à l'étranger, on s'aperçoit que ses enfants ont été pratiquement élevés sans lui et qu'il n'a été pour eux qu'un personnage assez lointain, mais prestigieux. Mieux vaut un père éloigné, mais admiré, qu'un géniteur médiocre et veule, ainsi qu'il y en déjà tant, même en cette époque héroïque, un de ces pères, tyranneaux domestiques chez eux, mais tremblant devant leur chef de bureau, bref, des pères si peu faits pour l'être et que leurs fils méprisent, en attendant de leur ressembler.

Mathieu de Lesseps, lui, appartient moitié à l'Histoire et moitié à cet Orient qui, depuis les voyages de Tavernier, a captivé l'imagination des Français casaniers. Orient fabuleux, certes, mais dangereux aussi, car on apprend bientôt, rue Hilarin-Bertin, que Mathieu et Théodore, à peine installés au consulat d'Alep, ont failli périr dans le tremblement de terre du 13 août 1822. Les morts se comptent par milliers, dont les cadavres, rapidement décomposés par la chaleur, dégagent une odeur qui à elle seule est un fléau permanent. Père et fils se sont distingués en dirigeant les secours, en s'efforçant d'enrayer la panique et d'empêcher les pillages. Au bout de quelques jours, le choléra s'est déclaré, emportant ceux que le tremblement de terre avait épargnés. Sa conduite exemplaire, hautement appréciée par les survivants et célé-

1. Disparue lors du percement de la rue de Bellechasse.
2. Bridier, *Les de Lesseps*, p. 156.

brée par les journaux, vaut à Mathieu de Lesseps la croix de la Légion d'honneur.

*

Le métier de consul n'est donc pas de tout repos, mais Ferdinand de Lesseps, devenu un robuste garçon de vingt ans, n'en voit pas d'autre pour lui. Il n'est pas homme à croupir dans les bureaux où la protection d'Ouvrard peut à tout moment lui manquer, car le financier a déjà connu des fortunes diverses, un jour au pinacle, un autre en prison. Il veut voir du pays, connaître d'autres peuples et d'autres civilisations. Français d'abord, il a aussi, par sa mère, des ascendances espagnoles et wallonnes qui font de lui un Européen, un citoyen du monde à la manière dont l'entend la jeunesse libérale attirée par les grandes causes comme l'indépendance de la Grèce ou la libération de la Pologne.

Son oncle Barthélemy de Lesseps lui met le pied à l'étrier. Venu à Paris en congé, il le présente au baron de Damas, qui a succédé à Chateaubriand au ministère des Affaires étrangères. Damas connaît bien Mathieu de Lesseps et prouve son estime pour le père en permettant au fils de partir comme élève-consul pour Lisbonne. Au début de l'été 1825, l'oncle et le neveu s'embarquent à Brest sur *la Bayadère*. Ils s'y trouvent avec plusieurs aspirants de marine, entre autres le futur amiral Bouët-Willaumez qui a le mal de mer pendant toute la traversée. Ferdinand de Lesseps et lui se prennent d'une grande amitié qui durera toute leur vie et se doublera d'un lien de parenté lorsque le fils de l'amiral deviendra son beau-frère[1].

A Lisbonne, il se lie également avec un autre élève-consul, Eugène de Beaumont, un ancien condisciple à Henri-IV et fils du général. Il y a émulation de zèle entre les deux jeunes gens, et au mois de novembre 1826, après une expérience de dix-huit mois, Barthélemy de Lesseps peut faire au ministre un vif éloge de ses deux élèves dont il demande la titularisation. Lorsque Ferdinand de Lesseps quitte Lisbonne, où il est resté deux ans et demi, Pierre-Geoffroy Blanchet, gendre et successeur de Barthélemy de Lesseps au consulat, signale au ministre, à propos de Ferdinand, « un zèle qui ne s'est jamais démenti et une intelligence peu commune[2] ».

Réintégré à la division commerciale des Affaires étrangères, il doit se plier de nouveau à la routine administrative. Il y passe deux années fastidieuses, supportées dans l'espoir de rejoindre un jour son père à Tunis où Mathieu de Lesseps, après six années de Syrie, vient d'être

1. En épousant une sœur d'Hélène Autard de Bragard, devenue en 1869 la seconde femme de Ferdinand de Lesseps.

2. Archives des Affaires étrangères, dossiers du Personnel, Série 1, carton N° 206.

envoyé. Malheureusement, on ne lui propose pas Tunis, mais Bogota, en Colombie, pour remplacer son frère Théodore qui, nommé là-bas, s'est brusquement récusé. Il s'est épris d'une demoiselle Dunois, dont la mère, une veuve éplorée, n'entend pas se séparer. Théodore a donc demandé un poste sédentaire aux Affaires étrangères où il finira sa carrière comme directeur des consulats.

Ferdinand de Lesseps se prépare à gagner Bogota lorsqu'un nouveau changement se produit, peut-être à la suite d'une intervention en sa faveur. Il obtient Tunis, en qualité d'élève-vice-consul, mais sans traitement au début. Le caractère provisoire de cette absence d'émoluments est souligné par l'expéditionnaire de sa lettre de nomination, ce qui laisse un espoir. Effectivement, le 26 janvier 1829, alors qu'il attend un bateau pour Tunis, il est avisé qu'il aura un traitement annuel de deux mille francs.

A Tunis, il trouve son père assez vieilli, malade et néanmoins fort actif pour défendre les intérêts des commerçants français qui, après le blocus continental imposé par Napoléon, ont repris leurs échanges et veulent rattraper temps et argent perdus. Au point de vue commercial, Tunis est un marché important, bien supérieur à celui d'Alger. La France y exporte des draps, du sucre et du café des Antilles, ainsi que de la quincaillerie et de la mercerie. Il y avait un énorme arriéré à liquider lorsque Mathieu de Lesseps était arrivé à Tunis, et il avait conclu quelques transactions heureuses, apprécié par les Tunisiens comme par ses compatriotes pour son tact et son équité.

Placée sous l'autorité de la Sublime Porte et appartenant à l'Empire ottoman, la régence de Tunis bénéficie, comme l'Egypte, d'une relative autonomie. Une dynastie, celle des Husseinites, exerce le pouvoir depuis plus d'un siècle, et les beys, s'ils doivent à chaque avènement solliciter leur investiture à Constantinople, sont à peu près souverains.

Ses bons rapports avec Hussein-bey, monté sur le trône en 1824, inspirent à Mathieu de Lesseps pendant l'été 1830 une idée qui, mieux comprise à Paris, aurait pu changer le sort de l'Algérie. De son séjour au Maroc pendant la Révolution, il a rapporté la conviction, renforcée par ses expériences en Egypte et en Syrie, qu'il est vain de vouloir faire gouverner des musulmans par des chrétiens tant les deux civilisations, les deux religions et surtout les deux mentalités sont différentes. Aussi, lorsque le général de Bourmont, qui vient de prendre Alger, a été remplacé, après la chute de Charles X, par le général Clauzel, il craint pour la France, embarrassée par sa conquête, une série de difficultés que l'on pourrait éviter en confiant le pouvoir à des princes musulmans, par exemple des parents de Hussein-bey. Il s'en ouvre à Clauzel, lui-même partisan d'un protectorat qui respecterait la religion et les mœurs du pays et ne chercherait pas à imposer les nôtres. « La meilleure manière d'être barbare vis-à-vis des Arabes, devait-il écrire, est de leur appliquer notre législation civilisée[1]. » Il approuve donc la suggestion de Mathieu de Lesseps et dira plus tard dans ses *Observations sur quelques actes de son gouvernement*, que, « de tous les peuples barbaresques, les Tunisiens sont les plus civilisés, que les princes de la maison régnante protègent ouvertement une amélioration intellectuelle très remarquable parmi leurs sujets et qu'ils s'exposent, en agissant ainsi, aux excès du fanatisme qu'ils bravent non sans quelque danger pour conserver notre amitié[2] ».

Il s'agirait, pour commencer, de confier le *beylik* de Constantine au frère du bey, le prince Mustapha, qui paierait tribut à la France et accorderait aux Français des avantages commerciaux et fiscaux. De ces avantages bénéficieraient aussi des Français installés dans la régence, et, avec une célérité qui choque un peu, Lesseps demande au bey la liste des produits taxés, la procédure des droits de douane, ainsi que l'abolition de certains monopoles. Le bey se récrie, refuse d'accéder à de telles demandes et obtient une réduction du montant du tribut fixé pour le *beylik* de Constantine. Afin de mieux l'appâter, Mathieu de Lesseps lui fait espérer un accroissement de territoire et de prestige pour la dynastie et lui laisse entrevoir la possibilité de recueillir la régence d'Alger dont la France ne conserverait, par mesure de sûreté, que quelques points sur la côte.

Ce projet, auquel le bey donne son accord en dépit de certaines réserves, est porté au général Clauzel par Ferdinand de Lesseps, ainsi que celui-ci le racontera[3], mais certains historiens pensent que Jules fut en réalité le messager choisi. Clauzel voit aussitôt l'intérêt de cette combinaison qui, en évitant de froisser les susceptibilités des populations, éviterait de poursuivre la conquête de l'Algérie et permettrait de rapatrier la plus grande partie du corps expéditionnaire. Après l'abdication du dey d'Alger, le 5 juillet 1830, l'armée s'est trouvée maîtresse d'Alger, mais non du reste de la régence où certains chefs de région n'exercent qu'une autorité de façade, incapables d'assurer l'ordre et de faire rentrer les impôts. Pour éviter de compromettre le bey de Tunis aux yeux de ses sujets, pour ne pas inquiéter Paris qui pourrait s'étonner de le savoir en pourparlers avec des musulmans, le général Clauzel négocie dans le plus grand secret avec une délégation tunisienne arrivée à Alger à la fin de novembre 1830. Les envoyés du bey ne veulent pas d'une force militaire française, même restreinte, dans la province de Constantine, car cela signifierait un partage du pouvoir qui rendrait illusoire l'autorité du prince Mustapha. Pressé d'aboutir avant que Paris ne pose trop de questions, Clauzel insiste et offre aux envoyés du bey un autre territoire à faire gouverner par un prince husseinite, celui

---

1. Explication du maréchal Clauzel, p. 73.
2. Général Clauzel, *Observations*, ..., p. 18.
3. F. de Lesseps, *Souvenirs de quarante ans*, t. I, p. 377.

d'Oran. Pour décider les Tunisiens qui regardent Oran comme un cadeau empoisonné, Clauzel accepte une nouvelle diminution des tributs à payer pour les deux *beyliks*. Le 18 décembre 1830, les envoyés tunisiens finissent par signer le traité mis au point par Clauzel et regagnent Tunis à bord du navire à vapeur *le Sphinx*, gracieusement mis à leur disposition par le général.

Le 21 décembre 1830, Mathieu de Lesseps et le bey de Tunis s'affrontent lors d'une scène assez vive à laquelle Ferdinand de Lesseps et son frère ont vraisemblablement assisté. En prenant connaissance des clauses et conditions du traité mis au point, ou plutôt dicté par Clauzel, le bey déchante et veut les discuter à nouveau. Mathieu de Lesseps le presse de les accepter et réclame en outre un rapide envoi de l'expédition destinée à installer le prince Mustapha dans son *beylik* de Constantine, dont il faudra peut-être expulser *manu militari* son prédécesseur. Il insiste également pour qu'il fasse accepter par un autre prince de sa maison le *beylik* d'Oran : « J'étais animé et inspiré par l'idée que le mouvement était urgent, écrira Mathieu de Lesseps le 15 janvier 1831 au ministre des Affaires étrangères, qu'il fallait faire un grand coup, (...) précipiter le prince dans les bras de la France sans lui laisser le temps de regarder derrière lui et de faire un pas rétrograde [1]. » Surpris de cet ultimatum, le bey demande à réfléchir. Se souvenant qu'il est un vassal de la Porte et qu'il faudrait l'agrément du sultan pour accroître son territoire aux dépens d'un voisin également soumis à la tutelle de la Porte, il refuse le *beylik* d'Oran pour son neveu Ahmed qui, d'ailleurs, a estimé ne pouvoir se maintenir à Oran qu'avec l'appui d'une force de trente mille hommes.

Cela n'empêche pas Mathieu de Lesseps de revenir à la charge les 3 et 4 janvier 1831. Il finit par faire accepter le *beylik* d'Oran au prince Ahmed et par obtenir du bey l'envoi d'un contingent tunisien à Constantine. En dépit du secret dont il a entouré ces tractations, quelque chose en a transpiré qui inquiète les consuls de Sardaigne et de Grande-Bretagne. A Constantine et à Oran, les beys qu'il faut déposséder refusent de céder la place et protestent avec vigueur. A Paris, Louis-Philippe n'a pas voulu ratifier le traité du 18 décembre 1830, et le ministre de la Guerre appelle le général Clauzel en consultation. Tout en reconnaissant que le plan de Lesseps n'est pas mauvais, Sébastiani, le ministre des Affaires étrangères, envoie l'ordre de surseoir à l'intronisation du prince Ahmed à Oran.

Le bey de Tunis sent qu'il a été joué ou, du moins, que le consul de France et le général Clauzel ont essayé de lui forcer la main. Lors d'une conférence avec ses ministres, le prince Mustapha et Mathieu de Lesseps, d'aigres propos sont échangés. Finalement, le 2 juillet 1831,

1. Cité par K. Chater, *Dépendances et mutations coloniales : la régence de Tunis de 1815 à 1857*, p. 398.

Hussein-bey, préférant rester en bons termes avec la Porte, informe le général Berthézène, entre-temps nommé gouverneur général de l'Algérie, qu'il a renoncé pour sa dynastie aux *beyliks* de Constantine et d'Oran. Il semble qu'à Paris on en veuille un peu à Mathieu de Lesseps d'avoir eu cette idée si peu conforme aux façons de penser de l'époque, et, après lui avoir reproché d'engager le gouvernement dans cette voie insolite, on lui reproche de s'être ensuite désintéressé de l'affaire en renonçant à contraindre le bey.

Malgré cet échec, Ferdinand de Lesseps restera persuadé que son père avait raison et qu'en pays musulman il faut se garder d'imposer une administration qui, même supérieure à celle existante, apparaîtra toujours comme injuste, parce que étrangère et chrétienne. Il reviendra sur cette idée à l'occasion d'un voyage en Algérie, après la guerre de 1870, rejoignant sur ce point le père Enfantin, le chef des saint-simoniens, dont il va bientôt faire la connaissance.

A la fin de l'année 1831, Ferdinand de Lesseps est promu vice-consul, attaché au consulat d'Alexandrie, en Egypte, et s'il conserve les mêmes appointements, du moins se voit-il allouer une indemnité complémentaire de mille francs par an pendant toute la durée de son séjour là-bas.

Il ne reverra pas son père, atteint depuis si longtemps de divers maux que son état empire chaque mois, et c'est en Egypte qu'il apprendra sa fin. Jusqu'au bout, Mathieu de Lesseps aura courageusement rempli sa tâche. Il venait de signer avec le bey un traité abolissant la *course* et l'esclavage des chrétiens, sources d'un joli revenu pour la régence. Il venait aussi d'obtenir de Hussein-bey la cession du lieu où Saint Louis était mort en 1270 pour y faire élever un monument commémoratif. Après ces derniers succès, il avait rapidement décliné, épuisé par une gastrite chronique et contraint à une diète qui achevait de l'affaiblir. Ne pouvant plus se déplacer, tant ses jambes avaient enflé, il ne quittait plus son lit, souffrant de surcroît d'une sciatique. Il avait sollicité un congé, mais il était mort le 28 décembre 1832 avant de recevoir la réponse à cette ultime demande. Inhumé au cimetière européen de Tunis, il y demeurera jusqu'en 1878. Son fils Ferdinand, alors en voyage officiel, fera procéder à l'exhumation du cercueil, rapatrié ensuite en France à bord du croiseur *le Champlain* que le gouvernement avait mis à sa disposition. Ainsi le consul si longtemps besogneux retrouvera-t-il sa patrie, presque un demi-siècle après sa mort, entouré d'honneurs quasi souverains.

2

TERRE PROMISE
1832-1839

Depuis l'expédition de Bonaparte en 1798, l'Egypte est à la mode en France où la publication régulière des tomes monumentaux de la *Description de l'Egypte*, entreprise sous l'Empire et poursuivie par Louis XVIII, entretiendra l'intérêt. Sous la Restauration, de nombreux *demi-soldes* s'y sont réfugiés, aussitôt recrutés par Méhémet-Ali pour étoffer son armée. Puis ont suivi les savants, qui se penchent sur le passé du pays, des ingénieurs, qui s'occupent de son avenir, et des aventuriers soucieux d'assurer le leur. Méhémet-Ali a tiré l'Egypte de la condition où elle a été si longtemps réduite, mais tous les visiteurs ne sont pas également convaincus des progrès réalisés, en dépit de certaines réformes : « Tout tremble, tout paie, tout languit », note le comte de Forbin, mais au moins l'ordre règne, et c'est une nette amélioration sur ce qu'a connu Mathieu de Lesseps. Méhémet-Ali s'efforce d'ouvrir l'Egypte à l'Occident et de la détacher peu à peu de l'Empire ottoman dont le déclin, commencé au siècle dernier, éveille bien des convoitises, notamment celles de la Grande-Bretagne et de la Russie. Avec un art consommé, il joue de leur rivalité pour accroître son autonomie. Il y a si bien réussi qu'il a fini par inquiéter ses anciens protecteurs et par diviser l'Europe au sujet de cette « question d'Orient » que les chancelleries essaient de résoudre en évitant le recours à la force.

Animé de l'esprit de conquête, il a commencé celle de la Syrie, crime de lèse-majesté vis-à-vis du sultan, suzerain de cette province et qui, le 23 avril 1832, par mesure de représailles, l'a destitué du gouvernement de l'Egypte.

C'est à ce moment crucial que Ferdinand de Lesseps arrive en vue d'Alexandrie, où il doit prendre ses nouvelles fonctions. Pour lui, l'Egypte apparaît un peu comme une autre Terre promise, un pays neuf en dépit de son antiquité, une contrée merveilleuse, idéalisée à travers les relations des voyageurs et les récits de son père, encore que celui-ci n'y ait point coulé des jours particulièrement paisibles. Il sait que le souvenir laissé par Mathieu de Lesseps lui vaudra de la part du vice-roi un bon accueil qui facilitera ses débuts. Hélas ! pendant la traversée, un passager britannique a eu la mauvaise idée de mourir, vraisemblablement d'une indigestion, mais les autorités portuaires, jugeant la mort suspecte et craignant un cas de choléra, mettent le navire en quarantaine. Il doit donc rester à bord en attendant que le délai, rarement abrégé, soit écoulé. Le consul de France, Jean-François Mimaut, lui rend visite et, pour le distraire autant que pour le familiariser avec l'Egypte, lui fait envoyer des ouvrages de la bibliothèque du consulat, entre autres le mémoire de l'ingénieur Le Père, attaché à l'expédition de 1798, sur le percement de l'isthme de Suez.

Sans doute est-ce alors que naît dans son esprit, où elle sommeillera pendant trente ans, l'idée de reprendre non seulement les plans de Le Père, mais ceux de ses prédécesseurs et de ses successeurs.

*

L'idée, vieille comme le monde, est un de ces rêves de l'humanité qui reviennent avec régularité au cours des âges et, dans ce cas, non sans raison puisque le canal a jadis existé. Certains géologues assureront même qu'en des temps préhistoriques la mer Rouge et la Méditerranée communiquaient par une dépression naturelle au milieu de l'isthme et que cette dépression s'était peu à peu comblée par les alluvions des deux mers et les sables du désert. En 1869, Jules Verne, dans *Vingt Mille Lieues sous les mers*, avancera l'hypothèse d'un tunnel souterrain reliant les deux mers et découvert par le capitaine Nemo avec son *Nautilus*. Le canal des Pharaons, ainsi nommé parce que plusieurs d'entre eux veillèrent à son exécution, reliait un bras du Nil au golfe Arabique et, d'après Hérodote, il était assez large pour permettre à deux trirèmes de naviguer de conserve ou de se croiser. Sa construction, toujours d'après Hérodote, aurait coûté la vie à environ cent vingt mille Egyptiens. Darius, après avoir conquis l'Egypte, avait poursuivi l'entreprise et Ptolémée II, au IIIe siècle avant Jésus-Christ, l'avait achevée, résolvant le problème de la différence de niveau entre les deux mers, auquel tout le monde croyait et devait croire jusqu'au milieu du XIXe siècle, en faisant installer des écluses. Malgré cette précaution, le canal n'était plus alimenté en période de basses eaux du Nil, devenant donc inutilisable une partie de l'année. Le reste du temps, le trajet s'effectuait ainsi : les navires remontaient un des bras du Nil d'Avaris à Bubaste, puis mettaient environ quatre jours pour aller par le canal de Bubaste à Hermopolis, où l'on acheminait les marchandises par voie de terre jusqu'aux lacs Amers pour les recharger sur d'autres bateaux qui les débarquaient au golfe Arabique. Abandonné pendant les guerres et les invasions qui suivirent la mort de Darius, en 486 avant Jésus-Christ, le canal fut remis en état sur ordre de Ptolémée II

Philadelphe au IIIe siècle avant Jésus-Christ. Sous le règne des empereurs romains devenus maîtres de l'Egypte, il avait été correctement entretenu, voire amélioré, puis il s'était ensablé lentement au point de ne plus pouvoir être utilisé. Lorsque l'Egypte avait été envahie par les Arabes au VIIe siècle de notre ère, le calife Omar l'avait fait recreuser à partir du Vieux Caire et, après lui, le canal, que personne ne se souciait plus d'entretenir, était retourné à la nature, envahi progressivement par les sables. Il avait duré à peu près quinze cents ans.

Si le canal n'existait plus, ou seulement à l'état de vestiges dans le sud de l'isthme, son souvenir hantait toujours monarques et marchands, ingénieurs et conquérants, tous voulant une voie qui leur permettrait de faire passer rapidement hommes et marchandises d'une mer à l'autre. L'importance de leur commerce avec les Indes avait incité Venise et Constantinople à se préoccuper d'une liaison plus facile à travers l'isthme. Les Vénitiens s'en étaient d'autant plus inquiétés qu'après la découverte du cap de Bonne-Espérance par Vasco de Gama, découverte appelée à bouleverser les grands courants commerciaux maritimes, ils avaient craint de perdre leur monopole au profit des Portugais. Ils avaient donc, les premiers, repris l'idée d'un canal joignant la mer Rouge à la Méditerranée. Depuis lors, les projets s'étaient succédé, présentés par des savants ou des illuminés, des diplomates ou des négociants. Au XVIe siècle, un Calabrais converti à l'islam et devenu pacha de Tripoli de Barbarie avait voulu rendre le Nil navigable jusqu'à la mer Rouge, mais il était mort empoisonné avant d'avoir pu passer à la réalisation. Un auteur oublié avait adressé un mémoire au cardinal de Richelieu pour creuser un canal de Suez au Caire, puis Colbert s'était intéressé à la chose au point d'envisager la création d'une Compagnie du Levant qui ne vit jamais le jour en raison des mauvais rapports de la France avec le sultan.

En 1672, Leibnitz, le grand philosophe, avait adressé à Louis XIV un mémoire dans lequel, pour faire échec à la concurrence hollandaise, il conseillait au roi de s'emparer de l'Egypte et de ruiner ainsi la puissance ottomane. Un peu plus tard, l'ambassadeur français à Constantinople suggérait au contraire à la Sublime Porte d'augmenter sa puissance en rétablissant le canal des Pharaons, mais il s'était heurté aux préjugés religieux des musulmans qui estimaient sacrilège de modifier l'ordre des choses tel qu'Allah l'avait voulu.

Au début du XVIIIe siècle, un marchand, Jacques Savary, auteur du *Parfait Négociant*, avait préconisé la création d'un canal de Damiette à Suez, mais il craignait, avouait-il, une vive opposition des marchands du Caire auquel ce tracé porterait préjudice. Un armateur marseillais, M. de Seymandi, qui avait repris l'idée, s'était attiré les foudres de la Compagnie des Indes, qui détenait le monopole du commerce par la route du cap de Bonne-Espérance. On l'avait fait taire en le nommant directeur d'une compagnie fictive, dite « Compagnie de Suez », avec de confortables appointements. Néanmoins, l'idée faisait son chemin, reprise au fil des ans par Benoist de Maillet, consul général de France en Egypte, puis par le marquis d'Argenson, l'économiste, ami de Voltaire et partisan de la colonisation de l'Egypte afin de la soustraire au joug ottoman. En 1776, la France avait envoyé sur place un sieur de Montigny pour étudier la possibilité de creuser un nouveau canal, tandis que, à peu près au même moment, le baron de Tott, un Hongrois au service du sultan, présentait à celui-ci un plan pour réouvrir l'ancien canal.

Vergennes, qui connaissait bien l'Empire ottoman pour avoir été longtemps ambassadeur de France à Constantinople, avait voulu, une fois devenu ministre des Affaires étrangères de Louis XVI, obtenir pour la France un moyen de passage à travers l'isthme. Il avait chargé son successeur à Constantinople, le comte de Choiseul-Gouffier, de négocier avec la Porte un accord sur ce point. Deux autres ministres de Louis XVI, le maréchal de Castries et le comte de Saint-Priest, s'étaient à leur tour penchés sur le problème, en croyant fermement à la possibilité de creuser un tel canal, alors que Volney, auteur d'un remarquable *Voyage en Egypte et en Syrie* publié en 1787, le déclarait irréalisable en raison de l'absence d'un port naturel sur la côte méditerranéenne et du danger d'ensablement. Il estimait que le seul moyen de relier une mer à l'autre était de le faire en utilisant le Nil.

L'Expédition d'Egypte avait redonné au problème un nouvel intérêt grâce à celui que Bonaparte avait montré. En 1797, Talleyrand, ministre des Relations extérieures du Directoire, avait envisagé la conquête de l'Egypte, ainsi qu'il l'avouait, comme un moyen d'utiliser les mécontents, de les distraire en présentant à leur imagination « des lointains, des perspectives où puissent se prendre leurs pensées et leurs désirs », autrement dit, comme un moyen de se débarrasser d'eux. Parmi les savants que le général Bonaparte avait emmenés avec lui sur *l'Orient*, se trouvaient l'architecte Jean-Baptiste Le Père et son frère Gratien, qu'il avait spécialement chargés d'étudier la question du canal. Accompagnés d'autres ingénieurs, les deux frères avaient effectué au mois de janvier 1799 une première reconnaissance jusqu'aux lacs Amers, puis étaient rentrés au Caire. A l'automne, ils étaient repartis pour les lacs Amers et y avaient poursuivi leurs relevés. Par une série d'observations, ils étaient arrivés, comme les ingénieurs des Pharaons, à la conclusion que les deux mers étaient de niveaux différents, mais ils n'avaient pu déterminer la pente du Nil à la Méditerranée. Lors d'une dernière expédition dans la région de Suez, un an plus tard, ils s'étaient heurtés aux pires difficultés matérielles, aggravées par le manque d'eau et les attaques incessantes des Bédouins.

Dans son mémoire, présenté le 24 août 1803 à Bonaparte devenu entre-temps Premier consul, Le Père se déclarait convaincu que le rétablissement de l'ancien canal, en le dotant de nouvelles écluses, était possible et coûterait de vingt-cinq à trente millions de francs. Il estimait le niveau de la mer Rouge à 9,40 mètres au-dessus de celui de la Méditerranée, ce qui entraînerait, en cas d'ouverture d'un canal sans écluses, une submersion immédiate de la Basse-Egypte. Il prévoyait donc un canal en six tronçons d'Alexandrie à Suez, certains épousant le cours d'un des bras du Nil, d'autres empruntant l'ancien canal des Pharaons, puis le bassin des lacs Amers, maintenant desséchés, mais que l'on pourrait irriguer par une déviation du Nil. Pour le dernier parcours, des lacs Amers à Suez, il faudrait creuser une tranchée spéciale. Enfin, le canal, dépendant du Nil pour son alimentation, ne serait utilisable que pendant la saison des crues, qui ne correspondait pas à celle de la mousson, favorable à la navigation en mer Rouge. Il en découlerait des retards considérables dans l'acheminement des navires, ce qui ferait perdre en partie le bénéfice du raccourcissement du trajet.

Le Premier consul avait ordonné l'impression du mémoire, mais sa publication avait été différée pour coïncider avec celle des travaux de la Commission d'Egypte. Il n'avait paru qu'en 1807 et avait aussitôt été attaqué pour certaines de ses erreurs, entre autres celle de la prétendue différence de niveau entre les deux mers. Laplace et Fourier l'avaient vigoureusement dénoncée, au noms des lois de la physique : toutes les mers du globe ayant entre elles une communication naturelle, l'équilibre existait *ipso facto*, même lorsque cette communication se faisait par un détroit comme celui de Gibraltar. Seul le jeu des marées pouvait faire croire à une différence des niveaux.

Œuvre de valeur, en dépit de ses défauts, le mémoire de Le Père était une étude scientifique à partir de laquelle en pouvait envisager d'autres études en fonction des circonstances ou des besoins. En un temps où les grands travaux s'effectuaient sur l'ordre du souverain, Le Père recommandait prophétiquement de charger une compagnie commerciale d'exécuter une telle entreprise, car cela présenterait une garantie « qu'on ne peut généralement se promettre de l'inconstance des gouvernements ou des rivalités ministérielles qui ont su souvent faire échouer ou suspendre les entreprises les plus utiles[1] ».

C'est donc cet ouvrage de Le Père, ainsi que de nombreuses relations de voyages, qui occupent pour Ferdinand de Lesseps l'oisiveté forcée de sa quarantaine et lui mettent dans l'esprit cette idée de canal destinée à devenir l'œuvre de sa vie.

Pour le moment, le seul essai de réalisation est dû à Méhémet-Ali qui, vers 1818, a fait creuser par trois cent mille fellahs, sous la direction de l'ingénieur français Coste, le canal Mahmoudieh, reliant Alexandrie au Nil et permettant ainsi l'irrigation de vastes étendues de terres jusque-là stériles. Encore que le canal soit inutilisable en période de basses eaux, l'expérience avait été assez concluante pour l'inciter à la

1. G. Edgar-Bonnet, *Ferdinand de Lesseps*, t. I, p. 154.

poursuivre. Ainsi qu'il le confiait à Mimaut, le consul de France, il attendait une certaine stabilité politique pour s'occuper du « fameux projet de communication entre la mer Rouge et la Méditerranée ». En relatant cet entretien à son ministre, le prince de Polignac, Mimaut ajoutait : « S'il y réussissait, comme il en est bien capable, on ne saurait calculer les résultats d'un pareil dessein[1]. »

*

Sa quarantaine achevée, Ferdinand de Lesseps peut enfin rallier le consulat de France où, depuis 1829, Jean-François Mimaut a succédé au fameux Drovetti, le consul collectionneur, célébré par Chateaubriand dans son *Itinéraire de Paris à Jérusalem*. Mimaut est lui aussi une figure éminente de la diplomatie de cette époque et Lesseps ne peut se trouver à meilleure école. Il a cinquante-huit ans et, derrière lui, une curieuse carrière. Il a débuté au Comité d'instruction publique de l'Assemblée législative, aux premiers temps de la Révolution, puis il est entré à l'Ecole des ingénieurs de bateaux, dirigée par M. de Borda, pour passer ensuite à la division de l'artillerie du ministère de la Guerre. Après tant de bureaux, il s'est lancé dans une carrière itinérante, occupant d'abord le consulat de Cagliari, en Sardaigne, un lugubre endroit, puis il a été consul à Carthagène, en Espagne, et de là il est remonté jusqu'à Varsovie pour se retrouver, en 1826, consul à Venise. Au départ de Drovetti, en 1829, il l'a remplacé en Egypte, et, depuis le 7 octobre 1830, il est consul général de France. Il a donc beaucoup voyagé, beaucoup lu et même écrit. Il est l'auteur d'une petite comédie, *Les Epouseurs*, et d'une pièce en trois actes, *L'Auteur malgré lui*, jouée en 1826 au Théâtre-Français, sous le pseudonyme de Saint-Rémy. Lettré, galant homme et généreux, il est aussi homme de goût et a orné le consulat, qu'habitèrent autrefois Kléber et Champollion, de tableaux achetés en Italie.

Si Mimaut, qui n'a pas les talents et le caractère entreprenant de Drovetti, est un peu « consul malgré lui », il n'en est pas moins un personnage avec lequel il faut compter. Les consuls européens jouent en effet un rôle important dans les pays où il n'y a ni ambassadeur ni chargé d'affaires. L'Egypte étant une province de l'Empire ottoman, l'ambassade française est à Constantinople, assez loin pour que le consul de France en Egypte ait une large autonomie et presque autant de pouvoir que l'ambassadeur lui-même. Il en a même plus que celui-ci sur certains points, car il doit s'occuper d'intérêts auxquels un ambassadeur reste en général étranger. Rien n'échappe au consul, qui doit joindre la précision d'un comptable à la hauteur de vues d'un chef d'Etat, la diligence d'un commis à l'autorité d'un ministre et, parfois,

1. G. Douin, *Correspondance des consuls de France en Egypte*, lettre du 6 septembre 1829.

la rouerie d'un joueur à la patience d'un saint. Son importance est d'autant plus grande que le consulat est souvent héréditaire au sein d'une famille de négociants qui savent allier le souci de leurs propres affaires à celui des intérêts de leur nation, pour le plus grand profit des deux. Contrairement aux ambassadeurs, tous venus de la capitale et généralement de la Cour, ils parlent la langue du pays, en connaissent les mœurs et se ménagent, dans les divers milieux, des relations ou des appuis parfois fort utiles. Des familles comme les Magallon, les Guys, les Borély forment de véritables dynasties, puissantes et considérées. Entre leurs mains, le consulat de France est une hôtellerie, libéralement ouverte à leurs compatriotes, une infirmerie où se faire soigner en cas de besoin, un entrepôt où laisser des marchandises — et parfois en acheter, car le consul n'oublie pas ses affaires —, une bibliothèque où les voyageurs érudits viennent compléter leurs notes, un musée, si le consul est collectionneur, comme le fut Drovetti, ou bien une réserve d'antiquités où trouver l'objet rare. En général, les consuls se montrent curieux des pays où ils vivent et s'intéressent à leur histoire, à leurs arts, mais ils ne sont pas seulement de brillants dilettantes, ils sont aussi juges, et c'est en ce domaine que leur autorité s'exerce avec le plus de force.

Dans les pays du Levant, dits alors barbaresques, les consuls ont un droit de juridiction sur leurs compatriotes qui, quel que soit le cas du litige ou quelle que soit l'infraction, échappent à la compétence des tribunaux locaux. C'est un privilège exorbitant, consacré par d'antiques *capitulations* remontant au XVIe siècle et qui font des consuls de petits souverains, enclins évidemment à favoriser leurs nationaux dans tout conflit avec les indigènes. « En Egypte, écrira un consul de France, la population européenne a perdu la notion du juste et de l'injuste[1]. » Il faudra l'instauration des tribunaux mixtes, à laquelle s'intéressera Lesseps, pour parvenir, un demi-siècle plus tard, à un système équitable. Pour le moment, les Européens, et en particulier les Français, nombreux en Egypte, y jouissent d'une espèce d'impunité qui incite beaucoup d'aventuriers à venir y chercher fortune.

Alexandrie, lorsque Ferdinand de Lesseps y débarque, n'est plus la bourgade abandonnée dont la tristesse et le délabrement ont tant déçu les soldats français de 1798 qui s'attendaient à découvrir une cité des *Mille et Une Nuits*. Méhémet-Ali en a fait sa capitale, en alternance avec Le Caire, et lui a donné l'aspect d'une ville occidentale. Il a bâti des fortifications, des casernes, creusé des bassins, tracé des rues où les maisons commencent à se construire. La ville a deux ports : le port vieux, bien abrité, réservé aux vaisseaux turcs ; le port neuf, ou port des Francs, seul ouvert aux navires européens, mais que ses écueils rendent dangereux. Par l'offre de hauts salaires, Méhémet-Ali s'est

1. G. Hanotaux, *Histoire de la Nation égyptienne*, t. VI, p. 255.

assuré le concours d'Européens capables de l'aider à moderniser l'économie égyptienne, essentiellement pastorale et agricole, au besoin en démolissant des monuments des Pharaons pour édifier usines et fabriques.

A l'attrait de hauts salaires s'est joint pour beaucoup d'Européens celui de pouvoir vivre en marge de l'Evangile et de la morale vulgaire. En se faisant musulmans, certains Français, comme le colonel Scève, devenu Soliman pacha, ont pris du Coran ce qui leur convenait, notamment les facilités du harem. Pour d'autres, il y a la volupté du pouvoir sans autre limite que le bon plaisir du souverain et la faculté de tout régenter à leur guise. Il est plaisant d'être obéi sans murmure en un pays où l'on n'a jamais entendu parler des Droits de l'homme ni des immortels principes de 1789, et de vieux républicains, revenus de leurs erreurs de jeunesse, se sont découvert des âmes de despotes.

Au-dessus de ce ramassis d'affairistes et d'aventuriers existe une société plus choisie, constituée par les principaux négociants de la ville et en relations étroites avec le consulat de France. Outre les grands négociants marseillais Rouffio et Rolland, il faut citer les frères Pastré, eux aussi venus de Marseille et qui vont nouer avec le jeune vice-consul des liens d'amitié doublés, lors du percement de l'isthme de Suez, de liens d'affaires.

Jean-Baptiste Pastré, le fondateur des Etablissements Pastré d'Alexandrie, est arrivé dans cette ville en 1823, à dix-neuf ans, et grâce à ses bons rapports avec le vice-roi, il a si bien réussi qu'il a pu ouvrir des succursales au Havre, à Londres et à Trieste. Avec son frère Jules, venu le rejoindre, il est le grand artisan de l'influence française en Egypte et, à ce titre, il rivalise avec le consul de France, ayant un rôle économique et politique égal au sien.

Ferdinand de Lesseps trouve aussitôt chez les Pastré un chaleureux accueil, ainsi que chez les autres membres de la colonie française : les Rouffio et les Rolland, le docteur Clot-bey, chargé de la réorganisation du service sanitaire égyptien, M. de Sérizy, l'ingénieur qui a construit le nouveau port et les fortifications, et le fameux Soliman pacha, chargé, lui, de réorganiser l'armée de Méhémet-Ali. A côté de la colonie française et de ses autres notables comme les Aubert, les Custos, Denys Franc, Jean-Baptiste de Fonselaire et Paul Rigny, existe avec les Sakakini et les Zizinia un clan grec appelé à un grand avenir.

Dans cette société semi-coloniale, où priment l'esprit d'entreprise et le sens de la solidarité, le courage physique et le respect de la parole donnée, Lesseps se sent à son aise. Par son visage avenant, comme par son caractère, il a tout pour plaire et y réussit. Il est bon danseur, excellent cavalier, montant les chevaux les plus fougueux, sachant aussi bien faire la cour aux femmes que discuter politique ou affaires avec leurs maris, toujours parfaitement naturel et d'un optimisme inaltérable. Encore que de taille moyenne, il paraît grand, car il est svelte et s'habille assez simplement, ce qui amincit sa silhouette. Il a un teint mat, vite hâlé par le soleil, des traits bien dessinés, des yeux noirs d'Espagnol, un menton carré qui trahit la volonté, voire l'autorité. Il jouit d'une santé robuste et paraît doué, comme il le montrera bientôt, d'une sorte d'immunité, due au sang-froid dont il fait preuve en toute circonstance, étant déjà persuadé que la peste et le choléra, fléaux habituels du pays, ne s'abattent que sur ceux qui en ont peur.

D'abord vice-consul attaché au consulat, il devient officiellement vice-consul au mois de juillet 1833 avant d'être nommé, au mois d'octobre 1833, consul de deuxième classe, à la résidence du Caire.

*

C'est pendant son premier séjour au consulat d'Alexandrie qu'il a vu débarquer une troupe étrange et bariolée représentant l'avant-garde saint-simonienne. Elle est venue en Egypte à la fois pour y préparer l'arrivée de Prosper Enfantin, dit *le Père*, et y prêcher la doctrine saint-simonienne en annonçant leur intention de percer l'isthme de Suez, symbole à leurs yeux de l'union mystique entre le principe mâle et le principe femelle, entre l'Occident et l'Orient. Le père Enfantin est en quête de la *Mère*, qu'il espère trouver en Orient, pour former avec elle un couple appelé à régénérer l'humanité. C'est beaucoup pour un seul homme, même assisté de disciples dont l'admiration touche à l'idolâtrie et le zèle à la folie.

L'aventure saint-simonienne, à laquelle Ferdinand de Lesseps ne participera que lorsqu'elle atteindra sa phase ultime, a pour origine, au siècle précédent, un curieux personnage, à la fois philosophe et aventurier, le comte Henri de Saint-Simon, apparenté à l'auteur des *Mémoires* et fort tourmenté par l'envie de creuser des canaux. Officier avec La Fayette aux Etats-Unis, il avait adressé au vice-roi du Mexique, alors colonie espagnole, un projet de canal entre le Pacifique et l'Atlantique, puis, revenu en Europe, il avait proposé au comte de Cabarrus, directeur de la banque Saint-Charles, un plan de canal de Madrid à la mer. Au début de la Révolution, il avait spéculé sur les biens nationaux, puis, sous la Terreur, s'était vu incarcérer au Luxembourg où, assurait-il, Charlemagne en personne était apparu pour le réconforter. Sorti de ce mauvais lieu, il avait suivi pendant trois ans les cours de l'Ecole polytechnique et dédié à Bonaparte, en 1802, un ouvrage dans lequel il préconisait de confier le gouvernement de l'humanité à un « magistère de savants unis à des artistes élus par les hommes, payés par une souscription nationale ». Ruiné bientôt par des spéculations malheureuses, il était entré comme copiste au Mont-de-Piété, puis avait été recueilli et nourri par un bon Samaritain, ce qui lui avait permis de procéder à des recherches sur la pesanteur universelle et la gravitation. Malgré la bizarrerie de son esprit, il avait des intuitions prophétiques et des vues parfois singulièrement justes. Son enseignement, repris par ses disciples, entre autres Olinde Rodrigues et Prosper Enfantin, devait avoir une influence considérable, à leur insu parfois, sur les hommes d'affaires de la fin du règne de Louis-Philippe et, surtout, du Second Empire.

Auteur du *Catéchisme des industriels*, dans lequel il proclamait sa foi dans le progrès scientifique autant que dans la perfectibilité indéfinie de l'homme, Henri de Saint-Simon annonçait le remplacement de la vieille société féodale et des monarchies de droit divin par une société où les rapports de force entre gouvernants et gouvernés ne seraient plus que des rapports pécuniaires : « Le gouvernement, précisait-il, c'est le chargé d'affaires de la société ; son seul rôle est de maintenir la sécurité et la liberté dans la production. » Ainsi la politique était-elle à ses yeux la science de la production et l'art de prévoir l'organisation la plus favorable au développement de l'industrie.

Il est intéressant de s'attarder un peu sur son programme, en dépit de bien des utopies, car ses idées, revues et corrigées, dépouillées de leurs exagérations, voire de leurs absurdités, se retrouveront, du moins pour certaines, dans l'œuvre accomplie par Ferdinand de Lesseps. Pour répandre ses théories, il avait fondé un journal, *L'Organisateur*, mais c'était Prosper Enfantin qui lui avait assuré une plus large audience avec deux feuilles libérales, *Le Producteur* et *Le Globe*, et surtout grâce à la fondation d'une sorte de secte dont l'originalité de langage et d'habillement, de conduite et de mœurs, devait lui assurer une publicité assez tapageuse pour mener ses membres en prison. En 1823, deux ans avant sa mort, Henri de Saint-Simon avait tenté de se suicider parce qu'il s'était aperçu « qu'il faudrait plus de temps qu'il ne l'avait pensé pour que l'intérêt public se portât sur ses travaux ».

Avec Prosper Enfantin, la secte saint-simonienne connaît un nouvel essor et ne risque plus de passer inaperçue, tant ses membres mettent de soin à se faire remarquer, n'hésitant pas à braver le ridicule et même la prison pour défendre leurs théories. Celles-ci apparaissent comme révolutionnaires alors qu'elles sont fondées sur la propriété, le travail et la juste rétribution de celui-ci. A la formule inventée par Henri de Saint-Simon : « Toutes les institutions sociales doivent avoir pour but l'amélioration matérielle et morale de la classe la plus nombreuse et la plus pauvre », Enfantin apporte un correctif : « A chacun selon sa capacité, à chaque capacité suivant ses œuvres. » Il n'est pas question de créer un nouveau paradis terrestre ou de nourrir des fainéants. On aboutirait ainsi à un partage inégal des richesses produites et, comme Enfantin le précise, la pire injustice serait un partage égal, en fonction des besoins ou des appétits.

Un des premiers buts des saint-simoniens est la création ou l'amélioration des voies de communication afin de faciliter la distribution des richesses ; aussi se montrent-ils enthousiastes partisans des chemins de fer, voyant dans la machine à vapeur, comme l'écrit Enfantin, *la première raison des rois*, en réplique à la belliqueuse devise ornant les canons de Louis XIV : *Ultima ratio regum*. Comme il faut de l'argent pour de si vastes entreprises, ils soulignent l'importance des banques qui sont, écrit l'un d'eux, « le germe d'une institution directrice, d'un véritable gouvernement de l'industrie. Ce sont les banques qui doivent donner à l'industrie une vie unitaire et sociale. Le gouvernement tend à devenir le premier des banquiers... le dépositaire et le dispensateur du capital national. Mais il ne pourra descendre jusqu'aux derniers degrés de l'association industrielle que par l'intermédiaire des banques de plus en plus spéciales, graduées hiérarchiquement [1] ». Alors que Lesseps assimilera, en les assainissant, bien des notions saint-simoniennes, celle-là lui échappera et sera l'une des causes de son échec à Panama.

Michel Chevalier, célèbre saint-simonien, souhaiterait, lui, que le gouvernement, se mettant au-dessus des partis, assume la direction du pays par la création de chemins de fer, de canaux, de routes, d'écoles d'ingénieurs, d'instituts de crédit. Rêvant d'une « armée pacifique de travailleurs », ce qui sera l'un des leitmotive de Lesseps, il envisage même de former, à partir de certains régiments, des écoles professionnelles.

Tout cela, doctrine et publications, c'est le côté sérieux de l'affaire, encore inconnue du grand public. Pour faire connaître le saint-simonisme, il n'est pas meilleure publicité que le scandale. A cet égard, les saint-simoniens, regroupés en société depuis le 1er juillet 1825, sont passés maîtres. Ils avaient d'abord fondé une communauté qui eut quelque temps ses assises rue Monsigny et rue Taitbout. Là, ils vivaient frugalement, à la manière monastique, se servant eux-mêmes et s'entraidant pour toutes les tâches domestiques, mais ils n'avaient pu résister à la tentation de se dessiner un uniforme qui leur valait plus de succès que leur doctrine et qui leur donnait l'air de figurants d'opéra. Les hommes — ils sont la majorité — portent un pantalon blanc, un gilet rouge et une tunique d'un bleu tirant sur le violet, ce qui fait de chacun une sorte de drapeau républicain, bien qu'en réalité le blanc soit pour eux la couleur de l'amour, le rouge, celle du travail, et le bleu aux reflets violets, celle de la foi. Echarpe et couvre-chef sont laissés au goût de chacun, ce qui donne parfois d'étranges résultats. Le gilet, qui se boutonne dans le dos, est un symbole de fraternité puisqu'on ne peut le revêtir seul, qu'il faut se faire aider par un *frère*.

Le maître et ses disciples prennent leurs ébats chaque semaine en organisant causeries, soirées musicales et même bals, où l'on danse sur des airs composés par un musicien de talent, Félicien David. Car le plus curieux de cette secte est qu'elle réunit non des vaincus de la vie, comme les mouvements de Fourier ou d'Etienne Cabet, mais une élite

1. S. Charléty, *Histoire du saint-simonisme*, p. 106.

issue des grandes écoles, et surtout de Polytechnique, véritable pépinière de saint-simoniens. Tous ces jeunes gens un peu fols appartiennent à la grande bourgeoisie, comme Humann, fils du ministre des Finances de Louis-Philippe, et beaucoup d'entre eux, une fois assagis, feront de belles carrières, peuplant les conseils d'administration des grandes compagnies du Second Empire.

Si Auguste Comte, Armand Carrel et Augustin Thierry ont déjà quitté le mouvement, d'autres y demeurent fidèles, et certains accompagneront jusqu'à sa mort le père Enfantin. Parmi les noms destinés à la célébrité, notons ceux d'Henri Fournel, d'Hippolyte Carnot, fils de Lazare et père de Sadi, le futur président de la République, de Michel Chevalier, qui finira sénateur, professeur au Collège de France et académicien, du baron Henri d'Eichtal, que l'on trouvera dans toutes les sociétés financières du Second Empire, des trois frères Talabot, créateurs avec les Péreire d'une partie du réseau ferroviaire, sans compter nombre d'autres entreprises, d'Olinde Rodrigues, et aussi d'artistes, peintres ou compositeurs, comme Félicien David.

Le plus étrange est la sympathie des banquiers à l'égard des saint-simoniens dont certaines théories devraient les effaroucher, comme la suppression de l'héritage en ligne collatérale, et surtout celle du prêt à intérêt. La vie simple et les tentations de la pauvreté ont toujours exercé sur les riches une curieuse attraction. Aussi n'est-il pas surprenant de voir autour d'Enfantin des banquiers comme d'Eichtal, Laffitte, Arlès-Dufour, toujours prêts à secourir l'homme qui veut réformer une société où ils font pour le moment d'excellentes affaires et à supprimer des abus grâce auxquels ils s'enrichissent.

Est-ce un effet de ce magnétisme auquel Prosper Enfantin doit beaucoup de son influence et de son succès personnel ? Beau comme le sont souvent, dit-on, les enfants de l'amour, ce qu'il est d'ailleurs, avec une stature élevée, un visage aux traits nobles et réguliers, le *Père* a une chevelure de prophète biblique et une voix mélodieuse aux accents de laquelle on résiste difficilement. Doué d'une grande puissance de travail et de concentration, infatigable, éloquent, voire emphatique, usant de grands mots pour exprimer ses idées, il sera toujours aimé, révéré, adoré, détesté aussi, mais souvent par amour déçu, et ne laissera personne indifférent. C'est incontestablement une personnalité hors du commun et le saint-simonisme lui doit son extraordinaire audience, avant de disparaître avec lui. La plume alerte et la parole aisée, encore qu'il joue avec habileté de longs silences qui laissent pantelant l'auditoire, il est un remarquable conférencier qui a déjà parcouru la France de ville en ville afin d'y prêcher sa doctrine et, à cet égard, il n'aura pas de meilleur imitateur que Ferdinand de Lesseps qui, plus tard, sillonnera inlassablement la France et une grande partie de l'Europe pour convaincre le public de l'intérêt d'un canal à Suez, puis à Panama.

Enhardis par le relatif succès de leurs théories, les saint-simoniens avaient multiplié les imprudences, écrivant des articles sur l'amour libre et le rôle de la femme dans leur projet d'une nouvelle société, insistant sur son affranchissement, son égalité avec l'homme et même sa supériorité sur celui-ci. Il faut reconnaître au Père une absence totale d'hypocrisie, propre à choquer les consciences bourgeoisies, car il menait alors une vie privée sans souci de la morale chrétienne ou même civique. L'opinion s'était émue, la justice aussi. La police avait fermé la salle de la rue Taitbout, puis dispersé la communauté de la rue Monsigny. Enfantin et certains de ses disciples s'étaient retrouvés en cour d'assises et leur procès, les 27 et 28 août 1832, avait été une occasion supplémentaire de scandale, ainsi que de publicité. La Cour avait ordonné la dissolution de la société, puis avait prononcé contre Enfantin, Duveyrier et Chevalier une condamnation à un an de prison et cent francs d'amende. Leur pourvoi ayant été rejeté, les condamnés avaient dû purger leur peine à Sainte-Pélagie où le père Enfantin avait eu la vision de son nouveau destin : celui-ci l'appelait en Orient où il trouverait celle qui formerait avec lui le couple idéal, le *couple-prêtre*. Il lui fallait donc quitter la France au plus vite et chercher en Orient la Mère. Il ne devait jamais la rencontrer, sans pour cela manquer de femmes adorantes, certaines offertes par leurs maris, par zèle en faveur de la secte et par culte envers le Père. Comme l'avaient remarqué Pierre Laroux et Hippolyte Carnot, sa doctrine, en amour, c'était la réglementation de l'adultère.

*

Relâché six mois plus tôt que prévu, le père Enfantin s'était d'abord retiré à Ménilmontant où la secte avait transformé un domaine en phalanstère, et il avait informé ses disciples de son départ pour l'Orient, où de grandes choses les attendaient :

C'est à nous à faire
Entre l'antique Egypte et la vieille Judée
Une des deux nouvelles routes d'Europe
Vers l'Inde et la Chine
Plus tard nous percerons aussi l'autre
A Panama
...
Suez
Est le centre de notre vie de travail.
Là, nous ferons l'acte
Que le monde attend
Pour confesser que nous sommes
Mâles.

Ainsi le *Père* s'exprimait-il avec lyrisme et simplicité. Sortis à leur tour de Sainte-Pélagie, Barrault et douze adeptes, condamnés en même temps que lui, s'étaient embarqués à Marseille, où la foule avait voulu leur faire un mauvais parti, et avaient gagné Constantinople où ils étaient arrivés le 15 avril 1833. S'ils ne songeaient pas encore à percer l'isthme de Suez, comme leur maître les y invitait, du moins voulaient-ils trouver la Mère, indispensable à la réussite de l'entreprise. Accueillis fort mal par le sultan qui, en pleine déroute de Syrie, avait d'autres sujets de préoccupation, et fort mal aussi par l'ambassadeur de France, honteux de leur exhibition dans les rues de la ville, ils avaient été promptement expulsés vers Smyrne.

Après maintes tribulations, et une visite infructueuse à Lady Hester Stanhope, en qui l'on avait cru trouver la Mère mais que l'on avait jugée trop âgée pour ce rôle, l'équipe avait fini par rallier Alexandrie au mois de septembre 1833. Elle y précédait de peu le père Enfantin qui, même sans accouplement avec la Mère introuvable, entend célébrer, par le percement de l'isthme de Suez, l'union de l'Orient et de l'Occident : « La Méditerranée sera leur lit nuptial... », avait écrit dans *Le Globe*, en 1832, Michel Chevalier, mais celui-ci estimait que le projet de canal « n'avait pas le sens commun », et il conseillait d'autres travaux d'utilité publique.

Michel Chevalier n'est pas le seul à mettre le *Père* en garde contre cette utopie. Au mois d'août 1833, le docteur Bailly a rappelé l'éventuelle opposition britannique : « Les Anglais, dit-il, n'ont jamais voulu et ne veulent et ne voudront jamais le canal de Suez dans la crainte de voir grandir encore la puissance matérielle de Méhémet-Ali sur les pachas de la côte orientale de l'Arabie, du golfe Persique et de la Perse jusqu'à Bombay. Ils ne peuvent conserver les Indes qu'autant que personne n'y va[1]... », et il faisait ensuite allusion aux démarches britanniques pour établir un service d'estafettes par Alexandrie et Alep afin d'acheminer le courrier, moyen qui leur permettait de communiquer rapidement avec les Indes sans rien devoir à Méhémet-Ali.

Un Anglais, le lieutenant Waghorn, a été le pionnier de cette liaison. En 1829, de sa propre initiative et sans aucun appui officiel, il a voulu démontrer qu'en faisant passer les dépêches importantes par l'isthme de Suez on pouvait gagner un temps précieux sur le trajet maritime par le Cap. Plusieurs fois, il avait personnellement porté des duplicata de dépêches de Londres pour Bombay en passant par la France, et en s'embarquant soit à Marseille, soit dans un port italien, pour gagner Alexandrie. De là, il traversait l'isthme à cheval ou à dromadaire et reprenait, à Suez ou dans un port de la côte arabique, un navire à destination de Bombay. Ferdinand de Lesseps, qui connaîtra bientôt le lieutenant Waghorn, sera l'un des premiers à souligner l'inté-

1. H. d'Allemagne, *Les Saint-Simoniens 1827-1837*, p. 338.

rêt de ce que l'on appellera plus tard l'*Overland Route*, et, pour rendre hommage à Waghorn, quasiment mort d'épuisement, il fera ériger son buste à Port-Thewfik, à l'extrémité du canal de Suez.

Embarqué le 22 septembre à Marseille sur le navire *El principe ereditario*, battant pavillon saint-simonien, Enfantin arrive au port d'Alexandrie après une traversée houleuse et reste à bord, chargeant les disciples qui l'ont accompagné d'effectuer les visites d'usage et d'annoncer le motif de sa venue : ouvrir un passage entre la mer Rouge et la Méditerranée, puis s'attaquer ensuite à l'isthme de Panama. Pendant huit jours, Henri Fournel, un ancien ingénieur des Mines, et Lambert multiplient les démarches auprès des notabilités d'Alexandrie. Mimaut et Lesseps les reçoivent courtoisement, mais, mal impressionnés par leur vêture et leur assurance inspirée, leur déconseillent d'aller exposer leur projet au vice-roi. Mieux vaudrait, leur disent-ils, procéder par étapes, commencer par entrer au service égyptien, puis attendre une occasion de dévoiler leurs plans. M. de Sérizy se montre encore moins encourageant, confiant à Fournel que le vice-roi, souvent abusé par des projets mirifiques, se défie maintenant des Européens.

Apprenant le maigre résultat de ces premières démarches, Enfantin quitte alors son navire et, le 1er novembre 1833, part pour Le Caire. Il a envoyé deux disciples, Alric et Collin, parcourir l'isthme afin d'y reconnaître le terrain. Au Caire, Enfantin, confortablement logé chez des Français, les Dijon, se voit princièrement traité par la colonie française. Il ne s'endort pas dans les délices de cette nouvelle Capoue et visite activement la ville et ses environs, prenant des notes, échafaudant des projets.

Le 13 janvier 1834, Méhémet-Ali se décide à recevoir le père Enfantin, présenté par le consul Mimaut. L'audience se passe bien, mais le *Père* et le prince n'ont pas les mêmes préoccupations. Le vice-roi veut un barrage sur le Nil, pour réguler l'irrigation du Delta, et un chemin de fer du Caire à Suez, avec prolongation jusqu'à Alexandrie, ce qu'il a d'ailleurs déjà demandé à un ingénieur anglais. Enfantin, lui, ne pense qu'au grand œuvre : le percement de l'isthme. Il n'est guère écouté.

Pour se mettre dans les bonnes grâces de Méhémet-Ali, Fournel et Lambert s'attellent au problème du chemin de fer, vite résolu puisqu'ils remettent le 24 janvier leur projet au vice-roi qui le rejette aussitôt, disant qu'il ne voudrait pas manquer de parole envers l'ingénieur anglais, Galloway.

Les 28, 29 et 30 janvier, Henri Fournel défend le projet de canal devant le Grand Conseil, présidé par le vice-roi, s'efforçant de persuader celui-ci de l'intérêt que l'Egypte et le souverain y trouveraient. Comme le fera plus tard Lesseps, il envisage un appel aux puissances maritimes auxquelles profiterait particulièrement le raccourcissement de la route des Indes afin qu'elles fournissent les fonds nécessaires. Le vice-roi, lui, fournirait la main-d'œuvre, aux ordres d'ingénieurs européens. Une fois achevé, le canal serait déclaré neutre et ouvert aux navires de toutes les nations. L'Egypte, en échange d'un droit de péage, assurerait son entretien.

Méhémet-Ali, qui tient à son barrage, écarte le projet de canal, et, pour consoler Fournel de sa déconvenue, il lui offre la direction des mines de Syrie, mais l'ingénieur préfère regagner la France, ayant perdu dans cette aventure beaucoup de ses illusions et même sa foi dans le père Enfantin dont il se sépare en lui adressant une lettre d'adieu fort aigre, récapitulant ses griefs à son égard.

Malgré la défection de Fournel, Enfantin, inaccessible au découragement, décide de se consacrer au barrage et invite ses disciples à le seconder. Pour la partie technique des travaux, Méhémet-Ali a mis à sa disposition son ingénieur, Linant de Bellefonds, un ancien officier de marine entré au service égyptien, et Hattin-bey, un homme à lui, mais c'est Enfantin qui assume la direction générale de l'entreprise, et il commence aussitôt par l'essentiel : le dessin d'un nouveau costume saint-simonien, compromis entre l'ancien et la mode orientale, afin de s'adapter au climat.

Le 9 mai 1834, Enfantin et Lambert vont s'établir auprès du futur barrage, et, le 12 mai, les travaux commencent. Ils ne dureront pas longtemps : bientôt les travailleurs désertent, emportant leurs outils. Entre les mois de juin et d'août, environ treize cents hommes s'évanouissent dans le désert. Enfantin ne perd pas courage et, peut-être pour donner le change, il annonce aux Français du Caire et d'Alexandrie qu'il les convie à célébrer le 15 août 1834 : anniversaire de la naissance de Napoléon.

Dans la nuit du 14 au 15 août, une barque amène à l'emplacement du futur barrage Soliman pacha ainsi que diverses personnalités comme Hattin-bey, Moukhtar-bey, M. d'Hautpoul, Lambert et des familiers du vice-roi. Ferdinand de Lesseps représente officiellement la France et participe aux festivités marquant la nativité impériale. Celles-ci sont fastueuses. Après la visite des chantiers, un grand déjeuner est servi sous la tente du père Enfantin : les invités sont assis à la turque autour de trois grandes tables basses sur lesquelles se succèdent les plats. Les dix-neuf invités boivent seize bouteilles de vin de Champagne, quinze de Bourgogne, une dizaine de vin de Provence et à peu près autant de vin ordinaire. Un seul des convives, assure Enfantin, montrera quelques signes d'ébriété. Le repas terminé, on s'en va poser la première pierre d'une école du Génie civil que Soliman pacha consacre en la marquant d'un doigt trempé dans le sang d'un mouton qu'on vient d'égorger.

Cette fête, qui restera gravée dans la mémoire de Lesseps, est une sorte de chant du cygne. En effet, les difficultés se multiplient. Enfantin n'obtient pas l'ingénieur hydraulicien qu'il réclamait, ni les polytechniciens avec lesquels il voulait renforcer son équipe. Il y a des temps morts, dont il profite pour imaginer d'autres créations, comme l'école d'infanterie de Damiette ou celle de cavalerie de Gizeh. Linant de Bellefonds, qui sera plus tard le premier collaborateur de Lesseps, prend ombrage du prestige acquis par Enfantin, tandis que Méhémet-Ali, devenu méfiant à l'égard de ces dangereux utopistes que sont les saint-simoniens, cherche à s'en débarrasser. Il n'est pas le seul à s'en défier, et Mimaut lui-même, agacé par leur comportement, ne se gêne pas pour les critiquer en public.

Rien de cela ne sera perdu pour Lesseps qui fera son profit de l'expérience et saura plus tard, en reprenant le projet du canal, éviter les fautes commises par les saint-simoniens. Pour lui, l'aventure du père Enfantin est une magistrale leçon de choses et une vaste matière à réflexion. Il verra le vice-roi se désintéresser peu à peu du barrage, en dépit des efforts d'Enfantin qui, pour remplacer la main-d'œuvre défaillante, a l'idée de faire appel à l'armée égyptienne. On choisirait les plus intelligents des soldats pour en faire des instructeurs, et Enfantin songe à confier le bureau du Génie au futur général de Lamoricière, amplement familiarisé avec les Arabes depuis la conquête de l'Algérie. Cette solution est repoussée par le vice-roi ; les ingénieurs recrutés par Linant de Bellefonds s'en vont les uns après les autres, puis Enfantin part à son tour. Comme beaucoup de déçus de l'existence ou de disgraciés, il se réfugie en Haute-Egypte où les préoccupations humaines apparaissent bien vaines auprès des monuments élevés aux dieux. Le projet de barrage ainsi abandonné sera repris plus tard et mené à bonne fin par Mougel-bey, destiné à devenir l'un des principaux ingénieurs du canal de Suez.

*

Pour expliquer le désintérêt progressif du vice-roi, il faut ajouter que celui-ci a bien d'autres soucis en tête. Après une avance foudroyante en Syrie, et l'occupation de cette province ottomane, Ibrahim pacha, son fils, a marché sur Constantinople, et, sans vouloir remplacer la dynastie des Osmans, Méhémet-Ali aurait aimé profiter de cette situation pour se séparer de la Porte et s'assurer la possession de l'Egypte à titre héréditaire.

Le 3 septembre 1834, il a fait tenir aux cabinets de Paris, Londres et Vienne une note offrant son aide, avec une armée de quinze mille hommes, au cas où les trois nations envisageraient une action commune contre la Russie, leur rivale au Proche-Orient. En échange, il souhaiterait obtenir des trois puissances la garantie de l'indépendance de l'Egypte. Pour une fois, le rusé Méhémet-Ali montre une ingénuité qui choque les chancelleries : « Ces choses peuvent se faire, elles ne se disent pas... », déclare un homme politique. Ayant essuyé un refus, le vice-roi change ses batteries et, soutenu cette fois par la France, il demande au sultan de lui accorder l'hérédité du gouvernement de l'Egypte, à défaut d'une indépendance encore impossible à exiger.

Il a d'ailleurs dû rabattre un peu de ses ambitions, car les nouvelles de Syrie sont moins bonnes. Ibrahim pacha, qui gouverne la région d'une poigne de fer, y excite un tel mécontentement que les Syriens en viennent à regretter les Turcs... Dépouillés de leurs monopoles et lourdement taxés, les commerçants crient à l'assassinat. Une révolte a déjà éclaté au mois de mai 1834 dans l'arrière-pays de Naplouse, à l'occasion d'une levée d'hommes imposée par Ibrahim pacha. Les rebelles se sont si bien défendus que Méhémet-Ali a dû envoyer à son fils un renfort de huit mille hommes. La révolte, écrasée, a été suivie d'une répression impitoyable.

Quatre cents jeunes gens de Bethléem, réfractaires à cette levée, ont été arrêtés, condamnés aux galères et envoyés en Egypte. En arrivant à Alexandrie, ils sont internés au lazaret dans des conditions déplorables. Or, en sa qualité de président de la commission consulaire sanitaire, Ferdinand de Lesseps est amené à leur rendre visite. Il les trouve en train de se lamenter bruyamment, avec ce faste de douleur que les Orientaux savent mettre dans leurs plaintes. Leur cas fait d'autant plus de bruit que leurs lamentations trouvent un écho à l'extérieur, reprises et intensifiées par un chœur de mères éplorées ou d'épouses indignées, accourues réclamer leur libération. Emu de la misère des uns et de la détresse des autres, Lesseps promet d'intervenir auprès du vice-roi, mais celui-ci ne veut rien faire, hésitant à déjuger son fils. A la fin de leur entretien, Méhémet-Ali se laisse émouvoir à son tour et lui accorde la libération, chaque semaine, de cinq condamnés.

Cette grâce, à peine connue, provoque évidemment plus d'effervescence et de cris que n'en avait fait l'emprisonnement des insoumis. Son caractère partiel semble une monstrueuse injustice, et le consulat de France est assiégé nuit et jour. Lesseps ne peut plus en sortir sans être assailli par des femmes vociférantes, et il n'échappe à leurs griffes qu'en leur laissant des lambeaux de ses vêtements. Un jour qu'il se présente dans cet état devant Méhémet-Ali, celui-ci s'étonne du désordre de sa tenue : « C'est votre faute, réplique hardiment Lesseps, tant que vous n'aurez pas remis en liberté la totalité de mes protégés, il en sera de même, et je ne suis pas au bout de mes peines si vous ne relâchez que cinq prisonniers par semaine. »

Amusé par l'aplomb du jeune vice-consul, Méhémet-Ali cède et fait libérer les jeunes gens de Bethléem. Vingt-cinq ans plus tard, Lesseps recueillera le fruit de ce geste.

Sur ces entrefaites, survient un événement qui fait oublier la politique et donne à Lesseps une autre occasion de se signaler. La peste, qui sévit régulièrement en Egypte, éclate à nouveau, ravageant les populations du Caire et d'Alexandrie et emporte aussi un certain nombre de saint-simoniens entrés au service égyptien. Le père Enfantin quitte Le Caire avec quelques disciples pour regagner la Haute-Egypte et s'installe à Karnak où il occupe ses loisirs forcés en apprenant l'arabe. Une société assez nombreuse a fui jusque-là, parmi laquelle Mimaut qui, voyant quotidiennement le père Enfantin, finit par abandonner certaines de ses préventions à son égard.

Lesseps, lui, est resté à son poste afin de lutter contre l'épidémie à laquelle est venue s'ajouter le choléra. Elle durera presque deux ans, pendant lesquels Lesseps, bravant impunément le danger, se partage entre Le Caire et Alexandrie. Son sang-froid, son énergie et son humanité forcent l'admiration des Européens et des Egyptiens. Nommé commissaire en chef à la Santé publique, il installe un hôpital au consulat du Caire. Un jour, procédant à une inspection, il découvre dans un autre hôpital une quarantaine de malades abandonnés sans soins, car les médecins n'osent s'en approcher. Il pénètre dans la salle et persuade un jeune médecin de l'imiter... Une autre fois, averti que dans un quartier d'Alexandrie des Maltais refusent tout soin et restent entre eux, ce qui augmente les risques de contagion, il va les voir, leur parle, insiste sur les dangers qu'ils courent, sur ceux qu'ils font courir à autrui, et réussit à les convaincre d'entrer au lazaret. Comme ils n'ont rien à se mettre sur le dos, il organise une collecte auprès des Européens pour leur procurer des vêtements. Grâce à cette hygiène imposée, seuls trois ou quatre Maltais périssent ; les autres, rendant justice à Lesseps, ne l'appellent plus que leur sauveur.

Cette courageuse conduite est signalée par la presse française et lui vaut d'être créé le 29 avril 1836 chevalier de la Légion d'honneur. Il a bien mérité un congé qu'en vain son frère Théodore avait déjà demandé pour lui au mois d'octobre 1834.

Alors qu'il se prépare à quitter l'Egypte, Mimaut, dont il assurait l'intérim pour Alexandrie, meurt pendant son congé en France, et son successeur, Cochelet, arrive le 30 octobre 1837. Il lui faut rester quelques semaines de plus pour le mettre au courant et l'installer officiellement. La situation en Egypte est moins favorable aux Français qu'elle ne l'était lorsque Lesseps y avait débarqué, cinq ans plus tôt. Méhémet-Ali semble avoir changé d'attitude à leur égard, peut-être pour avoir été dupé par trop d'aigrefins et de vulgaires aventuriers qui n'ont vu dans l'Egypte qu'un moyen de s'enrichir rapidement, c'est-à-dire malhonnêtement. Diverses personnalités comme M. de Sérizy ou Soliman pacha ont été renvoyées, ainsi que des professeurs, des artisans, des ouvriers. Le père Enfantin a quitté le pays à la fin de l'année 1836, y laissant toutefois quelques fidèles, tels Lambert, Bruneau, Machereau, Savary.

Si Lesseps part à son tour, c'est avec la ferme intention de revenir, mais point seul. Maintenant que sa position est assurée, il peut, bien que sans fortune, épouser un beau parti. Agathe Delamalle en est un, qui appartient à une famille de juristes éminents. Son grand-père, Gaspard-Gilbert Delamalle, avocat au Parlement de Paris, s'était fait connaître en plaidant pour la marquise de Mirabeau contre son mari, « l'ami des hommes », et père de l'orateur. Incarcéré sous la Terreur comme aristocrate, il était resté un an aux Madelonettes et en était sorti après le 9 Thermidor, dégoûté à jamais de la justice républicaine. Créé chevalier de l'Empire, auteur d'un *Essai d'institutions oratoires à l'usage de ceux qui se destinent au barreau*, il était mort en 1834, laissant deux fils, l'aîné, créé vicomte par Louis-Philippe, et le cadet, Charles-Victor, disparu prématurément, laissant à son tour deux enfants, Victor et Agathe. Sa veuve, au nom fleurant le jansénisme — elle est née Angélique Arnaud — est non seulement une femme de tête — elle le prouvera — mais une femme charmante. Elle a, de son chef, une belle fortune, et sa fille a donc, comme le disent les notaires, des *espérances*.

Ferdinand de Lesseps, qui a connu Agathe Delamalle lors d'un de ses derniers séjours à Paris, n'a cessé de penser à elle, et du lazaret de Marseille, où il attend la fin de sa quarantaine, il rédige à loisir ses demandes en mariage. La première est adressée à sa future belle-mère : « Après vingt mois d'épreuves, lui écrit-il le 24 novembre 1837, je me vois à la veille d'obtenir, par une union que j'ai si ardemment désirée, le droit de vous nommer ma mère. Je reviens auprès de vous toujours plus reconnaissant, et je ne vous dirai jamais assez tout ce que je vous porte de gratitude et d'affection, car vous m'avez donné ce qui vous était le plus cher. Je me suis efforcé, pendant le temps de l'absence, de me rendre digne de vous et de la famille honorable qui m'accueille dans son sein. Tel a été le mobile puissant qui m'a aidé et encouragé dans l'accomplissement de ma tâche, et si j'ai réussi, c'est à lui que je le dois[1]. »

De la même plume, il écrit ensuite au ministre des Affaires étrangères pour solliciter l'autorisation de se marier, précisant que cette alliance « a reçu depuis deux ans l'approbation de la famille et celle de Mlle Delamalle ». A quoi le ministre répondra en accordant bien volontiers son agrément : « Votre alliance avec une famille placée si haut dans l'estime publique et où vous trouverez d'ailleurs toutes les conditions de fortune et de sympathie désirables, ne peut, Monsieur, que mériter mon approbation sans réserves[2]... » En homme soucieux de voir ses agents représenter dignement la France à l'étranger, ce qui exige un certain train de vie, le comte Molé fait passer la fortune avant l'amour...

Le mariage est célébré à Paris le 21 décembre 1837, à l'église de l'Assomption, rue Saint-Honoré[3]. L'aumônier de la reine Marie-

1. J. Bridier, *Les de Lesseps*, p. 255.
2. Archives des Affaires étrangères, Personnel Série 1, carton N° 206.
3. Dite aujourd'hui *Eglise polonaise*.

Amélie, évêque *in partibus* du Maroc, met par son titre une note exotique au milieu de cette cérémonie.

*

Son congé terminé, Lesseps s'apprête à regagner l'Egypte où il sera chargé de la gestion du consulat général du Caire et de l'agence d'Alexandrie, mais le ministère a soudain besoin de lui ailleurs. La situation s'est dégradée entre le nouveau royaume de Belgique et celui des Pays-Bas, aux dépens duquel il a été constitué en 1831. Le roi des Pays-Bas, Guillaume Ier, refuse d'accepter l'indépendance d'un pays qu'il regarde comme rebelle, et sa position contrarie Louis-Philippe dont la fille a épousé le roi des Belges, Léopold Ier. Il faut mettre un terme à cette situation déplaisante. Aussi le comte Molé a-t-il chargé un diplomate éprouvé, le baron de Boislecomte, de trouver un arrangement. Lesseps a connu Boislecomte en 1833 lorsque le duc de Broglie, alors aux Affaires étrangères, avait envoyé le baron en mission auprès de Méhémet-Ali. Lesseps part d'abord pour La Haye, où il séjourne un moment afin d'aider l'ambassadeur, puis il est nommé le 19 juillet 1838 au consulat de Rotterdam pour en effectuer la gestion provisoire en attendant le retour du titulaire, M. de Lagau, lui-même appelé à Tunis pour prendre l'intérim du consulat.

Il ne parlera jamais beaucoup de ce séjour hollandais, marqué seulement par la naissance, le 8 novembre 1838, d'un fils, Charles-Théodore, qui meurt au bout de quelques jours. Il doit regretter d'autant plus son éloignement de l'Egypte que s'y produisent des événements importants. Malgré l'opposition de Londres, le sultan Mahmoud II a résolu de mettre un terme à l'intolérable occupation de la Syrie par Ibrahim pacha. Il fait donc attaquer l'armée égyptienne, mais il essuie, le 24 juin 1839, une cuisante défaite et meurt, avant même d'avoir appris ce désastre, laissant le trône au sultan Abdul-Medjid. On semble avoir perdu la tête à Constantinople en apprenant la défaite infligée par Ibrahim pacha. La flotte turque, avec à sa tête le kapitan pacha, déserte et vient s'ancrer le 15 juillet 1839 devant Alexandrie pour se mettre à la disposition de Méhémet-Ali qui croit difficilement à un tel bonheur. Il doit bientôt déchanter, car les puissances s'émeuvent et interviennent énergiquement auprès de lui pour qu'il évacue la Syrie. En compensation de ce retrait, Palmerston, au nom de la Grande-Bretagne, offre à Méhémet-Ali de lui reconnaître la souveraineté héréditaire de l'Egypte, mais sans aller jusqu'à la rupture avec la Porte, à laquelle l'Egypte serait toujours inféodée. Ensuite, Londres, Vienne et Saint-Pétersbourg, laissant Paris à l'écart, concluent avec le sultan un accord prévoyant l'évacuation de la Syrie, mais sans donner à Méhémet-Ali les avantages et les garanties qu'il réclame.

Cette politique commune des puissances à l'égard du sultan, sans y associer la France, a pour résultat d'irriter Louis-Philippe et d'amener le gouvernement, soutenu d'ailleurs par l'opinion publique, à prendre fait et cause pour Méhémet-Ali, ne serait-ce que pour faire pièce à la Grande-Bretagne. Sans doute est-ce à ce moment que Lesseps, connaissant bien le souverain et les ressources de son pays, est appelé par le ministère en consultation à Paris et y passe quelque temps.

Le renvoi par le sultan du grand vizir Khursew et son remplacement par l'ancien ambassadeur turc à Paris, Ahmed Fathi pacha, aident au règlement du conflit. En gage de bonne volonté, Méhémet-Ali promet de restituer la flotte ottomane, mais Palmerston, qui se défie de lui, réunit à Londres, au mois de juillet 1840, les ambassadeurs de Prusse, d'Autriche et de Russie pour signer avec eux, le 15 juillet, une convention reconnaissant à Méhémet-Ali le gouvernement héréditaire de l'Egypte ainsi que la possession, à titre uniquement viager, de la Syrie et de Saint-Jean-d'Acre. En contrepartie, Méhémet-Ali doit abandonner ses conquêtes en Arabie, notamment La Mecque et Médine, ainsi que la Crète, dont il s'était emparé. Comme l'année précédente, la France a été écartée de la conférence, et son ambassadeur à Londres, Guizot, est mis devant le fait accompli.

Le gouvernement français ne cache pas son mécontentement, mais il ne peut aller contre le vœu des grandes puissances, tandis que Méhémet-Ali, mécontent lui aussi de cet arrangement dont il fait les frais, fait savoir à Paris qu'il est prêt à déclarer la guerre à ces mêmes puissances qui ont réglé son sort sans le consulter. Il est même si furieux qu'il a ordonné aux consuls européens de quitter Alexandrie, mais ceux-ci ont refusé, lui représentant qu'ils étaient accrédités auprès de lui en sa qualité de pacha d'Egypte et qu'ils ne pouvaient obéir qu'à une injonction de son souverain, le sultan. C'était, en rappelant ce lien de suzeraineté qu'il voulait briser, infliger une atteinte de plus à son amour-propre.

Pour sauver celui de la France, Thiers charge alors le comte Walewski d'une mission auprès de Méhémet-Ali pour obtenir du vice-roi qu'il laisse la France négocier en son nom avec le sultan. Mais pour disposer d'arguments de poids, il faudrait mettre Alexandrie en état de défense, étouffer l'insurrection qui gronde en Syrie et prendre l'offensive avant que les troupes égyptiennes, inactives depuis un an, soient complètement démoralisées. En même temps, Thiers prévient Palmerston que si le sultan ne se montre pas plus accommodant, il n'hésitera pas à soutenir militairement Méhémet-Ali. Malheureusement, Walewski, parti pour Constantinople après s'être entretenu longuement avec Méhémet-Ali, n'obtient rien pour le protégé de la France. Entre-temps, la flotte anglaise a débarqué en Syrie des troupes qui s'emparent de Tripoli, puis de Saint-Jean-d'Acre, et obligent l'armée égyptienne à se retirer. Fort de cet appui, le sultan en profite pour destituer le vice-roi, le 3 octobre 1840, et le remplacer par Izzet pacha. Alors que la guerre est sur le point d'éclater entre la France et la Grande-Bretagne, une intervention du roi des Belges auprès de Louis-Philippe amène le renvoi du belliqueux M. Thiers et son remplacement, à la présidence du Conseil, par le maréchal Soult.

Sagement, ce vieux soldat, qui ne veut plus en découdre, charge Guizot, revenu aux Affaires étrangères, de faire comprendre au vice-roi, qui a déjà restitué la flotte ottomane, qu'il faut renoncer à ses conquêtes s'il veut finir paisiblement ses jours en Egypte. En même temps, il négocie de manière à sauvegarder l'amour-propre de Méhémet-Ali sans compromettre l'honneur de la France. Ces tractations aboutissent, non sans peine, au *hati-chérif* du 1er juin 1841 par lequel le sultan confirme à Méhémet-Ali le gouvernement héréditaire du *pachalik* d'Egypte. Alors qu'il entendait néanmoins se réserver le choix du successeur parmi les descendants mâles du vice-roi, il consent à ce que la dévolution du trône se fasse en faveur du plus âgé des héritiers. Ce principe, opposé à celui de la primogéniture observé par toutes les dynasties européennes, a pour objet d'éviter les régences en cas de minorité, mais les successeurs de Méhémet-Ali auront pour souci, dès qu'ils occuperont le trône à leur tour, d'en assurer la transmission dans leur propre descendance, et à l'aîné de leurs fils. Leurs efforts pour y parvenir se retrouveront, en filigrane, dans toutes les négociations qu'ils mèneront avec la Porte et la Grande-Bretagne à propos de la création du canal de Suez.

Ces « affaires d'Egypte » et leurs complications devaient être évoquées, non seulement parce que Ferdinand de Lesseps y a été mêlé, bien que de loin, mais parce qu'elles annoncent les difficultés qu'il rencontrera vingt ans plus tard, en butte à son tour à l'hostilité de lord Palmerston et à celle de l'ambassadeur britannique à Constantinople. La question sera différente, puisqu'il s'agira du canal de Suez, mais on retrouvera les mêmes aspirations des vice-rois d'Egypte à l'indépendance et la même obstination de la Porte à vouloir maintenir le *statu quo*. A une génération de distance, les hommes et les moyens seront souvent les mêmes.

3

L'HEURE ESPAGNOLE
1840-1848

Avec un peu d'imagination, et beaucoup de bonne volonté, Lesseps peut regarder sa nomination au consulat de Malaga comme une première étape en direction de ce Levant dont il a toujours la nostalgie. La vieille cité de Malaga, pittoresque et ensoleillée, n'a-t-elle pas été arabe avant d'être reprise par l'Espagne à la fin du XVe siècle ? Depuis les fastes du khalifat de Cordoue, dont avait dépendu Malaga, la ville a beaucoup perdu de son importance, et le consulat n'en a guère, en dépit d'un port assez actif grâce à l'exportation de ces vins avec lesquels Kirkpatrick et Grivégnée s'étaient enrichis.

Si le consulat de Malaga est un poste de première classe, Lesseps n'a pu obtenir d'être aussi consul de première classe, avancement qui lui avait pourtant été promis dès le mois de juillet 1838. Pour obtenir le grade correspondant au poste, il faut attendre une vacance dans les rangs des titulaires. Un consul de première classe, Deval, celui qui avait été souffleté par le dey d'Alger, a le bon esprit de mourir, laissant un brevet libre, que Lesseps réclame aussitôt. Il aura enfin satisfaction le 27 octobre 1839.

Est-ce à cause de ces difficultés administratives qu'il a tardé à rejoindre son poste ? Il ne part en effet que le 15 juin 1840 pour Malaga, accompagné de sa famille et de son beau-frère, Victor Delamalle, un jeune homme de vingt-trois ans qui deviendra l'un de ses plus proches collaborateurs lorsque commencera l'aventure de Suez. On voyage par petites étapes, pour ménager Agathe de Lesseps qui est enceinte, et on le fait en diligence, pour ménager la bourse du ménage. A Chalon-sur-Saône, on s'embarque et l'on descend le Rhône jusqu'en Avignon, puis l'on continue, toujours en diligence, jusqu'à Marseille où l'on arrive le 25 juillet. Là, pendant cinq jours, les voyageurs font des mondanités. Lesseps connaît déjà beaucoup de monde en cette ville où, ne serait-ce que par le développement des Etablissements Pastré, une grande partie de l'activité commerciale est liée à celle de l'Egypte. Le

30 juin, tous trois s'embarquent sur *le Phénicien*, un navire à vapeur qui les dépose à Malaga sept jours plus tard.

Au premier abord, le consulat de France offre un aspect enchanteur, au milieu d'un vaste jardin à la flore exotique, avec une vue sur la montagne à laquelle est adossée la ville et une autre, admirable, sur la mer. De plus près, certains inconvénients se révèlent : les pièces sont petites et inconfortables, mais comme le personnel est réduit à trois domestiques, mieux vaut n'avoir pas de trop grands appartements. Il est difficile aussi de faire une cuisine convenable avec des vivres de qualité médiocre, et chers.

En cet été 1840, la chaleur écrase la ville une bonne partie de la journée. L'activité s'en ressent, et Lesseps a suffisamment de loisirs pour écrire une étude sur l'origine et la fonction des consuls. Il a fait venir sa bibliothèque, un piano pour Agathe, et l'on organise de petites soirées musicales pour quelques amis. La société de Malaga ne se compose que de quelques notables, entre autres des parents du côté Kirkpatrick, de visiteurs occasionnels, écrivains en quête de pittoresque, jeunes officiers de marine appartenant à quelque navire en rade. Le lien le plus sûr avec le monde civilisé, du moins avec celui de Paris, est l'arrivée régulière de *La Revue des Deux-Mondes*. Il existe aussi, comme distraction, les courses de taureaux qu'en dépit de son sang espagnol Lesseps apprécie peu, Agathe encore moins, mais il faut s'y montrer par égard pour les gens du pays qui prendraient l'indifférence du consul pour une injure au génie de la race.

Après deux mois de séjour, passés en travaux d'installation, Lesseps éprouve une fausse joie : il serait question de le nommer consul à Barcelone, mais la nouvelle n'est pas confirmée. La naissance d'un fils, Charles, le 18 octobre 1840, compense cette déception. Les premiers jours suivant l'accouchement se passent dans l'anxiété, car le couple a déjà perdu un fils à Rotterdam peu après sa naissance. Ils se rassurent en voyant que l'enfant se porte bien — il atteindra l'âge de quatre-vingt-trois ans —, et Agathe de Lesseps, ayant retrouvé sa sveltesse, peut, vêtue de son amazone, reprendre ses promenades à cheval aux environs, bien que l'on y redoute des incursions de brigands, mais c'est dans ce pays un désagrément dont il faut s'accommoder comme de la chaleur et de certains insectes malfaisants.

Les mois s'écoulent sans voir se matérialiser la nomination tant espérée à Barcelone, et c'est Mme Delamalle qui arrive à Malaga pour retrouver sa fille et voir son nouveau petit-fils. Elle va séjourner au consulat pendant presque un an, sans que sa présence nuise à l'harmonie du foyer. Au contraire. Lesseps et sa belle-mère, qui n'ont d'ailleurs que cinq ans d'écart, ont trop de traits communs pour ne pas s'entendre, et leur correspondance assidue, lorsqu'ils sont séparés, montre à quel point ces deux esprits, généreux, pratiques et optimistes, se ressemblent.

Mme Delamalle regagne Paris avant que les troubles, qui sévissent de manière endémique en Espagne, n'atteignent la province de Malaga. Ils ont commencé à la fin de l'année 1833, à la mort de Ferdinand VII qui, mal conseillé par sa belle-sœur, la duchesse de Cadix, avait abrogé la loi salique, avantageant ainsi sa fille, l'infante Isabelle, au détriment de l'héritier légitime, Don Carlos. A peine l'infante Isabelle avait-elle été proclamée reine — sa mère Marie-Christine exerçant la régence en son nom — que Don Carlos, ralliant ses partisans, avait essayé de reconquérir son trône. Après une série de succès et de revers, la rébellion carliste avait fini par s'apaiser, bien qu'elle se fût prolongée en Catalogne, où la reine Marie-Christine avait été huée.

La prise du pouvoir par le général Espartero est le signal de règlements de comptes auxquels Lesseps va se trouver mêlé. La première victime du général est la reine-régente, obligée de partir en exil. Le commandant de la place de Cadix, le général Cristino Solar Espinosa, qui lui est resté fidèle, a dû s'enfuir devant une populace prête à lui faire un mauvais parti. Il a réussi à gagner Malaga et à se réfugier à bord du *Phénicien*, ce navire sur lequel Lesseps est arrivé de Marseille un an plus tôt. En apprenant la chose, la *junte* insurrectionnelle envoie auprès de Lesseps le capitaine-général commandant la garnison de Malaga, pour que le consul de France autorise la visite du navire par les policiers espagnols. En effet, depuis un traité passé un siècle plus tôt entre les deux pays, si les bâtiments de commerce ne bénéficient pas du privilège d'extra-territorialité à l'instar des navires de guerre, du moins ne peuvent-ils subir de visites sans l'accord du consul. En l'occurrence, il serait dangereux de refuser, car cela risquerait de provoquer des représailles contre le consulat et la petite colonie française. Aussi Lesseps, prévenu de cette démarche alors qu'il fait sa toilette, prie le capitaine-général de lui laisser le temps de l'achever, puis de s'habiller. Il passe aussitôt dans une autre pièce, y écrit en hâte un billet pour demander au commandant du *Phénicien* de faire passer le général fugitif à bord d'un navire de guerre français mouillé dans la rade. Après avoir laissé au porteur du message assez de temps pour gagner le navire, il sort enfin de chez lui et descend au port, afin d'accompagner le capitaine-général dans sa mission de police. Sur le quai, ils sont accueillis par une foule excitée, réclamant à grands cris la tête d'Espinosa ; impavides, ils s'embarquent tous deux sur une chaloupe et accostent *le Phénicien* où, bien entendu, il n'y a plus trace du fugitif. Lesseps pourrait craindre, au retour, que la foule, déçue, ne s'en prenne à lui, mais son calme et son indifférence, à la fois souriante et un peu dédaigneuse, en imposent à la populace qui s'écarte pour le laisser passer.

*

Au début de l'année 1841, il est toujours à Malaga, bien que virtuellement nommé à Barcelone, et le 19 avril il a même le désagrément d'apprendre qu'il est de nouveau nommé consul à Malaga. C'est seulement au mois de juin 1842 qu'il reçoit enfin sa nomination officielle au consulat de Barcelone, où il arrive à temps pour assister à une nouvelle révolution, ou, plus précisément, une nouvelle révolte. En effet, pendant la majeure partie du XIXᵉ siècle, le pays sera en perpétuelle effervescence, et tout prétexte sera bon pour descendre dans la rue, y jeter des bombes, assassiner son voisin, massacrer avec entrain. C'est un long règlement de comptes auquel se livrent les républicains espagnols, peu nombreux, mais résolus, contre les monarchistes, et à leur tour les monarchistes entre eux, puisque divisés entre partisans de la reine Isabelle et ceux de Don Carlos, tandis que les libéraux en décousent avec les conservateurs et les catholiques avec les libres penseurs. Enfin, brochant sur le tout et envenimant ces conflits, la Catalogne revendique son autonomie, avec sa capitale, Barcelone, comme foyer principal d'agitation. La Catalogne est la plus riche province espagnole, et Barcelone une cité dont le développement économique accentue l'esprit d'indépendance à l'égard de Madrid. C'est aussi une ville intellectuelle, à tendances libérales, où artistes, écrivains, journalistes se réunissent en petites sociétés de pensée qui se transforment vite en clubs, attisant la flamme de la rébellion.

Le général Espartero, régent du royaume depuis le départ de la reine mère Marie-Christine, regarde Barcelone comme un dangereux foyer d'anarchistes et, pour intimider ceux-ci, fait déployer un imposant appareil militaire. Des soldats patrouillent dans la ville et tentent aussi d'en contrôler la périphérie. On se sent presque en état de siège, et pour Lesseps la situation est délicate. En effet, si les Catalans passent pour des libéraux, dressés contre le gouvernement de Madrid, ils partagent avec celui-ci les mêmes préjugés contre les Français qui n'ont pas laissé un bon souvenir en Espagne. Les Espagnols en veulent aux Français autant pour avoir détrôné Ferdinand VII en 1808 que pour l'avoir rétabli sur son trône en 1823, après qu'il en eut été chassé par une *junte* insurrectionnelle. Dans un pays où les passions sont à ce point exacerbées, Lesseps doit se montrer prudent, car ses gestes et ses déclarations sont guettés par les deux camps qui cherchent à le compromettre afin de l'utiliser à leur profit.

Par tempérament, Lesseps est libéral, opposé à toute forme d'absolutisme, encore qu'il se soit accommodé de celui de Méhémet-Ali, mais en Orient tout apparaît sous une lumière différente et le despotisme y semble naturel. Il est choqué par les méthodes du gouvernement espagnol, bien faites pour envenimer les choses, et, à peine installé à Barcelone, il proteste contre certaines mesures visant des suspects et aussi contre des tracasseries administratives qui renforcent les contrôles à la frontière avec la France. Prévoyant un avenir agité, il a déjà pris des mesures pour assurer la protection des quatre à cinq mille Français qui vivent à Barcelone et il s'est entendu avec le commandant Gatier pour que les Français menacés puissent trouver asile à bord de la petite escadre placée sous ses ordres et ancrée dans la baie.

L'incident redouté, qui va mettre le feu aux poudres, se produit le 13 novembre 1842 : alors que des ouvriers tentaient de passer des pièces de vin à la douane sans acquitter les droits, une bagarre éclate et les soldats du poste arrêtent les fraudeurs. La troupe accourt à la rescousse, tire sur les ouvriers, et, lorsque l'ordre est rétabli, on décompte, dit-on, cinq cents morts de part et d'autre. Dans les jours qui suivent, les arrestations se multiplient, entre autres celle d'un journaliste assez connu pour provoquer, le 15 décembre, une manifestation de protestation qui dégénère en bataille de rue. Jugeant la situation grave, le général Zurbano, qui commande les troupes gouvernementales, se replie sur la citadelle où il s'apprête à résister tandis que des environs de Barcelone affluent des paysans venus soutenir les révoltés. Soucieux de mettre sa famille à l'abri des horreurs d'un siège, le capitaine-général Van Halen, avec l'accord de Lesseps, a prié le commandant Gatier de recueillir sa femme et ses enfants à bord du *Méléagre*.

Effectivement, de leur terrasse, les Lesseps peuvent voir la famille Van Halen s'embarquer pour gagner le navire, mais ils ne sont pas seuls à considérer ce spectacle. Les insurgés se sont également aperçus de cette fuite et, montés sur trois barques de pêche, ils prennent en chasse la chaloupe et l'obligent à gagner Barcelonnette. Dans une période, et un pays, où l'on massacre au moindre soupçon, Lesseps devine aussitôt le sort qui attend ces infortunés. Il n'y a pas une minute à perdre. Il endosse hâtivement son uniforme et va protester auprès de la *junte* insurrectionnelle contre cet arraisonnement d'une embarcation française, au mépris du droit international. Il est reçu par le président Carsy, un ancien capitaine de corps franc pendant la guerre carliste. Encore ignorant du vrai motif de cet arraisonnement, Carsy consent à restituer l'embarcation, mais lorsqu'il apprend l'identité de ses passagers, il s'y refuse. Il faut à Lesseps plaider longuement la cause des malheureux, au nom d'une élémentaire humanité, pour émouvoir Carsy et finir par lui arracher l'ordre de remise en liberté des captifs. Carsy le fait d'ailleurs sans oser consulter ses collègues, qui s'y opposeraient certainement, et il le supplie de garder le secret de sa clémence.

En sortant du bureau de Carsy, Lesseps se rend d'abord à Barcelonnette pour informer les fugitifs, qui voyaient leur fin prochaine, de l'heureuse issue de l'aventure. On décide de les transférer à bord du *Méléagre* au cours de la nuit afin d'éviter toute manifestation populaire. Ensuite, Lesseps gagne la citadelle pour rassurer le capitaine-général sur le sort des siens, mais, pendant qu'il s'y trouve, les combats de rue reprennent et il rentre au consulat sous la mitraille. A peine en sûreté chez lui, il craint de ne pouvoir aller la nuit venue embarquer ses protégés, car le fort des Atarazanas s'est mis à tirer sur les Ramblas, ce qui l'oblige, avec sa famille, à se réfugier dans les pièces de la maison donnant sur le jardin. Les miliciens tirent à leur tour sur les soldats loyalistes embusqués sur les toits. « Nous étions entre deux feux qui allaient avec une grande activité, nous avons garni les fenêtres de matelas [1] », écrira Mme de Lesseps à sa mère.

Avec la nuit, la fusillade s'apaise et Lesseps peut enfin mettre la famille du capitaine-général sous la protection du pavillon français. Il pourrait croire l'affaire heureusement terminée. Il n'en est rien. Par sottise, ou patriotisme assez mal entendu, le capitaine-général Van Halen exige que sa famille trouve asile à bord d'un navire espagnol. Un tel transbordement serait imprudent, car les insurgés en profiteraient certainement pour attaquer le canot portant les fugitifs, et *le Méléagre*, pour les protéger, pour protéger aussi ses marins, serait obligé de tirer à son tour, ce qui provoquerait un incident diplomatique aux conséquences imprévisibles. Lesseps résiste donc aux prétentions du capitaine-général, dont il se fera ainsi un ennemi.

Pendant les jours qui suivent ces premières échauffourées, il s'emploie, avec le consul britannique, à éviter le bombardement de Barcelone. Il a déjà réussi à négocier un accord partiel entre la Citadelle et les insurgés. Sur un appel pressant de Carsy, à qui il ne peut refuser de rendre service, il se rend, toujours accompagné du consul de Grande-Bretagne, au quartier général de la *junte* où on le prie d'intervenir auprès du général Zurbano pour que celui-ci renonce à bombarder la ville.

C'est une mission délicate, un peu compromettante, et Lesseps l'accepte en précisant qu'il ne veut pas sortir de la réserve imposée au pays qu'il représente. Il servira d'intermédiaire, mais ne jouera pas le rôle de négociateur. Pour cela, il demande à être accompagné de son collègue anglais ainsi que de deux émissaires de la *junte* qu'il présentera au capitaine-général. Les quatre hommes partent, de nuit, pour gagner le cantonnement de Van Halen, à cinq lieues de la ville. La discussion dure une partie de la nuit, et Van Halen finit par s'engager à ne pas bombarder Barcelone. Lesseps rentre chez lui à l'aube, heureux d'avoir réussi. Cette satisfaction sera brève. En effet, quelques jours après, tout est à recommencer. Il lui faut reprendre les mêmes arguments de bon sens, de droit des gens, d'humanité, toutes bonnes raisons que Van Halen accueille avec scepticisme, en laissant entendre que, pour si bien plaider la cause des rebelles, son interlocuteur doit avoir avec ceux-ci plus de liens qu'il ne le dit. Lesseps, piqué par cette remarque, proteste : « Je n'ai pas à me mêler des affaires intérieures de l'Espagne, explique-t-il. Mes démarches ont toujours été faites dans un dessein d'humanité... »

1. L. Bridier, *Les de Lesseps*, p. 260.

Rafraîchissant la mémoire de Van Halen dont il a sauvé la famille, il ajoute : « Le capitaine-général a des raisons d'en être convaincu mieux que personne. »

Encore une fois, il obtient un délai, qui permet à soixante mille Barcelonais d'aller se mettre en sûreté à la campagne. Il veille à l'embarquement de treize cents Français à bord des navires de l'escadre, embarquement précipité que le chancelier du consulat, Levicomte, qualifie de « fuite en Egypte ».

Oublieux du service rendu naguère, et peut-être jaloux de la popularité du consul de France, Van Halen ne se gêne plus pour critiquer Lesseps qu'il accuse de compromissions avec les insurgés. Il est furieux que Lesseps ait refusé de lui livrer certains chefs de l'insurrection qui avaient, eux aussi, demandé l'hospitalité du *Méléagre*. Avec opiniâtreté, il revient à la charge en suggérant au commandant Gatier de tirer sur les rebelles venant réclamer leurs chefs, ce qui indigne l'officier français : « Pourrait-on jamais croire que semblable lettre ait été écrite par un officier général, si elle n'était entièrement tracée de sa main et signée ? » écrira-t-il dans sa relation des événements.

Exaspéré par cette résistance et décidé à en finir, Van Halen, le 2 décembre, écrit à Lesseps un billet pour l'avertir que le lendemain, à l'aube, il fera bombarder non seulement la ville, mais le port et les navires qui s'y trouvent. Les Lesseps n'ont que le temps de se réfugier à bord du *Méléagre* devenu une véritable arche de Noé, encore que les quatre-vingts rebelles qui s'y étaient réfugiés eussent été transférés sur *l'Etna*, chargé de les conduire à Port-Vendres. Leur départ, estime Lesseps, enlève au capitaine-général tout motif de bombarder le port, mais, alors que *l'Etna* se prépare à lever l'ancre, cinq à six cents émeutiers envahissent le quai, réclamant bruyamment leurs chefs qu'ils croient toujours à bord du *Méléagre*. S'emparant de barques, ils se dirigent vers le navire pour les en arracher. Le commandant Gatier fait pointer ses canons contre les embarcations et les émeutiers, intimidés, rebroussent chemin tandis que *l'Etna* gagne le large. L'affrontement, évité de justesse, aurait pu être sanglant. « Un seul coup de fusil parti des rangs de la milice », écrira le commandant Gatier, aurait contraint celui-ci à riposter et « à commencer une boucherie qui se fût nécessairement terminée par l'assassinat du consul et de douze cents Français[1] ».

Du pont du *Méléagre*, où il est arrivé le dernier, Lesseps peut assister au bombardement de la ville où les incendies se multiplient, que des marins français s'efforceront d'éteindre. Après une journée sous les bombes, Barcelone capitule et Van Halen reprend possession de la ville, accueilli sans enthousiasme et même avec hostilité par ceux qui ne l'ont pas fuie. En regagnant le consulat, Lesseps constate que de nombreux obus sont tombés dans le jardin et que l'un d'eux a même

1. Rapport du commandant Gatier du 25 février 1843.

atterri dans un des bureaux. Plus désagréable est pour lui de découvrir les intrigues ourdies par Van Halen qui ne désarme pas et l'a pris pour bouc émissaire, l'accusant d'avoir favorisé en sous-main les rebelles. Calomnies, racontars, assertions douteuses sont répandus partout contre lui et trouvent audience auprès de certains journaux qui les impriment. Le duc Decazes, ambassadeur de France à Madrid, proteste avec vigueur contre ces allégations qui rendraient la France responsable, ou du moins complice, du soulèvement de Barcelone.

En réalité, le parti militaire, qui a dressé contre lui la population en menant durement la répression, cherche à « offrir une victime à l'opinion publique, indignée non pas tant du crime, que de la punition », comme l'écrira Lesseps. Il est certain que la popularité du consul de France éclipse celle du capitaine-général qui essaie par tous les moyens, même les plus déloyaux, d'évincer ce rival prestigieux. Il trouve une justification à ses critiques dans les éloges dont les rebelles couvrent Lesseps, ce qui prouve, à son avis, leur collusion. Un témoignage émanant de Carsy, le président de la *junte* insurrectionnelle, et publié dans un journal marseillais, ne fait que jeter de l'huile sur le feu, en rendant un solennel hommage à la conduite de Lesseps.

La colonie française, elle, a toujours su ce qu'elle devait à son consul, et dès le rétablissement de l'ordre, elle fait frapper une médaille en or à son effigie. Elle la lui remet, accompagnée d'une adresse dans laquelle il est dit notamment : « Sans jamais être sorti de votre devoir ou des égards que les gouvernants se doivent entre eux... sans faire de différence de rang, d'opinion ou de nation, vos soins ont été les mêmes pour tous. Partout où votre présence était nécessaire, vous avez su vous y porter, même au péril de vos jours, et si la population entière réclamait votre protection, jamais personne se montra plus ardent à l'accorder[1]. »

De leur côté, les Barcelonais, reconnaissants de ce qu'il a fait pour éviter la destruction de leur ville, donneront son nom à l'une de ses artères et feront placer son buste — aujourd'hui disparu — dans une des salles de l'hôtel de ville.

*

Ces querelles à propos de son rôle, et l'écho qu'elles ont suscité, ont fini par lasser le héros du jour qui écrit modestement à Mme Delamalle : « Je trouve que l'on a assez parlé de moi ; on s'ennuie, en général, d'entendre dire du bien des autres, et lorsqu'on est dans ma position, il faut être d'une extrême réserve, et se garder bien de tout ce qui pourrait donner lieu à croire que l'on veut exploiter cette position[2]. »

1. L. Bridier, p. 265.
2. *Ibid.*, p. 264.

On saura bientôt que cette campagne, ouvertement menée contre lui par Van Halen, a été déclenchée à l'instigation de la Grande-Bretagne, afin de contrecarrer l'action de la France en Espagne. L'escadre britannique aurait même fourni munitions et marins au capitaine-général pour l'aider à réduire la ville. A Paris, Guizot, ministre des Affaires étrangères, a reconnu la main de Londres dans l'affaire et n'accorde aucun crédit aux griefs du gouvernement espagnol contre Lesseps : « Le roi a pleinement approuvé la conduite que vous avez tenue, écrit-il à Lesseps le 12 décembre 1842, les mesures que vous avez prises pour la sûreté et les intérêts de vos nationaux, l'empressement avec lequel, sans distinction de parti, vous avez donné asile sur les bâtiments de l'Etat aux Espagnols dont la vie était en péril, et les démarches auxquelles vous vous êtes prêté pour détourner d'une ville populeuse les effroyables malheurs qui la menaçaient[1]. » Huit jours plus tard, en lui annonçant que le roi l'avait nommé officier dans l'ordre de la Légion d'honneur, Guizot précise que le gouvernement français « entend bien obtenir satisfaction des attaques odieuses dirigées contre la France et contre lui ».

Guizot tient parole et convoque le chargé d'affaires espagnol à Paris, Hernandez, pour se plaindre des propos calomnieux tenus par Van Halen, répétés par le général Espartero, et qui ont déjà, par leur gravité, motivé la protestation officielle adressée par le duc Decazes au gouvernement espagnol. Guizot exige de ce gouvernement une déclaration coupant court à toutes les rumeurs et rendant pleinement justice à Lesseps qui, en protégeant les ressortissants français, n'a fait que son devoir.

A Madrid, on fait traîner l'affaire, en dépit d'une nouvelle intervention de l'ambassadeur, puis, pressé de fournir une réponse officielle, le gouvernement d'Espartero, tout en reconnaissant que la France n'a aucun rôle dans cette révolution, demande le rappel de Lesseps, devenu *persona non grata.* Cette obstination paraît étrange à Guizot qui prie Lesseps de lui envoyer un rapport détaillé de ses faits et gestes pour permettre au ministère de réfuter les accusations portées contre lui. Le commandant Gatier rédige aussi un rapport, appuyant celui du consul de France. Sa conviction faite, Guizot met alors Madrid en demeure de rendre justice à Lesseps, indignement calomnié, faute de quoi la France rompra ses relations diplomatiques avec l'Espagne. Cette fois, Madrid s'incline, et le secrétaire d'Etat Almodavar soumet au duc Decazes un projet d'article à publier dans *La Gazette de Madrid*, et constituant un démenti officiel de toutes les fautes imputées à Lesseps. Almodavar affirme s'être livré à une enquête ayant permis de connaître les auteurs de ces calomnies, qui ont d'ailleurs été l'objet de sanctions administratives. Pour achever cette œuvre réparatrice, à la

1. *Ibid.*, p. 266.

séance de la Chambre des pairs du 21 mars 1843, Guizot rend un solennel hommage à Lesseps, louant son courage et sa modération, disant que, grâce à lui, « la politique de la France est aujourd'hui infiniment mieux appropriée, mieux comprise en Espagne qu'elle ne l'était un an plus tôt ».

En revanche, il est malaisé de comprendre à Paris la politique espagnole, perpétuel jeu de bascule et de hasard. On croyait, à Barcelone, avoir retrouvé la paix. Elle est à nouveau troublée par un soulèvement populaire, et le cycle éprouvant recommence, avec la menace, reportée de jour en jour, d'un bombardement.

Le 21 juin 1843, apprenant que le fort de Montjuich doit tirer sur la ville, Lesseps se rend chez le commandant du fort pour en savoir davantage et pouvoir prévenir les Français de Barcelone, qu'il devra se charger d'évacuer, comme il l'a fait six mois plus tôt. On ne peut lui dire quand le bombardement commencera, mais on lui promet de l'avertir à temps. Effectivement, dès le lendemain, le gouverneur l'avise, en omettant de préciser l'heure, que le général Zurbano a donné l'ordre de détruire la ville aussitôt que les rebelles auront engagé le combat. Accompagné du consul anglais, Lesseps se rend derechef à Montjuich pour faire retarder le bombardement afin d'avoir le temps d'organiser le départ de ses compatriotes. Il essaie même de faire revenir Zurbano sur sa décision.

Le 23 juin, toujours flanqué du consul anglais, Lesseps retourne aux nouvelles à Montjuich. Il n'apprend rien de précis. Le lendemain, on attend toujours, dans l'angoisse, un bombardement dont la perspective est presque aussi efficace, en ébranlant les nerfs, que sa réalité. Terrifiés, les Barcelonais se sont égaillés dans la campagne, dormant la nuit à même le sol : « Il ne reste pas trois mille âmes dans la ville, affirme Agathe de Lesseps à sa mère. Les vivres manquent pour les malheureux qui se trouvent ainsi exposés à toutes les intempéries... Presque tous les consuls sont partis, les administrations sont fermées[1]. »

Le bombardement se fait attendre tout l'été, un été fiévreux pendant lequel se multiplient les mesures de police et les interdictions variées, ce qui rend le ravitaillement difficile. Au mois de juillet, le régent Espartero, renversé par un coup d'Etat, s'est enfui, remplacé par le général Narvaëz qui a rappelé d'exil la reine Marie-Christine et fait proclamer majeure, encore qu'elle n'ait que treize ans, la reine Isabelle II. De régent, Narvaëz, le nouvel homme fort, devient Premier ministre. Il est le véritable maître de l'Espagne et n'entend pas tolérer les accès d'indépendance de Barcelone.

Craignant toujours le pire et soucieux de l'éviter, Lesseps joue les bons offices entre mécontents et gouvernementaux, sans succès d'ailleurs. Le bombardement tant redouté commence au début d'octobre

1. *Ibid.*, p. 270.

1843 et durera jusqu'à la fin du mois de novembre. Dès les premiers coups de canon, le 10 octobre, Lesseps fait embarquer tous les ressortissants français. D'après les renseignements qu'il a pu obtenir, la *junte* insurrectionnelle aurait l'intention d'établir un blocus de la ville en interdisant toute entrée, comme toute sortie, même pour le ravitaillement. Aussi Lesseps se résout-il à quitter le consulat pour s'établir avec sa famille et Victor Delamalle à Barcelonnette. L'évacuation, commencée à 7 heures du matin, se poursuit jusqu'à 6 heures de l'après-midi, en dépit des coups de feu qu'essuient les fugitifs. Lesseps quitte la ville le dernier, après avoir mis à l'abri quelque six cents personnes.

C'est seulement le 23 novembre 1843 que Barcelone, affamée, capitule. Il faudra plusieurs mois pour que la vie reprenne et que la cité coupable puisse accueillir dignement la reine Marie-Christine et le général Prim. La souveraine, à qui l'on présente Agathe de Lesseps, la félicite d'avoir un mari universellement apprécié, disant que le roi Louis-Philippe lui en a parlé de manière élogieuse et que Lesseps est bien heureux, lui, d'avoir une femme aussi charmante.

Après cette nouvelle épreuve, si vaillamment supportée, Guizot juge que le consul de France en Catalogne a besoin de se reposer un peu et il lui accorde un congé de six mois.

*

Le 18 mars 1844, Lesseps et les siens quittent Barcelone à bord d'un navire de guerre, *le Lavoisier*, et font une première étape à Port-Vendres pour rendre une visite de courtoisie au maréchal de Castellane, commandant la région militaire de Perpignan. Pendant les récents événements, Lesseps et lui ont été en rapports épistolaires constants pour régler les nombreux incidents de frontière provoqués par le passage de réfugiés quittant l'Espagne ou celui de volontaires français allant s'enrôler chez les révolutionnaires espagnols.

Dans son *Journal*, le maréchal a noté pour la postérité le passage des Lesseps ; charmé par les yeux bleus d'Agathe, son caractère et son esprit, il est amusé par la joie des enfants lorsqu'il leur donne des bonbons. Lui-même un peu court d'esprit, il ne consigne rien de remarquable à propos de Lesseps, dont il apprécie seulement la courtoisie à son égard.

De Port-Vendres, les voyageurs gagnent Marseille où la chambre de commerce offre un banquet en l'honneur du consul qui a si bien défendu les biens et la vie des Marseillais établis à Barcelone. Après une harangue du président du tribunal de commerce, le point culminant de la festivité arrive avec l'impitoyable récitation d'un poème de Joseph Méry. Une strophe suffit pour en donner une idée. Faisant allusion au rôle de Lesseps pendant les événements de Barcelone, Joseph Méry s'écrie :

Prêtre du temple saint, que l'agonie implore,
Elevant sur son toit le signe tricolore,
Vous avez abrité, sous ses nobles couleurs,
Ceux qui fermaient déjà leurs paupières flétries :
Sans demander leur nom, leur culte, leur patrie,
Vous n'avez vu que des malheurs.

Le reste du congé se passe à Paris, auprès de Mme Delamalle. A l'expiration des six mois qui lui avaient été donnés par son ministre, étonné de n'avoir pas reçu l'ordre de regagner son poste, Lesseps écrit à Guizot pour lui rappeler son existence et lui demander ses instructions. On ne sait pourquoi le ministre prolonge ainsi un congé dont le caractère provisoire empêche Lesseps d'entreprendre quoi que ce soit. Enfin, le 28 mars 1845, il est prié de rejoindre Barcelone où il arrive à bord du *Palinure*, dont le commandant est le futur amiral Jurien de la Gravière.

A Barcelone, on a vite oublié les deux bombardements et la vie de société a repris, stimulée par la présence des deux reines, Marie-Christine et Isabelle II, venues rallier à la monarchie les cœurs de ces Catalans trop enclins à ne pas se croire espagnols.

Lesseps donne en leur honneur, au consulat, une grande réception à laquelle il a convié près de six cents personnes. Il ouvre le bal avec la jeune reine. Agathe, à l'aise et charmante avec tout le monde, est une maîtresse de maison parfaite ; elle recueille tous les suffrages, ceux de la Cour et ceux de la Ville. Depuis le démenti publié par *La Gazette de Madrid*, Lesseps a retrouvé sa popularité, dont il peut mesurer l'ampleur à l'occasion de la mort, le 14 mai 1845, de leur fils Ferdinand. L'enfant était tombé malade un mois plus tôt et rien n'avait pu le sauver. C'est une dure épreuve pour ses parents qui ont perdu leur premier-né à Rotterdam. La nouvelle émeut profondément la colonie française et même les Barcelonais. Une foule nombreuse assiste à l'enterrement, le 16 mai, multipliant les marques de sympathie.

Les jours de deuil sont souvent aussi des jours de réflexion, avec des retours sur le passé, voire des attendrissements sur soi-même. Lesseps aura bientôt quarante ans. Il est entré dans la carrière en 1824 et peut se croire aux deux tiers de son existence ; or, il n'est que consul, sans avoir obtenu le titre de consul général en Catalogne, accordé pourtant à son prédécesseur, Gauthier d'Arc. Cette promotion lui ferait plaisir et il finit par la réclamer à Guizot. Il est d'ailleurs question de lui donner une nouvelle affectation en le nommant consul général au Caire, mais Adolphe Barrot, le titulaire du poste, après avoir voulu en partir, a décidé d'y rester.

Le ministre semblait avoir formellement promis ce changement à Lesseps dont la déception est grande : « Le pauvre M. de Lesseps a été horriblement mystifié, écrit le 16 janvier 1847 Mérimée à la comtesse de Montijo ; il comptait sur le consulat général d'Alexandrie [1] qu'on vient de donner à un autre, après l'avoir promis à trois ou quatre reprises. Je suis embarrassé pour lui faire mon compliment de condoléance, car les gens des Affaires étrangères m'avaient chargé de lui faire d'avance de tout autres compliments... »

Lesseps songe alors à Tunis, dont il a gardé un bon souvenir, mais sa position y serait délicate. En effet, son frère Jules a quitté la carrière après la mort de leur père et a créé dans la régence une maison de commerce assez prospère, appelée certainement à un grand développement. De surcroît, Jules de Lesseps est agent du bey à Paris et en reçoit un traitement. Il est donc trop étroitement lié aux intérêts tunisiens pour ne pas, en certains cas, se trouver en opposition avec les intérêts français : « Ma situation serait faussée », écrit Ferdinand de Lesseps à leur frère aîné, Théodore, qui occupe un poste à la section commerciale des Affaires étrangères. « Je pourrais me trouver, un jour, placé entre mon devoir et la crainte de nuire aux intérêts de Jules, et si cette alternative ne se présentait pas, l'opinion publique, qui n'est pas toujours charitable, pourrait le supposer, en faisant pencher la balance du côté le moins honorable [2]. »

Pour le moment, il lui faut rester à Barcelone en attendant qu'un grand consulat soit vacant. Toute l'année 1847 se passe dans cette expectative avec, comme seul événement marquant pour lui, la naissance, le 1er juin, d'un second Ferdinand, destiné, comme le premier, à mourir jeune.

*

La chute de Louis-Philippe, au mois de février 1848, et l'instauration d'une République à tendances socialistes, voire jacobines, sont deux circonstances de nature à donner à Lesseps quelques craintes pour son avenir de diplomate. En période troublée, il est prudent de ne pas attirer l'attention sur soi, mais le premier des devoirs est de rester à son poste, en étant prêt à faire ce qui est compatible avec le sens de l'honneur, si vif chez Lesseps. C'est ce qu'il écrit le 5 mars 1848 à Mme Delamalle en apprenant les événements de Paris : « Je suis bien décidé à attendre tranquillement ce que l'on fera de moi. Vous savez combien je déteste tout ce qui peut ressembler à de l'intrigue, et ce qui pourrait me faire confondre parmi ces gens qui, sous tous les régimes, vont, sans vergogne, à la curée des places. Je ne suis pas plus courtisan, ni ambitieux, sous la République que je ne l'ai été sous la royauté. Je suis d'ailleurs parfaitement heureux ici, et n'ai qu'un désir, c'est d'y

1. Le consulat général d'Egypte est en principe au Caire, avec une agence à Alexandrie, mais il est courant, comme Mérimée le fait, de confondre les deux villes.
2. L. Bridier, *Les de Lesseps*, p. 279.

rester[1]. » Sur ce dernier point, il ne dit pas tout à fait la vérité, mais il faut bien faire de nécessité vertu.

Il n'aura d'ailleurs pas longtemps à attendre et la République a pensé à lui. Le 1er avril 1848, il est convoqué par dépêche télégraphique à Paris et y apprend que le gouvernement songe à lui pour remplacer à Madrid le duc Decazes. « C'est un bon choix, écrit Mérimée à Mme de Montijo, et il serait à désirer qu'on n'en fît que de semblables. »

On pouvait caricaturer Louis-Philippe et s'en moquer. Ceux qui l'ont remplacé offrent encore plus de prise au ridicule. En rendant visite aux Excellences du nouveau régime, Lesseps s'amuse à les voir dans un rôle emprunté, les décrivant avec une certaine ironie dans ses lettres à sa femme, restée à Barcelone. Il paraît toutefois satisfait de ses entretiens.

Avant de rejoindre Madrid, il a déjà une mission à remplir, mais pour le compte de la couronne espagnole. Il doit faire lever le séquestre sur les objets personnels et les bijoux de la duchesse de Montpensier, sœur de la reine Isabelle II. Ainsi n'arrivera-t-il pas à Madrid les mains vides et sera-t-il d'autant mieux reçu. La chose sera moins facile à réaliser qu'il ne le pensait, car en période de révolution ceux qui gouvernent ne sont pas toujours ceux qui détiennent officiellement le pouvoir.

Il intervient d'abord auprès de Lamartine, la plus haute autorité du gouvernement provisoire, qui lui répond qu'il n'a aucun moyen de pression sur les nouveaux occupants des Tuileries. Il faut s'adresser à Marrast, le maire de Paris. Celui-ci se déclare à son tour sans pouvoir sur les émeutiers et se contente de lui donner un mot de recommandation pour eux. Muni de ce billet, Lesseps se rend aux Tuileries accompagné d'un ancien valet de chambre du roi qui a la liste des objets à récupérer. Il réussit à pénétrer jusqu'au grand salon de la duchesse d'Orléans où trône un capitaine de la Garde nationale. Celui-ci s'inquiète en voyant la longueur de la liste : « Il y a beaucoup de choses », observe-t-il.

A quoi Lesseps répond avec fermeté : « Mais lorsqu'il s'agit de rendre ce qui ne vous appartient pas, le peu ou le beaucoup n'y fait rien. »

En arrivant comme un trouble-fête, il a provoqué une certaine tension et peut se demander si les curieux qui ont reflué vers le Grand Salon vont prendre parti pour ou contre lui. Il y a dans la foule un moment d'incertitude, mais un jeune homme ayant assez bon air, en dépit de son habillement, le rassure : « Continuez comme vous faites, lui dit-il, tout ce monde est meilleur qu'on ne pense. »

Cet inconnu est un élève de Polytechnique et, devenu ingénieur

1. *Ibid.*, p. 281.

des Ponts-et-Chaussées, il sera l'un des premiers ingénieurs engagés par Lesseps au début des travaux du canal de Suez.

Lesseps est finalement conduit jusqu'aux salles où sont entassés, sur des tables, les objets personnels de la famille royale, mais l'argenterie et les bijoux ont été mis en sûreté au ministère des Finances. Quant à un album auquel la duchesse de Montpensier tient particulièrement, car il contient des aquarelles ou des dessins de la plupart des artistes du règne, il doit le réclamer à la Bibliothèque nationale. Finalement il parvient à se faire remettre tous les objets portés sur la liste et, après une dernière entrevue avec Lamartine, il prend la route de Madrid.

En chemin, il flâne un peu, s'arrêtant dans certaines villes pour y voir les présidents ou secrétaires des chambres de commerce, inaugurant ainsi ces tournées par lesquelles il fera connaître au public ses projets de Suez et de Panama. Il se rend à Pau pour y saluer l'émir Abd el-Kader qu'il estime et qui deviendra l'un de ses fidèles amis. De là, il gagne Port-Vendres et s'y embarque sur *l'Infernal*, mis à sa disposition par le ministre de la Marine afin de lui éviter le trajet par voie terrestre, réputé peu sûr. Pour le protéger, deux chefs de bandes factieuses avaient même offert au consul de Girone de lui faire une escorte à travers le pays. « Vous voyez que j'ai des amis partout... », avait-il écrit à sa belle-mère après avoir décliné cette proposition un peu compromettante.

A Madrid, Lesseps arrive au moment où Narvaëz, devenu maréchal, vient de réprimer l'insurrection militaire au cours de laquelle a été assassiné le général Fulgioso, gouverneur de la capitale, ce qui montre, une fois de plus, que Madrid n'est pas un séjour de tout repos. L'ambassade de France est une vieille demeure édifiée par l'architecte de l'Escurial et connue pour ses sept cheminées, une curiosité dans cette ville où les maisons n'en ont pas.

La nuit même de leur arrivée, Lesseps est réveillé par une visiteuse inconnue qui insiste avec énergie pour le voir sur-le-champ. Il descend et trouve la femme du général Moreno de las Penas le suppliant d'intervenir en faveur de son mari, compromis dans la récente insurrection. Condamné à mort par contumace, il doit être fusillé sitôt pris. Sans vouloir trop s'engager, Lesseps lui promet d'aller voir le maréchal Narvaëz.

Dès l'aube, il se rend chez celui-ci qui, en apprenant le but de sa visite, s'écrie : « Eh bien ! lorsque j'ai entendu sonner, je craignais que ce ne fussent mes agents de police qui venaient m'annoncer la capture de Moreno, et comme c'était un ancien compagnon d'école militaire et de notre grande défense patriotique de 1808, je craignais de me trouver dans la pénible obligation de le faire fusiller.

— Ma foi, lui répond Lesseps, nous allons nous entendre. »

Et tous deux se mettent d'accord pour faire sortir Moreno de

Madrid, déguisé en porteur accompagnant des Français qui se rendent à Bayonne[1].

Ainsi se trouve-t-il investi d'emblée à Madrid de la même fonction d'intercesseur qu'il avait exercée à Barcelone, mais il s'aperçoit que celle d'ambassadeur est plus complexe et délicate que le rôle de consul. Les factions qui s'entre-déchirent ont un seul terrain d'entente : une hostilité déclarée, voire une haine vivace à l'égard de la France, en dépit des protestations d'amitié dont la Cour n'est pas avare. Le peuple espagnol, qui n'a pas oublié l'occupation napoléonienne, tient les Français pour des suppôts de Satan. Aussi Lesseps, homme de bon sens et de modération, est-il suspect à tous ceux pour qui chauvinisme et partialité sont la condition du vrai patriotisme. Il est tour à tour accusé de libéralisme par les conservateurs et de despotisme par les libéraux. Les calomnies distillées par quelques esprits chagrins, répandues dans les salons, amplifiées par les bureaux de rédaction des journaux arrivent jusqu'à Paris, et Lesseps se voit obligé de se justifier auprès de son ministre. Celui-ci, qui connaît la situation, lui prodigue ses encouragements, mais le nouvel ambassadeur doit se montrer prudent. Ainsi, pour éviter de donner prise à la malveillance ou d'exciter la jalousie d'autres diplomates, refuse-t-il le grand cordon de l'ordre de Charles III, mais la modestie ne suffit pas toujours à désarmer la critique et fournit au contraire à celle-ci un nouveau prétexte : « Je ferai toujours ce que je dois, écrit Lesseps à Victor Delamalle. J'agis loyalement, je veux avoir mes coudées franches, ainsi que je m'en suis parfaitement expliqué à l'avance, à Paris, avec tous les membres du gouvernement provisoire. Je ne supporterai pas une situation fausse, ni la moindre défiance. Et si l'on n'est pas content, je m'en consolerai, et je m'honorerai peut-être d'une disgrâce. Je ne tiens pas quand même à ma situation[2]. »

Si la reine Isabelle II règne, c'est le maréchal Narvaëz qui gouverne, et il le fait rudement, ne reculant ni devant les mesures draconiennes, ni devant les exécutions. L'homme a plus d'autorité que d'expérience politique et s'entoure mal, aux dires de Lesseps : « Il peuple une administration déjà bien mal composée d'une multitude d'intrigants et d'imbéciles, et mécontente les hommes de son propre parti ; et lorsque le moment arrivera, il se trouvera isolé au milieu d'une coterie sans prestige et sans valeur[3]. »

Jugeant l'homme assez bien, Lesseps s'en méfie et agit avec circonspection, évitant de se laisser compromettre et rompant ainsi avec une tradition qui, depuis Louis XIV, donnait au représentant de la France une sorte de droit moral à se mêler des affaires intérieures de l'Espagne. Il sort néanmoins de sa réserve dès qu'une vie est en jeu,

1. F. de Lesseps, *Souvenirs de quarante ans*, t. I, p. 279.
2. L. Bridier, *Les de Lesseps*, p. 289.
3. Cité par G. Edgar-Bonnet, *Ferdinand de Lesseps*, t. I, p. 71.

ne pouvant se résoudre à laisser s'accomplir une injustice ou seulement désireux de donner encore une chance au coupable. Où d'ailleurs se situe le crime lorsque la justice est rendue par le vainqueur et que celui-ci sera peut-être le vaincu de demain ?

Quelques jours après avoir sauvé la vie du général Moreno de las Penas, il a reçu la visite inopinée d'Eugénie de Téba, fille de sa cousine germaine, la comtesse de Montijo. La jeune fille est venue à l'ambassade, accompagnée de sa gouvernante, afin de le prier d'intervenir pour sauver du peloton treize officiers qui s'étaient mutinés à Valence avant de connaître le résultat de l'insurrection de Madrid. Déjà sollicité par la sœur d'un des condamnés, Narvaëz avait refusé la grâce, et comme la reine, émue de leur sort, avait intercédé à son tour en leur faveur, il avait menacé, si l'on insistait, de démissionner. La cause paraît donc entendue, mais Lesseps cède aux instances d'Eugénie de Téba et se résout à partir pour Aranjuez où la Cour vient de se transporter. Là-bas, il demande à voir le maréchal qui, bien qu'il n'ait pas encore présenté ses lettres de créance, accepte de le recevoir. Sachant que sa démarche a peu de chances d'aboutir, Lesseps joue son va-tout :

« Je viens prendre congé de vous, lui déclare-t-il avec solennité. Vous comprenez que, les conditions de ma mission en Espagne ayant été acceptées par une assemblée souveraine, parce que je pouvais avoir une influence salutaire sur votre gouvernement, si l'on apprend que la fille de Mme de Montijo, apparentée à l'une des plus grandes familles d'Espagne[1], a vainement sollicité mon intervention pour obtenir un généreux pardon qui, dans ma pensée, vous fortifie au lieu de vous affaiblir, je n'ai plus qu'à me retirer, et je vous fais mes adieux. »

Encore que l'allusion à l'influence salutaire à exercer sur le gouvernement espagnol soit d'un goût discutable, et propre à irriter le maréchal, celui-ci, sans doute séduit par cette brusquerie toute militaire, capitule : « Allez-vous-en, Ferdinand, lui dit-il en espagnol, avec la tête de ces gens dans votre poche[2]. »

Lesseps jouit donc d'une certaine influence sur le redouté maréchal, influence accrue lorsque le ministre de Grande-Bretagne, Henry Bulwer-Lytton, qui a encouragé secrètement les troubles dans le royaume, est invité, par mesures de représailles, à quitter Madrid. A Londres, le Foreign Office prend fort mal la chose et invite l'ambassadeur espagnol à demander ses passeports. Les deux pays rompent leurs relations diplomatiques et Lesseps en profite pour resserrer les liens de la France avec l'Espagne, un peu revenue, grâce à lui, des préjugés qu'elle nourrissait contre le régime démocratique établi à Paris. Lesseps n'envisage pas une alliance formelle qui, en cas de conflit entre la Grande-Bretagne et l'Espagne, obligerait la France à soutenir celle-

1. La sœur aînée de la future impératrice avait épousé en 1844 le huitième duc d'Albe.
2. F. de Lesseps, *Souvenirs de quarante ans*, t. I, p. 282.

ci, mais il louvoie, rassure, apaise. Pour persuader le gouvernement de Narvaëz des bonnes intentions de Paris, il veille à ce que les dissidents carlistes ou les républicains espagnols ne trouvent pas en France aide et protection. Il fait surveiller plus étroitement la frontière avec l'Espagne et s'efforce d'ouvrir les yeux de l'administration sur le danger de soutenir des factieux qui, parce qu'ils se déclarent républicains, croient pouvoir compter sur le soutien moral et financier de la République française : « Les démocrates espagnols doivent attendre, écrit-il le 8 septembre 1848 au ministre Bastide ; notre bon exemple leur fera plus de bien que notre coopération... Leur temps viendra naturellement, si les impatients et les ambitieux de leur parti ne les compromettent point ; en l'état actuel des esprits, de leur pays, des efforts impuissants pour la réussite de leur cause ne feraient les affaires que des absolutistes ou des créatures de l'Angleterre[1]. »

A la fin de l'année 1848, il estime sa position assez solide en un pays où tout change d'un jour à l'autre, au gré des engouements de la reine ou des colères de Narvaëz. Il se sent même assez fort pour travailler au grand dessein que lui a tracé Lamartine : le resserrement des liens entre la Grande-Bretagne et la France, en incitant Madrid à reprendre ses relations avec Londres. Rétablir la bonne harmonie entre ces deux nations serait pour la France un moyen de regagner la confiance de la Grande-Bretagne, où l'on tient pour peu la République usurpatrice. Il envisage d'en discuter avec le maréchal Narvaëz, mais il n'aura pas le temps de passer de l'intention à l'acte.

Elu député par plusieurs départements lors des élections législatives du 23 avril 1848, le prince Louis-Napoléon Bonaparte a été porté le 10 décembre à la présidence de la République, en battant largement ses deux concurrents, Lamartine et Cavaignac, ce qui montrait clairement les aspirations des Français à moins de démocratie et davantage d'ordre dans la rue.

Au printemps 1849, le prince-président, qui ne tient pas à garder près de lui son cousin, le prince Jérôme Napoléon, républicain militant par dépit de n'être pas le prétendant impérial, le nomme ambassadeur à Madrid. En apprenant le départ de Lesseps, les Français de Madrid se cotisent pour lui offrir une médaille d'or en reconnaissance des services qu'il a rendus à ses compatriotes, car il avait fait restituer à certains des biens confisqués depuis trente ans et il avait fondé, comme à Barcelone, une société de bienfaisance, pour venir au secours de résidents français dans le besoin. Le 10 mars 1849, il est reçu en audience de congé par la reine Isabelle II qui lui fait décerner la grand-croix de l'ordre d'Isabelle la Catholique. Laissant femme, enfants et bagages le suivre un peu plus tard, Lesseps part pour Paris où, en arrivant, il est informé que le gouvernement l'a nommé ministre à Berne.

1. Cité par G. Edger-Bonnet, *Ferdinand de Lesseps*, t. I, p. 75.

4

LE GUÊPIER ROMAIN
1849

Moins important que Madrid, Berne est un poste aussi difficile à tenir depuis que la Confédération helvétique a été récemment déchirée par une guerre civile entre cantons catholiques et cantons protestants, mais le sort en décide autrement : Lesseps ne rejoindra jamais son nouveau poste.

En effet, quelques jours avant son départ pour Berne, il assiste, le 7 mai 1849, à la séance de l'Assemblée législative au cours de laquelle est passionnément discutée la « question romaine », et il va se voir désigné pour aller sur place, à Rome, essayer de la résoudre.

La « question romaine » est devenue cruciale pour le gouvernement français depuis l'échec essuyé le 30 avril par le corps expéditionnaire en Italie et, pour comprendre l'émotion soulevée par cette affaire, il faut brièvement retracer les événements qui ont abouti à l'instauration dans les Etats pontificaux d'un gouvernement révolutionnaire, à tendances jacobines.

La péninsule italienne est alors, comme l'Allemagne, une juxtaposition d'Etats moins semblables et surtout moins unis que ne le ferait croire une communauté de langue et le souvenir d'une glorieuse Antiquité, particulièrement cultivé dans les Etats pontificaux. Ceux-ci correspondent, en gros, à l'Italie centrale avec, au nord, le royaume lombard-vénitien, occupé par l'Autriche, le grand duché de Toscane et le duché de Modène, appartenant aux Habsbourg ; au sud, le royaume de Naples, où règne un Bourbon, Ferdinand II, très réactionnaire et zélé catholique. Les Etats pontificaux, divisés en vingt et une provinces, comptent des villes célèbres comme Bologne, Ferrare, Pérouse, Ancône, sans parler de Rome où le pape exerce une double autorité de chef spirituel du monde catholique et de souverain temporel absolu, comme l'était Louis XIV. Il est vrai que ses quelque trois millions de sujets sont mécontents, comme d'ailleurs le sont ceux des autres souverains italiens. Un fort courant nationaliste et surtout autonomiste a réveillé la péninsule et, depuis trente ans, travaille ouvertement ou dans l'ombre à l'émancipation de certains Etats, notamment ceux occupés par l'Autriche, et à leur unification sous un monarque italien, à tendances libérales. La maison de Piémont-Sardaigne, à Turin, paraît désignée pour jouer ce rôle éminemment patriotique et supplanter ainsi le pape, à qui beaucoup d'Italiens auraient voulu laisser l'honneur de cette résurrection nationale.

Conscient des aspirations de ses sujets, comme des ambitions du Piémont qui arrondirait volontiers ses Etats aux dépens des siens, Pie IX, élu pape au mois de juin 1846, avait inauguré son règne en promettant des réformes et en amnistiant tous les condamnés politiques. Il en avait recueilli une certaine popularité, justifiée aussi par des manières affables et quelques améliorations apportées à la gestion de Rome. Toutefois, les réformes promises s'étaient fait attendre et, comme les hommes chargés de les mettre en œuvre étaient précisément ceux qui passaient pour s'y opposer, la révolte avait grondé à Rome où elle éclatait depuis à tout propos, si bien que la moindre célébration officielle dégénérait en émeute. Inquiets de ces troubles grandissants, les Autrichiens avaient annoncé qu'ils n'hésiteraient pas à intervenir, ne serait-ce que pour protéger leurs possessions, et, à titre d'avertissement, ils avaient occupé Ferrare. Cette effervescence, entretenue par un agitateur célèbre, Angelo Brunetti, trouvait un écho dans les capitales des autres Etats italiens, faisant craindre un embrasement de la péninsule.

L'explosion s'était produite au début de l'année 1848, précédant de peu la révolution du 24 février à Paris. Il y avait eu des soulèvements à Naples, à Livourne, à Milan. Ferdinand II et le grand-duc de Toscane avaient dû accorder des Constitutions à leurs peuples. Impressionné par ces mouvements revendicatifs, et voulant les prévenir, Pie IX avait modifié son cabinet, confiant à des laïcs, et non plus à des prélats, les portefeuilles ne relevant pas du domaine ecclésiastique. Cette demi-mesure avait été insuffisante, et Pie IX cherchait une solution conciliant souveraineté spirituelle et démocratie lorsque la chute de Louis-Philippe était survenue. Pour éviter de partager son sort, Pie IX avait, le 15 mars 1848, promulgué une Constitution libérale et remanié une fois de plus son ministère.

Le mouvement avait gagné une grande partie de l'Europe avec des révolutions à Berlin, Vienne, Venise et Milan. Refusant le rôle qu'on lui offrait de « libérateur de l'Italie », Pie IX avait multiplié les appels à la paix, empêchant ses troupes de se réunir à celles du roi de Piémont pour marcher contre les Autrichiens. Pendant le printemps et l'été 1848, Pie IX avait tenté de sauver son trône en modifiant son ministère au gré des variations de l'opinion publique et en acceptant une Chambre des représentants.

Cela n'avait pas empêché la situation de s'aggraver chaque jour, et, devant les progrès de l'anarchie, le pape avait confié le pouvoir au comte Rossi, un Bolognais naturalisé français, naguère ambassadeur de France auprès de son prédécesseur, Grégoire XVI. Pour faire pièce à Turin, Rossi avait essayé de constituer une fédération d'Etats italiens sous l'autorité du pape et entrepris des réformes qui, paradoxalement, avaient déchaîné contre lui, non les conservateurs, mais les révolutionnaires, car ceux-ci, pour arriver à une subversion totale, entendaient maintenir un gouvernement dont ils pourraient dénoncer la tyrannie. Le comte Rossi avait été leur victime, poignardé en se rendant au Quirinal, le 15 novembre 1848. Le lendemain, c'était le tour d'un prélat, Mgr Palma. Prisonnier de l'émeute, Pie IX n'avait plus pour défenseurs que les Suisses de sa garde et quelques diplomates étrangers dont l'un, le ministre de Bavière, avait organisé sa fuite à Gaëte, en territoire napolitain, où le dévot Ferdinand II était venu aussitôt se mettre à sa disposition.

A Rome, un gouvernement insurrectionnel avait dissous le Parlement élu quelques mois plus tôt et fait élire le 21 janvier 1849 une Assemblée constituante. Le premier acte de celle-ci avait été de voter la déchéance de la papauté, puis de proclamer la République. Un triumvirat composé de Carlo Armellini, Aurelio Saffi et Mazzini, un agitateur génois bien connu, exerçait le pouvoir qui, en fait, appartenait au seul Mazzini dont la personnalité avait vite éclipsé celle de ses collègues.

La « cour de Gaëte », ainsi qu'on l'appelait, demeurait néanmoins le gouvernement légitime aux yeux de l'Europe, et les ambassadeurs des principales puissances l'avaient rejointe, à commencer par celui de France, le duc d'Harcourt, qui n'avait laissé à Rome, au palais Colonna[1], qu'un seul attaché, M. de Forbin-Janson, pour veiller aux intérêts et à la protection des ressortissants français. La France avait envoyé à Gaëte un autre diplomate, M. de Corcelles, pour assurer la protection du souverain pontife. Enfin, mesure plus significative, l'Assemblée, reprenant une idée que Guizot avait eue dès l'avènement de Pie IX dont il craignait la faiblesse, avait décidé de créer à Marseille, en vue d'une intervention en Italie, un corps expéditionnaire. Issue elle-même d'un mouvement insurrectionnel, la République française regardait donc avec suspicion la République éclose à Rome et, loin de la traiter en sœur, refusait d'entretenir avec elle des rapports diplomatiques.

Le 9 décembre 1848, à la veille de son élection, Louis-Napoléon Bonaparte avait remis au nonce apostolique, Mgr Ferrari, une lettre à l'intention de Pie IX dans laquelle il se déclarait partisan du pouvoir temporel du pape et désavouait son cousin Charles Bonaparte, prince de Canino, président de l'Assemblée constituante. Il connaissait fort bien le problème italien pour avoir été dans sa jeunesse un *carbonaro*

1. Où était installée l'ambassade de France.

et il n'avait dû son salut, lors de l'échec d'un des nombreux mouvements révolutionnaires, en 1831, qu'à la générosité de l'archevêque de Spolète, Mgr Mastaï, qui, non content de lui donner asile à l'archevêché, lui avait remis de l'argent pour lui permettre d'aller rejoindre sa mère, la reine Hortense. Le prince, qui n'est pas un ingrat, n'oublie pas sa dette à l'égard de Mgr Mastaï, devenu pape, et il n'a pas plus de sympathie pour les nouveaux maîtres de Rome que n'en a la majorité de l'Assemblée.

Un revirement s'était d'ailleurs produit en France après les sanglantes journées de juin 1848, et depuis, le parti de l'ordre avait la prédominance. Le gouvernement devait ménager une opinion catholique de plus en plus combative et en même temps éviter de donner aux monarques européens, inquiets du sort de Pie IX, un motif d'intervention à Rome. Pie IX avait en effet réclamé le secours des nations catholiques et certaines, comme l'Autriche, n'auraient pas demandé mieux que d'envoyer leurs troupes à Rome y rétablir le pape. Soucieux de ne pas s'aliéner les républicains, le prince-président avait refusé de s'allier avec l'Autriche pour une intervention commune, mais, en promettant au nonce apostolique l'envoi d'un corps expéditionnaire [1], il s'assurait ainsi, pour les futures élections, l'appui du parti catholique. Au roi de Piémont, Charles-Albert, il écrivait en revanche que l'intervention française était destinée à contrecarrer les desseins de l'Autriche, et aux gouvernants romains, il devait annoncer bientôt que cette intervention n'avait pour but que de favoriser une réconciliation du pape avec ses sujets.

*

L'expédition avait donc été résolue. Le général Regnault de Saint-Jean-d'Angély, un vétéran de l'Empire, commandait les troupes, mais le général Oudinot, duc de Reggio, fils du maréchal, assumait la responsabilité des opérations en qualité de commandant en chef du corps expéditionnaire, accru de manière à représenter une force d'environ dix mille hommes.

Parti de Toulon le 22 avril 1849, le corps expéditionnaire était arrivé devant Civita-Vecchia le 24. Avant de commencer le débarquement, le général Oudinot avait envoyé deux émissaires, l'un au préfet de Civita-Vecchia, l'autre aux autorités romaines, pour les rassurer sur les intentions de son gouvernement et présenter l'opération comme une œuvre pie : la France était venue au secours de « la vraie liberté », autant pour garantir cette liberté contre toute intervention de l'étranger que pour la protéger contre ses propres excès. En réalité, Drouyn

1. Qui comprenait alors seulement deux régiments d'infanterie, une compagnie du Génie et une batterie d'artillerie.

de Lhuys, le ministre des Affaires étrangères, avait chargé Oudinot d'en finir au plus vite avec cette prétendue République et de passer outre à une résistance éventuelle. Oudinot pouvait légitimement se considérer comme investi, par ses instructions, d'un double pouvoir, militaire et diplomatique, et croire qu'il avait carte blanche pour agir au mieux des intérêts de son pays. En même temps qu'il avait donné à Oudinot cette mission très étendue, Drouyn de Lhuys avait recommandé au duc d'Harcourt, l'ambassadeur à Gaëte, de chapitrer le pape afin que celui-ci, une fois rentré à Rome, institue un gouvernement modéré qui le mette à l'abri des critiques des libéraux comme des vengeances des révolutionnaires.

Si Oudinot entendait demeurer un homme de juste milieu, il pouvait craindre de déplaire autant à la cour de Gaëte qu'aux autorités romaines, mais, entre les deux, il avait déjà fait son choix. Lui-même un catholique fervent, et plus royaliste que républicain, il ne cachait pas ses sympathies pour le pape, encore qu'il en eût moins pour son entourage.

Sans soldats et sans instructions du triumvirat, le gouverneur de Civita-Vecchia, mis devant le fait accompli, n'avait pu qu'autoriser le débarquement. Le général Oudinot avait fait placarder sur les murs de la ville une déclaration rédigée par Drouyn de Lhuys et annonçant aux Romains que les Français venaient les protéger de plus grands malheurs. C'était, avec des intentions différentes, le langage de 1793, et le loup se faisant berger.

Le colonel Leblanc, dépêché par Oudinot à Rome, y avait conféré avec M. de Forbin-Janson et tous deux étaient allés remettre aux triumvirs la proclamation d'Oudinot, avec les commentaires appropriés. Ils s'étaient efforcés de persuader Mazzini de « l'inutilité d'une résistance à laquelle la population ne s'associerait pas, mais qui pouvait donner aux anarchistes une occasion de troubles et d'excès déplorables[1]. » Mazzini ne s'était pas laissé prendre à ces belles paroles et s'était contenté de répondre que la question serait soumise à l'Assemblée. Celle-ci n'avait pas manqué de protester devant cette « invasion inattendue », regardée comme une violation du droit des gens.

Rendant compte de leur démarche au général Oudinot, le lieutenant-colonel Leblanc et M. de Forbin-Janson avaient commis l'erreur de sous-estimer les forces romaines, quelques centaines d'étrangers, selon eux, auxquels s'étaient joints « quelques énergumènes du cercle populaire ». Deux autres militaires, envoyés à Rome en éclaireurs, avaient fait la même erreur d'appréciation. Le colonel Fabar et le lieutenant Féraud avaient cru, eux aussi, au succès d'une intervention française, à condition qu'elle fût rapide. C'était d'ailleurs ce que, de Gaëte, le duc d'Harcourt écrivait au général Oudinot : « En avant, général ! Il

1. Rapport de lieutenant-colonel Leblanc, du 26 avril 1849 (Archives Oudinot).

est important que vous hâtiez votre marche sur Rome. Votre arrivée subite a étonné et terrifié ; c'est une situation dont il faut profiter. Si vous laissez aux mauvais sujets de Rome le temps de se remettre de leur premier effroi, ils prépareront les moyens de résistance et feront verser du sang, ce qu'on préférerait éviter [1]. »

Ayant appris, au moment d'achever son rapport, que l'Assemblée avait décidé de repousser les Français et faisait élever des barricades, le lieutenant-colonel Leblanc avait ajouté ce post-scriptum martial : « ... ces velléités de résistance se dissiperont à mesure que nous approcherons. » Ainsi, mal renseigné, le général Oudinot ne pouvait que marcher sur Rome afin d'y balayer le régime insurrectionnel.

Le 28 avril, une colonne de reconnaissance avait quitté Civita-Vecchia, et le 30 elle s'était présentée devant Rome où elle avait été accueillie par une foule agitant des mouchoirs blancs. Ces démonstrations pacifiques l'avaient incitée à s'aventurer dans la ville où la légion de Garibaldi, arrivée la veille, l'avait reçue à coups de fusil. Les Français avaient dû se replier, abandonnant cinq cents des leurs aux Romains [2].

*

D'abord cachée pendant trois jours, la nouvelle de cette échauffourée a causé une vive émotion à Paris. L'esprit de parti en a exagéré l'importance au point qu'on en fait presque un petit Waterloo. Le drapeau tricolore a été déshonoré, la France insultée, l'armée humiliée, bref, c'est un désastre national. Aggravée par des pamphlets venus de Rome, l'affaire est exploitée à des fins politiques. Elle permet à la droite et à la gauche de mesurer leurs forces avant les élections générales prévues pour le 13 mai, consultation nationale qui décidera du sort du régime.

Le 7 mai, Lesseps assiste au débat parlementaire engagé sur l'échec du 30 avril, devenu véritable affaire d'Etat. Ledru-Rollin, le chef de la Montagne, et ses partisans invectivent leurs adversaires, et l'on craint un moment que ces messieurs n'en viennent aux mains. Pendant ce temps, une commission d'enquête examine la situation, et un député, l'avocat Segard, conseille l'envoi d'un médiateur à Rome. Il a même un nom à proposer, celui de Lesseps : « Je ne vous le donne pas comme un républicain faisant des révolutions, dit-il à ses collègues,

1. Lettre en date du 26 avril 1849 (Archives Oudinot).

2. En lisant le récit de l'affaire dans l'ouvrage de Léopold de Gaillard, *L'Expédition de Rome en 1849*, le général Oudinot notera en marge de la page 180, pour se justifier devant l'Histoire : « Le duc de Reggio ne pouvait refuser obéissance aux instructions qui lui ont été instamment données. Elles prescrivaient de prendre conseil des événements d'accord avec MM. d'Harcourt et de Raynaval. Ces diplomates réclamaient évidemment une prompte marche sur Rome. Le général prescrivit immédiatement une forte reconnaissance. Elle n'a pas réussi pour des motifs que la prudence humaine ne pouvait prévoir... »

mais il a toujours servi son pays sans s'occuper de politique intérieure et, s'il accepte la mission, il l'accomplira. »

Après un nouveau débat, aussi passionné que le premier, les députés approuvent, à une majorité de cent voix, la décision d'envoyer un agent à Rome y représenter, non le gouvernement, mais l'Assemblée elle-même. Après ce vote, le cabinet s'en va présenter sa démission au prince-président qui la refuse. La situation politique est donc extrêmement tendue, et ce sera l'une des causes de l'échec de Lesseps, victime d'un changement d'orientation du gouvernement ; l'autre cause, il faudra la chercher dans les instructions qui lui seront données.

Le 8 mai, Lesseps est appelé chez Drouyn de Lhuys qui lui dit ce qu'on attend de lui. Ayant assisté à la séance de la veille, il ne peut ignorer dans quel guêpier le gouvernement s'est fourré. Bien qu'il soit personnellement hostile au principe de l'intervention militaire, Lesseps accepte la mission et se dit prêt à partir sur-le-champ. A l'inverse de celles données naguère au général Oudinot, ses instructions sont imprécises et lui laissent une certaine initiative à condition de ne rien dire, écrire ou faire qui puisse laisser croire aux autorités romaines que la République française les reconnaisse comme pouvoir légitime.

Un mois plus tard, Lesseps aura tout le loisir, à la lumière des faits, de relever les contradictions de sa mission. Vis-à-vis du général Oudinot, il se trouve en porte à faux, car s'il n'a pas autorité sur lui, il peut du moins entamer des négociations dont le général devra tenir compte pour ses opérations militaires. Comme s'il prévoyait un affrontement, Drouyn de Lhuys lui a recommandé dans sa lettre d'avoir des rapports « intimes et confiants » avec Oudinot qui ne peut voir en lui qu'un *pékin*, un bavard envoyé par une assemblée de bavards. Avec les diplomates français accrédités à Gaëte, il pourra difficilement entretenir de tels rapports puisque le duc d'Harcourt est un conservateur déclaré, voire un absolutiste. Il en est de même du comte de Rayneval, ambassadeur de France à Naples, et qui a suivi Ferdinand II à Gaëte. Les deux ambassadeurs de France, hommes du même monde et de mêmes opinions, s'entendent à merveille et poursuivent une politique opposée à celle que l'on trace à Lesseps. Lorsque celui-ci s'inquiète de ses futurs rapports avec eux, Drouyn de Lhuys lui répond négligemment : « Contentez-vous de leur envoyer des *duplicata* de vos dépêches... »

En revanche, il évitera tout ce qui pourrait déplaire au pape, encore que Pie IX ne soit pas disposé à écouter les suggestions de la France et préférerait devoir sa restauration aux Autrichiens, dont les armées marchent d'ailleurs sur Ferrare. Bref, la mission confiée à Lesseps peut se résumer ainsi : il ordonnera aux gredins qui gouvernent les Etats romains de déguerpir, puis, une fois qu'ils auront abandonné la place, il incitera le peuple romain à réclamer le retour du pape, enfin il veillera courtoisement à ce que celui-ci, par égard pour la France, établisse à Rome un régime libéral. Charmé de cette réussite qui lui fera oublier son échec du 30 avril, le général Oudinot entrera dans la Ville éternelle, avec ses troupes, aux acclamations des habitants repentis.

Que Lesseps ait accepté une telle mission étonne un peu. En lisant les instructions qui lui ont été données, le prince-président est le premier surpris de leur imprécision. Il l'a convoqué à l'Elysée pendant qu'il était encore dans le bureau de Drouyn de Lhuys et, à son tour, lui a prodigué ses recommandations : il devra éviter à tout prix de laisser l'action de la France se confondre avec celle de l'Autriche et de Naples ; il faudra que l'intervention française ait lieu en dehors de ces nations, sinon contre elles, et que la France en recueille ainsi tout le bénéfice moral. Le prince-président lui laisse entendre aussi que le général Vaillant pourrait au besoin remplacer le général Oudinot, ce qui semble inviter discrètement Lesseps à ne pas s'embarrasser des observations ou des récriminations du commandant en chef du corps expéditionnaire au cas où ils ne seraient pas d'accord sur les actions à entreprendre.

Lorsque Lesseps, revenu chez Drouyn de Lhuys, lui rapporte les propos du président de la République, le ministre lui demande quel sens il donne à l'expression « éviter à tout prix », employée par le Président lorsqu'il lui a parlé des dangers d'une action commune avec l'Autriche et Naples : « C'est à vous, réplique Lesseps, à vous entendre avec M. le Président et à m'en écrire. Quant à moi, je les accepte [1] dans le sens le plus large, en attendant de nouvelles directives. Toutefois, vous pouvez compter que je vous réserverai toujours votre liberté de décision. »

En plus de ces instructions et des exemplaires du *Moniteur* que Viel-Castel lui avaient donnés, Drouyn de Lhuys et le prince-président lui remettent chacun une lettre à l'intention du général Oudinot, mais celle du prince est si peu confidentielle que *La Patrie* en révèle le lendemain la teneur. Cette publication intempestive suscite une nouvelle empoignade à la Chambre en révélant que le prince-président avait, comme l'écrira Odilon Barrot dans ses *Mémoires*, « un triple but qui était de capter la faveur de l'armée, de l'irriter contre l'Assemblée, et d'afficher le plus profond mépris pour les résolutions parlementaires ». Cette lettre aura également pour résultat de conforter le général Oudinot dans son idée que seule une intervention militaire pourra venir à bout de la République romaine et que toute négociation ne fera que retarder la solution de la crise, alors que, pour l'extrême gauche de l'Assemblée, le porteur de cette missive hautaine et belliqueuse est devenu l'homme lige du Président et non plus le médiateur que l'on a voulu envoyer. L'affaire aura un rebondissement inattendu, car deux

1. Ces instructions.

jours plus tard Ledru-Rollin déposera sur le bureau de la Chambre un projet de mise en accusation du prince-président et de ses ministres pour avoir violé la Constitution en décidant une intervention militaire à Rome sans l'accord de l'Assemblée. Mise aux voix, la motion sera rejetée.

Lesseps part donc sous de fâcheux auspices. Pensant lui faciliter ses relations avec les triumvirs, Drouyn de Lhuys lui a donné comme compagnon de voyage un certain Accursi, révolutionnaire affilié à plusieurs sociétés secrètes. Il a été condamné jadis par les tribunaux pontificaux, mais il est devenu, par un de ces renversements de situation fréquents lors de périodes troublées, membre de l'Assemblée constituante romaine et ministre de l'Intérieur. Les deux hommes doivent se retrouver à Toulon et y embarquer sur *la Pomone*, un navire de guerre mis à la disposition du médiateur. Cette traversée faite en commun produira un très mauvais effet sur la cour de Gaëte, dont il fallait précisément ménager les susceptibilités. Dans une lettre au général Oudinot, M. de Corcelles, le diplomate accrédité spécialement auprès de Pie IX, critiquera vertement les compromissions de Lesseps avec « ce repris de justice ».

*

Parti le 9 mai de Paris, Lesseps débarque à Civita-Vecchia dans la nuit du 15. Il se fait conduire aussitôt à Castel-Guido, le quartier général français. Là, on le dirige vers la sacristie de l'église du village et il y trouve, étendus sur un matelas à même le sol, dormant d'un profond sommeil, les aides de camp d'Oudinot, le lieutenant-colonel Leblanc et le lieutenant Espivent de La Villesboisnet.

« Qui est là ? » demande ce dernier.

Lesseps se nomme. Encore à moitié endormi, le lieutenant-colonel Leblanc murmure : « Lesseps, Lesseps... qu'est-ce que cela ? »

La Villesboisnet se hâte de réparer la gaffe : « Qui ne connaît M. de Lesseps, qui a montré un si beau caractère à Barcelone ? »

On allume une bougie. Lesseps entrevoit les deux officiers et leur explique le motif de son apparition à une telle heure, en les priant de l'annoncer au commandant en chef. On va réveiller Oudinot, établi au presbytère et couché dans la propre chambre du curé. Lesseps lui communique ses instructions, dont il prend connaissance avec une déception visible : il lui faut en effet décommander immédiatement une partie de ses mouvements alors qu'il a reçu de Paris une dépêche télégraphique, envoyée le 10 mai, pour le presser d'entrer à Rome en accord avec les habitants ou bien d'attaquer à condition d'avoir « les chances de succès les plus positives ».

L'arrivée d'un civil, représentant l'Assemblée, fait incontestablement une fâcheuse impression au quartier général. Les mines se rembrunissent ou s'allongent, mais on n'a pas le temps de se poser beaucoup de questions, ou d'en poser à Lesseps, car celui-ci s'éclipse aussi brusquement qu'il était apparu, laissant le quartier général abîmé dans ses conjectures.

Lesseps est parti pour Rome emmenant avec lui un jeune attaché d'ambassade, Henri de La Tour d'Auvergne. Sur le siège, à côté du cocher, un domestique brandit le drapeau blanc des parlementaires. Pour conserver à sa mission son caractère d'indépendance, Lesseps ne descend pas à l'ambassade, mais à l'hôtel d'Allemagne, via Condotti. Il lui a suffi de traverser la ville pour se rendre compte que les Français, loin d'être reçus en libérateurs, seraient accueillis, comme le 30 avril, à coups de fusil. Retourné dans la matinée au quartier général, il le dit franchement au général Oudinot, ajoutant toutefois qu'avec un peu de patience et de temps leurs « troupes entreraient à Rome sur un lit de roses », ainsi que l'écrit dans ses Mémoires[1] Espivent de La Villesboisnet. Celui-ci se rend à Rome le 16 mai pour y déjeuner avec Lesseps à l'hôtel d'Allemagne et il y trouve, à son étonnement, deux autres convives, à son avis fort douteux. Le premier, qu'il qualifie de « vrai rapin », doit être le sculpteur suisse Antoine Veyrassat qui, au mieux avec les révolutionnaires romains, rendra quelques services à Lesseps, entre autres celui de lui sauver la vie ; le second, Lavelaine-Maubeuge, est un ancien colonel d'infanterie, mal noté sous Louis-Philippe et mis à la retraite l'année précédente par la République. Il s'était attiré une mauvaise affaire à Tunis où il avait été envoyé en mission et avait connu vraisemblablement Jules de Lesseps. En butte à l'ostracisme de ses anciens camarades, il était passé, semble-t-il, au service des triumvirs ou, du moins, cherchait à jouer les bons offices entre les deux camps. Sans doute Lesseps s'est-il lié avec deux personnages pour avoir par eux des intelligences dans le milieu révolutionnaire, mais ces fréquentations vont le rendre encore plus suspect au quartier général français ; elles serviront de base à toutes les calomnies que l'on répandra le mois suivant sur son compte[2].

Après ce déjeuner, qui l'a passablement surpris, Espivent de la Villesboisnet l'est plus encore en recevant la visite de Mgr Lucquet et du futur Mgr de Mérode, deux ecclésiastiques assez dépenaillés qui militent, eux, dans le camp pontifical. En le voyant avec eux, Lesseps,

1. La plupart des détails concernant l'arrivée nocturne de Lesseps et ses premières démarches sont empruntés aux Mémoires inédits du général Espivent de La Villesboisnet, aimablement communiqués par son descendant, le comte de Boiry.

2. Lavelaine-Maubeuge, en dépit de sa mauvaise réputation, semble avoir gardé de bons rapports avec Lesseps, car à peine celui-ci a-t-il fondé la Compagnie du canal de Suez qu'il lui écrit, le 7 décembre 1855, pour lui prodiguer ses conseils sur la façon d'organiser le travail sur les chantiers et lui demander « une position élevée » en Egypte, ou bien, par exemple, l'agence générale de la Compagnie à Marseille. Il faut cependant noter que Lesseps, peut-être enfin éclairé sur les agissements de l'individu, s'est bien gardé de l'embaucher.

à son tour, se montre surpris et le met en garde : « Il ne faut pas recevoir ces gens-là, ils vous compromettraient. »

Piqué par cette observation, La Villesboisnet réplique en demandant à Lesseps, afin de pouvoir régler sa conduite sur la sienne, quels sont « ses espérances, ses tendances et le but qu'il veut atteindre ». Lesseps lui répond que, trop occupé pour le moment, il le lui dira plus tard.

Effectivement, c'est fort tard, à 2 heures du matin, que Lesseps l'appelle, ainsi que La Tour d'Auvergne, pour leur expliquer son rôle. « Le ministre, écrira La Villesboisnet, était assis devant un énorme bureau couvert de papiers et sur lequel brûlaient huit à dix bougies. Il avait la figure fatiguée d'un homme qui ne s'est pas couché... Il nous lut toutes les instructions qu'il avait reçues, et, après avoir prononcé quelques paroles un peu incohérentes, il dit : “Eh bien, il n'y a que moi qui puisse conduire une affaire de cette nature, elle m'amènera à la présidence de la République. Vous serez mon ministre de la Guerre, et, vous, se tournant vers l'attaché, mon ministre des Affaires étrangères [1].”

« Je frappai mon genou contre celui de l'attaché en lui disant : “Mais cet homme est fou !” Il fit le geste de mettre la main sur sa bouche et cet épisode n'eut pas de suite [2]. »

Bien entendu, Espivent de la Villesboisnet rapportera cette scène étrange au général Oudinot, qui n'y verra qu'une raison de plus de se méfier de Lesseps. On peut penser que celui-ci, en parlant de la présidence de la République, a voulu plaisanter, mais La Villesboisnet, qu'il venait d'arracher au sommeil, a jugé que l'heure ne se prêtait pas à l'humour et a pris la déclaration au pied de la lettre. En tout cas, ni La Villesboisnet ni La Tour d'Auvergne ne garderont le secret, ce qui explique toutes les rumeurs qui circuleront à Paris sur la folie de Lesseps, rumeurs dont les journaux se feront complaisamment l'écho. Il faut ajouter que La Villesboisnet, honnête homme, est le premier à reconnaître à Lesseps un don étonnant de persuasion. Il rapporte ainsi que, après avoir discuté longuement avec Lesseps, le général Vaillant était sorti de l'entretien en avouant : « Cet homme m'a ensorcelé ! »

Le premier souci de Lesseps en s'installant à Rome est d'établir une trêve entre combattants. A sa demande, La Tour d'Auvergne obtient du général Oudinot un engagement de suspension des hostilités, en gage de bonne volonté de la France, et Mazzini, n'ayant plus à craindre une autre attaque, en profite pour dégarnir Rome de douze mille hommes qu'il envoie affronter les troupes du roi de Naples.

Lesseps, qui croit en la nature humaine, est persuadé que là où le

---

1. Lesseps a été bon prophète, car Henry de La Tour d'Auvergne, prince romain en 1853, sera ministre des Affaires étrangères en 1869, puis du 10 août au 4 septembre 1870.
2. Mémoires inédits du général Espivent de La Villesboisnet.

canon a échoué les bonnes intentions peuvent réussir. Il compte sur certains gestes pour désarmer les préventions, gestes inspirés par son caractère impulsif et généreux, mais qui se retourneront contre lui. Ainsi, après avoir persuadé Oudinot de renvoyer les prisonniers qu'il a faits, il insiste auprès de lui pour offrir un caisson d'ambulance à la municipalité romaine. Les triumvirs l'en remercieront par l'envoi d'un fourgon de cigares contenant des proclamations incendiaires et appelant les soldats français à la rébellion.

Malgré l'esprit de conciliation ainsi montré, Mazzini n'entend rien céder sur les principes, qu'il s'agisse de la légitimité de la République romaine ou du non-rétablissement du pouvoir temporel du pape, et il tient avec virtuosité plusieurs langages. A l'Assemblée constituante, il a communiqué les propositions de la France et l'invitation de celle-ci à nommer une commission avec laquelle on pourra commencer les négociations pour arriver à l'entrée pacifique de l'armée française à Rome. Lesseps regarde ce premier pas comme de bon augure, ignorant que Mazzini s'est arrangé pour ne laisser aux trois membres de cette commission aucun pouvoir d'engagement. Non moins habilement, Mazzini a déjà tenté d'isoler Lesseps, en séparant l'homme de sa fonction. Lesseps a protesté aussitôt contre cette distinction, qui ne peut que lui nuire auprès de la cour de Gaëte et du général Oudinot, déclarant que si les trois représentants de l'Assemblée constituante veulent négocier avec cette idée en tête, il refusera de les voir.

Il semble avoir tenté de discuter directement avec Mazzini lui-même, à en croire un récit rocambolesque qu'il fera, dans ses *Souvenirs de quarante ans*, d'une entrevue nocturne avec le tribun. D'après les historiens Bourgeois et Clermont [1], cet entretien aurait eu lieu dès le 16 mai, ce qui est aller vite en besogne, alors qu'il est plus vraisemble de penser que Lesseps, découragé par la lenteur des négociations, aurait cherché un moyen de voir Mazzini qui, pour justement gagner du temps, se refusait à tous rapports avec lui. Ce serait Antoine Veyrassat qui aurait conseillé à Lesseps de forcer la porte de Mazzini en allant le trouver au palais de la Consulta, où il s'était installé.

Arrivé devant le palais à 1 heure du matin, Lesseps y rejoint Veyrassat, qui lui indique à une extrémité du bâtiment, au premier étage, la chambre de Mazzini. Les gardes seront certainement assoupis, il sera facile de pénétrer à l'intérieur du palais. Enlevant ses chaussures pour ne pas faire de bruit, Lesseps se faufile de salle en salle et parvient à la chambre de Mazzini. Il s'assied à côté du modeste lit de fer, sur l'unique chaise, et l'appelle à voix basse, puis hausse le ton jusqu'à ce que Mazzini s'éveille. Assez surpris, on le conçoit, par cette présence insolite, Mazzini lui demande s'il est venu l'assassiner. Une conversa-

1. Auteurs de *Rome et Napoléon III*.

tion s'ensuit, que Lesseps rapporte dans ses *Souvenirs*[1] et qui s'achève en effusions réciproques, sans que cet attendrissement influe le moins du monde sur le déroulement des négociations, car Mazzini est homme à tout promettre et rien donner, mais en laissant à son interlocuteur le sentiment d'avoir eu néanmoins satisfaction. A la fin du mois de mai, un jour que Mazzini rendra visite au quartier général, installé désormais villa Santucci, Espivent de La Villesboisnet, curieux de voir le fameux révolutionnaire, écoutera leur entretien dans une pièce voisine dont il avait laissé la porte entrouverte. « Ce n'est pas lui [Lesseps], écrira-t-il, qui eut l'avantage dans la conversation dont les bases pouvaient être fausses, mais dont toutes les déductions étaient justes, et je dois avouer que Mazzini me parut un avocat de premier ordre[2]. »

Le 17 mai, Lesseps se rend au quartier général. Avec le concours du duc d'Harcourt, arrivé de Gaëte, Oudinot et lui rédigent un projet d'accord à envoyer aux autorités romaines, projet stipulant l'occupation de Rome par le corps expéditionnaire et le remplacement du triumvirat par un gouvernement provisoire en attendant le résultat d'une consultation nationale sur la forme à donner au futur gouvernement. Il n'est pas question d'exiger le rétablissement du pouvoir temporel du pape, mais des garanties sont prévues en faveur de la religion catholique et de la papauté. Cette invitation à se démettre ne peut évidemment plaire au triumvirat, ni les garanties en faveur de la religion paraître suffisantes à Gaëte. Aussi établit-on un nouveau compromis que les trois commissaires envoyés par l'Assemblée emportent avec eux pour le soumettre à celle-ci. Il n'est pas mieux reçu que le précédent. Mazzini proteste auprès de Lesseps contre cet entêtement à vouloir ignorer l'état d'esprit des Romains. Il existe, assure-t-il, un sentiment viscéral au fond du cœur des Romains : la haine du gouvernement papal, non des hommes qui l'exercent, mais des principes qui les inspirent. Le peuple romain, affirme-t-il, s'opposera violemment à tout projet de restauration d'un gouvernement clérical et préférera se jeter dans le schisme plutôt que de le subir à nouveau.

Attendant de Mazzini des contre-propositions assez raisonnables pour être discutées, Lesseps commence à douter de la possibilité d'un accord, pris comme il l'est entre l'intransigeance de Gaëte, qui désole jusqu'au duc d'Harcourt, et celle des triumvirs qui tirent de l'insistance française à vouloir leur départ une raison supplémentaire de rester en place. En s'obstinant à vouloir négocier avec eux, mais sans vouloir admettre leur légitimité, on arrive à leur en reconnaître au moins une de fait, sinon de droit. Dans son *Journal*, Lesseps note à juste titre : « Nous finirons donc par perdre notre influence sur tous les partis, c'est-à-dire par marcher au but diamétralement opposé. Nos efforts et

1. Ferdinand de Lesseps, *Souvenirs de quarante ans*, t. I, p. 227-228.
2. Souvenirs inédits du général Espivent de La Villesboisnet.

nos dépenses n'auront servi qu'à réunir contre nous toutes les passions italiennes. Le parti intermédiaire, modéré, juste milieu, conservateur, comme on voudra l'appeler, n'existe pas. Je ne le vois en force ni dans le présent, ni dans l'avenir[1]. »

Au lieu qu'un parti modéré se manifeste et prête son appui à Lesseps, ce sont au contraire les factieux qui dominent de plus en plus, jusqu'à rendre le séjour de Rome dangereux pour lui. Le 20 mai, plusieurs émeutes éclatent : la populace envahit et saccage les jardins du pape, arrache des confessionnaux des églises pour les brûler sur la place publique et s'en va chanter la *Carmagnole* sous les fenêtres de Lesseps.

Le 21 mai, alors qu'il doit tenir à l'ambassade une réunion de la colonie française, il est prévenu, vraisemblablement par Veyrassat, que trois hommes ont été désignés pour lui trancher la carotide, ainsi qu'on l'a fait l'année précédente au comte Rossi. Après s'être assuré que lui seul était visé, il se fait remplacer par La Tour d'Auvergne, et la réunion se déroule sans incident. Le prince Wolkonsky, ministre de Russie, confirmera la tentative d'assassinat en disant à Lesseps qu'il avait entendu trois individus manifester leur surprise en voyant paraître La Tour d'Auvergne. « Ah ! le gredin n'est pas venu aujourd'hui, aurait dit l'un d'eux. Sans cela l'affaire était finie à l'arme blanche. Pourquoi n'est-il pas venu, M. de Lesseps ? »

Celui-ci, qui a guetté anxieusement le retour de La Tour d'Auvergne, est soulagé en le voyant revenir sain et sauf. Le jeune diplomate a, lui aussi, vu trois hommes entourer sa voiture et trahir leur désappointement de le trouver à la place de Lesseps.

Le général Oudinot commence à s'impatienter de ces tractations dont il ne voit pas l'issue mais seulement le mauvais effet sur le moral de ses troupes. Tout en conservant des formes polies, il met Lesseps en demeure de réussir ou de s'en aller : « Je vois avec peine, lui écrit-il le 21 mai, que votre dévouement n'est point payé d'un juste retour à Rome. Aucune des promesses qu'on vous avait faites ne se réalise. On oppose sans cesse des subterfuges, des faux-fuyants à votre persévérante loyauté. C'est donc, à mon avis, une réponse nette et précise que nous devons en ce moment réclamer. Personne mieux que vous, Monsieur, ne saurait l'obtenir. Qui pourrait en effet vous résister ? Votre langage s'appuie sur l'alliance de la raison et de la force[2]. »

Un peu piqué par ce reproche et cette ironie à peine voilée, Lesseps lui répond le jour même : « Pour lever vos derniers doutes, je vous envoie une dernière correspondance particulière avec Mazzini. Il faut partir du principe que je n'ai fait aucune concession, et ce qui le prouve, c'est que Mazzini m'écrit le 19 que *mes propositions ne contenaient rien de plus que les premières propositions du général Oudinot*. Or, ces

1. F. de Lesseps, *Souvenirs de quarante ans*, p. 194-195.
2. F. de Lesseps, *Ma mission à Rome*, p. 125.

propositions auxquelles vous avez bien voulu vous associer, je les ai données comme *notre ultimatum*. J'avais fixé jusqu'au 20, à minuit, pour que l'on acceptât ou que l'on refusât. La Chambre romaine a rejeté, priant le triumvirat de renoncer. J'ai résisté à toutes les invitations qui m'ont été faites d'aller au-devant d'eux, décidé à maintenir jusqu'au bout ma résolution de ne rien proposer de nouveau, mais de ne pas broncher ; j'ai amené les choses au point que l'on me sollicite et qu'il faudra bien qu'on vienne tout à fait à moi[1]. »

Le lendemain, le contre-projet des triumvirs ne lui étant toujours pas parvenu, il signifie au triumvirat, en accord avec Oudinot, la rupture des négociations. Devant la mauvaise volonté du gouvernement romain, il est certain que seule la voix du canon serait entendue, mais Lesseps, tout en souhaitant le renforcement des troupes afin d'intimider les Romains, et aussi les Autrichiens, ne veut pas recourir à la violence et refusera d'y prêter son concours, comme il l'écrit à Drouyn de Lhuys. Il joint à sa lettre au ministre une copie de sa correspondance avec le gouvernement romain et le prévient que La Tour d'Auvergne partira incessamment pour Paris afin de lui remettre ces documents et d'ajouter de vive voix ce qu'il serait dangereux de confier au papier. La Tour d'Auvergne aura vraisemblablement pour mission d'évoquer l'incompatibilité d'humeur grandissante entre Lesseps et le général Oudinot qui, de son côté, a déjà fait connaître à Paris son mécontentement de se voir empêché d'agir.

Oudinot craint plus que jamais qu'un tel retard ne nuise aux intérêts de la France, et il en est encore plus convaincu depuis la récente arrivée à la villa Santucci du général Vaillant. Celui-ci ne lui a pas caché qu'à Paris les idées avaient changé depuis le début du mois et « qu'une plus longue condescendance pour les essais de transaction de M. de Lesseps perdrait à coup sûr le chef qui ne craindrait pas d'en prendre la responsabilité[2]. » Le général Vaillant le sait d'autant mieux qu'il est porteur d'instructions secrètes l'autorisant à remplacer le général Oudinot au cas où une action plus énergique serait nécessaire. Aussi Oudinot, conscient du danger, demande-t-il à Vaillant d'aller voir Lesseps pour le persuader de renoncer à des négociations qui n'aboutissent à rien. Le plus piquant de l'affaire est que Vaillant, parti pour convaincre Lesseps, revient de Rome entièrement converti aux vues de celui-ci... Le général Oudinot en tire un nouveau motif de maudire l'envoyé de l'Assemblée, auquel il exprime son amertume, avec une franchise toute militaire, dans une lettre assortie d'une mise en demeure. Ainsi assure-t-il ses arrières au cas où le gouvernement viendrait à lui reprocher son inaction. L'avenir lui donnera en partie raison.

« Vous êtes, Monsieur, lui écrit-il, très séduisant, personne ne le

1. Archives Oudinot.
2. L. de Gaillard, *L'Expédition de Rome en 1849*, p. 209.

sait mieux que moi. Le général Vaillant a, lui aussi, été sous le charme en vous écoutant. Mais, à la réflexion, il reste très *convaincu* que le *statu quo* auquel nous nous condamnons est funeste et porte la plus grave atteinte à la dignité et aux intérêts de la France, non moins qu'à l'honneur militaire. Les autres officiers généraux que j'ai vus ce matin [23 mai] m'ont fait spontanément la même déclaration. Nous vous supplions de ne pas enchaîner plus longtemps notre liberté d'action. Je vous le demande en particulier très instamment ; c'est le seul moyen de négocier ensuite avec avantage... Ma confiance en vous est grande, vous le savez ; toutefois, je ne dois pas vous dissimuler que *personne*, absolument personne ne s'associe à vos espérances ; on les prend pour des illusions[1]... » Et Oudinot termine en le conjurant d'aviser les autorités romaines que la trêve est rompue.

Toujours sans réponse des triumvirs et ne voulant pas davantage irriter le général Oudinot, Lesseps se résout à mettre fin aux négociations en précisant néanmoins que la reprise des hostilités interviendrait seulement huit jours après avoir informé les autorités romaines de la fin de la trêve. C'est ménager vraiment beaucoup l'adversaire, qui n'a pas la même délicatesse et cherche au contraire à jeter le trouble dans le camp français, y faisant circuler de fausses rumeurs, des tracts révolutionnaires, et incitant même les soldats à la désertion.

Le 23 mai, La Tour d'Auvergne est parti pour Paris, emportant le courrier, notamment la lettre de Lesseps à Drouyn de Lhuys, lettre dans laquelle son auteur, après avoir insisté sur l'opportunité de laisser à la population romaine le soin de choisir son gouvernement, priait le ministre d'envisager son rappel si ses vues ne correspondaient plus à celles de Paris.

Sur ces entrefaites arrive une lettre embarrassée des triumvirs, qui est, certes, un refus du projet de Lesseps, mais laisse la porte ouverte à de nouveaux pourparlers, sur d'autres bases. N'est-ce pas, d'ailleurs, écrivent les triumvirs, ce que le général Oudinot fait de son côté en négociant directement avec le président de l'Assemblée constituante, le prince de Canino, par l'entremise du consul des Etats-Unis, Mr. Cass ? On comprend la surprise et la fureur de Lesseps en apprenant cette manœuvre d'Oudinot, mais celui-ci, lorsqu'il se rue chez lui, tombe des nues. Il a bien reçu, en effet, la visite de Mr. Cass, mais n'y a vu qu'une démarche sans caractère officiel et n'a pu croire un instant qu'elle était l'amorce d'une négociation quelconque. Il est vrai qu'il avait négligé de lire une note laissée par le consul en partant et qui constituait une contre-proposition prévoyant que les soldats français seraient accueillis à Rome en frères, mais qu'ils ne pourraient y entrer que si le gouvernement romain, menacé dans son existence, les appelait à son secours. On est donc fort loin des intentions d'Oudinot, et même

1. F. de Lesseps, *Ma mission à Rome*, p. 125.

de Lesseps. Celui-ci ne veut pas, comme ses instructions le lui ont enjoint, reconnaître la légitimité du gouvernement romain en acceptant cette formulation, mais il s'inquiète en voyant les triumvirs chercher à traiter derrière son dos. Il est désormais patent que les triumvirs jouent la comédie et tentent de diviser les Français pour les affaiblir.

Ils y réussissent, car le ton monte, au fil des jours, et même des heures, entre Lesseps et le général Oudinot. Lassé des récriminations du commandant en chef et du ton piquant de ses lettres, Lesseps répond dans la soirée à celle du 23 mai lui reprochant de prendre ses illusions pour des espérances : « Quant à mes illusions, se défend-il, je n'en ai d'aucune espèce. Je m'attends à tout de la part de tout le monde, et je sais parfaitement résister à toutes les insinuations qui auraient pour but de me faire dévier de la ligne que j'ai adoptée. L'honneur militaire m'est aussi cher qu'à vous-même, M. le Général, mais je tiens aussi grand compte des instructions écrites et verbales de mon gouvernement et de l'opinion publique en France. Voulez-vous, oui ou non, entrer dans Rome par la force, et commencer l'attaque sans y être provoqué par un ordre formel ? »

*

Néanmoins, lorsque Lesseps vient s'établir officiellement au quartier général, villa Santucci, Oudinot lui fait bon visage et lui promet de patienter encore un peu ; il l'invite même à participer au Conseil qui doit se tenir ce jour-là. Lesseps y prend la parole et ne réussit guère à convaincre ces militaires qu'en cas d'attaque de Rome il faudrait s'attendre à une résistance longue et coûteuse. Lorsque Oudinot interroge ensuite les membres du Conseil, ce sont les plus âgés, comme Regnault de Saint-Jean-d'Angély, qui veulent attaquer, et le plus jeune, le général Mollière, qui se range à l'avis de Lesseps. On décide, une fois de plus, d'en rester au *statu quo*. Lesseps a, semble-t-il, changé peu à peu d'opinion sur Mazzini et, instruit par l'expérience, il le voit désormais d'un autre œil. « Cet homme, écrit-il le 25 mai à Drouyn de Lhuys, n'est qu'un ambitieux vulgaire. Il voudrait régénérer les hommes en passant sur des ruines et sur des cadavres. Je regarde l'occupation amiable de Rome comme un danger, parce qu'elle nous engagerait dans les questions d'administration romaine plus que nous ne voudrions, qu'elle nous ferait recueillir une partie de l'héritage du pouvoir actuel, dont le chef opprime, terrifie et ruine les habitants et se trouve déjà placé en face du déficit et de la banqueroute.[1] »

Le 26 mai, les généraux, un instant calmés, sont repris d'ardeur belliqueuse et parlent de nouveau d'attaque au moment même où Lesseps reçoit des triumvirs une longue lettre dans laquelle ces messieurs

1. L. de Gaillard, *L'Expédition de Rome en 1849*, p. 215-216.

récapitulent avec aigreur et précision tous les inconvénients pour eux de cette intervention française qu'ils n'ont pas demandée. De surcroît, la France, écrivent-ils, ne leur a donné aucune garantie contre un éventuel retour du pape et la restauration du pouvoir temporel.

Devant cette impossibilité d'aboutir à un accord, Lesseps sent qu'il ne peut aller plus loin dans ses concessions, d'autant plus qu'il est sans nouvelles de Paris, en dépit de ses nombreuses lettres à Drouyn de Lhuys. En revanche, il en reçoit une de M. de Corcelles, véritable réquisitoire, énumérant tous les griefs de ce diplomate à son encontre et lui reprochant notamment d'agir sans tenir compte des instructions de leur gouvernement, ce qui donne à la France un rôle équivoque en paraissant la situer dans le camp des ennemis du pape plutôt que dans celui de ses défenseurs.

Il faut sortir de cette impasse et trouver une solution, car les grandes chaleurs approchent, contraignent le général Oudinot à chercher pour ses troupes des cantonnements plus salubres. A défaut de camper dans Rome, on envisage d'aller s'établir à Frascati ou Albano. Lesseps en informe Drouyn de Lhuys en le conjurant de s'entendre avec le ministre de la Guerre pour lui envoyer des instructions précises. De son côté, Oudinot écrit à ce dernier pour le tenir au courant des dispositions qu'il a prises afin de remédier à l'inaction de ses hommes. Il termine sa lettre par un blâme implicite des temporisations du médiateur : « ... depuis l'arrivée de M. de Lesseps, la direction politique appartient plus particulièrement à ce diplomate. Tous mes efforts et toute mon intelligence ont surtout pour but de sauvegarder l'honneur et les intérêts de l'armée, et je crois pouvoir vous assurer qu'ils ne seront jamais compromis[1]. »

Le 29 mai, dans un ultime effort de conciliation, Lesseps, qui ne veut pas abandonner l'espoir d'une solution pacifique, adresse aux triumvirs, à l'Assemblée constituante et aux municipalités une déclaration dans laquelle, avec l'accord d'Oudinot, il les invite une fois de plus à réclamer la protection de la République française en cas d'invasion du territoire romain. La démarche est d'autant plus inutile que le territoire est déjà envahi et que les triumvirs n'ont pas jugé bon d'appeler les Français pour les aider à repousser l'ennemi. Le deuxième point de la déclaration reconnaît au peuple romain le droit de se prononcer sur son mode de gouvernement, ce qui prête le flanc aux critiques de la cour de Gaëte et des catholiques français ultramontains. Le troisième article stipule l'entrée des Français dans Rome et le quatrième garantit les Etats romains contre toute invasion étrangère, même si cette invasion a pour but de restaurer le pape.

Dans la nuit du 29 au 30 mai, le général Oudinot, anticipant le refus des triumvirs, pousse les préparatifs d'attaque, et les Romains,

1. Archives Oudinot.

avertis par leurs espions, peuvent légitimement penser que les Français, en ne respectant pas le délai de vingt-quatre heures prévu par l'ultimatum, manquent à leur parole. Inquiet de cette initiative d'Oudinot, Lesseps confie ses craintes au général Vaillant et, pour dégager sa responsabilité, met en garde Oudinot : « Dans le cas où vous jugeriez devoir prendre, par surprise ou autrement, des dispositions dans la ville de Rome, ou même dans le voisinage de son enceinte, sans vous être préalablement concerté avec moi, je crois devoir mettre sous votre seule responsabilité toutes les conséquences politiques qui en résulteraient[1]. »

Appréciant peu cette mise au point, Oudinot convoque aussitôt son état-major. Pendant ce temps, Lesseps reçoit un contre-projet des triumvirs qui serait à la rigueur acceptable, excepté en ce qui concerne la question de principe à laquelle Paris attache un si grand prix : la reconnaissance de la République romaine. Faut-il ou non reprendre les pourparlers ? Il n'a rien reçu de Paris depuis qu'il en est parti et s'étonne un peu de ce persistant silence alors que Drouyn de Lhuys aurait pu, par dépêche, approuver ou non ses démarches. Il ne peut deviner que, la veille, le ministre a directement écrit au général Oudinot pour l'informer qu'il rappelait le médiateur et lui ordonnait de prendre Rome, quelle que soit la résistance opposée.

Dans l'ignorance où il est des intentions du ministre à son égard, Lesseps se résout donc à continuer les négociations, imaginant un compromis à valeur symbolique. Les Romains persistant dans leur refus de voir l'armée française à Rome, elle resterait cantonnée à l'extérieur de la ville, mais le général Oudinot, avec une garde suffisante pour assurer sa protection, résiderait à Rome. En renouvelant chaque jour cette garde, on permettrait à une partie de l'armée de mettre le pied dans Rome ; Oudinot, consulté sur le principe de ce roulement, n'approuve ni ne désapprouve.

Lors du Conseil fixé à 4 heures, Lesseps et Oudinot échangent des propos désagréables et font craindre aux assistants qu'ils n'en viennent aux mains. Oudinot estime que l'on déshonore l'armée en la postant, comme une sentinelle, à la porte de Mazzini. Lesseps insiste auprès de lui pour qu'il suspende les préparatifs de la marche sur Rome. Oudinot refuse, et, comme Lesseps exprime son indignation, il menace de le faire arrêter. A ces mots, Lesseps, outragé, met la main à son épée. L'affrontement physique est évité de justesse, et les deux hommes se séparent sans s'être mis d'accord.

A l'aube du 31 mai, après quelques heures de sommeil, les esprits se sont un peu calmés. Oudinot prie Lesseps d'excuser l'incident de la veille, et Lesseps, qui n'est pas rancunier, lui serre la main. Bien que la marche sur Rome ait été finalement décommandée, une colonne qui

1. F. de Lesseps, *Ma mission à Rome*, p. 48.

n'a pu être prévenue à temps a occupé le Monte Mario, ce que les autorités romaines considèrent comme une violation de la trêve. Oudinot prie Lesseps, qui doit se rendre à Rome, de rassurer les Romains, mais il laisse la colonne installée sur le Monte Mario.

Lorsque Lesseps arrive à Rome, il y trouve une opinion publique alarmée par cet incident, et il a toutes les peines du monde à faire admettre qu'il s'agit d'un malentendu. Il éprouve encore plus de mal à faire accepter aux triumvirs les réserves du général Oudinot et les siennes sur la reconnaissance de la République romaine. Enfin, les triumvirs, qui refusaient de signer leur contre-projet, modifié par Lesseps, s'inclinent et le font ratifier par l'Assemblée constituante. Il a fallu abandonner la disposition prévoyant le transfert du quartier général à Rome et, tel qu'il est rédigé, ce nouveau texte n'engage pas la France à grand-chose puisque, au lieu de garantir la République romaine contre toute intervention étrangère, il limite cette garantie aux territoires occupés par les troupes françaises. La nuance est importante. Enfin, ce projet, en cinq articles, sera soumis au gouvernement français, qui l'approuvera ou le repoussera. L'engagement n'est donc pas définitif, mais, tout en donnant à la France une vague satisfaction de forme, il profite aux Romains, surtout en leur accordant une prorogation de la trêve : en effet, aux termes de l'article 5 qui a été ajouté aux quatre primitifs, les hostilités ne pourront reprendre que quinze jours après l'avis officiel de la non-ratification par le gouvernement français. Une fois de plus les Romains ont réussi à gagner du temps, car avec la lenteur des communications, la réponse de Paris ne sera pas connue avant la fin du mois de juin.

Il ne reste plus à Lesseps qu'à montrer ce nouveau texte au général Oudinot en espérant que celui-ci, de guerre lasse, acceptera cette rédaction qui ménage les susceptibilités des deux gouvernements et fait de l'expédition française une espèce de grande partie de campagne, aux environs de Rome.

Lesseps retourne à la villa Santucci dans la soirée du 31 et, malgré l'heure tardive, il veut voir immédiatement le général Oudinot :

« Je vous apporte, annonce-t-il, la minute du traité que j'ai rédigé et signé avec le triumvirat relativement au placement des troupes. Il n'y manque que votre signature... Vous pouvez l'apposer de confiance, car à part une clause insignifiante, c'est l'exécution du projet que vous avez indiqué [1]. »

Oudinot s'apprête à signer, mais La Villesboisnet l'arrête : « Un instant, dit-il, cette pièce est trop importante pour qu'elle soit signée sans avoir été lue. »

A la lueur d'une bougie, il en donne lecture. En découvrant que,

1. Toute la scène qui va suivre, et les dialogues, sont empruntés aux Mémoires inédits du général Espivent de La Villesboisnet.

malgré son désir maintes fois exprimé, le quartier général ne sera pas fixé à Rome, Oudinot refuse de signer. « Vous voyez cette main ? dit-il à Lesseps en tendant le bras vers lui. Elle a été créée par l'illustre duc de Reggio et ce n'est pas moi qui la déshonorerai en signant une pareille pièce. »

Éclate alors entre les deux hommes une nouvelle altercation. Lesseps, furieux, déclare à Oudinot qu'il part pour Paris et, là-bas, lui fera ôter son commandement. La Villesboisnet réussit à les séparer, entraînant Lesseps hors de la pièce. Après quoi, sur la suggestion de La Villeboisnet, Oudinot décide d'envoyer à Paris le général Regnault de Saint-Jean-d'Angély pour y donner sa version des faits.

Pendant que La Villeboisnet rédige un rapport que le général Regnault de Saint-Jean-d'Angély remettra au ministre, Oudinot, sous le coup de la colère, écrit trois lettres dans lesquelles il désavoue complètement Lesseps. La première est adressée aux triumvirs pour leur marquer son étonnement devant les clauses du dernier compromis et les informer qu'en le signant « M. de Lesseps a dépassé ses pouvoirs ». Et il ajoute : « Les instructions que j'ai reçues de mon gouvernement m'interdisent formellement de l'associer à ce dernier acte. Je le regarde comme non avenu, et il est de mon devoir de vous le déclarer sans retard[1]. »

A Lesseps lui-même, objet de son ressentiment, il écrit deux lettres à une heure d'intervalle. La seconde est une déclaration de rupture. Elle commence par cette accusation : « Vous avez, depuis le 17 de ce mois, paralysé tous les mouvements du corps expéditionnaire sous mes ordres », puis, après l'avoir prévenu que, considérant le dernier traité comme contraire à ses instructions, il le dénonce aux autorités romaines, il achève en l'informant qu'il a « le regret d'être dans l'impossibilité de concerter désormais son action avec la sienne[2] ».

La Villesboisnet, qui a veillé fort tard pour achever le rapport que Regnault de Saint-Jean-d'Angély doit emporter à Paris, n'a pas dormi deux heures qu'il est réveillé le 1er juin par Oudinot lui-même, un Oudinot radieux qui lui annonce le rappel de Lesseps et l'ordre arrivé de Paris d'attaquer Rome. Il faut rattraper Regnault de Saint-Jean-d'Angély, déjà parti.

Oudinot s'empresse de faire suivre à Lesseps l'avis officiel qu'il vient de recevoir, envoi qui se croise avec la réponse de Lesseps à la lettre qu'il lui a écrite la nuit précédente. La lettre de Lesseps, hautaine et piquante, un peu protectrice, est un modèle de perfidie : « Je rends justice, M. le Général en chef, au fils d'un illustre maréchal. On a exploité votre ardeur militaire. Vous vous êtes rendu, sans le savoir, l'instrument d'une conspiration ourdie par les ennemis de la France.

1. Archives Oudinot.
2. *Ibid.*

Ma vigilance a su déjouer à temps la trame ténébreuse dont je connais tous les fils. J'ai pu sauver l'honneur de l'armée, l'honneur de la France[1]. »

Lesseps tombe évidemment de son haut en recevant son ordre de rappel, premier signe de vie de Paris depuis qu'il en est parti, et il apprécie peu que l'ordre lui ait été transmis par Oudinot qui en a profité pour donner à la mesure une large publicité. Il s'en plaint aussitôt à Drouyn de Lhuys, regrettant que le général ait aussi rendu publics le projet qui doit être soumis à la ratification du gouvernement et la correspondance échangée avec le triumvirat.

Avant de quitter Rome, il avertit les triumvirs qu'il soumettra néanmoins ce projet à la ratification du gouvernement. Mazzini, mécontent du désaveu d'Oudinot, s'inquiète de savoir si la trêve sera maintenue, et Oudinot fait savoir qu'il accorde un délai de vingt-quatre heures pour accepter ou non l'ultimatum du 29 mai prévoyant l'entrée du corps expéditionnaire dans Rome. Sur l'intervention du chancelier de l'ambassade, et pour permettre aux ressortissants français de quitter la ville, Oudinot reporte au 3 juin l'expiration du délai.

La prise de Rome ne sera pas une opération aussi facile à réaliser que l'imaginaient les militaires. Il faudra multiplier les travaux d'approche et les ouvrages de tranchée jusqu'à l'assaut final du 30 juin, qui permettra enfin au général Oudinot d'entrer le 3 juillet dans la Ville éternelle, avant d'être à son tour l'objet d'un ordre de rappel aussi sec que celui envoyé à Lesseps. Ainsi que ce dernier l'avait prévu, le pouvoir temporel du pape ne pourra subsister que sous la protection des baïonnettes. Après avoir montré beaucoup de mauvaise grâce à réintégrer Rome, où il ne rentrera que le 12 avril 1850, Pie IX ne cachera pas qu'il aurait préféré devoir sa restauration aux Autrichiens, et il refusera d'écouter les conseils ou les suggestions des diplomates français sur la meilleure manière de gouverner. Jusqu'en 1870, l'armée française occupera Rome, et, après son départ, la capitale des anciens Etats pontificaux deviendra celle du nouveau royaume d'Italie, proclamé en 1861 par le roi Victor-Emmanuel II.

1. Je n'ai pas retrouvé cette lettre dans les papiers du général Oudinot. Elle est citée d'après l'ouvrage de Bourgeois et Clermont, *Rome et Napoléon III*, p. 168.

5

CINCINNATUS
1850-1854

Rarement départ d'un diplomate est salué avec autant de joie par ses compatriotes que celui de Lesseps lorsque, à bord de la frégate *Descartes*, il quitte le 1er juin 1849 Civita-Vecchia pour regagner la France. A Gaëte et à Rome, la satisfaction le dispute au soulagement. « Il était temps », écrit le duc d'Harcourt à Drouyn de Lhuys, et il ajoute assez méchamment : « Je crains véritablement que le soleil ardent de ce climat ait un peu surexcité son cerveau. Il vous rendra compte au surplus de cette expédition pour laquelle il a mis à contribution tous mes secrétaires, voire les aides de camp du général. » M. de Corcelles, lui, assure à tout venant qu'il a fait le jeu de l'adversaire ; le roi de Naples estime que les pourparlers, ainsi que les trêves successives, ont permis aux Romains de dégarnir Rome et d'envoyer des troupes contre les siennes ; bref, c'est un concert de récriminations. Le comte de Rayneval, l'ambassadeur à Naples, est le seul à voir un bon côté à la situation en écrivant que « les propositions de M. de Lesseps auront au moins le bon effet de mettre les mazzinistes complètement dans leur tort, et de nous autoriser complètement à les envoyer promener ».

Les récits de La Tour d'Auvergne, les lettres d'Oudinot et celles d'autres officiers ou de diplomates ont précédé Lesseps à Paris et lui valent, lorsqu'il y arrive le 5 juin, une désagréable surprise : il apprend qu'il est violemment attaqué sur la manière dont il a rempli sa mission à Rome. L'avant-veille, un journaliste du *National*, se faisant l'écho des rumeurs qui courent en ville, a évoqué sa folie en disant voir en lui, non un traître, ainsi que certains le prétendent, mais « un homme à plaindre et un malade à guérir ». Le 4 juin, *La Démocratie pacifique* a consacré à sa mission un article de la même inspiration, et, dans les milieux politiques, on parle ouvertement, sinon de sa folie, du moins d'une maladie qui l'aurait frappé à Rome et aurait altéré ses facultés mentales. Pour les royalistes légitimistes, pour les catholiques ultramontains — et ce sont en général les mêmes —, il a eu le tort de se compromettre avec le parti populaire, plus coupable encore des crimes qu'il médite que de ceux qu'il a déjà commis.

Longtemps on lui reprochera d'avoir, par faiblesse ou secrètes sympathies républicaines, fait le jeu des révolutionnaires au mépris de ses instructions et même d'un élémentaire patriotisme. Bien plus tard, Edouard Drumont écrira dans *La Dernière Bataille*, alors que Lesseps vivait encore, qu'à un dîner Dentu, l'ancien médiateur, s'était vanté d'avoir dit à Mazzini : « Comment ! Vous êtes embarrassés de vous défendre contre les Français ? Vous n'avez qu'à les laisser entrer et à armer de couteaux tous les hommes du Trastévère[1]. »

*

Cette violente hostilité à l'égard de Lesseps est aussi due au fait qu'en un mois la situation a changé à Paris sans qu'il l'ait su. Il était parti chargé d'une mission par un gouvernement ; à son retour il trouve un autre gouvernement qui, ne voulant pas assumer les erreurs du précédant, préfère le désavouer. Le climat politique est totalement différent. Depuis les élections du 13 mai qui ont envoyé à la Chambre, sur 750 élus, 500 députés de droite et 200 socialistes, ces derniers se montrent beaucoup plus ardents que ceux auxquels ils ont succédé, et l'on aboutit au paradoxe d'une majorité conservatrice effrayée par une minorité socialiste si résolue qu'elle semble avoir gagné les élections. Elle réussit à dominer la nouvelle Assemblée ou, du moins, à s'en faire craindre. Aussi la droite, se sentant menacée par une émeute, ou un coup d'État, a-t-elle pris les devants et dénoncé l'insurrection pour l'empêcher d'éclater. Elle a pu ainsi mobiliser en sa faveur une opinion publique assez fatiguée de luttes civiles et de désordre pour vouloir la paix à tout prix.

La « question romaine », objet déjà de vives controverses lors des dernières séances de la précédente Assemblée, est revenue à l'ordre du jour lorsque la nouvelle est entrée en fonctions. La Montagne a voulu en faire son cheval de bataille, et à peine Lesseps est-il à Paris qu'elle lui envoie des émissaires pour lui demander, sur sa mission, des documents qu'elle pourrait utiliser contre le gouvernement. Lesseps refuse évidemment de se prêter à cette manœuvre malhonnête. Il se voit, en représailles, vivement attaqué par la gauche qui finit malgré tout par comprendre sa position et lui adresser des excuses.

La droite alors reprend le débat et critique âprement sa conduite. Le comte de Falloux s'étonne à bon droit qu'un homme puisse être présenté sous deux aspects aussi différents : « Quel est ce M. de Lesseps à qui M. Jules Favre veut bien prêter une si grande autorité ? Est-ce le

1. E. Drumont, *La Dernière Bataille*, p. 339.

M. de Lesseps que *Le National* a publiquement accusé d'aliénation mentale, ou celui dont il a fait, huit jours après, un des plus grands citoyens de cette époque ? Est-ce M. de Lesseps disant que Mazzini est la crème du socialisme et des sociétés secrètes, ou bien est-ce M. de Lesseps disant de Mazzini que c'est un des héros de l'époque moderne ? Avant d'appeler de telles autorités à la tribune, et d'essayer d'en foudroyer ses adversaires, il faudrait que M. Jules Favre se fût mis d'accord avec l'un des deux MM. de Lesseps, ou qu'il les ait mis d'accord entre eux. »

Lorsqu'à son arrivée à Paris Lesseps est allé voir le nouveau ministre des Affaires étrangères, le comte de Tocqueville, celui-ci lui a dit, en toute simplicité, qu'il ne savait presque rien du dossier. Il s'est contenté de lui donner à lire les instructions que Drouyn de Lhuys lui avaient adressées le 26 mai, trop tard pour qu'il ait pu les recevoir à temps. Drouyn de Lhuys lui écrivait que le gouvernement, persistant dans son refus de reconnaître la République romaine, le mettait en garde contre tout arrangement avec les républicains qui tendrait à établir à Rome un autre gouvernement que celui du Saint-Père. Ainsi, en quinze jours, la position française s'était durcie et tout traité signé par Lesseps, même le plus favorable à la France, aurait été désavoué, surtout s'il prévoyait des élections libres.

Bien entendu, il n'est pas question de ratifier celui rapporté par Lesseps, mais c'est justement une des clauses de ce traité qui suscite à la Chambre un débat houleux. Le traité stipulait qu'en cas de non-ratification les hostilités reprendraient quinze jours après la notification qui en serait faite aux autorités romaines. Or, les dernières instructions envoyées au général Oudinot recommandaient à celui-ci de marcher sur Rome et de prendre la ville. Emmanuel Arago estime que cette méconnaissance d'une garantie donnée par l'envoyé de l'Assemblée risque de déconsidérer la France aux yeux des Romains. Odilon Barrot se contente de répondre que le gouvernement n'a pas eu le loisir d'étudier le problème...

Comme on ne sait qui rendre responsable de ce faux pas et qu'on ne peut aller contre le vœu du prince-président qui venait, dans *Le Moniteur*, de souhaiter un rapide succès au général Oudinot, l'Assemblée se décharge de ce fardeau en le passant au conseil d'État. Un décret du 9 juin 1849 défère à celui-ci l'examen de la conduite de Lesseps à Rome, alors que les agissements d'un diplomate sont du seul ressort du ministère des Affaires étrangères. Le geste de Tocqueville, en signant le décret, rappelle un peu celui de Ponce Pilate. Une telle mesure est unique dans les annales diplomatiques et laisserait à penser que Lesseps serait coupable de trahison. C'est presque le condamner aux yeux de l'opinion publique avant de l'avoir entendu et jugé.

Deux jours plus tard, le 11 juin, Ledru-Rollin demande une nouvelle fois la mise en accusation du président de la République et des ministres pour avoir, en faisant la guerre à la République romaine, violé l'article de la Constitution interdisant d'employer les forces de la France contre les libertés d'un autre peuple. « Cette Constitution, s'écrie Ledru-Rollin, nous la défendrons par tous les moyens, même par les armes ! » Odilon Barrot fait face à la tempête en s'abritant derrière les grands mots d'« honneur », de « nécessité », de « liberté », puis en minimisant la portée des événements. A l'entendre, ce sont les Romains qui, le 30 avril, ont attaqué d'innocents soldats français venus flâner sous les murs de Rome ; il disculpe Oudinot, soldat qui n'a fait qu'obéir aux ordres ; il sacrifie Lesseps, lui reprochant d'avoir paralysé le corps expéditionnaire en poursuivant d'interminables négociations qui ont laissé aux Romains le temps de s'armer. Après le rejet par l'Assemblée constituante romaine de la convention du 30 mai, il aurait dû rompre immédiatement les négociations et ne pas conclure un nouveau traité dont il demande aujourd'hui la ratification. Bref, pour lui, Lesseps a failli à sa mission, ou bien il l'a mal comprise. Odilon Barrot a si bien parlé, ou, du moins, il a si bien su noyer le poisson, qu'il descend de la tribune au milieu des applaudissements.

Ledru-Rollin ne se satisfait pas de ces explications et contre-attaque en rejetant la faute sur le gouvernement : « Vous profitez d'une lacune entre une Assemblée qui va finir et une Assemblée qui n'était pas encore debout pour faire un empiètement de pouvoir, pour révoquer votre agent d'une part, et, d'autre part, pour donner l'ordre d'entrer dans Rome coûte que coûte. Votre droit, où l'avez-vous puisé ? » Puis il prend la défense de Lesseps avec tant de passion que l'Assemblée entre en effervescence. Alors que la droite exige de passer à l'ordre du jour, les Montagnards se lèvent et appellent aux armes. Le gouvernement l'emporte néanmoins par 361 voix contre 201, mais l'alerte a été chaude, et l'on redoute une réaction des faubourgs.

Le lendemain, le calme est revenu dans l'hémicycle, et les socialistes semblent avoir renoncé à soulever la rue. Non seulement Ledru-Rollin se tait, mais le socialiste Leroux condamne toute incitation à la violence. Thiers, membre de la commission des Finances, s'étonne que ceux qui ont réclamé la veille la mise en accusation du gouvernement ne veuillent plus, aujourd'hui, entendre les explications que celui-ci veut leur donner. « Nous sommes allés à Rome, dit-il, non pas contre la véritable liberté de l'Italie, mais contre la démagogie. »

A quoi Ledru-Rollin riposte : « Vous êtes du parti des Cosaques et non de la République ! »

Refusant de se laisser intimider, Thiers réplique et déclenche un si violent chahut qu'il faut appeler des huissiers pour protéger la tribune. Ce chahut sert de prélude à l'émeute qui éclate le lendemain, réprimée vigoureusement par le général Changarnier. Lorsque le prince-président parcourt le soir les boulevards, il est applaudi, et, bientôt, il sera salué dans les milieux catholiques et conservateurs comme le restaurateur de la papauté. Ainsi que l'écriront Bourgeois et Clermont : « Le dessein qu'avait eu la France d'empêcher les puissances absolutistes de procéder à la restauration de Pie IX eut pour résultat qu'elle fit, au mépris de ses principes, ce que les puissances auraient fait suivant les leurs[1]. »

Ainsi se termine, en attendant le verdict du Conseil d'Etat, l'aventure romaine de Ferdinand de Lesseps, victime à la fois d'une trop grande confiance en autrui, et peut-être en soi, victime aussi de la faiblesse et des velléités d'un gouvernement qui, pour se maintenir au pouvoir, ne veut déplaire à personne.

Il faudra longtemps pour que ses adversaires reviennent de leurs préventions à son égard. En 1862, La Villesboisnet, devenu général, retrouvera Lesseps dans une réception officielle où le président de la Compagnie du canal de Suez accompagne le vice-roi d'Egypte. Un peu embarrassé, La Villesboisnet hésite à le saluer, craignant d'être mal accueilli, mais Lesseps va vers lui, la main tendue, puis lui demande à le revoir tranquillement après la réception : « Vous êtes mon meilleur ami, lui déclare-t-il alors, car grâce à vous, mon nom sera consigné dans l'Histoire. Si vous ne m'aviez pas, par vos rapports, fait juger par le Conseil d'Etat incapable de jamais remplir un rôle diplomatique, je serais allé à Berne, où j'étais nommé ministre plénipotentiaire, et je n'aurais sans doute pas pu m'occuper du percement de l'isthme de Suez[2]. »

*

En lisant, pour préparer sa défense, le dossier que le ministre des Affaires étrangères a transmis au Conseil d'Etat, Lesseps découvre avec stupeur, puis avec indignation, que le ministère a sciemment altéré les instructions données le 8 mai par l'introduction, dans un paragraphe, d'une phrase qui en modifie le sens et la portée. On pourrait croire ainsi que le ministère a, dès le 8 mai, condamné formellement la République romaine au lieu de se borner à ne pas la reconnaître et que Lesseps a donc eu grand tort de ménager ce régime infâme. C'est vouloir se donner rétroactivement bonne conscience par une escroquerie à l'égard d'un agent, et à ses dépens. Lesseps produit l'original de ses instructions et l'incident est clos, mais cette malhonnêteté ne laisse pas espérer beaucoup d'équité de la part de ces juges improvisés[3].

1. Bourgeois et Clermont, *Rome et Napoléon III*, p. 192.

2. Mémoires inédits du général Espivent de La Villesboisnet.

3. Dans le document qui lui avait été remis le 8 mai, il lui était recommandé de s'inspirer des circonstances, de ne pas reconnaître officiellement les autorités romaines et de ménager les susceptibilités de Gaëte. Or, dans la copie figurant au dossier que doivent examiner les conseillers d'Etat, la phrase a été ainsi modifiée : « Tout ce qui, en prévenant le développement de l'intervention exercée par d'autres puissances animées de sentiments moins modérés, laissera plus de place à notre influence particulière et directe, *tout ce qui hâtera la fin d'un régime condamné à périr par*

La comparution de Lesseps devant ses juges a été fixée au 6 août 1849. Son interrogatoire dure quatre heures. Sous des dehors polis, les auditeurs sont froids, voire hostiles, en dépit de l'affabilité du président de la commission, Boulay de La Meurthe. Tocqueville et Falloux se montrent agressifs, perfides même. Alors que les instructions du 8 mai laissaient à Lesseps une grande latitude pour résoudre un certain nombre de problèmes, la commission estime que ces instructions devaient être suivies au pied de la lettre, sans aucune possibilité d'interprétation. Dans son mémoire en réponse, Lesseps, diplomate et fils de diplomate, habitué en certains cas à décider sans en référer à Paris, se rebelle contre cette prétendue *infaillibilité* des instructions, disant qu'elle « renverse toutes les idées reçues en diplomatie, fait d'un agent en mission un automate sans aucune initiative, et le rive à une chaîne qui ne lui permettrait d'exécuter aucun mouvement dans toutes les circonstances qui n'auraient pas été prévues ou littéralement expliquées par son gouvernement[1] ».

Ainsi, tout ce que lui ont dit Odilon Barrot, le président du Conseil, Drouyn de Lhuys, le ministre des Affaires étrangères, et le prince Louis-Napoléon Bonaparte, président de la République, ne sont que vaines paroles, emportées par le vent de l'Histoire. Seules demeurent et comptent les recommandations minutées par un scribe du ministère. Reprenant les fameuses instructions, le Conseil d'Etat estime que Lesseps avait reçu pour seule mission « d'essayer d'entrer dans Rome, d'accord avec les habitants, sans reconnaître les autorités romaines, sans inquiéter la cour de Gaëte et sans mettre en question ses droits » et « de prévenir l'éventualité d'une attaque et n'en point compromettre les chances[2] ».

On aimerait demander à ceux qui lui reprochent d'avoir failli à sa mission comment ils s'y seraient pris à sa place. Les juges de Lesseps ne paraissent pas sensibles à la rapide succession des événements, donnant à ce séjour romain une intensité qui, rétrospectivement, en allonge la durée. Tout s'est fait en quinze jours, et il était impossible, en un laps de temps si court, de mener une négociation aussi délicate, à moins d'appuyer, par la voix du canon, celle du médiateur.

Au lieu de considérer qu'une telle mission, presque impossible, exigeait de la patience et du temps, le Conseil d'Etat reproche à Lesseps d'avoir laissé traîner les négociations et surtout d'avoir assorti ses projets de conventions qui mettaient l'adversaire à l'abri d'attaques de l'armée française. On lui reproche en fait de n'avoir pas réussi, seul et sans armes, ce que le général Oudinot n'a pu faire avec un corps de

---

la force des choses, aura pour effet naturel de rendre plus facile à atteindre le but que je viens de vous indiquer. »

1. *Réponse de M. de Lesseps au ministère et au Conseil d'Etat*, p. 21.
2. Délibération du Conseil d'Etat (Archives du ministère des Affaires étrangères).

dix mille hommes et de l'artillerie. Le rapporteur de la commission résume ainsi les trois torts de Lesseps :

« — Il a fini, *nolens volens*, par reconnaître au gouvernement romain une autorité morale et point seulement de fait.

« — Il s'est mis en désaccord avec le duc d'Harcourt et le comte de Rayneval.

« — Enfin, autorisé à faire seulement des arrangements partiels, de manière à permettre le retour du pape à Rome, il a fini par s'arroger le droit de régler la question romaine dans son principe et dans son ensemble. »

Il a ainsi, souligne le Conseil d'Etat, inséré dans ses divers projets des stipulations étrangères à l'objet de sa mission en prévoyant notamment la consultation des Romains sur le choix de leur gouvernement. C'est sans doute la critique la plus fondée, car rien ne permettait d'espérer que les Romains, soumis à la pression des factieux, eussent voté pour le rappel du pape.

A côté de cette critique de son action, le Conseil d'Etat se livre à celle de son caractère en lui reprochant de s'être laissé berner par le triumvirat. On lui prodiguait des promesses auxquelles il croyait, montrant là une confiance excessive. On ne peut, certes, suspecter ses intentions, mais la suite des événements a prouvé qu'il n'avait su bien juger ni la situation ni les hommes. Grave accusation à l'encontre d'un diplomate dont la qualité première doit être l'intelligence et l'intuition. La commission ne lui pardonne pas cette faiblesse ou cette naïveté : « Plus la mission se prolonge, plus il semble oublier ses instructions. Une fois sorti de la ligne qui lui était tracée, il s'en écarte tous les jours davantage. Chaque déviation en amène une autre, sa pensée ne se reporte plus sur le gouvernement dont il est l'agent, ni sur Gaëte, dont il doit faciliter les négociations. »

Sans aller jusqu'à l'accuser de collusion avec les démocrates romains, la commission lui reproche au fond ce qu'un père de famille reprocherait à un fils égaré par de mauvaises fréquentations. Le malheureux s'est laissé entraîner, aveugler, séduire...

Lesseps, devant ses juges, apparaît comme la victime d'un malentendu en ce sens qu'il n'était pas assez, pour une telle circonstance, un homme de son époque. Elevé en partie à l'étranger, y ayant vécu d'une manière constante depuis son entrée dans la carrière, il n'a ni les préjugés ni les aversions de la majorité des Français. Ni légitimiste, ni sans doute orléaniste, encore qu'il ait servi Louis-Philippe, il n'est attaché à aucune forme traditionnelle de gouvernement, surtout lorsque ce gouvernement s'oppose aux vœux de ses sujets. Il est partisan du droit des peuples à disposer d'eux-mêmes et à choisir librement leurs chefs. Il ne pouvait donc être opposé, par principe, à la République romaine si celle-ci était l'expression des aspirations du peuple romain. Catholique, il n'a de religion que ce qu'il faut pour être honnête homme et il n'est pas de ces ultramontains qui ont reporté sur le pape, depuis l'éviction de la branche aînée des Bourbons, leur nostalgie d'un souverain de droit divin. Pour eux, l'alliance du Trône et de l'Autel représente à la fois la seule formule de gouvernement sur terre et la seule chance de salut dans le Ciel. Citoyen de l'Univers, croyant au progrès, libéral par instinct et par raison, Lesseps est avant tout un homme de bonne volonté, prêt à s'entendre avec tous ceux qui, sans partager ses croyances ou ses opinions, font preuve d'une égale bonne volonté. Sans faiblesse à l'égard des fauteurs de troubles, sans complaisance pour les songe-creux, il ne manque pas de courage, et l'a prouvé, mais il ne croit pas qu'il existe un gouvernement idéal et qu'un système actuellement désuet doive être conservé, voire rétabli, contre le gré des populations. Ce qu'il a vu en Espagne pendant six ans a complété sa formation politique et il sait que les mouvements révolutionnaires, condamnables pour leurs excès, ne peuvent être automatiquement condamnés dans leur principe. Il a certainement cru pouvoir jouer à Rome un rôle analogue à celui qu'il avait eu à Barcelone et à Madrid en imposant, au-dessus des factions fratricides, des notions de justice et d'humanité. C'est là qu'il s'est trompé, en prêtant aux Italiens le caractère des Espagnols, en sous-estimant la duplicité des révolutionnaires romains et l'entêtement des conseillers de Gaëte, et, chez les uns comme chez les autres, une hostilité de principe à l'égard des Français, celle de Pie IX n'étant pas moins vive que celle de Mazzini.

C'est au dernier projet de Lesseps, celui qu'il a voulu soumettre à la ratification du gouvernement, que la commission réserve ses foudres. Chaque article en est sévèrement critiqué, en reprenant les arguments et les griefs déjà connus. Lesseps se défend, mais sa réponse est un peu maladroite. Il affirme ainsi que son seul but était d'empêcher le général Oudinot d'attaquer Rome, et il va contre le sentiment national, exacerbé depuis qu'avec les nouvelles élections souffle sur la France un vent martial. Il se retranche aussi devant la possibilité qu'avait le gouvernement de ne pas ratifier le projet du 31 mai. La commission lui réplique en objectant qu'il n'a pas suffisamment tenu compte de la valeur attachée à la signature d'un représentant de la France. « Sans doute, écrit le rapporteur, le gouvernement a toujours le droit de refuser sa ratification, mais un tel refus est une résolution qui peut avoir des conséquences ; l'agent qui signe un traité avec la prévision que la ratification sera refusée commet une faute. »

Le verdict tombe : il est d'une exceptionnelle rigueur. Lesseps a désobéi aux instructions reçues et a signé une convention « dont les stipulations sont contraires aux intérêts de la France et à sa dignité [1] ». En revanche, on lui accorde le bénéfice des circonstances atténuantes, à cause de la difficulté de la situation et de la gravité des questions à

1. Délibération du Conseil d'Etat (Archives du ministère des Affaires étrangères).

résoudre, mais, sans mettre en doute sa bonne foi et son dévouement, ses juges estiment qu'il n'a pas rempli sa mission. Assez curieusement, cette constatation n'est suivie d'aucune sanction, ni même d'un blâme officiel.

Cette absence de sanction paraît due à la déposition faite par le duc d'Harcourt le 7 août, lorsqu'il avait été interrogé en même temps que MM. de Viel-Castel et de Forbin-Janson, par la section de législation du Conseil d'Etat. Le duc d'Harcourt s'était dit choqué de voir un diplomate déféré devant le Conseil d'Etat, ce qui constituait un dangereux précédent. Il s'était aussi étonné que l'on pût infliger un blâme à propos de faits dont il avait été le témoin et que, mieux que personne, il pouvait apprécier, bien qu'il n'eût pas toujours été d'accord avec Lesseps.

Celui-ci, malgré l'absence de sanction, tire du rapport d'examen de sa mission la conclusion que l'on n'a pas osé lui donner. Accusé publiquement d'avoir failli à sa tâche, il demande sa mise en disponibilité, mais ne semble pas avoir donné sa démission dont il n'existe aucune trace dans son dossier personnel.

Plus tard, une fois l'affaire oubliée, il laissera entendre qu'il a brisé sa carrière de son plein gré, comme s'il avait, de Rome, envoyé sa démission. A un banquet donné par la colonie américaine au New Hotel du Caire, le 23 février 1882, il déclarera : « Je puis dire que j'ai été toute ma vie un ami des libertés et des nationalités et, après vingt-sept ans de carrière diplomatique[1], je me suis retiré dans la vie privée, étant ambassadeur de France, pour n'avoir pas voulu participer à un attentat contre la liberté d'un peuple...[2] »

Son premier soin, en quittant la carrière, est de publier les pièces de son procès afin de faire appel au tribunal de l'opinion publique. Le dossier de l'accusation et son mémoire en réponse forment deux brochures imprimées chez Amyot, rue de la Paix. Cette publication ne paraît pas avoir beaucoup intéressé les Parisiens, qui ont bien d'autres sujets d'inquiétude ou d'espérance. Le 31 octobre 1849, Odilon Barrot quitte la présidence du Conseil et son successeur, le général d'Hautpoul, forme un nouveau ministère, inclinant vers une droite conservatrice, et même monarchiste. « Que les bons se rassurent et que les méchants tremblent ! » déclare le prince-président, qui paraît de plus en plus princier, voire impérial, et de moins en moins républicain. Alors qu'une nouvelle période de l'Histoire va s'ouvrir, qu'un nouveau règne se prépare, où il y aura beaucoup à gagner pour ceux qui sauront se placer du bon côté, Lesseps, abandonnant la scène et rentré chez lui, semble, à quarante-quatre ans, définitivement condamné à l'inaction et

1. Vingt-quatre, en réalité.
2. *Bulletin du canal interocéanique*, N° 63 du 1er avril 1882.

l'obscurité, avec, pour seule consolation, ces joies familiales qui, dans son cas, ne sont pas une figure de rhétorique.

*

Pendant cette période éprouvante, Mme de Lesseps a soutenu, encouragé son mari, sans jamais douter de lui un instant, révoltée par les bruits que l'on a fait courir sur son état mental. Apprenant son rappel à Paris, elle était partie à sa rencontre et l'avait manqué en route. Depuis leur réunion, elle se montre à la hauteur de son devoir : occuper un homme qui n'a plus rien à faire, si ce n'est veiller à l'éducation de ses enfants. Charles vient d'avoir neuf ans ; Ferdinand, deux et demi, et Victor, né pendant l'ambassade à Madrid, a tout juste un an.

Lesseps pratique avec bonheur l'art d'être père et, ne pouvant offrir à ses enfants l'habituel abbé que l'on trouve dans la plupart des maisons de l'aristocratie, il se fait leur précepteur, veillant à leur formation physique et morale, et n'hésitant jamais à leur montrer l'exemple en payant de sa personne. Il aime emmener son fils aîné se promener avec lui pour parler tête à tête, et surtout le faire parler, l'instruire en devisant, bref, lui appliquer le programme de Rousseau sans *Emile*. Ayant beaucoup voyagé, beaucoup vu, il sait communiquer son expérience et former le jugement de jeunes esprits en leur inculquant les notions de Bien et de Mal, les valeurs qui leur permettront d'être à leur tour des gentilshommes et des hommes utiles à la société. L'amour filial et l'admiration passionnée que ses fils, Charles et Victor, lui voueront, récompenseront Lesseps des soins dont il a entouré leur enfance et leur adolescence.

D'un naturel actif et entreprenant, il n'a aucun goût pour la vie oisive de beaucoup d'hommes du monde qui se partagent le matin entre le manège et la salle d'escrime, font des visites l'après-midi et passent leurs soirées au théâtre ou à leur cercle. Il n'a pas davantage de goût pour la politique et ne dispose pas de capitaux lui permettant de se lancer dans les affaires. La période est d'ailleurs incertaine et la situation économique peu brillante, encore qu'une certaine stabilité dans le gouvernement rassure un peu les industriels et les banquiers. Un temps, pour s'occuper, il travaille avec un certain Anténor Joly pour trouver le moyen d'abréger les délais de composition typographique.

S'il n'a pas d'argent, sa belle-mère en a, qui vient d'hériter de sa mère, Mme Arnaud. Elle se trouve ainsi propriétaire de vastes terres en Berry, mais sans maison pour y habiter et en surveiller l'exploitation. Aussi charge-t-elle son gendre de lui trouver une demeure assez grande pour accueillir toute la famille, et assez bien située pour jouir des agréments de la campagne sans y être enterré comme dans un tombeau. Lesseps part en chasse et finit par trouver dans l'Indre-et-Loire un château ayant jadis appartenu à la favorite de Charles VII, Agnès Sorel. Sans doute en raison des bois qui l'environnent, ce château, ou plutôt ce pavillon de chasse, est appelé La Chesnaye.

Située sur la commune de Guilly, dans le canton de Vatan, non loin d'Issoudun, la propriété qu'il fait acquérir à Mme Delamalle est un véritable domaine, avec des bois et deux cent soixante-deux hectares de terres labourables ou de prairies. Bien qu'il ne se soit jamais occupé d'agronomie et n'ait même que rarement vécu à la campagne, il se consacre à cette tâche de *gentleman-farmer* avec toutes les qualités qui feront bientôt de lui un des premiers *entrepreneurs* du siècle. Sachant qu'il ne sait pas grand-chose, il recueille les avis des gens du métier, ce qui lui vaut d'ailleurs, en plus de conseils utiles, l'estime de ceux auxquels il s'est adressé, flattés d'être consultés par ce monsieur de la ville. Il a commencé par reconnaître le terrain, aux deux sens du mot, parcourant systématiquement la région et visitant les exploitations qui passent pour les mieux dirigées. Il est accompagné d'un architecte, M. de Vandières, et tous deux étudient les divers types d'architecture rurale afin de choisir celui qui conviendra le mieux pour la restauration et l'extension des bâtiments de La Chesnaye.

Avant d'ouvrir le chantier, il réunit les fermiers les plus réputés des environs pour leur montrer ses plans et recueillir leurs observations. Le plan adopté, il en confie la réalisation à Vandières, aidé d'un autre architecte parisien, Jolly. Ce plan obtiendra une médaille d'or à l'Exposition universelle de Paris en 1855, récompense amplement justifiée, car La Chesnaye passera pour l'une des premières fermes modèles où, dans des bâtiments bien conçus, sains, aérés, les ouvriers agricoles sont presque aussi bien logés que vaches et chevaux, abrités dans des étables et des écuries qui font l'émerveillement des visiteurs. La mise en culture des terres a été, elle aussi, l'objet d'une étude préalable — et fructueuse. En six ans, le rendement du blé à l'hectare passera de deux cent cinquante hectolitres à cinq cents, tandis que des prairies artificielles donneront suffisamment de trèfle et de luzerne, ou autres plantes fourragères, pour nourrir un cheptel en constante augmentation.

Ce sera d'ailleurs dans l'élevage des chevaux que Lesseps comptera sa plus belle réussite. Il faut anticiper un peu, car c'est en 1865 seulement qu'il réalisera des croisements d'étalons arabes, offerts par le vice-roi d'Egypte, avec des juments percheronnes, obtenant une race nouvelle, assez fine et fringante, car le sang arabe l'emportera sur celui des percherons. Impressionnés par ce résultat, des éleveurs voisins feront saillir leurs poulinières par des étalons de La Chesnaye et revendront couramment quatre cents à cinq cents francs leurs poulains aux services de remonte de l'armée. Lesseps, lui, vendra les siens entre huit cents et neuf cents francs, et ceux qui peuvent former une paire assortie, pour les attelages, atteindront le prix de deux mille francs la paire. Mme Delamalle a donc lieu d'être satisfaite de son gendre.

*

C'est vraisemblablement à La Chesnaye, où il séjourne de plus en plus longuement, retenu par les travaux qu'il y fait faire, que Lesseps a le temps de reprendre les notes de lecture et les documents qu'il avait réunis jadis sur la question du percement de l'isthme de Suez.

Il n'a jamais oublié l'Egypte et les livres lus pendant sa quarantaine. Il n'a pas oublié non plus le débarquement des saint-simoniens, leur projet de creuser un canal reliant la mer Rouge à la Méditerranée, puis l'abandon de ce projet pour construire un barrage sur le Nil. Il a toujours cru que l'union des deux mers était possible et que la fameuse différence de niveau entre elles était une légende à laquelle géographes et ingénieurs avaient cru sans prendre la peine de procéder à des vérifications sérieuses. Or, la question est toujours d'actualité, évoquée périodiquement dans les journaux.

Six ans plus tôt, le 1er janvier 1844, Michel Chevalier, un ardent saint-simonien, avait publié dans *La Revue des Deux-Mondes* une étude sur les isthmes de Suez et de Panama. Pour lui, en ce qui concernait Suez, la difficulté n'était pas la différence de niveau, que l'on pouvait corriger par des écluses, mais l'absence d'un bon port sur la côte méditerranéenne, ensablée par les alluvions du Nil. Presque trois ans plus tard, le 27 novembre 1846, Prosper Enfantin avait créé la Société d'études pour le canal de Suez, avec un fonds social de cent cinquante mille francs divisé en trente parts de cinq mille francs chacune. Parmi les fondateurs, des Français, des Allemands ou des Autrichiens, des Anglais. On y trouvait en effet Arlès-Dufour, les frères Jules, Léon et Paulin Talabot, l'ingénieur autrichien Negrelli, Stephenson, le fils de l'inventeur de la locomotive, bref un aréopage d'esprits distingués.

Un autre saint-simonien, l'ingénieur Bourdaloue, avait procédé, avec Linant de Bellefonds, à un nouveau nivellement[1] de l'isthme, et Paulin Talabot avait rédigé un rapport prévoyant un canal d'Alexandrie à Suez en passant par Le Caire. Ce canal, d'une longueur d'environ quatre cents kilomètres, comporterait douze écluses et serait doublé par la construction d'une ligne de chemin de fer. Avec l'aménagement de la rade et du port de Suez, l'opération coûterait quelque trois cents millions de francs[2]. Au mois de juin 1848, alors que l'émeute et sa répression ensanglantaient Paris, Enfantin avait pressé Talabot de passer à la réalisation du projet, et il avait chargé M. de Negrelli d'envisager les incidences internationales d'un tel projet en sondant les diplomates étrangers. « En termes d'affaires, lui écrit Enfantin, faisons cession de nos études aux puissances et obtenons d'elles des moyens

---

1. Le mot doit être pris dans son sens premier : « Action de mesurer les différences de hauteur, ou de déterminer un ensemble d'altitudes », *Larousse*.
2. Environ six milliards 1998.

de les réaliser ; en termes diplomatiques, obtenez d'être chargé par votre gouvernement de traiter avec les gouvernements de France et d'Angleterre pour l'ouverture du canal des deux mers à frais communs[1]. » Le père Enfantin qui, malgré sa demi-folie, a de la suite dans les idées, a même essayé d'intéresser à son projet un autre exalté, Fialin de Persigny, compagnon d'aventure du futur Napoléon III, qui a quelque connaissance du sujet pour l'avoir étudié, avec son prince, pendant leur captivité au fort de Ham.

Sur ces entrefaites, Auguste Colin et le comte de Nayves ont adressé le 1er mars 1848 à la Porte ottomane, au vice-roi d'Egypte et à tous les souverains d'Europe un rapport qui posait, à propos du percement de l'isthme de Suez, une série de questions auxquelles ils s'étaient efforcés de trouver les réponses appropriées. Avec une remarquable prescience, les deux auteurs soulevaient toutes les objections que fera la Grande-Bretagne à Lesseps, devinant les réticences futures de la Porte et les embarras du successeur de Méhémet-Ali.

Il faut s'arrêter un moment sur ce rapport à la lumière duquel on comprendra que Lesseps, après avoir obtenu la concession du canal, mettra plus de temps à en faire accepter le principe qu'à le réaliser : douze années de lutte et, si l'on excepte les travaux préparatoires, quatre années seulement pour creuser le canal.

A la question de savoir si le vice-roi d'Egypte, vassal de la Porte, a le droit d'ouvrir une communication entre la mer Rouge et la Méditerranée, Colin et de Nayves commencent par répondre qu'en Egypte la possibilité de faire tout travail d'intérêt public — routes, aqueducs, canaux — est le droit, la défense l'exception. Si un simple gouverneur de province a le droit d'effectuer de semblables travaux, Méhémet-Ali, investi de l'hérédité du gouvernement de l'Egypte depuis 1841, peut, à plus forte raison, entreprendre une opération qui améliorera les moyens de communication dans son pays. N'a-t-il pas d'ailleurs créé le bassin de carénage d'Alexandrie, les fortifications de ce port et fait creuser le canal Mahmoudié ?

Il s'agissait là de travaux de l'Etat. Qu'en serait-il si le vice-roi concédait à une société étrangère l'exécution et l'exploitation du canal ? N'y aurait-il pas « aliénation indirecte et partielle de la souveraineté » du vice-roi et ingérence d'une nation étrangère par le biais de la Compagnie ? En ce cas, estiment les auteurs, la Compagnie, pour éviter toute critique, devrait avoir « un capital et un personnel pris chez les différentes nations » afin d'aboutir à une sorte de « neutralité ». Mais cette neutralité serait-elle de fait ou bien devrait-elle être établie par une convention diplomatique assurant à toutes les nations la liberté de passage et l'égalité des droits ? Colin et de Nayves se doutaient bien qu'aucune nation européenne ne voudrait laisser au gouvernement

1. J. Charles-Roux, *L'Isthme et le Canal de Suez*, I, p. 222.

égyptien le droit d'ouvrir ou de fermer le canal à son gré, encore moins la Grande-Bretagne, et celle-ci, bien entendu, ne voudrait pas laisser à d'autres qu'elle un semblable monopole. Aussi conseillaient-ils à toutes les parties intéressées de s'entendre afin de trouver un compromis.

Mais qui prendrait l'initiative de ce congrès international ? A leur avis, ce ne pouvait être Méhémet-Ali, simple vassal, mais le sultan, à condition que celui-ci le veuille, et ce sera une des difficultés auxquelles Lesseps se heurtera. Tenant compte des liens quasi féodaux unissant le pacha d'Egypte au sultan, qui doit protection à son vassal, il reviendrait à la Porte ottomane d'intervenir en sa faveur en cas de conflits avec d'autres nations.

Il ressort de ce rapport[1], dont Lesseps fera son profit, que le principal obstacle à vaincre est moins matériel que politique. Une telle entreprise a certes besoin de capitaux, mais aussi de la protection du souverain du pays où elle doit se réaliser. Or, ce qui n'apparaît pas dans le rapport de MM. Colin et de Nayves, c'est que, depuis 1847, Méhémet-Ali a perdu à la fois l'esprit et le pouvoir. Son fils Ibrahim, anticipant sur son propre règne, gouverne à la place de son père et lui aurait succédé s'il n'avait été emporté, le 30 novembre 1848, par une congestion pulmonaire. Méhémet-Ali s'était à son tour éteint le 2 août 1849, laissant l'Egypte à son petit-fils Abbas pacha.

Les historiens s'accordent pour reconnaître au nouveau pacha tous les défauts et ne lui accorder, s'ils sont musulmans, qu'une seule qualité : celle d'être un fidèle adorateur d'Allah et de détester l'Europe, ainsi que la civilisation occidentale. Estimant que l'Egypte a été trop longtemps infestée de chrétiens, il s'est ingénié à les chasser ou à les décourager. Même l'illustre docteur Clot-bey s'en est allé. Son programme politique est simple : il prend dans tous les domaines le contrepied de ce qu'avait fait Méhémet-Ali, fermant écoles et usines, hôpitaux et ateliers. Une sorte de terreur s'est abattue sur le pays, qui n'épargne pas sa famille et a forcé plusieurs princes de sa maison à se réfugier à Constantinople. L'un deux, Mohammed-Saïd pacha, dernier fils de Méhémet-Ali, que Lesseps a bien connu naguère, avait été accusé de conspiration et s'était mis à l'abri à Paris. Lesseps était allé plusieurs fois le voir à son hôtel, rue de Richelieu, et avait repris avec lui les relations presque affectueuses qu'ils avaient entretenues au Caire et à Alexandrie.

Un tel souverain, hostile à toute technique et à tout progrès, ne peut guère être intéressé par un projet de canal qui ferait de l'Egypte un des lieux de passage du monde et un point stratégique important. Il est néanmoins contraint, pour s'assurer l'appui de la Grande-Bretagne, d'accorder à celle-ci la concession du chemin de fer d'Alexandrie à

1. Toutes les citations faites de ce rapport l'ont été d'après la copie manuscrite appartenant aux Archives de la chambre de commerce de Marseille.

Suez, avec embranchement vers Le Caire. Cet avantage en faveur de la Grande-Bretagne alarme suffisamment le consul de France pour suggérer à Paris de faire déposer Abbas pacha et de le remplacer par son jeune oncle Mohammed-Saïd pacha, prince élevé à la française et ouvert aux influences occidentales. L'affaire est venue aux oreilles d'Abbas pacha qui s'en plaint amèrement : « Je sais, à n'en pas douter, qu'à Constantinople, la France a, surtout dans ces derniers temps, poussé à ma déchéance... Tous les journaux français semblent avoir reçu le mot d'ordre de m'outrager en me représentant comme un monstre ou un imbécile. N'est-il pas naturel que je me sois porté du côté de l'Angleterre[1] ? »

Le moment est donc mal choisi pour présenter au vice-roi le projet de canal imaginé par un Français. Lesseps s'y risque, pensant peut-être qu'Abbas pacha, qui se ruine en construisant d'extravagants châteaux, se laissera tenter par le perspective des ressources supplémentaires que lui apporterait le canal. Il tente donc sa chance en adressant, le 8 juillet 1852, à son ami Ruyssenaers, consul des Pays-Bas en Egypte, un mémoire qu'il transmettra, s'il le juge bon, au vice-roi. « Depuis 1848, lui écrit-il, je n'ai cessé d'étudier sous toutes ses faces une question qui avait déjà occupé mon esprit pendant que nous formions en Egypte, il y a vingt ans, nos liens d'amitié. J'avoue que mon entreprise est encore dans les nuages et je ne me dissimule pas que, tant que je serai seul à la croire possible, ce sera comme si elle était impossible. Il s'agit du percement de l'isthme de Suez. Je vous envoie un mémoire, résultat de mes anciennes et de mes nouvelles études. C'est un document tout confidentiel : vous jugerez si le vice-roi actuel Abbas pacha est homme à en comprendre l'utilité pour l'Egypte et s'il est disposé à concourir à son exécution. »

Il semble qu'avant d'adresser ce mémoire à Ruyssenaers il ait effectué une démarche à Constantinople, ce qui était correct en raison du lien de dépendance de l'Egypte avec la Porte. A Constantinople, on l'aurait informé que la question n'intéressait pas la Porte, mais la seule Egypte[2].

Ruyssenaers, connaissant bien le caractère d'Abbas pacha, juge que le projet n'a aucune chance d'être pris en considération et le retourne à Lesseps en lui disant d'attendre des temps plus favorables.

*

Cet échec ennuie d'autant plus Lesseps que, l'idée du canal étant depuis longtemps dans l'air, d'autres s'efforcent de la saisir au vol et

1. F. Charles-Roux, t. VI de l'*Histoire de la Nation egyptienne*, publiée sous la direction de G. Hanotaux, p. 248.
2. F. de Lesseps, Conférence du 10 avril 1870 à la Société des gens de lettres.

de se l'approprier. Enfantin, génie chimérique et actif en même temps, continue de remuer ciel et terre. Il s'est adressé au baron de Brück, internonce à Constantinople, pour que celui-ci essaie d'intéresser la Russie au canal, seul moyen, selon lui, d'apporter une solution pacifique à la question d'Orient, mais Brück ne parvient pas à faire inscrire le projet au programme de la conférence internationale qui va se réunir à Constantinople.

Cette même année 1853, le consul général de France en Egypte, Sabatier, a incité Linant de Bellefonds à vérifier les relevés de Le Père et, à Paris, les frères Barrault étudient le tracé d'un canal d'Alexandrie à Suez.

Si du côté de l'Egypte il y a peu à espérer tant qu'Abbas pacha vivra, Lesseps dispose d'un nouvel appui en France où, par un prodigieux coup du destin, sa nièce Eugénie de Téba, fille de la comtesse de Montijo, a épousé le 29 janvier 1853 l'empereur des Français, Napoléon III. Le prince-président était devenu virtuellement souverain depuis le coup d'Etat du 2 décembre 1851 et il avait été plébiscité par une majorité écrasante de *Oui* le 21 novembre 1852. Libéral, sinon républicain, Lesseps n'a pas applaudi au rétablissement de l'Empire et a refusé son vote au prince, ainsi qu'il le dira maintes fois. Peut-être aussi lui en a-t-il voulu de l'avoir si peu soutenu lors de sa mission à Rome, et cela se comprend.

Fort agitée par la perspective de voir sa fille aussi avantageusement mariée, la comtesse de Montijo avait mis Lesseps dans le secret des incertitudes et des appréhensions qui avaient précédé la demande officielle. L'empereur se déclarerait-il ou bien renoncerait-il à une union qui ne lui apportait aucune alliance dynastique en Europe ? La comtesse de Montijo, plus que sa fille, avait passé des jours dans l'anxiété, prenant pour confidents de ses craintes et de ses espérances son cousin Lesseps et son vieil ami Prosper Mérimée, tous les deux bien attrapés, le premier pour avoir voté contre l'Empire et le second pour lui avoir écrit, dix ans plus tôt, que tous les Bonaparte étaient « à peu de chose près, des crétins ».

Après le mariage, auquel la mort de sa mère, le 27 janvier — deux jours plus tôt —, l'a empêché d'assister, Ferdinand de Lesseps ne cherchera guère à profiter de ce cousinage et, avec tact, évitera même de le rappeler, adoptant la ligne de conduite du baron de Besenval qui, cousin de la reine Marie Leczinska, ne faisait jamais allusion devant la Cour à cette illustre parenté. On lui en avait su gré. Il en sera ainsi pour Lesseps, qui aura d'autant plus de crédit auprès de l'impératrice Eugénie qu'il ne le gaspillera pas pour en obtenir des honneurs ou des satisfactions de vanité.

*

La mort de sa mère prélude à d'autres qui vont cruellement frapper Lesseps et faire de cette année 1853 une des pires de son existence.

Au mois de juin, Charles, élève au lycée Bonaparte, y attrape la scarlatine et la communique à sa mère. Alitée le 8 juillet, celle-ci meurt le 13. Puis c'est le tour du jeune Ferdinand, emporté le 28 juillet. Victor, atteint lui aussi, en réchappe, ainsi que son frère aîné. A quarante-huit ans, Lesseps se retrouve avec deux fils seulement sur les cinq que sa femme lui avait donnés. Si Charles a treize ans, son cadet, Victor, n'en a que cinq et son éducation pose un problème, à moins de le mettre en pension.

Les lettres de condoléance affluent, car Agathe de Lesseps était aimée de tous pour son intelligence et sa gaieté, son courage et l'intérêt qu'elle portait à autrui. Si nombreuses et si touchantes qu'elles sont, émanant souvent de personnalités de la politique ou des arts, ces lettres sont un piètre réconfort pour un homme aussi accablé par le sort que Lesseps, sans foyer véritable et sa carrière brisée. Il veut quitter l'appartement de la rue Richepanse[1], où il a trop de souvenirs, et il part pour La Chesnaye, laissant ses deux fils à sa belle-mère. Celle-ci semble avoir été une femme charmante autant qu'une maîtresse femme, ainsi qu'elle le prouvera en aidant son gendre à lancer son projet de percement de l'isthme de Suez. Intelligente et vive d'esprit, elle a beaucoup d'entregent et de relations qu'elle utilisera au mieux des intérêts de Lesseps. Elle n'a guère que cinq ans de plus que lui et, bien qu'elle l'appelle son « cher fils », tous deux appartiennent à la même génération, ce qui explique aussi leur bonne entente et le plaisir qu'ils trouvent à correspondre, à échanger leurs idées. Pour le moment, ils se contentent de pleurer ensemble :

« Pauvre, pauvre cher fils, lui écrit-elle le 10 août 1853, qu'il me tarde de me trouver près de vous, pour sentir avec vous chacune des émotions douloureuses de votre pauvre cœur. Je les comprendrai et les devinerai toujours. Hier, j'étais assise devant son portrait et je revoyais cette chère enfant dans tous les instants de sa vie. Je l'aimais beaucoup et maintenant il me semble que j'aurais dû l'aimer davantage. Tout ce qu'elle a laissé de vide dans mon cœur se remplira de ce qu'elle aimait le plus au monde, vous et mes deux chers petits-fils[2]. »

L'action est pour Lesseps le meilleur dérivatif à son chagrin. Il a repris son rôle de *gentleman-farmer*, levé tôt, parcourant les bois le fusil à la main, montant beaucoup à cheval, veillant à tout, parlant à tous, ferme et bienveillant, réconforté par la sympathie qu'on lui témoigne et gardant un certain humour, ainsi qu'en témoignent ces lignes à sa belle-mère : « Je passe ma vie au milieu des bœufs, des porcs et des moutons. Ces derniers ont le sens familial très peu développé. J'admire

1. L. Bridier, *Les de Lesseps*, p. 313.
2. *Ibid.*, p. 314.

chaque jour l'adresse avec laquelle les filles de ferme qui, malgré la ressemblance de toutes ces bêtes, savent réunir les petits et les mères, qui n'ont pas l'instinct de les reconnaître[1]. »

Un matin de septembre 1854, lorsque, juché sur un échafaudage il surveille les travaux d'édification d'un nouvel étage au-dessus de la vieille demeure, il voit arriver le facteur qui remet le courrier à l'un des ouvriers. Celui-ci le passe à un autre et, de main en main, les lettres parviennent à Lesseps qui, toujours perché, commence à les ouvrir. Il en décachette une expédiée d'Egypte et lui apportant une nouvelle inattendue : Abbas pacha est mort le 13 juillet 1854, vraisemblablement assassiné par un serviteur ou un familier, et le dernier fils de Méhémet-Ali, Mohammed-Saïd pacha, connu jadis à Alexandrie, revu naguère à Paris, lui a succédé. Le premier effet de surprise passé, Lesseps sent s'éveiller en lui une grande espérance : la vie lui sourit à nouveau. Il décide instantanément, ou peu s'en faut, de partir pour l'Egypte afin d'y féliciter personnellement Mohammed-Saïd de son avènement, et il emportera dans ses bagages le projet de percement de l'isthme de Suez que Ruyssenaers n'avait pas osé présenter à son prédécesseur. L'occasion est unique ; il doit la saisir au vol et il part plein d'espoir, persuadé du succès, mais ignorant qu'une seconde existence, encore plus remplie que la première, commence pour lui à quarante-neuf ans.

1. *Ibid.*

6

LA FAVEUR DU PRINCE
1855-1856

Si Lesseps sent son cœur défaillir en quittant ses fils et sa belle-mère, ainsi qu'il l'avoue à cette dernière, il n'est pas homme à s'attendrir longtemps. L'excitation du voyage, après tant d'années sédentaires, et la grandeur du but qu'il se propose ont vite dissipé cette émotion passagère. En chemin, il s'arrête à Lyon pour y voir François Arlès-Dufour, le saint-simonien, devenu l'un des notables de cette ville, et Prosper Enfantin, bien que les rapports avec celui-ci se soient gâtés au fil des ans.

Prosper Enfantin se défie de Lesseps et le laisse voir, en dépit des conseils de ses amis : « Croyez-moi, tâchez de vous entendre avec Lesseps », lui écrivait déjà Dufour-Féronce, un disciple, en 1851. Lorsque Lesseps avait effectué, par l'entremise du financier Benoît Fould, une première démarche à Constantinople, afin de connaître « la position du sultan sur un éventuel percement de l'isthme de Suez », il en avait courtoisement informé Enfantin, qui avait ensuite écrit à l'un de ses familiers : « C'est assez curieux, le voilà lancé, et je ne serais pas surpris que ce fût la bonne voie », mais, dans sa naïveté, ou plutôt dans sa suffisance, il n'avait pas un instant pensé que Lesseps pût agir pour son propre compte et ne pas être le chien qui rapporte le gibier. Il ne voyait alors en lui qu'un agent bénévole de la Société d'Etudes de 1846 dont le programme était d'abord d'intéresser les puissances au projet, puis de faire agir celles-ci auprès de l'Egypte et de la Turquie pour obtenir les autorisations nécessaires, sans parler du financement des travaux qu'elles prendraient à leur charge. Le plan ne manquait pas d'une certaine logique. Il avait l'inconvénient de la lenteur, car avant que les puissances fussent d'accord et résolues à passer aux actes, des années, voire quelques décennies pouvaient s'écouler. Avec son bon sens et sa rapidité de conception, Lesseps avait compris qu'il fallait prendre le problème à l'envers et ne pas laisser sa solution aux aléas et aux humeurs d'une convention internationale.

Depuis qu'il soupçonne Lesseps de vouloir faire cavalier seul, le père Enfantin partage le point de vue de Paulin Talabot qui souhaiterait le « laisser patauger » jusqu'à ce qu'il se lasse du projet. Habitué à être encensé par ses disciples, Enfantin est froissé que Lesseps ne se soit jamais associé au culte et le traite en égal au lieu de voir en lui un dieu. Malgré tout il lui réserve un accueil poli et lui donne, avec les rapports de Linant de Bellefonds et de la commission Bourdaloue, une lettre d'introduction pour Paulin Talabot, à Marseille. Cela ne l'empêche pas d'écrire à François Arlès-Dufour, le 12 octobre 1854 : « A quoi diable voulez-vous que servent aujourd'hui Lesseps et son Saïd pacha ? A gâcher l'affaire. Allez comme vous voudrez, mais, pour Dieu, ne m'entraînez pas avec vous. » Arlès-Dufour, lui, se montre plus aimable à l'égard de Lesseps, et c'est à lui que Lesseps rendra compte de ses premières démarches, comme de ses premiers succès auxquels il applaudira. Cela permet de penser qu'il existe alors un lien ténu, plus moral que légal, entre la Société d'Etudes de 1846 et Lesseps qui, plus tard, déniera toute appartenance à cette société dans laquelle, effectivement, son nom n'est jamais apparu. Il entretient encore d'assez bons rapports avec certains de ses membres pour écrire à François Arlès-Dufour, un mois après son arrivée en Egypte : « Vous me semblez être le Président né du futur conseil d'administration de notre Compagnie[1]. »

*

Après une traversée qui a duré dix jours, sur un bateau d'une exceptionnelle lenteur et secoué par la tempête, Lesseps foule à nouveau, le 7 novembre 1855, le sol d'Alexandrie, quitté seize ans plus tôt. Sur le quai, Ruyssenaers est là pour l'accueillir, accompagné du ministre égyptien de la Marine et d'autres personnalités. On le mène en grande pompe au pavillon Cérizy, mis à sa disposition par le vice-roi qui le reçoit le jour même au palais de Gabbari. Pour s'y rendre, Lesseps est en habit, avec toutes ses décorations, mais, bien qu'il écrive à Mme Delamalle avoir revêtu cette tenue par déférence envers le nouveau souverain, on ne voit pas très bien comment il aurait pu en être autrement. Malgré les relations qu'il a jadis entretenues avec le prince, il ne peut s'en autoriser pour manquer à l'étiquette.

Les retrouvailles sont cordiales, et même affectueuses, car la différence des âges atténue celle des positions. Mohammed-Saïd n'a pas oublié les attentions de Lesseps à son égard lorsqu'il n'était qu'un adolescent étouffé, voire malmené par un père exigeant, puis un prince humilié par Abbas pacha. Il a le cœur assez bien placé pour s'en montrer reconnaissant, sachant que la gratitude est une qualité qui grandit un monarque au lieu de le diminuer.

1. S. Charléty, *Histoire du saint-simonisme*, p. 308.

Comme Lesseps lui-même, il sait à la fois en imposer par son autorité naturelle et charmer par la vivacité, ou l'originalité, de son esprit. Majestueux d'allure et en même temps jovial, il n'est pas conventionnel, disant ce qu'il pense avec franchise et même, si la colère l'emporte, avec brutalité, mais il sait reconnaître ses torts, lorsqu'il en a, et se les faire pardonner avec un mot aimable ou une générosité inattendue. Un futur collaborateur de Lesseps, le docteur Aubert-Roche, ennemi naturel des princes et farouche républicain, sera séduit comme beaucoup d'autres par la personnalité de Mohammed-Saïd et lui rendra cet hommage, après avoir passé quelques jours avec lui : « Je suis encore étonné de l'esprit, du bon sens et de la haute intelligence de cet homme qui nous avait été dépeint sous de si bizarres couleurs. Ce que je vous écris là — il s'adresse à Victor Delamalle —, ce n'est pas l'effet de l'impression, mais de la réflexion, car le lendemain, nous causions encore avec le même abandon pendant deux heures, puis souvent à dîner et après dîner, et je puis vous assurer que le vice-roi est un homme hors ligne, et vous savez qu'avec mes idées républicaines je suis assez défiant envers l'autorité quelle qu'elle soit[1]. »

Parlant fort bien le français, en connaissant les finesses et même certaines expressions populaires, Mohammed-Saïd se veut un souverain moderne et, en même temps, il restera toujours, en dépit de ses efforts pour européaniser l'Egypte, un prince oriental, plus généreux que libéral, régnant selon son bon plaisir, faisant le bien comme il entend le faire et n'admettant pas les observations, voulant être obéi sur l'heure et fuyant les fâcheux, les raisonneurs ou tous ceux qui risquent de lui causer des difficultés.

Comme certains enfants qui, après avoir planté un arbuste, s'étonnent de ne pas trouver un arbre à leur réveil, le vice-roi, qui veut sincèrement le bien de son peuple, est le premier surpris de ce que les réformes qu'il a décidées ne s'accomplissent pas aussitôt. Il lui faut des résultats immédiats, des signes évidents de réussite, ou bien il se désintéresse de ce qu'il a entrepris. Il faut le soutenir, l'encourager, ce à quoi Ruyssenaers excelle et à quoi s'emploiera bientôt Lesseps lui-même.

Un jour, se trouvant avec lui au Soudan et le voyant se désoler de ne pouvoir réparer le mal fait jadis par son beau-frère à cette région qu'il avait ravagée, Lesseps veut lui en montrer les moyens. Le vice-roi l'écoute en silence, puis soudain se lève, arrache sa ceinture et lance son sabre contre le mur, ensuite il ordonne à Lesseps de le laisser seul... Le lendemain, il envoie chercher celui-ci et le rassure en lui disant que, s'il était furieux, c'était seulement contre lui-même. Et huit jours plus

1. Lettre inédite du docteur Aubert-Roche à Victor Delamalle, 15 décembre 1861 (Archives Delamalle).

tard, il lui montre les ordonnances qu'il a prises pour améliorer l'administration locale.

Aimant le faste et la gloire, il a parfois un côté théâtral qui peut sembler cynique ou puéril, selon le cas. Ainsi, pendant le même voyage, il abandonne aux habitants d'un village, en signe de paix, les canons du fort, et comme Lesseps juge cette libéralité fort imprudente, il lui chuchote à l'oreille : « Ils sont trop vieux, ils ne tirent plus ! »

Il y a donc encore un peu de l'enfant chez lui, malgré ses trente-deux ans, un enfant pourvu de deux précepteurs, Bruce, le consul britannique, et Sabatier, le consul français, qui non seulement le surveillent, mais se surveillent l'un l'autre et le prêchent à tour de rôle avec l'autorité que leur confère la position de leurs nations respectives. Avec cette tutelle, gouverner l'Egypte n'est pas une sinécure : entre l'apathie du peuple et les diktats des consuls, entre la corruption des fonctionnaires et la rapacité des milliers d'aventuriers venus chercher fortune en Egypte, Mohammed-Saïd aura fort à faire.

Au physique, Edmond About en a donné dans son roman *Le Fellah* un portrait un peu caricatural, mais non sans vraisemblance : « Plongé dans un vaste fauteuil, il m'apparut comme Gargantua ; c'était bien un de ces colosses débonnaires, bons vivants, gros plaisants, grands mangeurs et buveurs mirifiques que votre Rabelais a si plaisamment esquissés. Sa main était de taille à souffleter les éléphants ; sa face large, haute en couleur, hérissée d'une barbe à tous crins, exprimait la bonté, la franchise, la générosité, le courage ; mais tout cela quelque peu barbouillé de cynisme[1]. »

A en juger par son portrait le plus connu, il ressemble, avec sa carrure et son ventre en avant, son teint clair et son collier de barbe rousse, à un brasseur flamand qui aurait perdu un œil à la chasse. En effet, son œil droit est mort, ce qui donne à son visage une certaine asymétrie. Il y a longtemps qu'il ne suit plus le régime amaigrissant imposé par son père. Il n'est plus menacé d'obésité ; il est carrément obèse, et néanmoins fort agile, aimant l'équitation, excellent cavalier et bon fusil.

Le nouveau vice-roi accueille son ancien ami de manière à lui montrer en même temps sa gratitude et sa puissance. Il y a, dans cet accueil enthousiaste, un peu du plaisir de prendre, aux yeux de celui qui l'a connu jadis, une revanche sur le sort. Tous deux, caractères exceptionnels et tempéraments assez vifs, pourraient à l'occasion s'affronter — ils le feront parfois —, mais ce qui réglera leurs rapports et les rendra si harmonieux, c'est une extrême courtoisie, un sentiment dicté par le cœur plus encore que par l'éducation. Même dans ses moments de plus grande franchise, Lesseps n'oubliera jamais les égards dus à un prince à peu près souverain, et celui-ci aura constamment

1. E. About, *Le Fellah*, p. 73.

pour Lesseps le sentiment qu'il éprouvait jadis pour un aîné, français de surcroît, représentant une puissance alors enviée de l'Univers.

*

Après cette première entrevue, Lesseps va renouer connaissance avec la ville, qui s'est beaucoup développée depuis son départ, et les amis qu'il y a laissés, dont la fortune s'est accrue dans les mêmes proportions. Au bureau de poste, il voit se précipiter vers lui son ancien cuisinier qui se jette à ses pieds, lui baise les mains et les prend pour les placer sur sa tête en signe de soumission. Jules Pastré donne en son honneur un grand déjeuner présidé par le vice-roi et qui réunit, en plus des principaux consuls, divers notables d'Alexandrie. Malgré ses soixante-quinze ans, Soliman pacha montre « une verve de jeune hussard ». La société ne se sépare pas de la journée, restant le soir dîner chez leur hôte.

Pendant plusieurs jours, ce ne sont que promenades, réceptions et festivités variées pendant lesquelles, tout en parlant beaucoup, Lesseps ne dit rien de son projet, sauf à deux amis intimes, Girette, agent des Messageries impériales, et Ruyssenaers, tous deux capables de garder le secret. Il serait en effet peu délicat de donner au vice-roi, en l'entretenant aussitôt du canal, l'impression qu'il n'est venu que pour cela en Egypte. Il veut également, comme Mimaut et lui l'avaient conseillé en 1832 au père Enfantin, préparer le terrain, se familiariser un peu plus avec le nouveau personnage qu'est devenu Mohammed-Saïd, apprendre à connaître en lui le souverain. Son bon sens lui conseille d'attendre une occasion favorable.

Elle se présente, et sans tarder, avec une invitation de Mohammed-Saïd à l'accompagner dans le désert où doivent alors avoir lieu de grandes manœuvres. Dans la fraternité des camps, il lui sera plus facile de parler à cœur ouvert avec le vice-roi. Un matin, celui du 15 novembre, il découvre à son réveil, du côté de l'occident, nuageux et assombri, un arc-en-ciel qui lui apparaît, comme dans la Bible, un signe céleste, le gage d'une future alliance entre Mohammed-Saïd et lui, entre l'Egypte et la France, entre l'Orient et l'Occident. Dans cette longue bande irisée, comment ne pas voir le spectre d'un canal projeté dans le ciel comme par une gigantesque lanterne magique ? En décrivant le phénomène, et les promesses qu'il y découvre, il a des accents lyriques dignes du père Enfantin. Pendant toute cette journée, il vit dans une espèce d'exaltation, certain que l'heure est venue, et, sentant bouillonner en lui une force à dépenser, il se livre à des prouesses hippiques qui impressionnent l'entourage du vice-roi, étonné qu'un Européen de cet âge ait une si parfaite maîtrise de sa monture, un si parfait mépris du danger.

A 5 heures de l'après-midi, alors que le soleil se couche, il retourne auprès du vice-roi et aborde avec lui le sujet, le faisant succinctement, sans explications complexes ou détails inutiles. Il s'adresse à l'intelligence du prince, ouvert à toute idée de progrès, mais surtout à son sens de la grandeur en lui montrant quelle gloire attend l'Egypte et le souverain qui ouvrirait cette voie nouvelle, appelée à changer la face du globe. Ainsi la terre des Pharaons, qui a donné au monde antique une de ses plus célèbres civilisations, aura de nouveau un rôle à jouer. Il y a là de quoi enflammer une imagination comme celle de Mohammed-Saïd, soucieux d'accroître l'importance de l'Egypte et poursuivant aussi un but personnel : assurer l'hérédité de son trône par primogéniture, afin de pouvoir le laisser à son fils. Il sait qu'il ne pourra réussir auprès de la Porte que s'il est appuyé par une grande puissance, et il ne doute pas, en écoutant Lesseps lui vanter les avantages qu'offrirait au commerce international le percement de l'isthme, qu'un tel projet ne soit pas soutenu par la France.

Il l'avouera au consul britannique et à Ruyssenaers, quelques années plus tard, lorsque les obstacles se multiplieront pour empêcher la réalisation du projet : « Un des motifs qui m'ont guidés dans les encouragements que j'ai donnés à l'entreprise du canal de Suez, c'est le désir de laisser à mon fils l'héritage du gouvernement de l'Egypte ; pour atteindre cet objet, j'avais besoin de m'assurer l'appui de l'opinion publique et des gouvernements de l'Europe [1]... » Evidemment, Lesseps a réponse à toutes les objections que présente le vice-roi et le persuade aisément que ce projet, caressé depuis si longtemps, et par tant de gens, a désormais de sérieuses chances d'aboutir.

« Je suis convaincu, avoue le prince après deux heures de discussion, j'accepte votre plan ; nous nous occuperons dans le reste du voyage des moyens d'exécution ; c'est une affaire entendue, vous pouvez compter sur moi. »

Telles sont les paroles du souverain que le soir même Lesseps rapporte à Mme Delamalle, dans une longue lettre, véritable bulletin de victoire. Il a passé d'ailleurs la nuit à l'écrire et à mettre au point le mémoire que Mohammed-Saïd lui a demandé.

Informé de ce projet grandiose, l'entourage du vice-roi l'approuve, autant par ignorance absolue du sujet que par considération pour Lesseps, un *homme* au sens que les musulmans donnent à ce mot, c'est-à-dire un cavalier intrépide. Ses prouesses hippiques avaient charmé. Un nouvel incident achève de lui faire une réputation. Découvrant un soldat quasi moribond que ses camarades ont abandonné parce que, les pieds en sang, il ne pouvait plus marcher, il le fait hisser sur un cheval de son escorte et soutenir par deux serviteurs jusqu'à ce que le pauvre diable revienne à lui. Cet acte d'humanité surprend. On le lui dit, en

1. Lettre de Ruyssenaers à Lesseps du 24 décembre 1858.

ajoutant qu'un Turc n'aurait pas fait attention à cet homme et l'aurait laissé mourir.

Les manœuvres terminées, Lesseps gagne Le Caire et s'installe au palais des Muçafirs qui abritait l'Institut français au temps de Bonaparte. Il admire la coïncidence qui lui donne pour chambre la pièce où Le Père avait présenté son premier rapport sur le percement de l'isthme au général Bonaparte, et, pour en garder un souvenir, il commande au peintre Machereau une aquarelle de cette pièce.

En ce palais, il tient une sorte de cour avec, pour secrétaire des commandements, un certain Reynier, fils du bibliothécaire de la ville de Marseille. Agé de vingt-deux ans, d'une physionomie avenante, il a une belle écriture et assume une partie de la correspondance de Lesseps ou bien recopie, pour en garder un double, ses lettres à certains correspondants. Son médecin n'est rien moins que l'illustre docteur Clot-bey, un homme éminent, qui connaît l'Egypte à fond, territoire et populations, coutumes et ressources. Il n'appartient pas à cette catégorie, vilipendée par le comte de Forbin, de médecins, ou se disant tels, « enterrant des agas, déterrant des momies, et se trouvant bien de cet échange ». Il a doté le pays d'un service sanitaire et d'une école de médecine remarquables pour l'époque.

Au Caire, Lesseps a retrouvé un gentilhomme français qu'il avait connu à Rome, le comte d'Escayrac-Lauture, hanté comme beaucoup par le désir de découvrir les sources du Nil et qui s'est aussitôt intéressé au percement de l'isthme de Suez. A la demande de Lesseps, il publiera dans le *Bulletin de la Société de Géographie* du mois d'avril 1855 un long article sur la question, dans lequel il réfutera les objections sur la différence de niveau des deux mers. En remerciement, Lesseps interviendra auprès du vice-roi pour que celui-ci charge officiellement Stanislas d'Escayrac de rechercher les sources du Nil.

Bien qu'il ait peu d'argent, Lesseps mène assez grand train et tient table ouverte, une habitude qu'il conservera toute sa vie. Sans doute est-ce le vice-roi qui subvient à ses dépenses. En arrivant à Alexandrie, Lesseps, pour se procurer les premiers fonds nécessaires à son entreprise, aurait formé avec Ruyssenaers et Pastré un fonds de quinze mille francs, à valoir sur la souscription aux actions de la future Compagnie. Il semblerait aussi qu'Arlès-Dufour aurait adressé cinq mille francs à Mme Delamalle pour les faire parvenir à son gendre.

Entre deux réceptions, Lesseps travaille avec cette puissance de concentration et cette facilité qui lui permettent d'abattre en deux heures la besogne d'une journée. Il aime écrire et correspond assidûment avec des amis ou des membres de sa famille, à commencer par Mme Delamalle et son beau-frère Victor Delamalle. A l'une ou à l'autre, il envoie une lettre à chaque courrier, même lorsqu'il n'a pas grand-chose à leur dire.

Il est vrai qu'en cette fin du mois de novembre 1854, les événements se précipitent et lui fournissent ample matière à correspondance.

*

Dès son arrivée au Caire, il est allé voir Linant de Bellefonds qui, au fond d'un palais somptueux, vit à l'orientale, avec sa femme syrienne et les filles qu'elle lui a données.

Linant de Bellefonds, qui n'est pas plus ingénieur que lui, est un Breton, fils d'officier de marine. Il a participé fort jeune à des missions scientifiques qui l'ont conduit des côtes canadiennes à l'Egypte en passant par la Grèce, la Palestine et la Syrie. A dix-neuf ans, il a été présenté par le comte de Forbin, peintre et longtemps directeur général des musées de France, à Méhémet-Ali qui l'avait pris à son service. Assez vite dégoûté de la vie de bureau, il avait démissionné pour parcourir l'Egypte à loisir, puis il était parti avec Drovetti, le consul de France, dans le désert de Lybie, avec Ricci dans le Sinaï. Après un premier voyage au Soudan, il avait remonté le Nil pour en chercher la source, et avait dû rebrousser chemin devant l'hostilité des populations.

C'est un homme d'une intelligence assez rare et d'une grande vivacité d'esprit, mais ombrageux, d'un orgueil poussé à l'extrême, estime Ruyssenaers, alors que Lesseps déplore en lui « une fièvre d'amour-propre et d'envie ». Directeur des travaux publics égyptiens, nommé bey, il occupe une position de premier ordre et passe pour le meilleur connaisseur de l'isthme de Suez qu'il a vingt fois parcouru. C'est en grande partie sur son rapport que Lesseps a travaillé pour établir le sien.

Lorsque Lesseps lui apprend la nouvelle, il se jette dans ses bras, heureux de voir ce rêve enfin près de se réaliser, sans songer à revendiquer la paternité de l'affaire ou, du moins, son antériorité dans l'étude des moyens de réalisation.

Si Linant de Bellefonds se montre enthousiaste, il est peu probable, estime Lesseps, que le consul général de Grande-Bretagne, Mr. Bruce, le soit. Mohammed-Saïd, qui craignait sa réaction, avait prié Lesseps d'aller le voir le plus rapidement possible, afin d'éviter qu'il soit informé par la rumeur publique. Tout en réservant la position de son gouvernement, il avait observé que, s'agissant d'une entreprise autorisée par le vice-roi et faisant appel à des capitaux privés, sans intervention d'une puissance étrangère, il ne voyait pas les objections que pourrait formuler son pays. Cela ne l'empêchera pas de mettre le Foreign Office en garde contre le danger de couper la route permettant aux troupes turques d'entrer en Egypte et, plus tard, d'attirer son attention sur l'importance des terres concédées à la Compagnie. Sans instructions de Londres, il prendra bientôt position personnellement contre le projet, allant jusqu'à dire au vice-roi : « Prenez garde, Altesse, l'alliance de la France et de l'Angleterre ne tient qu'à un fil, et ce fil vous risquez de le rompre. »

Le 25 novembre, Mohammed-Saïd réunit à la Citadelle, ainsi qu'il le fait à chacun de ses retours au Caire, les consuls généraux des principales puissances et leur annonce officiellement son intention de faire creuser un canal maritime à travers l'isthme de Suez, ajoutant que Lesseps, qui assiste à cette réception, obtiendra prochainement le firman l'autorisant à constituer la Compagnie. « N'est-ce pas que nous allons faire cela ? » dit-il en se tournant vers Lesseps.

Celui-ci développe un peu cette annonce, en laissant habilement au vice-roi le mérite de l'initiative et de la décision. Le consul anglais, qui entre-temps avait réfléchi, montre, remarque Lesseps, un certain embarras, tandis que celui des Etats-Unis, sans doute parce que son pays est moins intéressé par l'affaire, approuve et laisse supposer par ses paroles que ses collègues partagent son avis. Cette déclaration de Mohammed-Saïd a un peu surpris Lesseps, qui ne s'y attendait pas, mais elle clarifie la situation en coupant court aux rumeurs et aux suppositions. Il félicite le prince de sa détermination :

« Ma foi ! avoue celui-ci, j'avoue que je n'y avais pas beaucoup pensé, c'est un acte d'inspiration ; vous savez que je ne suis guère disposé à suivre les règles habituelles et je n'aime pas à faire les choses comme tout le monde. »

Chaque jour ou presque, Mohammed-Saïd et Lesseps discutent de leur « affaire » et décident qu'une nouvelle reconnaissance de l'isthme est indispensable avant de passer aux actes. En attendant, le vice-roi remet à Lesseps, dès le 30 novembre 1854, le firman de concession qui lui donne le « pouvoir exclusif de fonder et de diriger une compagnie pour le percement de l'isthme de Suez ».

Cet acte de fondation d'une compagnie appelée à devenir l'une des plus célèbres du globe est relativement bref. Il ne comporte que douze articles dont les dispositions peuvent se résumer ainsi :

La Compagnie sera constituée pour quatre-vingt-dix-neuf ans à partir du jour d'ouverture du canal à la navigation, et son directeur sera toujours nommé par le gouvernement égyptien. Celui-ci, en contrepartie des terrains qu'il cède à titre gratuit, percevra 15 % des bénéfices nets de l'exploitation. Sur les 85 % restants, 75 resteront acquis à la Compagnie et 10 iront aux membres fondateurs. Linant de Bellefonds sera chargé de dresser le plan des terrains sur lesquels, pendant dix ans, la Compagnie ne paiera pas d'impôts, après quoi, et jusqu'à l'expiration de la concession, elle versera la dîme habituelle.

Lorsqu'on saura la superficie des terrains concédés [1], les immenses avantages accordés à la Compagnie, comme l'exploitation gratuite des mines et carrières ou la franchise de douane pour ses importations, on

1. Environ soixante mille hectares.

pourra penser que la générosité du vice-roi est allée jusqu'à la prodigalité. C'est la base d'un petit royaume ainsi donnée à Lesseps, la future Compagnie se trouvant vis-à-vis de l'Egypte dans la position de celle-ci à l'égard de la Porte ottomane, et *L'Almanach de Gotha* ne s'y trompera pas qui fera figurer la Compagnie universelle du canal de Suez dans son annuaire diplomatique et statistique comme une sorte de principauté, semi-indépendante, enclavée dans le royaume égyptien.

Des esprits avisés voient aussitôt la valeur commerciale de cette concession. Avant que Lesseps n'en fasse apport à la future Compagnie, une société étrangère, au témoignage de Ruyssenaers, aurait offert de la lui racheter pour cinquante millions de francs, mais il aurait refusé. Comme Ruyssenaers s'en étonnait, Lesseps lui aurait dit : « La concession appartient à l'humanité. Qui sait si l'acheteur creuserait le canal ? Et je me suis mis en tête que je le ferais, moi et nul autre[1]. »

Il a d'ailleurs averti déjà nombre des personnalités européennes de la décision du gouvernement égyptien et affirmé sa position personnelle en qualité de directeur de l'entreprise. Un des premiers informés de la nouvelle est Arlès-Dufour. A lire la lettre qu'il lui adresse, on peut penser que, sans être un agent de la Société d'Etudes de 1846, Lesseps entend bien réaliser le percement de l'isthme avec le concours, sinon de la société elle-même, du moins de certains de ses membres : « Réjouissez-vous et que nos amis se réjouissent ! lui écrit-il le 29 novembre 1854. J'ai réussi au-delà de ce que je pouvais espérer. » Remettant à plus tard le détail des négociations, il lui envoie une traduction du firman qui sera délivré officiellement le lendemain, y ajoutant une copie de ses lettres aux consuls de France et de Grande-Bretagne, ainsi qu'une liste des premières démarches qu'Arlès-Dufour devra faire. Il lui faudra solliciter, en priorité, une audience de l'empereur, puis organiser, pour son retour à Paris, une entrevue avec de grands financiers comme le baron de Rothschild, Benoît Fould, Achille Seillière et les frères Péreire. La seule réserve qu'il fasse à l'égard des saint-simoniens vise Paulin Talabot : « Ecrivez à M. Talabot qu'il ne publie pas son mémoire ; le vice-roi est tout à fait contraire au canal par Alexandrie ; il veut le percement direct de l'isthme par un *très large et très profond canal* ; les travaux les plus récents de Linant font espérer que l'excellente idée du port intérieur dans le bassin du lac Timsah sera facilement réalisable. »

Au fil de la plume, il prend un ton de plus en plus impératif, passant des suggestions aux conseils, et de ceux-ci aux instructions : « Vous jugerez certainement nécessaire d'aller le plus tôt possible à Londres où votre situation vous permettra de voir les ministres, notre ambassadeur, les hommes politiques importants, et où vous serez en mesure,

1. D'après une lettre de S.W. Ruyssenaers citée dans les journaux *Le Jour* et *Le Matin* du 12 novembre 1892.

par vos relations commerciales, d'amener à notre entreprise les grands capitalistes anglais. »

Dans cette lettre, il ne mentionne pas une seule fois le père Enfantin, mais parler du canal comme de « notre entreprise » implique *ipso facto* qu'il œuvre en accord avec certains saint-simoniens. Pour rassurer Bruce, il souligne l'indépendance absolue de la future Compagnie à l'égard de quelque nation que ce soit, notamment la France : « ... il n'est question de privilège pour aucun Etat particulier, et (...) il s'agit uniquement de constituer une compagnie libre, dans laquelle des actionnaires de toutes les nations pourront entrer... » C'est bien là ce que pourrait lui reprocher la Grande-Bretagne qui voit un droit pour elle où il y aurait privilège pour d'autres, et Lesseps doit pressentir que les ennuis viendront de son côté, car il prend soin de s'adresser personnellement à Richard Cobden, l'illustre économiste anglais, en faisant la part du feu, c'est-à-dire en énumérant toutes les objections que pourrait formuler le gouvernement britannique, ou qu'il a déjà formulées. La principale, assez curieusement, c'est qu'il serait regrettable d'abandonner, pour se rendre aux Indes, la route du cap de Bonne-Espérance, car c'est une école d'endurance aussi bien pour les navires que pour les équipages.

Tandis que Lesseps imagine à l'avance les difficultés qu'on lui suscitera, Mohammed-Saïd, plus optimiste, voit l'avenir avec confiance et s'amuse à établir la liste des membres fondateurs qui, grâce à lui, seront comblés d'honneurs et de richesses. A certains consuls revenus le voir pour parler du canal, il répète qu'il n'admettra d'objections qu'écrites afin de constituer un dossier qu'il soumettra, dit-il, au tribunal de la civilisation. A ceux qui s'inquiètent de savoir où l'on trouvera les capitaux, il répond que l'argent ne manquera pas, et à Lesseps il confie qu'il a une réserve personnelle de deux millions cinq cent mille francs, sans compter ce qu'il pourrait demander à son gouvernement.

*

Avant de faire appel à l'épargne universelle, il convient justement d'avoir un dossier bien étayé pour répondre aux questions des futurs actionnaires et les inciter à souscrire. Lesseps décide donc d'effectuer une reconnaissance de l'isthme et du tracé projeté du canal. Il emmène avec lui Linant de Bellefonds, qui connaît parfaitement le pays, et Mougel, spécialiste des travaux hydrauliques, qui décidera du choix des entrées du canal sur la mer Rouge et sur la Méditerranée. A ces deux autorités et à l'aide-ingénieur Aïvas se joignent quelques personnalités comme Sabatier, le consul de France, le peintre Barbot, le docteur Clot-bey, Edmond de Lesseps, consul de France à Beyrouth, M. de Vernon, inspecteur des Messageries impériales, le comte d'Escayrac-Lauture, et enfin le secrétaire Reynier. Cette mission de reconnaissance s'effectuera en remontant du sud vers le nord et partira donc de Suez, qu'il faut d'abord rejoindre.

On voyage en caravane et à dos de dromadaire. Si tout le monde s'accommode de cet animal, Mougel en a horreur et trotte auprès de la troupe, juché sur un âne, silhouette incongrue avec son pantalon gris et son paletot alors que ses compagnons, pour la plupart, ont adopté le costume indigène. Comme il n'y aura rien à trouver en route, hormis à Suez, on emporte avec soi de l'eau, du vin et des vivres, ainsi que des moutons et des poules. A l'étape, on libère les poules qui s'égaillent autour du campement, mais lorsqu'à l'aube on lève celui-ci, les volatiles, craignant d'être abandonnés en plein désert, se hâtent de regagner leurs cages. Les repas sont soignés ; on y fait honneur et l'on boit beaucoup, ce qui entretient la bonne humeur. Ces messieurs se conduisent comme des collégiens en vacances, s'amusant de tout, déclamant des vers et se faisant des niches à l'occasion.

Il faut effectivement être de bonne humeur pour trouver du charme, ou seulement de l'intérêt, à Suez, sordide assemblage de masures et de magasins. On y vit mal, on y meurt de soif, et le peu d'eau que l'on réussit à se procurer a un goût saumâtre. Cette agglomération de trois à quatre mille âmes gagnera certainement beaucoup au creusement du canal qui la reliera au monde civilisé. Arrivée à Suez la veille de Noël, la commission y demeure jusqu'au 31 décembre. Pendant ces quelques jours, Lesseps, Mougel et Linant de Bellefonds se livrent à un examen du port et des ressources qu'il pourrait offrir, ainsi qu'à celui de la ville. Ceux qui ne s'intéressent ni aux problèmes de composition des sols, ni aux relevés hydrographiques, excursionnent aux environs, où il n'y a rien à voir, sauf un lieu-dit « le puits de Moïse » où une végétation presque desséchée témoigne de la présence d'un peu d'eau. La principale curiosité de la ville, à l'exception du bazar, est un vieil Arabe qui a logé Bonaparte dans sa maison et en parle avec émotion.

Dès le 26 décembre, certains membres de la caravane, entre autres Edmond de Lesseps et le consul Sabatier, sont repartis pour Le Caire et, leurs travaux achevés, Lesseps, Linant et Mougel partent à leur tour, suivant le tracé de l'ancien canal des Pharaons dont, par endroits, les berges sont encore visibles. A la fin de cette première journée de remontée vers le nord, le ciel s'illumine un instant d'un météore et, se souvenant de l'arc-en-ciel du 15 novembre, Lesseps y voit un nouveau signe encourageant. Par les lacs Amers, qui ne sont plus qu'une vaste étendue de sel miroitant au soleil, puis par le Serapeum, on parvient au lac Timsah où l'on examine à nouveau, en fonction de ce que l'on a déjà reconnu, le rapport de Linant de Bellefonds afin de tracer les grandes lignes de celui que Mougel et lui devront rédiger. On note, on pointe, on évalue, on calcule et l'on envisage, à titre estimatif, que la construction du canal devrait coûter quelque cent soixante-dix millions.

Le 8 janvier 1855, la caravane atteint le lac Menzaleh, puis elle se dirige vers Péluse, ou plutôt vers ce qu'il en reste, puisque les vestiges de celle ville autrefois importante ont disparu sous une crue du Nil.

Le 16 janvier, Lesseps et ses deux collaborateurs ont réintégré Le Caire où ils se mettent au travail pour rédiger le rapport qui devra répondre à toutes les questions que pourrait poser le vice-roi. Il devra surtout déterminer le tracé du canal, tel que le veulent Mohammed-Saïd et Lesseps, en ligne droite à partir de Suez jusqu'à un point de la côte méditerranéenne où il faudra créer un port.

Si le canal doit immortaliser le nom de Mohammed-Saïd et le sien, s'il doit assurer la fortune de l'Egypte, et peut-être également la sienne, Lesseps est déjà persuadé, comme il l'écrit à Mme Delamalle, que la Grande-Bretagne en sera la première bénéficiaire, en raison de l'importance de sa flotte et de l'intérêt stratégique autant que commercial qu'il aura pour elle dans ses relations avec les Indes et l'Extrême-Orient. Fort de son expérience personnelle et de celle de son père, il prévoit aussi qu'elle sera la première des puissances à s'y opposer. Il craint particulièrement que Londres voie dans le canal un moyen pour Mohammed-Saïd de s'émanciper de la tutelle ottomane alors que la Grande-Bretagne « aurait voulu réduire le vice-roi à la condition de ces rajahs de l'Inde dont on favorise les désordres jusqu'au moment où le prince, abruti, n'a plus d'autres ressources que de se faire protéger ou de vendre ses Etats[1] ».

Cette opposition britannique est désormais au cœur de ses entretiens presque journaliers avec Mohammed-Saïd, et tous deux reconnaissent qu'il serait prudent d'aller tâter le terrain à Constantinople. Lesseps s'y rendrait seul, muni d'une lettre de recommandation de Mohammed-Saïd au sultan Abdul-Medjid Ier. Sur place, il pourrait donner de vive voix les explications que le souverain, son grand vizir ou le Divan souhaiteraient avoir. Ancien diplomate, il paraît tout désigné pour plaider sa cause, encore que cette démarche ait l'inconvénient d'affaiblir cette cause en montrant qu'elle a besoin d'être défendue. On peut même ajouter que, s'il n'avait existé aucune difficulté, ce voyage à Constantinople en aurait créé une, car s'il s'était agi d'un simple acte de déférence à l'égard du sultan, un plénipotentiaire envoyé par le vice-roi aurait suffi. La démarche de Lesseps pose effectivement le problème de savoir, comme l'avaient écrit MM. Colin et de Nayves, si le percement de l'isthme de Suez est une simple opération d'administration ou s'il s'agit d'un cas spécial, soumis à l'autorisation préalable du sultan. Lors de l'établissement de la voie ferrée des Anglais, un avis avait été demandé à la Porte et celle-ci avait donné son accord, mais ce chemin de fer n'avait entraîné aucune modification de structure

1. F. de Lesseps, *Lettres, Journal et documents*, t. I, p. 89.

alors que le canal pouvait être considéré comme une frontière naturelle entre l'Egypte et son suzerain.

Le vice-roi dicte une lettre à son secrétaire, Talat-bey, ajoutant à l'intention de Lesseps : « Je recommande que l'on ne vous fasse pas perdre votre temps, car vous devez être prochainement de retour en Egypte où vous savez que dans cinquante-trois jours je célébrerai par une grande fête mon anniversaire de naissance. Ce sera le premier de mon avènement, je ne veux pas passer cette journée sans vous. »

Mohammed-Saïd lui donne une seconde lettre, adressée à son beau-frère, Kiawil pacha, président du Grand Conseil. Avec de pareilles recommandations, Lesseps a l'espoir d'être entendu, sinon suivi.

*

Le 27 janvier 1855, après avoir passé deux jours chez les Pastré, Lesseps s'embarque à Alexandrie sur *le Pharamond*, accompagné de son cousin Edmond de Lesseps et du jeune Reynier. La traversée, avec ses nombreuses escales, est pour lui l'occasion de mesurer la popularité que lui vaut la nouvelle, répandue avec la rapidité de l'éclair sur toute la côte méditerranéenne, qu'il va percer l'isthme de Suez pour faire communiquer les deux mers. A Jaffa, il visite le couvent où Bonaparte est allé voir les pestiférés ; à Beyrouth, il est reçu avec des honneurs quasi princiers par le gouverneur et avec effusion par la colonie française. Edmond de Lesseps, qui a retrouvé son consulat, y donne un grand dîner. *Le Pharamond* relâche à Tripoli du Liban, puis à Lattaquié où la réception officielle est encore plus enthousiaste qu'à Beyrouth, bien qu'avec de moins grands moyens. « Lorsque le cortège passe devant des cafés, dit-il le 1er février 1855 à Mme Delamalle, les *kaouadji* s'avancent, tenant à la main leurs cafetières et répandant le café sous les pieds de mon cheval. Je ne pouvais imaginer qu'on pût faire dans une ville musulmane une pareille réception à un chrétien ; il me fallait à chaque pas, saluer à droite et à gauche des gens qui se prosternaient avec respect. » Ce jour-là, il s'attarde au point que *le Pharamond*, qui avait appareillé pour respecter l'horaire, attend au large, en croisant à petite vapeur, qu'il regagne le bord.

Alexandrette, Tarsous, Anamour, Rhodes, Smyrne, chaque ville, à sa manière, accueille l'auteur d'un projet qui exalte tous les esprits, même les plus simples. Le 2 février, Lesseps écrivait d'Alexandrette à François Arlès-Dufour que son passage était partout marqué d'ovations qu'en « Europe on aurait du mal à concevoir », et il y voyait un heureux présage pour sa mission à Constantinople.

C'était se réjouir trop tôt. A peine arrivé à Constantinople, il s'aperçoit que le véritable maître est, non pas le sultan, mais l'ambassadeur britannique, le vicomte Stratford de Redcliffe, que l'on a précisément surnommé, pour cette raison, sultan Stratford ou Abdul Canning, car il est neveu du célèbre ministre, ennemi implacable de Napoléon Ier. Sir Stratford Canning est un de ces Anglais qui, par leur morgue et leur conviction d'appartenir à une espèce supérieure, en imposent aux princes comme aux peuples que, du haut de leur fierté insulaire, ils mettent d'ailleurs sur le même plan, celui des *natives*. Pour avoir vécu longtemps à Constantinople, Stratford Canning n'en est que plus britannique, et d'ambassadeur il est devenu le tuteur du monarque. « Travaillant dix à douze heures par jour la plume à la main, élégant, irascible, exécré par ses subordonnés, Stratford Canning, écrira Philip Mansel dans *Constantinople*, était enivré du sentiment de son infaillibilité. Quand il survécut à un accident de cheval, ses collaborateurs, dit-on, levèrent leur verre au toast : "Que la prochaine fois soit la bonne !" Trois fois, Ali pacha demanda à Londres de rappeler l'ambassadeur parce qu'il s'efforçait de s'attribuer tout le crédit des réformes et ne laissait même pas le sultan partager le trône avec lui[1]. »

Tel est donc l'homme redoutable avec lequel Lesseps va devoir soutenir une longue lutte et dont il devra déjouer les ruses ou les intrigues.

Bien que sans instructions précises de son gouvernement, Stratford est personnellement hostile au canal et ne s'en cache pas. Lesseps l'apprend des différents consuls auxquels il rend visite et qui, eux, se déclarent favorables au projet. Bénedetti, le chargé d'affaires français, le fait recevoir le 12 février par le grand vizir, Rachid pacha. L'entretien dure deux heures pendant lesquelles il lui faut sans cesse rappeler qu'il est l'envoyé du vice-roi d'Egypte et non celui du gouvernement français, comme son interlocuteur le croit, ou feint de le croire, influencé par Stratford qui prête à la France le dessein de s'emparer de l'Egypte.

Il lui faut donc agir avant que Stratford, au courant de sa visite à Rachid pacha, ne reçoive de Londres des instructions. Il obtient une audience du sultan, mais celui-ci reste dans le vague et se contente d'évoquer la question de la neutralité de son pays. Lesseps lui fait observer que si les puissances, pour le détroit des Dardanelles, ont garanti cette neutralité, elles ne pourront faire moins pour le canal de Suez et garantiront celle de l'Egypte. Il aurait aimé, pour contrebalancer l'influence anglaise, exciper d'un appui officiel de Paris, mais Napoléon III n'entend pas — il le dira bientôt — se mêler d'une affaire essentiellement commerciale. Le sultan le congédie en lui disant qu'il demandera au Grand Conseil d'étudier le dossier.

Après quinze jours passés à Constantinople, Lesseps n'est pas plus avancé que le premier, malgré les lettres de recommandation de Mohammed-Saïd demeurées sans effet. Il s'apprête à partir, lorsqu'il apprend que le sultan, sans doute parce que sir Stratford lui en a soufflé

1. Philip Mansel, *Constantinople*, p. 278.

l'idée, aimerait recevoir du vice-roi des précisions techniques sur le projet, comme si celles déjà fournies par Lesseps n'étaient pas suffisantes et que Mohammed-Saïd fût plus capable que lui d'en donner. Il proteste auprès du grand vizir contre cette exigence alors qu'il a donné tous les renseignements nécessaires, ajoutant qu'il veut bien les répéter, en les détaillant davantage au besoin.

Il est facile, en effet, de deviner l'intervention de sir Stratford Canning derrière cette demande. L'ambassadeur l'avait d'ailleurs invité à dîner pour avoir, lui aussi, des éclaircissements, et, après l'avoir écouté, il avait laissé tomber : « M. de Lesseps, toutes vos explications sont fort bonnes, et certainement, si vous réussissez, la chose est assez grande et assez belle pour qu'elle vous fasse le plus grand honneur, mais elle ne sera réalisable que dans cent ans. *Le moment est inopportun.*

— My lord, avait répondu Lesseps, si l'affaire est inopportune pour vous qui ne la voulez pas, elle est opportune pour moi qui la veux, et puisque vous avouez vous-même qu'elle sera utile et qu'elle me fera honneur, pourquoi la renvoyer à cent ans ? Comme, à cette époque, je ne pourrai pas la voir faite, et que j'ai une foi complète dans la possibilité de sa prochaine exécution, je suis pressé d'en jouir. Vous même, vous devriez être encore plus pressé que moi[1]. »

Finalement, le Grand Conseil renonce à donner son avis sur la question du canal et se cantonne dans l'expectative. Il ne reste plus à Lesseps qu'à partir, en laissant à trois commissaires désignés par le Grand Conseil le soin de se pencher sur les clauses du firman de concession. Pour sa part, il ne veut pas en discuter avec eux, car ce serait déjuger le vice-roi que d'y apporter le moindre amendement.

Il ne sait pas encore que le grand vizir et Kiamil pacha, le président du Conseil, ont écrit à Mohammed-Saïd pour le mettre en garde contre cette initiative à tous égards fâcheuse et qui risque de compromettre les bonnes relations de l'Egypte avec l'Empire ottoman : « Je vois avec la plus vive peine, écrivait Rachid pacha, Votre Altesse se jeter dans les bras de la France au gouvernement peu fiable en raison de l'instabilité politique de ce pays. La France ne peut rien ni pour ni contre vous, alors que l'Angleterre peut vous faire beaucoup de mal... Les agents de l'Angleterre seront toujours maintenus et soutenus. On ne saurait les ménager trop[2]. »

Stratford, de son côté, s'efforcera toujours de persuader le sultan qu'il est fort dans la mesure où il résiste à la France, et faible s'il lui cède. Il n'a pas grand peine à en persuader Rachid pacha, trop intelligent pour ne pas pénétrer le jeu de l'Anglais, mais prêt à tout pour sauvegarder sa tranquillité.

Lesseps ne peut se dissimuler que ce voyage est un échec, mais il

1. F. de Lesseps, *Lettres, Journal et documents*, t. I, p. 177.
2. Cité par G. Edgar-Bonnet, *Ferdinand de Lesseps*, t. I, p. 256.

a reconnu le terrain, mesuré la vigueur de l'opposition britannique, et particulièrement celle de Stratford qui a pu de son côté voir qu'il devra compter avec un adversaire aussi résolu que lui.

Puisque la clé du problème est à Londres, Lesseps est décidé à combattre l'ennemi chez lui, en essayant, lors d'un voyage en Grande-Bretagne, non pas de discuter avec le gouvernement britannique, mais de lui enlever le soutien de l'opinion publique par une campagne auprès des chambres de commerce, des armateurs et des grands négociants.

En attendant, il doit affronter un adversaire plus proche, et par là plus incommode, et même dangereux, puisqu'il s'agit de Prosper Enfantin, déchaîné contre lui.

*

Lorsque Lesseps avait informé de son premier succès Arlès-Dufour, celui-ci l'en avait félicité chaleureusement : « Bravissimo ! lui écrivait-il le 17 décembre 1854. Depuis vingt-six ans, Enfantin et ses amis rêvent de Suez. Depuis dix ans, nous l'étudions. Depuis quatre ans, nous cherchons le joint sans le trouver ni le deviner, et vous, d'un seul coup, d'un seul jet, vous atteignez ce but grandiose. »

Ingénument, Arlès-Dufour pensait que des parts de fondateur seraient réservées aux précurseurs saint-simoniens, et il souhaitait, pour lui-même, que son nom figurât dans le firman de concession. Lesseps, qui ne songe à tirer de l'affaire aucun avantage particulier pour lui et les siens, lui oppose l'attitude entièrement désintéressée des ingénieurs qui l'ont accompagné dans sa reconnaissance de l'isthme : « Je dois dire à leur honneur, lui écrivait-il le 16 janvier 1855, qu'ils se sont mis à ma disposition avec désintéressement, sans réserve ni arrière-pensée, laissant de côté toute question personnelle et unis seulement par le désir de concourir au succès de la grande entreprise. Il n'a pas été prononcé un seul mot par eux sur les conditions de leur concours ni sur les avantages que pourra leur réserver la future compagnie. Je n'ai pris avec eux aucune espèce d'engagement[1]. »

Sachant qu'Arlès-Dufour communique ses lettres à Enfantin, il est vraisemblable que Lesseps, en célébrant le désintéressement des deux ingénieurs, a moins pensé à faire l'éloge de leur vertu qu'à donner une leçon au père Enfantin dont il sait que l'aigreur à son égard est devenue jalousie, voire hostilité déclarée. Se sentant écarté de la réalisation du projet, ou craignant de l'être, Enfantin va tout mettre en œuvre afin d'empêcher cette réalisation. Il commence en déclarant sa foi dans le projet Talabot d'un canal d'Alexandrie à Suez et approuve hautement le *Times* de critiquer le tracé de Linant de Bellefonds comportant la création d'un port artificiel. Il rappelle aussi que, avant de se mettre

1. F. de Lesseps, *Lettres, Journal et documents*, t. I, p. 101.

au travail, il convient d'obtenir l'accord de toutes les puissances intéressées, ce qui ne peut que retarder indéfiniment l'ouverture du chantier.

Pour mettre Napoléon III dans son camp, il lui demande une audience au cours de laquelle il plaide la cause de la Société d'Etudes de 1846. Certes, ce n'est pas elle qui a obtenu le firman de concession, mais elle a le bénéfice de l'antériorité, et il souhaiterait que Lesseps, dont il prend soin de ne jamais prononcer le nom, le désignant par des périphrases, apporte à la Société d'Etudes le firman de Mohammed-Saïd. Il s'étonne d'ailleurs que celui-ci n'y ait pas songé, déplorant ce manque d'empressement, et il rédige à l'intention de l'empereur un nouveau projet de société en omettant parmi les noms des futurs administrateurs celui de Lesseps.

A Paris, Mme Delamalle a pris à cœur les intérêts de son gendre et les défend passionnément, avec l'ardeur d'un croisé contre les infidèles. Energique et résolue, ne craignant rien ni personne, habile et souple lorsqu'il le faut, elle montre un sens étonnant des affaires. Le canal de Suez a remplacé sa fille, est devenu son enfant. Elle pourrait demander à son gendre de s'occuper davantage des siens, mais elle n'y songe guère ; il y a des pensionnats pour cela. Avertie des propos du père Enfantin et de ses manœuvres, elle s'ingénie à le contrecarrer, mobilisant toutes ses relations — et elle en a beaucoup. « Entre nous, écrit Enfantin à Lesseps, je ne crois pas avoir eu le bonheur de paraître honnête, loyal et votre ami véritable aux yeux de Mme Delamalle que son amitié pour vous rend peut-être extrêmement défiante... j'en suis désolé [1]. »

Des deux côtés, la confiance ne règne pas, et Lesseps à son tour se plaint des procédés d'Enfantin. Le 19 mars 1855, il rédige une mise au point, sous forme de lettre adressée à François Arlès-Dufour, mais envoyée à un conseil de famille qui, après l'avoir lue, en transmettra la teneur à l'intéressé : « ... l'empressement avec lequel je vous ai rendu compte de ce que j'avais fait en Egypte, les détails dans lesquels je suis entré, ont dû, certes, vous donner la preuve d'une confiance toute spontanée et que je ne regrette pas ; j'ai donc eu lieu d'être bien surpris lorsque vous m'aviez écrit que vous ne trouviez pas cette confiance assez complète... l'idée du canal des Deux-Mers est vieille comme le monde, personne n'a le droit de la monopoliser... je n'admets pas qu'aucune circonstance puisse vous forcer à agir sans moi. »

Les efforts de conciliation faits par diverses personnalités, notamment l'Autrichien Negrelli et Girette, l'agent des Messageries impériales en Egypte, demeurent vains. Chacun reste sur ses positions, et comme Lesseps n'entend pas perdre son temps et son énergie à poursuivre une querelle avec les saint-simoniens, il charge son frère Théodore d'informer Arlès-Dufour et Enfantin que désormais il ne

1. Lettre non datée, mais sans doute une des dernières avant leur rupture.

répondra plus à leurs lettres « remplies de plaisanteries et de sarcasmes tout à fait hors de propos » : « Si je leurs parlais sur le même ton, ils n'auraient peut-être pas la patience que j'ai moi-même, et nous serions vite brouillés... Ces messieurs ont tort de me dire que je me laisse influencer par le milieu dans lequel je me trouve ; ils doivent savoir que je ne suis pas homme à me laisser influencer ni intimider lorsque je crois marcher dans la bonne voie. Qu'ils sachent enfin que je n'accepterai jamais un renversement des rôles et qu'ils ne me trouveront pas disposés à aller à leur suite. Je n'ai aucune espèce de lien avec eux, pas plus qu'avec d'autres, et leurs propres engagements, auxquels je suis étranger, ne m'engageront pas. S'ils veulent m'aider, et ne pas se livrer, comme ils le disent eux-mêmes, à des actes et des paroles qui me combattent et me contredisent, très bien ; sinon, je pourrai regretter leur concours, mais je ne me considérerai pas comme perdu s'il venait à me manquer[1]. »

Loin de se calmer, le père Enfantin crie de plus belle à la trahison et finit par lasser Napoléon III qui, après lui avoir accordé trois audiences, laisse sans réponse la demande d'une quatrième.

La rupture définitive se produit avec la publication dans la *Revue des Deux-Mondes*, le 15 avril 1855, d'un article de Baude hostile au projet de canal direct et critiquant vivement le rapport établi par Mougel et Linant de Bellefonds. Persuadé que cette déclaration de guerre amènera l'adversaire à composition, Enfantin prévient Arlès-Dufour, le 29 avril 1855, que si Lesseps ne lui donne pas, dans sa société, une part égale à la sienne, il faudra lui fixer un délai de quinze jours pour « reconnaître qu'il s'est conduit envers vous, envers nous, envers tous ceux qui songent à Suez, comme un hanneton [*sic*], et, comme je crains fort qu'il ne reconnaisse jamais cette vérité, nous aurons dès lors à agir comme on le fait avec un aveugle et un brouillon, c'est-à-dire le mettre hors d'état de nuire ».

Effectivement, Lesseps n'est pas disposé à faire une confession publique, et dès lors toutes relations sont rompues entre lui et les saint-simoniens, qui continueront à l'attaquer. Au mois de septembre 1855, Enfantin réunit les ingénieurs de la Société d'Etudes de 1846, Stephenson, Talabot et Negrelli, pour examiner la situation, mais Negrelli fera dissidence en réclamant la dissolution de la Société d'Etudes pour que chacun puisse, s'il le veut, entrer dans la future Compagnie de Lesseps.

Plus amer que jamais, Enfantin écrit derechef à Napoléon III pour se plaindre de Lesseps et met en garde le souverain contre « le danger de laisser aller ce fou dangereux qui gâche cette belle affaire de Suez », ajoutant : « Il est important que l'Empereur se fasse remettre lui-même la mission donnée à la commission d'ingénieurs... Ce que je désire c'est que l'Empereur comprenne que *son* affaire de Suez a besoin d'être

1. F. de Lesseps, *Lettres, Journal et documents*, t. I, p. 132.

défendue par lui contre la maladresse des prétendus amis qui jettent des pavés sur la tête de ce pauvre canal napoléonien[1]. »

Un tel style est peu fait pour inciter l'empereur à répondre. Il ne le fera donc pas, mais il se peut que, agacé par les jérémiades et les remontrances d'Enfantin, il ait conçu pour le canal de Suez un éloignement dont Lesseps pâtira un certain temps. Lorsque au mois de mai 1855, il était allé voir l'empereur pour solliciter sa protection, celui-ci s'était contenté de lui dire : « Si je vous soutenais maintenant, ce serait la guerre avec l'Angleterre, mais quand les intérêts des capitaux européens et surtout français seront engagés, tout le monde vous soutiendra, et moi le premier. »

Ce langage était peut-être raisonnable, à défaut d'être courageux. Lesseps avait compris que Napoléon III se contenterait de voler au secours de la victoire. Il ne lui restait plus qu'à se battre et à commencer la lutte par la conquête de l'Angleterre.

*

Au début du mois de juin, il part pour Londres avec la triple recommandation du baron James de Rothschild pour les milieux financiers, de lady Ashburn pour les banquiers Baring et du comte Walewski, le nouveau ministre français des Affaires étrangères, pour les milieux officiels. Malheureusement l'ambassadeur de France à Londres est le comte de Persigny, récompensé de son dévouement à l'empereur par ce grand poste et qui abuse un peu de sa position privilégiée auprès du souverain. Tête chaude, et même un peu folle, il appartient à cette catégorie de serviteurs trop zélés qui, en voulant prévenir les désirs de leurs maîtres, finissent par dépasser les intentions de ceux-ci.

Persigny, qui prend son nouveau rôle au sérieux, ne veut à aucun prix qu'un incident puisse compromettre les relations entre Londres et Paris. Aussi est-il prêt, dans son patriotisme ingénu, à ne rien faire qui puisse déplaire au gouvernement britannique. Sachant le projet de canal désagréable à lord Palmerston, le Premier ministre, il est d'autant plus hostile à Lesseps que celui-ci est soutenu par Walewski, sa bête noire. Outrepassant ses instructions, il va s'employer à nuire à Lesseps par tous moyens, allant jusqu'à envisager une démarche commune de la France et de la Grande-Bretagne auprès du sultan pour que celui-ci interdise le projet. Il aurait peut-être réussi à convaincre Napoléon III si le comte Walewski n'était parvenu à lui ôter de l'esprit cette idée d'une mission à Constantinople.

Arrivé à Londres le 24 juin, Lesseps va, le 28, rendre visite à lord Clarendon, chef du Foreign Office, afin d'avoir avec lui une franche explication. Clarendon répond avec la même franchise en lui disant

1. G. Edgar-Bonnet, *Ferdinand de Lesseps*, t. I, p. 215.

que, son gouvernement n'approuvant pas le projet, la France, il le sait de bonne source, adoptera le point de vue de Londres.

Après cette première déception, Lesseps en éprouve une autre — à laquelle il s'attendait un peu — en allant voir lord Palmerston dont une amie commune, lady Tankerville, a obtenu pour lui une audience. Lord Palmerston avait jadis fait reculer le gouvernement de Louis-Philippe au moment du règlement de la question d'Orient. En prenant de l'âge — il a soixante et onze ans —, il a fait de l'honneur anglais le sien et de son patriotisme une sorte d'amour-propre aisément froissé. La moindre atteinte à la Grande-Bretagne est pour lui une injure personnelle. Par sa hauteur, il plaît au peuple, et, par sa verve, il séduit ses pairs. Enfin, et c'est un aspect de son caractère auquel l'Angleterre a été longtemps sensible, il hait la France et surtout les Français.

Hanté par le souvenir de la Révolution et des guerres napoléoniennes, il voit dans la France un fléau et dans chaque Français un fauteur de trouble, un démon qu'il faut empêcher de nuire. Il est toutefois trop bien élevé pour se livrer à des excès de langage, mais il se laisse entraîner par son imagination dans une sorte de délire au point de faire croire à son interlocuteur qu'il n'a plus toute sa tête. En relatant son entrevue avec lui à Barthélemy-Saint-Hilaire, Lesseps résume ainsi son impression : « J'ai retrouvé lord Palmerston toujours l'homme de 1840... Il m'a tenu sur le canal de Suez le langage le plus contradictoire et j'oserai même dire le plus insensé qu'on puisse imaginer... Il persiste à soutenir que l'exécution du canal de Suez est actuellement impossible et qu'il en sait à ce sujet beaucoup plus que les ingénieurs de l'Europe dont l'opinion n'ébranlera pas la sienne. En l'entendant, il m'est arrivé de temps à autre de me demander si j'avais devant moi un maniaque ou un homme d'Etat[1]... »

Derrière les propos aberrants de lord Palmerston, Lesseps devine la crainte de Londres de voir la France occuper l'Egypte et lui couper la route de l'Inde. Lord Clarendon l'a clairement dit à l'ambassadeur de Grande-Bretagne à Paris, lord Cowley, pour que celui-ci fasse connaître officiellement la position de son pays au gouvernement français. Que Lesseps répète un peu partout qu'il n'agit pas au nom de la France et représente seulement une compagnie commerciale, à laquelle toutes les nations peuvent s'intéresser, ne rassure absolument pas Londres. Le gouvernement britannique paraît même d'autant plus inquiet que les intentions de Lesseps sont aussi clairement avouées. Une telle franchise est suspecte ; elle doit cacher quelque chose, un dessein ténébreux. La Grande-Bretagne s'en tient à la voie ferrée qu'elle a construite en Egypte et voit dans le projet de canal « le fruit d'un antagonisme de la France » envers elle.

1. F. de Lesseps, *Lettres, Journal et documents*, t. I.

Après le séjour de Lesseps à Londres et sa tournée de propagande à travers le pays, lord Clarendon écrira le 9 septembre 1855 à lord Stratford : « Tout ce que désirent la France et M. de Lesseps, ou du moins ce dont ils se satisferont, c'est de creuser une brèche, large, profonde et facile à défendre, en travers de la route qui relie la Syrie à l'Egypte... Cela fait, aux dépens des dupes qu'on aurait persuadées d'investir leur argent dans cette spéculation, le Pacha et Lesseps... liquideraient après avoir atteint leur objectif politique[1]. »

Pour contrebalancer dans l'esprit de Napoléon III l'effet fâcheux produit par les déclarations de Londres, Lesseps adresse à l'empereur un mémoire dans lequel il énumère les personnalités du monde politique et du monde des affaires qui, favorables au canal, ne comprennent pas l'entêtement de lord Palmerston à en nier à la fois la possibilité d'exécution et l'intérêt. Au cours d'une série de conférences, il a pris le pouls de l'opinion et constaté que, dans son ensemble, elle approuvait le projet. Comme il ne maîtrise pas assez la langue pour s'exprimer en anglais devant un auditoire, Daniel Lange, son correspondant à Londres, lui sert d'interprète, traduisant et développant ses propos. Pour compléter cette propagande orale, il a fait publier un mémorandum qu'il envoie à toutes les notabilités des régions qu'il visite. Il a profité de cette tournée pour recruter quelques ingénieurs qui feront partie de la commission technique chargée d'établir le rapport à partir duquel on indiquera de manière précise aux futurs souscripteurs le tracé définitif du canal, son mode d'exécution et son coût.

*

Cette commission sera non seulement technique, mais internationale, afin de souligner le caractère universel de l'entreprise et sa neutralité. L'ingénieur hydrographe Liaussou, l'amiral Rigault de Genouilly, le capitaine de vaisseau Jaurès et l'ingénieur des Ponts-et-Chaussées Renaud, ancien directeur des travaux du port du Havre, représentent la France ; l'ingénieur Rendel, MM. Charles Manby, Mac Lean et Harris, celui-ci vieux routier de l'océan Indien, représentent la Grande-Bretagne. La Prusse, les Pays-Bas, l'Italie et l'Espagne ont respectivement envoyé M. Lentzé, ingénieur en chef des travaux de la Vistule, M. Conrad, inspecteur du Waterstraadt, M. Paleocapa, ministre des Travaux publics italien et M. Montesinos, directeur général des Travaux publics d'Espagne. Enfin l'Autriche, intéressée à voir se développer l'activité de son port de Trieste, a délégué Luigi Negrelli di Moldelba, appelé couramment M. de Negrelli, inspecteur général des Chemins de fer autrichiens.

Lesseps réunit la commission chez lui, 9, rue Richepanse, dans cet

1. G. Edgar-Bonnet, Ferdinand de Lesseps, t. I, p. 252.

appartement du troisième étage où sa femme était morte et qu'il n'habitait plus guère. Ces messieurs ont montré leur intérêt pour l'affaire et leur désintéressement matériel puisqu'ils assument personnellement leurs frais de voyage et de séjour. Après deux séances tenues les 30 et 31 octobre 1855, la commission décide d'envoyer sur place une sous-commission composée de MM. de Negrelli, Conrad, Mac Lean, Liaussou et Renaud. En Egypte, ils s'adjoindront Mougel et Linant de Bellefonds. Lesseps emmène avec lui son fils Charles, âgé de quinze ans, et Jules Barthélemy-Saint-Hilaire, une recrue faite par Mme Delamalle, déjà membre de l'Institut, et qui sera le premier secrétaire général de la Compagnie de Suez.

Cette commission restreinte arrive en Egypte le 18 novembre 1855 et se dirige aussitôt vers Le Caire où elle est reçue avec tant d'égards par le vice-roi que Lesseps, un peu surpris, observe : « Votre Altesse traite ces messieurs comme des têtes couronnées.

— C'est qu'en effet, lui répond le prince, ces messieurs sont les têtes couronnées de la science. »

Mohammed-Saïd fait d'ailleurs mieux que de flatter les membres de la commission : il prend à sa charge tous les frais de voyage et d'études, veillant à ce que pendant leur séjour ils soient traités avec le même faste. La commission, encore augmentée du consul des Pays-Bas, Ruyssenaers, et de quelques amis personnels de Lesseps, quitte Le Caire le 15 décembre 1855. Avec les serviteurs et les guides, cela fait une centaine de personnes, réparties le soir, à l'étape, en une vingtaine de tentes. Il ne faut pas moins de cent soixante-dix chameaux pour transporter hommes, vivres et matériel. Chaque matin, on lève le camp à 5 heures, pour partir à 6. On s'arrête à 11 heures pour déjeuner, puis on repart à midi pour faire halte à 3 heures et dresser les tentes avant le coucher du soleil. On dîne à 6 heures et l'on fait bonne chère à en juger par les lettres de Mme Hippolyte Delafosse, une amie de Mme Delamalle, à celle-ci : « Déjeuners et dîners sont somptueux, écrit-elle, enchantée. Chaque convive a cinq verres pour cinq sortes de vins. Le champagne coule comme s'il emplissait le Nil. La commission est d'excellente humeur ; ses membres chantent et rient et sont pleins d'enthousiasme pour le canal... » La commission se croit presque au paradis en voyant les indigènes aller tout nus, sans fausse honte : « Etant donné mon âge, poursuit Mme Delafosse, je puis supporter cette vue sans frémir d'horreur et je peux même vous assurer qu'ils sont généralement bien faits et plaisants à regarder. La couleur de bronze de leur peau interdit les pensées indécentes[1]. »

En dix jours, de Suez à Péluse, la commission examine le tracé projeté, vérifie les calculs et arrive à la conclusion que le creusement

1. Cité par Alex de Lesseps, *Moi, Ferdinand de Lesseps*, p. 125.

du canal ne devrait pas poser de problèmes impossibles à résoudre, en dépit de la menace d'obstruction par les sables mouvants.

Le 30 décembre, une excursion au fort de Tineh termine le voyage, et, le 31 décembre, alors qu'on se dispose à embarquer sur une frégate qui doit les conduire au port d'Alexandrie, une bande irisée décrit un arc de cercle à l'horizon : « Nous vîmes se dessiner à l'Occident le *signe de l'alliance*, écrit Lesseps à Mme Delamalle. Sans être superstitieux, on ne peut s'empêcher, dans un moment solennel comme celui où nous nous trouvons, d'être vivement impressionnés par un semblable spectacle, lorsque surtout s'y attachaient pour moi les souvenirs que vous connaissez[1]. »

Ecartant définitivement le plan Talabot qui semblait accumuler à plaisir les difficultés[2], la commission adopte à l'unanimité le tracé direct de Suez au golfe de Péluse où sera créé un port. Dès le 2 janvier 1856, elle adresse au vice-roi un premier rapport dans lequel le coût total des travaux, y compris la création du port artificiel, est estimé à deux cents millions de francs. Le port, que l'avant-projet situait au fond du golfe, a été déplacé à vingt-huit kilomètres plus à l'ouest, où l'on a trouvé à deux mille trois cents mètres du rivage une profondeur de huit à neuf mètres.

Lesseps ne perd pas de temps. Le 4 janvier, il envoie un rapport sommaire à vingt-quatre personnalités françaises ou étrangères, puis, le lendemain, il met au point les statuts de la Compagnie universelle du canal de Suez[3], ainsi que le cahier des charges.

La Compagnie, de nationalité égyptienne, aura son siège social à Alexandrie et son domicile administratif à Paris. Son capital, fixé à deux cents millions de francs, sera réparti en quatre cent mille actions de cinq cents francs. Seuls les actionnaires ayant au moins vingt-cinq actions pourront participer aux assemblées générales et ils y disposeront d'autant de voix qu'ils auront de multiples de 25. Cette disposition élitiste est sans doute inspirée par l'exemple du suffrage électoral censitaire, un moyen d'appliquer la démocratie tout en la muselant. Les actions seront amorties en quatre-vingt-dix-neuf ans, durée de la concession.

Le point le plus important est la répartition des produits de l'entreprise. On a vu que le gouvernement égyptien serait le premier servi avec

---

1. F. de Lesseps, *Lettres, Journal et documents*, t. I, p. 327.

2. Ce canal, d'une longueur de 400 kilomètres, large de 100 mètres et profond de 8, serait parti de Suez pour rejoindre les environs du Caire où il aurait franchi le Nil en amont du barrage Saïdieh, alors en cours de construction. De là il aurait continué sur Alexandrie pour aboutir au Port-vieux. Outre l'inconvénient de partager l'Egypte en deux et de nuire ainsi au système hydraulique d'irrigation, il aurait nécessité la création d'un pont-canal d'un kilomètre au-dessus de l'étiage du Nil et la construction de 14 écluses. Comme il devait être alimenté par l'eau du Nil, des machines à vapeur étaient prévues pour élever 300 000 mètres cubes d'eau par jour au pont-canal, et Talabot estimait que 25 à 30 dragues devraient évacuer en permanence le limon que déposerait dans le canal l'eau du Nil. Enfin, défaut majeur, le canal Joseph, apportant l'eau du Nil, était à sec une partie de l'année...

3. Par commodité, la Compagnie universelle du canal de Suez sera désignée sous le nom de *Compagnie de Suez*.

une attribution de 15 % du produit net. Viennent ensuite les porteurs de parts de fondateurs à qui sont réservés 10 % ; puis les administrateurs, qui recevront 3 %. Enfin, 2 % du produit net alimenteront une caisse de retraite et de secours pour les employés de la Compagnie. Les 70 % restants constitueront le dividende à distribuer aux actionnaires.

Avec son optimisme habituel, Lesseps, après avoir estimé le coût de la réalisation à deux cents millions, évalue les recettes en se fondant sur un trafic annuel de trente millions de tonnes à dix francs la tonne. A ce revenu s'ajouteront les droits d'ancrage, les produits de la culture des terres concédées pour arriver à une recette globale d'environ quarante millions de francs. Déduction faite des frais d'entretien et d'administration, des frais d'amortissement, des 15 % revenant au gouvernement égyptien, il resterait une trentaine de millions pour les actionnaires.

Il est certain qu'un pareil résultat n'est possible que grâce à la générosité du vice-roi qui n'aurait probablement pas accordé à quelque autre entrepreneur des avantages aussi exorbitants. Lesseps en est parfaitement conscient et sait le prix de cette faveur : « Plus je vis dans son intimité, plus je suis touché de son amitié, de la noblesse de ses sentiments et de la loyauté de son caractère, écrit-il le 4 février 1856 à Mme Delamalle. A l'encontre de beaucoup de princes, il ne fait que gagner à être connu. »

Autant les relations de Lesseps avec le vice-roi se font plus étroites chaque jour, autant elles s'enveniment avec les saint-simoniens devenus des ennemis déclarés. Enfantin ne désarme pas et continue de répandre des propos malveillants sur Lesseps. Arlès-Dufour, offensé de ne plus recevoir de réponse à ses lettres, se rapproche d'Enfantin. L'ultime offensive des saint-simoniens contre Lesseps est la publication dans *La Revue des Deux-Mondes*, le 1er janvier 1856, d'une étude des frères Barrault sur un projet concurrent qui, reprenant celui de Talabot, consisterait à creuser en Basse-Egypte un réseau de canaux dont l'un aboutirait à Péluse, un autre à Alexandrie et le troisième à Suez. Lesseps prend très mal cette nouvelle attaque et refuse de répondre aux Barrault qui lui avaient envoyé un exemplaire de la revue. « S'ils n'avaient eu que des intentions droites et désintéressées, écrit-il le 10 janvier 1856 à M. de Chancel, pourquoi n'ont-ils pas soumis leurs élucubrations à la commission internationale ? Les saint-simoniens sont les Jésuites du socialisme. Tout cela ne mérite pas qu'on s'y arrête longtemps[1]. »

Bien que Lesseps ne soit pas vindicatif, il n'oubliera jamais les torts à son égard des saint-simoniens. Il ne fera jamais aucune allusion à leurs écrits ou à leurs travaux dans ses innombrables conférences ou

1. G. Taboulet, « *Les origines du canal de Suez. Le conflit entre Ferdinand de Lesseps et les saint-simoniens* », in *Revue historique*, octobre/décembre 1968, p. 382.

dans ses ouvrages, il ne prononcera jamais leurs noms, ne leur accordera aucun siège d'administrateur, à la seule exception d'Elie de Beaumont, et n'invitera aucun des survivants de la secte à l'inauguration du canal de Suez, bien qu'Arlès-Dufour lui ait rappelé leur rôle en publiant, peu avant la cérémonie, une sorte de mémorial : *Le Percement de l'isthme de Suez. Enfantin. M. de Lesseps.*

Avant de mourir, le 31 août 1864, Enfantin était revenu à de meilleurs sentiments vis-à-vis de son rival. D'après Maxime Du Camp, Prosper Enfantin, devant qui l'on n'osait parler du canal, avait fini par avouer qu'il n'était pas l'homme capable d'entreprendre et de mener à bien une telle opération : « Entre mes mains, l'affaire eût échoué, avait-il dit un jour à Du Camp. Je n'ai plus la force et l'élasticité nécessaires pour faire face à la fois à tous les adversaires, pour combattre en même temps au Caire, à Londres et à Constantinople ; j'aurais eu bien assez d'avoir à vaincre les sables, j'aurais été vaincu par le mauvais vouloir des hommes. Pour réussir — et l'on réussira — il fallait, comme Lesseps, avoir le diable au corps et cette ardeur qui ne compte ni les obstacles ni les fatigues. Grâce à Dieu, c'est Lesseps qui mariera les deux mers ; je crois bien que je serais resté dans le lac Timsah et que je m'y serais noyé, et l'entreprise avec moi. Il importe peu que le vieux Prosper Enfantin ait subi une déception, il importe peu que ses enfants aient été trompés dans leur espoir ; mais il importe que le canal de Suez soit percé, et il le sera ; c'est pourquoi je remercie Lesseps et je le bénis[1]. »

1. M. Du Camp, *Souvenirs littéraires*, t. II, p. 103.

7
JOUTES DIPLOMATIQUES
1857-1858

L'opposition britannique au percement de l'isthme de Suez est d'autant plus désagréable à Lesseps que la France et la Grande-Bretagne sont alliées dans la guerre qu'elles font à la Russie. Depuis la fin de 1855, des pourparlers de paix sont en cours, et le congrès qui s'ouvre à Paris le 25 février 1856 est l'occasion pour lui de rencontrer des personnalités capables, s'il parvient à les en persuader, de l'aider à triompher des obstacles que Grande-Bretagne et Turquie dressent contre lui. Il a retrouvé lord Clarendon et fait la connaissance du nouveau grand vizir, Aali pacha. Celui-ci, tout en prodiguant de bonnes paroles, se montre assez peu favorable à un canal qui serait pour son pays une cause de discorde, et pour lui de tracas supplémentaires. Il craint surtout que le vice-roi, fort de la puissance que lui donnerait la possession de cette voie internationale, en profite pour échapper complètement à la tutelle ottomane et il est prêt à tout pour empêcher Mohammed-Saïd de se lancer dans l'aventure.

A Constantinople, où Edouard Thouvenel a remplacé Bénedetti, la situation paraît sans issue. Thouvenel, ancien directeur des Affaires politiques et qui a démissionné en 1854 à la suite d'un différend avec Drouyn de Lhuys, est un diplomate averti, un esprit d'une remarquable intelligence et d'une grande clarté. Nommé à Constantinople au mois de mai 1855, il y demeurera cinq ans et sera pour Lesseps un allié précieux. Pour le moment, il ne peut que lui prêcher la patience, en lui répétant que la cause du canal doit être gagnée devant l'Europe avant de l'être à Constantinople, et, en cela, il rejoint l'opinion de Prosper Enfantin.

Fort de l'appui de l'Autriche et de l'intérêt personnel que Metternich porte au canal, Lesseps essaie de faire inscrire le problème de Suez sur la liste des questions dont doit s'occuper le Congrès de Paris, mais le comte Buol, plénipotentiaire autrichien chargé de la chose, a reculé au dernier moment, craignant une trop vive réaction de son collègue anglais.

La Grande-Bretagne continue d'ailleurs d'étendre son influence sur l'Egypte. Elle a fait demander au vice-roi l'autorisation d'établir une ligne télégraphique à travers le pays pour faciliter ses communications avec l'Inde. Devant les objections de sa propre administration, Mohammed-Saïd a prié Lesseps d'examiner le problème et celui-ci, beau joueur, a donné un avis favorable, montrant ainsi au consul Bruce qu'il n'agit pas comme les Anglais.

Lors d'un séjour en Grande-Bretagne, au printemps 1856, il reprend sa propagande en faveur du canal, haranguant les foules, allant rendre visite aux notabilités de la politique et de l'industrie, du commerce et du grand monde. Il est présenté au prince Albert, le mari de la reine Victoria, qui l'écoute avec attention et lui dit sa sympathie pour un projet dont son neveu, le duc de Brabant, lui avait parlé avec chaleur. Au cours de ces visites, il peut mesurer la puissance de la calomnie : « Je ne cesse de rectifier dans le monde les idées erronées que l'on a sur l'Egypte, écrit-il le 21 avril 1856 à Ruyssenaers, et qui ont été propagées par la malveillance de quelques journaux. » Il s'est aperçu que le canal sert de prétexte à une campagne de dénigrement contre le vice-roi afin de mieux le tenir en tutelle, et il observe : « Bientôt ce sera, au contraire, le canal qui lui servira de paratonnerre. »

En revanche, les Anglais qui croient au canal lui apportent une aide enthousiaste. Un ancien membre du Parlement, Mr. Wyld, propriétaire du *Great Globe*, à Leicester Square, a organisé dans cet établissement des séances publiques montrant les avantages commerciaux du canal et les économies qu'il permettrait de réaliser. Pour illustrer ses démonstrations, il fait faire un plan en relief.

*

En Egypte, qu'il regagne à l'automne 1856, il est accueilli avec soulagement par Mohammed-Saïd qui a passé un mauvais été, ennuyé par les tracasseries turques, harcelé par le consul britannique et surtout furieux de voir combien il est difficile de régner dans un pays où le despotisme éclairé se trouve à chaque instant freiné par l'apathie des populations, la corruption des fonctionnaires ou les intrigues des courtisans. Déjà, deux ans plus tôt, il confiait à Lesseps que ses ministres et les directeurs des principaux départements administratifs étaient des bons à rien : « Je n'ai personne qui puisse m'aider, lui avait-il dit, et partout où je mets le nez, je vois le désordre. » Cette fois, en le retrouvant, Mohammed-Saïd s'écrie : « Votre venue me raccommode avec l'humanité ! »

Voulant connaître les différentes provinces de son *pachalik*, pour savoir les réformes à y faire, il engage Lesseps à l'accompagner dans un voyage au Sennar et au Soudan qui va durer trois mois et demi. Bien qu'une si longue absence puisse être préjudiciable aux intérêts qu'il défend, Lesseps n'hésite pas. Il sait ce qu'il doit au prince, et aussi ce qu'il peut en attendre encore ; il est trop fin pour ignorer qu'il ne faut pas laisser longtemps le vice-roi seul, à la merci de conseillers ou d'intrigants qui pourraient avoir sur lui une influence contraire à la sienne et l'évincer.

Le voyage commence mal. Alors que le bateau sur lequel il doit remonter le Nil est encore à quai, au port de Boulaq, Lesseps, en train d'écrire dans sa cabine, voit sa moustiquaire s'enflammer à une bougie trop proche et le feu tout embraser. Grièvement brûlé à une jambe, il ne peut se lever pour accueillir le vice-roi venu prendre de ses nouvelles. Pour calmer la douleur, on lui fait des pansements que l'on arrose régulièrement d'eau du Nil. Durant plusieurs semaines, il ne pourra pas se tenir à cheval.

Pendant ce voyage, il donne souvent au vice-roi son avis sur les problèmes auxquels celui-ci est confronté, mais il le fait toujours avec tact, connaissant son amour-propre et, surtout, les limites de sa patience. Le pays que l'on traverse a été jadis le théâtre de sanglants affrontements. Pour conquérir le Soudan, Méhémet-Ali avait envoyé là-bas son fils Ismaïl pacha, bientôt assassiné par les indigènes, de manière atroce, puisqu'il avait été brûlé vif. Afin de venger cette mort et de pacifier le pays, Méhémet-Ali avait alors dépêché sur place un de ses gendres, Mohammed Defterdar, renommé pour sa cruauté. Il n'avait pas démenti sa réputation, réduisant le pays par la terreur. Mohammed-Saïd voudrait effacer tous ces lugubres souvenirs, en commençant par rassurer les habitants sur ses intentions.

Lorsqu'il arrive à Chandy, où son frère a été tué, il fait symboliquement jeter dans le Nil les canons de la citadelle, et c'est là qu'il éprouve un violent désespoir à la pensée qu'il ne pourra rien faire, immédiatement, pour améliorer le sort des plus misérables de ses sujets[1], lançant son sabre contre le mur et ordonnant à Lesseps de le laisser seul ; puis lui expliquant le lendemain les raisons de son emportement.

Ces sautes d'humeur, ces accès de fureur et ces attendrissements bruyants montrent à Lesseps combien le prince est enclin à suivre ses premières impressions et combien il lui faut être prudent pour ne pas perdre en quelques minutes le bénéfice de semaines de confiance et d'épanchements. Il sait heureusement quel langage lui tenir et comment lui dire avec humour des vérités parfois amères. Ainsi, lorsque le vice-roi, dont la caravane précède la sienne, se plaint à lui d'avoir des difficultés d'approvisionnement, il lui explique la manière de s'y prendre avec les indigènes : il attire d'abord les enfants par

1. Voir p. 133.

quelques menus cadeaux qu'ils rapportent à leurs mères ; celles-ci accourent pour voir le généreux étranger — ce ne sont pas généralement les plus jeunes, souligne-t-il avec regret, puis, enhardies par son bon accueil elles lui demandent s'il a besoin de quelque chose... Il dit alors ce qu'il souhaiterait. Pendant que les mères sont parties chercher les provisions, arrivent à leur tour les jeunes gens et les jeunes filles, et enfin les moutons, les chèvres et les dattes, but de tous ces salamalecs.

Le voyage se poursuit par une chaleur abominable qui met à mal la plupart des Européens de l'expédition, victimes de fortes fièvres. Le médecin personnel de Lesseps, le docteur Abbale, est frappé à son tour, et c'est Lesseps qui, malgré son inexpérience en ce domaine, le sauve en le saignant. Le retour s'effectue par le désert de Bayouda, ce qui représente un trajet de quelque seize cents kilomètres.

*

Pendant cette absence, adversaires et partisans du canal n'ont cessé de s'affronter, particulièrement à Londres où le gouvernement met en garde les futurs souscripteurs contre les agissements de Lesseps qui leur fera perdre leur argent avec son utopie.

Le 17 février 1857, Lesseps quitte l'Egypte et se rend sur le champ de bataille où il s'est fait annoncer par l'envoi d'une lettre-circulaire à tous ceux que peut intéresser un canal abrégeant de cinq mille milles la route des Indes. Il entreprend alors une extraordinaire tournée de conférences à travers le Royaume-Uni, tenant vingt-deux meetings et rendant visite à une douzaine de chambres de commerce.

Il a commencé par Londres où, le 24 avril, la Guilde des orfèvres lui a offert un banquet présidé par Gladstone, ancien chancelier de l'Echiquier, très opposé à la politique de Palmerston. Le 29 avril, il tient deux meetings à Liverpool ; le 2 mai, il est à Manchester ; le 11, à Dublin, le 13 à Cork ; le 16 mai, ayant retraversé la mer d'Irlande, il est à Edimbourg, mais il retourne en Irlande pour parler à Belfast le 18 mai. On l'accueille ensuite, et avec le même enthousiasme, à Glasgow le 20 mai, à Aberdeen le 23, à Newcastle le 28, à Hull le 30. Le 3 juin, il parle à Birmingham, puis il s'accorde un peu de repos et ne reprend la parole que le 18 juin à Bristol, mais entre-temps, il a certainement multiplié les visites aux armateurs, aux négociants et aux banquiers, sans cesser d'entretenir une vaste correspondance.

Secondé par Daniel Lange, il a obtenu partout un grand succès, car il a le génie de la propagande et le sens de l'organisation. Ainsi, dans chaque nouvelle ville, il prie la plus éminente personnalité locale de présider sa réunion. Un jour, apprenant que le notable de l'endroit est en train d'inspecter la prison, il se fait conduire à celle-ci, parvient à y pénétrer, mais, lorsqu'il veut en sortir, il trouve la porte close et a les pires difficultés pour se la faire ouvrir. A la fin de chaque meeting, il distribue le texte de sa conférence, persuadé que ces exemplaires atteindront ceux qui n'ont pu venir l'entendre.

Il achève cette tournée par un dernier meetting à Londres, le 24 juin 1857. Quelques jours avant, il a dîné chez lord Palmerston qui, en l'accueillant, lui dit, avec une pointe d'acrimonie : « Ainsi, vous nous avez déclaré la guerre. Vous avez agité l'Angleterre, l'Irlande et l'Ecosse en faveur du canal de Suez.

— Certainement, répond Lesseps, j'ai profité de la liberté de parole qui règne chez vous et pour laquelle j'ai la plus grande admiration parce qu'elle m'a permis de discuter partout, en public, de sujets qui n'ont en rien l'agrément du gouvernement.

— Vous vous rendez bien compte que je suis opposé à votre projet avec la dernière fermeté ?

— Je crois, observe Lesseps, que la puissance de l'opinion publique viendra à bout des résistances individuelles. Je crois pouvoir ajouter que, dans ce cas, plus encore que dans d'autres, l'opposition est un des plus grands facteurs de réussite.

— Ainsi vous ne m'en voulez pas de mon opposition ? demande Palmerston, qui ajoute : Je suis bien aise que nos rapports n'en soient pas troublés.

— Je vous en veux si peu, réplique Lesseps, que si j'avais cent mille francs à vous donner pour chaque discours que vous prononceriez contre le canal de Suez à la Chambre des communes, et si vous étiez homme à les recevoir, je m'empresserais de vous les offrir ; car c'est votre opposition qui fera affluer les capitaux nécessaires à l'entreprise [1]. »

Palmerston relèvera le défi, mais d'une façon qui fera regretter à Lesseps ce vœu téméraire.

En effet, à peine a-t-il quitté Londres que Palmerston l'attaque avec une vigueur nouvelle aux Communes. Il y déclare que le gouvernement britannique a tout fait depuis quinze ans pour empêcher la réalisation d'un tel projet, ajoutant que cette entreprise « est un de ces nombreux attrape-nigauds qui, de temps en temps, sont tendus à la crédulité des gobe-mouches ». Il affirme hautement que le canal n'est matériellement pas réalisable ou ne le serait qu'à un coût prohibitif. Il précise enfin que le projet nuit aux intérêts du Royaume-Uni, à ses relations avec l'Empire ottoman et aux rapports de celui-ci avec l'Egypte.

Cette virulente attaque, où la mauvaise foi rejoint la diffamation, indigne Lesseps. Il adresse aussitôt une protestation à toutes les chambres de commerce britanniques comme à toutes les associations de négociants avec lesquelles il s'était entretenu, réfutant avec sa logique et sa clarté habituelles les accusations ou les critiques de Palmerston : « Si l'on persiste, écrit-il, dans un système d'opposition

---

1. Dialogue rapporté par F. de Lesseps dans *Lettres, Journal et documents*, t. II, pp. 87/88.

insoutenable, on pourrait créer à l'entreprise des difficultés qui la grandiront encore au lieu de l'affaiblir ; mais l'exécution en sera poursuivie résolument et le concours universel en rendra le succès infaillible. En attendant, il appartient aux classes commerciales de l'Angleterre de décider si, contrairement à leurs manifestations, les obstacles doivent venir de leur propre gouvernement... J'en viens aux personnalités, et je m'appliquerai, en y répondant, à garder la modération, les égards et la gravité dont on est loin de m'avoir donné l'exemple en m'attaquant dans une assemblée où il ne m'était pas possible de me défendre[1] ».

En Grande-Bretagne, l'émotion soulevée par les déclarations de lord Palmerston, réitérées le 7 juillet puis le 23 août, est considérable. *The Advertiser*, de Bristol, et le *Daily News* prennent la défense de Lesseps. Aux Communes, Gladstone essaie d'apaiser les esprits en rappelant qu'il faut considérer le percement de l'isthme de Suez d'un seul point de vue commercial et ne pas en faire une question politique.

A ce moment, Robert Stephenson entre en lice à son tour. Fils du célèbre ingénieur, membre de la Société d'Etudes de 1846, il ne jure que par les locomotives paternelles et ne voit pas l'utilité d'un canal entre les deux mers, estimant que le chemin de fer est plus avantageux pour le service postal auquel il cantonne son point de vue. Le 17 juillet, il prononce aux Communes un discours dans lequel il dit partager l'opinion de lord Palmerston sur le caractère malhonnête du projet de Lesseps, une de ces chimères destinées « à laisser plus pauvres les uns pour qu'elles puissent rendre d'autres plus riches ».

Les événements vont venger Lesseps de Palmerston et de Stephenson en montrant que, même si le canal n'était pas avantageux au point de vue commercial, il le serait d'un point de vue stratégique. En effet, au mois de mai 1857 a éclaté aux Indes la révolte des Cipayes, soldats indigènes enrôlés dans l'armée de la Compagnie des Indes et qui se sont mutinés parce qu'ils croyaient les cartouches qu'ils doivent déchiqueter avec leurs dents enduites de graisse de porc. Ce n'était qu'un prétexte et les raisons de la rébellion sont bien plus sérieuses. Le 30 mai, Lucknow a été le théâtre de combats sanglants et, le 27 juin, à Cawnpore, des centaines d'Anglais, femmes et enfants, ont été massacrés dans des conditions qui rappellent les horreurs du *Black Hole* de Calcutta en 1756. Dans toute l'Angleterre la nouvelle a été accueillie comme un désastre national, et l'on attend du gouvernement un prompt châtiment des rebelles. On s'aperçoit qu'avec le canal de Suez l'envoi de renforts serait infiniment plus rapide, alors qu'il faut acheminer les troupes par le Cap. Cela, même lord Palmerston ne peut le nier. Pendant que les contingents envoyés au secours de l'armée de la Compagnie des Indes perdent des semaines en navigation inutile, la

1. F. de Lesseps, *Lettres, Journal et documents*, t. II, p. 96.

rébellion va s'accroître, au risque de mettre en péril la domination britannique en Inde.

Pour déplorables qu'elles sont, les circonstances servent à merveille Lesseps qui, revenu à Londres le 22 juillet, par le bateau de nuit pour gagner du temps, déploie une frénétique activité. Ayant à peine pris le temps de faire un peu de toilette, il commence dès 10 heures et demie du matin une série d'entretiens avec des journalistes, des hommes politiques, des négociants, des hommes de tous partis et de tous horizons, donnant un peu moins d'une demi-heure à chacun et réussissant ainsi à voir une douzaine de personnalités dans sa journée.

La conjoncture politique et les démarches de Lesseps achèvent donc d'éclairer le grand public sur la question du canal. C'est du moins ce que Lesseps espère et ce qu'il peut croire en écoutant lord Brougham et lord Aberdeen, deux hommes influents, qui blâment Palmerston et lui promettent de soutenir la cause du canal si elle est évoquée à la Chambre des lords. D'une autre source, il apprend que Palmerston cesserait son opposition si la Grande-Bretagne était seule propriétaire du canal dont il ne méconnaît plus l'intérêt stratégique. C'est donc maintenant une pure affaire de politique, à discuter entre gouvernements, alors que Gladstone, impartial, déclare aux Communes qu'il faut s'en tenir au seul point de vue commercial.

Malheureusement, Napoléon III hésite à engager la France dans l'aventure et demeure dans une prudente réserve, en dépit des efforts du comte Walewski pour l'en faire sortir. Il n'est pas question pour Lesseps de commencer les travaux sans l'accord du sultan, puisque cet accord a été officiellement sollicité par le vice-roi d'Egypte, et cette autorisation, écrit George Edgar-Bonnet, « la Porte n'ose ni la donner, par crainte de l'Angleterre, ni la refuser, par crainte de la France ; pourtant l'Angleterre hésite à imposer à la Turquie un refus catégorique, tandis que la France ne se résout pas à exiger du sultan une franche adhésion... Chacun voudrait que le voisin prît une initiative qu'il estime impossible de prendre lui-même [1] ».

Bien que Lesseps craigne un peu de lasser l'opinion à force de parler d'un canal fantôme, il décide, avant de partir pour Constantinople y conférer avec Thouvenel, de passer par Vienne où il est reçu par l'empereur François-Joseph, puis il rejoint Constantinople où lord Stratford de Redcliffe continue de faire la loi.

*

L'ambassadeur britannique est plus puissant que jamais, ayant « enveloppé le sultan dans un cercle de fonctionnaires qui tiennent de

1. G. Edgar-Bonnet, *Ferdinand de Lesseps*, t. I, p. 295.

lui leur poste et craignent de le perdre s'ils le mécontentent », comme l'écrit Lesseps, le 23 décembre 1857, à son frère Théodore.

Depuis sa première démarche, à la fin de l'année 1854, les trois commissaires désignés par le Grand Conseil ont eu largement le temps de se pencher sur la question et d'étudier les documents qu'il leur avait remis. Bien entendu, aucune décision n'a été prise entre-temps, ce qui vaut mieux qu'un refus, mais Lesseps se trouve dans une impasse et il ne lui reste plus qu'à renouveler sa demande du firman de confirmation.

Heureusement surviennent alors trois événements qui lui redonnent un peu d'espoir. Lord Stratford quitte Constantinople, où il a fait presque toute sa carrière ; lord Palmerston cédera bientôt la place à lord Derby, et le grand vizir meurt subitement. Aali pacha, son successeur, est, de l'avis de Lesseps, « l'homme le plus honnête et le plus instruit de l'empire », mais il est timide et manque d'esprit d'initiative. Il n'y a pas grand-chose à en attendre, mais, après lui avoir laissé le temps de se mettre au courant des affaires, Lesseps lui rappelle les siennes. Aali pacha commence par lui promettre une décision avant le 3 mars 1858, puis il invoque de mauvaises raisons pour retarder cette décision. Lesseps insiste pour obtenir rapidement satisfaction et écrit à deux reprises à Aali pacha, mais cela ne suffit pas à l'arracher à sa léthargie alors qu'à Londres un mouvement de plus en plus fort se dessine en faveur du projet.

Le 26 mars 1858, un député des Communes, Griffith, demande au chancelier de l'Echiquier, Benjamin Disraëli, si le gouvernement va longtemps continuer de s'opposer à un projet dont l'utilité paraît de plus en plus évidente. Eludant la question, Disraëli répond qu'il ne peut se prononcer sur le plan scientifique, mais qu'il n'y a pas lieu à discussion puisque l'entreprise est vouée à l'échec. Cette dérobade, en faisant du canal une utopie, provoque une riposte de J. Barthélemy-Saint-Hilaire qui observe avec logique : « Mais si le canal est impraticable, pourquoi le redoutez-vous ? »

A Constantinople, où il attend toujours la réponse du grand vizir, Lesseps commence à s'impatienter. Après avoir tant parlé, tant écrit, et fait une telle propagande, il ne peut rester inactif, ce serait se déjuger. Aussi est-il résolu à passer aux actes. « La Compagnie universelle, écrit-il, ne baissera pas pavillon à l'endroit du canal. Elle sera plus forte que lord Palmerston et Mr. Disraëli. » Désormais, c'est à lui d'agir, et à lui seul, puisque Napoléon III persiste à ne pas vouloir engager la France et que Thouvenel estime sa présence à Constantinople inutile, voire encombrante.

A vrai dire, le moment paraît mal choisi pour passer outre au veto de Londres, car la tension diplomatique entre les deux pays est si vive que l'on redoute un conflit. On sait à Paris que l'attentat d'Orsini, auquel l'empereur, le 14 janvier 1858, a échappé de justesse, a été préparé à Londres, et l'opinion publique, en France, accuse ouvertement la Grande-Bretagne d'avoir encouragé les terroristes en leur donnant asile. L'acquittement d'un complice d'Orsini par un tribunal britannique a porté l'indignation à son comble.

Cela ne suffit pas pour arrêter Lesseps qui, se sentant soutenu par un certain public, est décidé à se montrer plus courageux que les puissances : « En ma qualité de représentant d'une compagnie universelle, écrit-il le 17 avril 1858, appuyée sur l'opinion publique du monde entier, je puis assumer une initiative que peut-être les gouvernements eux-mêmes ne seraient pas disposés à encourir [*sic*] spontanément[1]. » Et, quelques jours plus tard, il écrit à Barthélemy-Saint-Hilaire que, puisque les hommes d'Etat ont traité de chimérique un projet mis au point par les ingénieurs les plus compétents, il ne reste plus qu'à leur donner tort en réalisant le canal.

Il ne doute pas qu'une fois la compagnie constituée les souscripteurs n'affluent : « Quand le moment sera venu de lancer la souscription, écrit-il le 24 avril 1858 à M. de Negrelli, l'on viendra à nous, de toutes parts, quelles que soient les circonstances financières qui pourraient affecter d'autres affaires. En France, l'opposition anglaise sera notre principale force d'attraction. » L'avenir justifiera cette prévision.

A Londres, la polémique est toujours aussi vive. Aux Communes, un député a demandé, le 1er juin, que le gouvernement dépose la correspondance échangée avec lord Stratford, ce que Disraëli refuse. Lors de ce même débat, Robert Stephenson s'emploie, une nouvelle fois, à mettre en doute l'honnêteté de Lesseps comme les conditions d'exploitation et de rentabilité du canal. Accouru à Londres, Lesseps proteste avec énergie, mais il trouve peu d'appui auprès du nouvel ambassadeur de France, le duc de Malakoff, qui, bien que personnellement favorable au canal, n'ose rien dire et rien faire sans instructions de Paris.

En revanche, à Vienne, où il se rend après son séjour à Londres, Lesseps obtient du gouvernement autrichien qu'il intervienne auprès du sultan pour la délivrance du firman de confirmation. Le gouvernement autrichien est même disposé à demander aux principales puissances européennes de garantir la neutralité du canal. Par un singulier hasard, il se retrouve à Vienne avec un vieil ennemi, sir Henry Bulwer-Lytton, qu'il a connu jadis à Madrid, où il avait fait de son mieux pour contrer l'influence française, et qui est sur la route de Constantinople où il va remplacer Stratford de Redcliffe. Contemporain de Lesseps, Bulwer, esprit fin et cultivé, frère du fameux romancier Edward Bulwer-Lytton, auteur des *Derniers Jours de Pompéi*, a écrit lui-même une vie de lord Byron.

En hommes du monde qu'ils sont tous deux, Lesseps et lui échan-

---

1. *Ibid.*, p. 302.

gent des propos courtois, et sir Henry Bulwer va jusqu'à souhaiter travailler à Constantinople en complète harmonie avec l'ambassadeur de France. On peut toujours en accepter l'augure, mais Lesseps craint qu'il s'agisse seulement d'un vœu pieux, car une nouvelle cause de discorde entre les deux pays a surgi avec la question des principautés danubiennes. « Si les Turcs n'obtiennent pas ce qu'ils désirent, écrit-il le 24 juin 1858 à Mme Delamalle, ce sera la France qui l'aura emporté et dont l'influence pèsera par conséquence d'un grand poids à leurs yeux pour les autres questions. Si les Turcs obtiennent ce qu'ils désirent, ils le devront à l'Angleterre, et c'est pourquoi ils la ménagent dans ce moment et pourquoi ils n'ont pas encore osé donner le firman, mais une fois qu'ils auront obtenu gain de cause... ils ne demanderont pas mieux que d'être ingrats[1]. »

*

C'est sur un navire autrichien, *le Stadion*, battant pavillon français en son honneur, que Lesseps débarque en Egypte au début du mois de juillet 1858. L'accueil qu'Alexandrie lui réserve lui montre à quel point il a sensibilisé l'opinion au problème de Suez. Une foule considérable est là pour le recevoir. Aux notabilités du grand négoce et aux consuls étrangers se sont joints les frères des Écoles chrétiennes des Lazaristes. Un des plus enthousiastes est un officier de l'armée des Indes qui brandit un drapeau britannique sur lequel on peut lire *Welcome to the benefactor of Mankind : long life to promotor of canal Suez*.

Avec le vice-roi, Lesseps s'entretient de la situation internationale et de la constitution de la Compagnie, le préparant habilement à tous les tracas que la Grande-Bretagne ne manquera pas de lui susciter. Mohammed-Saïd est heureusement d'excellente humeur, ravi de le revoir et lui disant ingénument : « Si je vous aimais avant comme un, je vous aime maintenant comme cinq[2]. »

Avant de procéder au lancement de la souscription, le prince et Lesseps font la caisse. Ils ont déjà cinq millions, en attendent cinq autres et peuvent compter, grâce à l'émission de bons publics, sur dix autres millions. Cela fait au total vingt millions que Mohammed-Saïd met à la disposition de son ami.

Sur ces entrefaites, on apprend les massacres de Djeddah où cinq mille émeutiers ont envahi les consulats de France et de Grande-Bretagne, assassiné le personnel et pillé les bureaux ainsi que les appartements des consuls. Deux survivants, Mlle Eveillard, fille du consul de France, et le chancelier du consulat arrivent à Alexandrie. Tous deux ont été blessés. Lesseps s'en occupe et tire de l'affaire la conclusion,

1. Archives Delamalle.
2. Lettre du 10 juillet 1858 (Archives Delamalle).

qui a dû également s'imposer à Londres, que si le canal avait existé, on n'aurait pas eu à déplorer de semblables événements dans les ports de la mer Rouge, où l'ordre et la civilisation auraient pénétré.

Ses dispositions prises en Egypte, Lesseps repart pour Constantinople afin d'y tenter une ultime démarche auprès d'Aali pacha. Il descend à l'ambassade où il retrouve son fils Charles, en séjour chez les Thouvenel. Père et fils habitent au bout du jardin un joli pavillon d'où l'on découvre le Bosphore et l'entrée de la mer Noire.

Lorsqu'il va voir le grand vizir, il apprend que la Porte attend, pour délivrer le firman, des garanties de Paris en cas de représailles de Londres. C'est mettre la balle dans le camp de la France et la rendre responsable de la situation : « Nous retombons dans le même cercle vicieux », conclut Lesseps qui, pour essayer de faire avancer les négociations, tente également une démarche auprès de sir Henry Bulwer. Celui-ci reconnaît que l'attitude britannique est indigne d'une grande nation et lui promet d'en discuter avec Thouvenel. Afin de donner à cette conversation un caractère officiel, Lesseps écrit à sir Henry Bulwer pour lui en confirmer les termes, mais il craint que malgré la bonne volonté des deux ambassadeurs, rien de positif ne puisse être fait à Constantinople en l'absence d'une déclaration claire et ferme de la France : « Il appartient donc au gouvernement de l'Empereur de donner le branle », écrit-il le 28 juillet 1858 à Barthélemy-Saint-Hilaire. Thouvenel l'a si bien compris qu'il a déjà écrit dans ce sens au ministre des Affaires étrangères à Paris.

*

Ayant mis ses fers au feu, Lesseps n'attend pas le résultat des pourparlers entre Thouvenel et Bulwer, certain que les tractations seront longues et stériles. Il quitte la Turquie pour la Russie méridionale où il va, comme il l'a fait en Grande-Bretagne, prêcher l'évangile canaliste.

Débarqué à Odessa le 5 août, il prend ses quartiers à l'hôtel de l'Europe, déjeune chez le consul de France et, le soir même, assiste à un banquet donné en son honneur sur un paquebot de la Compagnie de navigation russe. D'autres banquets l'attendent : à la Bourse, offert par la chambre de commerce, au Cercle de la noblesse, ainsi que des dîners un peu partout : chez un riche négociant, Lopounoff, chez le gouverneur-général, le comte Strogonoff, chez le consul d'Espagne, chez l'agent de la Compagnie universelle. Chaque fois, il répond aux questions de l'assistance et se montre à la fois si précis et si convaincant qu'il laisse ses auditeurs persuadés que le canal de Suez sera la meilleure affaire du siècle.

Rentré le 16 août à Constantinople, où la situation n'a pas évolué en son absence, il repart peu après pour l'Europe, avec des arrêts à

Trieste et Venise pour assister dans ces deux villes à l'habituel banquet. Il lui faut une santé de fer pour résister à un tel mode de vie, allant sans cesse d'un pays à l'autre, changeant perpétuellement d'hôtel, dormant peu, car souvent il voyage pendant la nuit, participant dans la même journée à deux banquets, prenant la parole en public plusieurs fois par jour, sans compter les conversations officieuses et les heures passées à sa correspondance. Il termine cette tournée par Milan, puis, au mois d'octobre, il se rend à Barcelone où il est l'objet d'un accueil délirant.

Le souvenir que les Catalans ont gardé de son rôle dans leur ville explique cet enthousiasme et justifie le ton dithyrambique adopté par la presse.

Le 24 octobre, les ouvriers français de Barcelone lui font présider un déjeuner de trois cents couverts dans la grande salle de la Bourse et, trois jours plus tard, c'est la chambre de commerce de Marseille qui lui offre un banquet de quatre cents couverts au Grand Théâtre. Parmi les convives se trouvent les principales notabilités de la cité, le député Canaple, le maire, Jean-François Honnorat, les Pastré, Pourtal. Le poète Barthélemy, l'auteur des fameuses *Némésis*, ces poèmes vengeurs, est venu de Paris pour la circonstance et déclame à l'issue du repas une pièce qui n'est pas au nombre de ses meilleures.

Du percement de l'isthme de Suez, il célèbre d'abord le « Grandiose projet qu'à bon droit on renomme », ajoutant : « Pour te réaliser il fallait plus qu'un homme... »

Et ce surhomme, il le compare à Pierre l'Ermite et Christophe Colomb :

Qu'il a passé de fois, ce hardi philanthrope,
Et d'Europe en Asie et d'Asie en Europe,
Déliant sous ses doigts, sans un jour d'inertie,
Tous les nœuds gordiens de la Diplomatie...
...
Tantôt sur un navire et tantôt sur la terre,
En wagon, à cheval ou sur un dromadaire,
Bravant la faim, la soif dans des sables sans puits,
Les torrides soleils et la glace des nuits,
Traversant l'infini des mers vertes et bleues,
Il a fait en quatre ans quarante mille lieues...

Enfin, Lesseps se retrouve à Paris où, en son absence, le gouvernement français a prié Thouvenel de profiter du massacre de Djeddah pour montrer à la Turquie où est son véritable intérêt, car une fois le canal ouvert à la navigation internationale, les ports de la mer Rouge y gagneront en richesse et sécurité. Malheureusement, le gouvernement n'a pas voulu aller plus loin. C'est lorsque la Compagnie sera constituée, lorsque l'afflux des souscripteurs aura prouvé son succès que la France et les autres pays intéressés par les souscriptions de leurs sujets pourront intervenir. Autrement dit : « Aventurez votre argent et le gouvernement essaiera d'empêcher la Grande-Bretagne de vous ruiner. » Il n'y aura défense des intérêts français qu'à condition que ceux-ci soient vraiment menacés.

A cet égard, la pensée de Napoléon III rejoint celle de Lesseps, décidé à passer aux actes sans attendre une autorisation qui ne viendra jamais. Il va donc constituer officiellement la Compagnie universelle pour le percement de l'isthme de Suez qui n'existait jusque-là que virtuellement, par le prestige et l'autorité de Lesseps.

*

Dès 1854, il avait songé à la manière dont il constituerait la Compagnie et ferait appel aux souscripteurs. Il avait eu des pourparlers avec quelques grands financiers, entre autres Benoît Fould et James de Rothschild, mais il avait jugé leurs conditions trop onéreuses : « Que feraient, écrivait-il le 29 mars 1855 à Hippolyte Delafosse, une dizaine de banquiers avec lesquels je m'entendrais pour leur livrer la concession ? Ils me proposeraient de partager avec eux un certain nombre de millions. Ils distribueraient ensuite, sans bourse délier, à la vile multitude, avec de fortes primes, des actions de 500 francs, en faisant sonner bien haut, ce qui d'ailleurs pourrait être exact, que ces actions rapporteront un jour de 20 à 30 %... » Un peu plus tard, la même année, il confiait à sa belle-mère : « Je veux faire une grande chose, sans arrière-pensée, sans intérêt personnel d'argent. C'est ce qui fait que Dieu m'a permis jusqu'à présent de voir clair et d'éviter les écueils. Je serai inébranlable dans cette voie... Je sais bien que si, à mon arrivée à Paris, avec l'affaire toute faite, je disais à trois ou quatre gros banquiers "*Il y a trente millions à gagner en quinze jours ; prenez-en vingt, j'en prendrai dix*", rien ne serait plus facile ; mais je ne livrerai pas mon affaire aux vautours et aux loups-cerviers de la finance. Ce n'est pas pour grossir leur caisse que je travaille[1]... »

Sans participer lui-même à l'opération, James de Rothschild lui avait offert de mettre à sa disposition ses bureaux. Lesseps, qui lui avait rendu service autrefois, à Barcelone, avait cru voir dans cette offre une manière de montrer sa reconnaissance, puis, effleuré d'un doute, il lui avait demandé ce que cela coûterait : « Mon Dieu, avait répondu Rothschild, on voit bien que vous n'êtes pas un homme d'affaires... C'est toujours 5 %.

— 5 % sur deux cents millions, mais c'est dix millions ! s'était exclamé Lesseps, et je ferai tout aussi bien mon affaire. »

1. Archives Delamalle.

Il n'avait pas retenu davantage les propositions de Fould et avait conclu : « On ne peut pas s'entendre avec ces hommes-là ; pas plus avec lui qu'avec les autres. Ils ne sont pas raisonnables. Les banquiers veulent me faire la loi, mais je ne la subirai pas. Je ferai mon affaire tout seul, et je m'adresserai directement au public[1]. »

Pour cela, il loue au rez-de-chaussée du 16, place Vendôme, un local où il établit le siège administratif de la Compagnie et où le représentant égyptien sera lui-même représenté par un délégué.

Le 5 novembre 1858, quatre cent mille actions de cinq cents francs sont mises sur le marché dont une partie va être absorbée rapidement grâce aux efforts qu'il a faits depuis quatre ans pour faire connaître — et défendre — son projet de canal.

Il est devenu un homme célèbre et son prestige est, pour la compagnie, la meilleure des publicités. Attirée par le côté aventureux de l'entreprise, et son exotisme aussi, la presse lui apporte un concours gratuit. Un des éléments de succès, comme il l'a prévu, est l'opposition de la Grande-Bretagne. On voit de braves gens souscrire pour faire échec à l'ennemi héréditaire et prendre une revanche de Waterloo. Un vieux prêtre, qui a dû être soldat, ouvre son cœur avec sa bourse : « Ces bougres d'Anglais ! Je suis heureux de pouvoir me venger d'eux en prenant des actions du canal de Suez ! »

Un autre, égaré par la consonance des noms, dit qu'il veut souscrire au chemin de fer de l'île de Suède : « Mais, lui dit-on, ce n'est pas un chemin de fer, c'est un canal ; ensuite, ce n'est pas une île, mais un isthme ; enfin, ce n'est pas en Suède, c'est à Suez.

— Cela m'est bien égal, répond l'homme, du moment que c'est contre les Anglais, je souscris. »

A Grenoble, un régiment du Génie se cotise afin d'acheter... une action. Le vieux comte de Rambuteau confie à Lesseps : « Je n'ai jamais placé un centime dans n'importe quelle entreprise ; cependant, je vous ai pris deux actions.

— Ces deux actions, lui répond Lesseps, me font plus de plaisir que cent mille achetées par un banquier, car elles me sont une nouvelle preuve de la sympathie de la France pour mon entreprise. »

Un cocher de fiacre, après l'avoir conduit, lui déclare, en touchant son pourboire : « Monsieur de Lesseps, je suis votre actionnaire ! »

Le clergé lui-même applaudit à l'entreprise et la bénit. L'année précédente, Lesseps avait écrit à Pie IX : « Nos missionnaires si dévoués et si courageux verront leurs pieuses conquêtes facilitées par la communication nouvelle : l'empire du christianisme ne s'en étendra que mieux. » De son côté, Mgr Dupanloup, l'un des prélats français dont la voix est la plus écoutée, n'a pas craint d'écrire dans l'une de ses lettres pastorales : « Le canal ouvre un continent et par cette ouver-

1. J. Roux, *L'Isthme et le Canal de Suez*, t. I, p. 285.

ture on verra passer Dieu. L'obstination victorieuse de M. de Lesseps perce les terres de Suez et, à travers les mers rapprochées, c'est un chemin plus rapide ouvert à l'Evangile vers les Indes[1]. » A Marseille, l'évêque, Mgr de Mazenod, est un des premiers à souscrire.

La souscription est close le 30 novembre 1858 et, contrairement à ce qu'espérait Lesseps, son résultat fait de la Compagnie une entreprise beaucoup plus française qu'internationale puisque 207 111 actions sur 400 000 ont été souscrites par des Français. Le deuxième souscripteur en importance est l'Empire ottoman, avec 96 517 actions, mais 85 506 ont été retenues par le vice-roi d'Egypte.

Avant l'émission, Lesseps avait évalué le nombre d'actions que prendraient les pays les plus intéressés au percement de l'isthme et avait réservé leur part. Ainsi 50 000 titres avaient-ils été assignés à l'Autriche, 24 000 à la Russie, et autant à la Grande-Bretagne et aux Etats-Unis.

Les autres nations européennes n'ont pris que des parts infimes. Ainsi les Pays-Bas ne se sont-ils engagés que pour 2 615 actions, ce qui est peu pour un pays riche, à vocation essentiellement maritime ; la Prusse a pris 15 actions, le Danemark 7, le Portugal 5, le royaume de Naples 97, le grand-duché de Toscane, en dépit de son port de Livourne, 197, et la Belgique, en dépit d'Anvers, 324, chiffres dérisoires pour de tels pays. En revanche, deux Etats montagneux, le Piémont et la Suisse, ont souscrit, l'un 353 actions, l'autre 400. Le chiffre le plus honorable, dans la catégorie des petits pays, est celui de la régence de Tunis avec 1 714 actions, sans doute grâce aux efforts de Jules de Lesseps, bien implanté dans la place.

En France, l'analyse des chiffres donne des résultats intéressants au point de vue sociologique. Les souscripteurs les plus nombreux sont d'abord les propriétaires et les rentiers, puis les commerçants et les industriels, suivis des employés de bureau et des fonctionnaires. Les autres catégories sociales, y compris les militaires, les prêtres et les gens de maison, n'ont souscrit qu'un petit nombre d'actions, la plupart n'en prenant qu'une seule. Par mesure de représailles envers cet homme qui prétend se passer d'eux, les agents de change et les banquiers n'ont pris que 369 actions sur les 207 111 souscrites par la France.

Parmi les souscripteurs particuliers, on relève des noms illustres : le roi Jérôme, oncle de l'empereur ; le comte de Chambord, le duc de Montpensier, un des fils de Louis-Philippe. Les gros porteurs sont relativement peu nombreux. A Paris même, il n'y a qu'un seul souscripteur de 1 000 actions, un de 500, vingt-quatre de 200 et cent vingt-huit de 100.

Marseille et Lyon, intéressées toutes deux au premier chef par l'ouverture du canal, ont souscrit l'une 15 178 actions, l'autre 14 326.

---

1. *Journal de l'Union des Deux-Mers*, 1er octobre 1859, p. 299.

Le Havre est, au contraire, hostile au canal dans la mesure où celui-ci favorisera le développement des ports de la Méditerranée. Jules Siegfried, l'un des principaux notables havrais, se dit persuadé que le trafic par Suez sera moins important que Lesseps ne le croit et qu'aucun navire à voiles n'empruntera le canal. Il se montre à peine plus optimiste en ce qui concerne les navires à vapeur, faisant toutefois cette réflexion curieuse et prémonitoire : « ... jusqu'à ce qu'on ait trouvé un autre moteur que la vapeur. » Les capitaines que rencontre Jules Siegfried partagent son avis, estimant que, les transports à vapeur étant coûteux, « la préférence restera toujours à la navigation à voile par le Cap qui, si elle est longue, a du moins l'avantage d'un bon marché étonnant[1] ».

Dans l'ordre décroissant, les départements qui ont souscrit le plus massivement sont les Bouches-du-Rhône, le Rhône, la Gironde, la Somme, le Loire, la Seine-Inférieure. La Vendée arrive bonne dernière avec cinq actions.

*

Pendant toute la durée de l'émission, le gouvernement britannique a continué sa campagne contre Lesseps. De sa retraite, lord Palmerston a déclaré que « l'entreprise du canal de Suez n'était qu'une association de petites gens ». Le *Globe*, journal manifestement à la solde anglaise, a salué ainsi, le 30 novembre, la clôture de l'émission : « Les souscripteurs provinciaux sont des garçons de café, qui sont trompés par les journaux qu'ils ont sous la main, et des garçons épiciers, qui sont habitués à lire des *Puffs*[2] sur les enveloppes de leurs paquets. Le clergé a été largement victime, et trois mille portefaix ont réuni leurs sous pour acheter des actions. Toute l'affaire est un vol manifeste commis au préjudice des gens simples, qui se sont laissés duper, car jamais on ne percevra un maravédi du péage d'un canal impossible. »

Le bruit court déjà qu'il faudra cinquante ans pour achever des travaux qui ne sont d'ailleurs pas commencés, mais cela ne peut qu'inciter Lesseps à relever le défi en hâtant la constitution de la société.

Placé sous le patronage du prince Napoléon, cousin germain de l'empereur, le conseil d'administration est présidé par Lesseps, assisté de trois présidents honoraires : Jomard-bey, relique de l'expédition d'Egypte, ancien secrétaire de la commission qui avait publié la célèbre *Description de l'Egypte* ; le baron Charles Dupin, sénateur et membre de l'Institut ; le maréchal Narvaëz, duc de Valence et quasi régent d'Espagne où la reine Isabelle II s'amuse plus qu'elle ne règne. Des trois vice-présidents, deux sont là pour représenter les souscripteurs de leurs

---

1. A. Siegfried, *Suez, Panama et les routes maritimes mondiales*, p. 84.
2. Réclame tapageuse.

pays : le chevalier Pasquale Revoltella, banquier à Trieste, pour l'Autriche-Hongrie, et Paul Forbes, banquier à Boston, pour les Etats-Unis. Le seul des trois qui assistera effectivement Lesseps et jouera un rôle de plus en plus important est le duc d'Albuféra, fils du maréchal Suchet, gendre de l'opulent banquier protestant Schickler.

Lesseps a dû renoncer à la collaboration de Barthélemy-Saint-Hilaire, trop scrupuleux pour accepter la légère entorse au droit faite en constituant la Compagnie sans l'autorisation de la Porte. Il n'a pas voulu le suivre dans cette aventure et a été remplacé, comme secrétaire général, par Paul Merruau, homme de talent, bon écrivain, qui, lui aussi, a éprouvé des scrupules, mais les a écartés devant la détermination de Lesseps : « Si cette résolution est parfaitement arrêtée dans votre esprit, lui écrivait-il le 30 avril 1858, il n'y a plus qu'à vous seconder, qu'à vous suivre. »

Parmi les trente-deux administrateurs, place est faite à la famille avec Victor Delamalle, beau-frère de Lesseps[1], Jules de Lesseps, agent du bey de Tunis à Paris, et Théodore de Lesseps, directeur au ministère des Affaires étrangères et sénateur. Au nombre des autres personnalités, on peut citer M. de Chancel, inspecteur général du chemin de fer Paris-Orléans, le comte Elie de Beaumont, géologue et membre de l'Institut, MM. David et de Lagau, anciens ministres plénipotentiaires, le comte Defrance, capitaine de frégate, Motet-bey, lieutenant-colonel du Génie, ancien directeur des fortifications en Egypte, M. Randouing, député au corps législatif, le marquis de Pontoi-Pontcarré, conseiller général d'Eure-et-Loir, M. d'Andrada, ancien diplomate portugais.

Ouvrier de la première heure, Ruyssenaers est, bien entendu, un des premiers administrateurs à être choisi. Depuis dix ans, il a mis son crédit au service de Lesseps et lui a fait de nombreuses avances de fonds que le vice-roi lui a d'ailleurs remboursées. « Ni moi ni la Compagnie ne pourront jamais assez reconnaître les services essentiels qu'il nous a rendus dans toutes les circonstances », écrira Lesseps au duc d'Albuféra en 1861.

Normalement, Lesseps devrait se tailler la part du lion, mais il se contente de la présidence et de la direction de la Compagnie, ne voulant rien toucher d'autre que ses émoluments. Il avait refusé de céder la concession en dépit d'offres extrêmement intéressantes, comme devait le raconter Ruyssenaers, et cette concession, il l'apporte gratuitement à la Compagnie, après avoir eu l'accord de son fils aîné : « Charles, lui avait-il dit, j'ai un avis à te demander pour ton frère et pour toi. La Compagnie du canal de Suez sera bientôt constituée, je pourrais m'y réserver de grands avantages, ce que, pour mon compte, je n'ai pas l'intention de faire. Cependant, je ne voudrais pas que mes

1. Victor Delamalle, né en 1817, mourra en 1889, cinq ans avant Lesseps, et, sera, le dernier membre du conseil d'administration depuis l'origine de la Compagnie.

enfants puissent me reprocher plus tard de les avoir oubliés, d'autant plus qu'en stipulant à mon profit des avantages dans la société à créer, je me conformerai à un usage admis, parfaitement licite et pratiqué presque toujours. Cela s'appelle un apport... Je ferai ce que tu désireras[1]. »

Aussi désintéressé que son père, Charles avait suivi son exemple et l'avait approuvé.

Lesseps agit avec la même élégance en ce qui concerne les parts de fondateur, soit cent parts qui donnent droit à 10 % des bénéfices nets de la Compagnie. Ces cent parts seront démultipliées en mille deux ans plus tard et réparties entre cent soixante personnes dont aucune — pas même Lesseps, Ruyssenaers, Mougel ou Linant de Bellefonds — ne recevra plus de vingt parts nouvelles. Lorsque les bénéfices de la Compagnie atteindront des chiffres que l'on n'avait pas espérés, ni même envisagés, chacune de ces parts sera encore démultipliée.

Un des premiers soins du conseil d'administration sera de créer un journal pour répondre aux préoccupations des actionnaires, les tenir au courant de l'activité de la Compagnie en Egypte, mais surtout réfuter les critiques des adversaires qui ne désarmeront jamais. Ce périodique, à paraître deux fois par mois, sera le *Journal de l'Isthme de Suez*, puis, l'isthme percé, le canal ouvert à la navigation, il s'intitulera, le 1er janvier 1870, *Le Canal de Suez*, avec, en sous titre : *Journal de l'union des Deux-Mers*. La direction en est confiée à un membre éloigné de la famille, Charles Lesseps, qui le publie à ses frais, sous sa responsabilité, moyennant une subvention de quatre mille francs par mois[2].

Au conseil d'administration s'ajoutent un *conseil supérieur des travaux*, composé de techniciens émérites, et un *conseil judiciaire* où siégeront, en plus de Me Denormandie et de Me Mocquard, notaire de l'empereur, quelques avocats fort connus, tels Me Champetier de Ribes, Me Sénard et Me Paul Fabre.

*

Le conseil d'administration se réunit pour la première fois le 20 décembre 1858, le jour même où meurt Mme Delamalle. Elle était souffrante depuis quelques semaines sans que rien pût néanmoins faire craindre une fin aussi rapide. Elle avait été pour Lesseps une belle-mère admirable et dévouée, n'épargnant rien pour le seconder, courant pour lui les ministères, réunissant chez elle des personnalités pouvant lui être utiles et, surtout, défendant sa cause avec une foi militante. Elle pouvait être considérée comme un des pionniers de la Compagnie et, si son sexe ne le lui avait interdit, elle aurait dû faire partie du

1. Bridier, *Les de Lesseps*, p. 445.
2. Environ 80 000 francs 1998.

conseil d'administration. Elle avait servi de mère à ses petits-fils Charles et, surtout, Victor, désormais doublement orphelins. Charles a dix-huit ans, mais Victor n'en a que dix. Il est interne au Collège Henri-IV où son éducation est supervisée par son frère et son jeune oncle Victor Delamalle.

L'euphorie de la période de constitution, assombrie déjà par la mort de Mme Delamalle, achève de se dissiper lorsqu'on s'aperçoit que certains pays, parmi les plus gros souscripteurs, n'honorent pas leurs engagements. En effet, lors de l'émission, Daniel Lange pour la Grande-Bretagne, Paul Forbes pour les Etats-Unis, Yedimerowski pour la Russie et enfin Revoltella pour l'Autriche avaient souscrit les titres réservés par Lesseps à leurs pays respectifs. En principe, ils étaient garants du placement et devaient en répondre vis-à-vis de la Compagnie qui pouvait exiger d'eux le paiement intégral. Or, en Grande-Bretagne, où chambres de commerce et associations de négociants ont soutenu Lesseps, les acquéreurs ne se sont pas présentés. « Mes premières lettres d'Angleterre me font prévoir que, sous le rapport des fonds, la Grande-Bretagne nous fera complètement défaut », avoue Lesseps le 1er janvier 1859 à M. de Régny, « les paroles de lord Palmerston et de l'ingénieur Stephenson, au Parlement, ont produit leur effet ». Malheureusement, la Grande-Bretagne ne se contente pas de s'abstenir. Elle fait pression sur les autres puissances pour qu'elles boycottent la nouvelle Compagnie. Lesseps fait contre mauvaise fortune bon cœur, assurant à M. de Régny qu'il n'est pas fâché « de réussir sans leur concours financier [des Anglais] et malgré leur hostilité, afin de rabattre un peu de leur présomption insulaire, habitués qu'ils sont à regarder comme impossible ce qui n'a pas leur appui[1] ».

Le banquier Forbes, qui s'était engagé pour les Etats-Unis, n'y trouve aucun acheteur ; il en est de même en Russie où Yedimerowski croyait pouvoir écouler vingt-quatre mille titres. Enfin, Revoltella, qui s'était engagé, lui, pour cinquante mille titres, n'en a placé aucun. Il est vrai que les relations entre la France et l'Autriche se sont détériorées à propos de la question italienne, et la guerre éclatera le 3 mai 1859 entre les deux pays. Un quart du capital social, annoncé comme entièrement souscrit, manque à l'appel, situation que George Edgar-Bonnet résume ainsi : « Ni les Anglais, par respect de l'attitude prise par leur gouvernement, ni les Américains, par indifférence ; ni les Russes, par timidité ; ni les Autrichiens, par politique, n'étaient en disposition ou en mesure de faire honneur à leur signature[2]. »

A ces défaillances massives se joignent les défaillances individuelles, mais celles-ci demeurent négligeables. En droit, Lange, Forbes, Yedimerowski et Revoltella devraient être poursuivis en exécution de

1. F. de Lesseps, *Lettres, Journal et documents*, t. III, p. 3.
2. G. Edgar-Bonnet, *Ferdinand de Lesseps*, t. I, p. 328.

leurs engagements, mais une telle action ferait scandale et nuirait à la réputation de la Compagnie, d'autant plus que le grand public, confondant souscription et versement, croit que Lesseps a bien deux cents millions en caisse. Consulté sur l'opportunité d'une procédure en exécution, Me Sénard la déconseille formellement. Dès qu'il est informé de cette situation, Mohammed-Saïd propose, avec sa générosité habituelle, de reprendre à son compte les actions non honorées par leurs souscripteurs et qu'il est impossible évidemment de remettre sur le marché sans révéler ce que l'on veut garder secret. Il n'a pas les fonds nécessaires pour cet énorme achat, mais s'engage à payer plus tard avec des bons du gouvernement égyptien.

Le vice-roi n'a donné qu'une garantie verbale à Lesseps qui, compte tenu de leurs relations, ne peut lui demander une confirmation écrite. Il lui sera difficile, on le verra, de tenir sa parole, et c'est seulement en 1863 que son successeur, Ismaïl pacha, prendra les dispositions utiles pour le règlement, par fractions échelonnées, de cette dette d'honneur.

*

La constitution de la Compagnie universelle a provoqué à Londres, dans les milieux gouvernementaux, une vive irritation qui s'exprime hautement à Paris par la bouche de lord Cowley, l'ambassadeur britannique. Celui-ci déclare au comte Walewski que la Grande-Bretagne regardera comme un *casus belli* le début des travaux sans l'autorisation de la Porte. En même temps, le gouvernement britannique invite tous ses agents diplomatiques à s'opposer, par tous les moyens, à la réalisation du canal. Lorsque le consul de Grande-Bretagne en Egypte proteste auprès de Mohammed-Saïd, celui-ci assume la responsabilité de la décision : « Les gens se trompent en France, lui dit-il, s'ils attribuent le percement de l'isthme à M. de Lesseps seul ; ils sont dans l'erreur, car j'en suis le promoteur. M. de Lesseps n'a fait qu'appliquer mes instructions. Vous me demanderez peut-être quels ont été mes mobiles et je vous répondrai qu'ils ont été à la fois d'honorer mon propre nom et de servir les intérêts de l'Egypte. Je me suis acquis par ce moyen la sympathie de tous les pays d'Europe...

— A l'exception de l'Angleterre ! » réplique le consul.

Les journaux britanniques, à commencer par le *Times*, attaquent violemment Lesseps et Mohammed-Saïd, usant à l'égard de celui-ci d'un tel langage que le vice-roi pourrait demander une réparation officielle au gouvernement de la reine. Cela le met dans une position délicate, ainsi pris entre le mauvais vouloir de la Porte, le ressentiment de la Grande-Bretagne et l'indifférence de la France, ennuyée de tout ce bruit et poussant la mauvaise foi jusqu'à lui reprocher, comme l'écrit George Edgar-Bonnet, l'aide qu'elle ne lui apporte pas. Seul Gladstone élève la voix en faveur de Lesseps : « Si nous persévérions dans notre lutte contre le canal de Suez, dit-il, cette politique nous deviendrait plus fatale que dix révoltes comme celle des Cipayes. »

Sachant que le nouveau consul britannique en Egypte, Green, a demandé au vice-roi de désavouer Lesseps, celui-ci, qui craint que Mohammed-Saïd ne se laisse intimider, part pour l'Egypte afin de raffermir son courage.

Lesseps met à profit les loisirs de la traversée pour définir une stratégie. Il est résolu, ne serait-ce que pour ne pas décevoir les actionnaires, à commencer les travaux sans l'autorisation du sultan que, vraisemblablement, il n'obtiendra jamais. Il ne lui reste plus, s'il veut atteindre son but, qu'à mettre l'Europe, et la Turquie, devant le fait accompli. Il croit néanmoins poli — et prudent — d'aviser de son intention le gouvernement turc pour que celui-ci ne puisse prétendre un jour que les travaux ont commencé à son insu. Les travaux ? Pas vraiment, explique Lesseps au grand vizir dans une longue lettre écrite à Corfou le 1er mars 1859. Il s'agit seulement de poursuivre — un peu plus profondément au sens intellectuel et matériel du mot — les études et certaines opérations analogues à celles faites quatre ans plus tôt. Pour le moment, on se contentera d'ouvrir une « rigole de service » de Péluse à Suez, rigole qui sera également un essai destiné à préparer l'ouverture de l'isthme à la navigation. Ces travaux, que l'on pourrait qualifier « de surface », ne modifient guère la structure du sol et peuvent se faire sans autorisation, mais il est évident que ni Lesseps ni le vice-roi n'engageront de tels frais pour en rester là. Lesseps achève ainsi sa lettre au grand vizir avec cette ironie légère et cette habileté qui sont deux traits de son caractère : « Dans cette situation, mon cher grand vizir, vous reconnaîtrez, je l'espère, que j'ai agi avec toute la prudence et toute la déférence que vous pouviez désirer en maintenant la Compagnie dans une période provisoire de préparation et de transition qui, sans faire perdre à l'entreprise sa force et ses droits, vous mettra à l'abri de certaines obsessions et vous laissera libre de choisir le moment favorable pour vous entendre officiellement avec S.A. Mohammed-Saïd pacha, la politique étrangère n'ayant pas à s'immiscer dans une question de travaux intérieurs favorables au développement de la prospérité des populations de l'Empire [1]. »

Le grand vizir ne paraît pas avoir répondu à cette lettre, et Lesseps peut voir dans son silence un acquiescement. Pour lui, le seul accord dont on ait besoin, c'est celui du vice-roi. A la fin de l'année précédente, au moment de la constitution de la Compagnie, il avait écrit à Mohammed-Saïd que, le chemin de fer du Caire à Suez ayant été fait sans l'accord de Constantinople, il avait bien l'intention d'ouvrir le chantier du canal en se passant lui aussi d'autorisation. Mohammed-

1. F. de Lesseps, *Lettres, Journal et documents*, t. III, p. 41.

Saïd avait alors pris l'avis d'avocats en renom — Odilon Barrot, Jules Favre et Dufaure — qui lui avaient répondu qu'à leur avis la Compagnie de Suez, sans firman turc autorisant les travaux, serait irrégulièrement constituée. Depuis, le vice-roi, persuadé qu'il se trouvait en pleine illégalité, n'en dormait plus.

8

LA TRAVERSÉE DU DÉSERT
1859-1862

En revoyant Mohammed-Saïd, Lesseps le trouve changé. Le vice-roi a mauvaise mine et flotte dans ses vêtements.

« Voyez, lui dit-il, comme ces Anglais m'ont fait maigrir... J'adopte cependant l'opinion de vos avocats et je rejette celle des miens. »

Dévoré d'inquiétude en attendant l'arrivée de Lesseps, Mohammed-Saïd ne savait plus comment échapper aux « obsessions du consul anglais », qui lui avait dit quelques jours plus tôt : « Je compte bien que Votre Altesse empêchera M. de Lesseps de remuer une seule pierre... »

A quoi le vice-roi lui avait répondu de lui écrire à ce sujet. Il avait d'ailleurs confié à l'un de ses familiers : « Ce que j'ai de mieux à faire en ce moment, c'est de me tenir à l'écart et d'attendre... Lesseps a bon dos, il saura bien me tirer d'affaire. »

Et, pour éviter de se trouver mêlé aux premières difficultés que va rencontrer Lesseps, il s'était réfugié auprès d'Alexandrie, loin du bruit du monde et des criailleries de Mr. Green.

Effectivement, les difficultés naissent sous les pas de Lesseps au fur et à mesure que, parti le 21 mars du Caire, il se dirige vers l'isthme pour y commencer le creusement de la rigole de service, un petit canal de faible profondeur qui permettra l'acheminement par voie d'eau du matériel et du ravitaillement destinés aux chantiers.

Au départ, c'est le chef des chameliers qui refuse à la caravane les soixante chameaux promis. Lesseps s'en plaint au gouverneur du Caire, Zulfikar pacha, qui contraint l'homme à tenir ses engagements. A Tell el-Ouady, un officier turc qui rôde autour de l'expédition fait arrêter les âniers par ses sbires, et Lesseps perd un temps précieux à négocier leur délivrance. A Korein, le même officier, Abderrahmann effendi, vraisemblablement aux gages du consul anglais, convainc les chefs de village de refuser des vivres à la caravane. Exaspéré, mais le cachant, Lesseps invite les cheiks récalcitrants à venir prendre le café sous sa tente. En Orient, refuser une invitation est une injure grave, à venger dans le sang. Les cheiks n'osent s'y dérober. Au moment de les congédier, Lesseps leur montre un revolver à six coups, puis fait placer à une certaine distance une demi-douzaine de bouteilles vides. Il ajuste et n'en rate pas une seule.

« Mes bons amis, déclare-t-il aux cheiks, j'ai appris qu'un officier turc, se disant envoyé par votre gouvernement, vous avait ordonné de me faire refuser des provisions demandées ce matin. Je vous engage à prévenir cet individu, qui n'est qu'un imposteur, que nous entrons aujourd'hui dans le désert, que mes compagnons sont au nombre de vingt, que parmi eux je ne suis pas le meilleur tireur, et que tout point noir que nous verrons dans le désert sera pour nous une gazelle[1]. »

La leçon est comprise ; aucun incident ne vient plus retarder la progression de la caravane qui atteint le golfe de Péluse, à l'endroit où s'élèveront bientôt les premiers baraquements de Port-Saïd.

En vérité, le lieu choisi par la commission technique afin d'y créer un port artificiel paraît le moins propre à la réalisation d'un tel projet. On se croirait au début de la création du monde, avant que l'Eternel eût séparé la terre et les eaux. Le soleil, au lieu d'égayer le rivage, ajoute à sa désolation. Le lac Menzaleh, qui s'étend presque jusqu'à la mer, ressemble, avec ses plaques de sable affleurant à sa surface et ornées d'une maigre végétation, à un immense tapis en lambeaux. C'est un paysage de salines avec un lacis de canaux naturels, une mosaïque d'îles et d'îlôts, paysage instable et changeant au gré du vent, des tempêtes de sable et de certaines grandes marées qui en modifient parfois la géographie. Seuls les pêcheurs peuvent y naviguer sans se perdre ou s'enliser. Le lac a peu de profondeur et sa communication avec la mer en rend l'eau saumâtre. Une légende assure qu'il recouvre des ruines, entre autres celles de la ville de Touna et d'une forteresse où Saint Louis aurait été enfermé, ce qui paraît fort douteux.

C'est le 25 avril 1859 que le premier coup de pioche est donné sur cette terre aride et grisâtre où s'élèvera Port-Saïd, ainsi nommé en l'honneur du vice-roi. Une brillante cohorte entoure Lesseps : le directeur général des travaux, Mougel-bey ; trois ingénieurs, MM. Laroche et de Montault, issus des Ponts-et-Chaussées, M. Larousse, appartenant au service d'hydrographie de la Marine ; le docteur Aubert-Roche, chef du service de santé de la Compagnie ; M. Hardon, de la Société Hardon et Feinieux, chargée de l'exécution des travaux, et enfin quatre administrateurs : M. Rouffio, le comte de Galbert, MM. de Chancel et Corbin de Mangoux. Le drapeau égyptien a été déployé à la tête de la tranchée, où ces messieurs donnent à tour de rôle un coup de pioche, après quoi Lesseps s'adresse aux cent cinquante membres du personnel conviés à cette cérémonie : « Chacun de vous va donner son premier coup de pioche, comme nous venons de le faire. Rappelez-vous que ce

1. F. de Lesseps, *Lettres, Journal et documents*, t. III, p. 64.

n'est pas seulement la terre que vous allez remuer, mais que vos travaux apporteront la prospérité dans vos familles et dans votre beau pays. »

Une longue acclamation s'élève, en hommage au souverain : « Honneur à l'Effendinah Mohammed-Saïd pacha ! Qu'il vive de longues années ! »

Avec la Société Hardon et Feinieux, la Compagnie a passé un contrat de régie intéressée, prévoyant en faveur de l'entrepreneur une participation de 40 % sur les économies qu'elle réaliserait par rapport au montant des devis approuvés. Cette clause incitera la Société à rechercher toutes les économies possibles et la conduira malheureusement à proposer des modifications du tracé pour dégager des réductions sur les terrassements.

Pour le moment, les travaux n'occupent qu'une dizaine d'Européens et une centaine d'indigènes qui creusent un bassin dans l'étroit espace entre la mer et le lac Menzaleh. A compter du 1er juin, une drague, installée dans ce bassin, creusera un chenal de onze à douze mètres de large et un mètre cinquante de profondeur pour permettre aux barques du lac Menzaleh d'arriver jusqu'au port. Employés européens et fellahs campent sur une espèce de lido d'environ cent mètres de large et si plat qu'à chaque tempête les tentes risquent d'être emportées par les vagues qui déferlent sur la plage ou noyées par la montée des eaux du lac. Tous les approvisionnements, à commencer par l'eau douce en barils, sont apportés à dos de chameau.

*

Dès le mois de mai, des difficultés analogues à celles rencontrées par Lesseps sur le chemin de l'isthme assaillent le campement. On essaie d'intimider les indigènes en les menaçant de la bastonnade ; on va jusqu'à en arrêter certains pour les dissuader de travailler sur le chantier : les gouverneurs de Damiette et de Mansourah, ainsi que l'administrateur de Matarieh interceptent les convois de vivres ou défendent au fermier de la pêcherie du lac Menzaleh de livrer du poisson aux Français. Lesseps fait constater cette désobéissance aux ordres du vice-roi par procès-verbal et en réclame le châtiment, car, ainsi qu'il l'écrit au consul de France : « Après ce qui s'est passé, aucun ordre nouveau ne pourra avoir la moindre valeur si les coupables ne sont, au préalable, exemplairement destitués[1]. »

Une enquête révèle que la cause de tous ces maux est le chef de la police du Caire, acquis aux Anglais et appliquant les instructions du vice-consul britannique à Damiette. Indigné, Lesseps veut télégraphier au vice-roi pour dénoncer les agissements de ce fonctionnaire et ceux

1. *Ibid.*, p. 106.

des gouverneurs. On invoque un dérangement de la ligne pour ne pas transmettre le télégramme accusateur ; aussi expédie-t-il au vice-roi un courrier à cheval pour lui porter la liste de ses griefs, auxquels il ajoute la mauvaise volonté du chef du Télégraphe de Damiette. Le renvoi de celui-ci est le premier effet de la colère du souverain, d'autant plus furieux que les fonctionnaires fautifs, pour se disculper, prétendent avoir agi en son nom.

Ce n'est pas complètement inexact en ce sens que Mohammed-Saïd, lassé des récriminations de Londres, a essayé d'endormir la vigilance hargneuse du consul britannique en affectant de se désintéresser du canal : « Ce n'est pas que je soupçonne la loyauté de Mohammed-Saïd, écrit Lesseps au duc d'Albuféra, mais dans certaines circonstances où il se voit acculé par l'hostilité britannique agissant à Constantinople sans le contrepoids de la France, il adopte provisoirement la politique de laisser croire qu'il n'approuve pas ma marche en avant, qu'il fait tout ce qu'il peut pour m'arrêter... »

Il est évidemment difficile, à Paris, d'imaginer les intrigues et les subtilités des Orientaux, surtout lorsque ceux-ci sont obligés, sinon de servir deux maîtres, ou même trois, du moins de ne déplaire à aucun. Ce qu'à Paris l'on sait déjà, c'est que Londres a très mal pris l'inauguration du chantier de Port-Saïd et a proposé au sultan Abdul-Medjid son aide afin de réduire « un vassal rebelle ». Le *Times* du 7 mai 1859 a bien précisé la position britannique : « ... la sujétion de l'Egypte à la Porte et l'entière exclusion de l'influence européenne illégitime est un sujet d'importance vitale pour nous... Le plus léger signe d'une disposition à échapper au traité de 1840 appellerait sur le vice-roi tout le poids de la puissance anglaise. Nous tenons Malte et Corfou d'un côté, Bombay et Aden de l'autre, et flottes et armées s'avanceraient de ces deux points opposés pour mettre un ambitieux gouvernement à la raison. »

On ne saurait être plus clair, et le vice-roi se montre de plus en plus inquiet, mais, pour le moment, il maintient son appui à Lesseps, après être convenu avec celui-ci de rester quelque temps sans se rencontrer pour déjouer l'espionnage anglais. Le consul Green n'en continue pas moins son travail de sape, assisté du consul autrichien qui, lui, peut agir plus ouvertement puisque son pays est en guerre avec la France.

Soutenue par la Grande-Bretagne, la Porte a décidé de passer aux actes et elle envoie au Caire un ordre de suspension des travaux du chantier, invoquant comme raison que la Compagnie a été irrégulièrement constituée puisqu'elle attend toujours le firman d'autorisation. C'est Chériff pacha, ministre des Affaires étrangères égyptien, qui en avertit Lesseps le 9 juin 1859 par un bref message en l'invitant à cesser sur-le-champ des « opérations entreprises sur le terrain de l'isthme puisque, par leur nature... elles n'ont, d'aucune manière, le caractère d'études ».

Cette décision est un coup de foudre pour Lesseps, encore qu'il la craignait, mais il n'est pas homme à se laisser abattre. Il proteste aussitôt en exprimant au vice-roi sa surprise et son indignation devant cette injonction de la Porte qui constitue, écrit-il « un déni de justice flagrant ». Et il poursuit : « Votre Altesse n'est plus libre de manquer ainsi à des engagements sacrés, contractés en face du monde civilisé ; je ne suis pas libre moi-même de retarder, par des atermoiements ou des complaisances, leur entier accomplissement ». Si la Compagnie devait, en cas de cessation forcée d'activité, se dissoudre et rembourser les actionnaires, il réclamerait au vice-roi des dommages et intérêts. Le procédé manque un peu de délicatesse et produit un effet d'autant plus fâcheux que Lesseps donne à cette lettre une publicité qui offense au plus haut point Mohammed-Saïd. Le feu est à la maison et le consul britannique attise cette flamme, attendant l'incident ou la déclaration qui provoquera la rupture définitive entre le prince et le président de la Compagnie.

Celui-ci a répondu à Chériff pacha en lui rappelant l'origine de l'affaire, en évoquant l'accord passé avec le vice-roi pour ménager la susceptibilité de la Porte, et il lui adresse une copie du mémorandum envoyé à Mohammed-Saïd. Il termine en observant que la lettre ordonnant la cessation des travaux est nulle puisqu'elle lui est adressée personnellement alors qu'elle aurait dû l'être à *Monsieur le Président de la Compagnie universelle du canal de Suez*. Argutie juridique qui permet de gagner quelques jours, dont Lesseps, avec sa dévorante activité, saura tirer parti.

Il fait sur-le-champ parvenir une copie de cette lettre à tous les consuls en poste à Alexandrie en les priant de joindre leurs efforts aux siens pour que « le gouvernement égyptien ne s'engage pas dans une voie compromettante et qu'il respecte lui-même les engagements solennels contractés par lui envers les actionnaires »... La plupart des consuls se montrent favorables et celui d'Espagne, J. Baguer y Ribas, répond en offrant sa médiation. Lesseps envoie également une copie de cette lettre à l'impératrice Eugénie et au prince Napoléon, protecteur de la Compagnie, puis il part pour Port-Saïd afin d'y rassurer le personnel et de veiller à ce que les travaux se poursuivent.

*

Dans un souci de conciliation, il avait voulu s'entendre avec Chériff pacha pour distinguer les travaux essentiels qui devaient être arrêtés de ceux que l'on pouvait continuer, mais le ministre, offensé vraisemblablement par le ton de sa lettre et la remarque finale sur la nullité juridique de la sienne, répond en refusant de le considérer comme le président légitime de la Compagnie et le prie de justifier de ses pouvoirs. Autant rompre des pourparlers qui n'ont aucune chance d'aboutir et ne pas perdre un temps précieux. « Je suis enchanté qu'il m'ait fourni l'occasion de passer par-dessus sa tête », écrit Lesseps au duc d'Albuféra. Il estime avoir en main suffisamment de preuves et de documents pour négliger les ordres de Chériff pacha.

Très alarmé par la tournure des événements, Mohammed-Saïd a pris le parti de les ignorer. Arrivé le 18 juin à Alexandrie, il s'est enfermé dans son palais de Mariaout, ne voulant voir personne, pas même, et surtout, Lesseps. Celui-ci se résout à lui écrire et, craignant que sa lettre ne soit pas remise au vice-roi, il avertit son secrétaire particulier, Draneth-bey, des risques qu'il courrait s'il détournait cette missive, et il ajoute : « J'attendrai avec patience tant qu'il me sera possible ; mais si, après toutes les luttes que j'ai eu à soutenir, pour Son Altesse elle-même, depuis bientôt cinq ans, il m'était réservé, avant d'atteindre infailliblement le but final, d'avoir à lutter contre son propre gouvernement, ce serait certainement le plus douloureux des sacrifices qui me serait imposé ; cependant, je saurais l'accomplir avec fermeté, car mon honneur et les intérêts qui me sont confiés m'en feraient une loi[1]. »

Ce langage énergique fait sortir le vice-roi de son silence et donner les assurances que Lesseps attend. Aux protestations d'amitié, le prince ajoute la promesse de poursuivre les travaux, mais il rejette la responsabilité de la crise sur le consul français, Sabatier, qui, impressionné par l'autorité de son collègue anglais, craignait des représailles de Londres et semblait prendre à cœur de lui faire partager cette crainte.

A vrai dire, il se trame à Londres, en accord avec Constantinople, une espèce de conspiration pour mettre un terme aux velléités d'indépendance de Mohammed-Saïd comme aux activités de la Compagnie. D'après ce plan ténébreux, le sultan se rendrait en visite officielle au Liban et inviterait le vice-roi à le rejoindre à Beyrouth. Mohammed-Saïd ne pourrait se dérober à un ordre de son suzerain sans fournir un motif de suspicion et de mécontentement. A Beyrouth, le sultan le garderait prisonnier tandis qu'une escadre anglaise apparaîtrait devant Alexandrie pour en bloquer le port.

Ce plan ne se réalisera qu'en partie. Le 23 juillet, une escadre anglaise mouillera dans la baie d'Alexandrie, mais la victoire remportée par la France à Solférino incitera la Grande-Bretagne à la prudence, et la flotte britannique, après cette démonstration, s'éclipsera aussi mystérieusement qu'elle était apparue.

En attendant, Lesseps, qui semble ignorer le complot, encourage le vice-roi à résister aux pressions du nouveau consul anglais,

1. *Ibid.*, p. 152.

Mr. Waine, lui-même obéissant aux instructions de l'ambassadeur britannique à Constantinople, Henry Bulwer-Lytton.

Au conseil d'administration qui se tient le 12 juillet, l'atmosphère est orageuse. N'ayant pas encore reçu la lettre de Lesseps lui annonçant une amélioration de ses rapports avec le vice-roi, le duc d'Albuféra se montre assez critique et déplore hautement l'absence du président : « Que fait M. de Lesseps en Egypte ? dit-il à Victor Delamalle. Il y fait ce qu'il faisait à Paris l'année dernière. Au mois de janvier, M. de Lesseps était à Paris avec toutes ses énergies, il se donnait beaucoup de mouvement ; cependant, il ne faisait rien. Je regrette qu'il ne soit pas ici, mais il y serait qu'il ne ferait rien.

— M. de Lesseps fait quelque chose, et quelque chose de bien simple, lui réplique Delamalle, il empêche l'affaire de s'écrouler. Et nous avons le même devoir à remplir ici.

— Toujours des efforts très grands, gémit le duc, toujours de très petits résultats. Nous prétendons en Egypte que nous sommes les maîtres... Et nous sentons à merveille que nous ne le sommes pas... En Angleterre, nous aurions tort de nous faire illusion, lord Palmerston fera toujours que le Parlement sera contre nous... Nous sommes infiniment moins avancés que nous ne croyons l'être... »

Là où le duc a raison, c'est lorsqu'il ajoute : « Les obstacles, il n'y a qu'une force, une seule qui puisse les vaincre, la force du gouvernement français agissant de toute sa puissance... Lesseps marche, mais il ne fait pas le canal. Tant qu'on n'aura pas obtenu du gouvernement français un acte décisif, tout ce qu'on fera ne signifiera rien[1] ».

Pendant que les administrateurs se lamentent et que certains actionnaires s'affolent, Lesseps, inlassablement, patiemment, habilement, négocie. Les victoires françaises en Italie ont calmé l'ardeur du consul autrichien, Schreiner, qui a reçu de sa cour l'ordre d'observer désormais une stricte neutralité dans le conflit opposant Lesseps à la Grande-Bretagne et à la Turquie.

Le 12 juillet 1859, alors que le conseil d'administration se réunissait à Paris, une délégation de ce conseil a signé à Alexandrie, avec le vice-roi, un compromis aux termes duquel, pour apaiser la Porte, Mohammed-Saïd va retirer des chantiers les ouvriers égyptiens, laissant la Compagnie libre de poursuivre ses travaux avec une main-d'œuvre étrangère.

Satisfait de ce résultat, bien qu'il ne soit qu'une solution provisoire, Lesseps quitte l'Egypte avec, comme il l'écrit à Victor Delamalle, « les honneurs de la guerre ». Outre le maintien de la prise de possession du tracé du canal, il a obtenu du vice-roi l'engagement de rembourser toutes les dépenses faites ou à faire au cas où la Compagnie serait dissoute. En signe de sa bonne entente avec le vice-roi, il

1. G. Edgar-Bonnet, *Ferdinand de Lesseps*, t. I, p. 347.

emmène avec lui son fils, le prince Toussoum, un enfant de six ans, qui passera l'été à La Chesnaye.

A peine est-il parti que le consul anglais revient à la charge auprès du vice-roi qui, s'il a échappé au guet-apens de Beyrouth, a été impressionné par la démonstration de force de l'escadre britannique et a compris qu'il était dangereux pour lui de mécontenter la Grande-Bretagne. Aussi prête-t-il une oreille attentive aux représentations que Mr. Waine est chargé de lui faire de la part de sir Henry Bulwer. Il faut, lui répète Waine, interdire les travaux préparatoires entrepris par la Compagnie.

« Mr. Waine, expliquons-nous franchement, lui répond le vice-roi. Vous savez que, pour le canal de Suez, *j'ai fait tout ce que vous avez voulu*. Il n'y a dans ce moment, à Port-Saïd, que des Européens, et je n'ai aucune action directe sur eux. C'est à MM. les consuls qu'il appartient de trouver les moyens de les empêcher de rester au service de la Compagnie universelle. Il y a, par exemple, parmi les ouvriers, un certain nombre de sujets anglais ; vous chargeriez-vous de les expulser ? Moi, je vous déclare que je ne m'en charge pas... »

*

Dès son arrivée à Paris, Lesseps va exposer la situation au comte Walewski, et, sans doute à son instigation, il adresse à Napoléon III un mémorandum récapitulant les difficultés créées par la Grande-Bretagne et réclamant sa protection. Malheureusement l'empereur, qui vient de signer les préliminaires du traité de paix avec l'Autriche, a d'autres sujets de préoccupation et fait attendre sa réponse.

A Constantinople, en revanche, on agit, ou, plus précisément, sir Henry Bulwer fait agir le gouvernement turc qui décide d'envoyer en Egypte un plénipotentiaire, Mouktar-bey, pour enjoindre au vice-roi d'abandonner le projet de percement de l'isthme. Dès que Mouktar-bey se trouve au Caire, Chériff pacha convoque, le 4 octobre 1859, les seize consuls généraux européens et leur lit une lettre du grand vizir rappelant avec fermeté au vice-roi que l'affaire de Suez est du ressort exclusif de la Porte. Mouktar-bey leur commente cette lettre en précisant que, cette fois, l'ordre de cesser les travaux est impératif, sans possibilité d'accommodement.

Celui qui paraît le plus satisfait de cette décision, comme le plus disposé à la faire appliquer immédiatement, est le consul de France. Il s'empresse d'en informer le vice-consul à Damiette, en lui demandant d'aviser l'ingénieur Laroche, à Port-Saïd, que les travaux doivent être arrêtés avant le 1er novembre 1859. En cas de refus, on n'hésiterait pas à employer la force. Indigné d'une mesure qui lèse aussi gravement la Compagnie, Laroche proteste énergiquement auprès du vice-consul, en disant qu'il n'obéira qu'à un ordre de la Compagnie elle-même. Il est soutenu par Ruyssenaers qui ne veut rien faire avant d'avoir reçu l'avis du conseil d'administration. « Je doute que la décision du conseil puisse me parvenir avant le 1er novembre, écrivait-il le 7 octobre à Lesseps, mais, en tout cas, vous pouvez compter que nous ne céderons qu'à la force. Je donnerai des instructions pour que nos agents dressent des procès-verbaux destinés à conserver nos droits[1]. »

Sabatier, au Caire, a fort mal pris la réaction de Laroche et mande à son vice-consul qu'« il n'est pas admissible, en effet, qu'un agent subalterne de compagnie proteste contre une décision du gouvernement égyptien ». Furieux d'être traité d'*agent subalterne* et de voir un consul de France faire aussi bon marché des intérêts français, Laroche écrit directement à Sabatier une lettre à la fois piquante et indignée qu'il termine en maintenant sa protestation, et en ajoutant : « M. le Consul général a foi dans ma prudence et ma modération. Il a raison. Aussi la menace qui termine sa lettre était inutile. C'est l'épouvantail qu'un père montre à ses enfants pour les éloigner du danger ; mais il ne dispense pas de veiller à leur salut. »

Aussitôt informé de l'arrivée de Mouktar-bey ainsi que de l'ultimatum adressé au vice-roi, Lesseps avait prié l'impératrice d'en avertir l'empereur. Celui-ci, devant l'aggravation de la situation, se décide à recevoir le président de la Compagnie de Suez, accompagné de quelques administrateurs : Jomard, le survivant de l'expédition d'Egypte, Elie de Beaumont, le duc d'Albuféra, MM. Randouing et Arman.

L'audience a lieu le 23 octobre, à Saint-Cloud. Napoléon III s'étonne un peu de l'hostilité que suscite, en Europe et en Turquie, la Compagnie : « Comment se fait-il, M. de Lesseps, que tout le monde soit contre votre entreprise ?

— Sire, répond Lesseps, c'est que tout le monde croit que Votre Majesté ne veut pas nous soutenir. »

La réponse, hardie, mais fondée, jette un froid. L'empereur réfléchit un instant, puis rassure la délégation : « Eh bien, soyez tranquilles, vous pouvez compter sur mon appui et ma protection[2]. »

Lesseps ne part pas sans avoir obtenu la tête de Sabatier. Déjà, le mois précédent, il avait dénoncé au comte Walewski la conduite éhontée de cet agent consulaire en lequel il voyait « l'adversaire le plus dangereux de la Compagnie du canal de Suez ».

Sabatier devancera la sanction qu'il a méritée en démissionnant, mais il restera en Egypte où il s'occupera d'affaires diverses et continuera d'essayer de nuire à la Compagnie.

---

1. F. de Lesseps, *Lettres, Journal et documents*, t. III, p. 230.
2. Lettre du 24 octobre 1859 de Lesseps à Ruyssenaers, in *Lettres, Journal et documents*, t. III, p. 235-237.

*

Trois jours après l'audience impériale à Saint-Cloud paraît dans *Le Constitutionnel* un long article, qui condamne avec vigueur les manœuvres d'intimidation dont est victime la Compagnie. On en déduit que l'empereur a voulu faire connaître ainsi son opinion personnelle.

Assuré de l'appui de la France, Lesseps se sent désormais plus fort pour négocier avec la Porte et, avec l'approbation de Napoléon III, il s'embarque le 11 novembre 1859 pour Constantinople, emportant avec lui de nouvelles instructions du comte Walewski à l'ambassadeur de France. Celui-ci est un peu effarouché en le voyant débarquer le 20 novembre, ignorant son arrivée car la dépêche l'en avertissant avait été retardée. Quant à sir Henry Bulwer, au lit avec de la fièvre, il guérit à cette nouvelle : « Ma venue, comme l'écrit Lesseps à son frère, lui a produit l'effet d'une bonne dose de quinine, car il s'est mis en campagne dès le lendemain matin. »

Bien que moins arrogant que lord Stratford, sir Henry Bulwer agit comme lui, répandant de fausses nouvelles et affirmant que la France a finalement renoncé à soutenir le projet de canal. « Les drogmans de l'ambassade anglaise sont chargés d'effrayer les ministres de la Porte en leur faisant croire que leur acquiescement au canal peut être la cause d'une guerre, qui serait fatale pour eux, entre l'Angleterre et la France, écrit le 23 novembre Lesseps à son frère aîné. Je tâche de faire comprendre, au contraire, que ce serait seulement l'abdication des Turcs, en cette circonstance, qui, laissant face à face les cabinets de Paris et de Londres, pourrait provoquer des luttes d'influence, des malentendus et des collusions politiques[1]. »

La situation à Constantinople est moins favorable que Lesseps ne l'espérait après la décision de Napoléon III, décision que le gouvernement français semble hésiter à suivre. Toutefois, de nouvelles instructions arrivent de Paris. Déplorant que la Turquie « par un ajournement continu, condamne l'œuvre de Lesseps à laquelle la nation française est si largement intéressée », le ministère préconise des entretiens pour aboutir à un accord entre la Grande-Bretagne, la France et la Turquie, mais en évitant toute friction avec sir Henry Bulwer. Il aurait mieux valu envoyer de telles instructions à l'ambassadeur de France à Londres qu'à Thouvenel qui peut difficilement éviter de mettre en cause son collègue anglais.

Ces instructions ont du moins l'avantage d'arracher les Turcs à leur quiétude et de leur montrer qu'ils sont dorénavant pris entre deux feux. Voyant le danger, sir Henry Bulwer conseille à Londres d'imposer sa volonté ou bien de s'entendre avec Paris pour que, si l'on doit céder, lui, du moins, ne perde pas la face.

1. F. de Lesseps, *op. cit.*, *Lettres, Journal et documents*, t. III, p. 256.

Pendant les derniers jours de novembre et le mois de décembre 1859, l'affaire du canal mobilise toutes les énergies turques. Le Conseil des ministres siège presque chaque jour. On déploie une intense activité pour se justifier de n'avoir jamais rien fait et pour essayer de ne pas faire plus à l'avenir. Ces faux-fuyants agacent Lesseps, mais ne le découragent pas. Sous sa pression, la Porte accepte de faire appel aux puissances pour « mettre la responsabilité de la Turquie à couvert dans la question du canal de Suez, et pour régler les questions internationales qui pourraient en dépendre ».

Les ministres d'Autriche, d'Espagne et de Russie appuient les démarches de Lesseps qui, peu à peu, voit les difficultés, sinon disparaître, au moins s'estomper. Son art, en l'occurrence, est de persuader le vice-roi que le canal renforcera son indépendance à l'égard de la Turquie et de montrer à celle-ci qu'en donnant son autorisation de poursuite des travaux elle prouvera son autorité sur son vassal. Après seize séances du Conseil des ministres, l'appel est enfin formulé. Constantinople envoie aux ambassadeurs turcs à Londres et à Paris une lettre précisant les trois points sur lesquels il conviendra de recueillir l'accord des deux puissances rivales :

— Assurance qu'il ne résultera du percement de l'isthme aucun préjudice ou danger pour l'Empire ottoman.

— Sauvegarde de la souveraineté ottomane en Egypte et protection du canal contre toute attaque.

— Enfin, garantie des suites que pourrait avoir pour la Porte un conflit entre les puissances.

La Porte, finalement, n'obtiendra aucun engagement formel, et l'on se contentera d'une sorte de paix armée qui permettra de continuer les travaux au milieu de difficultés incessantes et en craignant toujours de les voir interrompus.

Un moment, Lesseps croit que la soudaine disgrâce du grand vizir, Kuprialy pacha, va tout remettre en question, mais son successeur, Méhémet-Ruchdi pacha, le rassure en lui déclarant qu'il est le premier à voir dans le canal une entreprise aussi profitable à son pays qu'à l'humanité. Rien ne retient plus Lesseps à Constantinople et, le 29 décembre 1859, il part pour l'Egypte.

*

Pendant que les diplomates négociaient, les ouvriers du chantier de Port-Saïd avaient continué de travailler en dépit des brimades et des menaces. Des fellahs qui avaient déserté, intimidés par des agitateurs, étaient revenus. Néanmoins, les incidents qui s'étaient déjà produits, ceux que l'on redoutait, l'inquiétude éprouvée sur le sort même de la Compagnie avant la décision de Napoléon III, le désir de réduire au maximum les frais avaient eu sur la conception du canal une influence néfaste. Avec raison, l'ingénieur Voisin, le futur directeur général des travaux, pourra écrire, en évoquant cette période : « Les difficultés de toute nature suscitées à la Compagnie, dès avant sa constitution régulière et pendant le début des opérations, par la politique hostile à la réalisation de l'œuvre projetée, en faisant peser sur ses résolutions relatives au choix du tracé définitif la condition de la plus stricte économie, sont la principale, pour ne pas dire l'unique cause des imperfections de tracé que présentait le canal maritime à l'époque de l'inauguration[1]. »

Au mois d'août 1859, les ingénieurs avaient ainsi modifié le projet de la commission internationale en réduisant à cinquante-huit mètres la largeur du canal primitivement fixée à quatre-vingts. Des cinquante-huit mètres, il fallait déduire quatre mètres pour les deux banquettes de chaque rive, ce qui donnait une largeur réelle de cinquante-quatre mètres, suffisante pour permettre à deux navires à aubes, comme ceux des Messageries impériales, de se croiser. C'était compter sans les progrès de la construction navale et l'augmentation constante du tonnage des navires. Le même souci d'économie avait fait adopter, comme on l'a vu, les propositions de la Société Hardon et Feinieux pour la diminution du rayon des courbes ; on avait ainsi prévu, pour la traversée du Seuil d'El-Guisr, deux courbes à trop faible rayon ; mais comme, en cet endroit, un des plus escarpés du parcours, le canal se trouvera fort encaissé, les bateaux se croisant à l'endroit des courbes ne s'apercevront qu'au dernier moment, ce qui créera un risque d'abordage.

Sur la ligne du canal, la Compagnie a établi dix postes, sommairement équipés de maisons de bois pour loger les travailleurs indigènes en dortoirs, et de chalets pour les Européens. A Port-Saïd, on a construit le long de la plage une série de maisons de bois et de magasins, ceux-ci desservis par un petit chemin de fer partant de l'appontement. La Compagnie a également édifié un phare et commencé une jetée qui atteint cent cinquante mètres de longueur. L'agglomération compte trois cents habitants, dont quatre-vingts Européens. Si le problème des vivres est important, celui de l'eau potable est essentiel. Des chameliers en apportent dans des outres, et Lesseps a fait venir des distillateurs d'eau de mer qui produisent chacun cinq mille litres d'eau en vingt-quatre heures, mais consomment une tonne de houille. Cela met à 0,06 franc le prix de revient du litre, revendu aux usagers à 12,75 francs le mètre cube. Comme les distillateurs ne suffisent pas aux besoins d'une ville en rapide expansion, Lesseps passera bientôt un contrat portant sur la livraison d'eau sur les différents sites de la Compagnie avec Mohammed Gayer, propriétaire d'une flottille de barques sur le lac Menzaleh. A partir du mois de septembre 1861, la

1. Voisin-bey, *Le Canal de Suez*, t. IV, p. 122.

quantité d'eau fournie par Mohammed Gayer permettra de renoncer aux distillateurs, trop coûteux.

Dès son arrivée, Lesseps est allé rendre compte à Mohammed-Saïd de ses entretiens de Constantinople. Le ciel est redevenu serein au-dessus de leurs têtes et les deux amis se séparent satisfaits l'un de l'autre, avec l'espoir que les principaux obstacles ont été vaincus. La récente nomination de Thouvenel comme ministre des Affaires étrangères, en remplacement de Walewski, ne peut qu'être propice à la Compagnie. Par un heureux hasard, Lesseps et Thouvenel, arrivant l'un d'Alexandrie et l'autre de Turquie, se retrouvent à Marseille et en profitent pour se concerter. Le successeur de Thouvenel à Constantinople est le marquis de La Valette qui a été consul en Egypte et connaît donc le pays. Sa mission, écrit Lesseps au vice-roi, consistera surtout à « empêcher qu'on nous empêche de travailler ».

*

Le 18 mai 1860, Lesseps s'embarque à Marseille pour aller annoncer lui-même au vice-roi les résolutions prises à l'assemblée générale qui s'est tenue trois jours plus tôt. Il rejoint le prince le 27 mai à Afteh, au confluent du Nil et du canal d'Alexandrie. Après une visite aux carrières de Mex, d'où la Compagnie extrait la pierre dont elle a besoin, Lesseps effectue un voyage à travers l'isthme, accompagné d'un certain nombre de personnalités : M. de Chancel, le père Bel, supérieur des Lazaristes d'Alexandrie, M. de Montault, Alfred Feinieux, le docteur Aubert-Roche et le commandant de l'aviso *Excelsior*, lui-même escorté de plusieurs de ses officiers. On se déplace avec une rapidité surprenante, en dépit des mauvaises conditions de transport, car Lesseps ne se laisse arrêter par rien, empruntant successivement chemin de fer, cheval et dromadaire, dahabieh sur le Nil et barque sur le lac Menzaleh. Au besoin, il irait à pied, entraînant son monde à sa suite.

Depuis son dernier passage à la fin de 1859, Port-Saïd s'est encore développée, posant un problème de ravitaillement. Lesseps a chargé la Société Hardon et Feinieux de créer un service spécial d'approvisionnements et de transports, qui sera dirigé par un homme à poigne, un ancien intendant militaire, Angot. Ce service exploite en régie magasins, boucheries, boulangeries, cantine, et même un restaurant. Dans les magasins, les ouvriers peuvent acheter les denrées disponibles en dehors de celles qui leur sont fournies gratuitement par la Compagnie, suivant des normes rappelées sur un tableau figurant dans chaque magasin. La Compagnie distribue même de l'eau-de-vie à ceux obligés de travailler dans l'eau un certain temps.

Avec l'autorisation de la Compagnie, qui prélève une taxe de 7 % sur leurs recettes, des marchands ambulants vendent des objets manufacturés, des chaussures, des salaisons, et à un prix parfois moins élevé que celui des magasins. Lesseps voudrait que l'on puisse abroger le monopole en veillant seulement « à ne pas laisser s'introduire dans les campements des individus mal famés qui viendraient y semer le désordre et provoquer l'inconduite ». Quelques jours avant son arrivée, un restaurant s'est ouvert, avec un personnel de dix personnes, dont deux cuisiniers. On y sert des plats simples et peu coûteux : un potage vaut 0,10 franc, les différents plats principaux, 0,25 franc, le dessert 0,10 franc et le litre de vin rouge, 0,60 franc. Deux mois plus tard, la vente des produits de la région sera libre, en ce sens que les Egyptiens pourront venir proposer aux habitants de Port-Saïd des volailles, des œufs, du poisson, des légumes et des fruits, ce qui changera un peu la population des conserves et des légumes secs de la cantine.

Les maisons de bois sont construites sur pilotis, leurs murs et leurs cloisons étant revêtus de nattes de roseaux avec crépissage de mortier. Le toit est également en nattes de roseaux, reposant sur un chevronnage ordinaire ; il est recouvert d'une couche de mortier, mélangé de paille hachée, de quatre à cinq centimètres d'épaisseur. Les escaliers, lorsqu'il y en a, sont toujours à l'extérieur. Les matelas d'air existant dans les murs entretiennent à l'intérieur de ces maisons une température assez modérée, mais l'humidité du sol pénètre à travers les planchers. Par gros temps, la montée des eaux du lac rend l'accès aux maisons difficiles. Autre inconvénient, constant celui-là, le pullulement d'insectes dans les intervalles entre les doubles revêtements de nattes, et des invasions de rats.

A la fin de l'année 1860, en raison de la forte augmentation de la consommation, Lesseps achètera les magasins de l'Etat égyptien à Damiette. Après y avoir effectué de gros travaux de remise en état, il y installera non seulement ses magasins de ravitaillement, mais les bureaux d'Alexandrie et celui du Caire. Avec une surface de dix hectares, il y a en effet assez de place pour y loger bureaux et marchandises, celles-ci entreposées dans six grands magasins voûtés, parfaitement aérés. La direction générale des travaux rejoindra elle aussi Damiette. L'immense parallélogramme que dessine l'ensemble des bâtiments prendra l'allure d'un phalanstère avec les logements des ingénieurs et des employés. Il sert à l'occasion d'hôtellerie lorsque y arrive une mission technique ou une équipe en renfort. Un voyageur, qui s'y rencontre avec une commission d'ingénieurs, écrit ainsi : « La maison est pleine, on mange comme l'on peut, et les bureaux, transformés en dortoirs, présentent à leurs angles des lits où l'on s'installe tant bien que mal, assistant, à travers la moustiquaire qui vous enveloppe, au travail des employés. »

L'année suivante, la Compagnie achètera pour deux cent quatre mille francs de grands magasins situés à Boulaq, sur le Nil, et qu'elle utilisait jusque-là gratuitement pour entreposer les ferrures nécessaires à la construction du canal d'eau douce. Ces bâtiments, ceux de l'Ecole polytechnique au temps de Méhémet-Ali, forment un grand cloître quadrangulaire avec de longues salles aux plafonds soutenus par des colonnes de briques. Ces magasins seront abandonnés en 1864 et revendus en 1869, en même temps que ceux de Damiette.

Le 9 juin 1860, jour de la Fête-Dieu, le supérieur des Lazaristes célèbre une messe solennelle en présence des ouvriers européens et de leurs familles. Après la messe, on baptise le premier enfant né à Port-Saïd, et Lesseps, qui est son parrain, lui donne, outre les prénoms de Ferdinand et de Saïd, deux actions de la Compagnie. Il offre ensuite un banquet dans le réfectoire des ouvriers, attention fort appréciée de ceux-ci, flattés de voir leur président s'intéresser à eux et, surtout, aux difficultés de leurs tâches.

Le personnel a été recruté selon les critères en honneur à l'époque : vigueur physique, bonne volonté, sens de la discipline et conscience professionnelle. Il y a certainement sur les chantiers bien des individus au passé douteux, mais Lesseps croit à la vertu régénératrice du travail et à la bonté naturelle de l'espèce, aimant à dire : « Les hommes, comme les chevaux, ne sont méchants que lorsqu'ils ont peur. » Il se soucie fort peu des opinions des uns ou des origines des autres, s'applaudissant de voir un républicain presque jacobin comme le docteur Aubert-Roche et un royaliste légitimiste comme le comte Adolphe Sala sentir leurs préventions réciproques fondre au soleil de Suez et devenir grands amis. Pour faire appliquer ses instructions, il a des chefs d'équipe éprouvés, à la fois sergents recruteurs et caporaux-chefs, qui exercent une autorité quasi militaire.

Tous les matins, chaque homme remet au surveillant une carte indiquant son nom, son numéro, sa date d'embauche et son salaire quotidien. L'ouvrier reprend cette carte au moment du repas, la rend à la reprise du travail et la reprend le soir. La couleur de ces cartes varie en fonction du salaire. La carte rouge, ou de premier rang, est la plus recherchée, moins par intérêt d'argent que par le prestige qu'elle confère à son possesseur. Les appels sont faits au clairon, comme à l'armée. Contrairement à ce que la presse anglaise insinue ou affirme, il n'existe aucun système de punitions corporelles : en cas de faute, et suivant sa gravité, la sanction est le changement de poste ou le renvoi.

L'impression générale, après cette tournée d'une quinzaine de jours, est excellente. Aubert-Roche et Montault rédigent un rapport pour le conseil d'administration, rapport qui ne pourra que rassurer les actionnaires. Ne négligeant jamais sa publicité, Lesseps recommande à Victor Delamalle de faire paraître ce texte, le plus rapidement possible, dans le journal de la Compagnie.

*

Au retour de cette expédition, Lesseps et Chancel d'un côté, Rachid pacha, ministre des Finances et Koenig-bey, secrétaire des commandements, de l'autre, ont pris un accord pour échelonner le paiement des actions si libéralement souscrites par Mohammed-Saïd. Celui-ci fera remettre à la Compagnie des assignations sur le Trésor égyptien, à partir du 1er janvier 1860, et portant un intérêt de 10 % qui viendra en compensation des dividendes revenant au vice-roi sur les actions qu'il a souscrites. Optimiste, Mohammed-Saïd s'est réservé le droit de se libérer avant les échéances. Les actions seront délivrées sous forme de certificats nominatifs au fur et à mesure que les assignations seront honorées. Lesseps aurait souhaité des échéances plus rapprochées, mais, comme il l'écrit le 27 juin 1860 à Victor Delamalle, le soin apporté par le ministre des Finances « à ne pas engager l'avenir du Trésor au-delà des ressources... ajoute à [s] a confiance dans les assignations du gouvernement égyptien[1] ».

Cette transaction financière a réveillé la hargne et les suspicions de Londres.

Lord Palmerston, qui n'a pas désarmé, accuse publiquement Lesseps d'avoir escroqué le vice-roi en le forçant à prendre plus d'actions qu'il ne l'aurait voulu et en l'obligeant, pour les payer, à faire un emprunt onéreux. Bien entendu, Palmerston reprend aussi la vieille antienne selon laquelle le canal est irréalisable ou, s'il est quand même construit, son coût empêchera toute exploitation rentable.

Néanmoins, tout danger immédiat paraissant conjuré, Lesseps regagne la France au mois d'août 1860. Est-ce le contrecoup de tant d'émotions, l'effet d'une fureur rentrée ou simplement celui du climat égyptien ? Lui qui n'est jamais malade a la jaunisse et passe le reste de l'été à se soigner à La Chesnaye, sans avoir le temps de s'occuper de cette propriété qu'il néglige un peu depuis que toute son existence est vouée au canal. Aussi est-ce sur le bateau qui le ramène en Egypte, au mois d'octobre, qu'il a enfin le temps d'examiner les comptes du domaine et d'envoyer à Victor Delamalle des instructions détaillées pour le renouvellement du cheptel ou l'amélioration d'une race de brebis.

En dépit des tempêtes parlementaires et des intrigues diplomatiques, les travaux se sont poursuivis sur les chantiers. La « rigole de service », objet de si vives contestations puisqu'elle est l'amorce du canal, est continuée d'autant plus rapidement qu'elle doit permettre l'alimentation en eau potable. Elle a sa prise d'eau sur la rive du lac Maxama et elle aboutit à Bir Abou Ballah où l'eau qu'elle débite est recueillie dans un bassin, puis, par une double conduite en tuyaux de poterie, envoyée à Timsah. Là, elle est pompée par une double machine locomobile pour être stockée dans un réservoir en tôle de

1. F. de Lesseps, *Lettres, Journal et documents*, t. III, p. 385.

soixante-quatre mètres cubes. De ce réservoir, une autre conduite en tuyaux de poterie l'amène, en épousant les ondulations du terrain, au Seuil d'El-Guisr, onze kilomètres plus loin, où elle est recueillie dans un troisième bassin puis stockée, toujours avec une pompe à vapeur locomobile, dans un second château d'eau qui alimente les chantiers du Seuil d'El-Guisr à El-Ferdane.

Les deux premières dragues commandées par la Compagnie sont arrivées à Port-Saïd, mais acceptées un peu à contrecœur par la Société Hardon. Bien qu'elles fonctionnent encore assez mal, elles permettent, en économisant la main-d'œuvre, de réduire le coût du mètre cube extrait de 1,25 à 0,96 franc, en attendant que la multiplication des dragues le fasse baisser à moins de 40 centimes.

Un bateau à vapeur appartenant à la Compagnie a été mis en service sur le lac Menzaleh, facilitant les communications avec Damiette. Le 2 novembre 1860, Lesseps peut ainsi résumer son impression générale dans sa lettre hebdomadaire à Victor Delamalle : « Hardon est plein d'ardeur, de zèle et de confiance. Ses hommes et les nôtres y mettent leur cœur, leur dévouement et leurs forces. Enfin, je te répète pour la troisième fois et j'espère que mon impression personnelle avec Mougel confirmera cet espoir, que nous serons en mesure d'annoncer à l'assemblée générale du mois de mai [1861] l'établissement d'une première communication avec le lac Timsah[1]. »

A Port-Saïd, le problème d'alimentation en eau douce est toujours le souci permanent de la Compagnie. La ville ne cesse de s'accroître avec l'arrivée d'ouvriers cherchant du travail. Le docteur Aubert-Roche fait le tri avant l'embauche, car Lesseps ne veut pas que des gens atteints de maladies contagieuses s'infiltrent dans la communauté. Au docteur Aubert-Roche incombe aussi la tenue de l'état-civil, puisque toute la population lui passe entre les mains. Pour améliorer l'état général des habitants, il fait supprimer les viandes salées dans les campements et interdit l'usage de l'absinthe.

Lesseps, lui, veille aux besoins de l'âme et à l'instruction des esprits. Un iman s'est établi à Port-Saïd et vient, à sa demande, d'ouvrir une école coranique où chaque enfant qui en suit l'enseignement touche une prime de quatre piastres par jour. Quarante-deux enfants sont déjà inscrits.

A la fin de cette année 1860, la Compagnie de Suez emploie sur ses chantiers dix-sept cents ouvriers, ainsi répartis : cent sur le chantier entre le lac Maxama, le lac Timsah et le Seuil d'El-Guisr ; cent autres, à Kantara ; six cents, plus mille indigènes, sont occupés aux travaux de Port-Saïd, et neuf cents se trouvent à Damiette et au canal de liaison entre le Nil et le lac Menzaleh.

Le Seuil d'El-Guisr est un des plus petits chantiers, mais non un

1. Archives Delamalle.

des moins importants, car, une fois la rigole de service achevée, c'est par là que l'eau de la Méditerranée pénétrera dans le lac Timsah, tristement à sec. Cette jonction aura valeur de symbole, et Hardon assure à Lesseps qu'elle sera réalisée au mois de mai 1861. Le docteur Aubert-Roche a parié cent cigares avec un confrère que cette date sera respectée.

*

L'importance des travaux et la rapidité avec laquelle ils sont conduits n'ont pas échappé aux agents de la Grande-Bretagne et à l'ex-consul Sabatier qui intrigue avec les Anglais pour se venger de Lesseps. A l'instigation de sir Henry Bulwer, le grand vizir a de nouveau fait savoir à Mohammed-Saïd le mécontentement du sultan devant l'ampleur des travaux, et il a laissé planer la menace d'une seconde mission de Mouktar-bey.

Mohammed-Saïd a répondu au grand vizir de manière vague, afin de gagner du temps, mais il montré sa fermeté en nommant ministre des Affaires étrangères Zulfikar pacha, un partisan du canal, et il dame le pion aux Anglais en prenant comme directeur général des Chemins de fer égyptiens un Français, un savant d'ailleurs, Mariette-bey. Avec cette nomination, Lesseps est assuré de ne plus avoir de problème d'acheminement de matériel par rail et de pouvoir voyager lui-même avec rapidité dans un pays où les grands personnages ne circulent d'ailleurs qu'en train spécial.

Un autre élément favorable a été l'embauche, au 1er janvier 1861, de François-Philippe Voisin, un ingénieur des Ponts-et-Chaussées, sorti de Polytechnique où il était entré à dix-sept ans. Il n'en a pas encore quarante et a réalisé déjà d'importants travaux à Boulogne et à Pau. Lesseps lui confie la direction générale des travaux et n'aura jamais à regretter ce choix : Voisin deviendra l'une des plus éminentes personnalités de la Compagnie de Suez qui lui devra l'achèvement du canal. Sa compétence et son intégrité, son dévouement absolu, son esprit d'équité lui vaudront d'Ismaïl pacha, en 1865, le titre de bey.

Arrivé au Caire le 16 janvier 1861, il a fait aussitôt avec Lesseps une tournée des chantiers : celui du Seuil d'El-Guisr occupe deux cent cinquante indigènes recrutés librement ; à Kantara, ce sont des Syriens qui remplacent les fellahs de la corvée. Lesseps a aussi négocié avec le patriarche copte la venue d'Egyptiens chrétiens, promettant à l'Eglise copte une commission de cinq centimes par tête et par jour. Cette embauche a aussi pour but d'empêcher, grâce à la concurrence, la hausse des salaires et de compenser la baisse du travail des musulmans pendant le ramadan. « Mais, ajoute Lesseps en relatant la chose à Victor Delamalle, il ne faudra pas encore parler de cette combinaison dans notre Journal pour qu'on ne dise pas que nous voulons christianiser l'isthme[1]. »

Ces embauches diverses sont des palliatifs et ne permettent pas de répondre aux besoins croissants des chantiers. Lesseps patiente encore, afin de ne pas fournir un prétexte à la Grande-Bretagne, mais il ne cache pas à Ruyssenaers que lorsque « Hardon et Feinieux » ne pourra plus effectuer les travaux conformément au programme établi, faute de main-d'œuvre, il sera contraint de réclamer officiellement au gouvernement égyptien l'application du contrat sur la fourniture des fellahs. Le piquant de l'affaire est que la Grande-Bretagne est prise à son propre jeu. En effet, lorsque le vice-roi avait accordé à Lesseps, en 1854, la concession des travaux, le consul britannique avait insisté auprès de lui pour que les neuf dixièmes de la main-d'œuvre fussent obligatoirement égyptiens tant il craignait que Lesseps, en faisant venir des Français, ne colonisât l'isthme au profit de son pays.

Pour reculer le moment de faire appel au vice-roi, Lesseps compte aller chercher des contingents de travailleurs en Syrie, certain d'être accueilli favorablement dans cette province où son père a laissé un bon souvenir. Parti le 21 mars de Kantara, en voiture, il est le 24 à El-Arisch. Là, ses admirateurs le portent sur leurs épaules jusqu'au sommet de la citadelle où l'on réveille le gouverneur turc en train de faire sa sieste. Lesseps poursuit sa route à dromadaire, en faisant tout le long du trajet de la propagande en faveur du canal. Il a emporté avec lui trois mille exemplaires d'un avis d'embauche, écrit en arabe, et qu'il distribue dans les villages ou fait placarder en certains lieux publics. Le 25, il est à Gaza dont le gouverneur le reçoit avec de grands égards, regrettant de le voir repartir si vite. A Jérusalem, le consul de France, Edmond de Barrère, indique à Lesseps et à ses compagnons un hôtel où se reposer avant de visiter la ville. Le 28 mars, Lesseps est à 5 heures du matin chez le patriarche et de là gagne le Saint-Sépulcre où il assiste, en compagnie du général Ducrot, le futur héros de Froeschwiller et de Sedan, à l'office du jeudi saint. L'après-midi, il se rend au mont des Oliviers, au jardin de Gethsémani, au tombeau du Christ, et il achève cette pieuse journée par un dîner au consulat de France. Ces exercices de dévotion ne l'ont pas empêché de s'occuper de son recrutement et de recevoir une délégation des habitants de Bethléem, reconnaissants de son intervention en leur faveur auprès de Méhémet-Ali, en 1834. Comme, au début, il ne les reconnaissait pas, ils lui ont rappelé son geste : « C'est toi qui nous as sauvés autrefois en détournant de nous la vengeance d'Ibrahim pacha. Sois béni. »

« Bien que charmé de cette touchante visite, observe Lesseps, j'étais un peu chagrin de voir que des hommes de mon âge fussent déjà si vieux. »

1. Lettre du 19 février 1861 (Archives Delamalle).

Reparti le 31 mars de Jérusalem, il est le 7 avril à Alexandrie et retourne aussitôt sur les chantiers où affluent les travailleurs libres.

*

En évitant de recourir à la corvée, Lesseps se croyait à l'abri des critiques. Celles-ci, au contraire, se multiplient, et l'on devine, en lisant les comptes rendus des débats de la Chambre des communes ou de celle des lords que Lesseps serait aussi coupable s'il employait un seul fellah de la corvée que s'il en avait cent mille à sa disposition. On lui fait un procès d'intention et c'est bien ce qui ressort du débat engagé le 6 mai 1861 à la Chambre haute où lord Carnavon s'indigne à la pensée que le canal puisse être creusé grâce au travail forcé. Il dénonce également la mainmise de la France, par le biais de la Compagnie de Suez, sur une partie du sol de l'isthme et la manière peu scrupuleuse dont Lesseps, pour creuser son canal, a commencé par assécher le Trésor égyptien qui ne pourra jamais faire face aux échéances.

Les injustes accusations de lord Carnavon ont ému Lesseps au point qu'il veut lui en demander réparation par les armes. Il prie l'amiral Jurien de la Gravière et le général Morris de lui servir de témoins, mais ceux-ci le calment en lui expliquant qu'il ne peut répondre à toutes les attaques qui, d'ailleurs, s'adressent moins à l'homme privé qu'au président de la Compagnie de Suez.

La meilleure réponse à faire à ses détracteurs est d'achever le canal, et Lesseps finit par se laisser convaincre.

Les deux amis avaient raison, car ses adversaires ne se découragent pas et continuent leurs attaques. Le 25 juin 1861, la Chambre des communes prend le relais de celle des lords. Un député, Griffith, s'inquiète à son tour de savoir si Lesseps recourt au travail forcé. A ce seul mot les belles consciences victoriennes se voilent la face, car ce qui paraît normal en Grande-Bretagne où des enfants de dix ans travaillent dans les mines leur semble indécent sous le ciel africain, peut-être parce que les fellahs sont moins vêtus que les faméliques ouvriers de Manchester ou de Birmingham. Révolté d'une telle mauvaise foi, Lesseps écrit à Mr. Layard, sous-secrétaire d'Etat au Foreign Office, pour s'étonner d'abord de l'intervention d'un gouvernement étranger dans les affaires intérieures de l'Egypte alors que la Grande-Bretagne ne s'est pas émue jusqu'à présent de l'esclavage dans les Etats du Sud de son ancienne colonie américaine ou du servage en Russie. Cette indifférence est d'autant plus surprenante, ajoute Lesseps non sans perfidie, qu'« il existe un pays de civilisation avancée où des enfants de douze ans sont vendus par leurs pères à des manufacturiers, qui les revendent à des confrères ou les louent à un prix d'ailleurs supérieur au salaire qu'ils versent aux parents... et ce pays, c'est l'Angleterre ». Lesseps rappelle aussi que la Grande-Bretagne ne s'est jamais préoccupée du sort des Hindous et trouverait certainement mauvais que le gouvernement français lui fasse des remontrances à ce sujet.

Les parlementaires britanniques oublient que le chemin de fer d'Alexandrie au Caire, imposé par l'Angleterre, et prolongé sur son insistance jusqu'à Suez, a été construit grâce à la corvée, sans souci des conditions dans lesquelles les fellahs ont dû travailler. Plus scandaleuses encore ont été les conditions dans lesquelles cinquante mille fellahs, rassemblés d'urgence, ont dû réparer la voie, emportée par une crue du Nil ; « Je ne parle pas, écrit Lesseps, des souffrances causées par la précipitation de ces rassemblements où des approvisionnements n'avaient pas été préparés à l'avance, comme ils l'ont été pour les opérations du canal de Suez. L'urgence parlait, et l'Angleterre aussi[1]. »

Afin de rassurer les bonnes âmes anglo-saxonnes, Lesseps précise que les fellahs de la corvée non seulement sont mieux payés par la Compagnie, lorsqu'elle en utilise, qu'ils ne le sont par le gouvernement égyptien ou de grands propriétaires fonciers, mais qu'ils sont nourris convenablement et qu'en cas de maladie ils sont soignés gratuitement, percevant un demi-salaire. De telles conditions ne se retrouvent dans aucune entreprise européenne et relèvent de la philanthropie.

Rien n'y fait. Les protestations sont écartées, rejetées, au profit d'une légende entretenue par le gouvernement de Londres qui dénonce en Lesseps un cynique exploiteur de l'humanité.

Lesseps a beau faire observer que les salaires ont toujours été directement versés aux intéressés, et non au gouvernement, que la mortalité sur les chantiers de l'isthme est inférieure à la moyenne égyptienne et que les dépenses de la Compagnie n'ont pas encore atteint le quart du capital social, on ne veut pas le croire, en dépit de certains démentis venant d'Anglais qui se sont rendus dans l'isthme. Ainsi Daniel Lange, agent de la Compagnie à Londres, a fait visiter les chantiers au consul britannique Colquhoun et au conseiller de légation Sanders, et, à son retour à Londres, il écrit à Lesseps, en lui transmettant les rapports très favorables de Colquhoun et Sanders : « Ayant sous les yeux les derniers rapports publiés par certains journaux sur la situation du canal de Suez, ayant acquis personnellement la certitude matérielle ou qu'ils ont ignoré complètement la vérité, ou qu'ils ont agi avec le parti pris d'étouffer la connaissance dans leur pays, je crois que mon devoir m'oblige à déclarer hautement qu'*une grande injustice a été commise et que ces rapports ne sont pas vrais*[2]. »

Etonné de cet acharnement contre une entreprise à laquelle il croit, le roi des Pays-Bas, Guillaume III, envoie sur place une commission qui, elle aussi, rend un rapport favorable et conclut que la Grande-

1. Ferdinand de Lesseps, *Lettres, journal et documents,* Tome IV, p. 225 à 237.
2. *Journal de l'Union des Deux-Mers*, N° 123, 1er août 1861.

Bretagne, en dépit de ses critiques, est la nation qui bénéficiera le plus du futur canal.

Un moment muselée par ce rapport impartial, la presse anglaise repart à l'assaut, mais sur un autre terrain : celui des actionnaires. Après avoir décrit les horreurs des travaux babyloniens qui vont retrancher l'Egypte de l'Empire ottoman, elle compare la Compagnie à un nouveau Moloch, engloutissant des milliers de victimes. Les journaux semblent se donner le mot pour affirmer que Lesseps demeure inactif, que la Compagnie ne fait rien et que ses chantiers sont abandonnés. Les travaux, dont le conseil d'administration a entretenu longuement les actionnaires lors de la dernière assemblée générale, ne sont qu'un leurre afin de leur soutirer de l'argent.

Il faut à Lesseps des nerfs solides et une grande force de caractère, ainsi qu'un certain humour, pour ne pas s'emporter devant une mauvaise foi poussée jusqu'au cynisme.

*

Mohammed-Saïd juge sa position de plus en plus inconfortable et voudrait bien pouvoir s'occuper de ses réformes sans avoir de soucis supplémentaires. Il essaie pour cela de louvoyer entre la Grande-Bretagne et Lesseps, accordant à la première des satisfactions de forme et ne fournissant au second que dix mille hommes de corvée. Lesseps s'en plaint auprès du gouvernement français qui fait savoir au vice-roi que son crédit aux Tuileries dépendra de sa bonne volonté à tenir ses engagements. Pour apaiser les tourments de Mohammed-Saïd, Lesseps fait appel à des travailleurs libres en prenant directement un accord avec les chefs de village. Un employé de la Compagnie, Joseph Vernoni, parlant assez bien l'arabe, parcourt la Basse-Egypte avec quelques fellahs qui ont déjà travaillé pour la Compagnie et peuvent expliquer à leurs camarades les conditions d'engagement, ainsi que le travail qui leur sera demandé.

La prolongation du canal d'eau douce jusqu'à Suez, une bénédiction pour cette ville assoiffée, exige environ cinquante mille hommes que l'on ne peut se procurer qu'au moyen de la corvée, et ce n'est qu'en connaissant le résultat de la mission de Vernoni que Lesseps réclamera au vice-roi le contingent dont il a besoin. Le vice-roi finit par donner son accord à Lesseps mais en lui recommandant le silence, afin de ne pas déclencher un concert de protestations avant même que les hommes ne soient en place. Lesseps tient d'autant plus à garder le secret qu'il sent le découragement gagner son entourage. L'opposition systématique et surtout haineuse de l'Angleterre a fini par saper la résolution de certains collaborateurs parisiens qui commencent à douter du succès final. « Aussitôt que j'ai tourné le dos, la peur semble être, en effet, le mobile d'une grande partie de nos collègues, écrit-il à son frère Théodore. Ils craignent que nos travaux ne marchent pas, ils craignent que le vice-roi ne fasse faillite, ils ont peur des actionnaires, de l'Angleterre, de la Turquie, du public ; ils ont des défiances à l'égard de ceux qui agissent en Egypte ; ils en parlent aux uns et aux autres. Ces défiances se propagent au-dehors, elles reviennent ici [au Caire], et j'ai quelquefois beaucoup de peine à en détruire les mauvais effets[1]. »

Autre souci, à la fin de cette année 1861, la dette du vice-roi à l'égard de la Compagnie, soit cinquante-cinq millions, montant des actions qu'il a souscrites. Dans un mémorandum du 24 décembre 1861, Lesseps explique au vice-roi que cette situation est extrêmement gênante, car la Compagnie doit faire un nouvel appel de fonds pour continuer les travaux alors qu'il n'a pas encore répondu au premier, en dépit des assignations sur le Trésor égyptien qui n'ont pas été honorées. Le vice-roi ne touche évidemment aucun dividende correspondant aux actions souscrites puisqu'elles ne sont pas levées. De plus, improductives entre ses mains, elles ne peuvent être cédées. Il faut sortir de cette impasse et Lesseps imagine un système ingénieux. En échelonnant le règlement des cinquante-cinq millions sur douze ans par la création d'obligations trentenaires de cinq cents francs, amorties chaque année par tirage au sort, Mohammed-Saïd débourserait, compte tenu des intérêts à verser, une somme totale d'environ quatre-vingt-dix millions, mais en compensation il toucherait chaque année deux millions sept cent cinquante mille francs représentant les intérêts des actions libérées.

Le vice-roi, que les chiffres ennuient, envisage au contraire de nouvelles dépenses somptuaires. Après avoir visité le chantier du Seuil d'El-Guisr, en pleine effervescence, il lui est venu la fantaisie d'avoir un palais au bord du lac Timsah, pour le moment à sec, « afin de voir et d'entendre couler l'eau de la Méditerranée », écrit Lesseps à Voisin le 13 décembre 1861. Il faut céder à ce caprice, et l'on entreprend sur le plateau dominant le lac, à l'extrémité du chantier VI, la construction d'un bâtiment de trente mètres de long sur quatorze de large, flanqué de deux autres bâtisses pour abriter la suite princière.

*

Rien n'est mieux fait pour réconforter Lesseps et lui faire oublier ses ennuis que la vue des chantiers du canal échelonnés sur le tracé de 1856 et tous en pleine activité. Un nouveau monde est en train de naître, un monde industriel de machines, de grues et d'engins étranges se profilant sur un paysage biblique, un monde de fer où les sifflements des locomotives hachent les mélopées que chantonnent les fellahs pour rythmer leur travail, un monde aride où bientôt la végétation apparaîtra, car l'eau commence à couler un peu partout, fécondant les sables.

1. F. de Lesseps, *Lettres, Journal et documents*, t. IV, p. 118.

Jusqu'alors, à Port-Saïd comme sur les autres chantiers, ce sont des indigènes recrutés librement qui ont fait le gros du travail, creusant le sol assez profondément pour permettre ensuite à la drague ou à l'excavateur de fonctionner.

Les fellahs des contingents de la corvée ont un rendement très inférieur en raison de leur inexpérience et surtout du peu de temps qu'ils passent effectivement sur les chantiers où ils ne travaillent qu'une quinzaine de jours sur trente. Le système de la corvée est établi sur la réquisition des fellahs pendant un mois et n'est intéressant que pour des tâches effectuées à proximité de leurs lieux d'origine. En l'occurrence, les voyages d'aller et retour entre la Haute-Egypte, où la plupart vivent, et l'isthme de Suez prennent la moitié du temps de la réquisition. Aussi cette main-d'œuvre n'est-elle utile que si la quantité supplée à l'absence de qualification. Il n'est pas surprenant qu'elle soit peu payée, puisque rétribuée par l'entreprise à la tâche, et non au mois.

Pour les déblais du canal d'eau douce, le mètre cube est payé quarante centimes, et cinquante centimes dans les terrains durs. Comme un ouvrier n'extrait guère plus d'un mètre cube par jour, il ne touche pas plus que cette somme. Lorsque, en 1856, le vice-roi avait imposé à la Compagnie d'employer presque exclusivement des travailleurs égyptiens, le taux de leur salaire avait été calculé de manière à excéder d'un tiers la paie moyenne journalière en Egypte.

L'expérience a donc montré que, si les fellahs sont peu payés, c'est en raison du peu de temps passé réellement par eux sur les chantiers et d'une inexpérience à laquelle il est impossible de remédier en quinze jours.

Normalement, les fellahs devraient utiliser la pioche et la pelle fournies par la Compagnie, mais si certains se servent de la pioche, la plupart préfèrent attaquer la terre à la main et refusent en général de manier la pelle ou le font de façon déplorable. Les uns négligent de lui donner l'inclinaison voulue et la retirent du sol sans rien dessus. D'autres, en revanche, la chargent trop et la brisent. Tous se révèlent incapables d'utiliser une brouette. Ils se mettent à trois pour la prendre, un par la roue, les deux autres par les brancards, et la soulèvent pour la porter jusqu'à l'endroit où l'on déverse les déblais.

Les chefs d'équipe se sont résignés à laisser les fellahs travailler suivant l'usage, aux trois quarts nus, si ce n'est complètement, dans l'eau jusqu'à mi-corps, ramassant à la main les mottes de terre et passant cette motte spongieuse au voisin de file. Ainsi, de main en main, la motte, essorée en route, aboutit à la berge où d'autres fellahs, le dos courbé, les mains jointes au bas des reins de manière à former un butoir, reçoivent cette terre qu'on entasse sur leur dos et qu'ils charrient, toujours cassés en deux, jusqu'à la décharge. Cette façon de travailler, qui choque souvent les visiteurs européens, est normale en Egypte où toute innovation est regardée comme un sacrilège.

Un de ces visiteurs, le marquis de Raigecourt, à qui le spectacle de cet étagement des travailleurs sur les flancs du futur canal rappelle l'Echelle de Jacob, décrit ainsi le chantier entre le Seuil d'El-Guisr et le lac Timsah où il « y a environ 25 000 Arabes, non pas échelonnés, mais massés comme le seraient des troupes en bataille. C'est vraiment un spectacle curieux de voir cette fourmilière d'hommes s'agiter, se mouvoir et se croiser mutuellement sur deux lignes, l'une montante, l'autre descendante. Jamais le mot de fourmilière n'a reçu une application plus juste, soit pour le nombre, soit pour l'activité et la régularité de la manœuvre. Le sable se trouvant avoir une certaine consistance, les travailleurs y creusent de petits sentiers parcourus en tous sens depuis le lever du soleil jusqu'à son coucher[1] ».

Les contremaîtres et les ingénieurs s'efforceront d'améliorer le rendement — et par là le salaire — en variant les tâches suivant la résistance des terrains de manière à égaliser les rémunérations des différents groupes de travailleurs. On décidera bientôt, lorsqu'un programme a été tracé — par exemple une certaine quantité de terre à enlever —, de ne payer la tâche qu'une fois complètement exécutée, ce qui stimulera le zèle des ouvriers. Certains finiront par extraire un mètre cube et demi par jour et toucher ainsi soixante centimes au lieu de quarante.

Dans ses lettres à son frère, un chef de chantier, Olivier Ritt, décrit ainsi la cérémonie de la paie au Seuil d'El-Guisr : « Il y avait cinq mille hommes rangés sur cinq longues lignes et réunis par pelotons de dix. Tous étaient accroupis à terre et chaque groupe avait été invité par les drogmans à choisir un homme pour recevoir la paie des dix ouvriers du groupe. Le payeur, accompagné de deux agents comme témoins, d'un porteur de sacs de monnaie, de deux cawass et d'un drogman, parcourait les lignes et remettait successivement au receveur choisi sa paie et celle de ses neufs camarades sous forme d'un certain nombre de pièces d'or et de l'appoint voulu. Les deux hommes vérifiaient et pointaient sur leurs carnets, et le drogman expliquait bien aux hommes qu'on leur donnait telle somme, ou telles pièces de monnaie, ce qui faisait tant par ouvrier, qu'ils avaient à prendre sur la somme remise pour le groupe. Une fois le receveur payé, le groupe se levait pour aller plus loin faire le partage, prendre ses effets et se préparer au départ[2]. »

Pour remédier au manque de petite monnaie, que l'on faisait venir de Marseille et qui était toujours en quantité insuffisante, la Compagnie créera une monnaie fiduciaire, avec des cartons de diverses couleurs, toujours échangeables contre de l'or, et qui servent à payer notamment les achats faits dans ses magasins.

Malgré la régularité dans la nourriture et les paiements, malgré

1. *Journal de l'Union des Deux-Mers*, N° 155, 1er décembre 1862.
2. O. Ritt, *Histoire de l'isthme de Suez*, p. 226.

des conditions de travail très supérieures à celles des entreprises de l'Etat égyptien, les désertions sont nombreuses, en général dues au dépaysement, au regret de la famille et du village. Elles se produisent d'ailleurs entre le départ de celui-ci et l'arrivée sur les chantiers, car les fellahs, persuadés qu'ils ne seront finalement pas payés, ne croyant pas qu'ils seront nourris, bien qu'on le leur ait affirmé, ne veulent pas travailler pour des étrangers, pour des chrétiens, et prennent la clé des champs. C'est ainsi qu'à la fin de l'année 1861, cinq mille anciens soldats, venus de Haute-Egypte à Zagazig, se révoltent contre leurs officiers le lendemain de leur arrivée sur le chantier VI et désertent. Aussitôt prévenu, Lesseps se rend sur les lieux, examine la situation et recommande aux chefs de chantier, qu'il a félicités pour leur sang-froid pendant la rébellion, de ne pas ébruiter l'affaire. Il faut seulement, leur dit-il, parler de retour volontaire à ceux que l'on pourra retrouver, pour bien montrer que le travail n'est pas forcé.

Au début du mois de décembre 1861, le vice-roi veut voir l'état d'avancement des travaux et fait une visite aux chantiers, accompagné de son neveu, le prince Mustapha. Alors que Lesseps l'accueille à son arrivée sur le domaine de la Compagnie, il lui dit en riant : « Me voici dans vos Etats.

— Dans mon fief, lui répond Lesseps. Vous êtes dans les vôtres, vous êtes le souverain de la Compagnie égyptienne de l'isthme de Suez, je suis votre vassal. »

Partout Lesseps et lui sont reçus en fanfare, avec acclamations et vivats, mais l'accueil le plus enthousiaste est celui des ouvriers du Seuil d'El-Guisr qui ont fait adroitement leur cour au souverain en trichant un peu avec l'inscription ornant l'arc de triomphe. On lit en effet : A MOHAMMED SAID, vice-ROI D'EGYPTE, l'artiste a écrit *vice* en lettres minuscules et roi en fort grandes lettres. Le prince en montre une joie presque enfantine et y voit un heureux présage.

De fort bonne humeur, il s'émerveille des progrès réalisés dans le creusement du canal et, se rappelant toutes les difficultés surmontées, il s'écrie : « Que serait-ce donc si, au lieu des embarras de toute nature qui se sont élevés, il y avait eu des facilités ? »

A Suez, devant le consul britannique, il parle de *son* canal et dit ensuite à haute voix à Lesseps, de manière à être bien entendu : « C'est vous qui êtes le président de l'administration, moi je suis le président des travaux. »

« Cette visite, écrit le docteur Aubert-Roche, a convaincu le vice-roi que le canal était non seulement possible, mais facile, que tout était prêt pour marcher, et qu'il ne manquait plus que des bras[1]. »

Informé de ces désertions qui ne permettent pas de respecter le

1. Lettre du docteur Aubert-Roche à Victor Delamalle et relatant la visite de Mohammed-Saïd dans l'isthme (Archives Delamalle).

programme des travaux, Mohammed-Saïd prend une décision énergique : il fait venir de Haute-Egypte des cheiks pour surveiller les fellahs et désigne un homme de confiance, Ismaïl-bey, pour surveiller les surveillants. Arrivé sur le chantier du Seuil d'El-Guisr au début de février 1862, Ismaïl-bey y est installé officiellement par Lesseps. Sa présence constante sur les chantiers, son autorité, son esprit d'équité permettent à la Compagnie de faire travailler les contingents dans de meilleures conditions. Sa réussite lui vaudra, quelques années plus tard, d'être nommé gouverneur de la nouvelle province ainsi créée par la Compagnie de Suez.

*

Depuis qu'il était devenu directeur-général des travaux, Voisin leur avait donné une impulsion que Lesseps, trop souvent absent, ne pouvait donner lui-même que par intermittence. Tous deux savent que la régie Hardon-Feinieux suscite maintes critiques, entre autres, celle de faire en certains cas double emploi avec la Compagnie. Devant la multiplication des conflits, Lesseps se résout, au début du mois de février 1862, à dénoncer le contrat de régie alors que la Société Hardon-Feinieux a déjà creusé entre Port-Saïd et le lac Timsah un canal de quinze mètres de large et d'une profondeur atteignant deux mètres, ce qui permet le transport, par embarcations à faible tirant d'eau, de marchandises et de matériel.

Parallèlement à cet embryon de canal, l'entreprise Hardon-Feinieux a creusé un second canal pour faciliter la circulation et surtout le travail des dragues.

Au début de l'année 1862, le canal d'eau douce atteint l'emplacement de la future ville d'Ismaïlia, sur le lac Timsah. De là, une rigole de quatre kilomètres conduit l'eau du Nil au premier chantier du Seuil d'El-Guisr. Ouvert depuis trois mois, ce canal alimente non seulement les chantiers en eau potable, mais il permet aussi un certain trafic de matériel et de ravitaillement

A El-Guisr, une petite ville a surgi du désert avec son hôpital, son bazar, un télégraphe et un service postal. Lesseps tient à ce que les trois principales religions soient représentées sur ses chantiers ; aussi a-t-il fait construire à El-Guisr, comme sur les autres sites du canal, une église catholique, une chapelle orthodoxe et une mosquée dont les desservants respectifs sont salariés par la Compagnie.

Un des points les plus élevés du tracé, le Seuil d'El-Guisr en est aussi l'un des plus résistants, en raison de la composition du sol. Dix mille ouvriers y travaillent, échelonnés sur treize kilomètres. Les eaux de la rigole maritime arrivant de Port-Saïd et celles du canal d'eau douce ont déjà rempli le fond de la cuvette du lac Timsah, mais comme les ingénieurs veulent faire à sec la plus grande partie des déblais pour le creusement du canal à travers le Serapeum, on ne laisse entrer dans le lac que l'eau nécessaire pour compenser l'évaporation.

Lesseps, qui parcourt les chantiers avec la même assiduité qu'Ismaïl-bey, toujours là où il faut pour décider, blâmer, encourager, paraît doué d'un véritable don d'ubiquité en même temps que de connaissances infuses lui permettant de résoudre tous les problèmes, qu'il s'agisse d'intendance ou d'administration, de politique internationale ou d'ennuis mécaniques. Après une inspection du chantier de Kantara, il écrit ainsi à Voisin : « Je ne suis pas mécanicien, mais l'expérience que je viens de voir pratiquer me démontre que si l'on ne se hâte pas d'installer la toile de transport mue par le mécanisme, on ne fera que de l'eau claire. Il me semble qu'il serait temps que tout le monde en fût bien convaincu. *Je ne veux plus d'essais*[1]. Je vous prie d'y mettre *toute* votre volonté d'accord avec M. Hardon et M. Neveu ; et si, comme je n'en doute pas, vous avez une opinion bien arrêtée, mettez fin à toutes ces vaines tentatives[2]. »

En ce mois de février 1862, Lesseps estime qu'il a encore deux millions de mètres cubes à enlever pour faire arriver la rigole maritime de Port-Saïd à Timsah, deux autres millions pour la continuer jusqu'aux lacs Amers, et enfin un million et demi des lacs Amers à Suez. A ces cinq millions et demi à déblayer, s'ajoutent deux millions de mètres cubes pour la prolongation du canal d'eau douce de Timsah jusqu'à Suez.

Désormais, il peut croire au succès final, comme il l'écrit à Victor Delamalle : « La machine est enfin lancée avec une bonne quantité de travailleurs, 21 000 dans ce moment et 30 000 les mois suivants, même pendant le ramadan. Le vice-roi, auquel j'avais dit que, pour lui *être agréable*, nous chômerions pendant le ramadan, a voulu, d'après ce qu'il a dit lui-même, être plus canaliste que moi et a ordonné le travail pendant le temps du jeûne, laissant aux hommes toute liberté de travailler la nuit au lieu du jour... Tous les gouverneurs sont à nos ordres et toute équipe demandée m'est immédiatement fournie — All right[3] ! »

Le seul point noir, avec ces levées massives de travailleurs, c'est qu'en général leur nombre est inférieur à celui promis ou bien qu'elles arrivent par vagues irrégulières. Au lieu des cinquante mille fellahs que le vice-roi s'est engagé à lui fournir, et qui ne représenteront qu'un effort passager, Lesseps préférerait la présence permanente de trente mille hommes jusqu'au moment où le canal d'eau douce et la rigole maritime atteindront Suez, le reste du travail pouvant être fait à la drague ou avec des excavateurs.

1. Souligné dans le texte original.
2. Archives de la Compagnie de Suez.
3. Lettre du 16 février 1862 (Archives Delamalle).

Si la machine est « lancée », suivant l'expression de Lesseps, et les travaux en pleine extension, l'administration suit mal, empêtrée dans des formes et des subtilités qui le choquent, car il est homme d'action avant tout : « Depuis que je mets le nez dans les écritures de comptabilité, avoue-t-il au duc d'Albuféra, je les trouve si compliquées qu'elles me font l'effet de la machine de Marly au temps de Louis XIV. J'espère que l'on trouvera moyen de les simplifier. Nous y gagnerions beaucoup en temps et en frais de personnel[1]. » L'enquête à laquelle il se livre le confirme dans l'idée que les services comptables sont à la fois pléthoriques et mal organisés. « Je reviens sur la complication de nos écritures de comptabilité, dit-il quelque temps plus tard au duc d'Albuféra. Partout où je passe, je ne vois que du monde occupé, du matin au soir, à faire de la comptabilité. Pour quatre chefs qui dirigent les travaux, nous avons 200 comptables. Notez qu'avec cela, je vois dans le rapport de M. Voisin, du 1er janvier, que les comptes ne sont pas à jour. J'avoue qu'il m'est difficile de ne pas être convaincu, a priori, que si un grand nombre de gens fort capables s'acharnent depuis plusieurs mois, *inutilement*, à faire de la bonne comptabilité, il doit y avoir un vice inhérent à la chose. Je vais consacrer tout ce mois et le mois prochain à rechercher ce vice et à y remédier[2]. »

En cherchant ce vice, il en trouve d'autres, inhérents eux aussi à toute administration, c'est-à-dire engendrés par l'esprit de caste et de tyrannie qui s'empare de tout Français investi d'une quelconque autorité, si faible soit-elle. Il découvre ainsi que, lors des contrôles de pièces, beaucoup de celles-ci sont arrêtées pour des questions de formalités faciles à résoudre, si l'on voulait bien s'en donner la peine ; il y a des conflits de textes et des querelles de personnes qui se traduisant par des notes de service et des contre-notes, des correspondances abusives qui font perdre un temps précieux. « La lettre tue l'esprit », conclut Lesseps en récapitulant, dans une note à Voisin, les anomalies de gestion qui l'avaient le plus scandalisé. Comme il le lui écrivait le 15 février 1862 : « Le canal doit passer avant vos rapports et même avant la comptabilité[3]. »

De ces ombres au tableau, il n'est pas question dans le discours qu'il tient aux actionnaires le 1er mai 1862, lors de l'assemblée générale à l'issue de laquelle il est ovationné. Il l'est plus encore à la fin d'une conférence à l'Association polytechnique, le 1er juin. L'amphithéâtre de l'Ecole de médecine, où il doit prendre la parole à 10 heures du matin, est assiégé dès 7 heures par un public dans lequel on remarque beaucoup de femmes et d'ouvriers. Deux mille personnes l'écoutent raconter l'aventure de Suez et l'applaudissent frénétiquement. Il a soin de

1. F. de Lesseps, *Lettres, Journal et documents*, t. IV, p. 142.
2. *Ibid.*, p. 170.
3. Archives de la Compagnie de Suez.

ne pas donner un tour politique à ses propos en évitant de nommer la Grande-Bretagne, alors qu'il y a été si violemment attaqué. Cette conférence est un tel succès qu'il doit la prononcer de nouveau le 22 juin pour ceux qui n'avaient pu l'écouter le 1er, faute de place.

*

Au début d'octobre, il repart pour l'Egypte où il doit assister le 17 novembre à l'entrée des eaux de la Méditerranée dans le lac Timsah. La veille de cet événement solennel, un train spécial l'a conduit du Caire à Zagazig, avec ses invités. De là le voyage s'est poursuivi en barques par le canal d'eau douce. A Timsah, les arcs de triomphe et les mâts vénitiens masquent l'absence de constructions. Faute d'hôtel, on couche sous la tente. Le 7 novembre, les notabilités prennent place sur une estrade et, à 11 heures et demie, Lesseps réclame le silence. D'une voix forte pour se faire entendre des ouvriers massés sur la digue retenant les eaux, il s'écrie : « Au nom de Son Altesse Mohammed-Saïd, je commande que les eaux de la Méditerranée soient introduites dans le lac Timsah, par la grâce de Dieu ! »

Les vannes du radier établi sur le canal, à 1,50 mètre au-dessus du niveau de la mer, sont ouvertes et l'eau fuse en bouillonnant pour aller se perdre au fond du lac. Celui-ne sera d'ailleurs alimenté que de façon intermittente, et seulement pour compenser l'évaporation.

Après la cérémonie, un banquet réunit à El-Guisr cent cinquante personnes. Cette inauguration a un grand retentissement dans le monde et vaut à Lesseps les félicitations de l'impératrice Eugénie. L'empereur, de son côté, l'a fait prévenir par dépêche qu'il l'avait élevé au rang de commandeur de la Légion d'honneur. « La dépêche télégraphique de l'Empereur vaut bien plus que la commanderie, écrit Lesseps à son frère aîné, tu sais combien les choses personnelles me touchent peu. »

Ces marques de faveur des souverains montrent que la France est décidée à soutenir l'entreprise et font bien augurer de l'avenir. Le mois précédent, M. Béhic, le directeur des Messageries impériales, avait visité les chantiers, admiré les résultats déjà obtenus et s'était écrié : « Le canal n'est plus à faire : il est fait ! »

C'est aussi ce que croit sir Henry Bulwer, venu se reposer en Egypte après une maladie, mais le prétexte invoqué ne trompe personne. Il a voulu se rendre compte par lui-même de l'état d'avancement des travaux et le fait sans se cacher, en annonçant sa visite à Lesseps. Alors qu'il lui tordrait volontiers le cou, Lesseps se montre diplomate en déférant au vœu de l'ambassadeur, mais il ne cherche pas à l'éblouir par un accueil fastueux, comme il aime à le faire en d'autres cas. « Pas de grands repas à Mr. Bulwer, recommande-t-il à Voisin ; par conséquent, inutile de faire venir un restaurateur d'Alexandrie. Nous nous arrangerons avec les ressources locales[1]. »

Les deux hommes partent en tournée le 17 décembre 1862. Sir Henry Bulwer emmène avec lui un véritable état-major composé du commandant du *Trident*, navire à bord duquel il doit regagner la Grande-Bretagne, des consuls Sanders et West, ainsi que de deux secrétaires personnels. Lesseps, lui, est accompagné de Victor Delamalle, de M. de Chancel, d'un savant, M. Desjardins, de Paul Merruau, secrétaire-général de la Compagnie, du docteur Bruguière-bey, du consul autrichien Schreiner et, enfin, de Daniel Lange, agent de la Compagnie à Londres. Le prince d'Arenberg, le comte d'Haussonville et son fils, le comte Horace de Choiseul, qui visitent alors l'Egypte, ont profité de l'occasion et ajoutent une note mondaine à l'expédition.

Pendant six jours, Bulwer examine avec soin, admire et félicite, se déclare enchanté de l'accueil qu'on lui fait, mais n'hésite pas à mettre le vice-roi en garde contre les dangers d'une entreprise dont la réussite aurait pour premier effet qu'il ne serait plus le maître chez lui. Mohammed-Saïd est trop fin pour se laisser prendre à ce subit intérêt pour sa couronne et, contant la chose à Lesseps, il lui dit ensuite que Bulwer a rendu visite à son neveu Ismaïl, son éventuel successeur : « Je ne sais pas s'il a reçu de lui des engagements, dit-il, mais j'ai des raisons de croire qu'il en a demandé. »

Et Mohammed-Saïd, qui depuis quelque temps ne se sent pas bien, lui confie : « Si je pars, vous aurez à vous défendre, non pas contre lui personnellement, car je sais qu'il a de l'amitié pour vous, mais contre la politique qui pèsera sur son gouvernement. »

Il n'a pas tort, car sir Henry Bulwer a déjà pris les devants. Dans le rapport qu'il adresse à lord Russell, il ne cache pas son admiration pour ce que la Compagnie de Suez a déjà fait, ne formulant qu'une seule critique : tout cela est dû à un Français. Par le biais de la Compagnie, dit-il, la France colonise une partie de l'Egypte et accroît son emprise sur le reste du pays. A brève échéance il y aura, prédit-il, une *crise du canal*, et la meilleure solution pour éviter un conflit entre la France et la Grande-Bretagne serait de rembourser à la Compagnie de Suez les sommes qu'elle a déjà dépensées, puis de transférer ses activités au gouvernement égyptien, sous le contrôle de la Porte.

1. Lettre du 18 octobre 1862 (Archives de la Compagnie de Suez).

9

ORAGES
1863-1866

Depuis que le vice-roi est revenu d'un séjour en Europe, au printemps 1862, Lesseps a remarqué chez lui une lassitude et un mauvais état de santé qui s'aggrave en dépit des soins de son médecin. Mohammed-Saïd souffre toujours des suites d'une éruption de boutons qu'il a eue à Londres, et, hanté de sinistres pressentiments, il entretient volontiers ses familiers de sa fin prochaine. Le 15 décembre 1862, alors qu'il se trouvait au barrage du Nil avec Lesseps, il lui avait dit, en s'appuyant lourdement sur son épaule : « Je n'en ai plus pour longtemps, mon vieil ami... », et, de l'éminence où ils se tenaient, il lui avait montré l'endroit qu'il avait choisi pour sa sépulture.

Il continue néanmoins d'assumer ses devoirs de souverain, mais le 5 janvier 1863, au grand dîner qu'il offre à l'émir Abd el-Kader dans son palais d'Alexandrie, il se sent si mal qu'il est obligé de quitter la table en priant Lesseps de le remplacer.

Celui-ci le rejoint après le dîner et passe la nuit à son chevet. Certain que, cette fois, il ne se relèvera pas, Mohammed-Saïd veut qu'on lui apporte à signer la convention de règlement des actions de la Compagnie qu'il a souscrites. Il entend effectuer ce paiement comptant, grâce à un emprunt dont il fait débattre à Paris les conditions. Soucieux d'entretenir en lui l'espoir de guérison, Lesseps refuse, en l'assurant qu'ils pourront accomplir cette formalité plus tard. Témoin de la scène, le médecin, Haage-bey, le prévient le lendemain que l'état du prince est alarmant et il lui conseille d'accepter son offre. En gentilhomme qu'il est, Lesseps refuse à nouveau, ne voulant pas inquiéter le malade qui, d'ailleurs, se sent un peu mieux.

Pendant deux jours, l'état du vice-roi reste stationnaire, et Lesseps, un peu rassuré, se dispose à partir pour Suez. En lui disant au revoir, le vice-roi lui désigne un porteur de pipes qui rôde autour d'eux et lui dit : « Voyez ce gaillard, il me surveille avec attention, car c'est lui qui annoncera ma mort à mon successeur et, suivant l'usage, il aura un bon bakchich... »

Lesseps a tout juste atteint Kantara qu'il est réveillé en pleine nuit par un courrier spécial envoyé d'Alexandrie pour l'informer que le prince est mourant et que, s'il veut le revoir une dernière fois, il n'y a pas un instant à perdre. Il fait aussitôt seller un cheval et, longeant la berge du canal pour ne pas s'égarer, il arrive au petit matin à Timsah où l'attend une barque halée par deux dromadaires qui l'emmène à Tell el-Kébir. Là il retrouve l'ingénieur Voisin, dépêché au-devant de lui par Jules Guichard pour le prévenir que Mohammed-Saïd est mort le 18, dans la matinée.

Lorsqu'il arrive au palais, il demande à la princesse veuve la permission de rester seul un moment avec le mort. La princesse y consent, et il passe une heure enfermé avec la dépouille de Mohammed-Saïd, la tête appuyée contre celle du prince en songeant avec émotion à l'ami loyal et généreux, au souverain qui a courageusement risqué sa couronne et compromis sa tranquillité pour l'aider à réaliser son rêve. Il évoque aussi avec mélancolie toute une période de sa vie qui s'achève avec la disparition de ce prince aimable, intelligent, hospitalier, dont l'avènement a été pour lui providentiel. Il sait ce qu'il lui doit ; il ne l'oubliera jamais, heureux que la ville appelée Port-Saïd en son honneur soit là comme un témoignage éternel de sa gratitude.

En souvenir de Mohammed-Saïd, il réclame une de ses cannes, qui lui sera volée par un indigène, mais qu'il fera rechercher par la police et qui lui sera restituée.

*

Le nouveau vice-roi, Ismaïl pacha, vient d'avoir trente-trois ans. Fils d'Ibrahim pacha, la mort de son frère aîné, tué dans un accident de chemin de fer, avait fait de lui l'héritier présomptif de ce trône encore dévolu, selon la coutume ottomane, au plus âgé des princes de la dynastie. Il s'était initié au pouvoir en exerçant la régence pendant les voyages de son oncle en Europe et avait montré des capacités certaines de gouvernement.

Il est intelligent, servi par une grande vivacité d'esprit, aimant le travail et voulant à son tour imposer au pays des réformes qui feront de l'Egypte une nation moderne. Il s'était montré bon administrateur de ses propres domaines, avec une tendance à l'économie, voire à l'avarice, ce dont l'exercice du pouvoir le guérira vite. Elevé à l'européenne, ayant fait Saint-Cyr à titre étranger, il parle à la perfection le français. Un voyageur reçu à sa cour, dix ans plus tard, dira de lui : « Européen de manières, affable, accueillant, c'est un gentilhomme accompli[1]. »

1. L. de Romain, *Cent Jours en Orient*, p. 153.

Ismaïl pacha, qui a eu le temps de se préparer au pouvoir, sait ce qu'il veut et le dit sans ambages à Lesseps venu le complimenter de son avènement :

« Personne n'est plus *canaliste* que moi, mais je veux que le canal soit à l'Egypte, et non l'Egypte au canal. »

Avec le consul de France, Beauval, qui s'inquiétait du sort du canal, il s'était montré plus abrupt :

« Est-ce que je suis inintelligent au point de ne pas comprendre de quel intérêt est cette affaire pour l'Egypte ? »

Peu avant sa mort, Mohammed-Saïd avait eu un entretien houleux avec sir Henry Bulwer qui avait employé tous les arguments pour le persuader de ne pas augmenter les contingents de la corvée. Oubliant qu'à Londres on reprochait à Lesseps d'exploiter les indigènes, il avait déclaré au vice-roi que la Compagnie, en les traitant trop bien, les détournait de leurs devoirs de sujets, que bientôt les fellahs préféreraient obéir à M. de Lesseps qu'à leur souverain.

Son successeur est décidé à continuer son œuvre en soutenant la Compagnie. Il s'engage auprès de Lesseps à payer les actions en souffrance, espérant pouvoir y parvenir sans emprunt, et il donne les instructions nécessaires pour faire venir de Haute-Egypte les contingents promis. Ceux-ci travailleront pendant le ramadan, car une interruption des travaux pourrait être interprétée comme un changement de politique à l'égard de la Compagnie. Lesseps peut donc se montrer optimiste.

Après l'avoir ainsi rassuré, Ismaïl pacha était parti pour Constantinople afin d'y recevoir du sultan Abdul-Aziz l'investiture obligée. Abdul-Medjid est mort en 1861, et son successeur, Abdul-Aziz, est son cousin germain, puisque leurs mères sont sœurs. Ces liens pourraient inciter le nouveau sultan a donner enfin le firman tant désiré, mais Lesseps s'apercevra bientôt que les deux cousins ont le même souci, qui passe avant le sien : celui d'établir l'hérédité du trône en ligne directe, par primogéniture, idée qui, pour Ismaïl, finira par reléguer la question du canal au second rang.

En revenant de Constantinople, il confirme à Lesseps, venu l'accueillir à Alexandrie, son intention de soutenir la Compagnie et lui dit qu'il a fort bien défendu sa cause auprès d'Abdul-Aziz. « Vous auriez été vice-roi d'Egypte en même temps que président de votre Compagnie que vous n'eussiez pas mieux fait les affaires du canal de Suez. »

On peut douter de cette affirmation, car l'opposition britannique, attisée par sir Henry Bulwer, est plus forte que jamais, le gouvernement de Londres augmentant sa pression sur la Porte afin que celle-ci fasse enlever à Lesseps la disposition des contingents de la corvée.

*

Alors que Lesseps vient de signer, les 10 et 20 mars 1863, deux conventions importantes, l'une relative à la construction d'un canal d'eau douce du Caire à l'Ouady, l'autre à la participation du gouvernement égyptien dans la souscription du capital de la Compagnie, l'orage éclate.

Dûment sermonné par sir Henry Bulwer, le sultan Abdul-Aziz est venu dire officiellement à son cousin, Ismaïl pacha, qu'il n'y aurait pas de repos pour eux, à Constantinople comme au Caire, tant que la Compagnie de Suez aurait recours à la corvée. Abdul-Aziz était déjà monté à bord de son yacht lorsque l'ambassadeur britannique, au mépris du protocole, avait forcé le service d'ordre afin d'aller lui faire, avant l'appareillage, ses dernières recommandations.

Au Caire, la pression britannique est aussi forte, et Tastu, le consul de France, est obligé d'intervenir avec fermeté pour que le sultan ne fasse pas une déclaration publique sur la question de la corvée, ainsi que sur celle — délicate également — de la concession de terrains accordée par Mohammed-Saïd à la Compagnie. « Toutes les manœuvres furent employées pour battre en brèche le vice-roi et son entourage, écrit le 19 avril Lesseps au duc d'Albuféra, mais heureusement, le vice-roi est resté impassible [1]. » A Voisin, le directeur des travaux, il écrira le 16 mai : « Vous ne vous figurez pas la rage de nos adversaires. Leur impuissance les a poussés à toutes sortes de menaces [2]. »

Heureusement tout se passe mieux qu'on l'aurait cru, grâce au tact des deux souverains qui n'abordent pas en public les questions brûlantes, et le sultan n'exprime pas le désir de visiter les chantiers du canal. Lorsqu'il repart, le consul Tastu, soulagé, peut écrire à Drouyn de Lhuys : « On constate que M. de Lesseps n'a pas perdu une ligne de terrain. »

C'est se réjouir trop tôt. En effet, le 6 avril, alors que son maître s'embarquait à Alexandrie, le ministre turc des Affaires étrangères, Aali pacha, informait les ambassadeurs de France et de Grande-Bretagne à Constantinople que la Porte ordonnait la suspension des travaux dans l'isthme et mettait à leur éventuelle reprise les trois conditions suivantes :

— Abolition de la corvée, sans préciser s'il s'agit d'une mesure générale ou seulement d'une interdiction visant la seule Compagnie de Suez.

— Garantie de la neutralité du canal.

— Enfin, rétrocession des terrains concédés à la Compagnie par Mohammed-Saïd.

Un paragraphe de cette longue note amorçait une transaction au cas où Lesseps accepterait d'abandonner son œuvre. Après avoir rap-

1. F. de Lesseps, *Lettres, Journal et documents*, IV, p. 309.
2. Archives de la Compagnie de Suez.

pelé que la Compagnie avait commencé les travaux à ses risques et périls, sans autorisation de la Porte, Aali pacha envisagerait, en accord avec le vice-roi Ismaïl, d'indemniser la Compagnie de tous ses frais si, privée des avantages qui lui avaient été accordés, elle renonçait à poursuivre ses travaux.

Il est évident que la Grande-Bretagne est prête à prendre la relève. On peut se demander si, dans ce cas, elle utiliserait la corvée en légitimant celle-ci, comme elle l'avait fait sans scrupule aucun pour la construction du chemin de fer.

Alors que la Porte est passée des atermoiements aux décisions, à Londres, la Chambre des communes est de nouveau le théâtre d'une vigoureuse offensive contre le canal, défendu néanmoins par quelques parlementaires qui, étant allés en Egypte, pensent différemment et rendent hommage à Lesseps.

Celui-ci a rejeté l'ultimatum de la Porte et s'en tient strictement aux clauses du firman de concession de 1854, mais il doit désormais compter avec un adversaire encore plus redoutable que sir Henry Bulwer, car il est dans la place, en Egypte, et même au gouvernement : c'est le ministre des Affaires étrangères, Nubar pacha, un chrétien d'Arménie.

Chrétien, Nubar est plus dangereux qu'un musulman, parce qu'il ne veut pas sembler favoriser des intérêts chrétiens, et il les desservira pour paraître honnête ; Arménien, il met son point d'honneur à dépasser les Arabes en ruse et duplicité. Enfin, comme Oriental, il est anglomane et préfère Londres à Paris. Très intelligent, souple, insinuant, il plaît à tous sans inspirer vraiment confiance à personne. On le craint, on ne saurait refuser ses bons offices, et moins encore refuser de le servir, car cela peut être fatal. Encore qu'on ne puisse le prouver, il est vraisemblablement à la solde anglaise ; le croire intègre serait faire injure à son intelligence. Son opposition sournoise au canal, en dépit de ce que celui-ci doit rapporter à l'Egypte, suffit à démontrer sa collusion avec sir Henry Bulwer.

Dès lors, c'est contre Nubar pacha que Lesseps devra guerroyer, et il ira jusqu'à le poursuivre en diffamation devant le tribunal civil de la Seine.

Devant le refus de Lesseps d'accepter l'ultimatum turc, Nubar pacha juge qu'il doit régler directement cette affaire à Constantinople avec le nouveau grand vizir, Fuad pacha, sir Henry Bulwer et le nouvel ambassadeur de France, le marquis de Moustier. Nubar veut tout à la fois satisfaire sir Henry Bulwer, défendre son maître contre les ingérences de la Porte et ne pas mécontenter M. de Moustier au point d'attirer sur l'Egypte les représailles de la France.

Il commence par aller voir l'Anglais. Tous deux s'entendent sur un compromis aux termes duquel la Compagnie de Suez rétrocéderait les canaux d'eau douce et toutes les terres irriguées par ces canaux, c'est-à-dire, en fait, tout ce qui a été mis en valeur par la Compagnie. Dans l'éventualité d'une reprise de celle-ci par le vice-roi, il serait maladroit de se priver des bienfaits de la corvée. Aussi les deux compères imaginent-ils une abolition de principe, afin de pas sembler se dédire, avec une seule exception pour les travaux du canal, quelle que soit la société qui les exécuterait.

Avec le marquis de Moustier, l'entretien est moins facile. De la rétrocession des terrains, l'ambassadeur ne veut pas se mêler : c'est un problème à débattre entre la Compagnie et le vice-roi. En revanche, il est disposé à défendre, au nom de son gouvernement, les capitaux français engagés dans l'affaire, ajoutant que le meilleur moyen de leur assurer une protection efficace est d'achever le canal.

Après avoir eu l'assurance que le gouvernement français défendrait les droits de l'Egypte contre les prétentions de la Porte, et le gouvernement britannique, ceux de la Porte contre la France, Nubar pacha rédige avec le grand vizir et Aali pacha un compromis définitif : la Compagnie de Suez rétrocéderait les terrains, mais, en compensation de ce sacrifice, on lui accorderait pendant deux ans six mille fellahs de la corvée. Elle pourrait recruter librement les autres travailleurs nécessaires. Toutefois, Nubar pacha souhaiterait que le gouvernement français intervienne auprès de Lesseps pour que celui-ci aligne le salaire des fellahs sur celui des travailleurs libres. Interrogé sur ce point, le marquis de Moustier se récuse et conseille imprudemment à Nubar pacha de se rendre à Paris pour en discuter lui-même avec Lesseps et le ministre français des Affaires étrangères.

Le 15 juillet 1863, une lettre vizirielle est officiellement remise au premier drogman de l'ambassade de France, avisant celle-ci des conditions d'un accord entre la Porte ottomane, le vice-roi d'Egypte et la Compagnie de Suez sur la base de la rétrocession des terrains et de la réduction notable des contingents de la corvée. Une compensation pécuniaire serait prévue. A ces conditions, précise oralement Nubar pacha en commentant cette lettre à M. de Moustier, le vice-roi s'engagerait à pousser activement les travaux, sans se laisser arrêter par les embarras que pourraient lui susciter la Grande-Bretagne et la Turquie.

Certes, le principe du canal est admis, son achèvement encouragé, mais la question de la neutralité reste en suspens. Pour tenir compte à la fois des objections du marquis de Moustier sur certains points et des exigences de sir Henry Bulwer qui veut l'abolition de la corvée sans aucune exception, Aali pacha et Nubar pacha se remettent au travail et, le 1er août 1863, une nouvelle lettre vizirielle est adressée au vice-roi d'Egypte, avec copie pour information aux deux ambassadeurs. Désormais, la Porte subordonne son autorisation à l'abolition de la corvée en Egypte et à la rétrocession des terrains concédés par Mohammed-Saïd. Elle exige en plus la garantie que le canal ne servirait qu'au commerce. Si le vice-roi n'obtenait pas l'accord de la Compagnie dans les six mois sur ces trois points, la Porte ordonnerait la suspension des travaux.

*

D'un certain sens, Lesseps se voit évincé, du moins partiellement, au profit du vice-roi qui se montre extrêmement satisfait du résultat obtenu par son ministre et le lui prouve en lui offrant un superbe domaine. Sans prendre le temps d'aller y jeter un coup d'œil, Nubar pacha s'embarque pour la France, à l'étonnement du consul Tastu qui, sachant que Lesseps, alors à Paris, s'apprête à regagner l'Egypte, lui fait observer qu'il le manquera. Nubar pacha lui répond qu'il ne va pas voir Lesseps, mais le ministre des Affaires étrangères afin qu'il fasse entendre raison à Lesseps. Tastu insiste en vain pour que, par correction, il fasse au moins une démarche auprès de Lesseps. Nubar pacha, brûlant les étapes, veut une décision du ministre, au besoin de l'empereur lui-même.

Pour se montrer aussi résolu, Nubar pacha doit se savoir puissamment soutenu, et l'on pense qu'il l'est, par le duc de Morny. Grand brasseur d'affaires, le duc a toujours montré de la réserve à l'égard du canal et même une certaine hostilité. Ceux qui le connaissent bien soupçonnent qu'il aurait vu la chose autrement si Lesseps avait songé à l'y intéresser financièrement. Tous deux hommes de plaisir, intelligents et retors, point scrupuleux sur le choix des moyens, le demi-frère de l'empereur et le ministre du vice-roi s'entendent comme larrons en foire. Ils imaginent une combinaison qui serait d'alarmer les actionnaires en leur montrant les périls menaçant la Compagnie, de les inciter à se débarrasser de leurs actions pendant qu'ils le peuvent encore, puis de les racheter en sous-main de manière à s'assurer la majorité nécessaire pour éliminer Lesseps.

Dès qu'il avait su le ministre égyptien à Paris, Lesseps, débarqué le 25 août à Alexandrie, avait télégraphié au conseil d'administration de la Compagnie pour lui recommander de n'avoir aucun rapport avec Nubar pacha, et il avait mis le vice-roi en garde contre les conséquences d'un éventuel reniement de ses engagements. Il avait conclu sa réfutation des prétentions vizirielles en répétant qu'il s'en tiendrait toujours aux termes des contrats passés avec Mohammed-Saïd. Puis, faisant allusion aux rumeurs selon lesquelles le vice-roi, placé entre la Grande-Bretagne et la Compagnie, jouerait double jeu et serait l'inspirateur des lettres vizirielles, il précise, en feignant de croire à l'innocence du prince : « Nous savons mieux que personne qu'il n'y a rien de fondé dans cette allégation absolument contraire aux actes du prince envers la Compagnie et aux loyales espérances qu'en plus d'une occasion nous avons reçues de lui-même. Il est déplorable qu'on prête ainsi deux langages à Son Altesse, l'un au Caire, l'autre à Constantinople ; il est

Monsieur et Madame Mathieu de Lesseps, les parents de Ferdinand.
(Collection particulière.)

Ferdinand de Lesseps quand il était consul en Égypte.
(Cie de Suez.)

Ferdinand de Lesseps, envoyé extraordinaire à Rome.
(Tallandier.)

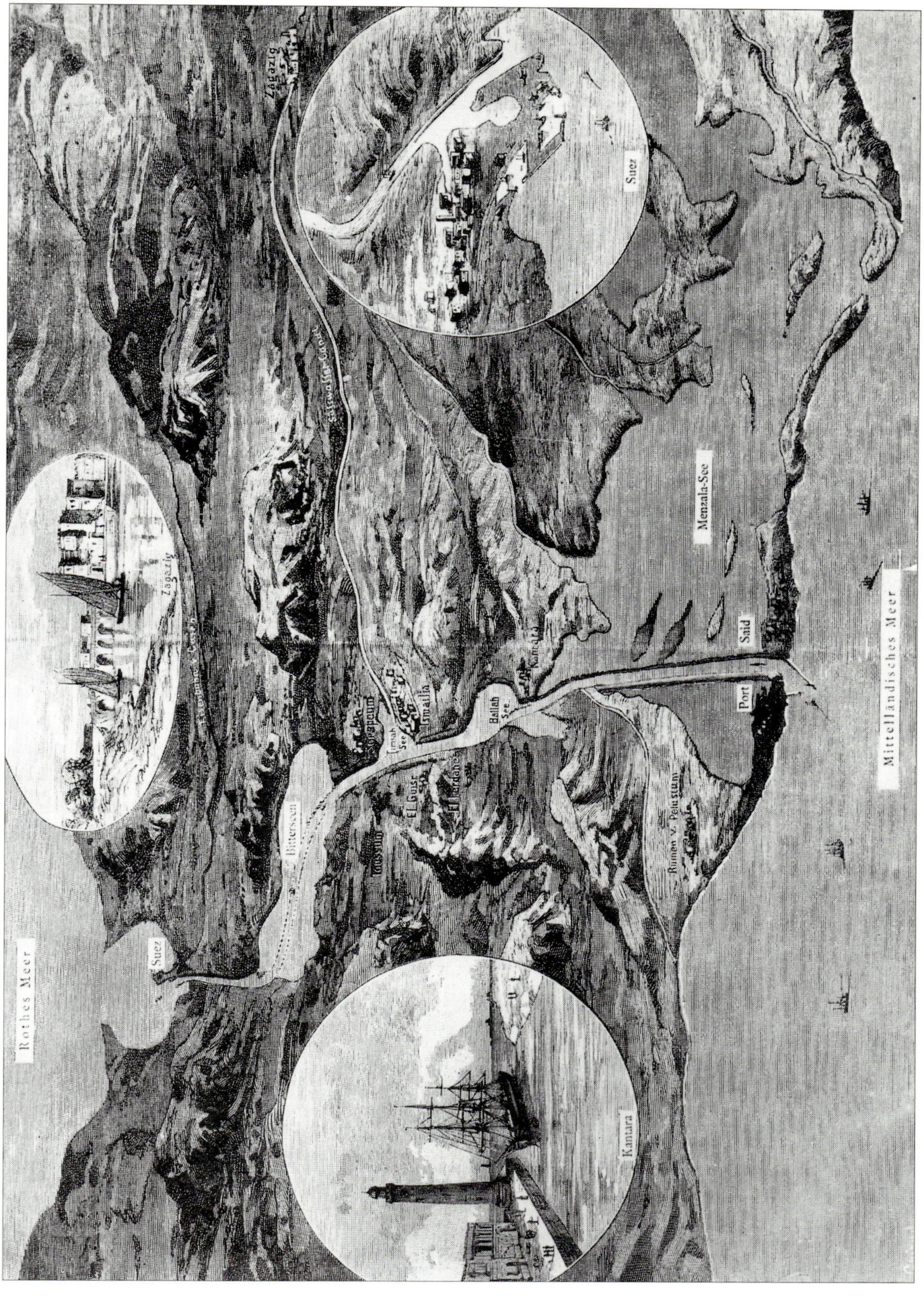

Carte du canal de Suez. *(AKG photo.)*

Ferdinand de Lesseps en tournée d'inspection, dans l'isthme de Suez. *(Extrait de* L'Illustration.*)*

« Excavateur Couvreux », qui permit l'accélération des travaux. *(D. R.)*

Mohammed-Saïd Pacha, vice-roi d'Égypte. *(Cie de Suez.)*

Madame Delamalle, belle-mère de Ferdinand de Lesseps. *(D. R.)*

Chalet de Lesseps, à Ismaïlia. *(D. R.)*

Travaux d'excavation au seuil d'El Guisr. *(D. R.)*

Drague à long couloir. *(Cie de Suez.)*

Ferdinand de Lesseps dans le désert. *(Presses de la Cité.)*

Ferdinand de Lesseps séparant les deux continents. *(Plon / Perrin.)*

Ismaïl Pacha, khédive d'Égypte. *(Cie de Suez.)*

Le dernier coup de pioche. *(A. Siliotti.)*

Inauguration du canal de Suez. *(AKG photo.)*

Arrivée de l'empereur François-Joseph à Port-Saïd. *(D. R.)*

Premiers navires à emprunter le canal de Suez. *(AKG photo.)*

Poursuite des travaux de dragage vers 1880. *(AKG photo.)*

Ferdinand de Lesseps et ses enfants. *(D. R.)*

Monsieur et Madame Ferdinand de Lesseps et leurs enfants. *(Presses de la Cité.)*

Ferdinand de Lesseps au temps de Panama par Louise Abbéma. *(CCI Marseille.)*

Travaux sur le chantier de Panama. *(Collection Viollet.)*

Le baron de Reinach
et Cornélius Herz, deux grands acteurs du scandale de Panama.
(Collection Viollet Harlingue-Viollet.)

Audience du procès de Panama.
De gauche à droite : Charles de Lesseps, Gustave Eiffel, Henri Cottu, Marius Fontane. *(Plon / Perrin.)*

1913. Passage du premier navire empruntant le canal de Panama, construit finalement par les Américains. *(Roger-Viollet.)*

Ferdinand de Lesseps, fondateur de la Compagnie universelle du canal maritime de Suez, par Léon Bonnat. *(Tallandier.)*

déplorable qu'un ministre ottoman se permette de laisser supposer que, lorsque le vice-roi observe et accomplit ses contrats en Egypte, il s'adresse à la Turquie pour lui demander, au détriment de ses droits, de son honneur, de l'indépendance administrative de l'Egypte, des moyens souterrains de l'affranchir de ces mêmes contrats. Ce sont là des procédés dont il serait difficile de calculer la fâcheuse influence auprès des gouvernements qui portent un vif intérêt à l'Egypte, si Son Altesse pouvait souffrir que le moindre crédit fût laissé à d'aussi tristes imputations[1]. »

La situation lui paraît plus grave qu'elle n'a jamais été, mais il est résolu à ne pas céder aux manœuvres d'intimidation : « L'héritage de la Compagnie de Suez n'est pas à partager, écrit-il le 28 août 1863 à son frère Théodore. Nous avons labouré et semé, nous ferons nous-mêmes la moisson[2]. »

Nubar pacha voit Drouyn de Lhuys le 5 septembre, mais il est poliment éconduit. Comme Moustier le lui a déjà dit, le ministre estime que les questions d'emploi des fellahs et de rétrocession des terrains sont d'ordre commercial et doivent être débattues avec le président de la Compagnie. Si le gouvernement français devait intervenir, ce ne serait qu'à la demande de Lesseps.

Lesseps arrive à Paris au début du mois d'octobre. Il y trouve le terrain préparé, ou plutôt miné, par l'astucieux Nubar qui a demandé à un avocat, Me Nogent Saint-Laurent, une consultation dont il a orienté les conclusions dans un sens favorable à sa thèse, et il a commencé dans les journaux une campagne humanitaire en faveur des malheureux fellahs. Nubar pacha se croit donc certain de la victoire en faisant à Lesseps une proposition qu'il estime raisonnable. La Compagnie de Suez rétrocéderait les terrains et le gouvernement égyptien lui rembourserait les dépenses faites pour le creusement du canal qu'elle se chargerait d'achever à ses frais. Au cas où la Compagnie devrait recourir encore à la corvée, celle-ci serait réduite à six mille hommes et le salaire journalier porté d'un franc à deux.

Si la Compagnie devait accepter de telles conditions, il ne lui resterait plus qu'à disparaître après avoir remboursé à ses actionnaires leurs apports. Obstinément, Lesseps s'en tient aux contrats d'origine, en pensant non sans raison que la première concession en entraînera d'autres et qu'il faudra toujours céder.

A l'unanimité, le conseil d'administration suit son président. Impatient de conclure, Nubar avait relancé Lesseps en lui rappelant que les infortunés fellahs mouraient de faim pendant que les administrateurs délibéraient : « Quinze jours ne sont rien ou de peu d'importance pour nous qui vivons tranquillement à Paris, lui écrivait Nubar pacha le

1. F. de Lesseps, *Lettres, Journal et documents*, t. IV, p. 327.
2. Cité par G. Edgar-Bonnet, *Ferdinand de Lesseps*, t. I, p. 367.

14 octobre, mais c'est beaucoup pour nos fellahs... Je vous prie, pas de perte de temps ; il ne s'agit pas entre nous de diplomatie, il s'agit d'humanité. » Révolté par tant d'hypocrisie, Lesseps lui répond vertement : « J'admets très bien que vous mettiez en avant auprès des avocats que vous consultez ou auprès des personnes qui ne connaissent pas l'Egypte, la question d'humanité... qui m'a toujours plus préoccupé dans ma vie qu'elle n'a pu vous préoccuper dans la vôtre ; mais ne la mettons pas en avant lorsque nous [nous] regardons en face. Lorsque nous parlons particulièrement, laissez de côté les rengaines que vous avez adoptées pour le public, faute de motifs réels[1]... »

Et Lesseps rappelle à Drouyn de Lhuys, pour son édification, que Nubar pacha n'est jamais allé dans l'isthme, alors que lui, Lesseps, a vu des milliers de cadavres le long du *railway* en construction quand Nubar pacha, directeur des Chemins de fer, avait laissé les fellahs mourir de soif.

Sans se laisser décourager, Nubar pacha revient à la charge, offrant cette fois une compensation pécuniaire pour la rétrocession des terrains, ce qui permettrait à la Compagnie d'embaucher des travailleurs libres, plus rentables que ceux de la corvée. Pensant faire céder Lesseps par l'intimidation, il avait adressé le 16 septembre au *Daily News* une lettre exposant le but de sa mission à Paris. Nombre de journaux avaient reproduit cette lettre et jeté ainsi l'émoi parmi les actionnaires. Nubar pacha avait même obtenu de grands journaux comme *Le Constitutionnel* et *Le Pays* des articles défavorables à la Compagnie. Il était allé jusqu'à payer l'insertion dans d'autres quotidiens d'un article presque diffamatoire publié dans *La Semaine financière*.

Sur la foi de lettres optimistes de Nubar pacha, le vice-roi avait cru que celui-ci réussirait à faire plier Lesseps. Aussi est-il déçu de constater qu'il n'en est rien. Ne sachant comment sortir de cette impasse, il fait dire au duc de Morny qu'il souhaiterait avoir l'arbitrage de l'empereur.

Morny convoque Lesseps au préalable et lui demande s'il n'y a vraiment pas moyen de trouver un accommodement avec Nubar pacha. Lesseps, croyant que Morny veut lui-même arbitrer le conflit, se cabre aussitôt : « J'ai une trop haute opinion de vous, Monsieur le Duc, lui dit-il, pour ne pas vous parler en toute franchise : vous êtes la dernière personne qui, en cette affaire, puissiez servir d'arbitre. Vous n'ignorez pas, sans doute, les bruits qui ont couru en Egypte, bruits faux et calomnieux, d'après lesquels les adversaires du canal comptaient sur votre intervention pour faire réussir la campagne entreprise par Nubar. On a parlé de sommes considérables données ou promises, et votre nom, il est de mon devoir de vous le dire, a servi de bouclier à la mission de Nubar pacha à laquelle le consul de France en Egypte avait voulu

1. *Ibid.*, t. II, p. 388-389.

s'opposer. Vous voyez donc qu'en présence de pareils bruits, contre lesquels je n'ai cessé de protester et contre lesquels certainement vous vous indignez, la réserve de votre part semble être une nécessité. J'ajouterai qu'appartenant moi-même au ministère des Affaires étrangères, je ne connais que le ministre de ce département pour intervenir entre le gouvernement égyptien et l'Empereur[1]. »

On ne peut mieux dire à Morny qu'on l'accuse, tout en feignant de croire que c'est à tort, d'avoir été acheté par Nubar pacha. Morny réagit, non contre l'accusation, mais contre l'erreur de Lesseps qui l'a pris pour le futur arbitre. « Mais il ne s'agit pas de mon intervention personnelle », observe le duc qui lui montre un billet de Napoléon III le priant de recevoir Lesseps pour en recueillir certaines explications.

Le quiproquo se dissipe, et Morny lui annonce que le dossier de la Compagnie de Suez sera confié pour examen à Emile Ollivier.

En attendant de savoir ce que l'empereur décidera, Lesseps, furieux des menées de Nubar et de ses démarches auprès de certains hommes politiques français, décide de contre-attaquer. Il avait envoyé une verte réponse au rédacteur de *La Semaine financière*, Eugène Forcade, qui avait récidivé en publiant une consultation juridique défavorable à la Compagnie, en allant jusqu'à contester sa légalité. Il fait assigner le rédacteur et le gérant de *La Semaine financière* devant le tribunal de police correctionnelle et devant le tribunal civil de la Seine, réclamant devant cette dernière juridiction cinquante mille francs de dommages et intérêts. Cette demande est justifiée par l'émotion des actionnaires, assez vive pour que le gouvernement ait dû faire paraître au *Moniteur* un communiqué, démentant formellement l'intention qu'on lui prêtait de ne plus vouloir soutenir les intérêts français engagés à Suez.

Après *La Semaine financière*, Lesseps fait assigner le 24 décembre 1863, devant la première chambre du tribunal civil de la Seine, Nubar pacha « pour avoir, en sa qualité privée, pris la responsabilité de la publication de documents falsifiés et diffamatoires contre la Compagnie ». Sur quoi, Nubar pacha fait citer Morny comme un allié du vice-roi contre la Compagnie.

Il est certain que traîner devant les tribunaux français un ministre égyptien ayant la confiance d'Ismaïl pacha risque d'envenimer davantage encore une affaire délicate, mais le vice-roi est trop avisé pour s'offusquer. Il préfère attendre pour voir d'où soufflera le vent le plus fort, prêt à sacrifier s'il le faut son ministre aux intérêts supérieurs de l'Etat.

Avec le même sens de l'opportunité, le tribunal de la Seine rendra dans cette affaire un jugement de Salomon, critiquant les agissements du ministre égyptien, mais ne le condamnant pas au motif que le prési-

1. F. de Lesseps, *Lettres, Journal et documents*, t. IV, p. 361.

dent de la Compagnie de Suez avait attaqué Nubar pacha devant l'opinion avant de le faire en justice. Or, c'était justement ce que Lesseps avait reproché à Nubar pacha lorsqu'il avait ébruité l'objet de sa mission à Paris.

La publicité donnée par la presse à ce conflit, celle apportée par les trois procès, ont enfiévré les petits porteurs, devenus des moutons enragés, prêts à se battre comme des lions. Ils se groupent, en province et à Paris, pour envoyer à Lesseps des motions de soutien, des lettres d'encouragement. Certains lui proposent une aide financière, à fonds perdus, pour la seule satisfaction de faire triompher, grâce à lui, une conception française. Des associations d'actionnaires se constituent, classes sociales et professions confondues dans un même élan patriotique. A lire les lettres enflammées envoyées par tant de paisibles gens — professeurs, magistrats, ingénieurs, négociants, rentiers, ecclésiastiques —, on pourrait voir en Lesseps, non un président de compagnie commerciale, mais un général, un nouveau Bonaparte à qui ses troupes réclament instamment d'en découdre avec l'Anglais.

Il sait fort bien éveiller cette ardeur belliqueuse au cours de ses conférences, même lorsque, prudemment, il prend soin de ne se laisser aller à aucune diatribe contre la Grande-Bretagne. Avec un art consommé, il présente les faits, les commente en toute objectivité, sans passion, et réussit malgré tout à enthousiasmer l'assistance. Il parle ainsi à la salle de la rue de la Paix, à la salle Barthélemy, à la Société philanthropique de Saint-Denis, à la salle Robin, boulevard du Temple, où l'on peut admirer, le soir, des vues panoramiques de l'isthme de Suez et des principaux chantiers. Le photographe Sanson, place Saint-Sulpice, vend des vues stéréoscopiques des travaux. Le canal de Suez n'est pas seulement une cause nationale ; il est à la mode.

*

Le 6 janvier 1864, le conseil d'administration de la Compagnie, qui n'a jamais tant siégé, adresse une pétition à Napoléon III pour le supplier d'intervenir personnellement auprès du sultan Abdul-Aziz afin d'obtenir la ratification du firman de 1854 qui seule mettrait un terme aux attaques contre la Compagnie, écartant ainsi à tout jamais la menace de suspension des travaux.

Le lendemain, Lesseps écrit confidentiellement à l'impératrice pour l'avertir que le but réel de cette pétition est de faire retirer le dossier de Suez des mains de Morny, qui ne l'a pas donné à Emile Ollivier, et de le remettre exclusivement à Drouyn de Lhuys. Comme l'empereur ne paraît pas avoir reçu l'avis, ou tarde à en tenir compte, Lesseps, le 26 février 1864, écrit au souverain : « Le nom de l'empereur est invoqué par M. le duc de Morny pour nuire aux intérêts de la Compagnie, tant en France qu'en Egypte. Je crois devoir faire connaître personnellement cette situation à Sa Majesté, en me permettant de rappeler à sa haute attention la pétition qui lui a été adressée le mois dernier par le conseil d'administration de la Compagnie, et qui présageait déjà les inconvénients de l'intervention de M. le duc de Morny dans les affaires du canal[1]. »

En même temps, Lesseps ne craint pas d'en appeler directement à l'opinion publique. Il l'a fait le 11 février au banquet des actionnaires qui s'est tenu au palais de l'Industrie, seul assez vaste pour qu'on puisse y donner un déjeuner de seize cents couverts. On y a grelotté, car le chauffage est tombé en panne, mais le discours du prince Napoléon a réchauffé les convives. Le prince a parlé pendant deux heures, interrompu souvent par des salves d'applaudissements. Il était allé en Egypte l'année précédente et en était revenu fort impressionné par l'ampleur des travaux et les perspectives brillantes qui s'ouvraient, grâce au canal, devant le commerce français.

Le prince s'est exprimé sur un ton familier, sans notes, avec des boutades et des mots à l'emporte-pièce, égratignant au passage Morny, qu'il déteste : « Je ne blâme pas ceux qui, ayant des positions élevées dans l'Etat, prennent un intérêt dans les affaires industrielles qu'ils peuvent être appelés à juger ; je ne jette pas un blâme sur eux, mais je tiens à constater que je ne les imite pas... » En effet, le prince Napoléon, protecteur de la Compagnie, a vendu les actions de Suez qu'il avait héritées en 1860 de son père le roi Jérôme. D'une phrase, il a condamné les affairistes en rappelant que, s'il était louable de vouloir s'enrichir, il fallait « gagner sur les affaires elles-mêmes et jamais sur ceux qui les font ». Il a dénoncé l'action funeste de Nubar pacha et l'a même accusé de s'être laissé acheter par Londres, puis il a ironisé sur les instincts philanthropiques des Anglais et les touchants scrupules de Nubar, lui-même un propriétaire opulent qui ne répugne pas à utiliser la corvée. Celle-ci ne sera éventuellement abolie que pour la Compagnie, jamais pour les pachas, et si les travaux de la Compagnie devaient être repris par le gouvernement égyptien, même avec la corvée, ils ne seraient jamais achevés, car on peut compter sur l'impéritie orientale.

Les propos du prince, son éloquence et son audace ont fait si grande impression qu'il est difficile de prendre la parole après lui. Lesseps s'est montré assez bref, contrairement à son habitude, et le baron Dupin plus bref encore.

Lesseps va se rattraper à l'assemblée générale des actionnaires, le 1er mars 1864, au Cirque de l'Impératrice où, à son entrée dans la salle, il est accueilli par une triple salve d'applaudissements. Devant les huit cent quatre-vingt-dix actionnaires présents, il brosse un tableau de la situation de la Compagnie, de l'état des travaux, puis il aborde la question juridique. Pour faire échec aux avocats enrôlés par Nubar qui pré-

1. Cité par J. Roux, *L'Isthme et le Canal de Suez*, t. I, p. 343.

tendent que la Compagnie a été constituée illégalement, il a consulté les plus grands noms du barreau parisien : Me Sénard, Me Champetier de Ribes, Me Chaix d'Est-Ange, Me Clément, Me Fréville, agréé près le tribunal de commerce, ainsi que deux avoués, Me Ribadeau-Dumas et Me Denormandie, et aussi que Me Mocquard, notaire de l'empereur. Cinquante-huit autres avocats du barreau de Paris ont, de leur côté, rendu des avis favorables ou bien ont adhéré à la consultation donnée par leurs confrères. Les actionnaires peuvent être rassurés : la Compagnie est parfaitement légale, avec un président aux pouvoirs légitimes.

Enfin, le vice-roi d'Egypte a déclaré s'en remettre à l'arbitrage de l'empereur, et personne ne fait observer que c'est plutôt le sultan qui aurait dû demander cet arbitrage. L'empereur a donc bien voulu se charger personnellement de cet arbitrage. La nouvelle, écrit le sténographe, est reçue par « un mouvement indescriptible. L'enthousiasme est à son comble ; les bras se lèvent, les chapeaux s'agitent en l'air, et la salle est ébranlée par une longue et puissante acclamation », avec le cri trop fois répété de *Vive l'Empereur !*

En Grande-Bretagne, on s'indigne, avec la même chaleur, que Napoléon III puisse à la fois être juge et partie. En sa qualité de chef d'Etat, il ne peut trancher un litige intéressant l'Empire ottoman sans s'immiscer dans les affaires intérieures de ce pays. Les rapports entre Le Caire et Constantinople vont-ils maintenant être régis par le gouvernement français ?

En Egypte on persiste à espérer que Morny influera sur la décision de l'empereur. Si l'on a sursis à la décision de suspendre la corvée, on ne s'en ingénie pas moins à contrecarrer l'action de la Compagnie, à lui susciter des embarras. Nubar pacha s'y entend à merveille, et ce double jeu exaspère Lesseps qui épanche sa fureur dans une lettre à l'ami Ruyssenaers. Il y résume parfaitement la situation et ses nombreux paradoxes : « ... de toutes les choses étranges qui résultent de la contestation élevée contre notre Compagnie, lui écrit-il de Paris le 20 avril 1864, la plus étrange est celle-ci : un gouvernement faisant tout son possible pour se mettre sous le joug administratif d'un autre gouvernement, et prenant prétexte de cette sujétion volontaire pour se dispenser d'exécuter le contrat qui la lie vis-à-vis d'une entreprise qu'il a constituée. Que la réclamation élevée contre le canal de Suez fût partie de Constantinople, et que le gouvernement égyptien eût demandé l'appui de la France pour y résister, au nom de ses intérêts menacés, c'eût été logique. Mais c'est précisément le contraire, et c'est cela qui est étrange[1]... »

Le mois précédent, la commission d'arbitrage a été réunie sous la présidence de Thouvenel, l'ancien ministre des Affaires étrangères et ambassadeur à Constantinople. Elle comprend deux sénateurs,

1. F. de Lesseps, *Lettres, Journal et documents*, t. IV, p. 672.

MM. Mallet et Suin, un député, Gouin, et un conseiller d'Etat, Duvergier. Lesseps a dû faire des concessions en admettant la suppression des contingents et la rétrocession des terrains, mais il a réclamé en compensation une indemnité de cent sept millions de francs et la renonciation du gouvernement égyptien à ses 15 % sur les bénéfices nets d'exploitation du canal.

La commission rend son rapport le 19 juin 1864. Elle préconise la restitution par la Compagnie de soixante mille hectares sur les quelque soixante-dix mille concédés par Mohammed-Saïd et fixe à quatre-vingt-quatre millions l'indemnité due par l'Egypte à la Compagnie de Suez. Bien entendu, la corvée ne fournira plus de contingents. Le gouvernement égyptien n'a d'ailleurs pas attendu cet avis pour les supprimer, ce qui perturbe l'exécution des travaux et gêne d'autant plus la Compagnie qu'elle commence à manquer d'argent.

Bulwer, qui ne lâche pas sa proie, a envoyé au Caire un agent, Stevens, chargé de nourrir la défiance du vice-roi Ismaïl à l'égard de tout ce qui est français : l'empereur, son gouvernement, Lesseps, la Compagnie. Il y réussit au point qu'Ismaïl refuse de voir Lesseps lorsque celui-ci arrive en Egypte le 5 juillet 1864.

*

Dès le lendemain, 6 juillet, il entreprend une inspection des chantiers. Depuis l'année précédente, un grand effort d'organisation et d'harmonisation a été fait. Le directeur des travaux, Voisin, a divisé le tracé du canal en quatre tronçons, confiés pour l'exécution des tâches à quatre entreprises différentes, ce qui évite le monopole et les exigences d'une société unique ayant toujours tendance à vouloir prendre le pas sur son commanditaire et à lui imposer son point de vue.

Le premier chantier concerne exclusivement les travaux du port et des bassins de Port-Saïd, confiés aux frères Dussaud, de Marseille, et qui ont déjà exécuté d'importants travaux dans les ports de Cherbourg, Marseille et Alger. Depuis un an, ils construisent à Suez le bassin de radoub de la Compagnie des Messageries impériales, et ils ont donc l'expérience du travail en Egypte. Le 23 octobre 1863, ils se sont engagés par contrat à réaliser en quatre ans, au moyen de blocs en ciment, les deux jetées de Port-Saïd.

Le deuxième chantier, sur une longueur de soixante kilomètres, a été attribué à un entrepreneur britannique, Aiton, de Glasgow, spécialiste des dragages. Au mois de janvier 1864, il a signé avec la Compagnie un contrat pour l'extraction de déblais au prix de 1,35 franc le mètre cube. Au mois d'avril 1854 sont arrivés à Port-Saïd quelques-uns de ses agents chargés de reconnaître le terrain, puis il a fait venir cent cinquante ouvriers anglais, mais des heurts n'ont pas tardé à se produire entre lui et la Compagnie qui, le 6 décembre 1864, résiliera le contrat. Il n'aura extrait que cent cinquante mille mètres cubes en six mois.

Le troisième tronçon du canal, soit les treize kilomètres du Seuil d'El-Guisr, est confié à l'entreprise Couvreux, destinée à jouer, par la personnalité de son propriétaire et l'efficacité de son matériel, un rôle important non seulement à Suez, mais dans d'autres chantiers considérables de l'époque.

Alphonse Couvreux est, comme Lesseps, un de ces hommes de fer pour lesquels aucun problème n'est insoluble et dont la volonté vient à bout de tous les obstacles. Né en 1820, il n'avait que vingt-sept ans lorsqu'il avait participé, avec sa petite entreprise familiale, aux travaux du chemin de fer d'Orléans, puis il avait exécuté les travaux de ballast et de terrassement sur le chemin de fer de Lyon et sur celui de l'Oust. En 1852, pour l'établissement d'une plate-forme de remblais à la gare de Vaise, il avait trouvé un moyen rapide et peu coûteux d'élever jusqu'à celle-ci les boues provenant du dragage de la Saône. Enfin, en 1850, il avait inventé, pour les travaux de la voie ferrée des Ardennes, l'excavateur auquel son nom restera lié.

Il avait proposé cet appareil aux ingénieurs de la Compagnie de Suez, car les dragues flottantes utilisées pour creuser le canal ne pouvaient attaquer le fond de celui-ci qu'au fur et à mesure de l'arrivée des eaux. Il avait vu son offre écartée, mais, d'après une tradition conservée chez ses descendants, il n'avait pas voulu rester sur cet échec et avait décidé de frapper l'esprit des ingénieurs de la Compagnie en leur montrant de quoi son excavateur était capable. Il l'avait fait venir dans le jardin d'une maison qu'il possédait aux environs de Paris, avait requis un huissier pour constater que la route longeant son jardin était dégagée, puis, aidé d'un contremaître, il avait fait fonctionner l'engin toute la nuit. Le lendemain, les services de la voierie lui avaient dressé un procès-verbal de contravention pour l'encombrement de la route par toute la terre que l'excavateur avait rejetée par-dessus le mur de clôture. Il avait fait préciser le nombre de mètres cubes obstruant la chaussée, puis il avait envoyé les deux documents à Lesseps.

Celui-ci, convaincu, avait accepté de le rencontrer. Couvreux s'était aussitôt rendu en Egypte afin d'étudier les lieux et avait signé le 1er mars 1863 un premier marché pour le percement du Seuil d'El-Guisr au prix de 0,60 franc le mètre cube. Il aura un délai de trois ans et demi, à compter du 1er avril 1864, pour achever sa tâche, effectuée aussi bien à sec que sous l'eau.

Enfin, la quatrième partie du tracé, du lac Timsah au port de Suez, est confiée à MM. Borel et Lavalley, deux hommes également remarquables qui se sont associés pour fonder une entreprise de travaux publics. Paul Borel, né à Marseille, est un polytechnicien, ancien ingénieur des Ponts-et-Chaussées, qui a participé à la construction du chemin de fer de Paris à Mulhouse, puis à la création de voies ferrées dans la région du Rhône et dans celle des Ardennes.

Alexandre Lavalley, lui, sort aussi de Polytechnique et a démissionné du Génie militaire pour entrer dans l'industrie où, pour mieux apprendre le métier, il a débuté comme simple ouvrier aux ateliers de construction mécanique Bury, Curtis et Kennedy, à Liverpool et Birmingham. En 1846, il était entré dans la firme Ernest Gouin, de Tours, à laquelle la Compagnie de Suez commande une grande partie de son matériel.

Borel et Lavalley ont aussitôt justifié la confiance mise en eux. Ils ont eu l'idée d'amener l'eau du Nil dans les dépressions de l'isthme afin de pouvoir y effectuer les dragages sous l'eau. Ils hériteront bientôt de la partie des travaux confiée à l'entreprise Aiton et, de 1864 jusqu'à l'achèvement du canal, ils prendront de plus en plus d'importance, au point de finir par recréer à leur profit ce monopole que Lesseps voulait éviter. Au fur et à mesure du progrès des travaux et des problèmes que poseront les sols à creuser, Borel et Lavalley demanderont la révision en augmentation de leur contrat qui s'enrichira d'actes additionnels correspondant chacun à des travaux sur des terrains particulièrement résistants que les sondages n'avaient pas décelés.

*

En parcourant ses chantiers en pleine activité, Lesseps peut constater les progrès accomplis en un an. Le canal d'eau douce est achevé. Une dérivation du Nil se jette ainsi dans la mer Rouge et forme une voie navigable entre Suez et Port-Saïd. Depuis le mois de juin, un canal de deux kilomètres et demi relie le canal d'eau douce au lac Timsah. Là, de puissantes machines élévatoires de l'entreprise Lasseron alimentent Port-Saïd en eau potable grâce à une conduite en fonte longue de quatre-vingts kilomètres. A Port-Saïd, l'eau est distribuée par des bornes-fontaines qui remplacent les porteurs. Deux réservoirs, l'un de cinq cents mètres cubes au Seuil d'El-Guisr, et le second de sept cents mètres cubes à Port-Saïd assurent à la population, en cas de rupture de canalisation, assez d'eau pour quinze jours.

Tous les chantiers sont reliés à l'Europe par une ligne télégraphique. La Compagnie a créé le long du canal un service d'acheminement du courrier, de voyageurs et de marchandises qui fonctionne parfaitement, donnant ainsi au gouvernement égyptien un modèle de bonne administration. Les travaux de creusement du canal ont progressé, en dépit des entraves. Si l'on n'a extrait qu'un million deux cent mille mètres cubes entre El-Ferdane et Port-Saïd, pour faire disparaître quelques seuils qui formaient obstacle, on a enlevé presque le double entre le lac Timsah et le plateau de Toussoum, sur la seconde partie du canal en direction de Suez. Dans cette région, on s'est attaqué au

Seuil de Chalouf el-Taraba qui sépare le petit bassin des lacs Amers des lagunes de Suez.

Malheureusement des sujets d'inquiétude empêchent Lesseps de se réjouir devant ces beaux résultats. D'abord la suppression des contingents qui va obliger la Compagnie à augmenter le recrutement de travailleurs libres à des tarifs plus coûteux, puis la crise économique qui sévit en Grande-Bretagne et a mis en difficulté l'entreprise Aiton. Faute de crédit, celle-ci ne peut plus honorer ses commandes de matériel, ni payer ses ouvriers. Pour survivre, Aiton a demandé une augmentation du prix du mètre cube extrait. Devant le refus de la Compagnie, il a suspendu ses travaux.

Malgré cette situation préoccupante et l'incertitude pesant toujours sur la poursuite des travaux, la tournée de Lesseps, comme pour narguer le vice-roi, se transforme en voyage triomphal. Le 7 juillet, il visite le domaine de l'Ouady, et il arrive le soir à Ismaïlia qu'il trouve transformée en dix mois. Dessinée à l'européenne, avec de larges avenues, des places, des quais prévus pour permettre à de grands navires d'accoster, la ville est destinée, dans son esprit, à devenir le grand port du canal avec l'abri sûr que constituera le lac Timsah. Le 8, il reçoit dans sa résidence personnelle, un grand chalet qui semble arriver tout droit de Trouville, les employés de la Compagnie et les entrepreneurs. Le lendemain, il inspecte le chantier d'El-Guisr, puis, le 10, il est à Port-Saïd où il offre, comme à Ismaïlia, un banquet de cent dix couverts au personnel et aux entrepreneurs de la Compagnie. Le 15 juillet il se rend au Caire, et le 19 il s'embarque pour la France.

Pendant qu'il parcourait l'isthme, Napoléon III avait rendu le 6 juillet 1864 sa sentence arbitrale que, par compromis du 21 avril, Nubar pacha et Lesseps s'étaient engagés à accepter. La sentence impériale a presque intégralement repris les propositions de la commission d'arbitrage.

La Compagnie de Suez rétrocédera les terrains concédés par Mohammed-Saïd, ne conservant que 10 264 hectares pour l'exploitation du canal maritime et 9 600 pour celle du canal d'eau douce. En compensation de cet abandon, elle recevra une indemnité de trente millions, auxquels s'ajouteront dix millions pour les travaux exécutés sur les canaux d'eau douce et six millions en rachat des droits de navigation sur ces canaux et autres redevances dont la Compagnie se voit privée. Au titre de la suppression de la corvée, elle touchera une indemnité de trente-huit millions de francs.

Au total, la Compagnie recevra une indemnité de quatre-vingt-quatre millions, mais la touchera par paiements échelonnés, ce qui, compte tenu de l'embarras chronique du Trésor égyptien, rend les paiements aléatoires.

A peine cette sentence est-elle rendue que le vice-roi, sans la contester dans ses chiffres, soumet son acceptation par l'Egypte à l'autorisation de la Porte. C'est tout remettre en question et revenir au point de départ, dix ans plus tôt, puisque l'objet de cet arbitrage était précisément de parvenir à un accord sur la poursuite et l'achèvement des travaux. Si le vice-roi prétend maintenant ne pouvoir accepter la décision sans l'assentiment de la Porte, pourquoi ne s'est-il pas préoccupé d'avoir cet assentiment avant d'autoriser Nubar à signer en son nom le compromis du 21 avril 1864 ? Une telle mauvaise foi indigne jusqu'à lord Russell qui écrit le 22 août à sir Henry Bulwer que « l'arbitrage étant intervenu par consentement mutuel des parties, et au su et au vu de la Porte, il ne voit pas très bien comment la sentence pourrait être discutée en ce qui concerne l'indemnité financière », mais il suggère que la question des terrains restant acquis à la Compagnie soit examinée par une commission ottomane.

Le marquis de Moustier, à qui son ministre a envoyé le texte de la sentence avec mission de sonder les intentions de la Porte, espère obtenir l'accord de celle-ci qui, dit-il, n'a aucune objection sérieuse à faire, sauf peut-être en ce qui concerne les dix mille hectares. Des objections, sir Henry Bulwer se démène pour en trouver. Rapidement, il convainc le grand vizir que les dix mille hectares donnent à la Compagnie la propriété de points stratégiques importants. Aussi conseille-t-il à la Porte d'adopter la suggestion du vice-roi et de participer aux travaux de la commission chargée de délimiter les terrains strictement nécessaires à l'exploitation du canal.

Cette proposition est transmise à Paris où elle est accueillie favorablement par Drouyn de Lhuys qui prie Lesseps de lui établir un protocole par lequel, en acceptant les demandes de la Porte, on profiterait de l'occasion pour exiger en retour de celle-ci la ratification du firman égyptien de 1854.

Sur ces entrefaites, Nubar pacha débarque à Constantinople avec la ferme intention de modifier la sentence arbitrale.

Tandis que l'ambassadeur turc à Paris, Djemil pacha, réclame au gouvernement français un amendement de la sentence arbitrale, M. de Bonnières communique au ministre des Affaires étrangères turc, Aali pacha, le projet rédigé par Lesseps. A partir de ce texte, Nubar pacha élabore un nouveau projet si léonin qu'il revient à priver la Compagnie de Suez d'une partie de ce que la sentence lui a laissé. De plus, Nubar pacha prétend qu'au titre des 15 % des bénéfices d'exploitation d'un canal qui n'est pas terminé le gouvernement égyptien devrait retenir une somme de 12 600 000 francs sur l'indemnité revenant à la Compagnie. Comprenant que l'affaire le dépasse entièrement, Bonnières expédie ce contre-projet à Paris d'où Drouyn de Lhuys le fait suivre à Lesseps, alors en Egypte.

Lorsque, enfin, Nubar pacha rencontre Lesseps, celui-ci lui dit simplement qu'il le croit trop intelligent pour oser lui présenter un tel projet. Aucunement décontenancé, Nubar lui répond : « Je suis bien aise de vous entendre parler de cette façon, car je regarde moi-même ce projet comme absurde. »

Il omet seulement de préciser que le vice-roi, lui, l'a trouvé fort à son gré, au point que, le 28 octobre, Ismaïl écrit à Lesseps pour lui demander d'accepter ce texte « absurde ». Au mépris du protocole, Lesseps ne répond même pas. Offensé de ce silence, Ismaïl décommande sa visite aux chantiers de l'isthme. C'est le conseil d'administration de la Compagnie qui répondra, mais par une lettre à Drouyn de Lhuys : « Le contre-projet est une négation de l'existence de la Compagnie, un moyen sûr de rendre impossible l'exécution du canal et d'amener ainsi la ruine rapide de l'entreprise [1]. »

Estimant que la solution du litige est à Constantinople, où Moustier vient de reprendre son poste, Drouyn de Lhuys confirme son intention de s'en tenir aux conclusions de la sentence arbitrale, ne serait-ce que par égard pour l'Empereur que l'on ne peut déjuger.

Obsédée par la pensée que les dix mille hectares restant à la Compagnie représentent une colonisation déguisée de l'isthme et que la commission chargée de la délimitation se laissera embobeliner par Lesseps, la Grande-Bretagne inspire au gouvernement turc l'idée d'envoyer sur place son propre expert. Ainsi, le président du conseil de la Guerre, Osman Noury pacha, se rend-il en Egypte afin d'y réduire au minimum la portion de terrain laissée à la Compagnie, tout en veillant à ce que cette portion congrue ne puisse avoir une valeur stratégique.

Il n'arrive pas seul en Egypte. Invoquant à nouveau des raisons de santé, sir Henry Bulwer débarque à son tour au Caire afin d'empêcher le vice-roi de céder aux représentations de Lesseps à qui son frère Jules, l'agent du bey de Tunis, est venu prêter main forte pour cet affrontement. Les négociations vont se compliquer du fait d'éléments qui apparaissent au cours de la discussion.

Bien reçu par Lesseps, qui lui fait bon visage, Osman Noury pacha se montre impressionné par les travaux et la technicité des entreprises.

En réalité, Osman Noury pacha cherche à endormir la méfiance de Lesseps, car il rend un rapport dans lequel l'évaluation de la superficie des terrains laissés à la Compagnie est sensiblement inférieure à celle de la sentence. Devant les protestations du marquis de Moustier, Aali pacha admet qu'il faudrait peut-être attendre que la commission officielle, qui n'a pas encore été désignée, procède à l'évaluation. Ainsi, encore une fois, revient-on au point de départ. Une autre cause de discorde est survenue avec l'affaire d'Abd el-Kader.

L'émir exilé, que Lesseps connaît depuis longtemps, était déjà venu en Egypte à l'occasion d'un pèlerinage à La Mecque, peu avant la mort de Mohammed-Saïd. Depuis sa réconciliation avec la France, il est le vivant symbole d'une union possible entre deux religions et

1. *G. Douin, Histoire du règne du khédive Ismaïl*, t. I, p. 141.

deux civilisations qui doivent, sinon s'amalgamer, du moins concourir ensemble au bien commun. En le recevant avec de grands égards et en le traitant somptueusement, Lesseps avait vu là un moyen de persuader les musulmans un peu récalcitrants que le percement de l'isthme, en dépit des objections de certains vieux croyants, était une œuvre approuvée par Allah. Abd el-Kader avait compris le dessein de son hôte en lui adressant une lettre de remerciement propre à calmer les scrupules des cheiks les plus dévots : « Aucune personne intelligente ne peut mettre en doute que votre œuvre soit un véritable bienfait pour l'humanité, et qu'elle ne soit, en même temps, d'une utilité générale dont les avantages rejailliront sur la plupart des habitants de la terre, d'une extrémité à l'autre. Nous prions le Très-Haut de vous en faciliter l'achèvement et de réaliser la jonction des eaux[1]. »

Poursuivant son idée de faire d'Abd el-Kader un instrument de sa politique ou, du moins, de sa propagande, il avait suggéré à l'émir, qui résidait à Damas, de venir s'établir dans la concession de la Compagnie. Le 16 juin 1863, le conseil d'administration avait autorisé Lesseps à lui offrir le grand domaine de Bir Abou Bellah que des fellahs et des ouvriers chrétiens venus de Syrie pourraient mettre en valeur.

Le vice-roi n'avait pas vu d'un bon œil qu'Abd el-Kader, jouissant d'un grand prestige auprès des musulmans, fût invité à s'installer en Egypte où il risquait de lui porter ombrage, et il s'était opposé à sa venue. Pour le moment, aucune décision finale n'est prise et Abd el-Kader, au retour d'un autre voyage à La Mecque, a pris possession, au mois de juin, du domaine offert par la Compagnie. Le vice-roi ne cache pas son mécontentement, et le consul de France lui-même estime qu'un tel cadeau ne peut être accepté qu'avec l'accord de Napoléon III. Heureusement, l'émir, après cette prise de possession symbolique, est reparti pour Damas, mais l'incident ajoute au contentieux entre la Compagnie, l'Egypte et la Turquie.

Il y a donc, avant de parvenir à un accord, bien des pierres d'achoppement que Drouyn de Lhuys essaie d'écarter en chargeant le marquis de Moustier de soumettre à la Porte un projet de firman rédigé à Paris et sur lequel Lesseps, qui doit se rendre à Constantinople incessamment, pourra donner de vive voix toutes les explications nécessaires.

*

C'est là une démarche nouvelle, annonçant la volonté d'en finir avec les atermoiements de la Porte et de régler le problème essentiel avant de passer à celui de l'exécution de la sentence. Etonné de cette prétention d'obtenir un firman réglant définitivement la question de fond, Aali pacha fait observer que si jusqu'alors ce problème était pure-

1. F. Charles-Roux, *Ferdinand de Lesseps et Abd el-Kader*, p. 15.

ment commercial, il devient, par cette initiative du gouvernement français, une affaire politique, et il rejette maintenant sur Lesseps le défaut d'accord entre le vice-roi d'Egypte et la Compagnie.

Le marquis de Moustier commence à se décourager. Le chargé d'affaires britannique, Stuart, informé de l'entretien que viennent d'avoir l'ambassadeur de France et Aali pacha, câble au Foreign Office : « Une pareille démarche du gouvernement français... paraît si peu raisonnable et si injuste, en ce qu'elle requiert la Porte, pour ainsi dire, de renoncer inconditionnellement à une étendue de territoire considérable et non définie, en faveur d'une compagnie étrangère, dont la puissance et les prétentions pourraient devenir une source de danger et une menace à l'intégrité et à l'indépendance de l'Empire ottoman, que je n'ai pas hésité à encourager Aali pacha à la fermeté[1]. »

C'est bien l'opinion de lord Russell, qui approuve son agent, et celle aussi de lord Cowley, l'ambassadeur britannique à Paris qui, le 25 février 1865, s'en explique avec Drouyn de Lhuys. Il lui dit qu'à son avis la sentence arbitrale de Napoléon III, rendue sans avoir consulté le sultan, ne pouvait engager celui-ci qui, de surcroît, n'avait signé ou autorisé à signer aucun compromis. Nubar pacha n'avait engagé que le vice-roi. Lord Cowley revient sur l'importance de la concession qui, bien qu'amputée des cinq sixièmes, donne à la France, par le biais de la Compagnie de Suez, une influence « capable de supplanter celle de l'autorité locale » et « susceptible d'entraver la liberté de circulation ». En conclusion, lord Cowley pense que le gouvernement français devrait s'abstenir de toute intervention et laisser le vice-roi régler l'affaire avec la Porte.

L'arrivée de Lesseps à Constantinople, à la fin du mois de février 1865, raffermit M. de Moustier qui reprend les pourparlers avec Aali pacha, lui proposant de s'en tenir au projet fait sept mois plus tôt par Lesseps. Aali Pacha paraît prêt à céder, lorsque Stuart l'en empêche et Moustier, lassé de ces discussions stériles, déclare qu'il ne veut plus les continuer.

Lesseps et lui rédigent ensemble un projet, le troisième depuis la sentence arbitrale, et, tandis que Lesseps part pour l'Egypte, Moustier soumet ce projet, le 14 mars 1865, au grand vizir. Celui-ci le lit, répond qu'il ne veut rien céder sur la question des terrains et qu'il traitera désormais directement avec Paris. Il se contentera d'adresser à l'ambassadeur, pour information, un mémorandum de ses plaintes et critiques.

Devant les représentations incessantes des ambassadeurs de Grande-Bretagne et de Turquie, les récriminations de Lesseps qui trouve que l'on défend mal la Compagnie, Drouyn de Lhuys, embarrassé, décide de soumettre à nouveau le dossier à l'empereur. Celui-ci ne veut rien changer aux termes comme aux chiffres de la sentence,

1. G. Douin, *Histoire du règne du khédive Ismaïl*, t. I, p. 152.

mais il laisse une possibilité de révision en suggérant qu'une fois le canal ouvert à la navigation, la Compagnie de Suez et le vice-roi pourraient s'entendre afin de rétrocéder au gouvernement égyptien les terrains qui ne seraient pas vraiment nécessaires à l'exploitation du canal.

Cet avis impérial, communiqué à Constantinople, y est accueilli par un silence dont Moustier s'étonne auprès d'Aali pacha qui lui répond être disposé à négocier sur cette base, après lui avoir laissé le loisir de la réflexion, pour que le sultan n'ait pas l'air de céder à la pression d'un gouvernement étranger. Ce n'est donc qu'une question d'amour-propre... En réalité, le grand vizir attend l'autorisation de la Grande-Bretagne, et lord Russel fait connaître sa position en télégraphiant à Stuart : « Le sultan peut compter sur notre appui diplomatique à Paris. La Porte n'a lieu de redouter que les conséquences de sa propre faiblesse. »

C'est donc à Paris que s'engage la dernière bataille pour obtenir le fameux firman. Lord Cowley prend l'offensive en priant Drouyn de Lhuys de faire réduire la superficie des terrains fixée dans la sentence arbitrale. Après avoir consulté Napoléon III, Drouyn de Lhuys propose l'envoi sur les lieux d'une commission composée d'un représentant de chacune des parties : France, Turquie, Egypte et Compagnie de Suez. Lord Cowley se déclare alors satisfait, car pour lui il s'agit moins de gagner quelques hectares que de contester au vice-roi, vassal du sultan, le droit de disposer du sol de l'Egypte en faveur d'une compagnie étrangère. Ainsi, après avoir fait du problème une question purement matérielle, il en fait maintenant, pour gagner du temps, une question de principe. A Drouyn de Lhuys qui lui fait observer que l'argumentation de sir Henry Bulwer s'appliquait à soixante mille hectares alors qu'il n'en reste plus que dix mille, lord Cowley réplique : « Que ce soit soixante mille hectares ou dix mille, le principe impliqué est le même. L'empereur ne peut pas, par une sentence, disposer de ce qui appartient à un tiers. »

Lorsque, lassé des bonnes paroles de Drouyn de Lhuys, lord Cowley en appelle à l'empereur, celui-ci lui confirme son accord pour l'envoi d'une commission mixte, mais à la condition d'obtenir au préalable le firman de la Porte. Cowley lui répond que le sultan pourrait lui écrire officiellement dans ce sens, mais cette lettre sera vraisemblablement dictée par le Foreign Office. Effectivement, le 13 avril 1865, lord Russel fait indiquer au sultan les points essentiels à mentionner dans sa lettre : la police et la juridiction du canal devront appartenir au gouvernement égyptien qui restera propriétaire des terrains concédés jusqu'au dépôt du rapport de la commission mixte. Enfin, le vice-roi aura un droit de veto sur la nomination du président de la Compagnie.

*

Pendant que Londres, Constantinople et Paris échangent leurs vues sans trouver de solution, Lesseps lance une vaste opération de prestige auprès de l'opinion publique internationale en invitant quatre-vingts délégués de chambres de commerce, en France et à l'étranger, à faire dans l'isthme un séjour pendant lequel il sera leur cicérone. Tous les invités ont répondu favorablement, sauf les Anglais, qui se sont abstenus.

La Grande-Bretagne, il est vrai, sait parfaitement à quoi s'en tenir sur l'état des travaux puisque sir Henry Bulwer, entouré d'un état-major de diplomates et d'ingénieurs britanniques, a fait, au mois de mars 1865, une nouvelle tournée dans l'isthme. Il a félicité Lesseps des progrès accomplis, particulièrement dans la mise en valeur du domaine de l'Ouady, où prospèrent dix mille colons, mais, une fois rentré chez lui, il a dénoncé vigoureusement à Londres le danger que représentent les établissements français de Port-Saïd et de Suez pour les intérêts britanniques, tant militaires que commerciaux. Quant à la population du domaine de l'Ouady, il voit en elle une sorte de Légion étrangère au service de la Compagnie : « Comme les Bédouins haïssent les Turcs et méprisent les fellahs, écrit-il, la Compagnie trouve en eux une population guerrière sur laquelle elle peut compter, et comme le Bédouin installé au canal ne cesse d'être en relations avec sa tribu au désert, l'influence morale du nom français s'étend par ce moyen à travers l'Egypte et la Syrie, parmi les Arabes en général[1]. »

Les délégués des chambres de commerce sont infiniment mieux disposés à l'égard de la Compagnie. Vingt-quatre arrivent de France, trente et un d'Italie, les autres de divers pays d'Europe. La Compagnie a d'ailleurs bien fait les choses en leur obtenant d'abord une réduction de 15 %, auprès des Messageries impériales, sur le prix des première classe, puis, une fois qu'ils ont débarqué, en prenant à sa charge tous les frais d'un séjour particulièrement somptueux, mais exténuant, car Lesseps ne leur fait grâce de rien et les conduit d'une main de fer, d'étape en étape, à un rythme infernal, c'est-à-dire le sien.

Ces messieurs passent du train aux dromadaires et des dromadaires aux chaloupes à vapeur sans avoir un instant de loisir pour faire un croquis ou simplement une sieste. Au chantier du Serapeum, ôtant leurs redingotes et retroussant leurs manches de chemise, ils prennent une pioche et une brouette afin de montrer aux fellahs qu'ils savent eux aussi remuer la terre. Le lendemain, au chantier de Kantara, ils sont accueillis par un concert de sifflets de locomotive, la plus grisante des musiques aux oreilles d'un vrai chef d'entreprise.

Un banquet au consulat de France d'Alexandrie avait inauguré leur visite de l'isthme ; un autre banquet, à bord du paquebot *l'Impératrice*, en rade de Suez, achève l'excursion. Ces dix jours de randonnée

1. *Ibid.*, t. I, p. 166.

sous un soleil déjà chaud ont exténué les délégués qui, bien qu'admiratifs, n'auraient pas visité un chantier de plus. Berteaux, secrétaire de la chambre de commerce de Marseille, et qui plus tard sera l'un des premiers biographes de Lesseps, écrit confidentiellement à son président pour lui donner son impression personnelle, avant l'envoi de son rapport officiel, et lui avoue qu'il n'en peut plus : « Malgré les oasis qui émaillent le désert, malgré la manne que M. de Lesseps y fait tomber, tout n'a pas été rose. Plusieurs de nos compagnons de voyage ont laissé en route la santé dans ces étapes forcées qui ne trouvaient pas toujours la compensation du sommeil. M. de Lesseps est infatigable et a mis tout le monde sur les dents. Dieu merci, la délégation marseillaise [1] n'a pas fait trop mauvaise contenance. Toutefois, pour solder l'arriéré, Jules [2] et moi avons besoin de repos ; nous restons quatre ou cinq jours au Caire. Les pions que M. de Lesseps a poussés sur l'échiquier du désert ont repris leur indépendance [3]. »

Avant de partir lui-même pour Paris, où il a été appelé d'urgence, Lesseps s'en va prendre congé du vice-roi, et ils ont tous deux une longue explication qui dissipe les nuages accumulés depuis des mois. « Nous avons fini par nous dire, écrit Lesseps à Voisin, que nous étions comme deux amoureux qui, après avoir cru chacun d'eux à une infidélité, finissaient par se reconnaître innocents et par se réconcilier tout à fait. C'est ce qui a eu lieu... Le Vice-roi m'a paru enchanté de la netteté avec laquelle je l'ai débarrassé de ses préoccupations [4]. »

*

Lesseps se trouve en France, assistant à une soirée au ministère des Affaires étrangères, lorsque M. de Billing, directeur du ministère, lui apprend que le choléra s'est abattu sur l'Egypte. Il gagne aussitôt Marseille et débarque le 27 juin 1865 à Alexandrie où le vice-roi, fuyant le fléau, s'est précipitamment embarqué, imité par les Alexandrins dont un tiers a quitté la ville. A l'agence de la Compagnie, l'ordre règne, grâce au sang-froid d'Adolphe Sala. La Compagnie et le consulat de France donnent à la population l'exemple du courage et du calme.

A Zagazig, où le médecin du gouvernement a décampé prestement, les deux employés du télégraphe de la Compagnie, Pagès et Autran, sont restés à leur poste et font preuve d'un courage romain. A Ismaïlia, c'est la débandade. La population entière, occupée presque entièrement à l'achèvement des deux écluses du canal d'eau douce, a

1. Composée de Berteaux, Lepeytre et Jules Roux.
2. Jules Roux, né à Marseille en 1841, mort à Paris en 1918, autorisé légalement à s'appeler Jules Charles-Roux (1910), devait être vice-président de la Compagnie de Suez, sur laquelle il laissera un remarquable ouvrage en deux tomes : *L'Isthme et le Canal de Suez* (1901).
3. Lettre du 16 avril 1865 (Archives de la chambre de commerce de Marseille).
4. Lettre du 26 mai 1865 (Archives de la Compagnie de Suez).

été prise de panique en apprenant qu'il y avait plusieurs cas mortels en ville. Elle s'est enfuie vers Port-Saïd, entraînant avec elle les ouvriers échelonnés le long du canal. Ceux qui se sont réfugiés à Port-Saïd ne veulent pas y rester, cherchant à tout prix une place à bord d'un bateau pour gagner l'Europe, et leur affolement se communique à la population du port. Lesseps s'y rend, parvient à calmer les esprits et fait évacuer un quartier où des Grecs, entassés sans hygiène, représentent un dangereux foyer de contagion.

A Ismaïlia, on compte cent soixante-quinze morts en sept jours, et, au total, il y en aura deux cent vingt-huit sur quatre mille habitants. Alerté sur l'importance et la gravité de l'épidémie, Lesseps se rend dans la ville où, aidé par le docteur Aubert-Roche, il fait installer soixante cholériques dans la maison de l'ingénieur Sciama. Si, dans les deux jours de son arrivée, on compte encore trente décès, la mortalité paraît décroître un peu avec le changement des vents.

Un jour, visitant une infirmerie et voulant faire avaler un remède à une malade récalcitrante, celle-ci repousse le verre et lui mord la main. Le personnel, affolé, s'empresse autour de lui, mais Lesseps observe avec sang-froid : « Laissez... laissez... comme cela on verra bien que le choléra n'est pas contagieux ! »

Le calme un peu rétabli, il s'en retourne à Port-Saïd où, comme il l'écrit le 5 juillet à Voisin, « le moral des ouvriers avait bien besoin d'être remonté, même parmi les Français. Quant au personnel plus relevé de la Compagnie et des entrepreneurs, il n'aura qu'à suivre l'exemple des chefs[1]. » Et, deux jours plus tard, il écrit de nouveau à Voisin : « Je suis heureux que les éloges mérités que j'ai donnés au personnel d'Ismaïlia, à vous en tête, aient fait bon effet. Ces éloges, je me suis empressé de les faire connaître à Paris, en ajoutant particulièrement que j'avais eu plus de difficultés avec les vivants de Port-Saïd qu'avec les mourants d'Ismaïlia. Les ouvriers français, ici, ne nous font pas beaucoup d'honneur. Ce sont des plumitifs, comme ils appellent les employés, qui donnent le bon exemple[2]. »

Il se heurte à une autre difficulté, celle de trouver un cimetière, car les autorités égyptiennes saisissent cette occasion de contester les droits de la Compagnie : « Quand je pense, écrit-il le 11 juillet au duc d'Albuféra, que l'on nous dispute l'emplacement que nous avons fondé à Port-Saïd et que nous ne trouvons pas de place pour enterrer nos morts, je me sens pris de quelque indignation contre nos stupides, lâches et ignorants adversaires[3]. »

Alors que partout le choléra diminue, la femme de l'ingénieur Voisin est atteinte à son tour et meurt le 19 juillet. Pour ne pas ranimer

1. Archives de la Compagnie de Suez.
2. *Ibid.*
3. Cité par George Edgar-Bonnet, *Ferdinand de Lesseps*, t. I, p. 421.

les inquiétudes du personnel, cette mort n'est pas annoncée dans la presse, encore moins dans le journal de la Compagnie, et elle ne sera révélée que le 2 février 1911, lors de l'inauguration du buste de son mari... Bel exemple de courage et d'oubli de soi, justifiant le mot du père Enfantin : « Là où il n'y a pas d'abnégation, il n'y a pas de vraie grandeur. »

La dernière victime du fléau sera, six mois plus tard, la mort à Ismaïlia, le 27 décembre 1865, du jeune Ferdinand de Lesseps, le seul fils que Charles de Lesseps ait eu de son mariage en 1862 avec Jeanne Descours de La Maisonfort. Averti que l'enfant est au plus mal, son grand-père, alors au Caire, commandera un train spécial pour gagner Ismaïlia et finira le trajet à cheval, dans la nuit, mais il arrivera trop tard pour revoir l'enfant vivant et, dans son émotion, s'évanouira.

*

Le danger semblant conjuré, Lesseps repart pour la France où la question du firman d'autorisation nécessite une fois de plus sa présence. La situation n'a guère évolué pendant son séjour en Egypte. Après de nombreuses discussions entre Djemil pacha et Drouyn de Lhuys, celui-ci a prié la Compagnie de Suez de désigner un représentant pour faire partie de la commission qui doit procéder à la délimitation des terrains, mais Lesseps, alors en Egypte, avait profité de la bonne humeur du vice-roi pour conclure avec lui un arrangement sur la question des terrains. De chaque côté, on avait fait des concessions.

Néanmoins, réflexion faite, et vraisemblablement influencé par le consul britannique, le vice-roi avait déclaré ne pas trouver, dans le mémorandum que Lesseps lui avait adressé le 27 mai pour concrétiser leur accord, « l'esprit et le sens de leurs entretiens », écrivant même à Lesseps : « Je vois que dans nos conversations nous nous entendons toujours parfaitement, mais dès qu'il s'agit de mettre ces conversations par écrit, cette entente cesse[1]. »

Déçu de cette volte-face, Lesseps est personnellement peu enclin à désigner un représentant de la Compagnie dans une commission dont il conteste l'utilité, s'en tenant strictement à la sentence arbitrale. Alors que le sultan fait du rapport de cette commission la condition du firman, Lesseps veut le firman d'abord, la commission ensuite.

Au refus de Lesseps, Drouyn de Lhuys avait vu s'ajouter, pour compliquer sa tâche, une nouvelle exigence de Londres, celle de participer à la commission alors qu'officiellement la Grande-Bretagne est étrangère à la question. Là, Drouyn de Lhuys, excédé, avait demandé à lord Cowley pourquoi l'Autriche ou la Russie ne se feraient pas également représenter à cette commission qui, d'instrument de travail,

1. G. Douin, *Histoire du règne du khédive Ismaïl*, t. I, p. 171.

pourrait se transformer en conférence internationale. L'ambassadeur, interloqué, n'avait pas insisté. Une démarche similaire, effectuée par sir Henry Bulwer auprès du grand vizir, avait été contrée par le marquis de Moustier qui avait employé les mêmes arguments que son ministre.

Peut-être par dépit de ne pas arriver à ses fins, le Foreign Office a rendu sir Henry Bulwer responsable de ce que l'on considère à Londres comme un demi-échec. Il a eu beau se défendre et rappeler tout ce qu'il a fait pour soutenir la Porte et l'inciter à la résistance, le Foreign Office l'a remplacé par lord Lyons tandis qu'au Caire le consul Colquhoun a cédé la place au colonel Stanton.

Napoléon III, de son côté, a répondu favorablement à la lettre du sultan lui demandant son accord pour envoyer une commission mixte en Egypte, mais quelques semaines plus tôt, alors qu'il s'embarquait à Marseille pour Alger, il avait manifesté son mécontentement de toutes ces tracasseries en paraissant ignorer la présence du grand vizir, lui-même de passage à Marseille et venu le saluer. Comme le grand vizir, un peu surpris de cette attitude, avait demandé si Sa Majesté nourrissait quelque grief à son égard, Napoléon III s'était contenté de répondre un seul mot : « Firman ! »

Maintenant que toutes les parties en cause, apaisées ou feignant de l'être, sont d'accord, c'est de la Compagnie de Suez que vient l'opposition. Après l'assemblée générale des actionnaires, tenue le 5 octobre 1865, Lesseps déclare que la Compagnie s'en tient à la sentence de juillet 1864, et il écrit le 17 octobre à Drouyn de Lhuys : « Le gouvernement français passera-t-il son temps à discuter sans cesse sur des textes qui, différents par la forme, auront toujours la même tendance par le fond ? Ne faut-il pas mettre un terme à des subterfuges et des pièges ? »

En lisant un quatrième projet de contrat présenté par la Porte et transmis par Moustier sans l'avoir étudié, Lesseps y découvre un de ces pièges dont il se plaint. Il y est, par exemple, interdit à la Compagnie de faire une acquisition quelconque en dehors du périmètre du canal, et l'on y prévoit que les litiges entre elle et les particuliers égyptiens seraient, contrairement au régime juridique existant, du ressort des tribunaux locaux. Une telle mesure, estime à bon droit Lesseps, découragerait de futurs investisseurs et ferait de la Compagnie, écrit-il, « un fellah égyptien taillable et corvéable à la volonté de tout pacha du vice-roi ». Enfin, ce projet prive tous les employés du bénéfice de leur nationalité, faisant d'eux, sinon des sujets égyptiens, du moins des justiciables des tribunaux du pays [1].

Au Caire, le nouveau consul anglais, Stanton, montre qu'il est un militaire en prêtant à Lesseps des ambitions stratégiques à Suez. Il accuse en effet la Compagnie de vouloir, par ses travaux, isoler le port

1. F. de Lesseps, *Lettres, Journal et documents*, t. I, pp. 206-216.

et la ville en les coupant de la mer. Il proteste officiellement auprès du vice-roi tandis que lord Cowley le fait auprès de Drouyn de Lhuys. Ignorant la topographie de la région de Suez, Drouyn de Lhuys transmet la plainte au nouveau consul de France au Caire, Outrey, en le chargeant d'examiner le problème avec son collègue anglais.

Pour hâter le règlement du conflit, Lesseps adresse à Napoléon III une requête des actionnaires souhaitant l'application pure et simple de la sentence.

Exaspéré lui aussi par tout ce bruit autour d'une entreprise à laquelle il ne s'est jamais vraiment intéressé, Napoléon III fait répondre à Lesseps que si la Compagnie s'entête à réclamer l'application de la sentence sans accommodement et refuse de participer à la commission mixte, elle ne devra plus compter sur sa protection.

Cette fois, il faut s'incliner. La Compagnie se fait représenter par M. Mallet, ancien inspecteur général des Ponts-et-Chaussées, le gouvernement français par M. Lesbasteur, ingénieur des Ponts-et-Chaussées. En remplacement d'Osman Noury pacha, mort entre-temps, la Porte envoie Server effendi, un ancien diplomate, qui a été premier secrétaire à l'ambassade à Paris et passe pour honnête homme. Sa désignation paraît témoigner de la bonne volonté de la Porte, encore que les termes de sa mission lui aient été tracés par sir Henry Bulwer lui-même, avant de quitter son poste, mais l'ambassadeur en était malgré tout venu à la conclusion que dix mille hectares étaient indispensables pour une bonne exploitation du canal. C'était aussi l'opinion du vice-roi qui, lors d'un voyage à Constantinople, au mois de juillet 1865, avait confié au marquis de Moustier qu'il n'attachait pas une importance excessive à la question de la superficie. Il se souciait seulement « de la situation qu'occuperaient, dans les trois points principaux de Port-Saïd, Suez et Ismaïlia, les terrains réservés à la Compagnie dans leurs rapports avec le développement nécessaire de ces trois villes[1]. » Autrement dit, la Compagnie ne devait jamais oublier qu'elle était sujette et non souveraine, même dans les villes qu'elle avait fait surgir du désert.

Le marquis de Moustier, qui ne doit pas se pardonner d'avoir transmis le projet turc à Paris sans l'avoir lu, le reprend point par point, modifie les articles les plus désagréables à la Compagnie et surtout à Lesseps, fort irrité par la disposition sur le droit de veto du vice-roi lors du renouvellement du président. Il aboutit ainsi à un cinquième projet, approuvé par le grand vizir. S'il n'a pu faire échapper la Compagnie, qui est égyptienne, à la juridiction des tribunaux égyptiens, du moins est-il parvenu à ce que les actionnaires, dans leurs rapports entre eux, puissent faire régler leurs litiges par arbitrage, avec appel devant la cour impériale de Paris. Les litiges entre Egyptiens et membres du

---

1. Lettre du marquis de Moustier, in *Journal de l'Isthme de Suez*, juillet 1865, p. 89.

personnel de la Compagnie seront portés devant les juridictions consulaires, conformément au régime encore en vigueur des « capitulations ».

Le consul Outrey et le colonel Stanton se sont rendus à Suez et ont pu voir, sur les lieux, que le tracé du canal n'isolait pas la ville et le port de manière à en faire un bastion français sur la route des Indes. Ainsi les obstacles à un règlement amiable et à l'obtention du firman semblent tomber les uns après les autres, mais Londres, malgré la mort de Palmerston, le 18 octobre 1865, reste fidèle à l'esprit du vieil homme d'Etat et continue son opposition systématique. A lord Lyons, successeur de sir Henry Bulwer, le Foreign Office a tracé sa ligne de conduite : veiller à ce que « ni l'apathie du gouvernement turc, ni les visées d'indépendance que chérit le gouverneur de l'Egypte [*sic*] » ne l'amènent à se laisser détourner de son but, maintenir la liberté de passage à travers l'Egypte et empêcher tout monopole de compagnies françaises, Suez ou autres.

Lord Lyons fait de son mieux pour suivre les directives de son gouvernement. Il prie le colonel Stanton d'inciter le commissaire turc à réduire le plus possible la superficie des terrains concédés, mais l'activité des agents britanniques en Egypte est contrée par le consul Outrey qui défend avec énergie les intérêts de la Compagnie. Bien en cour auprès du vice-roi, le consul de France obtient même de celui-ci qu'il fasse envoyer cent mille fellahs sur le chantier du canal d'eau douce, entre Le Caire et l'Ouady, donnant ainsi, constate-t-il ironiquement, « le démenti le plus éclatant à ceux qui ont soutenu que la corvée était supprimée en Egypte ».

De guerre lasse et voulant sauver l'essentiel, c'est-à-dire le canal lui-même, Lesseps finit par accepter le dernier compromis, approuvé par le grand vizir, mais c'est Ruyssenaers qui négocie à sa place avec Ismaïl pacha.

*

Le 30 janvier 1866, la longue lutte opposant depuis dix ans la Compagnie de Suez à la coalition anglo-turque s'achève enfin par une convention que signent Nubar pacha et Lesseps. Celui-ci a dû faire un nouveau sacrifice en acceptant de revendre au vice-roi le domaine de l'Ouady, acquis en 1861, et qui ne faisait pas partie de la concession. Remarquablement géré par Jules Guichard, c'était une colonie modèle et, à ce titre, excitant l'envie. Lesseps en a demandé dix millions, qu'il obtient.

Aux termes de cette convention, la Compagnie de Suez garde les dix mille hectares fixés par la sentence arbitrale mais reconnaît au gouvernement égyptien le droit d'occuper tout point de la concession utile à la défense du territoire, ainsi que le droit d'y installer ses services administratifs tels que postes, douanes, casernes, sous réserve de rembourser à la Compagnie les frais exposés pour l'aménagement de ces emplacements.

Les particuliers auront le droit de s'établir dans la concession, sous réserve d'accord préalable du gouvernement et à condition que leurs établissements ne gênent pas les activités de la Compagnie.

En contrepartie de la rétrocession du canal d'eau douce et de ses dépendances, le gouvernement égyptien, désormais chargé de leur entretien, s'engage à fournir à la Compagnie soixante-dix millions de mètres cubes d'eau par jour pour les besoins de son exploitation et ceux des habitants de la concession.

Pour cette rétrocession, la Compagnie recevra une indemnité de dix millions. Avec les dix millions représentant la vente de l'Ourdy, ce sont vingt millions supplémentaires que le gouvernement égyptien s'engage à verser à la Compagnie, son plus important créancier.

Trois semaines plus tard, une seconde convention, récapitulant tous les accords passés entre le gouvernement égyptien et la Compagnie, toutes les dérogations dont ils ont été ensuite l'objet, règle enfin les derniers points litigieux. Signée cette fois par le vice-roi lui-même et Ferdinand de Lesseps, elle peut être regardée comme la charte régissant les rapports de la Compagnie de Suez avec le gouvernement égyptien.

En adressant au duc d'Albuféra le texte de cette convention, Lesseps peut ajouter : « Elle satisfait complètement les deux intérêts en présence. On peut dire aujourd'hui que nous allons marcher avec le vice-roi dans l'harmonie la plus complète, et que le succès financier de notre œuvre est assuré. » Puis il rend hommage à Ruyssenaers dont le concours a été précieux : « Le résultat obtenu est dû, pour la plus grande partie, à l'intervention officieuse, réclamée par le vice-roi, de mon vieil ami M. Ruyssenaers, qui nous a donné, dans cette circonstance, une nouvelle preuve de son dévouement et a rendu aux deux parties un grand service[1]. »

Le 1er août 1866, à l'assemblée générale des actionnaires, Lesseps peut annoncer l'heureuse issue de toutes ces négociations puisque, le 19 mars 1866, le sultan Abdul-Aziz avait enfin signé le fameux firman, si longtemps attendu. Il peut aussi dissiper certaines inquiétudes, qui commençaient à poindre, sur la solvabilité de la Compagnie : les accords financiers passés avec l'Egypte assurent d'importantes rentrées de fonds. Enfin, quinze mille travailleurs européens vont remplacer les vingt mille fellahs de la corvée.

L'avenir s'annonce sous de meilleurs auspices. Il y a néanmoins une ombre au tableau, une ombre qui ne cessera de s'allonger au point d'alarmer sérieusement Lesseps et les administrateurs : c'est une campagne obstinée, sournoise et fielleuse menée contre la Compagnie par

1. F. de Lesseps, *Lettres, Journal et documents*, t. V, lettre du 25 février 1866.

le *Journal des Travaux publics* et reprise ensuite par de petites feuilles presque inconnues, mais tenaces, qui vont répétant sans trêve informations erronées, rumeurs fantaisistes, accusations mensongères. Sous la présidence d'un prétendu comte de Villiers, qui n'est pas comte, à peine Villiers, s'est formé, rue d'Aumale, un comité des actionnaires où l'on attire les mécontents pour les persuader de revendre leurs actions avant que la Compagnie ne s'écroule et où l'on s'efforce aussi de discréditer Lesseps aux yeux du public.

Maintenant que la Grande-Bretagne a enfin rendu les armes, elle est relayée par une force occulte, abritée parfois sous l'anonymat, qui, moins puissante, est tout aussi dangereuse.

10

UN ÉTAT PATRICIEN
1867-1868

Au mois d'avril 1865, alors que, presque assuré d'obtenir le fameux firman, Lesseps poussait activement les travaux, S. Berteaux, le secrétaire de la chambre de commerce de Marseille, avait porté ce toast au président de la Compagnie de Suez, à l'issue du banquet offert par le consul de France à Alexandrie :

A Monsieur de Lesseps, notre illustre convive !
Travailleur sans égal, plein de cette foi vive
Qui déplace les mers et transporte les monts,
Il féconde du Nil les généreux limons,
Et va, ressuscitant l'Egypte nourricière,
Changer en grains de blé tous ses grains de poussière.
L'obstacle de Suez s'aplanit sous sa main :
Au golfe d'Arabie il découpe un chemin
Et marie aujourd'hui, merveilleux hyménée,
A l'océan Indien, la Méditerranée.
A travers les sillons par son génie ouverts,
Il unit pour la paix deux bouts de l'Univers
Et devient, en créant cette œuvre sans seconde,
Le collaborateur de Dieu qui fit le monde.
Le burin de l'Histoire incrustera son nom
Sur l'éternel granit du Sphinx et de Memnon.

Maintenant qu'il est délivré, croit-il, de ce rôle d'ambassadeur itinérant qu'il joue depuis douze ans, il peut se consacrer davantage aux travaux eux-mêmes. Bien que sans aucune formation scientifique, il a suffisamment d'expérience et d'intuition pour comprendre tous les problèmes techniques, de bon sens pour les résoudre et de volonté pour faire appliquer ses décisions.

Il possède une intelligence apte à envisager tous les aspects d'une question et il est assez souple, en dépit d'un caractère affirmé, pour savoir, quand il le faut, non pas plier, mais substituer une solution à une autre afin de parvenir au but fixé. En certains cas, sa longue patience et sa diplomatie touchent au génie. D'une nature optimiste, il sait communiquer sa confiance à son entourage. L'auteur d'un article de l'*Illustrated London News* lui rendra un bel hommage en écrivant : « Peut-être aucun homme n'a-t-il jamais possédé à un degré si merveilleux le pouvoir d'insuffler aux autres esprits la foi et la ferveur qui animaient le sien. »

Sur les êtres et les choses, il promène un regard lucide auquel rien n'échappe et, tout en croyant à la bonté fondamentale de la nature humaine, il en connaît les limites, indulgent à certaines faiblesses, impitoyable au contraire à l'égard de ces deux défauts, pour lui les pires : la paresse et la déloyauté. Il lui arrive, emporté par sa trop grande tendance à présumer le bien, de faire preuve d'une confiance excessive, ayant souvent le tort de juger autrui d'après lui-même. Alors qu'il venait d'obtenir le premier acte de concession de la Compagnie de Suez, l'amiral Jurien de la Gravière lui écrivait : « ... je connais votre indomptable énergie, et je crois que votre foi transportera des montagnes... et ce qui semblerait impossible à d'autres, me paraît facile pour un homme de votre caractère. Je ne crains que votre excessive bonté qui vous rend inaccessible aux soupçons, et peut quelquefois vous livrer à des calculateurs cachés sous le manteau des idées les plus généreuses. Mais si vous êtes bon, vous êtes ferme, et vous avez si bien réussi jusqu'ici que j'ai confiance[1]. »

Joignant la sagesse du serpent au coup d'œil de l'aigle et à la force du lion, il possède au plus haut point les qualités propres à impressionner les Arabes autant que les Européens qui tous lui reconnaissent le sens de la justice et le don de l'efficacité. Sa force de caractère est accompagnée d'un courage physique auquel les indigènes sont sensibles et qui lui permet, en certaines occasions, de mater les rebelles. Il n'hésite jamais, quand l'intérêt de la Compagnie l'exige, à renvoyer l'ouvrier indiscipliné, le contremaître infidèle ou simplement le paresseux qui essaie de vivre aux dépens d'autrui, comme dans cette *Nouvelle Icarie* d'Etienne Cabet, un retentissant échec d'expérience socialiste. La Compagnie de Suez n'a rien d'un phalanstère et ne doit rien aux utopies de Fourier, même si son président a retenu quelques-unes des idées saint-simoniennes. Il est sans pitié pour tous ceux qui tentent de l'exploiter, aventuriers débarquant à Port-Saïd ou Alexandrie de tous les coins de l'Europe, attirés par les hauts salaires de la Compagnie, mais il sait donner au pécheur une chance de se racheter.

Un jour que des ouvriers ont détourné une partie de la paie de leurs camarades, il renonce à mettre la police au courant, mais, le jour

1. L. Bridier, *Les de Lesseps*, p. 334.

de la paie, il procède lui-même au règlement des salaires, sans oublier ceux que tout le monde accuse du détournement, accompagnant toutefois l'opération de quelques paroles bien senties sur les notions de morale et de dignité. Le lendemain, la somme disparue a mystérieusement réintégré la caisse[1].

Une autre fois, il prend sous sa protection des forçats échappés d'un bagne de l'Adriatique et réclamés par le consul d'Autriche. Après avoir découragé celui-ci de les récupérer, il les embauche et n'aura jamais lieu de regretter son geste. Il sait comment toucher les cœurs les plus endurcis, apprivoiser les hors-la-loi, et réveiller dans ces natures primitives, hermétiques à la morale courante, assez de bons sentiments pour en étouffer les mauvais penchants. Il croit à la vertu rédemptrice du travail, mais il se refuse à exploiter son personnel comme le font alors tant de capitaines d'industrie ou de manufacturiers, persuadé que de bonnes conditions de travail ne peuvent qu'améliorer le rendement comme la mentalité du travailleur. Connaissant celle de l'Arabe, et son sens très vif, voire exacerbé, de la notion du juste et de l'injuste, il veille à ce que l'encadrement européen respecte les croyances et les mœurs des indigènes, mais il se refuse à toute faiblesse qui pourrait nuire à son prestige. Il ordonne et veut être obéi : toute infraction doit être sanctionnée le plus rapidement possible afin que le coupable, ayant encore le souvenir de sa faute, n'ait pas le sentiment, s'il est puni trop tard, de l'être pour un fait qu'il a oublié. Sa longue expérience de l'Orient, les difficultés comme les dangers qu'il a connus l'ont habitué à réagir vite, à ne jamais laisser à l'adversaire le temps de reprendre l'avantage.

Il donne ainsi une leçon de savoir-vivre oriental à un jeune secrétaire qui, non content de faire soigner par un médecin européen son domestique malade, lui avait cédé son lit pour qu'il fût mieux installé. L'homme, une fois guéri, avait pris ses distances avec son maître, ne le saluant plus le premier, lui répondant avec condescendance et mettant beaucoup de mauvaise grâce à le servir. Etonné de cette ingratitude et de cette désinvolture à son égard, le jeune homme avait conté la chose à Lesseps qui lui avait ri au nez en lui expliquant qu'il s'était déconsidéré aux yeux de cet homme en lui prodiguant des soins serviles ; il avait interverti les rôles et le domestique se croyait devenu le maître : « Punissez-le sévèrement à la première faute qu'il fera, lui avait-il conseillé, vous retrouverez aussitôt votre autorité. »

Effectivement, à la première incartade, une volée de coups de bâton sur la plante des pieds avait remis l'impudent personnage à son rang. C'est un des secrets de Lesseps que de savoir mettre tout le monde à sa place et de faire aussi que chacun soit content de la sienne, même si elle est modeste.

1. Th. Batbedat, *De Lesseps intime*, p. 112.

Tous ses collaborateurs lui reconnaissent, outre une aptitude innée au commandement, le don de savoir s'entourer, de susciter les dévouements. Le prince Auguste d'Arenberg, qui lui succédera un jour à la tête de la Compagnie et qui, tout jeune homme, l'avait accompagné dans une tournée dans l'isthme, admirait ce don et l'éclectisme avec lequel Lesseps choisissait les hommes.

Maintenant que le succès final ne fait plus de doute et que l'Europe entière admire en lui l'homme qui va changer la face du monde en ouvrant une route nouvelle au commerce international, Lesseps demeure aussi simple qu'il a toujours été, ne changeant rien à son mode de vie. Le chalet qu'il s'est fait construire à Ismaïlia est le reflet de ses goûts, sinon de sa personnalité : aucun superflu, le strict nécessaire. Il n'y a dans sa chambre que ce qu'il faut pour dormir, faire sa toilette et, surtout, pouvoir écrire. En effet, cet homme d'action est, comme certains conquérants, un épistolier intarissable, expédiant chaque jour de nombreuses lettres, écrites si rapidement que beaucoup de mots, pour être déchiffrés, exigeraient un nouveau Champollion. Sa mise est, elle aussi, d'une simplicité commode et peu coûteuse : « J'ai souvent eu l'honneur de voyager avec lui, écrira Jules Charles-Roux : une redingote, un pantalon, un gilet noirs, un habit pour les grandes circonstances, une cravate noire et une cravate blanche, quelques paires de chaussettes, deux chemises de soie et deux chemises blanches qu'il faisait laver et repasser là où il pouvait... Quel repassage ! Un morceau de savon, une brosse et un rasoir constituaient tout son fourniment. Comme manteau, il portait une *abaye* [1] et comme coiffure, le *couffieh* [2]. »

A force de vivre en Orient, il a pris la mentalité des seigneurs du désert, ne serait-ce que par ce mélange en lui de faste lorsqu'il s'agit de recevoir, et d'austérité en ce qui le concerne, austérité qui va de pair avec son désintéressement. Il y a de l'Oriental en lui. Le vicomte de Vogüé lui reconnaîtra de l'Oriental « l'endurance physique, la sobriété de vie, l'audace tranquille, les vues simples et intuitives, le fatalisme et les superstitions, la foi aveugle dans l'assistance supérieure qui ne manque jamais aux vaillants [3] ». Jugement confirmé par les Goncourt, qui notent le 1er février 1865, après un dîner chez la princesse Mathilde où ils ont fait sa connaissance : « Le perceur d'isthme, de Lesseps, qui dîne, au débotté d'Egypte, avec son joli œil sous des cheveux gris, avoue, lui, cet homme d'implacable volonté, qu'il a été détourné de faire beaucoup de choses dans sa vie par une tireuse de cartes de la rue de Tournon, qui a succédé à Mlle Lenormand [4]. »

1. Long manteau en poil de chameau, à rayures blanches et marron, et muni de larges manches, porté par les Bédouins et les bergers. Le *couffieh* est un carré d'étoffe ou de soie, assujetti sur la tête par une cordelette et protégeant le visage du sable et du soleil.

2. J. Roux, *L'Isthme et le Canal de Suez*, t. II, p. 181-182.

3. *Ibid.*, p. 365.

4. *Journal des Goncourt*, t. II, p. 128.

Dans cette identification à un monde étranger, il remonte avant l'islam parfois, s'apparentant aux patriarches de la Bible : « Cette parenté nous frappait, dira Vogüé, quand il nous expliquait les antiques traditions par des exemples empruntés à ses propres aventures. A l'entendre, tout devenait clair et facile dans les prodiges que rapporte l'Ecriture ; il avait recueilli la manne et fait jaillir l'eau du rocher ; le pouvoir de Joseph, il l'avait conquis chez un nouveau Pharaon ; les ruses de Samson, il s'en était servi ; les Bédouins de la horde de David, ils les domptait et les attachait à sa fortune comme les fils d'Isaïe[1]. »

Tel apparaît Lesseps, dans cet isthme où il s'est taillé une principauté, dans ce désert où il a fait venir l'eau et où, de tous côtés, on accourt à son appel pour avoir l'honneur de servir sous ses ordres.

*

L'abolition de la corvée s'est finalement révélée bénéfique en obligeant la Compagnie à embaucher des travailleurs en majorité européens, plus robustes et plus rapides, ayant, même s'ils coûtent plus cher, un meilleur rendement. Les volontaires affluent de tout le bassin de la Méditerranée, attirés par les bons salaires de la Compagnie et par la réputation de Lesseps dont le prestige est à son zénith : « Aujourd'hui, écrit celui-ci au duc d'Albuféra le 6 mars 1865, avec le prix élevé de la main-d'œuvre, j'attends beaucoup des efforts qui seront faits judicieusement pour attirer dans l'isthme les Philistins, gens qui valent beaucoup mieux que leur réputation d'après la Bible. Ils sont sobres, maniables et d'une vigueur digne de leur compatriote Samson. »

Malheureusement beaucoup de ces ouvriers étrangers — Marocains, Dalmates, Syriens, Grecs, Italiens — se dégoûtent assez rapidement de la vie sur les chantiers. Tenus au remboursement des avances qui leur ont été faites par la Compagnie pour s'installer, ces êtres simples ont oublié leur dette en dépensant l'argent et s'imaginent insuffisamment payés en raison des retenues faites sur leurs salaires. L'obligation de travailler un certain temps jusqu'au remboursement de leur dette est pour eux une incitation à la désertion. Ils se font alors embaucher, souvent à des salaires inférieurs, par des artisans travaillant eux-mêmes pour la Compagnie, par d'autres entrepreneurs, ou bien vont errer à l'aventure dans le Delta.

Lesseps préfère d'ailleurs s'en séparer plutôt que de les voir travailler à contrecœur. Les pires sont les recrues faites dans l'Archipel, gens interlopes, « filous, voleurs, pirates de père en fils... vraie peste de l'isthme, écrit un chef de chantier. Cette race abominable ne faisait rien de bon et faisait beaucoup de mal ; c'est elle qui, les jours de paie, attirait les travailleurs dans les tripots de Suez et d'Ismaïlia, où l'on

1. J. Roux, *L'Isthme et le Canal de Suez*, t. II, p. 365.

jouait en une heure le gain de tout un mois ; c'est elle qui biseautait les cartes, qui donnait les coups de couteau ; c'est à cette race dégradée que s'adressait surtout le Président lorsqu'il disait sur les chantiers : "Tout le monde est libre ici... mais que les fainéants s'en aillent, c'est le plus grand service qu'ils puissent nous rendre ; quand on ne fait rien, on gêne les autres." » Souvent ces piliers de tripot, pris sur le fait, sont arrêtés, réclamés par leurs consuls et envoyés dans leur pays pour y être jugés. Bien souvent, ils ne le sont pas, ou bien avec une coupable indulgence, et ils reparaissent, quelques mois plus tard, parfois sous un autre nom, pour reprendre leur lucrative industrie : « A la fin, poursuit le chef de chantier, sur la demande du gouvernement égyptien, quelques vieux renards de la police européenne arrivèrent à les dénicher, puis à les expédier en Grèce sur de vieux bateaux à demi pourris, qui coulaient souvent en route. Alors les Grecs comprirent que ce métier n'était plus bon et disparurent[1]. »

Ce mélange de races et de nationalités différentes sur ce que l'on a baptisé « les chantiers de Babel » finit par se fondre sous l'empire de la nécessité. De toutes les langues parlées s'est dégagé un idiome empruntant à chacune ses expressions les plus simples et ses mots les plus crus. Cela rappelle un peu « la langue franque des marins de la Méditerranée ou le petit sabir de nos troupiers d'Algérie, avec la complication d'une foule de termes à l'usage des travaux », mais, dans le péril ou l'urgence, on oublie cette langue composite et l'on revient à la sienne : « On parle mauvais italien à des Arabes, encore plus mauvais grec à des Français, et un arabe impossible à des Dalmates[2]. »

Dans cette population importée, on voit bien des personnages pittoresques venus là autant pour gagner leur vie que pour oublier l'Europe et leur passé. Certains sont attirés par l'aventure et la climat, d'autre par l'originalité d'une existence indépendante et solitaire, à l'exemple de « l'homme aux plâtres » qui habite seul une cahute au nord du lac Menzaleh, ne voyant qu'à des intervalles assez longs les hommes d'équipe chargés de prendre livraison de la pierre à plâtre extraite du lac.

La vie dans le désert, qui assagit certains individus, en exalte d'autres et les rend sensibles à bien des choses dont ils ne soupçonnaient pas l'existence. On en voit qui, leur journée de travail achevée, demeurent immobiles et silencieux, contemplant le coucher du soleil somptueux sous cette latitude et qui donne au désert des teintes qu'ils ne se lassent pas d'admirer. Beaucoup, qui ne sont faits ni pour le monde, ni pour le cloître, trouvent dans cette vie en plein air, rude et sans distraction, un équilibre et un intérêt qu'ils n'ont jamais connus. Chacun sent, plus ou moins vivement, qu'il participe à une grande

1. O. Ritt, *Histoire de l'isthme de Suez*, p. 77.
2. *Ibid.*, p. 350.

œuvre, appelée à rester célèbre et qui fera de tous ceux dont les noms y demeureront associés des hommes différents des autres. Ils ont le sentiment d'être non seulement des pionniers, mais des soldats, se battant pour une grande cause. C'est le mérite de Lesseps d'avoir su persuader chacun qu'il n'y a pas de sacrifice inutile ou d'effort perdu lorsqu'il s'agit de l'intérêt de la Compagnie, devant lequel doivent s'effacer divergences d'opinions ou inimitiés personnelles.

Si l'organisation de la Compagnie, extrêmement hiérarchisée, évoque celle de l'armée, Lesseps fait moins penser à un général qu'au commandant d'un navire, investi de tous les pouvoirs et seul maître à bord, à la fois capitaine et magistrat, rendant sa propre justice, assumant la destinée de ceux qui se sont confiés à lui et, au besoin, remplaçant auprès d'eux le prêtre ou le pasteur.

Oasis dans le désert, la Compagnie de Suez en est une également dans ce monde industriel du XIXe siècle où rares sont les grands entrepreneurs qui joignent le souci du progrès social à celui de l'innovation ou du développement économique. A cet égard, Lesseps est un précurseur remarquable en faisant de la Compagnie de Suez un modèle où les avantages sociaux pourraient inciter au laisser-aller si sa fermeté, celle des ingénieurs et des divers agents, n'empêchaient toute dérive et ne réprimaient promptement tout abus.

Dans toutes ces dispositions entre autant de philanthropie chez Lesseps que de saint-simonisme adapté à l'intérêt bien compris de l'entreprise. On trouve d'ailleurs l'empreinte saint-simonienne un peu partout le long du canal. Le romancier Edmond About décrit ainsi Ismaïlia comme une « ville tirée au cordeau, distribuée en carrés que l'on partage entre les employés de la Compagnie, carrés des ménages, carrés des célibataires, carrés des "célibataires mariés", carré des enragés [1] ». L'arrivée de l'eau douce a permis à chaque possesseur d'une maison de se livrer dans son jardin à des expériences botaniques et de tromper le mal du pays en y faisant pousser des légumes de France, introuvables en Egypte.

Dans ces tentatives pour créer la cité idéale, l'influence saint-simonienne se conjugue à celle de la franc-maçonnerie. Le 30 juin 1861, Lesseps, qui n'appartiendra jamais lui-même à la franc-maçonnerie, a fondé, de concert avec l'évêque d'Alexandrie et le capitaine Ch.-A. Bouis, une loge appelée *Les régénérateurs de l'Egypte*. Le rite écossais compte, lui, une loge à Ismaïlia, une à Suez et une à Port-Saïd, toutes trois fondées, avec l'assentiment de Lesseps, par le docteur Aubert-Roche « pour assurer au président de la Compagnie du canal des adhérents fidèles et... lui donner la facilité de remuer en dessous lorsque ses intérêts lui interdisent d'agir ouvertement [2] ».

1. E. About, *Le Fellah*, p. 316.
2. Note sur la franc-maçonnerie en Egypte, par M. Dobignie, chancelier du Consulat de France, publiée par G. Douin, *Histoire du règne du khédive Ismaïl*, t. I, p. 97.

La loge de Port-Saïd semble avoir joué un rôle utile pour la location de maisons et magasins à des affiliés dont elle pouvait garantir la ponctualité dans le paiement des loyers.

Le docteur Aubert-Roche a été recruté par Lesseps — qui l'a connu jadis à Alexandrie — pour diriger le service de santé de la Compagnie. Ce choix montre l'absence de préjugés de Lesseps, car Aubert-Roche a un passé politique assez noir pour le rendre suspect, et même odieux, aux bien-pensants. Né en 1810, il a dans sa jeunesse appartenu à plusieurs sociétés secrètes, et notamment à celle des *Droits de l'homme*, étalant partout des convictions républicaines, voire jacobines, qu'il avait même affichées dans sa thèse en médecine. En 1830, il avait participé à l'attaque des Tuileries, et, en 1836, il avait été condamné pour délit d'opinion à dix ans de détention, mais il avait devancé la sentence en gagnant l'Egypte où Méhémet-Ali l'avait nommé médecin-chef de l'hôpital d'Alexandrie.

Resté républicain militant, faisant profession de haïr les rois, mais séduit par la personnalité de Mohammed-Saïd et revenu par là de certains préjugés de sa jeunesse, Aubert-Roche est un praticien d'une grande conscience professionnelle, au point de s'exposer au danger pour parfaire ou vérifier ses observations. Pendant une épidémie de peste, il a ainsi partagé le lit d'un malade pour montrer que la peste ne s'attrapait pas par simple contact. En 1840, il a publié *De la peste ou typhus en Orient*, résultat de ses expériences et, comme Lesseps, il a protesté contre les quarantaines abusives. Rentré en France, où Royer-Collard avait réussi à le faire amnistier, il avait épousé une demoiselle Roche dont il avait ajouté le nom au sien, pratique qui se répandra au point d'aboutir, après 1870, à la création d'une espèce de noblesse républicaine.

En 1848, lors de l'attaque des Tuileries, la tentation avait été si forte qu'il n'avait pu y résister. Il s'était joint aux émeutiers pour envahir à nouveau le palais de ces rois exécrés. Ni ce fait d'armes ni ses relations avec le socialiste Proudhon n'étaient de nature à lui concilier la faveur de Napoléon III, et il avait accepté l'offre de Lesseps d'organiser le Service de santé de la Compagnie.

Nommé en 1857 médecin-chef de la Compagnie, il a mis sur pied un réseau comportant un hôpital et onze centres médicaux, avec dix-sept médecins et pharmaciens, chargés autant de prévenir les maladies que de les guérir.

Aubert-Roche et ses médecins surveillent ainsi à Port-Saïd la qualité de l'eau potable, assez douteuse puisqu'elle sent le goudron et qu'elle fait crever dans leur bocal les sangsues de l'hôpital... Au temps du monopole sur les denrées, ils surveillaient aussi les services de l'intendance afin d'empêcher les distributions de viandes ou de légumes avariés. Enfin, leur incombe également le soin d'examiner les nouveaux arrivants pour que des gens malades, et surtout contagieux, n'apportent en ville des germes d'épidémies. Ces indésirables, en quête d'une embauche et toujours sans ressources, couchent dehors, ce qui augmente les risques de contagion. Grâce au dévouement du docteur Aubert-Roche et de son personnel, Lesseps peut se vanter d'avoir un service hospitalier sans rival en Europe et qui pourrait servir de modèle à bien des hôpitaux d'Etat. Il est vrai que cela coûte assez cher à la Compagnie, environ cinq cent mille francs par an.

Les statistiques montrent d'ailleurs l'efficacité du système et des soins puisque en dépit de conditions de travail souvent pénibles — dans l'eau vaseuse à mi-corps pour certains, en plein soleil pour tous —, les taux de mortalité sont inférieurs à ceux de la France. Avant l'abolition de la corvée, et pour un effectif total de trente-six mille hommes, le taux moyen en pourcentage pour l'année 1863 était le suivant :

Européens	1 500	1,40
Indigènes sédentaires	3 500	1,42
Contingents	20 000	0,8
Cultivateurs	11 000	0,8

alors qu'en France le taux pour l'ensemble de la population s'élevait à 2,40 % et pour l'armée, en temps de paix, à 1,42 %.

Rien n'est plus faux que la légende, entretenue à plaisir par les adversaires du canal et plus tard, au XXe siècle, par ceux de la colonisation, des dizaines de milliers de fellahs froidement sacrifiés par Lesseps pour le percement de l'isthme. Si le creusement du canal Mahmoudieh ou la construction du chemin de fer britannique ont effectivement coûté fort cher en vies humaines, les travaux de percement de l'isthme représenteront une perte estimée à 1 394 Egyptiens et 1 374 Européens. Même en 1865, année du choléra, les statistiques du service de santé montrent à la fois une faible mortalité, compte tenu de l'époque, et une égalité certaine entre les races, ce qui infirme la rumeur des mauvais traitements. Ainsi, entre 1864 et 1869, alors que les effectifs des travailleurs arabes restent supérieurs, malgré la suppression de la corvée, aux effectifs européens, l'on comptera au total 937 décès chez les Européens et 984 chez les indigènes.

*

Depuis que le firman de Constantinople a mis fin aux incertitudes qui pesaient sur l'avenir de la Compagnie, celle-ci a poussé les travaux pour regagner le temps perdu. Sur tous les chantiers règne une intense activité.

Les dragues fonctionnent seize heures par jour et, lorsque approchera la date de l'inauguration, d'abord prévue pour le début de l'année 1869, elles fonctionneront jour et nuit. Bien qu'il y ait à leur bord quelques marins chargés des manœuvres de déplacement, leur véritable équipage est celui constitué par les chauffeurs et les mécaniciens qui, familiarisés avec leurs machines, sachant les régler pour en tirer le maximum, préfèrent travailler seize heures par jour plutôt que d'opérer en alternance avec une autre équipe. Pour stimuler le rendement, la Compagnie a fixé pour chaque drague un cubage minimum à extraire. Quand ce minimum est dépassé, elle alloue à chaque homme, et pour chaque fraction de mille mètres cubes en plus, une prime proportionnelle à son grade. Si, dans une des sections du canal, un équipage a fait mieux que les autres, sa prime est augmentée de 50 %, et le chantier qui arrive en tête des résultats hebdomadaires ou mensuels reçoit une prime supplémentaire.

Si les hommes et les machines à vapeur résistent à ces cadences, chaînes et godets se détériorent si rapidement que les ateliers de réparation ne suffisent plus à leur entretien. Plusieurs dragues sont arrêtées, faute de godets. En 1867, la Compagnie fait refondre deux mille huit cents godets, opération qui lui coûte deux millions de francs.

Avec leurs hautes cheminées crachant des flammes et des volutes du fumée noire, avec leurs longs couloirs qui les font ressembler à des dragons fabuleux, ces dragues ont l'air de monstres dessinés par Gustave Doré. Impressionnés par leur aspect, certains visiteurs croient voir des carcasses d'animaux antédiluviens. C'est une vision déconcertante, mais d'un esthétisme insolite auquel certains voyageurs sont sensibles, y voyant les prémices d'un monde futur. On peut en effet trouver une sorte de beauté à cette architecture industrielle évoluant majestueusement au milieu du désert, dans un fracas de wagons entrechoqués auquel se mêle le halètement des locomotives et les sifflets stridents des machines à vapeur qui impriment une sorte de mouvement perpétuel à ces chantiers ; certains les comparent, lors du travail de nuit, aux ateliers du Diable.

Ces visions captivent des artistes, bien que la plupart d'entre eux préfèrent les paysages, tels que leurs aînés les ont peints, à ces scènes de la vie future. Lesseps s'est assuré le concours de quelques peintres, comme Berchère ou Bary, pour faire un état des lieux sur le parcours du canal avant le début des travaux, puis il les a chargés de fixer pour la postérité certaines scènes importantes, comme des vues de chantiers en pleine activité ou bien l'entrée des eaux de la mer Rouge dans les lacs Amers le 15 août 1869. Pour l'inauguration du canal, de nombreux artistes accoureront, notamment Fromentin, en plus de ceux spécialement choisis par la Compagnie pour garder le souvenir de cet événement.

Habitué à se déplacer dans toute l'Europe afin d'y parler du canal, Lesseps, maintenant que les travaux sont en bonne voie, invite les curieux à venir les voir, et, pour les y inciter, il organise des voyages en Egypte à des prix qui défient ceux de l'agence Cook. Cette fois c'est une réduction de 30 % qu'il a obtenu des Messageries impériales sur les tarifs de passage de Marseille à Alexandrie et vice versa. Une agence avec laquelle il s'est entendu, MM. Permengat et Philippot, 11, place de la Bourse, propose des voyages dans l'isthme de Suez en précisant que « les dames seront admises ». Le coût est de quinze cents francs par personne avec un supplément de trois cents francs pour visiter Le Caire et Alexandrie.

Une fois les touristes en Egypte, il veille à leur confort et à leur agrément, sans leur imposer un rythme de visite aussi précipité qu'aux délégués des chambres de commerce en 1865. Il y a beaucoup de femmes parmi ses invités, et de celles-là il s'occupe avec un soin particulier, surtout si elles sont jeunes et jolies, sachant aussi qu'elles constituent d'excellents agents de propagande. Il fait les honneurs de ses chantiers en grand seigneur, presque en souverain, mettant à la disposition de ses invités toutes les ressources de la civilisation européenne que l'on peut trouver en Egypte et assez de couleur locale pour enflammer les imaginations. « Quand il arrivait, raconte un témoin, accompagné de grands personnages, d'étrangers de distinction, capables de répandre la bonne nouvelle et de dire la vérité sur les progrès du canal, rien que de le voir aller, venir, gesticuler, et de penser qu'il parlait de nous, c'était une véritable satisfaction ; le dernier travailleur arabe, appuyé sur sa pioche, le regardait avec admiration... mais c'est au milieu des jeunes dames anglaises, russes, françaises, américaines qu'il fallait le contempler ; les respectables étaient, plus loin, dans un grand chariot attelé de dromadaires, les roues larges de trente centimètres, pour aller en pèlerinage à Jérusalem, à Bethléem, au Sinaï. C'est là qu'il voltigeait et caracolait parmi la jeunesse, adressant tout de même de temps en temps un petit compliment flatteur aux vénérables ladies pour les consoler de leur carriole[1]. »

Il faut remarquer à ce propos qu'à part quelques allusions de ce style à sa galanterie empressée auprès de jeunes amazones, on ne trouve aucun écho, dans les lettres ou les récits du temps, sur sa vie sentimentale. Il est veuf depuis quinze ans et il paraît peu vraisemblable qu'avec sa robuste santé, son tempérament d'une vitalité exceptionnelle, il ait mené pendant cette période une existence quasi monastique. S'il a eu des aventures, ou quelques liaisons cachées, rien n'en a jamais transpiré, la discrétion de son entourage et sa pudeur personnelle ayant empêché tout racontar de circuler. En tout cas, il donnera, lorsqu'il se remariera en 1869, la preuve que sa chasteté apparente n'a en rien diminué sa virilité, puis qu'il aura son dix-septième enfant à quatre-vingts ans.

Ces jolies femmes qui forment autour de lui un frivole essaim veulent en général participer elles aussi au grand œuvre en se joignant

1. O. Ritt, *op. cit.*, p. 82-83.

démocratiquement aux travailleurs des chantiers. Elles s'emparent d'une pioche et, sautillant avec grâce au milieu des fellahs étonnés, elles se livrent à quelques démonstrations symboliques en ayant l'impression, parmi tous ces grands diables à demi nus, de batifoler dans les jardins de l'Eden.

A partir de 1863, les touristes ont été de plus en plus nombreux, profitant de l'occasion pour remonter le Nil et pousser jusqu'à Louqsor, voire Assouan. Certes, la visite des temples, encore à demi enfouis dans les sables, émeut les amateurs d'antiquités, mais beaucoup se laissent prendre à d'autre charmes, comme quinze ans plus tôt Flaubert et Maxime Du Camp goûtant tour à tour les délices du hammam et les enivrements du kif, ou partageant les faveurs de quelque bougresse. Un peu surprises, au début, de voir des fellahs vaquer nus, ou presque, à leurs occupations, certaines femmes estiment, comme l'explorateur Richard Burton, que « *dark skin is a garb* », « la peau sombre est un vêtement ». Lorsque, en 1869, l'impératrice Eugénie remontera le Nil et voudra poursuivre son excursion au-delà d'Assouan, le prince Hussein, un des fils du vice-roi, aura ce mot : « Mon père a fait habiller tous les fellahs dans les endroits où l'impératrice doit s'arrêter, jusqu'à Philae, mais je crois que ce sera bien difficile de continuer plus loin, et l'impératrice sera peut-être mécontente à cause de ces demoiselles... »

De toutes les curiosités qui attirent les visiteurs en Egypte, la première est sans doute Lesseps lui-même. Aucun touriste ou simple curieux ne veut passer par Ismaïlia sans aller le saluer ou, du moins, voir son chalet, faire parler de lui ses domestiques. Lorsqu'il est là, Lesseps accueille aimablement les visiteurs, ayant toujours, malgré ses occupations, du temps à leur consacrer. Lorsque, au moment des fêtes de l'inauguration, J. Brémond, agent de la Compagnie de Suez à Milan, ira voir Lesseps, celui-ci, qui n'a alors pas une minute à lui, le recevra fort gracieusement, l'invitant même « à passer chez lui toutes ses soirées pendant son séjour à Ismaïlia ». Plus tard, résidant une partie de l'année à Ismaïlia, il mettra son point d'honneur à recevoir les visiteurs comme des amis longtemps désirés, allant les chercher à la gare, les invitant à descendre chez lui au lieu d'aller à l'hôtel, et organisant pour eux des excursions aux environs, le premier à cheval et le plus impatient de revoir des sites qu'il connaît mieux que tout le monde.

*

Ceux qui n'ont pas le courage, ou les moyens, d'aller en Egypte, peuvent, en 1867, voir le canal à Paris. La Compagnie de Suez a en effet son pavillon à l'Exposition universelle, et celui-ci attire d'autant plus de curieux que Lesseps en fait lui-même, certains jours, les honneurs. On peut y voir une série de plans en relief de l'isthme et un grand modèle d'une section du canal à l'échelle de trois centimètres pour un mètre. Ces vastes proportions permettent d'exposer sur cette maquette des modèles réduits des principaux engins de chantier. Plus pittoresque est un diorama exécuté par M. Rubé, directeur de l'Opéra, et M. Chaperon, décorateur, sur les dessins de M. Chapon, architecte de la Compagnie. Cette toile peinte a tant de succès que les visiteurs doivent faire la queue devant la porte, excitant ainsi la curiosité d'autres badauds qui se rangent à leur suite.

Tous les mardis, Lesseps y improvise une conférence. Un jour, le roi détrôné de Bavière, Louis Ier, entre et, ne l'ayant pas reconnu, l'écoute assez distraitement d'abord, puis, frappé par l'enthousiasme avec lequel il s'exprime, il lui dit : « Vous êtes M. de Lesseps !

— Oui, sire, répond celui-ci qui, lui, a reconnu le souverain.

— Je m'en doutais ! Vous avez fait une grande chose, la plus grande de ce siècle, et il n'y a que son inventeur qui puisse en parler comme vous le faites. »

Invité à l'Exposition, Ismaïl pacha, qui vient d'obtenir du sultan le titre de khédive [1], visite à son tour le pavillon de la Compagnie avant d'aller faire sa cure à Vichy où Lesseps le rejoint, car dans le relatif isolement de cette ville d'eaux il peut plus facilement s'entretenir avec lui de tous les problèmes du canal.

Il est de bon augure que le pavillon de Suez ait attiré un si nombreux public. Théophile Gautier lui a consacré dans *Le Moniteur universel* un long article, assez banal, peut-être écrit par quelqu'un de son entourage et seulement signé par lui, car l'écrivain, qui tire le diable par la queue, est coutumier de la chose. Plus significatif est, lors de la distribution des récompenses, l'honneur fait à Lesseps en lui attribuant la grande médaille d'or.

Le 1er août 1867, le président de la Compagnie de Suez est de retour à Paris pour l'assemblée générale des actionnaires, et il y fait le bilan des travaux dont les progrès laissent espérer l'ouverture du canal à la navigation en 1869.

A Port-Saïd, où l'on immerge environ trente à quarante blocs de ciment par jour pour la construction des deux grandes jetées du port, on peut prévoir l'achèvement de celles-ci pour la fin de l'année 1868. La profondeur des bassins atteint cinq mètres et il ne reste plus à draguer qu'une superficie de onze hectares pour avoir dans tout le port la même profondeur. La population de la ville est désormais de huit mille habitants. D'importantes compagnies maritimes y ont installé des bureaux : les Messageries impériales, la Compagnie générale des Transports maritimes, la Compagnie impériale russe de navigation à vapeur, Fraissinet et Cie, ainsi que la Société Borel et Lavalley qui a sa propre

1. Ismaïl pacha avait obtenu du sultan Abdul-Aziz, en 1866, l'hérédité directe, par primogéniture, de la vice-royauté d'Egypte et par un nouveau firman de juin 1867 le titre, chèrement acquis d'ailleurs, de Khedivy el-Masr.

flotte. Une grande société marseillaise, Savon Frères, y a établi une entreprise de manutention. Entre le 15 juin 1866 et le 1er juin 1867, Port-Saïd a reçu six cent quatre-vingts navire, jaugeant au total quarante-mille tonnes.

De Port-Saïd au lac Timsah, le canal est déblayé dans toute sa largeur, soit cent mètres à la ligne d'eau, et l'on a vu avec satisfaction que les remous causés par le passage des navires s'amortissent sur les deux plages latérales sans attaquer celles-ci.

Du lac Timsah jusqu'à Suez, huit grandes dragues, flottant à six mètres au-dessus du niveau de la mer, creusent nuit et jour pour amener le plafond à trois mètres au-dessus du niveau de la mer. Avec une extraction mensuelle de vingt-cinq à trente mille mètres cubes, les dragues devraient avoir achevé ce travail en mars ou avril 1868. On prévoit de couper alors le branchement qui relie le canal d'eau douce au Seuil du Serapeum et d'ouvrir les barrages qui retiennent l'eau des lacs artificiels créés sur le Seuil pour permettre le travail des dragues. L'eau, libérée, se précipitera dans la tranchée de Toussoum au nord et dans les lacs Amers au sud. Le niveau de l'eau douce descendra ainsi jusqu'à celui de la mer et les dragues, descendant aussi, continueront de creuser le lit du canal. Celui-ci sera navigable alors sur une longueur de quatre-vingt-dix kilomètres, mais alimenté uniquement par les eaux de la Méditerranée qui commenceront le remplissage des lacs Amers.

Le canal est donc en si bonne voie d'achèvement qu'il a commencé à être utilisé. Déjà, le 15 août 1865, un convoi de chalands chargés de houille avait transité de Port-Saïd à Suez en passant par le canal maritime jusqu'à Ismaïlia, puis en empruntant le canal d'eau douce d'Ismaïlia jusqu'à Suez.

Le 1er mai 1867, la Compagnie avait annoncé l'ouverture d'un service de transit entre Port-Saïd et Suez, service dont Jules Guichard, l'ancien administrateur du domaine de l'Ouady, assume la direction. Des chaloupes à vapeur ont été remorquées de Port-Saïd à Suez en quarante-huit heures. Chaque jour des importations de la Cochinchine ou du Siam, déchargées à Suez, passent par le canal d'eau douce et le canal maritime pour être réexpédiées de Port-Saïd tandis que du ravitaillement destiné aux troupes d'Extrême-Orient suit le chemin inverse. Quelques navires à faible tirant d'eau ont pu passer eux-mêmes : un brick de cinquante tonneaux appartenant à la Compagnie soufrière de la mer Rouge, *le Primo*, jaugeant quatre-vingts tonneaux, le *Prince Ibrahim* et le cutter *Stromboli*, jaugeant chacun cinquante tonneaux. Le tarif est de vingt-cinq francs par tonneau pour toutes les marchandises, sauf le charbon qui en paie seulement vingt et un par tonneau de mille kilos.

La recette du transit pour l'année 1867 sera de 1 292 825 francs et le journal de la Compagnie, *L'Isthme de Suez*, fera figurer désormais une « Chronique du transit » à côté de celle des travaux. Enfin, si ce transit est rentable, il est loin d'avoir amorti les frais d'achat du matériel nécessaire à l'exploitation, mais il est réconfortant pour les actionnaires de constater que la Compagnie gagne un peu d'argent.

Il est vrai qu'elle en dépense infiniment plus, et Lesseps se voit obligé d'annoncer à l'assemblée son intention de lancer un emprunt de cent millions de francs par émission de 333 333 obligations au porteur de trois cents francs, donnant un intérêt annuel de vingt-cinq francs payable les 1er avril et 1er octobre. Le remboursement se ferait par tirage au sort deux fois par an.

Si cet emprunt est voté dans l'enthousiasme, il est moins bien accueilli par le public, et, à la fin de l'émission, un peu moins d'un tiers en a été placé. Le coup a raté ; il faudra recommencer l'année suivante.

*

Est-ce pour réchauffer cet enthousiasme attiédi que Lesseps, à la fin du mois d'août 1867, entreprend une tournée de conférences ? Vraisemblablement, car il sait que sa présence est le meilleur moyen d'assurer au canal la publicité dont celui-ci a besoin pour être achevé dans les délais.

Le 23 août, il parle au Yacht-Club de Rotterdam, le 31, à Rouen, le 15 septembre, à Orléans devant Mgr Dupanloup entouré d'un état-major de vicaires généraux, puis, après un séjour à La Chesnaye, il fait dans le Sud-Est de la France une tournée fulgurante. Entre le 27 novembre et le 15 décembre, il parle à Nice, Marseille, Draguignan, Toulon, Avignon, Valence, Grenoble, Lyon et Saint-Etienne, achevant cette tournée par Auxerre.

Il reprend son bâton de pèlerin à son retour d'Egypte, au printemps 1868. On le voit, on l'écoute, on l'applaudit à Fontainebleau, à Evreux, à Orléans de nouveau, et même, à la demande il est vrai de l'archevêque de Paris, à l'Asile impérial de Vincennes, où il ne peut espérer qu'un soutien moral et des prières. Sans doute est-ce de sa part une politesse, une façon de remercier le clergé français de l'appui qu'il lui apporte. Un abbé Cottin, premier vicaire à la cathédrale de Grenoble, accompagné d'un colonel et d'un notaire en retraite, n'est-il pas allé visiter les chantiers de l'isthme afin de se faire une opinion sur les travaux, opinion qu'il publie à ses frais sous le titre suivant : *La Vérité actuelle sur le canal de Suez. Etat des travaux. Leur achèvement* ?

Il ne doit négliger aucun concours, même le plus naïf, car les difficultés financières persistent et il doit avancer la date de l'assemblée générale pour les exposer lui-même aux actionnaires, réunis le 2 juin 1868 à la salle Herz, rue de la Victoire. Il leur annonce avoir demandé au gouvernement l'autorisation d'émettre des obligations à lots — le premier, en l'occurrence, étant de cent cinquante mille francs. C'est une forme d'emprunt plus alléchante en raison de l'importance des lots, mais réputée immorale et sévèrement réglementée par l'Etat depuis la loi du 21 mai 1836.

Approuvé le 11 mai 1868 par le Conseil d'Etat, le projet d'émission est adopté le 16 juin par le Corps législatif à une écrasante majorité pour être ensuite voté à l'unanimité par le Sénat. La loi autorisant la Compagnie à lancer son emprunt est promulguée le 4 juillet. Ouverte le 6 juillet, la souscription est close le 19. Cette fois, c'est un succès, qui n'empêche d'ailleurs pas l'action de continuer à baisser.

Avec les cent millions de cet emprunt, Lesseps peut achever les travaux de percement de l'isthme. Il s'est embarqué le 29 juillet pour l'Egypte et, après avoir fait une rapide inspection des chantiers, il a rejoint le khédive Ismaïl à Constantinople et regagné Paris en passant par Pest et Vienne.

Au mois de novembre 1868, il repart pour l'Egypte. Au nombre croissant des visiteurs britanniques, il peut mesurer l'intérêt de plus en plus grand porté par la Grande-Bretagne à une entreprise dont elle avait nié l'utilité. Déjà, au printemps, le duc de Saint-Albans était revenu enchanté de sa visite et surpris que le gouvernement de son pays ait pu mentir à ce point. Cette fois, c'est lord Mayo, vice-roi des Indes, et lord Napier, le vainqueur de l'expédition d'Abyssinie, qui, avec une suite importante, excursionnent à travers l'isthme. En voyant lord Mayo admirer les chantiers, Lesseps lui dit : « Les capitaux français ont creusé le canal, les capitaux anglais en paieront l'intérêt. »

Cette fois, la partie semble définitivement gagnée puisque les adversaires de toujours sont devenus chauds partisans du canal. La *Cotton Supply Association* a d'ailleurs demandé au gouvernement britannique de négocier avec les autres puissances, et notamment la France, une convention de neutralité du canal. Lord Stanley, le nouveau chef du Foreign Office, lui a répondu : « Je n'ai aucune espèce de doute sur l'achèvement définitif du canal de Suez. Il est évident qu'aucune nation ne profitera aussi largement que la nôtre du trafic qui doit passer par le canal... »

Alors que les travaux se poursuivent de manière à laisser espérer cet achèvement pour l'été 1869, un nouveau différend a surgi entre le gouvernement égyptien et la Compagnie, conflit dans lequel Lesseps et Nubar pacha interviennent avec cet acharnement que manifestent deux vieux ennemis lorsque aucun n'a encore réussi à triompher de l'autre et croit enfin venue l'occasion de le faire.

En renonçant à son monopole sur la vente des vivres et des produits de consommation courante, en laissant un commerce indépendant prospérer à Port-Saïd, la Compagnie n'en avait pas moins conservé le bénéfice de la franchise douanière accordé par Mohammed-Saïd. En effet, l'article 13 du firman de concession et cahier des charges du 5 janvier 1256 exonérait « la Compagnie de tous droits de douane, d'entrée et autres, pour l'introduction en Egypte de toutes marchandises et matières quelconques qu'elle fera venir de l'étranger pour les besoins de ses divers services en cours de construction et d'exploitation ». Interprétée fort largement par la Compagnie, cette franchise douanière avait attiré à Port-Saïd nombre de commerçants désireux de profiter de l'aubaine. En 1866, les choses s'étaient gâtées, car, en vertu de la convention du 30 janvier 1866 mettant fin au contentieux entre la Compagnie et le gouvernement égyptien, celui-ci avait installé à Port-Saïd un poste de douane avec lequel la Compagnie avait eu aussitôt d'âpres contestations. Elle lui déniait le droit de taxer le matériel et les marchandises importées, sauf s'ils étaient destinés à la revente à l'intérieur du pays. La douane égyptienne, au contraire, estimait que la franchise s'appliquait uniquement au matériel nécessaire à la poursuite des travaux et non aux produits de consommation courante. Elle distinguait donc la Compagnie des habitants de Port-Saïd, même si ceux-ci travaillaient exclusivement pour elle, observant à juste titre qu'en abusant de son privilège la Compagnie avait fait de Port-Saïd un port franc qui détournait à son profit le commerce d'Alexandrie.

La querelle s'était envenimée en passant des principes aux faits lorsque la douane avait voulu vérifier des arrivages de la Compagnie qui, une fois de plus, avait invoqué l'article 13 du firman de concession, faisant observer à son tour que les 15 % du futur bénéfice d'exploitation réservés au gouvernement égyptien compenseraient amplement le manque à gagner de la Douane.

Au mois d'août 1868, Lesseps prend le problème en main avec sa détermination coutumière, affirmant aux commerçants et négociants conviés à une réunion d'information qu'il maintiendra envers et contre tous ce privilège, et il avertit tous les consuls généraux de sa position. Ainsi confortés dans leur esprit de résistance, et certains d'être soutenus par leurs consuls respectifs, environ cinquante négociants de Port-Saïd investissent le 18 août les services de la Douane et déclarent à son directeur que, s'il ne leur délivre pas leurs importations sans droits de douane, ils iront eux-mêmes arracher leurs marchandises des mains de ses employés. Sur le refus de ce fonctionnaire, ils enfoncent les portes des magasins pour en retirer leurs caisses ou leurs balles. Le gouverneur n'ose pas faire intervenir la police et se contente de demander des instructions au Caire. Ismaïl pacha se trouve à Constantinople et met aussitôt Aali pacha et le grand vizir au courant de l'incident. Sur ces entrefaites, Lesseps lui-même arrive à Constantinople, et tous trois tombent d'accord pour faire examiner la question par une commission mixte.

En l'absence du khédive et de Lesseps, les esprits se sont échauffés au Caire où le colonel Stanton, saisissant la balle au bond, représente une fois de plus à Chériff pacha, président du conseil de Régence, que Lesseps a réussi à créer un Etat dans l'Etat puisqu'il refuse de se soumettre à la loi. En vérité, il n'a pas tout à fait tort car, en assortissant le firman de 1856 de cette franchise douanière, il est certain que Mohammed-Saïd a seulement voulu faciliter l'importation du matériel destiné au percement de l'isthme et non pas attirer des habitants dans la zone du canal par des avantages exorbitants. L'agent consulaire français, Poujade, est de cet avis et, sans approuver son collègue anglais, il fait parvenir à Olivier Ritt, la plus haute autorité de la Compagnie en l'absence de Lesseps et du directeur des travaux, Voisin-bey[1], des consignes de modération : « Le ton des communications de l'administration supérieure de l'isthme, qui semble prendre quelquefois les allures d'un gouvernement indépendant, d'un Etat dans l'Etat, écrit-il, inspire de la défiance et crée des préoccupations aux Turcs. Il faut agir avec prudence en même temps qu'avec fermeté, et c'est rendre service à la Compagnie universelle que de ne pas partager ses impatiences et de ne pas se faire son instrument aveugle[2]. »

Invité à participer à la commission mixte, Poujade n'a pas caché que les arguments de Lesseps pour transformer une exemption en privilège territorial ne sont guère admissibles, et cette position d'un Français que l'on craignait de voir soutenir son compatriote, par esprit de solidarité, calme un peu les esprits. Pour la représenter, la Compagnie délègue un de ses collaborateurs, M. de Clercq.

Pour Lesseps, l'année 1869, qui sera celle de son triomphe et l'apogée de sa carrière, s'ouvre le 25 janvier par la première séance de cette commission. Avant de discuter sur le fond, les délégués conviennent de reconnaître à la Compagnie et aux entrepreneurs, jusqu'à la fin des travaux, l'exemption de tous droits sur le matériel et les marchandises importés. La Compagnie et l'Etat égyptien, principal actionnaire, ont en effet intérêt à ce que l'exploitation du canal commence le plus tôt possible. Le 1er février, la séance est fort animée, Poujade y défendant résolument les droits de la Compagnie, mais avouant à Paris qu'il le fait moins par conviction que pour aider la Compagnie à franchir une passe difficile en monnayant sa renonciation à la franchise : « Quelque discutables que soient les droits de la Compagnie, écrit-il le 7 février 1869, il y a un intérêt politique tel à les défendre que je l'ai fait passer avant toute autre considération. De l'aveu de tout le monde, la société a un besoin urgent d'argent ; c'est là une confidence qui m'a été faite par des personnes haut placées dans l'administration et très bien informées, et le seul moyen qu'elle eût de s'en procurer maintenant, c'est de mettre le gouvernement égyptien dans la nécessité de racheter par une somme élevée le droit que nous avons affirmé dans les réunions de la commission[3]. »

Des négociations directes entre le khédive et Lesseps ayant

1. Le directeur des travaux avait reçu la dignité de bey en 1865 pour le récompenser de son rôle auprès de la commission de délimitation des terrains.
2. G. Douin, *Histoire du règne du khédive Ismaïl*, t. II, p. 142.
3. *Ibid.*, t. II, p. 144.

échoué, Poujade est obligé de s'incliner. D'un commun accord, on décide alors que, jusqu'à la fin des travaux, la Compagnie recevra en franchise les matières premières, machines, vivres, vêtements, médicaments, etc. destinés à son usage et celui de son personnel, sans pouvoir déléguer ce privilège à qui que ce soit. Par le terme *Compagnie*, on entend ses agents nommément désignés dont la liste sera communiquée chaque 1er octobre au ministère égyptien de l'Intérieur. Cette décision semble assez raisonnable, mais M. de Clercq refuse de signer le procès-verbal, contestant d'ailleurs à la commission, sans doute sur l'ordre de Lesseps, le pouvoir de rendre une sentence.

En réalité, l'avocat de la Compagnie, consulté par Lesseps, ne s'était pas attendu à autre chose et l'avait prévenu, mais le président s'était obstiné dans sa position, espérant, comme Poujade l'avait écrit au ministre des Affaires étrangères, pouvoir tirer profit de l'abandon de son privilège. Il lui faut trouver de l'argent frais d'une autre manière et il le fera en revendant à l'Etat égyptien les terrains à bâtir situés sur les dix mille hectares reconnus à la Compagnie.

*

Le règlement de cette question douanière a dissipé le nuage qui s'était naguère élevé entre le khédive et Lesseps. En signe de réconciliation, Ismaïl effectue une tournée dans l'isthme avant de présider la cérémonie qui, le 18 mars, aura lieu pour l'introduction des eaux de la Méditerranée dans les lacs Amers.

Accueilli le 14 mars à la gare d'Ismaïlia par Lesseps et Ruyssenaers, le khédive Ismaïl commence par visiter la ville, puis il passe un moment au chalet de Lesseps et s'embarque au quai Méhémet-Ali pour se rendre à son propre chalet, au chantier VI, où il reçoit à son tour, le soir, Lesseps et les notabilités de la Compagnie.

Le 16, il inspecte le chantier d'El-Guisr et voit, encore à sec, l'imposante artère où coulera bientôt l'eau de la Méditerranée, puis, le lendemain, empruntant la partie déjà navigable du canal, il remonte jusqu'à Port-Saïd, pavoisée en son honneur. Le soir, il donne sur son yacht un dîner de soixante couverts, puis, le 17, il retourne à Ismaïlia pour assister à un bal costumé chez Voisin-bey.

Le 18, parti dès 7 heures de son chalet, le khédive Ismaïl gagne par le canal les lacs Amers où il retrouve le prince et la princesse de Galles, en voyage en Egypte et venus en curieux. A 11 heures, il donne le signal d'ouverture du réservoir et les eaux de la Méditerranée se précipitent, en un flot écumant, dans ce bassin désertique. Se tournant vers le khédive, Lesseps lui dit : « Moïse avait ordonné aux eaux de la mer de se retirer, elles lui ont obéi ; sur votre ordre, elles rentreront dans leur lit... »

De son côté, le prince de Galles, futur Edouard VII, exprime à

Lesseps son regret que lord Palmerston n'ait pas compris la grandeur d'un projet dont la possibilité de réalisation n'est plus contestable.

Bien que le vice-roi ait distribué à cette occasion, en témoignage de satisfaction, beaucoup de décorations et donné à Lesseps la grand-croix du Medjidié, il est un peu déçu de ce qu'il a vu, et même inquiet. Certes les travaux l'ont impressionné, mais ils sont, à son avis, loin d'être achevés. Il y a encore beaucoup à faire et il doute que l'on puisse inaugurer le canal au mois d'octobre ainsi que Lesseps le lui a promis.

Alors qu'une nouvelle cause de heurts ou de dissensions risque encore une fois d'altérer leurs rapports, brusquement Lesseps fait un geste en renonçant à tous les avantages acquis au fil des ans par la Compagnie et en laissant leur compensation éventuelle à l'appréciation du vice-roi.

Ainsi renonce-t-il non seulement au bénéfice de la franchise douanière mais aussi à l'exemption des droits de navigation sur le canal d'eau douce. « La Compagnie, écrit-il dans un mémorandum au vice-roi, doit borner et bornera ses opérations au transit de Suez à Port-Saïd et vice versa et à l'entretien du canal ; elle se conformera exactement au but qui lui est assigné ». Lesseps abandonne également son propre service postal. « Pour les terrains que la Compagnie veut céder, à l'intérieur de la concession, le prix de vente en sera partagé, par moitié, entre elle et le gouvernement égyptien. » Enfin, après une étonnante protestation d'amour envers le souverain, Lesseps renonce à toutes les réclamations ou plaintes formulées par la Compagnie ou par ses entrepreneurs contre le gouvernement égyptien. « Arrivé au terme de ces déclarations loyales, poursuit Lesseps, il me reste une prière à adresser à Votre Altesse »... et il lui offre, mais cette fois contre indemnité, de faire reprendre par l'Egypte tous les bâtiments construits par la Compagnie et dont celle-ci n'a plus besoin en raison du proche achèvement des travaux. Cela comprend les hôpitaux, dont le coût de fonctionnement atteint cinq cent mille francs par an, des bâtiments servant d'ateliers et de magasins, ainsi que les vastes entrepôts de Damiette et de Boulaq.

On sent que cette proposition de rachat est un peu le prix de la soumission du président de la Compagnie, car il est curieux qu'après s'être autant battu pour conserver soixante mille hectares, puis les dix mille dont ses adversaires voulaient lui rogner les deux tiers, Lesseps offre aujourd'hui de céder, à l'intérieur du périmètre sacré, des bâtiments que l'Etat ne lui réclame pas et dont la Compagnie pourrait — sait-on jamais ? — avoir un jour besoin.

Le vice-roi est trop fin pour ne pas deviner la manœuvre, mais il sait combien le canal importe à son règne et le profit que l'Egypte en retirera. Il ne marchande pas et, généreusement, comme l'aurait fait Mohammed-Saïd, il accepte les chiffres avancés par Lesseps. La Compagnie a estimé à vingt millions l'abandon de ses privilèges douaniers et de l'exemption des droits de navigation sur le canal d'eau douce. A ces vingt millions, il faut en ajouter dix autres pour les hôpitaux et leur matériel, les magasins, entrepôts et bâtiments divers, soit au total trente millions.

Le khédive Ismaïl donne son accord pour une remise immédiate d'un nombre suffisant de coupons d'actions de manière à honorer cette dette, accrue chaque année d'un intérêt de 10 %. Avec les coupons cédés, la Compagnie peut ainsi gager un emprunt de trente millions qui lui permettra d'achever les travaux, finalement plus coûteux qu'on ne l'avait supposé. Chacune des parties semble heureuse de cette transaction : « Vous savez, écrit le khédive à Lesseps après avoir signé le procès-verbal d'accord, que j'ai toujours eu la plus vive sympathie pour la grande œuvre que vous avez entreprise. Personne n'en apprécie mieux que moi les avantages, et comme souverain de l'Egypte je ne puis qu'être heureux et fier de ce qu'une partie du territoire que je gouverne redevienne, comme elle l'a été autrefois, le trait d'union entre l'Europe et l'Extrême-Orient[1]. »

A peine a-t-il conclu cet accord, à tous égards raisonnable, que Lesseps regagne la France afin de se présenter comme candidat officiel aux élections législatives dans une des circonscriptions de Marseille.

1. Cité par G. Edgar-Bonnet, *Ferdinand de Lesseps*, t. I, p. 475.

11

LUMIÈRES ET OMBRES
1869-1871

Habitué à parler en public, et à des auditoires variés, puisqu'il s'adresse avec la même aisance aux ouvriers de ses chantiers qu'aux gens du monde attirés par ses conférences, Lesseps pourrait facilement briguer un mandat électoral et, s'il n'y a jamais songé, d'autres y ont pensé pour lui. Jadis les habitants d'Issoudun avaient voulu le députer au Corps législatif, mais il avait refusé. En 1864, ceux de la circonscription de Vatan l'avaient spontanément élu au conseil général de l'Indre et, bien que touché de cette marque de confiance, il s'était désisté, invoquant ses occupations qui le retenaient la plupart du temps hors de France.

En cette année 1869 où l'opposition à l'empire a augmenté, le gouvernement, qui craint un échec à Marseille, cherche un candidat assez populaire pour rallier une majorité de suffrages. A la veille de l'inauguration du canal, alors que le nom de Lesseps est sur toutes les lèvres et dans tous les journaux, on pourrait s'attendre à ce qu'un candidat aussi connu soit plébiscité. Il n'en sera rien.

Bien qu'enrichie considérablement sous le Second Empire et remodelée de façon grandiose, avec un port et un commerce en constante extension, Marseille est entrée à son tour dans l'opposition. L'empire y rassemble contre lui les royalistes, qu'ils soient légitimistes ou orléanistes, les catholiques ultramontains, indignés du soutien apporté par la France à Victor-Emmanuel II, ravisseur des Etats du pape, et enfin les républicains qui n'ont jamais oublié le coup d'Etat du 2 décembre et font une active propagande auprès du corps enseignant et des ouvriers.

Le prodigieux essor de la ville s'est arrêté avec l'interruption, faute de crédits, des grands travaux d'urbanisation et d'embellissement. La hausse du prix de la vie a favorisé le développement d'un socialisme inspiré autant par les écrits de Proudhon que par les exploits de Garibaldi. Même les grands négociants et les armateurs, sauf les Grandval et les Rostand, boudent l'empire. La disparition de la corporation des portefaix, qui a entraîné la prolétarisation des dockers, a constitué un facteur de mécontentement populaire, aggravé par la montée du coût des loyers. Le nouvel urbanisme a en effet chassé de foyers vétustes, mais bon marché, des familles trop pauvres pour habiter des appartements comme ceux de la rue Impériale.

Depuis 1863, les opposants au régime ont formé une sorte de cartel pour faire échec au candidat officiel. Cette année-là, Berryer, l'illustre avocat légitimiste, était passé grâce aux voix des républicains, et, dans une autre circonscription, Marie, un républicain modéré, avait eu son siège avec les votes légitimistes. Aux élections de 1867, les républicains avaient remporté vingt sièges sur vingt-sept.

Il faut donc au gouvernement, pour les élections du printemps 1869, une personnalité de premier ordre, un homme assez connu pour éclipser Thiers et Gambetta qui ont annoncé déjà leur candidature à Marseille, au siège de Berryer, mort récemment.

Lorsque le duc d'Albuféra, lui-même député, lui avait transmis le désir de l'empereur de le voir se présenter contre Thiers et Gambetta, Lesseps avait allégué, pour refuser, que l'achèvement du canal l'absorbait tout entier et que, même après son ouverture, il y aurait encore beaucoup à faire. Le secrétaire de Napoléon III, Pinard, avait insisté, de la part de son maître, en faisant appel à son civisme, mais il avait fallu l'intervention du général Fleury, le grand écuyer, pour qu'il comprît que le désir de l'empereur était un ordre. Afin de l'amadouer, Fleury avait fait valoir qu'en disposant d'une influence politique il ne pouvait que mieux servir les intérêts de la Compagnie de Suez et qu'il serait libre de ne pas siéger, ou fort peu. Lesseps n'avait pu que déférer au vœu de l'empereur, sans enthousiasme, et se présenter comme candidat du gouvernement dans le 1er arrondissement de Marseille avec, pour rivaux, le marquis de Barthélemy, Thiers et Gambetta.

Barthélemy, petit-neveu du célèbre abbé, auteur du *Voyage du jeune Anacharsis*, a soixante-neuf ans. Légitimiste, ancien pair de France, il est soutenu par la très royaliste *Gazette du Midi* et les pêcheurs du quartier Saint-Jean, fort attachés à la foi de leurs pères.

Thiers, l'ancien ministre de Louis-Philippe et l'historien de la Révolution et de l'Empire, âgé déjà de soixante-douze ans, est le candidat des orléanistes et des libéraux. Le journal *Le Sémaphore* est à sa dévotion et fait campagne en sa faveur.

Enfin Gambetta, qui se présente également à Belleville contre Hippolyte Carnot, est le candidat des républicains de gauche, avec un programme bien fait pour épouvanter les bien-pensants : séparation de l'Eglise et de l'Etat, suppression des armées permanentes, etc. C'est un *rouge* et il a de fortes chances, car, ainsi que le dira Prévost-Paradol, « pour être député, il fallait de trois choses l'une : être au gouvernement, ou être Rouge ou posséder une grande terre ». Il est soutenu par le quotidien *Le Peuple*.

Le grand souci des légitimistes, ce n'est pas de faire échec aux républicains, mais aux orléanistes. En revanche, tous, légitimistes, orléanistes et républicains sont ligués contre le candidat officiel, un intrus qu'il faut éliminer par tous les moyens, à commencer par la calomnie. Dès le 13 décembre 1868, *Le Peuple* ironisait sur la recherche d'un candidat gouvernemental : « On demande un candidat officiel pour Marseille. S'adresser à M. Levert, préfet. Bons appointements. Perceptions, bureaux de tabac, et carte d'invitation pour Compiègne 4e catégorie ». En effet, les députés ne font généralement pas partie de la *série élégante*. Il n'y a d'ailleurs que trois séries.

*

Lorsque Lesseps arrive à Marseille, aux environs du 15 mai 1869, on crie aussitôt haro sur le candidat officiel, bête noire de tous les partis. Aussi paradoxal que cela puisse paraître, le canal de Suez n'est pas un argument électoral qui puisse jouer en sa faveur. L'on craint à Marseille que le canal ne favorise surtout Brindisi et qu'il n'apporte un peu plus vite en Europe les épidémies venues d'Asie. Des journaux qui se déchaînent contre Lesseps, *Le Sémaphore* est le moins désagréable en se contentant d'observer que « la députation ne doit pas être un acte de reconnaissance. Il s'agit de faire des lois, de voter des dépenses et de contrôler les actes du gouvernement ». Et son rédacteur estime, en conclusion, que l'on ferait mieux, si l'on veut honorer Lesseps, de le nommer sénateur.

Chez les royalistes de *La Gazette du Midi*, on le chansonne :

Les affaires vont mal ?
Prenez mon isthme[1].
Le crédit est bas ?
Prenez mon isthme.
L'absence de sécurité est complète ?
Prenez mon isthme.
Le pays est chargé de dettes épouvantables ?
Prenez mon isthme.

Pour soutenir son candidat, le préfet a tenté d'infiltrer les milieux républicains. Un certain Antomarchi excite les ouvriers pour que leurs manifestations effraient les bourgeois et incitent ceux-ci à voter pour

1. Allusion, aujourd'hui perdue, à une apostrophe du vaudeville d'Eugène Scribe, *L'Ours et le Pacha*. Un *ours*, dans le vocabulaire de l'époque, est une pièce de théâtre ou un manuscrit difficile à placer.

le gouvernement. Certains magistrats, notamment le procureur général, dénoncent ces manœuvres, ce qui n'accroît pas le prestige de l'empire et de son candidat. *Le Sémaphore* publie une adresse, signée de quelques milliers d'ouvriers qui, tout en rendant hommage au caractère de Lesseps, jugent indignes de sa réputation les moyens par lesquels on essaie de les faire voter pour lui. On aurait en effet menacé des ouvriers de sanctions diverses, et même de renvoi, s'ils ne lui donnaient pas leurs voix. Quelque quinze cents d'entre eux accompagnent leur porte-parole à l'hôtel où Lesseps est descendu. Celui-ci reçoit les délégués, les écoute, apprenant ainsi, au cas où il ne l'aurait pas déjà su, qu'il n'est pas *persona grata* dans les rangs de la classe laborieuse.

Lorsqu'il se rend à la salle Montebello où se tient une réunion publique du Comité démocratique et social, il est froidement accueilli, puis, quand il affirme son indépendance à l'égard du pouvoir, il est interrompu par des huées, des sifflets, voire des insultes. Un ouvrier, surpris de sa déclaration, lui crie : « Mais vous êtes bien soutenu par le préfet ?

— Le préfet, je m'en fous ! » répond Lesseps hors de lui.

Commentant cette séance orageuse, un journaliste écrit : « ... il s'est servi, à propos des autorités constituées, d'une expression qui nous ferait aller en correctionnelle si nous avions la hardiesse de l'employer. » Gambetta, son plus dangereux concurrent, tient, salle Musset, une réunion au cours de laquelle, après un éloge du suffrage universel, il recommande, ainsi que Lesseps pourrait le faire, et mieux que lui, *l'esprit scientifique* dans la conduite des affaires publiques.

Le premier tour des élections a lieu les 23 et 24 mai 1869. Les résultats confirment les craintes du gouvernement. Lesseps n'obtient que 4 535 voix, alors que Gambetta en recueille 8 663. Thiers, bien que célèbre et surtout enfant du pays, n'a que 3 582 suffrages, et le marquis de Barthélemy, 3 075. Ce dernier se retire et Thiers, qui se présente aussi à Paris, se désiste. Inquiet de ce demi-échec, le gouvernement contre-attaque en faisant saisir le journal *Le Peuple*, et il demande à l'évêque, Mgr Place, de lancer un appel dans tout son diocèse pour voter, au second tour, en faveur du candidat officiel.

Les royalistes légitimistes n'entendent pas que le retrait de Barthélemy profite à Lesseps et, le 5 juin, *La Gazette du Midi* invite les Marseillais à ne pas voter pour un homme « dont on peut regretter de voir la juste renommée s'amoindrir et s'abaisser dans de stériles compromissions administratives[1] ».

Le second tour, les 6 et 7 juin, justifie les appréhensions du gouvernement. Lesseps n'obtient que 5 061 voix, soit 500 de plus qu'au premier tour, et Gambetta se voit élu avec 12 868 voix, bénéficiant de

1. L. Bancal, *Gambetta à Marseille, 1869*, *Bulletin officiel* du Vieux Marseille, N° 10-11, p. 15.

celles des légitimistes et des orléanistes pour faire triompher le « programme de Belleville », encore qu'il déclare opter pour Marseille.

Le jour de la proclamation des résultats, Lesseps est reconnu par la foule alors qu'il regagne son hôtel. On s'amasse sur son passage et on le suit, en silence. Arrivé devant l'hôtel, il se retourne et salue. La foule éclate alors en applaudissements.

Si cet échec est un peu mortifiant pour son amour-propre et justifie le refus qu'il avait d'abord opposé à l'empereur, Lesseps n'est pas homme à s'y attarder. On peut même imaginer qu'il est soulagé de ne pas avoir le souci d'une circonscription alors que Suez le réclame. Un peu avant le premier tour, un journaliste avait écrit, devinant sa pensée : « Nous sommes convaincus que l'homme le plus heureux de l'insuccès de M. de Lesseps, serait certainement M. de Lesseps lui-même. » Il avait raison.

*

La dernière phase des travaux s'achève, mais elle se révèle au point de vue technique la plus difficile et entraîne, sur tout le parcours du canal, une intense activité, prélude à l'affolement qui marquera les dernières semaines avant l'inauguration.

Le 31 mai 1869, le niveau des lacs Amers n'est que d'un mètre vingt et l'on a fixé au 16 août l'introduction des eaux de la mer Rouge qui s'uniront à celles de la Méditerranée. Bien que la date exacte de l'inauguration du canal soit encore incertaine, Ismaïl pacha est parti pour l'Europe afin d'y convier lui-même aux festivités qu'il médite un certain nombre de souverains et de personnalités. Il s'est rendu à Corfou, à Venise, à Florence, à Berlin, à Londres, à Bruxelles et à Paris où Lesseps est resté pour l'accueillir.

Le 15 juin, l'empereur et l'impératrice offrent en son honneur un grand dîner de soixante-douze couverts.

Ce voyage à grand fracas, qui a un peu surpris l'Europe, a surtout fort mécontenté la Porte : « Les allures [souveraines] prises par Ismaïl, écrira Gabriel Hanotaux, son initiative d'aller voir la plupart des souverains d'Europe ; d'assumer chez eux un rang qui n'était pas encore reconnu par la Turquie ; de les inviter à des fêtes qui auraient lieu sur le territoire ottoman ; de se passer, pour toutes ces démarches, d'autorisations de la Porte ; de commencer cette tournée par une visite à un souverain[1] avec qui le sultan était en état de rupture ; de rejoindre Alexandrie sans même se présenter à Constantinople ; tout cela, accru de faux bruits sur des négociations politiques, nouées par lui, par exemple pour la neutralisation du canal de Suez, convainc la Porte qu'il tend à s'émanciper complètement d'elle et qu'il utilise, pour marcher à ce

1. Le roi Georges Ier de Grèce qu'il a rencontré à Corfou.

but, l'accroissement même de prestige et d'autorité qu'elle lui a consenti par les firmans de 1866 et 1867. Le grand vizir Aali pacha décide de le remettre au pas[1]. »

Le grand vizir avait adressé déjà, le 17 juin, à tous les représentants de la Porte à l'étranger une lettre leur rappelant, et les priant de rappeler aux cours près desquelles ils sont accrédités, que le vice-roi d'Egypte est un vassal ne pouvant établir de relations directes avec les gouvernements d'autres pays. Aali pacha ne cachait pas que toute infraction à cette règle entraînerait la déchéance du khédive.

Le 11 juillet 1869, le grand vizir écrit personnellement au vice-roi pour lui reprocher son comportement, s'étonnant qu'il ait envoyé à des souverains étrangers des invitations qui auraient dû être faites par le sultan. A cette mercuriale, Ismaïl répond par une lettre embarrassée, annonçant une visite de courtoisie à Constantinople, mais cette lettre n'est pas encore parvenue à son destinataire qu'il en reçoit une seconde du grand vizir pour lui fixer les conditions de sa rentrée en grâce : il devra communiquer chaque année à Constantinople le chiffre et le détail du budget de l'Egypte, et demander une autorisation pour tout emprunt ; il ne pourra correspondre avec les monarques étrangers que par l'intermédiaire des représentants de la Porte et, enfin, il lui faudra renoncer aux frégates qu'il vient de commander ainsi qu'aux deux cent mille fusils, également commandés en France et bien inutiles pour une armée désormais réduite à trente mille hommes.

Une telle décision est un coup de foudre, et d'autant plus fâcheux qu'elle survient à la veille de l'inauguration du canal, source évidemment de dépenses somptuaires qui nécessiteront un emprunt. Le khédive accepte la réduction de son armée, l'annulation de ses commandes, mais il ne veut pas céder sur la question de ses pouvoirs, surtout en matière financière.

La crise est donc ouverte, et le sultan Abdul-Aziz refusera d'assister à l'inauguration du canal. Celle-ci a été fixée au 17 novembre 1869. En annonçant cette date, le journal de la Compagnie de Suez a précisé, un peu naïvement, que la Compagnie ne percevra aucun droit sur les navires qui emprunteront le canal pendant les journées des 17, 18, 19 et 20 novembre, ce qui est bien le moins que l'on puisse faire à l'égard de yachts royaux et de bateaux chargés de personnalités venues de toute l'Europe.

Le 16 août, on célèbre avec cérémonie l'entrée des eaux de la mer Rouge dans le bassin des lacs Amers. Jusqu'alors le déversoir a débité en 127 jours 421 000 000 mètres cubes, mais, compte tenu de l'évaporation, le remplissage effectif n'est que de 3 295 000 mètres cubes, avec une hauteur de 16,30 mètres. Après l'entrée des eaux de la mer Rouge, le niveau monte d'environ 7 centimètres par jour, et l'on arrivera, le

1. G. Hanotaux, *Histoire de la Nation égyptienne*, t. VI, p. 308.

24 octobre 1869, à une cote de 18,20 mètres. Les travaux continuent toujours au même rythme et onze dragues fonctionnent en permanence sur les cinq kilomètres de canal avant Suez.

Le 15 septembre, à deux mois de l'inauguration, 712 000 mètres cubes restent à extraire au Seuil du Serapeum, ce qui est relativement facile à enlever, mais dans les derniers jours d'octobre les dragues rencontrent deux bancs rocheux, non détectés par les sondages : l'un, au kilomètre 87, qui est une formation de grès ; l'autre, au kilomètre 93, qui est un rocher gypseux. La présence de ces bancs réduit la profondeur du canal à 5,50 mètres dans le premier cas et à 4,50 dans le second, ce qui empêcherait de passer tout navire ayant un tirant d'eau supérieur à 4 mètres. Jusqu'à présent, ni la Compagnie, ni l'entreprise Borel et Lavalley ne se sont trouvées confrontées à un problème de ce genre, et ni l'une ni l'autre n'ont le matérial adéquat pour l'extraction sous l'eau de bancs de roche.

Au kilomètre 87, on dépose à la base du rocher des mines faites de bouteilles contenant chacune cinq kilos de poudre. L'opération réussit. La roche est fracassée en morceaux que la drague enlève. Au 17 novembre, la profondeur de ce tronçon du canal sera de 6 mètres et elle atteindra 9 mètres le mois suivant.

En revanche, au kilomètre 93, l'opération tourne à la catastrophe au point que l'on redoute un moment de ne pouvoir inaugurer le canal à la date annoncée.

Le banc de gypse occupe toute la largeur du canal sur une longueur de 150 mètres, et présente une élasticité qui rend les mines inefficaces. En effet, déposées sur le banc, comme au kilomètre 87, les mines éclatent sans briser le roc, leur puissance étant amortie partiellement par le sable que dépose le mouvement des dragues ou le va-et-vient des chaloupes à vapeur. On reprend l'opération en forant des trous de mine de 1,20 mètre à 1,50 mètre de profondeur au moyen de tubes de tôle dans lesquels on glisse une cartouche d'environ deux litres de poudre. Malgré le soin apporté à ces opérations, on n'obtient aucun résultat. La plupart des coups de mine ratent ; ceux qui réussissent ne produisent qu'une faible dislocation de la roche.

Le 2 novembre, le banc est toujours là, presque intact. En désespoir de cause, on revient au premier procédé d'attaque avec des mines disposées en carré, mais on utilise, au lieu de bouteilles de cinq litres, des bonbonnes de vingt-cinq litres. Ce nouvel essai rate aussi. La situation devient dramatique et l'on ne sait plus à quel saint se vouer.

On tente à nouveau les forages avec des charges de cinq litres au lieu de deux. En forçant la charge de poudre, en améliorant les mèches, en faisant le bourrage avec plus de soin, on espère arriver à disloquer suffisamment le banc pour y creuser un chenal permettant le passage des navires. Au personnel, qui travaille jour et nuit, on promet une prime pour chaque trou foré. Peu à peu on parvient à déblayer un couloir assez grand pour que, le jour de l'inauguration, les plus gros navires puissent passer, mais on aura creusé jusqu'à la dernière minute et, pour permettre le passage de la flotte, il faudra garer le matériel de forage.

Comme un malheur n'arrive jamais seul, l'un des grands entrepreneurs, Borel, meurt le 17 octobre et son associé, Edmond Lavalley, mourant, doit être rapatrié d'urgence en France, où il se rétablira.

Le canal sera inauguré finalement à la date prévue, mais il ne pourra pas toutefois être ouvert à une navigation normale. Au 20 décembre 1869, il restera encore deux millions de mètres cubes à enlever, mais le chantier sera déclaré officiellement terminé, en attendant que la Compagnie trouve les capitaux nécessaires pour effectuer les travaux d'approfondissement du canal et d'amélioration de son tracé. La fermeture des chantiers entraînera le licenciement du personnel, mais la Compagnie agira, comme toujours, avec une générosité rare, inconnue à l'époque : tous les agents licenciés toucheront une indemnité correspondant à 20 % du dernier traitement annuel pour chaque année de service. Ainsi, un ingénieur ou un employé administratif ayant passé cinq ans sur les chantiers ou dans les bureaux touchera une année de salaire. Cette mesure coûtera 1 521 000 francs à la Compagnie de Suez.

Le bruit de ces difficultés de dernière heure, impossibles à cacher longtemps, est parvenu à Paris, alimentant la campagne orchestrée contre la Compagnie dont l'action, après avoir atteint six cents francs à la fin du mois de juillet, lors de l'annonce de l'inauguration, retombe à moins de trois cents au début de novembre. On dit que le coupon du 1er janvier 1870 ne sera pas honoré, que le fond du canal, fissuré, laisse échapper l'eau, que les berges s'effritent, accroissant ainsi l'ensablement naturel du canal, que de toute manière elles ne supporteront pas les remous provoqués par les aubes des navires...

Lesseps, qui est en Egypte depuis le 25 septembre, offre un visage impassible, mais il n'est pas indifférent à ces rumeurs qu'il fait démentir par le journal de la Compagnie, en citant des témoignages de personnes dignes de foi, de préférence anglo-saxonnes, et des faits précis, facilement vérifiables. Il passe la majeure partie de son temps à sillonner le canal en tous sens, retenu un moment au kilomètre 93 par le problème du banc de gypse. C'est lui qui a eu l'idée de faire venir du Caire une grande quantité de poudre, en observant : « Si nous ne pouvons pas faire sauter le rocher, nous sauterons nous-mêmes ! »

*

Tout en surveillant avec anxiété les travaux d'achèvement du canal, il s'occupe avec le même soin de l'organisation des fêtes prévues pour son inauguration, ne négligeant aucun détail : « Les illuminations auront lieu à Ismaïlia sur le chemin de l'appontement du chemin de fer, écrit-il à Voisin-bey, sur la route du chemin de fer à la place Champollion, sur la place, sur tout le quai Méhémet-Ali, sur le pont du village arabe jusqu'à l'usine des Eaux et sur le prolongement de la route Mohammed-Ali jusqu'au chalet de Son Altesse. » Deux jours plus tard, il recommande à Voisin de lui faire un projet pour l'implantation d'estrades et de tentes sur la plage de Port-Saïd : « Entendez-vous avec nos capucins qui prendront les instructions de leur évêque et inviteront les autres cultes chrétiens à concourir avec eux à la cérémonie religieuse[1]. »

Dès la fin du mois d'octobre arrivent des invités qui ont profité de l'occasion pour visiter l'Egypte avant les fêtes officielles. L'impératrice Eugénie et sa suite ont débarqué le 21 octobre et, après un accueil officiel au Caire, ont gagné la Haute-Egypte. La souveraine, qui a déjà visité Venise et Constantinople, est entourée d'une petite cour bruyante, agitée par des riens, ne s'intéressant pas à grand-chose et divisée par des rivalités ou des jalousies enfantines, passant de fous rires pour des futilités à des crises de nerfs qui laissent perplexe le docteur Doué, médecin du yacht impérial, et agacent prodigieusement les officiers du bord.

L'impératrice a emmené avec elle ses nièces, Louise et Marie d'Albe, son neveu, le duc de Huescar, trois dames d'honneur, la comtesse de la Poëze, Mlle Marion et Mlle de Larminat, la comtesse de Nadaillac. Les hommes sont le prince Joachim Murat, le comte Clary, le baron Davillier, le général Douay, M. de Reffye, le comte de Cossé-Brissac. Faisant allusion aux nièces et au neveu de l'impératrice, Edouard Delessert avait mis en garde sa sœur, Cécile de Nadaillac, contre cette société disparate : « Tu vas te trouver avec des gens qui ne sont pas de ton monde, envieux comme tous les courtisans des faveurs du maître. Tu tombes là dans un milieu étranger pour toi, avec des gens mal élevés, frivoles, vulgaires d'habitudes et de sentiments, des garçons de mauvaises manières et de mauvais ton. » Effectivement, à lire le *Journal* de Mme de Nadaillac aussi bien que les notes du docteur Doué, on est assez surpris de voir le manque de sérieux et de dignité de cette camarilla dont les membres ne veulent en faire qu'à leur tête et se permettent, faute de savoir se distraire intelligemment, des plaisanteries douteuses. L'impératrice est la première à donner le mauvais exemple, rachetant heureusement cette conduite de pensionnaire émancipée par l'attention qu'elle porte aux questions techniques, ce qui est rare chez une femme. « Je ne pouvais bien comprendre, écrit la comtesse de Nadaillac, l'intérêt qu'elle prenait à toutes ces questions, ne sachant pas encore le goût si vif qu'a son esprit pour l'économie politique, le *côté rémunérateur* — elle emploie sans cesse ce mot — des

1. Archives de la Compagnie de Suez.

choses et des entreprises. » A cet égard, elle est plus curieuse de tout ce qui touche au canal que son entourage qui n'en verra que l'aspect monotone. Et pourtant, il semble qu'après avoir visité la Haute-Egypte l'impératrice, impatientée par la lenteur du transport en dahabieh, obsédée jusqu'à la nervosité par l'idée de rentrer en France le plus tôt possible, ait voulu interrompre son séjour. En effet, le 13 novembre, Mme de Nadaillac note dans son *Journal* que « l'Impératrice venait de recevoir de l'Empereur une dépêche lui donnant l'ordre d'aller à Suez et, loin de presser son retour à Paris, l'engageait à n'y revenir que vers les premiers jours de décembre ».

La cérémonie d'inauguration est prévue à Port-Saïd même, où, à partir du 10 novembre, arrivent les invités. Le 12, c'est Jules Charles-Roux sur le yacht de la Compagnie marseillaise des Transports à vapeur ; le 13, le prince et la princesse des Pays-Bas sur leur yacht, le khédive Ismaïl sur le sien, amenant avec lui Nubar pacha et d'autres notables égyptiens ; le 14, Ferdinand de Lesseps et sa famille ; le 15, l'empereur d'Autriche François-Joseph, sur son yacht, escorté d'une frégate. Il est accompagné des ministres Andrassy et Beust, ainsi que de l'amiral Tegetthof, le vainqueur de Lissa, et du baron de Proskesch, ambassadeur d'Autriche à Constantinople. Le 16, de nombreux navires apparaissent, entre autres *le Péluse*, des Messageries impériales, avec à son bord le conseil d'administration de la Compagnie de Suez et les délégués de la chambre de commerce de Marseille.

La plus superbe entrée, sans conteste, est celle du yacht impérial, *l'Aigle*, imposante unité puisqu'il jauge deux mille tonneaux, soit deux cents tonneaux de plus que *le Péluse*, un des plus beaux paquebots des Messageries impériales. Il est salué par les coups de canon des navires ancrés dans le port et les hurrahs de leurs matelots, vêtus de blanc, « rangés comme des franges sur les vergues des mâts et sur les bastingages », écrit Cécile de Nadaillac. Eblouie, l'impératrice murmure : « De toute ma vie, je n'ai rien vu de plus beau... »

A 1 heure de l'après-midi commence la double cérémonie religieuse. Des soldats égyptiens forment la haie entre le débarcadère et les trois tribunes élevées sur la plage et magnifiquement décorées : la première, au centre, est réservée au khédive et à ses invités ; les deux autres, moins somptueuses, sont, à droite, celle du clergé chrétien, à gauche celle du Grand Mufti et des imans. Dans la tribune d'honneur prennent place, outre les princes ou souverains déjà cités, le prince héritier d'Egypte, Thewfik pacha, Rizza-bey, le gouverneur de Port-Saïd, Toussoum pacha, Nubar pacha, le duc d'Aoste, le prince de Hesse, le grand-duc Michel de Russie, le prince héritier du Hanovre, l'archiduc Victor, frère de l'empereur d'Autriche, l'émir Abd el-Kader, le prince héritier de Prusse, sir George Elliott, ambassadeur britannique auprès de la Porte, etc. En l'absence du sultan, celle-ci n'est représentée que par quelques dignitaires de l'empire, entre autres Sursock, alors jeune député de sa province au Divan. Le sultan du Maroc a envoyé pour le représenter le futur grand vizir El Mokri[1].

Après une prière musulmane et une harangue du Grand Mufti, l'évêque d'Alexandrie, Mgr Ciurcia, entonne un « Te Deum », puis Mgr Bauer prononce une homélie enflammée.

Vraisemblablement cette intervention de Mgr Bauer n'avait pas été prévue. Israélite hongrois converti au catholicisme par la Sainte Vierge qui lui était apparue, prétendait-il, Marie-Bernard Bauer avait abandonné la peinture pour la religion, s'était fait carme et s'était envolé de son couvent pour devenir prédicateur mondain. Introduit aux Tuileries, il avait capté la faveur de l'impératrice et, grisé par ses succès, en avait perdu la tête, étalant un luxe de soutanes et d'attelages qui avait mécontenté l'empereur. Eloigné de la Cour, sans doute a-t-il vu dans l'inauguration du canal une occasion de regagner les bonnes grâces de la souveraine. Arrivé en Egypte le 8 novembre, il a aussitôt télégraphié à l'impératrice, alors en excursion sur le Nil, et l'a rejointe à bord de *l'Aigle*, où il a fallu le recevoir à déjeuner, au grand déplaisir des officiers du bord. Voulant faire des frais au commandant en second, Sibour, neveu de l'archevêque de Paris assassiné en 1857, Mgr Bauer lui demande s'il lui est apparenté : « Oui, son fils », répond sèchement l'officier, ce qui égaie toute la table et scandalise l'impératrice.

C'est donc de sa propre initiative, après avoir forcé la main de la souveraine, que Mgr Bauer prononce un discours dans lequel il célèbre « cette grande fête du genre humain », invitant l'Occident et l'Orient à s'étreindre et rendant hommage à « l'âme virile de l'Impératrice ». Il n'oublie pas Lesseps : « Proclamons que jusqu'à l'extrême déclin des âges, de même que le Nouveau Monde, découvert au XVe siècle, dira, à jamais, à l'oreille de toute la postérité le nom de l'homme de génie qui s'appela Christophe Colomb, de même ce canal des deux mondes redira, à jamais, le nom d'un homme qui vécut au XIXe siècle, ce nom que je suis heureux de jeter sur cette plage, aux quatre vents du ciel [*sic*], le nom de Ferdinand de Lesseps ! »

Malgré ce passage en son honneur, il est douteux que Lesseps ait apprécié l'éloquence de ce prélat de cour dont la foi ne survivra pas à l'effondrement de l'empire.

*

Le lendemain, 17 novembre, sera le véritable grand jour puisque cinquante des quatre-vingts navires en rade doivent, à la suite de *l'Aigle*, emprunter le canal. Jusqu'à la dernière minute les incidents

1. Le grand vizir El Mokri vivait encore en 1950, et Linda Sursock, veuve du député de Beyrouth au Divan, contait, en 1970, des souvenirs de l'inauguration du canal qu'elle tenait de son mari.

se sont multipliés, risquant de compromettre le passage, ou même de l'empêcher. Les travaux n'étant pas achevés, on a dû interdire le canal à tout navire d'un tirant d'eau dépassant cinq mètres et, malgré cette précaution, la marge de sécurité reste si mince que l'on a pris soin de jalonner la partie la plus profonde avec des piquets de bois indiquant la route que les navires doivent rigoureusement suivre. Pendant la cérémonie religieuse, on avait fait prévenir Lesseps que, une portion du canal étant insuffisamment draguée, le passage serait impossible, à quoi Lesseps s'était contenté de répondre : « Il faut que tous les navires passent demain. »

La nuit venue, en cette soirée du 16 novembre, il semble que toutes les étoiles du ciel soient tombées dans la rade où des feux d'artifice, tirés de minute en minute, dessinent de somptueuses arabesques. Tous les navires, jusqu'à la plus modeste embarcation, sont illuminés. Sur les plus importants, des orchestres jouent des marches militaires, rythmées par des salves de canon. A 8 heures, un gigantesque feu d'artifice embrase le ciel. Le spectacle est éblouissant, au point que des invités craignent un embrasement général, mais c'est à Ismaïlia que la chose aurait pu se produire.

En effet, le 15 novembre, alors que Lesseps se préparait à rejoindre Port-Saïd, des caisses de feux d'artifice avaient explosé, menaçant de mettre le feu à la ville. Il avait fallu deux mille hommes de troupe pour éteindre l'incendie.

Depuis, les incidents fâcheux se sont accumulés. Le plus grave est l'échouement, dans la nuit du 16 au 17, du navire égyptien *le Latif*, envoyé en éclaireur pour reconnaître le passage. Aussitôt informés, le khédive et Lesseps se rendent sur les lieux où un bateau à vapeur, ayant pris la frégate en remorque, essaie de la tirer de ce mauvais pas. Après un deuxième essai infructueux, le vice-roi fait venir un millier de marins qui tentent de haler le navire au milieu du canal, puis de le ranger de long de la berge. Après l'échec de cette manœuvre, il ne reste plus qu'un moyen, auquel le prince et Lesseps songent en même temps : faire sauter le navire. Emus tous deux par la grandeur du sacrifice, ils tombent dans les bras l'un de l'autre. Jules Charles-Roux entend alors Lesseps dire à mi-voix : « Je n'avais jamais vu aussi clairement que la chute est bien près du triomphe... »

Heureusement, un dernier effort des marins, dont le nombre a été doublé, permet de remettre le navire à flot.

En dépit des précautions prises, la nouvelle est parvenue à Port-Saïd où les journalistes la commentent tandis que des oiseaux de mauvais augure annoncent d'autres catastrophes : l'empereur d'Autriche serait déjà reparti pour Trieste et l'impératrice Eugénie pour la France ; Lesseps aurait perdu l'esprit et Lavalley se serait tué de désespoir.

A 8 heures du matin, le 17, Port-Saïd palpite de tous les pavillons multicolores des quatre-vingts navires abrités dans son port et de l'incessant trafic de canots ou de chaloupes également pavoisés. Les bâtiments qui doivent inaugurer le canal sont regroupés en cinq catégories : les yachts des souverains et des princes, les bâtiments d'Etat, les paquebots des compagnies, les vapeurs de commerce et, enfin, les yachts des particuliers. *L'Aigle* appareille le premier et, avec une majestueuse lenteur, embouque l'entrée du canal, signalée par deux pyramides factices. Il est suivi par le yacht impérial autrichien, puis les autres navires appareillent à leur tour, à quelques minutes d'intervalle, ayant soin de garder entre eux une certaine distance afin d'éviter tout abordage en cas d'arrêt brusque ou d'échouement inopiné. Un des passagers de *l'Aigle*, auquel les tambours de ses roues donnent une grande largeur, note que le yacht arrache au passage les piquets qui jalonnent le chenal de sécurité. Le yacht accrochera également, avec un de ses tambours, une chaloupe de la Compagnie de Suez.

La manœuvre est si délicate que le commandant de *l'Aigle*, M. de Surville, ne quittera pas son poste de la journée, se passant de déjeuner. Installé sur le tambour de tribord, il a placé son second, Sibour, sur la dunette, et les officiers sur la passerelle. Des ingénieurs sont là pour aider au pilotage, et tous surveillent le canal avec anxiété, comme s'ils craignaient d'en voir surgir le Serpent de mer. L'équipage est sur le pont, prêt à répondre aux ordres. Un silence absolu règne à bord, commandé par les circonstances et par l'émotion. Même les nièces de l'impératrice ont cessé de caqueter. On entend seulement M. de Surville crier : « Stoppez... Avancez... Stoppez... Avancez doucement... », mots qui volent de bouche en bouche jusqu'aux mécaniciens et aux timoniers. Chaque fois que *l'Aigle* stoppe ou ralentit, des matelots hissent à l'arrière le pavillon d'alarme pour prévenir le yacht de François-Joseph.

Dans une cabine de *l'Aigle*, épuisé, Lesseps dort à poings fermés tandis que l'impératrice, inquiète et tendue, suit elle aussi la manœuvre. Elle avouera plus tard que, pendant toute la traversée, elle avait eu comme un cercle de fer autour de la tête parce qu'à chaque instant elle croyait voir *l'Aigle* s'échouer, l'honneur du drapeau français compromis et le fruit de tant d'efforts perdus.

Au Seuil d'El-Guisr, une foule énorme est étagée sur les paliers de la falaise, comme des spectateurs sur les gradins d'un théâtre, et guette avidement l'arrivée du yacht impérial qui a pris du retard. Soudain, des volutes de fumée noire apparaissent dans le ciel, mais dans la direction opposée, celle de Suez : ce sont des navires de guerre égyptiens se portant à la rencontre du yacht français. A ce moment, *l'Aigle* apparaît enfin, avançant avec d'infinies précautions, et cette lenteur ajoute à la majesté de son allure. Lesseps, tiré de son sommeil, se tient sur le pont, à côté de l'impératrice Eugénie qui agite son mouchoir en réponse aux acclamations frénétiques. Une demi-heure après, *l'Aigle* arrive à Ismaïlia où l'accueil touche au délire. En effet, le retard avait inquiété, car la nuit commençait à tomber. Un témoin, Roberto Morra di Lavriano, écrit dans son *Journal* : « Cependant les derniers rayons du soleil descendaient du couchant, le ciel s'empourprait, et *l'Aigle* majestueux, radieux, resplendissant de ses mille drapeaux, pointa à l'Orient, tel l'astre de la civilisation et du progrès, salué par un tonnerre de canons et les cris joyeux des milliers de gens qui composaient l'assistance[1]. »

Ismaïlia, dont la population, pour la circonstance, est passée de cinq mille âmes à cent mille, est devenue un vaste caravansérail où toutes les races, toutes les conditions, tous les métiers sont mêlés dans un grand chatoiement de couleurs et une confusion de Jugement dernier. C'est la vallée de Josaphat sur la scène des Bouffes-Parisiens, avec musique d'Offenbach. On y rencontre des Bédouins du désert avec leurs armes et leurs chevaux côtoyant des messieurs du Jockey Club, étouffant dans leurs redingotes ; des journalistes de Paris, habillés comme pour aller à la chasse au lion, et des femmes voilées dardant un œil indigné sur des dames en crinoline, armées d'une ombrelle. Il faut se frayer un passage en jouant des coudes à travers une foule pittoresque, odorante et bariolée, où chacun vaque à ses affaires comme s'il était seul. L'un fait sa prière, l'autre son thé ; on rôtit des moutons en plein air et l'on danse au son des flûtes et des tambourins ; des cireurs de souliers se faufilent à travers des théories de derviches et des porteurs d'eau esquivent les cavaliers des fantasias. Au milieu des hennissements des chevaux, des braiements des ânes, des *you-you* des femmes et du blatèrement des dromadaires, revient inlassablement la plainte aiguë de l'Orient *Backchich* ! *Backchich* ! que déclenche automatiquement la vue d'un étranger. Comme Ismaïlia en fourmille, les cris de *Backchich*, poussés par des voix de tous âges et des deux sexes, composent une symphonie glapissante, assourdissante et, surtout, exaspérante.

Bien entendu, tous les hôtels sont pleins, et les maisons particulières ont donné jusqu'à leur dernier cagibi ; le khédive a fait dresser le long du canal d'eau douce des tentes sous lesquelles s'abritent les Bédouins venus du désert, et l'on campe un peu partout, dans les jardins, sur les places publiques. Si le logement est difficile, la chère est abondante. Des buffets de nourriture et de boisson, servis avec une prodigalité vraiment orientale, sont dispersés dans toute la ville et renouvelés au fur et à mesure qu'ils s'épuisent.

Le 18 novembre, accompagnée de sa suite habituelle, ainsi que de Lesseps et de ses deux fils, l'impératrice visite le Seuil d'El-Guisr, puis elle change sa monture contre un dromadaire et parcourt Ismaïlia en fête. Elle s'arrête au village arabe et au chalet de Lesseps. Sa suite s'est entassée dans un grand char à bancs, tiré par huit dromadaires.

1. Cte Morra di Lavriano, *Journal de voyage en Egypte*, p. 120.

Le soir, il y a grand bal au chalet du khédive où quatre à cinq mille invités s'entassent dans une cohue indescriptible et plutôt sévèrement jugée par la plupart d'entre eux. De l'avis général, la société est très mêlée. Il y a des dames fort élégantes, entre autres l'impératrice, étincelante de diamants, des messieurs de belle allure, avec des uniformes chamarrés d'ordres, mais il y aussi des cheiks en djellabah supportant mal d'avoir dû mettre des chaussettes, à défaut de souliers, qui, assis par terre, sont occupés à se palper mélancoliquement les pieds. Il y a des individus de mine si louche que le comte de Beust, en voyant l'un d'eux jeter un regard furtif sur sa croix en brillants, met instinctivement la main sur sa poitrine pour la protéger. Les gens de goût pincent les lèvres devant le mobilier trop lourd, trop doré, qui semble emprunté à un magasin d'accessoires de théâtre. Pour mieux voir l'entrée des souverains, des officiers prussiens sont montés sur une table de marbre qui s'est brisée sous leur poids. Lorsque le bal commence, il est presque impossible de danser au milieu de cette foule ; quelques invités s'y efforcent et des Egyptiens, accroupis sur le plancher, s'étonnent de la folie « de ces couples valsant en sueur pour leur plaisir dans une chaleur d'étuve », écrit Mme de Nadaillac. A l'odeur animale dégagée par ces milliers de gens s'est ajoutée celle de la peinture et du plâtre frais, car la décoration des salons est tout juste achevée. Heureusement pour leurs précieuses personnes, « on avait claquemuré les souverains et les princes, comme des bêtes féroces, dans un salon à part », mais cette ségrégation est mal appréciée de certains, venus justement pour les voir de près.

A minuit, un feu d'artifice est tiré, puis, une heure plus tard, un dîner somptueux est servi, mais les tables avaient été prises d'assaut depuis longtemps et beaucoup de gens doivent manger debout. Le khédive a bien fait les choses. Le dîner, préparé par cinq cents cuisiniers importés d'Europe, comporte vingt-quatre grands plats avec pièces montées, des entrées, des salades, des rôtis, des entremets, etc.

Pendant que les invités festoient ou tentent de s'approcher des tables, ceux qui n'ont pas été conviés au palais se débrouillent comme ils le peuvent dans les rues d'Ismaïlia où, comme la veille, des buffets permettent à tous de se restaurer copieusement, si l'on en croit les uns, fort mal, si l'on écoute les autres : « On a manqué de vivres, note le peintre Fromentin, on ne s'est pas couché. Il y a des malades, des découragés, des exaspérés. On prend des résolutions extrêmes, on se plaint, on proteste, on réclame, on se prépare à filer droit en France... » Ces difficultés pour se nourrir ou se loger convenablement, tout à fait normales en la circonstance, aigrissent des journalistes, persuadés qu'ils sont gens d'importance et qui s'attendaient à être traités en grands seigneurs. Leurs articles s'en ressentiront. Mais, une fois que l'on a pris son parti de certaines lacunes ou de quelques bizarreries, le miracle opère et la plupart des invités personnels du khédive Ismaïl garderont un souvenir ébloui de cette nuit pendant laquelle a été célébré un des grands événements de l'histoire de l'humanité : « Nulle part, écrira Fromentin, les deux éléments dont se compose le faste égyptien, l'inutile, le grandiose, l'excessif et le dénuement ne se seront montrés dans des proportions plus extraordinaires[1]. »

C'est une nuit d'enchantement, mais aussi de grande fatigue pour ceux qui ont été en perpétuelle représentation, obligés de sourire à tous et de trouver tout parfait. Aussi, le lendemain, le signal du départ n'est-il donné qu'à midi et demi. L'*Aigle* est le premier à lever l'ancre et il mouille à 4 heures et demie auprès du phare sud des lacs Amers où il est bientôt rejoint par une cinquantaine de navires. Un témoin dira plus tard qu'il n'avait jamais rien vu de plus étrange et de plus impressionnant que cette flotte immobile au milieu de l'immense nappe d'eau, encerclée par le désert, sans un homme, sans un animal, sans un arbre à l'horizon. Après avoir capté les derniers feux du soleil couchant, les navires s'illuminent et, toute la nuit, reposent sur le lac comme un gigantesque Buisson ardent.

Le 20 novembre, en revanche, on part tôt, à 7 heures moins un quart, pour arriver à Suez en fin de matinée. En dépit des numéros d'ordre attribués aux navires, beaucoup forcent l'allure à la suite de l'*Aigle*, pour passer les premiers, ce qui provoque à l'entrée du canal un embouteillage au cours duquel des navires s'accrochent par leurs vergues ou bien s'échouent, comme *le Péluse*. En arrivant à Suez, le commandant de Surville inscrit sobrement sur le journal de bord : « Mouillage en rade de Suez (mer Rouge), le 20 novembre 1869 », et fait signer l'impératrice, puis toutes les personnes présentes à bord du yacht. Après un déjeuner offert par la Compagnie des Messageries impériales sur son vapeur *l'Hoogly*, le vice-roi, l'empereur d'Autriche, le prince et la princesse des Pays-Bas, ainsi que les ambassadeurs d'Autriche, de Grande-Bretagne et de Russie quittent leurs navires respectifs pour gagner Le Caire en train. Le 21, *l'Aigle* appareille pour Port-Saïd et, cette fois, fait le trajet en quinze heures.

*

Au Caire, le khédive Ismaïl donne dans son palais de Ksar el-Nil, peu après l'inauguration, un grand bal au cours duquel les invités peuvent féliciter Lesseps de son succès, mais aussi de son mariage, célébré le 25 novembre à Ismaïlia, avec Mlle Hélène Autard de Bragard. D'abord connue seulement de quelques intimes, la nouvelle des fiançailles avait été rendue officielle par la présence à bord du *Péluse* d'Hélène Autard de Bragard et de son père. Alors qu'elle revenait d'un temps de galop avec Lesseps, aux environs d'Ismaïlia, le 18 novembre,

1. Fromentin, *Œuvres complètes*, Pléiade, p. 1094.

Mme de Nadaillac lui avait demandé sa chemise, en lui expliquant que, suivant le dicton, la chemise d'un homme heureux porterait bonheur : « Ce qui l'a fait rire, écrit-elle à son mari, car c'était l'occasion ou jamais : il était si heureux ! » Non seulement il voyait son œuvre achevée, applaudie de tous, mais il allait se remarier après un veuvage de seize ans, mariage qu'Emile Zola, envoyé par *Le Figaro* en reportage, annonçait à ses lecteurs en écrivant : « M. de Lesseps, après avoir marié la Méditerranée à la mer Rouge, va se marier lui-même... »

Hélène Autard de Bragard a vingt et un ans, soit quarante-trois de moins que son mari, mais la gloire aide à surmonter cette différence et la vitalité de Lesseps fait oublier le sien. Il l'avait connue par son ami, l'amiral Bouët-Willaumez, dont le fils avait épousé une sœur de la jeune femme, et l'avait revue à plusieurs reprises, lors de ses passages à Paris, aux fameux *lundis* de l'impératrice. Il ne lui avait pas caché qu'il la trouvait fort à son goût et, pour lui montrer qu'il n'était pas aussi vieux que ses cheveux blancs pouvaient le lui faire croire, il s'était comparé à ces roses séchées de Palestine qui refleurissent lorsqu'on les met dans l'eau. Ainsi en était-il de son cœur, qui s'était rajeuni en la voyant. Mlle de Bragard avait trouvé le comparaison jolie et avait fini par accepter l'idée d'un tel mariage, dont l'annonce avait été reportée après l'inauguration du canal, car Lesseps avait trop de soucis pour pouvoir se consacrer à sa future épouse.

Les parents d'Hélène de Bragard étaient des créoles de l'île Maurice où un Autard de Bragard, issu d'une famille du Haut-Dauphiné, anoblie au début du XVIIe siècle, était venu se fixer. Son descendant, tout en possédant une plantation, avait été magistrat. Sa femme, née Carcenac, d'une famille originaire du Rouergue, avait inspiré à Baudelaire un des poèmes des *Fleurs du mal*. Les Autard de Bragard habitaient un domaine dans ce quartier des Pamplemousses où Bernardin de Saint-Pierre avait situé l'idylle de *Paul et Virginie*. La « dame créole aux charmes ignorés » à qui le jeune Baudelaire avait conseillé de se rendre « au vrai pays de Loire » où les poètes lui seraient « plus soumis que ses noirs » était précisément morte en gagnant la France, au mois de juin 1857, alors que paraissait le recueil des *Fleurs du mal*. M. de Bragard se trouvait donc veuf depuis douze ans et sa fille, en épousant Lesseps, devait avoir l'impression de changer de père.

Cette union disproportionnée sous le rapport des âges est normale en Orient, où des vieillards épousent des jeunes filles, donnant ainsi à leurs fils aînés des demi-frères de quelque cinquante ans plus jeunes. C'est ce qui se produira dans le cas de Lesseps puisqu'il engendrera de ce second lit douze enfants, dont le plus jeune aura quarante-cinq ans d'écart avec son frère aîné Charles.

*

En dépit de quelques incidents qui auraient pu tourner au désastre et de quelques fausses notes, l'inauguration du canal a été un triomphe à la fois pour Lesseps et le khédive Ismaïl, au zénith de sa splendeur, mais aussi pour le Second Empire, dont c'est le dernier succès spectaculaire avant sa chute. Seules ont boudé la cérémonie la Grande-Bretagne et la Turquie en ne s'y faisant représenter par aucun membre de leurs dynasties.

Toute l'Europe et même tout l'Univers célèbrent l'opiniâtreté de Lesseps et sa réussite, en le comparant aux plus grands génies de l'Histoire. Il devient un nouveau Christophe Colomb, un pionnier de la Science, un bienfaiteur de l'Humanité. Il est accablé de lettres, envahi de poèmes. Un certain Raymond Lassaire lui en adresse un comptant deux cent cinquante vers — qui sont loin de valoir ceux de Baudelaire à Mme de Bragard :

Voyez ! l'isthme est ouvert. Grâce à la vive artère,
L'Egypte redevient l'entrepôt de la terre,
Reine que Dieu plaça sur la route des pôles
Pour nouer sa ceinture aux grandes métropoles
De l'univers industriel[1].

Lord Clarendon, chef du Foreign Office, félicite Lesseps d'avoir su triompher non seulement de la nature, mais des hommes : « Malgré les obstacles de tous genres contre lesquels vous avez eu à lutter, et qui résultent nécessairement tant des circonstances matérielles que d'un état social auquel de pareilles entreprises étaient inconnues, et, bien que vous n'ayez eu pour vaincre les difficultés que les ressources de votre génie, un brillant succès a finalement récompensé votre indomptable persévérance. C'est pour moi un véritable plaisir d'être l'organe qui vous transmet les félicitations du gouvernement de Sa Majesté[2]. »

Napoléon III, peu prolixe, a eu quelques paroles aimables le 28 novembre 1869, lors de l'ouverture des Chambres, évoquant lui aussi la persévérance et le génie de Lesseps. L'empereur François-Joseph, s'adressant aux députés de la double-monarchie, leur recommande d'encourager une œuvre « qui honore le génie et la persévérance de son fondateur ». Il semble que les souverains se soient donné le mot pour louer spécialement ces deux qualités, alors qu'il serait plus exact de reconnaître à Lesseps « le génie de la persévérance ». Les Cortès espagnoles, elles, votent à l'unanimité une brève motion : « Ferdinand de Lesseps a bien mérité de l'humanité. »

Les décorations pleuvent sur Lesseps. La Grande-Bretagne lui

1. H. Poydenat, *Le Canal de Suez et la poésie française*, Revue des Deux-Mondes, 15 octobre 1953, p. 718.
2. Bertrand et Ferrier, *Ferdinand de Lesseps*, p. 328.

annonce la grand-croix de l'ordre de l'Etoile de l'Inde ; le khédive Ismaïl lui a décerné le grand cordon de l'ordre de l'Osmanieh ; l'empereur d'Autriche, celui de l'ordre de Léopold ; le roi d'Italie, celui de Saint-Maurice et Saint-Lazare, et le roi de Grèce, encore plus généreux, lui a fait parvenir, en vrac, les grands cordons de tous ses ordres.

L'impératrice Eugénie lui a remis, le 20 novembre, la grand-croix de la Légion d'honneur ainsi qu'une étonnante coupe en argent ciselé, en forme de galère, la poupe ornée d'un Mercure debout, brandissant un caducée. Deux figures allégoriques, censées représenter les Mathématiques et l'Industrie, présentent sur un bouclier cette étrange œuvre d'art, conçue et réalisée par Fanière. Elle est ornée d'un écusson sur lequel sont gravés ces mots : « A Mr Fd. de Lesseps, l'Impératrice Eugénie, XVII Novbre MDCCC CLXIX. Suez » Mieux aurait valu que cet encombrant objet, visible aujourd'hui au musée des Arts décoratifs, le titre de duc de Suez. D'après Charles de Lesseps, Napoléon III aurait voulu donner ce titre à son père, et celui-ci, avant de refuser, l'avait consulté, car il ne voulait pas en priver ses enfants dont il suivrait l'avis : « Je lui répondis... que les ducs étaient démodés, et qu'ils le seraient chaque jour davantage, que le temps n'était plus pour se ranger dans une caste privilégiée et que Ferdinand de Lesseps était bien plus que duc de Suez[1]. »

*

Cette apothéose et ce concert de félicitations, ces marques d'estime et ces honneurs qui s'accumulent sur la tête de son président n'empêchent pas la Compagnie de Suez d'être en butte à des attaques sournoises, des manœuvres sordides et des campagnes de presse influant sur le cours de l'action qui se maintient péniblement aux environs de trois cent quarante francs. On en propose à qui en veut, mais si des amateurs se présentent, les agents de change, assez curieusement, ne peuvent fournir les titres achetés. Les récits fantaisistes de l'inauguration du canal qui circulent à Paris exagèrent l'importance de quelques incidents. On prétend de nouveau que les berges du canal s'effritent. Un écho de ces rumeurs étant parvenu au Caire, Lesseps avait télégraphié au comité de direction de Paris pour les démentir, mais rien n'y fait. On persiste, dans certains milieux financiers, à prédire la ruine de l'entreprise. On raconte, au début du mois de décembre 1869, que cinquante navires sont bloqués dans le canal, que de nombreux accrochages y sont survenus, que les dividendes ne seront pas payés à l'échéance.

Il y a plus grave encore : un vent de révolte souffle au conseil d'administration. Le 14 janvier 1870, cinq de ses membres — P. Fleury-

1. Cité par G. Edgar-Bonnet, *Ferdinand de Lesseps*, t. I, p. 468.

Bérard, C. Millon, le marquis de Raigecourt, C. Couturier et l'amiral Exelmans — se sont coalisés pour reprocher à Lesseps d'exercer sur la Compagnie « une sorte de pouvoir dictatorial » qui, sans doute utile au temps de la construction du canal, ne l'est plus maintenant que l'on est entré dans la phase d'exploitation.

L'assemblée générale des actionnaires du 30 mars 1870 s'émeut lorsque Lesseps lui annonce qu'il conviendra d'attendre les résultats du premier semestre pour savoir si l'on paiera le coupon du 1er juillet. L'atmosphère est vite orageuse. Des actionnaires réclament des explications sur un ton qui frise l'insolence. D'autres, fidèles au président, souhaiteraient que l'on demande à la commission des agents de change la suppression de la cote à terme de l'action de Suez afin d'empêcher la spéculation à la baisse. On fait voter sur ce point, mais les partisans de la suppression ne recueillent que quatre-vingts voix.

Des communiqués successifs de Lesseps à la presse n'arrêtent pas la campagne de calomnies déclenchée contre la Compagnie. Le bruit court que le caissier a levé le pied, emportant dix-huit millions, et que le niveau du canal ne cesse de baisser. On dit que les Messageries impériales réclament, pour avaries causées à leurs navires, une indemnité de quatorze millions. Le 25 avril 1870, *Le Gaulois* publie un article énumérant les dommages subis par les navires ayant emprunté le canal et assurant que celui-ci n'est pas navigable : il faudrait pour cela encore deux ans de travaux et cent cinquante millions.

Devant de telles assertions, et ces chiffres ainsi jetés en pâture au public, la Compagnie dépose une plainte auprès du Parquet. Non seulement les avaries décrites sont inexactes, lorsqu'il y a bien eu incident de navigation, mais certains navires n'existent pas. Leurs noms sont entièrement fantaisistes. Elle dépose également plainte après la parution d'un pamphlet dû à la plume d'un certain E. Bauche, *Agonie du canal de Suez. Nullité de ses résultats actuels. Sa ruine prochaine.*

Malgré ces plaintes qui montrent que la Compagnie a les moyens de se défendre, et malgré les rectifications envoyées aux journaux, l'effet sur le public est désastreux. Au printemps 1870, l'action descend à deux cent quarante francs et J. Teulin, le chroniqueur financier du journal de la Compagnie, *L'Isthme de Suez*, n'aura plus le courage d'indiquer les cotations. Déjà, l'année précédente, il philosophait ainsi sur cette singulière dévalorisation de l'action alors que la Compagnie, ayant triomphé de toutes les difficultés matérielles, financières et politiques, voyait sa réussite applaudie par le monde entier : « Il a suffi à quelques feuilles financières de dernier ordre, à quelques industriels d'avoir de l'audace et encore de l'audace pour jeter l'alarme et la ruine dans la famille. On n'a pas songé que des dépenses de publication énormes, des envois gratuits de brochures aux quatre coins de la France, des annonces faites à la quatrième page des journaux devaient trouver quelque part une compensation pécuniaire et que les avertisseurs n'agissaient pas seulement dans un but de bienveillance philanthropique et ne sacrifiaient point leur patrimoine, ne dépensaient point des sommes énormes pour éclairer seulement des inconnus et un public avec lequel ils n'ont point l'habitude d'être en communion d'idées et de pensées[1]. »

En attendant la faillite de la Compagnie, c'est celle d'un de ses plus enragés adversaires, l'Union des actionnaires, qui est déclarée. Son directeur, Jules David, somptueusement installé place Vendôme, a pris la fuite en laissant un passif de sept à huit millions.

Après avoir passé une quinzaine de jours en Egypte, au printemps 1870, Lesseps part pour la Grande-Bretagne afin d'y recevoir les lauriers que, la querelle enterrée, les Anglais s'apprêtent à lui décerner. Il se rend d'abord le 27 juin à Liverpool où Mr. Duckworth, président de la chambre de commerce, rend un vibrant hommage, à l'issue du banquet traditionnel, à son « grand héroïsme moral ».

Le 4 juillet, il est le héros du banquet offert à Stafford House par le duc de Sutherland, en présence du prince Hassan d'Egypte, des ducs de Cambridge et d'Argyll, de lord Houghton et de lord Dufferin. Gladstone, le Premier ministre, prononce son éloge.

Le 6 juillet, c'est le lord-maire de Londres qui le reçoit au Guildhall et déclare : « Nos grands ingénieurs se sont trompés ; M. de Lesseps était dans le vrai et le canal de Suez est un fait accompli. »

Le 8 juillet, on tire au Crystal Palace un feu d'artifice en son honneur, avec une figure allégorique à la gloire du canal et de son auteur.

Le lendemain, le prince de Galles lui remet la médaille d'or, dite du prince Albert, en ajoutant : « La Grande-Bretagne n'oubliera jamais que c'est à vous qu'est dû le succès de cette grande entreprise qui est destinée à développer à un si haut point les intérêts commerciaux qui existent entre elle et ses possessions d'Orient. »

Le 11 juillet, Gladstone lui annonce que la reine Victoria lui décerne officiellement la grand-croix de l'Etoile de l'Inde. Rendant compte de toutes ces distinctions, le *Times*, son plus implacable adversaire, admet que « le canal de Suez est une des merveilles de notre monde moderne », et l'auteur de l'article écrit : « M. de Lesseps arrive dans un pays qui n'a rien fait pour le canal de Suez et qui, cependant, depuis qu'il est ouvert, l'a fait traverser par plus de navires que toutes les nations du monde. Ce pays lui fournira presque entièrement les dividendes que ses actionnaires recevront. Que ce soit la satisfaction que nous offrons pour le tort que nous avons pu primitivement avoir[2]. »

*

1. *L'Isthme de Suez*, décembre 1869, N° 322.
2. Bertrand et Ferrier, Ferdinand de Lesseps, p. 332.

Inquiet de la tension diplomatique entre Paris et Berlin à propos de la candidature d'un Hohenzollern au trône d'Espagne, il rentre à Paris, puis, la guerre déclarée le 19 juillet, il repart pour Londres où il va passer quelques jours. Le 30, lors d'une nouvelle réception du lord-maire au Guildhall, il reçoit de ses mains, en même temps que le diplôme de citoyen de la ville de Londres, une boîte en or décorée de lauriers et ornée des armes de la City.

Assez curieusement, alors que la déclaration des hostilités a entraîné une baisse générale de la Bourse, l'action de Suez n'a pas suivi le mouvement général et a même un peu remonté, comme si la Compagnie, en ces temps incertains, devenait un refuge. Il est de fait qu'Ismaïlia serait un séjour de beaucoup préférable à celui de Paris, où il fait presque aussi chaud et où, dans la soirée du 3 septembre, arrive la nouvelle de la défaite de Sedan.

Le 4, à 6 heures du matin, Lesseps, craignant pour la sécurité de l'impératrice Eugénie, va trouver le grand journaliste Emile de Girardin pour s'entretenir avec lui de la situation et envisager les mesures à prendre pour sauver la souveraine, au besoin malgré elle. Il trouve Girardin occupé à se faire la barbe.

« Emile, lui dit-il, ils vont faire une révolution.

— Tu vois, répond Girardin avec flegme, je suis déjà rasé. »

Lesseps fait porter un message aux Tuileries pour annoncer sa venue et s'y rend peu après, avec le brouillon d'une déclaration qu'il veut proposer à l'impératrice-régente : « Dans l'intérêt de l'union de tous les Français, pour la défense commune, je délègue tous mes pouvoirs à la législature. Eugénie. » Bien que dans ses *Souvenirs de quarante ans* il s'en donne comme le seul auteur, il est vraisemblable que Girardin a rédigé ce brouillon avec lui, car on ne reconnaît pas dans ce bref message le style habituel de Lesseps. Il faut d'ailleurs souligner que ce n'est pas là un projet d'abdication, comme les mémorialistes l'écrivent tous, mais une simple délégation qui réserve les droits de l'empereur.

D'après Augustin Filon, « on aurait créé un conseil de Régence en dehors de l'impératrice, mais Lesseps était persuadé que, si elle faisait mine de se retirer, on la prierait de rester [1] », ce qui aurait été aussi l'avis de Barthélemy-Saint-Hilaire, encore que celui-ci soit à la dévotion de Thiers, hostile, lui, à l'impératrice.

A en croire la comtesse de la Poèze, également présente, l'impératrice envisagerait de signer cette déclaration, mais le Conseil des ministres, hâtivement réuni, préfère attendre, estimant que tout n'est peut-être pas perdu. Lesseps, au témoignage de Mme Carette, est en tout cas un des premiers à douter de la fidélité du général Trochu et à

1. A. Filon, *Souvenirs sur l'impératrice Eugénie*, p. 146.

l'accuser ouvertement de trahison[1]. Quand une députation de la Chambre se présente aux Tuileries pour voir l'impératrice, il insiste encore une fois auprès d'elle pour qu'elle abandonne la régence et quitte aussitôt Paris.

Un lugubre déjeuner réunit ensuite les courtisans du malheur. Le général de Montebello demande à Lesseps ce qu'il pense de la situation :

« Je pense que c'est le dernier déjeuner que vous prenez aux Tuileries, répond Lesseps.

— Alors, tout est perdu ?

— Dites donc, interrompt un chambellan, ne pourriez-vous pas me donner une situation au canal de Suez ? »

L'après-midi, l'émeute gronde autour du château. Le drapeau tricolore y flotte encore ; la garde, l'arme au pied, veille derrière les grilles fermées qui, pour le moment, tiennent la foule en respect. Lesseps conseille au général Mellinet d'amener le drapeau, comme si l'impératrice était déjà partie, puis de faire rentrer la garde dans sa caserne et de la remplacer par un bataillon de la Garde mobile. Il faut agir vite, car la tension monte. On réclame à grands cris la déchéance, et des énergumènes escaladent les grilles pour en arracher les aigles dorés. Lesseps n'hésite pas. Il franchit une des grilles, se mêle aux manifestants qui, le reconnaissant et voyant qu'il veut leur parler, se calment un peu.

« Messieurs, leur dit-il en montrant Victorien Sardou, l'auteur dramatique, et un capitaine de Mobiles qui s'approchent de lui, nous allons au palais et tout arranger... »

Ils entrent tous trois aux Tuileries tandis que l'impératrice en sort par une petite porte donnant sur la place Saint-Germain-l'Auxerrois, accompagnée des ambassadeurs d'Autriche et d'Italie. Le général Mellinet reparaît alors pour annoncer le retrait du drapeau, et les émeutiers, franchissant les grilles, envahissent les jardins.

Lesseps n'a jamais donné ses véritables impressions sur la chute d'un régime auquel il a été lié par ses relations personnelles avec les souverains et auquel il doit le soutien qui a permis à la Compagnie de Suez de sortir, avec les honneurs de la guerre, d'un imbroglio diplomatique. Il gardera toujours des liens affectueux avec la famille impériale, entretenant une correspondance épisodique avec l'impératrice, et, après la mort du prince impérial, en 1879, il ne manquera presque jamais d'assister chaque année au service célébré en sa mémoire à Saint-Augustin.

En fait, il n'est pas attaché au principe monarchique et l'a prouvé en 1848. Si la République est une forme de gouvernement qui convient à la France, il n'est pas de ceux qui tenteront de la renverser pour

1. Mme Carette, *Souvenirs intimes de la cour des Tuileries*, t. II, p. 266.

restaurer un des prétendants, légitimiste, orléaniste ou bonapartiste. Ce qu'il demande à un gouvernement, c'est d'assurer l'ordre public, la liberté des hommes et de leurs idées, celle aussi du commerce et de l'entreprise.

Malheureusement, les hommes qui se sont emparés du pouvoir après Sedan ne sont pas de ceux qui apportent paix et prospérité. Gambetta, son adversaire en 1869, après avoir réclamé la suppression des armées permanentes, est maintenant partisan de la guerre à outrance contre l'ennemi. Au lieu d'accepter la défaite, ainsi que François-Joseph l'avait fait après Sadowa, le gouvernement provisoire institué le 4 septembre décide de continuer la lutte, à quelque prix que ce soit. La note, effectivement, sera lourde : l'Alsace et la Lorraine, au lieu de Strasbourg et de quelques places frontières, cinq milliards d'indemnité de guerre, au lieu d'un, des dizaines de milliers de morts en plus et un siège de Paris d'où sortira la Commune.

*

Les circonstances ne sont donc guère favorables aux affaires, et la Compagnie de Suez, bien qu'ayant son activité en Egypte, est atteinte elle aussi par la crise économique. Elle a un urgent besoin de trésorerie pour faire face à certaines dépenses que les revenus du transit ne permettent pas encore de couvrir. Elle a également des travaux d'approfondissement et d'aménagement à poursuivre afin d'assurer une meilleure navigabilité du canal. Bien entendu, elle ne peut effectuer le paiement des coupons échus le 1er octobre, le repoussant à des temps meilleurs. Du coup, des bruits se répandent de nouveau sur la mauvaise gestion de Lesseps, sur la vente du canal à des capitalistes anglais. Au lieu de démentir cette rumeur, Lesseps l'utilise en annonçant, par circulaire du 22 décembre 1870, qu'il étudiera toute proposition sérieuse : « La Compagnie ne provoque point ce rachat, mais elle est disposée, dans l'intérêt du commerce en général et de ses actionnaires, à examiner les propositions qui lui seraient faites par les puissances intéressées dans le cas où ces puissances établiraient entre elles un accord pour lequel le gouvernement italien s'est montré disposé à prendre l'initiative. Le khédive d'Egypte, tout en regardant une solution comme fort difficile à obtenir, et sans toutefois se prononcer d'une manière absolue, m'a répondu qu'il y avait lieu de s'adresser au grand vizir. »

Les choses en sont là lorsque après une série de combats sans espoir dans lesquels l'armée française, en dépit de sa bravoure, a toujours le dessous, les Prussiens mettent le siège devant Paris d'où Gambetta s'envole en ballon. Le gouvernement provisoire et la nouvelle Assemblée, d'ailleurs en majorité royaliste, ont gagné Bordeaux. Lesseps, qu'aucun mandat électoral n'oblige à fuir, demeure à Paris. Son fils aîné, Charles, sert comme officier au 1er bataillon de la Garde nationale, et le second, Victor, dans un régiment de Mobiles où il est officier d'ordonnance du général Ducrot. Lesseps, qui s'est engagé dans le service des ambulances, se trouve à proximité de Buzenval lorsque le 19 janvier 1871, Victor est atteint d'une balle à la cuisse. Aussitôt prévenu, il part à sa recherche et le ramène en voiture rue Richepanse où le docteur Nélaton arrive à temps pour pratiquer l'opération qui, en évitant l'amputation, lui permettra de conserver sa jambe.

Lesseps, toujours si disert sur ses travaux, n'évoquera jamais dans ses nombreuses conférences, ni même dans ses *Souvenirs*, les horreurs du siège et les dangers qu'il a courus comme ambulancier. Dans son esprit, c'est une parenthèse, un temps perdu qu'il devra rattraper en se jetant à nouveau dans la vie active. En effet, à peine les portes de Paris sont-elles ouvertes qu'il part pour l'Egypte, y inspecte les travaux du canal puis revient par Gibraltar et la Grande-Bretagne.

L'assemblée générale des actionnaires, prévue pour le 29 avril 1871, a été repoussée en raison de l'insurrection de la Commune et se tient le 20 juillet. Lesseps y annonce un déficit de quatorze millions cinq cent mille francs pour l'exercice écoulé. La situation est assez grave pour exiger la tenue, le 24 août, d'une assemblée générale extraordinaire au cours de laquelle il est décidé de lancer un emprunt de vingt millions qui sera difficile à placer en raison de la crise économique et du fait que le gouvernement provisoire a déjà fait un appel important à l'épargne en empruntant cinq milliards pour payer l'indemnité de guerre. L'action de cinq cents francs, cotée cent quatre-vingt-quinze francs seulement, montre à quel point le crédit de la Compagnie est bas.

Effectivement, l'emprunt n'est pas une réussite. Emis sous forme d'obligations de cent francs, pour une durée de trente ans, et remboursables à cent vingt-cinq francs, avec un intérêt annuel de 8 %, il attire peu de souscripteurs. Ouvert le 11 septembre 1870, il ne donne au bout de neuf jours que cinq millions alors qu'en temps normal il aurait été entièrement couvert. La Compagnie se résout à proroger l'opération jusqu'au 1er février 1872, ce qui est un aveu d'échec. La situation paraît si mauvaise que Charles de Lesseps, devenu le bras droit de son père, et la plupart de leurs collaborateurs jugent la liquidation inévitable.

Trop rationaliste pour espérer un miracle, Lesseps croit en sa chance, qui ne l'a jamais abandonné. Il a raison car, un jour, un inconnu, venu déjà deux fois aux bureaux de la Compagnie pour le voir, trouve enfin Charles qui l'accueille avec circonspection, craignant d'avoir affaire, une fois de plus, à un petit porteur mécontent. Loin de se plaindre, l'inconnu demande de combien de millions la Compagnie aurait besoin pour éviter la faillite.

« Sept millions, annonce Charles, qui croit se trouver en face d'un mauvais plaisant.

— Vous les aurez », répond sobrement le visiteur.

C'est Jules Lebaudy, le fameux industriel, qui sauve ainsi la Compagnie du désastre et réalise en même temps une excellente opération. Avec les cinq millions de l'emprunt et les sept de Lebaudy, la Compagnie peut payer, le 5 mars 1872, les coupons échus et les derniers amortissements arriérés. Désormais, tous ses paiements, celui des obligations comme celui des bons trentenaires, seront faits aux dates prévues.

Il n'est plus question de céder le canal à un consortium de puissances étrangères ou à des capitalistes anglais. Compte tenu des modestes chiffres du trafic [1], inférieurs à ceux espérés, Londres a jugé prématurée une offre d'achat que la Porte, en veine d'indépendance à l'égard de la Grande-Bretagne, était peu disposée à autoriser.

La situation du khédive, elle aussi, s'est améliorée. Il avait dû en 1869 s'incliner devant la Porte et ses exigences draconiennes, mais, au mois de juillet 1870, il s'était rendu à Constantinople y faire acte d'allégeance, et on lui en avait su gré. Au mois de septembre 1871, la mort du grand vizir Aali pacha l'avait délivré d'un redoutable adversaire, et bientôt un firman du 10 septembre 1872 annulera les sévères dispositions de 1869. Autorisé à faire, sans en référer à la Porte, les emprunts qu'il juge nécessaires, il a gagné la partie. Il est enfin maître chez lui, mais cette liberté, dont il abusera pour se laisser aller à sa prodigalité naturelle, finira par le conduire à la faillite et influera malheureusement sur le sort du canal de Suez.

1. Pour l'exercice 1870, le nombre de navires à emprunter le canal n'a été que de 486, et pour l'exercice 1871, de 755. La recette constituée par les droits de transit ne s'est élevée qu'à 4 354 758 francs en 1870 et 6 595 385 en 1871.

12

TRACAS ET TRAVAUX
1872-1878

Le 8 juillet 1867, lors d'un débat de politique générale au Corps législatif, un député, M. Larrabure, avait déclaré qu'un jour la Grande-Bretagne s'emparerait du canal de Suez, et il avait ainsi soulevé contre lui une vague d'indignation.

« Messieurs, avait-il répliqué, les prévisions que je viens d'exposer me semblent pouvoir un peu plus tôt, un peu plus tard, se réaliser.

— Nous n'acceptons pas votre prophétie ! » s'était écrié un autre député, le duc de Marmier.

M. Larrabure avait néanmoins vu juste. Après avoir tenté de profiter des embarras de la Compagnie pour faire acheter celle-ci à bas prix, la Grande-Bretagne passe à l'offensive en contestant la base de perception de la taxe de transit, fixée statutairement à dix francs par tonneau de jauge.

Lesseps est loin d'en avoir fini avec la Grande-Bretagne dont il devine la main derrière tous les ennuis créés à la Compagnie, mais avant d'affronter une crise plus grave encore, l'année suivante, il se repose, ou plutôt se distrait, en se lançant dans de nouvelles entreprises. Il est devenu célèbre, et même illustre. A ce titre, il est accablé par tous les faiseurs de projets, tous les inventeurs malchanceux et tous les rêveurs qui voudraient avoir son patronage. A ceux-ci son nom apparaît comme un talisman, un sésame ouvrant les portes des ministères et les bourses des épargnants. Avec son optimisme naturel et son tempérament généreux, il n'a que trop tendance à se laisser persuader, accordant son soutien à des sociétés parfois chimériques dans lesquelles s'engloutiront espérances et millions. Ainsi, en 1872, il a participé à la fondation de la Compagnie de la Nouvelle-Calédonie, banque coloniale et société foncière en même temps, qui fera faillite en 1877.

En 1873, il s'est intéressé au projet d'un canal sous la Manche, à deux voies, pour assurer un trafic ferroviaire entre Douvres et Calais. Deux comités se sont formés : un anglais, présidé par lord Grosvenor, et un français, par Michel Chevalier, un des rescapés de l'aventure saint-simonienne. D'après le rapport que Lesseps lira le 18 janvier 1875 à l'Académie des sciences, ce tunnel devrait être creusé à cinquante mètres en dessous du plafond de la Manche. Il aurait ses entrées à dix kilomètres de Douvres et de Calais, ce qui lui donnerait une longueur totale de cinquante kilomètres. La durée des travaux sera fixée à environ six ans.

Le projet tournera court, mais, curieusement, on retrouvera en 1927 un Comité français du tunnel sous la Manche ayant son siège à l'adresse de la Compagnie de Suez, 1, rue d'Astorg, à Paris.

En cette même année 1873, Lesseps s'était aussi penché sur le projet d'une voie ferrée reliant Paris à Moscou avec un embranchement vers Pékin et un autre vers Bombay. Il avait envoyé son fils Victor en éclaireur, mais, après avoir atteint le Cachemire, Victor avait dû rebrousser chemin, car la guerre avait éclaté entre Russes et Anglais à la frontière de l'Afghanistan.

Il s'était plus sérieusement intéressé à un projet africain qui flattait ses sentiments humanitaires et pouvait servir ses théories économiques. Le roi des Belges, Léopold II, venait de mettre sur pied une organisation internationale pour lutter contre l'esclavage, et Lesseps y avait adhéré, abandonnant à la Société le montant du prix Marcellin-Guérin, soit cinq mille francs, que venait de lui décerner l'Académie française en couronnant le premier tome de son ouvrage *Lettres, Journal et documents pour servir à l'histoire du canal de Suez*. C'était, de la part de l'Académie, un hommage à son action et un moyen de lui montrer qu'elle penserait un jour à l'accueillir parmi ses membres. Il venait d'être élu à l'Académie des sciences, au fauteuil de M. de Verneuil, et c'était un premier pas vers une consécration plus éclatante.

L'autre aspect du projet africain était plus ambitieux que la répression de l'esclavage et de nature à modifier profondément la géographie du continent. Il s'agissait de créer au sud de la Tunisie, encore sous domination ottomane, et de l'Algérie, une mer intérieure apportant fraîcheur et fertilité à ce désert, tout en donnant à l'Algérie une frontière naturelle. L'initiative en revenait au commandant Roudaire, un officier imaginatif et entreprenant, mais déjà, en 1869, un certain Georges Lavigne en avait eu l'idée, qu'il avait développée dans un article de la *Revue moderne* du 25 novembre 1868, « Le Percement de l'isthme de Gabès ». Roudaire a exposé son propre plan dans *La Revue des Deux-Mondes* du 15 mai 1874 dont il a envoyé un tiré à part à Lesseps qui s'est enthousiasmé pour ce nouveau projet, prêt à le faire sien ou, du moins, à l'appuyer de toute son autorité. Le 22 juin 1874, faisant à l'Académie des sciences une communication sur les lacs Amers, il en a profité pour leur comparer les *chotts* du Sud tunisien et déclarer qu'il était parfaitement possible de les transformer en un vaste lac en y amenant, par un canal maritime, à travers l'isthme de Gabès, l'eau de la Méditerranée.

Lesseps s'est montré si persuasif que l'Académie des sciences a désigné une commission chargée d'étudier le dossier. Lesseps, évidemment, en fait partie, avec le chimiste Jean-Baptiste Dumas, Elie de Beaumont, Antoine-Jérôme Balard, Charles Sainte-Claire-Deville, Auguste Daubrée, l'amiral François Pâris. Des esprits non moins distingués ont critiqué aussitôt le projet, soulevant une foule d'objections auxquelles Lesseps répondait chaque fois en usant d'une formule qui deviendra chez lui un leitmotiv : « On me l'a déjà dit pour Suez... »

L'Assemblée nationale, à laquelle on a demandé de voter un crédit de vingt-cinq mille francs pour aller étudier la question sur place, en accorde dix mille seulement, ce qui n'empêche pas l'envoi d'une mission. Arrivée à Biskra le 1er décembre 1874, elle passe plusieurs mois dans la région des *chotts* et en revient avec des observations qui montrent que le projet sera moins facile à réaliser qu'on ne l'a cru. Si le *chott* Marsa se trouve à cinquante mètres en dessous du niveau de la mer, en revanche, les *chotts* Djerbi et El-Fejij sont à quinze ou vingt mètres au-dessus, ce qui implique des travaux considérables, entre autres le creusement d'un canal d'au moins deux cents kilomètres au lieu des douze initialement prévus. Une nouvelle expédition est envisagée au cours de l'année 1875, mais, entre-temps, Lesseps a d'autres soucis qui lui font oublier la mer saharienne.

*

Depuis qu'il a dû s'incliner devant la décision du gouvernement turc lui interdisant, sous peine de saisie du canal, de percevoir une taxe de transit sur le tonnage *utile* des navires, et de prévoir une surtaxe en attendant qu'une commission internationale examine le problème, il adresse chaque mois à Constantinople le montant du préjudice ainsi subi par la compagnie[1].

Au printemps 1875, Charles de Lesseps va discuter à Constantinople un projet de compromis, car il est évident que la Compagnie ne peut entreprendre des travaux profitables essentiellement à une nation qui bénéficie déjà pour ses navires d'un tarif trop bas. L'ambassadeur de France, le marquis de Vogüé, a essayé d'aplanir la voie au fils de Lesseps, mais Charles se heurte au mauvais vouloir turc, et, après trois mois de stériles discussions, il se résout à quitter Constantinople. Encore une fois, la Grande-Bretagne a inspiré ces dérobades et ces atermoiements, dans lesquels la politique ottomane est sans rivale.

Le duc Decazes est assez courageux pour mettre le gouvernement de Londres devant ses responsabilités. Le 6 juillet 1875, il adresse à

1. Voir le détail technique de cette affaire en annexe III.

l'ambassadeur britannique à Paris une longue lettre expliquant qu'il est de l'intérêt de toutes les nations, à commencer par la Grande-Bretagne, d'améliorer le tracé du canal, d'augmenter sa profondeur afin de l'adapter aux nouvelles dimensions des navires, de plus en plus grands depuis que la vapeur l'emporte un peu plus chaque année sur la voile. Ces améliorations réduiront les retards, préviendront les accidents et faciliteront de manière générale le transit, arguments qui militent en faveur du compromis que propose la Compagnie pour accroître ses ressources.

Devant l'assemblée générale des actionnaires, le 29 juillet 1875, Lesseps prononce un de ces discours dont il a le secret. Avec des formules pittoresques, imagées, percutantes, il raconte le voyage qu'il vient d'effectuer lui-même à Constantinople, ses entretiens avec les ministres ottomans auprès desquels il a employé les mêmes arguments que le duc Decazes vis-à-vis de l'ambassadeur britannique : « Mon langage invariable à la Porte est celui-ci : mon voyage a deux objets principaux : ne pas venir un jour vous réclamer le paiement d'une grosse indemnité avant de vous avoir mis à même de vous tirer, sans qu'il vous en coûte rien, de l'embarras dans lequel vous vous êtes mis ; en second lieu, dégager notre responsabilité à l'égard des plaintes qui seraient formulées dans peu d'années, si nous ajournons tout travail d'amélioration dans le canal et si, par suite, la durée de la traversée d'une mer à l'autre va en augmentant chaque année. Ce jour-là, nous voulons pouvoir répondre que, si l'on n'est pas satisfait, on n'a qu'à s'adresser à vous. Quant à ce que je vous offre, vous pouvez l'accepter ou le rejeter. Je vous le propose dans votre intérêt, pour éviter des complications ultérieures, et dans l'intérêt du commerce, pour donner des facilités nouvelles à la navigation. Si nos ressources sont plus grandes, nos dépenses s'accroîtront. Si vous continuez à nous imposer un tarif onéreux, nous dépenserons moins d'argent et notre situation restera pour ainsi dire la même... »

Il est douteux que Lesseps se soit exprimé tout à fait en ces termes lors de ses démarches auprès des excellences ottomanes, mais ce langage à la fois simple et familier, cette rondeur paysanne avec son gros bon sens et son côté patelin enchantent les petits porteurs qui se croient fort intelligents parce qu'ils ont parfaitement compris une question délicate, et ils font, dans leur enthousiasme, une ovation à l'orateur, escaladant la tribune pour lui serrer la main. Encore une fois, Lesseps a magnétisé l'auditoire et galvanisé les énergies.

Si la situation financière de la Compagnie est peu brillante, celle du khédive Ismaïl est pire, au point qu'il songe à vendre, ou du moins à donner en gage, en garantie d'un emprunt, ses actions de la Compagnie de Suez, soit 44 % du capital social de la Compagnie. Cette intention est rapidement connue dans les milieux financiers qui, flairant l'aubaine, offrent leurs services. Au début du mois de novembre 1875,

Edouard Dervieu fait savoir au khédive Ismaïl que, s'il veut céder ses actions, il lui trouvera un acheteur à Paris, à condition qu'il prenne à sa charge le paiement, au futur acheteur, des intérêts, puisque ceux-ci ont déjà été abandonnés à la Compagnie de Suez en vertu de l'accord passé en 1860 entre celle-ci et le vice-roi, Mohammed-Saïd.

Edouard Dervieu est un des propriétaires, avec son frère André, de la banque Dervieu, Chanaud et Cie, établie à Paris et à Alexandrie. Un chiffre est avancé pour les actions du khédive : quatre-vingt-douze millions de francs. C'est une somme énorme et peu facile à réaliser. André Dervieu, qui dirige la banque d'Alexandrie, s'assure une option jusqu'au 16 novembre et câble à son frère Edouard, à Paris, que le khédive accepte ce montant. Il ne s'agit plus que de trouver les fonds. Edouard Dervieu commence à démarcher collègues et concurrents pour les intéresser à l'affaire. Il apprend ainsi que la Banque franco-égyptienne, émanation du Crédit foncier et du Crédit agricole, est déjà au courant. En effet, le baron de Soubeyran, directeur du Crédit foncier, ne lui cache pas son étonnement de voir une petite maison comme la sienne avoir à traiter une affaire de cette importance. Il le décourage un peu en lui révélant qu'il existe un plan de consolidation de la dette égyptienne et que les cent soixante-dix-sept mille actions du khédive Ismaïl figurent parmi les garanties exigées. Pour Edouard Dervieu, le coup est rude. Il garde un espoir, néanmoins, et télégraphie à son frère André d'obtenir une prorogation de l'option jusqu'au 19 novembre, afin d'avoir le temps de former un syndicat de banquiers acheteurs, mais il se heurte à l'indifférence ou l'hostilité des grands établissements bancaires et, le 18, il informe Alexandrie qu'il n'a pu trouver les fonds. Les deux frères doivent se retirer.

Pendant ces négociations, Lesseps n'est pas resté inactif, car l'achat des actions du khédive ne peut que modifier les rapports existants et, suivant la nationalité de l'acquéreur, nuire ou bénéficier à la Compagnie. Il est intervenu personnellement auprès du ministre des Affaires étrangères, le duc Decazes, pour que celui-ci engage le Crédit foncier à se porter acheteur. Si le Second Empire avait montré quelque timidité pour le soutenir dans sa lutte contre la Grande-Bretagne, la République est encore moins déterminée à l'aider dans une opération qui pourrait mécontenter Londres en faisant de la Compagnie de Suez une société presque entièrement française. Effectivement, lord Derby, chef du Foreign Office, désapprouve un achat par une banque parisienne, et Decazes, qui n'a pas l'audace de Disraëli, n'ose pas prendre le risque d'indisposer le gouvernement britannique qui lui a récemment rendu service en calmant le mécontentement de Bismarck devant un projet de réorganisation de l'armée française.

Si lord Derby s'oppose à l'achat par la France, il n'envisage pas néanmoins que son pays rachète les actions du khédive alors que Disraëli n'hésite pas une seconde à le faire, estimant qu'il y va non seulement de l'intérêt de la nation, mais du prestige de la Couronne. Il se sait soutenu par la reine Victoria, sensible aux idées de grandeur impériale, et, sans consulter le Parlement, ce qui retarderait l'affaire et donnerait à celui-ci une publicité nuisible, il prend sur lui d'offrir au khédive Ismaïl quatre millions de livres sterling pour ses 176 602 actions, soit un équivalent de cent millions de francs[1]. C'est le général Stanton, au Caire, qui en informe le khédive, et celui-ci, après six jours de réflexion, accepte le 23 novembre la cession de sa part au prix proposé. L'acte est signé le 25 novembre, et, le jour suivant, les titres sont remis entre les mains du général Stanton.

Comme Disraëli n'a pas pris l'avis du Parlement, qu'il mettra devant le fait accompli, il n'a pas les crédits nécessaires et doit emprunter la somme au baron Lionel de Rothschild à qui, déjà, il avait parlé de l'affaire et qui, lui aussi, était partisan du rachat, au point qu'il avait, quelque temps plus tôt, envoyé son fils à Paris pour y entamer des pourparlers avec Lesseps, mais celui-ci n'avait rien voulu entendre. Quand Disraëli avait pris sa décision, il avait envoyé son secrétaire, Montagu Corry, chez Lionel de Rothschild pour lui demander les fonds. Le dialogue entre le secrétaire et le financier avait été bref, un de ces dialogues tels qu'on en trouve entre héros des romans de Jules Verne ou d'Alexandre Dumas :

« Il faut quatre millions de livres, annonce Montagu Corry.

— Quand ?

— Demain.

— Quelles sont vos garanties ?

— Le gouvernement britannique.

— Vous les aurez. »

En fait, Lionel de Rothschild s'exécutera en trois fois, donnant deux millions de livres le 1er décembre 1875, un million le 16 et un dernier million le 5 janvier 1876, se contentant d'une commission de 2,5 %, en plus de l'intérêt habituel. Lorsque, le 20 février 1875, le Parlement votera les crédits, l'opposition fera aigrement observer que l'intérêt, en y ajoutant la commission, sera finalement de 13 %, mais Rothschild répliquera que s'il n'avait pas été tenu au secret, il aurait trouvé l'argent beaucoup plus rapidement, avec l'inconvénient d'ailleurs de bouleverser le marché en provoquant une hausse immédiate des taux. En quoi, il aura parfaitement raison.

L'avenir prouvera d'ailleurs à quel point l'opération était judicieuse. Cette acquisition au prix de quatre millions de livres en représentera vingt-quatre millions en 1898 et, en 1914, l'estimation de quarante millions. La Grande-Bretagne a réalisé une excellente affaire, à tous points de vue.

Cela n'empêche pas Gladstone, opposant de marque et favorable

1. Soit environ deux milliards de francs 1998.

à Lesseps, de déclarer que « toute l'affaire est obscure, inconstitutionnelle et illusoire ». A la Chambre des lords, le chancelier de l'Echiquier, lord Northcote, rend hommage à Lesseps : « Nos sentiments à l'égard de la grande Compagnie du canal de Suez, de son fondateur et de ses principaux promoteurs sont d'entière amitié, et nous avons le désir de nous associer de toute façon à cette importante entreprise. Je pense que l'Angleterre a commis une grande faute d'incrédulité au début, et j'espère qu'il n'est pas trop tard maintenant pour nous associer à cette entreprise, bien qu'elle soit dans une ère de prospérité[1]. »

Beau joueur, Lesseps admire le coup réalisé par Disraëli, un coup qu'il juge plus franc que toutes les attaques sournoises dont il a été si longtemps l'objet pour l'empêcher de terminer son œuvre ou pour la ruiner. Faisant à mauvaise fortune bon visage, il s'efforce, auprès de l'opinion publique, de minimiser la portée d'une opération qui ne fait, comme il le déclare le 2 décembre, que rendre à la Grande-Bretagne la place qu'elle aurait dû avoir dès la constitution de la Société. Habilement, il engage le gouvernement britannique à changer de politique à son égard en l'engageant à renoncer à « une attitude qui a été depuis longtemps hostile aux intérêts des actionnaires fondateurs », et il termine sa déclaration par une phrase optimiste : « Je considère comme un fait heureux cette solidarité puissante qui va s'établir entre les capitaux français et anglais pour l'exploitation purement industrielle et nécessairement pacifique du canal maritime universel[2]. »

En affirmant que la Grande-Bretagne a retrouvé la place qu'elle aurait dû avoir lors de la constitution de la Compagnie, il exagère un peu, car il lui avait réservé alors vingt-cinq mille actions, un huitième du capital social, et elle vient d'acquérir, outre sa part d'origine, celles des Etats-Unis, de la Russie et une partie de la part de l'Autriche. Il faut y ajouter le premier achat du vice-roi Mohammed-Saïd qui représentait à lui seul plus de quatre-vingt mille actions. En revanche, la Grande-Bretagne, en faisant cet énorme achat, n'acquiert pas une influence en proportion de son engagement financier. En effet, les coupons de ces actions sont encore aliénés pour dix-neuf ans et, ce qui est le plus important, les statuts n'accordent aux actionnaires qu'une voix par vingt-cinq actions, avec impossibilité, quel que soit le nombre d'actions, de disposer de plus de dix voix. En conséquence, le gouvernement britannique, premier actionnaire de la Compagnie de Suez, n'aura que dix voix lors des assemblées générales. L'écart entre ces cent soixante-dix mille actions et les dix voix qu'elles donnent à leur propriétaire est si choquant que la Compagnie de Suez est la première à chercher un accommodement qui satisfasse l'amour-propre anglais. Pour le moment, on donne au gouvernement britannique trois sièges

1. Cité par J. Roux, *L'Isthme et le Canal de Suez*, t. II, p. 30.
2. Bulletin décadaire *Le Canal de Suez*, N° 142.

d'administrateurs au conseil ; en 1884, on lui en donnera sept autres, et un administrateur britannique entrera au conseil de direction. Au fil du temps, on s'apercevra que Lesseps avait vu juste et que l'entrée massive de la Grande-Bretagne dans le capital social de la Compagnie a été non seulement un facteur d'apaisement, mais de rapprochement.

En attendant, l'opinion française accepte assez mal ce qu'elle regarde comme une défaite et n'épargne ses critiques ni au gouvernement, taxé de pusillanimité, ni même à Lesseps : « On estime, écrit un informateur de la police, que Lesseps a fait trop bon marché des intérêts français... C'est l'opinion du gouvernement... M. le duc Decazes aurait fait sentir à M. de Lesseps qu'il aurait dû être moins empressé à féliciter l'Angleterre de son coup de main financier[1]. »

Le Journal des Débats ne voit pas l'avenir sous les meilleurs auspices et prévoit que la Grande-Bretagne, après ce coup de main, n'en restera pas là : « Le canal de Suez est devenu la propriété de l'Etat et la Nation anglaise sera forcément un jour le prétexte à une intervention. Il ne faut pas que les Anglais affectent un désintéressement auquel personne ne croit. Les cent millions d'actions ne sont qu'une première hypothèque. Le pacha les aura bien vite fait passer par son tonneau des Danaïdes et quand il n'aura plus d'actions il vendra des terrains et on verra insensiblement s'élever, aux extrémités et sur le parcours du canal de Suez, des relais de Gibraltar[2]. »

C'était se montrer bon prophète en annonçant la crise de 1882 et la mainmise de la Grande-Bretagne non seulement sur le canal, mais sur l'Egypte entière.

*

Les remous provoqués par cette opération ne sont pas encore apaisés que Lesseps se voit à nouveau mis en vedette à propos d'une affaire analogue à celle qui lui a valu un échec électoral à Marseille en 1869. Un sénateur inamovible, M. de La Rochette, vient de mourir et le gouvernement, dans sa sollicitude à l'égard des siens, jamais suffisamment pourvus, souhaiterait que Ricard, le ministre de l'Intérieur, soit élu à son siège, ce qui lui assurerait une position de repli en cas de chute du ministère. Le seul inconvénient de cette candidature est qu'un échec obligerait Ricard à se démettre de son portefeuille.

Devant le zèle déployé par le gouvernement pour assurer le succès de son candidat, l'opposition veut lui susciter un concurrent assez populaire pour rallier contre lui la majorité des voix. Aussi a-t-elle songé à Lesseps qui, bien que sans programme politique, est plus connu des électeurs que M. Ricard : « A l'abri de ton nom, écrira Charles de

1. Archives de la préfecture de police, rapport du 7 décembre 1875.
2. J. de Langlade, *Disraëli*, p. 270.

Lesseps à son père, on faisait à loisir de l'opposition, tout en paraissant rendre justice à une gloire nationale. »

Le général Changarnier, grand ami de l'ordre, est un chaud partisan de la candidature de Lesseps. A Charles venu lui rendre visite et négocier pour le compte de son père, il donne la réussite comme assurée, lui demandant seulement la promesse que Lesseps ne fera jamais partie d'aucune des « gauches ». Se rappelant l'échec de 1869 et les raisons que son père avait opposées au désir de Napoléon III, Charles finit par convaincre Changarnier que Lesseps est trop accaparé par ses tâches actuelles pour remplir des fonctions sénatoriales, mais un autre homme politique, Raoul-Duval, prend le relais de Changarnier, voyant dans l'élection de Lesseps une sorte de reconnaissance officielle de la nation. Craignant que son père n'ait déjà été circonvenu, Charles lui télégraphie en Egypte pour l'inciter à la résistance et ne se sent rassuré qu'après avoir reçu le 6 mars 1876 un télégramme ainsi rédigé : « Approuve refus de candidature. Désirant résoudre par la liberté toutes questions divisant partis, n'en pourrais servir aucun. »

Malgré tout, la droite s'obstine à l'opposer au ministre Louis Ricard, et, le 15 mars, jour de l'élection, Lesseps recueille quatre-vingt-quatre voix sur deux cent soixante-treize votants. Il n'est pas élu, et l'aurait-il été qu'il se serait certainement démis.

*

Dédaignant les jeux — et les enjeux — de la politique, il apporte en revanche un concours plus actif à l'Association internationale africaine fondée trois ans plus tôt par Léopold II et qui réunit désormais une pléiade de géographes, d'explorateurs et de personnalités diverses. Le but est d'ouvrir l'Afrique à la civilisation tout en luttant contre la traite des Noirs. L'association a essaimé en une série de comités nationaux qui, sous la bannière de la philanthropie, veillent jalousement à leurs propres intérêts commerciaux et voient dans l'emploi judicieux des missions catholiques ou protestantes le meilleur moyen de s'assurer de futurs marchés. Le roi Léopold est le premier à donner l'exemple.

Lesseps est nommé président du comité français, créé à la fin de l'année 1876. Lorsqu'il se trouve en France, il y fait des conférences dont le texte est vendu au profit de l'Association. Ce profit reste maigre en raison de l'indifférence du public, peu séduit par l'aventure coloniale, même, et surtout, à titre humanitaire.

Cela ne décourage pas le roi Léopold qui a fait adopter par l'Association internationale africaine le projet d'une expédition de Zanzibar au lac Tanganyka, sous le commandement de Stanley, ainsi que la création d'une station dans ces parages encore mal connus. La croisade en faveur de l'abolition de l'esclavage est provisoirement abandonnée, sans doute parce que l'on aura besoin d'esclaves pour les travaux d'implantation de la station. De toute manière, une fois sur place, les illusions s'envolent, les opinions se modifient et les faits seuls s'imposent.

Pour ne pas se laisser distancer par le roi Léopold, le comité français a confié à Pierre Savorgnan de Brazza, un explorateur de vingt-quatre ans, la création de deux stations, l'une sur l'Ogoué, l'autre sur le Congo. Grâce au prestige de Lesseps, le comité a obtenu de l'Association internationale un don de cinquante mille francs. Peut-être par esprit d'émulation, la Chambre vote un crédit de cent mille francs, pour reprendre et poursuivre les explorations entreprises l'année précédente par Marche et Belley. Bientôt pris par la création de la Société du canal interocéanique de Panama, Lesseps ne s'occupera plus beaucoup du comité français, mais il suivra toujours avec sympathie les efforts de Brazza, que la Société française de Géographie reconnaîtra en nommant Brazzaville la station qu'il a créée sur le Congo. A la fin de l'année 1882, la Chambre ratifiera le traité conclu par Savorgnan de Brazza avec le roi Makoko, ce qui fera dire à un parlementaire : « Enfin, nous ne sommes plus isolés dans le monde, nous avons un allié... »

Plus tard aussi, lorsque la conférence de Berlin aura consacré le partage de l'Afrique noire en zones d'influence et que la mission de l'Ouest africain prendra fin pour Brazza, Lesseps demandera au gouvernement français « de ne rien changer à l'organisation de l'Ouest africain et de renvoyer au plus vite M. de Brazza au Congo, comme gouverneur de notre colonie. »

Si Lesseps ne s'intéresse pas à la politique, en revanche celle-ci s'intéresse à lui. Est-ce parce qu'il a refusé de se présenter en 1876 contre son candidat que le gouvernement le fait pressentir au mois de septembre 1877 pour succéder au duc Decazes comme député du 8e arrondissement de Paris ? Comme on pouvait s'y attendre, Lesseps décline l'offre, invoquant ses travaux et, surtout, l'obligation où il est de passer une partie de l'année en Egypte !

Malgré ce refus, il demeure bien en cour auprès du président de la République, le maréchal de Mac-Mahon qui, lors de la crise gouvernementale, à la fin de l'année 1877, fera plusieurs fois appel à lui. Comme les conseils que lui donnera Lesseps auront une conséquence imprévue sur son propre destin, lors des affaires de Panama, il faut évoquer succinctement cette première des nombreuses crises qui affaibliront la IIIe République.

Depuis le 16 mai 1877, le maréchal de Mac-Mahon est accusé par la gauche, et notamment par Gambetta, de vouloir établir un régime militaire en France, au risque de déclencher une nouvelle guerre avec l'Allemagne. L'ancien concurrent de Lesseps dénonce aussi, avec la même passion, « le gouvernement des prêtres, le ministère des curés ». Bref, le maréchalat de Mac-Mahon est pour lui l'alliance honnie du sabre et du goupillon.

Le 26 juin 1877, Mac-Mahon a dissous la Chambre et annoncé des élections pour le 14 octobre et le 26 novembre, ce qui laisse assez de temps à la droite pour se désunir et à la gauche pour se rassembler. Les mesures d'intimidation prises par le duc de Broglie pour inciter les électeurs à bien voter ont pour résultat, non de conforter la droite, mais de souder contre elle les différents partis de gauche, au point que Thiers et Gambetta, qui ne s'aiment pas, se sont réconciliés contre Mac-Mahon que l'un et l'autre veulent remplacer à la présidence. La mort de Thiers, le 3 septembre, rend vain ce projet sans pour autant calmer l'agitation. On craint plus que jamais une guerre avec l'Allemagne, épouvantail toujours brandi, ou, pire encore, une résurgence de la Commune. Au premier tour, la gauche progresse ; au second, elle obtient 113 sièges de plus que la droite. Après avoir voulu démissionner, Mac-Mahon reste en place et forme un ministère en prenant ses ministres en dehors du Parlement, contrairement à l'usage, ce qui paraît hautement incivique. Par trois cent quinze voix contre deux cent sept, la Chambre refuse d'avoir le moindre rapport avec un tel ministère.

Devant cet affront, Mac-Mahon ne sait plus à quel saint se vouer, en dépit des évêques qu'il consulte. A Paris, on craint un coup de force et l'on évite l'Elysée, bastion de la réaction. Pouyer-Quertier, le grand industriel rouennais, y est appelé en consultation pour essayer de former un ministère d'union nationale et n'y parvient pas. Le duc d'Audiffret-Pasquier, président du Sénat, entre à son tour en conflit avec le maréchal et, après un échange de paroles amères, part en claquant la porte de l'Elysée, où il jure de ne plus remettre les pieds.

Mac-Mahon, qui a déjà fait appeler plusieurs fois Lesseps, le reçoit de nouveau le 30 novembre, en pleine crise, et lui demande son avis. Lesseps ne mâche pas ses mots, sans souci de l'étonnement de son interlocuteur, et même de son embarras. Il lui dit que le seul remède à la crise est, non un coup de force, auquel tout le monde s'attend, mais un retour à la légalité parlementaire. Il estime que braver plus longtemps l'opinion publique aurait des conséquences désastreuses. Le maréchal lui objecte qu'il a reçu de province des avis rassurants, que les préfets sont pour lui, qu'une seconde dissolution de la Chambre amènerait un renforcement de la droite et lui rendrait la majorité à l'Assemblée. Lesseps déconseille une autre dissolution, rappelle au maréchal les intérêts du commerce, atteints gravement par cette crise politique. Industriels et grands négociants, inquiets de la situation, ont effectivement fait parvenir à l'Elysée une adresse exposant leurs griefs et réclamant un prompt remède à tant de maux.

Résigné, le maréchal-président accepte la formation d'un cabinet de centre gauche avec les Affaires étrangères à Waddington, l'Instruction publique à Bardoux, les Finances à Léon Say, les Travaux publics à Freycinet. La paix sociale, et aussi la paix avec l'Allemagne, sont à ce prix, mais ni Mac-Mahon, ni Lesseps ne peuvent prévoir que cette concession à l'opinion publique, et surtout à celle de gauche, est le début d'une longue période d'instabilité ministérielle et, partant, d'irresponsabilité gouvernementale. Après cette République patricienne, appelée « République des ducs » par son historien, Daniel Halévy, viendra bientôt la République des camarades. Sous couleur de démocratie, opportunisme et corruption, faveurs et pots-de-vin affaibliront un régime qui restera connu dans l'Histoire par le succès de ses expositions et l'éclat de ses scandales. Lesseps en sera, dix ans plus tard, la plus illustre victime.

13

LE DÉMON DU SOIR
PANAMA
1879-1881

En 1879, Lesseps, âgé de soixante-quatorze ans, partage avec Victor Hugo l'honneur d'incarner la France aux yeux des Français qui, privés de leur monarchie traditionnelle, ont besoin de révérer une grande figure et d'en faire un peu le symbole de la nation. Il leur est difficile en effet de regarder comme un souverain le nouveau président de la République, Jules Grévy, un avocat sans grande autorité. Ferdinand de Lesseps, lui, est un héros national dont le nom revient presque quotidiennement dans les journaux et se trouve associé à la plupart des événements du jour.

Au début de l'année, le bruit a couru que le gouvernement voulait le nommer gouverneur général de l'Algérie, rumeur qui a trouvé un écho défavorable auprès de l'opinion. Le 13 février 1879, un informateur de la police écrivait que cette nomination « serait généralement mal vue, sauf par les bonapartistes qui le comptent parmi les leurs. On ajoute que, si le gouvernement lui donnait ce poste, il compromettrait l'avenir de l'Afrique. Il ferait de notre colonie ce qu'il a fait de l'entreprise du canal de Suez, il finirait par en faire une colonie plutôt anglaise que française en donnant à ceux-ci [les Anglais] tous les avantages possibles en vue d'y faire affluer leurs capitaux [1] ». Il est surprenant de voir à quel point la *vox populi* peut être injuste et se tromper, car nul doute que Lesseps, connaissant la langue et les mœurs des musulmans, eût évité bien des erreurs d'administration et fait de l'Algérie un proconsulat exemplaire. En revanche, il aurait constitué, par son prestige, un danger pour la République, aisément soupçonneuse et jalouse.

Ce bruit n'était pas plus fondé que celui qui l'avait donné comme rival de Grévy à la présidence de la République en remplacement du maréchal de Mac-Mahon. Lesseps ne veut pas se mêler de politique, mais il est trop en vue pour que son nom ne vienne pas spontanément

1. Archives de la préfecture de police.

à l'esprit dès qu'un grand poste, ou une grande charge honorifique, est à pourvoir. Comme un peu plus tard les Rostand, Ferdinand de Lesseps et les siens sont un peu la famille royale de la République, régnant sur les cœurs et enflammant les imaginations. Il est vrai qu'ils offrent matière à la chronique mondaine ainsi qu'aux journalistes par l'incessante activité de Lesseps autant que par une progéniture abondante, exhibée fièrement et souvent photographiée.

De son premier mariage, il ne restait à Lesseps que deux fils, Charles, marié en 1862 à Jeanne de La Maisonfort et sans enfant depuis que leur seul fils était mort du choléra en 1865, et Victor, qui venait d'épouser à Alexandrie, en 1878, Despina Calliope Sinadino, issue par son père comme par sa mère, une Schilizzi, d'opulentes familles grecques établies en Egypte au temps de Méhémet-Ali et, comme aurait dit Saint-Simon, puissamment alliées.

De son second mariage avec Hélène Autard de Bragard, il a eu déjà huit enfants, nés entre 1870 et 1877, et il en aura quatre autres encore. Ces naissances si rapprochées ont transformé l'appartement du 7, rue Saint-Florentin en une vaste nurserie et nécessiteront quelques années plus tard l'installation des Lesseps dans un hôtel particulier de cinq étages, 11, avenue Montaigne, à quelques pas de la maison mauresque édifiée par Jules de Lesseps, l'agent du bey de Tunis à Paris. Habitué à se déplacer perpétuellement, Lesseps n'attache aucune importance au cadre dans lequel il vit, soucieux seulement d'espace afin de pouvoir loger sa famille et tenir table ouverte. Il a toujours des visiteurs à déjeuner ou à dîner. Certains, venus passer une nuit, restent une semaine et parfois davantage. On ne sait jamais combien il y aura de personnes à nourrir, ce qui entraîne évidemment un lourd train de maison, car il faut prévoir des arrivées inattendues.

Pendant la belle saison, la famille habite à Bellevue un pavillon, lui aussi dans le goût mauresque, et leur voisin, l'éditeur Hetzel, raconte dans une lettre à un ami que son fils, ayant croisé Mme de Lesseps sur le quai de la gare, avait été engagé à venir dîner le soir, en famille. Il avait pensé s'y rendre en simple tenue de ville, puis, à la réflexion, il s'était habillé, endossant un habit. « Nous serons seuls, lui avait dit Mme de Lesseps, mais il y avait une trentaine de personnes, également conviées avec lui. M. de Lesseps, qui aimait la société, avait prié à dîner tous les amis rencontrés ce jour-là[1]. » En relatant l'anecdote, Hetzel ajoutait, à propos du maître de maison : « Il a soixante-dix ans ce jeune père, et n'a pas l'air de s'en douter. Il rumine une plus grosse affaire que celle de l'isthme... »

Cette « grosse affaire » était-elle la création de la Mer saharienne ou bien le percement de l'isthme de Panama ? On ne sait à laquelle des deux Hetzel faisait allusion, mais il est certain que Lesseps s'inté-

1. A. Parmenie et C. Bonnier de La Chapelle, *P.J. Hetzel*, p. 584.

resse depuis quelque temps au projet de percement de l'isthme qui unit l'Amérique du Nord à celle du Sud, y voyant une occupation pour sa verte vieillesse et persuadé qu'il vivra suffisamment longtemps pour voir les navires emprunter ce nouveau canal. Le succès de Suez lui a donné l'impression d'être invincible et de pouvoir arriver au but fixé, quel qu'il soit.

*

De même que l'idée du canal de Suez existait bien avant que Lesseps la reprît à son compte, celle de percer l'isthme unissant les deux Amériques avait déjà hanté de nombreux esprits ou séduit des tempéraments hardis, entreprenants, industrieux. Au XVe siècle, un Espagnol, Alvaro de Seavedra, croyait réalisable un canal allant d'un océan à l'autre. A quelqu'un jugeant la chose impossible, un prêtre avait répondu : « Il y a des montagnes, mais il y a aussi des bras et, pour un roi de Castille, peu de choses sont impossibles. » Ce prêtre, Francisco Lopez de Gomara, avait publié en 1552 un ouvrage où il examinait la question de savoir à quel endroit percer l'isthme, hésitant entre les trois régions de Panama, du Nicaragua et du Darien.

Charles-Quint avait compris l'intérêt pour l'Espagne d'avoir un moyen de communication entre les deux océans et il avait ordonné une reconnaissance des lieux, fort escarpés, mais aussi fort malsains et de nature à décourager les initiatives. A son tour, Philippe II avait fait étudier la possibilité de couper l'isthme au niveau du Nicaragua, puis avait renoncé.

Mis en sommeil pendant deux siècles, le projet avait été repris par les Cortès espagnoles en 1814, peut-être parce qu'Alexandre de Humboldt, une des plus hautes autorités scientifiques de son époque, avait en 1811 désigné le Nicaragua comme l'endroit adéquat pour y creuser un canal. Ce projet, vite abandonné, devait être repris en 1826 par les Etats-Unis qui envisageaient alors un canal international, dont les puissances garantiraient la neutralité.

La situation politique de cette partie de l'Amérique espagnole était alors complexe et mouvante. Si le Nicaragua faisait partie du Guatemala, République fédérative émancipée depuis 1821 de l'autorité de Madrid, le Panama, le plus étroit des pays de l'isthme et donc le plus court à traverser, dépendait de la République fédérative de la Nouvelle-Grenade, issue en 1831 du démembrement de la Colombie. Quant à celle-ci, elle avait en 1819 secoué le joug de l'Espagne et proclamé son indépendance.

En 1838, un syndicat d'études avait obtenu de la Nouvelle-Grenade la concession d'un chemin de fer océanique aboutissant à la ville de Panama. L'affaire en était restée là, puis, en 1846, le chargé d'affaires des Etats-Unis à Bogota, capitale de la Nouvelle-Grenade avant d'être celle de la Colombie, avait obtenu un traité donnant à son pays l'exclusivité du passage à travers l'isthme de Panama, quel que soit le mode de transit. En échange, les Etats-Unis, que leur chargé d'affaires avait oublié de consulter, garantissaient les droits de souveraineté de la Nouvelle-Grenade sur le Panama. C'est en vertu de ce traité qu'avait été construit entre 1850 et 1855 un chemin de fer destiné à jouer un rôle important dans l'histoire de la future Société du canal de Panama.

La France, à son tour, s'était intéressée au projet de canal. Guizot avait envoyé dans l'isthme une mission qui avait préconisé, en raison du relief accidenté, un canal avec trente-quatre écluses. Le prince Louis Bonaparte, alors prisonnier au fort de Ham après sa tentative de débarquement à Boulogne, avait envisagé de se faire donner la concession du canal qu'il aurait appelé *canal Napoléon*. Son projet mis au point, il l'avait adressé à Thiers en lui demandant sa libération pour aller le réaliser sur place, en échange de quoi il s'engageait à ne plus faire de politique. Thiers avait dédaigné de répondre. Le prince s'était ensuite évadé. Il se préparait à quitter Londres pour se rendre au Nicaragua lorsque avait éclaté la révolution de 1848. Il était aussitôt rentré en France et, au lieu d'aller percer un isthme, il s'était frayé une voie vers le trône.

Sous le Second Empire, Mougel-bey, le constructeur du barrage sur le Nil, avait participé à la fondation d'une société franco-britannique ayant pour objet de creuser un canal, sans écluses ni tunnels, entre les deux océans, mais l'entreprise était restée au stade des intentions. Elle était plutôt de nature à intéresser les Etats-Unis qui, fort imbus de la doctrine de Monroë — l'Amérique aux Américains —, surveillaient cette zone sensible, agitée autant par des mouvements insurrectionnels que par des tremblements de terre, au Nicaragua surtout. Après la signature du traité de 1846 leur reconnaissant le droit de libre passage à travers le Panama, ils avaient remporté un autre succès diplomatique en signant avec la Grande-Bretagne un traité mettant fin au conflit qui les opposaient au sujet du Nicaragua et prévoyant que, au cas où un canal y serait un jour creusé, les deux pays en auraient conjointement le contrôle.

La même année, le grand Cornélius Vanderbilt avait envoyé un ingénieur, Orville Childs, étudier la région. Childs y avait découvert un passage à seulement quarante-cinq mètres au-dessus du niveau de la mer. Il estimait que la construction du canal coûterait environ cent millions de dollars[1] mais qu'il permettrait aux Etats-Unis d'économiser environs trente-six millions de dollars par an. On en était resté là et c'était seulement en 1873 que, après trois expéditions successives, le

1. Le cours du dollar au XIXe siècle était, comme aujourd'hui, à peu près égal à 5 francs. Le coût du canal peut donc être chiffré à environ 500 millions de francs 1998.

commandant Selfridge avait conseillé la création d'un canal à niveau, sans écluses, non au Nicaragua, mais au Panama.

Cela dérangeait un peu les plans des Etats-Unis, qui avaient pris les devants lorsqu'ils avaient signé en 1849 un traité avec le gouvernement du Guatemala pour se réserver le droit exclusif de construire un canal à travers le Nicaragua. En revanche, le choix du Panama présentait l'avantage de pouvoir y utiliser la voie ferrée construite entre 1850 et 1855 par un Américain, William Henry Aspinwall, un riche négociant new-yorkais, fondateur avec Henry Chaucey de la Panama Railroad Company dont la concession avait été portée, en 1869, à quatre-vingt-dix-neuf ans. Cela lui assurait une longue carrière et laissait espérer de fructueux bénéfices, car son action, une des plus cotées de la bourse de New York, rapportait un dividende de 15 %. Sa valeur se trouvait augmentée du fait qu'elle disposait d'une sorte de droit de veto sur l'établissement de tout moyen de transport concurrent dans la même zone. Il fallait donc obtenir son accord si l'on voulait y creuser un canal.

Alors qu'en 1846 les Etats-Unis envisageaient un canal construit à frais communs entre les nations intéressées, ils étaient devenus plus restrictifs et, en 1869, le secrétaire d'Etat Hamilton Fish écrivait au ministre des Etats-Unis à Bogota : « Le Président [Grant] n'est pas disposé à se compromettre dans une participation, en commun avec d'autres puissances, à la réalisation d'un canal ; il considère l'entreprise à réaliser comme devant être américaine, étant bien entendu que les bénéfices de l'œuvre profiteront au monde entier[1]. »

Depuis la mission Selfridge et surtout les premiers résultats de la Compagnie de Suez qui commence à récolter le fruit de ses investissements, l'idée d'un canal interocéanique s'imposait de nouveau comme une nécessité non seulement évidente, mais urgente.

S'était alors constitué un premier consortium de gens d'affaires intéressés par le projet, dit *syndicat Türr*, dont la composition mérite un bref examen, car certains de ses membres se retrouveront mêlés à toutes les opérations qui entraîneront la future société présidée par Lesseps de la faillite au scandale. Celui qui a donné son nom au syndicat est un Hongrois, Etienne Türr, compromis dans les mouvements insurrectionnels de son pays en 1848 ; exilé, il a mis son épée au service de Garibaldi, a vécu longtemps à Paris et s'est allié aux Bonaparte en épousant une petite-fille de Lucien Bonaparte, Adeline Wyse. Il a fait entrer dans le syndicat son beau-frère, Lucien Wyse, un brillant officier de marine. On trouve aussi dans ce syndicat des personnages aussi différents qu'Emile Littré, le grammairien, Octave Feuillet, le romancier favori de l'ex-cour des Tuileries, le général Davout, Charles Cousin, de la Compagnie des Chemins de fer du Nord, Isaac Péreire, le grand

1. A. Siegfried, *Suez, Panama et les routes maritimes mondiales*, p. 163.

entrepreneur, Jules Bourdan, directeur de l'Opéra-Comique, un certain Hertz, presque homonyme du fameux Cornélius Herz, avec lequel il sera souvent confondu, et enfin le non moins fameux, et funeste, baron Jacques de Reinach, qui sera l'une des figures marquantes du scandale de Panama.

Le nom de Lesseps n'apparaît pas dans ce syndicat, constitué en dehors de lui et qui n'a réuni qu'un capital de trois cent mille francs, divisé en soixante parts.

En revanche, Lesseps a été nommé au mois de mars 1876 président du Comité français pour le percement du canal interocéanique avec deux vice-présidents, l'amiral La Roncière Le Noury et un certain Meurand. Le secrétaire était Henri Bionne, une des personnalités de la future Compagnie du Panama. Parmi les membres du comité, on relevait les noms du géographe Malte-Brun, du sénateur Alexandre Foucher de Careil, du baron de Watteville et de quelques ingénieurs venus de la Compagnie de Suez.

A côté de ce comité français s'était créée une Société civile internationale du canal interocéanique de Darien à la tête de laquelle on retrouvait le général Türr, Lucien Wyse, le baron Jacques de Reinach, Isaac Péreire, Charles Hirsch, P.M. Oppenheim, Oscar de Reinach. A ces banquiers ou financiers s'ajoutaient, pour rassurer les gens du monde, invités à souscrire : le comte de Tocqueville, le duc d'Auerstaedt, les deux académiciens Littré et Feuillet, le comte de Camondo qui, bien qu'ayant officiellement abandonné les affaires pour les arts, prenait des participations dans celles qui lui paraissaient avoir de l'avenir. La Société ne comptait dans ses rangs aucun grand financier. Ni le baron de Rothschild, ni le baron de Soubeyran, du Crédit foncier, ni Henri Germain, le fondateur du Crédit Lyonnais, n'avaient apporté leur concours.

Avec les premiers fonds réunis, Lucien Wyse et un autre lieutenant de vaisseau, Armand Reclus, frère du géographe Elysée Reclus, avaient effectué entre 1876 et 1878 une série de reconnaissances à travers l'isthme américain dans des conditions particulièrement difficiles puisque trois membres de l'expédition y avaient perdu la vie. A leur retour, Lucien Wyse avait déposé un rapport concluant à la possibilité de creuser un canal, mais à travers le Panama, canal à écluses, en raison du relief, ou, à défaut, avec un tunnel pour passer sous le massif de la Culebra. Il chiffrait les excavations nécessaires à quarante millions de mètres cubes, commettant ainsi une grave erreur d'appréciation puisque le percement de la Culebra représentera au total un cubage de cent seize millions de mètres cubes, mais, compte tenu des moyens dont il disposait, il ne pouvait prévoir les difficultés que devaient rencontrer les entreprises appelées à travailler sur ce terrain. Lorsque les Américains reprendront le percement de l'isthme après l'échec de Lesseps, ils calculeront que, pour réaliser le canal, il avait fallu extraire deux cent cinquante-neuf millions de mètres cubes de terre ou de roc. On sera donc loin des estimations de Lucien Wyse. Un aspect positif de sa mission était néanmoins son voyage à Bogota où il avait accompli non seulement une mission éclair par sa rapidité, mais un tour de force en arrachant au gouvernement colombien, le 18 mai 1878, un contrat lui donnant pour quatre-vingt-dix-neuf ans l'exclusivité de la création d'un canal à travers le Panama sous réserve d'obtenir l'accord de la Panama Railroad Company.

Armand Reclus, qui s'était séparé de Wyse afin de reconnaître le Darien et le Panama, s'était lui aussi prononcé en faveur de ce territoire en raison de la difficulté de faire des travaux dans le delta du San Juan, au Nicaragua. Les nombreux bras de ce fleuve, inextricablement liés entre eux, formaient « un lacis bourbeux de mille kilomètres carrés de superficie où le sol, à peine plus élevé que la mer, n'assèche jamais pendant la saison d'été ; et pour atteindre le lac, expliquait-il, le canal devrait s'ouvrir sur une longueur de 74 kilomètres dans une vallée aussi détrempée et paludéenne que les terres basse du Chagrès[1] ». Néanmoins, avec un bel optimisme, il assurait que « la mortalité pendant les travaux serait vingt fois plus forte au Nicaragua qu'à Panama[2] ». Il semble, à lire sa relation, qu'il se soit fait des illusions sur le climat du Panama ou bien que, cédant à des pressions, ce qui n'était pourtant pas dans son caractère, il ait adouci ses jugements pour ne pas effaroucher les futurs souscripteurs.

*

Le 15 mai 1879 s'ouvre à la Société de Géographie de Paris, 184, boulevard Saint-Germain, le Congrès international d'études du Canal interocéanique qui va durer deux semaines et réunir cent trente-cinq participants, dont soixante sept Français, parmi lesquels Herpin, ancien directeur de la Société Générale, l'ingénieur Gustave Eiffel, Isaac Péreire, Paul Mirabaud, Etienne Daubrée, Abel Couvreux, Alexandre Lavalley, Voisin-bey.

Intéressés au premier chef, les Etats-Unis ont envoyé onze représentants, notamment le commandant Selfridge, l'amiral Amman, l'ingénieur Menocal.

Lesseps assume la présidence et dirige les débats comme s'il présidait un conseil d'administration de la Compagnie de Suez, certain d'être non seulement écouté, mais obéi. Il ne cessera d'orienter la discussion dans un sens favorable à sa propre opinion, qui n'est fondée que sur son expérience à Suez et non sur une connaissance approfondie des lieux comme en ont le commandant Selfridge et le lieutenant Wyse.

---

1. Le fleuve important, au cours capricieux, du Panama.
2. A. Reclus, *Panama et Darien*, p. 45.

Si l'on néglige le délégué du Mexique, M. de Garay, partisan d'un canal à travers l'isthme du Téhuentépac, dont le projet se voit aussitôt repoussé comme trop coûteux, les orateurs se partagent en deux camps : les partisans du canal par le Nicaragua et ceux du canal par le Panama.

L'ingénieur américain Menocal se déclare en faveur du Nicaragua, car cette partie de l'isthme est occupée en son milieu par un lac de cent soixante-seize kilomètres de long sur une largeur de cinquante-cinq kilomètres. Il faudrait canaliser le cours du San Juan, prévoir sept à huit écluses, endiguer le fleuve sur une longueur de quarante-cinq kilomètres, creuser une tranchée au Seuil du Rivès et, enfin, aménager un port à chaque extrémité de ce canal de deux cent quatre-vingt-douze kilomètres.

Le mot « écluse » a le don de mettre Lesseps hors de lui. Les sept écluses envisagées par Menocal évoquent pour lui celles du canal calédonien que l'on avait surnommé *l'escalier de Neptune*, et il s'était naguère emporté contre l'ingénieur Sautereau qui lui vantait les mérites du système. « Votre escalier, lui avait-il dit, est une échelle : vous avez la prétention de faire monter des navires à l'échelle ! »

Il avait fortement engagé Sautereau à réduire le nombre des écluses, et la maquette exposée au Congrès n'en prévoit plus qu'une pour faire franchir aux navires les trente mètres de différence entre le niveau du Pacifique et celui du lac du Nicaragua.

Wyse et Reclus, eux, défendent le projet de canal par le Panama, canal qui emprunterait le thalweg du Chagrès, éviterait la chaîne montagneuse en passant par un tunnel et suivrait dans sa dernière partie le cours du rio Grande. Pour obvier aux crues brutales du Chagrès, on détournerait celui-ci vers des vallées qui serviraient de réservoirs. Comme Lesseps ne veut pas plus entendre parler de tunnel que d'écluses, on prévoirait une gigantesque tranchée à travers le massif de la Culebra. Voisin-bey, qui craint les fantaisies du Chagrès et doute que l'on puisse arriver à dompter ce fleuve, est hostile au choix du Panama.

Menocal, qui maintient son projet du Nicaragua, combat vivement celui de Wyse et Reclus : au lieu de créer des vallées-réservoirs pour résorber les crues du Chagrès, il préconise un pont-canal au-dessus du fleuve. Ses critiques et ses suggestions impressionnent l'auditoire, au point que si l'on était passé tout de suite au vote il aurait fait peut-être accepter le projet par le Nicaragua, comme Lesseps l'avouera plus tard.

C'est celui-ci qui, par son âge et son autorité, domine entièrement le Congrès ; c'est de lui qu'on attend un verdict dont le vote ne sera que la ratification. Le 23 mai, il intervient magistralement, éblouissant les délégués par son aisance et sa mémoire. Sans notes, avec précision et clarté, il résume les différentes opinions, en rappelle les points importants, les éclaire en y apportant ses propres lumières, répondant à l'avance aux objections que l'on pourrait soulever, bref donnant à tous l'impression qu'il est le maître du jeu et que le canal sortira presque exécuté de son cerveau.

Au milieu de cette démonstration si brillante, une voix s'élève, et, quelques années plus tard, elle sera jugée prémonitoire. On s'accordera pour reconnaître que si l'on avait alors écouté M. Godin de Lépinay, ni le canal de Panama, ni l'affaire qui devait porter ce nom n'auraient suivi le même cours.

Polytechnicien, ingénieur des Ponts-et-Chaussées, Godin de Lépinay s'est spécialisé dans la construction des voies ferrées ; de plus il connaît bien les conditions de travail dans les pays insalubres pour avoir construit le chemin de fer de Vera Cruz à Cordoba. Il est donc qualifié pour intervenir et le fait en proposant une solution à tous les problèmes, y compris celui du climat dont la plupart des membres du Congrès semblent sous-estimer l'importance.

Il conseille la création de deux lacs artificiels, l'un sur le Chagrès, du côté de l'Atlantique, et l'autre sur le rio Grande, du côté du Pacifique. Tous deux seraient reliés par un canal creusé à travers le massif de la Culebra, l'obstacle à vaincre. Cette solution permettrait de régulariser le cours du Chagrès grâce au réservoir constitué par les deux lacs. Godin de Lépinay chiffre à cinq cents millions le coût de son projet, sans compter l'achat de la Panama Railroad Company, et à six ans la durée des travaux, alors que le projet du Nicaragua était estimé à sept cents millions et le projet Wyse à plus du milliard.

Si le commandant Selfridge ne soutient pas le projet Menocal, car il craint les tremblements de terre, assez fréquents au Nicaragua, Cotard et Lavalley, ainsi que Gustave Eiffel, le préfèrent au projet Wyse.

Des discussions passionnées se poursuivent pendant plusieurs jours, puis, le 28 mai, la commission technique se prononce enfin, tard dans la soirée, devant un auditoire restreint de dix-huit délégués : elle annonce avoir retenu le projet du Panama, agréé par Lesseps.

Le lendemain, 29 mai, le Congrès procède au vote, en présence d'une nombreuse assistance. Il y a dans la salle beaucoup de femmes du monde, accourues pour l'événement, comme elle se seraient précipitées à une audience de la cour d'assises, si l'assassin avait été joli garçon.

Lesseps annonce officiellement que la commission technique a choisi le projet du Panama qui demandera douze ans de travaux et coûtera 1 070 000 000 francs sans compter les intérêts à verser sur les fonds empruntés. L'avantage, incontestable, est que le canal sera trois fois moins long que celui qui traverserait le Nicaragua, d'où une notable économie de temps pour les armateurs et les chargeurs. Il estime le canal rentable avec un trafic annuel de six millions de tonnes, ce qui représenterait un passage d'environ cinquante navires par jour, chose impossible avec un canal à écluses.

Le vote est assez mouvementé pour réjouir les curieux venus assister au spectacle. Amman se récuse en disant que seul un ingénieur peut donner un avis autorisé. Gustave Eiffel, qui est justement un ingénieur, vote non. A cause de ses liens avec Lesseps, Lavalley ne veut pas voter et s'éclipse avant que l'appel nominal arrive à lui. Godin de Lépinay maintient son point de vue, en précisant qu'il n'y renoncera pas, et il ajoute, ce qui produit un effet fâcheux : « Afin de ne pas charger ma conscience de morts inutiles et de dépenses sans nécessité, je vote non. »

Soixante-dix délégués ont déjà voté, dont quarante-trois pour Panama, lorsque vient le tour de Lesseps : « Je vote oui », déclare-t-il, ce qui ne surprend personne ; mais il obtient son effet de surprise en ajoutant : « J'ai accepté la responsabilité de l'entreprise. »

Il fait sensation, récoltant pendant plusieurs minutes des applaudissements frénétiques.

Désormais, les dés sont jetés, mais, hélas ! ils sont pipés. On n'ose plus aller contre le vote et la déclaration du président. Le projet du Panama recueille soixante-quatorze oui, contre huit non, mais il y a eu seize abstentions. De plus, trente-huit délégués, à l'exemple de Lavalley, n'ont pas pris part au vote. Le projet du Panama n'a donc rallié que la moitié des délégués, dont certains ont voté pour lui moins par conviction que par déférence envers Lesseps.

Quelques esprits clairvoyants s'effraient de voir l'illustre vieillard s'engager dans une telle aventure. Son fils Charles est un des premiers à lui en montrer les risques, et même la folie. Lorsque, à l'automne 1878, Lucien Wyse était venu le voir à La Chesnaye pour lui proposer de s'intéresser à l'entreprise, étant le seul, par son prestige, à pouvoir entraîner l'opinion, il avait commencé par refuser. Dans son entourage, il y avait eu aussitôt deux partis, l'un pour qu'il accepte et, dans ce parti, l'ancien ambassadeur à Constantinople, Bourrée ; l'autre pour qu'il s'abstienne. Malheureusement, Charles était presque le seul dans ce clan et, depuis, il n'a pas changé d'avis : « Que vas-tu chercher à Panama ? lui dit-il. L'argent ? Tu ne t'en occuperas pas plus à Panama que tu ne l'as fait à Suez. La gloire ? Tu en as assez recueilli pour en laisser aux autres. Nous qui avons tous travaillé à tes côtés, nous réclamons un peu de repos. L'œuvre de Panama est certes grandiose... Mais quels risques à courir pour ceux qui se mettront à sa tête ! Tu as réussi à Suez par miracle ! Ne faut-il pas te contenter dans le cours d'une existence d'un miracle accompli, sans compter sur un second ? »

Prenant à la lettre un mot d'Oscar Wilde, Lesseps semble vouloir retrouver sa jeunesse, ou du moins se persuader qu'il est toujours jeune, en se comportant comme il l'avait fait vingt-cinq ans plus tôt.

« J'ai fait deux folies dans ma vie[1], répond-il à son fils. Je suis en train d'en faire une troisième ; j'espère vivre assez longtemps pour voir ceux qui attaquent aujourd'hui Panama reconnaître qu'il y avait une lueur de raison dans cette folie. »

Et Charles, en fils respectueux, s'incline, acceptant déjà toutes les épreuves et toutes les catastrophes que vont entraîner pour son père et pour lui cette décision imprudente[2].

*

Désormais seul maître de l'affaire, impatient de commencer les travaux dans un pays inconnu qu'il va bientôt visiter, Lesseps hâte la constitution de la Société du canal interocéanique, annonçant dès le 2 juin 1879, lors d'une conférence à l'Académie des sciences, que la future société « se présenterait à la souscription publique sans le concours des gouvernements, ni de la spéculation foncière d'aucune espèce, et qu'elle appliquerait uniquement le capital qui serait réalisé à l'exécution de l'entreprise... La maison du canal interocéanique sera de verre, comme l'a été celle du canal de Suez[3] ».

Cette maison de verre allait devenir un vaste aquarium dans lequel de nombreux requins avaleront le menu fretin de petits actionnaires trop confiants.

Lesseps croit si fortement à sa mission qu'il prend aussitôt l'appui que lui apportent les couches populaires pour l'expression de la volonté divine, et cette foi aveugle en son destin lui donne une dangereuse assurance. Il a constitué un syndicat réunissant deux cent soixante-dix notables et personnalités diverses. C'est ce syndicat qui rachète à la Société civile internationale de Türr, Wyse et Reinach, le 5 juillet 1879, la concession accordée par la Colombie à Lucien Wyse le 18 mai 1878, ainsi que l'engagement négocié le 24 février 1879 par Wyse avec la Panama Railroad Company. C'est un rachat onéreux, au prix de dix millions de francs, soit cinq en espèces et cinq sous forme de dix mille actions, entièrement libérées de la société que Lesseps s'engage à constituer dans un délai de deux ans. Les dix mille actions entièrement libérées demeureront en nantissement à la Compagnie, jusqu'en 1886, rapportant un intérêt de 5 %. C'est donc une excellente affaire pour la Société internationale, qui a revendu dix millions un fonds de commerce, si l'on peut dire, au capital de cinq cent mille francs. Elle se retirait, non seulement en retrouvant son capital investi, mais avec un gain considérable. En revanche, elle a perdu sa raison d'être, évincée par Lesseps, et dans son remarquable ouvrage sur *Le Scandale de*

1. L'affaire de Rome et le canal de Suez.
2. A. Siegfried, *Suez et Panama...*, p. 170.
3. Cité par J.Y. Mollier, *Le Scandale de Panama*, p. 57.

Panama, J.Y. Mollier analysera très justement la déception éprouvée par la Société internationale ainsi que la manière dont elle se vengera : « On avait souhaité sa collaboration, en ménageant sa susceptibilité naturelle et en lui proposant la présidence du comité de direction, mais puisqu'il envisageait de faire cavalier seul, on se retirerait avec les honneurs de la guérilla financière, en obtenant toutes sortes d'avantages en apparence anodins, mais déterminants à la longue. Le fougueux diplomate mettrait du temps à comprendre la stratégie déployée par ses partenaires plutôt conciliants de 1879, mais sa surprise ultérieure n'en serait que plus douloureuse. De ce fait, on a l'impression que les promoteurs frustrés de leur campagne ont savamment miné le terrain qu'ils abandonnaient au vainqueur officiel de la joute courtoise engagée au moment du congrès de Paris[1]. »

Il ne reste plus qu'à trouver l'argent pour désintéresser la Société internationale. Les 6 et 7 août 1879, le nouveau syndicat, présidé par Lesseps, lance un emprunt de quatre cents millions de francs, dont trente seulement sont souscrits. On explique en partie ce sévère échec, qui devrait servir d'avertissement, par l'abstention de la presse, qui n'a pas soutenu l'opération et ne l'a même pas signalée à ses lecteurs. Lesseps croyait rééditer Suez, mais les temps ont changé. Il ne peut plus agir seul, en dédaignant, comme il l'a dit devant l'Académie des sciences, le concours de la finance française et internationale. Quelques jours avant le début de l'émission, *Le Messager de Paris* l'avait mis en garde, en écrivant qu'il ne pourrait remplir ses obligations comme il l'avait fait vingt-cinq ans plus tôt : « M. de Lesseps, fatigué par l'âge, qui n'épargne personne, pourra être contraint de s'arrêter en route. Ce jour-là, l'entreprise, si elle n'est pas terminée, recevra un coup dont il lui sera difficile de se relever. En tout état de cause, M. de Lesseps ne pourra plus être constamment sur la route de Paris à Panama comme il l'a été pendant plus de vingt ans sur celle de Suez à Paris. La distance est beaucoup plus considérable ; les fatigues excessives lui deviendront beaucoup plus difficile à supporter. » Et *Le Messager de Paris* prévenait ses lecteurs que le canal serait, par sa situation même, un canal purement américain, sans aucun intérêt pour la France, alors que les États-Unis en seraient les premiers bénéficiaires.

Cette mise en garde a été entendue, mais Lesseps ne se laisse pas démoraliser par cette première déconvenue qu'il attribue à un complot de forces occultes à nouveau liguées contre Panama comme elles l'ont été si longtemps contre la Compagnie de Suez. Il contre-attaque dans le premier numéro du *Bulletin du canal interocéanique* qu'il vient de fonder, dans le même esprit que le Bulletin de *L'Isthme de Suez*. Ce premier numéro est en fait une lettre aux souscripteurs de l'émission des 6 et 7 août 1879 : « Certain du succès final, j'attendrai que la

1. J.-Y. Mollier, *Le Scandale de Panama*, p. 60.

lumière soit faite sur la valeur des attaques dirigées à la dernière heure contre notre œuvre, dans le but d'amortir l'élan favorable qui s'était d'abord manifesté. Les arguments de l'opposition se résument ainsi : d'une part on a présenté des chiffres de dépenses exagérées et de recettes insuffisantes, afin de démontrer que, si l'idée d'ouvrir une voie maritime nouvelle au commerce et à la civilisation du monde était bonne, l'affaire serait mauvaise ; d'autre part, on a cherché à inspirer des craintes au sujet d'une prétendue hostilité des Etats-Unis... » Au premier argument, Abel Couvreux et ses associés répondront, chiffres à l'appui ; pour le second, il s'en chargera lui-même en se rendant aux Etats-Unis. En attendant, il remboursera aux souscripteurs qui lui ont fait confiance leur premier versement de vingt-cinq francs sur le montant du titre, émis à cent francs.

Un souscripteur irrité aurait saisi le procureur de la République d'une plainte pour escroquerie après l'échec de cette émission. Le procureur se serait contenté de faire suivre la lettre à Lesseps qui, après l'avoir lue, aurait dit en souriant : « Malheureusement cette plainte n'aboutira pas. En ma qualité de grand cordon de la Légion d'honneur, je ne suis justiciable que du Sénat. Ah ! si le Sénat voulait, quelle réclame pour Panama ! »

Conséquence imprévue de cet échec : Wyse et Reinach, persuadés que la Société du canal interocéanique ne pourra être constituée dans le délai de vingt-quatre mois stipulé par une clause du contrat de vente, estiment celui-ci caduc et veulent reprendre leurs droits, affirmant avoir reçu d'un autre côté des offres plus intéressantes. Lesseps refuse d'en discuter et fait au contraire éditer au mois d'août 1879 une brochure expliquant les raisons de croire en l'avenir du futur canal. A partir du 1er septembre, le bulletin périodique est là pour renseigner le public et, surtout, l'éclairer.

Ces premières fausses notes ne le troublent guère. Il est tout à l'euphorie de cette nouvelle aventure et, s'il avait la moindre inquiétude, il serait rassuré par les succès personnels qu'il remporte. Il a été reçu en grande pompe à l'Elysée par le président Grévy, qui a succédé au maréchal de Mac-Mahon, et, lors d'un discours fameux à l'hôtel Continental, il s'est entendu décerner par Gambetta le titre de « grand Français ». Sa popularité reste entière et il en mesure l'ampleur par l'accueil triomphal que lui réservent les villes où il va faire des conférences sur le canal de Panama. Certains journaux s'étonnent qu'un homme de son âge et de son expérience ait un tel besoin d'applaudissements. Le *Don Quichotte*, un journal satirique édité à Bordeaux, se moque aimablement de lui :

Beaucoup de gens sont d'ordinaire
Tourmentés du même démon :
Ils veulent sortir du vulgaire,

Se mettre en vue, avoir un nom.
Mais on peut affirmer qu'en somme
Lesseps sut tous les dépasser
Car jamais on ne vit homme
Aussi désireux de percer.

C'est dans cet état d'euphorie et de résolution qu'il part au mois de décembre 1879 pour Colon, le port du Panama, sur l'Atlantique, avec les mêmes illusions que nourrissait l'armée française en s'embarquant jadis pour le Mexique.

*

Lesseps ne part pas seul. Il emmène avec lui sa femme et les aînés de ses enfants : Mathieu, Ferdinand et Ferdinande. Un véritable état-major l'entoure : Abel Couvreux et l'un de ses principaux ingénieurs, Gaston Blanchet ; Edmond Boutan, un ingénieur des Mines, représentant le ministère des Travaux publics ; Dauzats, ingénieur en chef de la Compagnie de Suez ; Dauprat et Calay, Henry Bionne, un officier de marine, et, enfin, Jacob Dirks, ingénieur en chef du Waterstraat, directeur du canal d'Amsterdam à la mer du Nord. Le lieutenant de vaisseau Reclus est aussi de la partie, ainsi que Lucien Wyse, un peu amer de ne s'être pas vu offrir la direction générale des travaux, et qui, pour bien marquer son indépendance à l'égard de Lesseps, a voulu payer son passage.

Le voyage a mal commencé. Lesseps avait prévu de quitter Paris le 5 décembre en prenant le train de nuit pour Saint-Nazaire, où l'on devait s'embarquer sur *Le Lafayette*. D'importantes chutes de neige ont coupé les communications ferroviaires et même télégraphiques. Le départ a été reporté au lendemain, à la même heure. Aucunement découragée, la même foule d'amis et de curieux attend Lesseps et les siens, le 6 décembre, dans le grand hall de la gare Saint-Lazare. La brume est si dense que l'on distingue à peine la lueur des becs de gaz.

Malgré l'incertitude des communications, qui ne paraissent pas rétablies, la train part à l'heure dite. Il est bloqué à Chartres et la famille Lesseps campe dans les divers compartiments qui lui ont été réservés. On arrive à Saint-Nazaire avec deux jours de retard, mais le commandant du *Lafayette* a bien voulu attendre l'illustre voyageur. Pour rattraper le temps perdu, la réception en gare de Saint-Nazaire est annulée ; on se contente, comme honneurs officiels, des canons du *Lafayette* tirant une salve au moment où ce passager de marque monte à bord.

Dans la promiscuité forcée de la traversée, les rapports entre Lucien Wyse et Lesseps s'aigrissent. Relatant leurs discussions au sujet du canal et l'opposition systématique de Wyse à ses vues, Lesseps écrira le 4 février 1880 à son fils Charles, resté en France : « Alors, je lui ai très vivement interdit la parole. J'ai rappelé les antécédents de ses relations avec la société qui m'avait cédé la concession en vertu d'un contrat que j'exécutais. J'ai demandé ensuite à M. Wyse ce qu'il était venu faire en s'embarquant à mon insu sur *Le Lafayette* ; il m'a répondu qu'il était venu pour ses affaires ; à quoi j'ai répliqué qu'il ait à s'occuper de ses affaires et non des nôtres qui ne le regardaient pas... »

Le 21 décembre, *Le Lafayette* arrive en rade de Pointe-à-Pitre, où quelques cas de fièvre jaune interdisent de descendre à terre. Au bout d'une canne à pêche, avec des adresses accrochées à l'hameçon, les notables font parvenir à Lesseps leurs compliments et leurs vœux.

Rien de malsain n'étant signalé à la Martinique, on débarque à Saint-Pierre, et Lesseps donne une conférence au théâtre, puis M. Lota, président du cercle local, l'y reçoit en lui tendant une coupe de vin de Champagne et, du ton que prendrait le président de la République, Lesseps lui répond gravement : « Le vin de Champagne est notre vin national, le plus français de nos vins, et jamais, assurément, il n'aura été bu sur une terre plus française. »

M. Lota et ses collègues paraissent touchés de cette émouvante observation, mais un esprit plus sceptique aurait pu penser que, lorsqu'on tient de pareils propos, il est temps de quitter les affaires. A 4 heures, Lesseps visite le jardin botanique où est servi un lunch, avec fond d'orchestre.

Le 23 décembre, le *Lafayette* relâche à La Guaira et arrive le 28 décembre devant Colon. L'accueil délirant que Lesseps et sa suite y reçoivent masque un peu l'aspect calamiteux de la ville, une sorte de cloaque où le service de la voirie est assuré par des vautours et des sauriens émergeant des marais environnants pour venir dévorer les immondices que les habitants laissent pourrir devant leurs misérables maisons de bois. Il n'y a de remarquable — et de solide, en raison de la pierre utilisée pour la construction — que tout ce qui se rapporte au chemin de fer, car la Panama Railroad Company est la véritable souveraine du pays. Ce sont d'ailleurs les dirigeants de la Compagnie qui accueillent officiellement Lesseps, éclipsant la délégation envoyée par Bogota. Si les voyageurs sont surpris en voyant l'air dépenaillé, voire maladif des indigènes, ceux-ci sont à leur tour étonnés par l'aspect des enfants Lesseps qu'ils prennent tous trois pour des filles car les deux garçons ont les cheveux longs, tombant fort bas dans le dos, et portent des vêtements de velours.

En raison du programme, ou peut-être du déplorable état des lieux, on ne s'attarde pas à Colon et l'on part aussitôt pour Panama, la capitale, sur la côte pacifique. Il faut un certain courage pour emprunter le chemin de fer, mais il n'y a pas d'autre moyen de communication entre les deux villes. Posée sur une terre régulièrement détrempée par les pluies tropicales, la voie tend à s'enfoncer dans le sol dont elle représente en même temps la seule surface utilisable, au point que les cavaliers chevauchent entre les rails, quitte à se ranger au passage du train. Ils ont d'ailleurs bien de la peine à trouver, en dehors de la voie, une surface assez résistante pour supporter leur poids et celui de leur monture. Un wagon qui déraille et verse est irrécupérable, englouti peu à peu par la succion du marais.

Les appréhensions que pouvaient avoir certains membres de l'expédition se confirment en arrivant à Barbacos. Une crue furieuse du Chagrès a ébranlé le pont et il serait dangereux d'y risquer le convoi. Personne ne suggère la solution retenue par Jules Verne dans son roman *Le Tour du monde en quatre-vingts jours* : faire reculer le convoi sur une dizaine de kilomètres, puis pousser les feux au maximum, emballer la machine et franchir le pont à toute vapeur, la vitesse étant supposée diminuer la pesanteur. Au lieu de cela, on descend prudemment du train pour passer le pont à pied et reprendre, sur l'autre rive, un train venu de Panama. Le voyage a duré six heures, mais dans le *Bulletin du canal interocéanique*, il ne sera fait aucune mention de l'incident et le trajet aura pris trois heures seulement.

A l'occasion du séjour de Lesseps à Panama, un grand effort a été fait pour rendre la ville présentable, à défaut d'être attirante. Elle ressemble un peu à Saint-Malo, entourée de remparts, mais il y a longtemps que ceux-ci sont inutiles. Rien ne vient plus troubler sa morne tranquillité. On y végète dans une torpeur irrémédiable, en laissant tout aller, mœurs et monuments, commerce et hygiène publique. Il n'y a que la dévotion qui soit active, et le jeu. On peut y ajouter la boisson et le tabac. Tout le monde fume, jusqu'aux enfants qui rejettent leur cigarillo pour têter leur mère [1].

En l'honneur de Lesseps, on a donc balayé les rues, blanchi les façades, repeint tout ce qui pouvait l'être, et l'on a donné ainsi à la ville un air de prospérité factice.

Installés au Grand Hôtel, le seul d'ailleurs, Lesseps et son entourage essaient de travailler entre les nombreux divertissements qu'on leur offre : « Ici, on est en fêtes continuelles depuis trois jours, écrit Lesseps à Charles le 6 janvier 1880 : illuminations, fenêtres pavoisées, feux d'artifice, revues de troupes, promenades en bateau à vapeur sur la belle baie de Panama jusqu'à l'entrée du rio Grande où sera le débouché du canal maritime, bénédiction de cet emplacement par l'évêque... »

C'est là que, le 1er janvier 1880, Ferdinande de Lesseps a donné le premier coup de pioche et, dix jours plus tard, elle effectuera la première mise à feu d'une mine dans le massif de la Culebra.

Cet accueil triomphal, qui conviendrait mieux à une inauguration

1. Le fait est attesté par Armand Reclus.

qu'à un simple examen des lieux, a prolongé l'euphorie. Lorsqu'on s'enfonce à l'intérieur du pays, on déchante un peu, bien que l'on soit en saison sèche et que l'on ne puisse imaginer ce qu'est réellement la saison des pluies. Un jour que Lesseps et ses compagnons marchent à travers la forêt, précédés par un Noir qui leur fraie un passage à la machette, ils se trouvent soudain devant un tigre, apparemment peu content d'avoir été dérangé. Lesseps n'hésite pas : il se met devant le Noir pour le protéger, puis, brandissant lui-même la machette, il avance en fixant l'animal qui, peut-être hypnotisé, recule et disparaît. Alors qu'on le félicite de son sang-froid, il répond plaisamment qu'il n'a pas eu peur car il était persuadé que le tigre aurait certainement préféré manger Jacob Dirks, rose et gras, plutôt que lui.

Une rencontre moins dangereuse, mais laissant une désagréable impression, est celle d'un certain Leblanc, propriétaire d'un domaine aux environs d'Ancon. Il déclare à Lesseps que s'il persévère dans son intention de creuser un canal dans l'isthme il ne trouvera pas assez de bois pour les croix qu'il devra déposer sur les tombes des ouvriers.

Le 19 janvier 1880, accompagné des ingénieurs de la commission, il se rend dans la vallée de Cruces pour examiner la possibilité d'établir un barrage sur le Chagrès. Il suffirait, estiment les ingénieurs, d'un barrage long de quatre-vingt-dix-neuf à mille mètres, sur une hauteur de quarante mètres, pour retenir les eaux des crues dans cette vallée. Résumant sa visite, Lesseps écrit, emporté par l'optimisme, que tout paraît si facile qu'il ne comprend pas qu'on ait si longtemps cru à l'impossibilité d'établir un canal à niveau sur une distance qui est celle de Paris à Fontainebleau.

Néanmoins, il est trop intelligent pour ne pas savoir que les difficultés de réalisation seront plus grandes et plus nombreuses qu'à Suez et qu'il n'aura peut-être pas les moyens nécessaires pour les vaincre. Qu'importe ! Il faut aller de l'avant, et il le fait avec une audace égale à sa désinvolture, étant convaincu que son nom suffira pour vaincre à la fois la Nature et le mauvais vouloir des hommes.

Analysant l'impact personnel de Lesseps sur le vote au congrès de 1879, et sur les débuts de la Société du canal interocéanique, André Siegfried insistera sur ce côté, vivifiant mais dangereux, du caractère de Lesseps : « On saisit là, sur le vif, la psychologie du grand promoteur, son optimisme systématique, qui prétend créer le succès en l'affirmant, sa détermination de sous-estimer les difficultés, de se refuser même à les voir, sa conviction que son étoile le conduira encore une fois à la victoire. Dans ces circonstances nouvelles, le souvenir de Suez devient un encouragement dangereux. Sans doute n'a-t-il pas oublié les devis dépassés, les embarras de trésorerie, les campagnes de dénigrement, la faillite maintes fois côtoyée, mais il se dit que certaines difficultés ne se représenteront pas : l'opposition britannique, ou l'interdiction de réquisitionner les fellahs. Il se dit aussi que dix fois il a eu raison contre les ingénieurs[1]... »

L'autorité de Lesseps est si forte que personne n'ose protester lorsqu'il revoit, d'un coup de crayon, le coût des travaux à la baisse, ainsi que leur durée. Après ce séjour au Panama, où tout aurait dû l'alerter sur les difficultés de l'entreprise, il réduit à huit années le temps des travaux et à huit cent quarante millions leur coût, soit une économie de presque deux cents millions alors que l'expérience a toujours montré, à Suez notamment, que le coût final d'un grand ouvrage d'art est toujours supérieur au devis initial, lorsqu'il n'en atteint pas le double, voire le triple.

Rayonnant de confiance, il s'embarque avec l'ardeur d'un croisé pour les Etats-Unis qu'il s'agit de convertir au canal. Il va y faire un long séjour afin d'y dissiper les réticences du gouvernement américain en l'impressionnant par les manifestations de l'opinion publique, oubliant que, même lorsqu'il était ovationné dans les grandes villes industrielles de Grande-Bretagne, il n'avait jamais rallié le gouvernement britannique à ses vues et n'avait pas eu, lors de la constitution de la Compagnie, un seul souscripteur anglais.

A New York, il s'installe au Windsor Hotel sur lequel flotte, en son honneur, le drapeau français. Il y reçoit dès son arrivée des journalistes qui, séduits par sa jeunesse et sa vitalité, lui donnent vingt ans de moins que son âge. Il leur parle abondamment de son projet, s'efforçant de rassurer les Américains que pourrait inquiéter la présence d'une entreprise française au Panama. Il souhaiterait, au contraire, avoir beaucoup de souscripteurs américains et envisagerait même, au cas où leur nombre serait assez important, d'établir le siège de la future société à New York ou Washington. Un journaliste, Whitelaw Raid, résume ainsi l'impression de ses confrères et la sienne : « Pour ce qu'il a fait [Suez], nous lui réservons le meilleur accueil. Ce qu'il propose est une autre affaire... » En effet, le gouvernement américain et les milieux financiers émettent de sérieuses réserves qu'il feint d'ignorer.

Le ministre de France à Washington, Maxime Outrey, rassure à ce sujet le gouvernement américain en lui confirmant que Lesseps agit seul, sans aucun appui de Paris, et que son projet n'est pas un essai déguisé d'implantation française au Panama. Néanmoins, le sentiment national, dans son ensemble, est hostile à Lesseps, sentiment dont le sénateur Bayard se fait l'interprète en déclarant : « Le cœur de tout Américain proclame que tout canal interocéanique doit être sous la dépendance des Etats-Unis. Si notre prépondérance est mise en question, elle devra être assurée. La prudence nous conseille de saisir dès le temps de paix l'occasion de nous préparer à la guerre[2]. »

1. A. Siegfrid, *Suez et Panama*, p. 185.
2. Lettre de M. Outrey à Charles de Freycinet, 1er février 1880.

Cette hostilité de principe est non seulement due à l'amour-propre national exaspéré à la pensée qu'un Français réaliserait ce qui doit être fait par un Américain, mais aussi à la crainte que le futur canal nuise aux intérêts des puissantes compagnies de chemin de fer reliant la côte Est à la côte Ouest.

Pendant ce long séjour aux Etats-Unis, Lesseps va de fête en fête et de banquet en banquet. A New York même, il est convié par deux cent cinquante notables au Delmonico, dont la grande salle a été ornée, pour la circonstance, de drapeaux américains et français fraternellement croisés. Au centre de la table, un surtout représente Lesseps lui-même, un pic à la main, chevauchant l'Afrique, entouré d'un sphinx, d'une drague et d'une réplique du bateau à vapeur le *Colon*. Le menu a été timbré aux armes de Lesseps. Parmi les convives, on remarque de nombreux magnats de la finance ou de l'industrie : Andrew Carnegie, Jesse Seligmann, Russel Sage, Albert Bierstat...

Après New York, laissant femme et enfants à Philadelphie, il entreprend une tournée de conférences à travers les Etats-Unis. Partout il est reçu avec des honneurs en général réservés aux souverains et qui lui cachent en partie la vérité. C'est l'homme de Suez, le Français le plus illustre de son pays que l'on acclame, et non le pionnier du Panama. Les Américains ont le goût des grands hommes ou, du moins, de ceux qui ont acquis une célébrité quelconque, en quelque domaine que ce soit, mais, leur curiosité satisfaite, ils ne s'en soucient plus. Lesseps semble se laisser abuser sur les causes réelles de son succès.

Il parle à Philadelphie, Saint-Louis, San Francisco, Chicago, Boston, accueilli partout avec le même enthousiasme et si persuadé d'avoir convaincu les Américains qu'il ne prête aucune attention sérieuse à un message du président Hayes au Congrès déclarant sans ambages : « Le canal interocéanique sera le grand boulevard joignant *nos* rivages atlantiques à *nos* rivages pacifiques et fera pour ainsi dire partie de la ligne côtière américaine. La politique de notre pays est donc de se faire l'avocat d'un canal sous contrôle américain. » Le message et la menace sont clairs. Les Etats-Unis considèrent qu'ils ont un droit sur des pays qui ne leur appartiennent pas, en assimilant leurs côtes aux leurs et en s'arrogeant déjà le contrôle, à défaut de la propriété, du futur canal.

Lesseps donne du message une interprétation tout à fait particulière, écrivant à Paris que le président Hayes a garanti la sécurité du canal, interprétation dont Hayes se montre « autant surpris qu'étonné ». S'abuse-t-il, afin de rassurer les autres ? Il ne peut pourtant ignorer les dispositions à son égard du gouvernement américain puisqu'il en a rencontré plusieurs membres et qu'il a pris deux fois la parole devant la commission compétente de la Chambre des représentants. Il a même été reçu le 6 mars par le président Hayes et le 7 par le secrétaire d'Etat Evarts, qui ni l'un ni l'autre ne lui ont dissimulé leur opinion.

Il n'est pas de mauvaise foi, mais, comme le souligne André Siegfried, il croit au succès final et il estime, en son for intérieur, que la fin justifie les moyens, légitimant du même coup les entorses faites à la vérité. Ce vieillard de soixante-quinze ans, grisé par les perpétuelles ovations dont il est l'objet, se croit infaillible et n'entend pas qu'une volonté se mette en travers de la sienne.

Afin de continuer son action auprès de l'opinion américaine, il entame des pourparlers en vue de créer un « comité américain » de soutien du projet. Il obtiendra que le colonel Thomson en accepte la présidence, après avoir démissionné de son poste de secrétaire d'Etat à la Marine. En réalité, Thomson, qui a démissionné en accord avec le président Hayes, servira plus les intérêts de son pays que ceux de la Société du canal interocéanique, veillant à ce qu'elle fasse appel, pour ses travaux, à des firmes américaines et ne faisant rien, au contraire, pour l'aider dans les difficultés qu'elle connaîtra. Washington continue d'ailleurs de s'intéresser au projet de l'ancien président, Ulysses Grant, partisan d'un canal à travers le Nicaragua. Grant avait proposé à Lesseps de faire fusionner leurs deux sociétés, mais Lesseps, ne voulant pas d'ingérence américaine et encore moins de partage de direction, avait refusé.

Après un grand déjeuner d'adieu offert par l'ingénieur Cyrus Field, le père du « câble transatlantique », Lesseps quitte New York le 1er avril 1880. Il est fort satisfait de son séjour, ne soupçonnant pas qu'il a été applaudi non comme le promoteur du canal du Panama, mais comme le sera quelques mois plus tard Sarah Bernhardt : en personnalité pittoresque, fournissant de la « copie » aux journaux.

*

Dès son retour à Paris, Lesseps entreprend une autre tournée de conférences pour conter son périple aux Etats-Unis et pour insuffler à ses auditoires successifs, ainsi qu'aux journalistes, la foi qui l'anime.

Le 16 avril, il parle à Société de géographie et, le lendemain, à la Sorbonne, le 19 à l'Académie des sciences. Le 22 avril, il prend derechef la parole à l'issue d'un banquet offert par le comité formé pour la constitution de la Société du canal transocéanique. On voit parmi les convives les représentants de la finance intermédiaire — Alexandre Ellissan, Jules Michiels, Ernest May, Charles Bal, Jules Koenigswarter —, la haute finance persistant à s'abstenir...

Le 2 mai, au cirque d'Eté, devant mille personnes, et notamment la reine d'Espagne Isabelle II, il tient une grande réunion d'information, donnant de son voyage un récit enchanteur, assez éloigné de certaines réalités qui n'ont pu lui échapper : « Aujourd'hui, affirme-t-il, nous sommes certains que les objections relatives à l'insalubrité du climat de Panama sont écartées. Quant aux objections relatives à l'insuffisance des études techniques sur les lieux et à la prétendue opposition des Etats-Unis d'Amérique, elles n'ont plus aucun fondement... »

Et, emporté par son sujet, il brosse du Panama un tableau idyllique auquel les récits des survivants, dans quelques années, donneront un cruel démenti : « ... lorsque les Américains ont fait le chemin de fer, on a prétendu qu'il était mort 80 000 Chinois, autant qu'il y a de traverses de chemin de fer ; cela n'a pas le sens commun. Pendant les cinquante jours que nous sommes restés à Panama, nous n'avons pas eu plus de 27° de chaleur... Panama est un pays extraordinairement sain. »

S'il y a des sourires dans l'assistance, ou des réflexions narquoises, ni le sténographe ni l'informateur de la police ne les ont signalés. L'informateur se contente d'écrire : « M. de Lesseps a démontré que les discussions qu'il avait eu à soutenir en Amérique pour la défense de son projet n'avaient eu aucune espèce d'importance. Toute opposition s'était évanouie devant les explications concluantes[1]. » Plus grave encore que l'éloge étonnant du climat est la minoration du coût des travaux. Se retranchant derrière les calculs d'Abel Couvreux, Lesseps annonce un chiffre de cinq cents millions environ, soit moins de la moitié de la prévision initiale. Le coût du futur canal ne cesse de baisser. Un tel écart devrait paraître suspect, mais, au lieu de s'en inquiéter, on s'en félicite.

Ces propos optimistes et si peu vraisemblables, Lesseps les répète au théâtre du Vaudeville le 6 mai, à Nanterre le 10, à Lyon le 12, à Saint-Etienne le 14. Dix jours plus tard, à Chartres, il précise, en grand seigneur : « Ne mettez pas la main dans vos poches pour me donner de l'argent ; je ne viens pas vous en demander. J'ai tout lieu de croire qu'un syndicat se chargera de fournir le capital nécessaire, mais je suis enchanté de vous avoir expliqué la question et peut-être d'avoir pu vous convaincre... » Ce dont les auditeurs sont persuadés, c'est que la Société du canal transocéanique est déjà riche avant d'avoir été formée, illusion qui sera la cause de bien des maux.

Loin de le fatiguer, ces tournées l'exaltent ; les applaudissements le vivifient et entretiennent en lui la croyance en son infaillibilité. Il va tâter le pouls de l'opinion à l'étranger en partant le 28 mai pour la Grande-Bretagne. La Compagnie du Chemin de fer du Nord met à sa disposition un wagon-salon, et les compagnies britanniques en feront autant. Après une traversée houleuse, il arrive avec les siens à Londres où, faute d'avoir réservé des chambres, ils s'entassent tous dans la même. A 6 heures du matin, Lesseps se lève et fait quelques visites, puis, à 10 heures, il quitte Londres pour Liverpool où il assiste à deux grands banquets au Town Hall, parcourt les docks le long de la Mersey et parle à la chambre de commerce.

Le 1er juin, il part pour Swansea, dans le pays de Galles, puis

1. Archives de la préfecture de police.

regagne Londres de nuit, par train spécial ; il prend un autre train pour Douvres et arrive le lendemain pour déjeuner à l'hôtel Amstel, à Amsterdam, après avoir passé vingt-huit heures consécutives en chemin de fer et en bateau.

Il soutient le même rythme aux Pays-Bas. Sur un yacht chargé à ras bord de notabilités bataves, il fait une excursion sur le grand canal de la mer du Nord, visite Ijmuiden, le Port-Saïd hollandais, préside un déjeuner puis regagne en chemin de fer Amsterdam pour assister, en fin de journée, à un banquet au palais de l'Industrie. La foule, entassée dans la salle de concert, lui réserve une ovation, et seule une pluie diluvienne empêche de tirer un feu d'artifice.

Le lendemain, frais et dispos comme s'il n'avait pas eu déjà deux banquets à digérer, Lesseps visite au pas de course une exposition d'argenterie, va jeter un coup d'œil à *La Ronde de nuit*, puis file à La Haye où il prononce une conférence à la salle des Arts et Métiers. Lorsqu'il en sort, il s'aperçoit qu'il a une heure libre avant de partir pour Scheveningen où un autre banquet l'attend au casino. Que faire en une heure pour qu'elle ne soit pas perdue ? Il visite la ville en trombe et traverse le Mauritshuis. Le soir, à Scheveningen, il n'en est pas quitte avec le banquet. Après celui-ci, il fait encore, à la demande de la chambre de commerce, une conférence aux Arts et Métiers.

D'Amsterdam il se rend à Anvers où, le 4 juin, il parle à midi au Cercle artistique et le soir à la Société royale d'harmonie. Entre les deux, il a fait la tournée des monuments et des curiosités de la ville, omettant, faute de temps, la maison des Plantin. Le matin, pendant le déjeuner, un sizain forgé en son honneur a circulé autour de la table :

De Lesseps de sa main forte
A Suez ouvrit la porte
De l'Occident vers l'Orient :
Par sa force et son courage,
Il va créer le passage
De l'Orient vers l'Occident.

Le lendemain, 5 juin, il visite les installations portuaires et demeure en arrêt devant une grue hydraulique de cent vingt tonnes, infiniment plus émouvante à contempler que les chefs-d'œuvre des maîtres flamands. « Ce sont des spectacles fort attrayants, la pluie qui nous inonde ne peut nous en détourner », commente, un peu goguenard, le chroniqueur anonyme de cette course au clocher.

A Bruxelles, le 6 juin, Henri Maus, l'ingénieur qui a percé le Mont-Cenis, a organisé pour lui une somptueuse réception à l'hôtel de ville après laquelle il parcourt en bateau le canal de Terneuzen, agrandi et approfondi par la Société Couvreux qui exécute en Belgique, où elle est très appréciée, d'importants travaux. C'est Abel Couvreux qui, le

7 juin, à Gand, lors du banquet suivant la conférence de Lesseps, explique à l'auditoire comment l'on est parvenu à réduire autant le coût estimatif des travaux.

Le retour en France s'effectue par Douai où, comme à Bruxelles et à Gand, tout se passe au fracas des orphéons et des cliques municipales. Après un accueil délirant à la gare, Lesseps déjeune chez des cousins, les Lebon, puis se laisse empoigner par les édiles douaisiens qui ne lui font grâce de rien : musée ethnologique, bibliothèque et, enfin, lycée où Lesseps demande que l'on accorde, en son honneur, un jour de congé aux élèves.

La dernière étape est Amiens, où il harangue, au Cirque d'hiver, cinq mille personnes. On ne sait pas si Jules Verne, qui a créé tant de héros semblables à lui, est venu l'entendre. La conférence est suivie d'une projection de vues du Panama qui s'achève par une photographie montrant la famille Lesseps au grand complet.

A part une conférence à Blois, le 29 août 1880, pour inaugurer la statue de Denis Papin, Lesseps semble avoir pris quelque repos avant de procéder à une opération importante : la constitution de la société qui restera dans l'Histoire sous le nom de Compagnie de Panama.

*

Le 20 octobre 1880, par acte établi chez Me Champetier de Ribes, notaire, est constituée la Compagnie universelle du canal interocéanique, appelée communément Compagnie de Panama, bien que, pour respecter la syntaxe et la géographie, il eût mieux valu dire : Compagnie *du* Panama. Son capital social de trois cents millions est divisé en six cent mille actions de cinq cents francs chacune. Ainsi qu'on peut s'en douter, son conseil d'administration est recruté en grande partie dans celui de la Compagnie de Suez. A côté de Lesseps, de ses deux frères et de ses deux fils aînés, on trouve une dizaine d'administrateurs venus de Suez, comme le comte et le marquis de Gontaut-Biron. On y trouve aussi deux hommes à poigne, le général Allavène, ancien inspecteur de la Gendarmerie, et Léon Renault, ancien préfet de Police, ainsi que l'omniprésent général Türr, Charles Cousin, de la Compagnie des Chemins de fer du Nord, William Seligmann et John Harjès, de la firme américaine Drexel Harjès & Co.

Président de la Compagnie générale transatlantique, qui assure une liaison maritime avec le Panama, Isaac Péreire aurait dû siéger dans ce conseil, mais il est mort pendant l'été, après avoir joué, avec William Seligmann, un rôle déterminant dans le montage financier nécessaire au lancement de l'opération, y intéressant plusieurs établissements bancaires comme le Crédit mobilier espagnol, la Banque franco-égyptienne, à l'affût de toutes les affaires, et la banque Heine, ainsi que les différents financiers intervenus déjà l'année précédente.

Comme le souligne Jean-Yves Mollier, le concours de William Seligmann n'est pas désintéressé, car, en accord avec Thomson, président du Comité américain créé par Lesseps, il veillera surtout à faire attribuer les marchés des travaux du canal à des sociétés américaines[1].

Un homme nouveau apparaît dans cet aréopage financier, Marc Lévy-Crémieu, ancien protégé d'Isaac Péreire, et qui a été l'artisan du montage avec Seligmann et John Harjès, ce qui lui vaut une commission de 1 150 000 francs pour prix de ses bons offices. Il avait été recommandé à Charles de Lesseps par Joubert, directeur de la Banque de Paris, qui lui avait dit, en sortant d'une réunion des principaux banquiers parisiens tenue par Lesseps, réunion au résultat décevant, car aucun des participants n'avait voulu s'engager : « Je vais vous dire le secret de notre hésitation que personne ici n'expliquera autour d'une table. Le marché est entre les mains de deux groupes distincts, qui ne peuvent fusionner, mais qui ont besoin d'être d'accord pour qu'une grande opération soit susceptible d'être tentée avec succès. Il y a les grandes et les petites sociétés de crédit. Les petites sont propriétaires ou locataires de journaux par lesquels elles se font payer. C'est pourquoi nous ne les admettons pas sur le même rang que nous, tout en sachant que si nous avons leur hostilité, elles seront assez puissantes pour entraver nos émissions. Nous ne saurions nous passer d'elles, pas plus qu'elles ne se passeront de nous, notre clientèle étant plus nombreuse que la leur... Quand vous les aurez, vous les aurez. Adressez-vous à Lévy-Crémieu, il saura traiter la question, la résoudre et préparer notre entrée en scène[2]. »

Entre le 20 octobre, date de dépôt des statuts, et le 20 novembre 1880, date à laquelle ils sont modifiés, Lesseps ajoute de nouveaux membres au conseil d'administration : Max Hellmann, représentant du banquier Seligmann, un banquier parisien, Félix Nouette-Delorme, le comte de Circourt, un mondain lettré, le baron Poisson, et, surtout, Emile de Girardin, personnage redoutable et par là influent. D'une intelligence hors pair, mais dénué de scrupules et prêt à tout pour réussir, ne croyant ni à Dieu ni aux hommes, peut-être en raison de sa naissance illégitime, ce n'est pas un révolté qui veut dynamiter la société, mais un jouisseur qui l'exploite avec cynisme. Il s'était déclaré contre Panama et, comme il avait toute la presse à ses ordres, la Compagnie ne pouvait sans son parrainage que mourir au berceau. Pourvu d'un siège d'administrateur, avec un traitement confortable annuel de deux cent quarante mille francs, il va mettre sa plume au service de la Compagnie avec la même partialité qu'il avait montrée

1. J.-Y. Mollier, *Le Scandale de Panama*, p. 115.
2. Charles de Lesseps, Mémoires inédits, passage cité par G. Edgar-Bonnet, *Ferdinand de Lesseps*, t. II, p. 160.

pour la combattre, mais il mourra malheureusement l'année suivante, alors que ses services et ses avis auraient été bien utiles.

Des personnages comme lui, Hellmann ou Nouette-Delorme, écrit Mollier, peuvent « aider la société à démarrer ou, au contraire, l'orienter dans le sens le plus favorable aux intérêts des entreprises qu'ils représentent. Toute une partie des ambiguïtés ultérieures prend sa source dans cette organisation originelle de la société[1] ». Et Mollier remarque avec raison que, dans cette compagnie prétendument universelle, il n'y a pas d'étrangers, sauf deux Américains. Il n'y a même pas un représentant de la Colombie, à qui appartient encore le Panama. Il critique aussi la trop grande importance des hommes de Suez par rapport aux autres administrateurs, l'insuffisance de la préparation financière, en raison de la méfiance de Lesseps à l'égard des banquiers auxquels il devra s'adresser plus tard, en désespoir de cause, après les avoir dédaignés. Lesseps, hélas ! en est resté au début du Second Empire et n'a pas compris, ou voulu comprendre, l'évolution du monde des affaires, qui n'est plus celui de Balzac et sera bientôt celui de Mirbeau.

Ouverte le 6 décembre 1880, l'émission connaît un succès immédiat, car la presse a été largement stipendiée, la publicité bien faite avec une brochure de Félix Nouette-Delorme, *Le Canal de Panama*, vantant le climat de l'isthme et les perspectives mirifiques d'enrichissement qu'offre le Panama.

Non seulement les souscripteurs affluent, parmi lesquels beaucoup de femmes, mais ils apportent plus qu'on ne leur demande, soit 600 millions au lieu de 300. Pour expliquer cet enthousiasme, il faut se rappeler que le succès de Suez agit comme une puissante incitation : l'action de la Compagnie de Suez de 500 francs vaut désormais 2 200 francs, et donne une dividende de 45 francs par an. Pouvoir participer à une entreprise similaire, aussi fructueuse, éveille les convoitises des petits épargnants dans l'esprit desquels romanesque et désir de s'enrichir vont de pair. Il y a des légions de Tartarins qui veulent faire fortune en dormant, ou plutôt, en rêvant. L'actionnaire est un enfant qui, devenu adulte, a remplacé les contes de fées par un portefeuille d'actions. Les créateurs de sociétés le savent qui décorent leurs titres d'images alléchantes, exotiques, propres à séduire un public amené à vivre ainsi, par procuration, une grande aventure industrielle ou coloniale en ignorant tout de l'industrie ou du pays vers lequel vont s'envoler ses avoirs.

Comme lors de la création de la Compagnie de Suez, les petits porteurs l'emportent de beaucoup sur les gros, ce qui donne à la nouvelle compagnie une assise populaire. Si près de vingt mille souscripteurs ont moins de vingt titres, il y en a quatorze seulement qui en

1. J.-Y. Mollier, *op. cit.*, p. 91.

possèdent plus de mille. Lesseps a donné l'exemple en vendant ses parts de fondateur de Suez, soit 400 000 francs, pour en investir le produit dans la Compagnie de Panama, y ajoutant les économies de sa femme, soit au total 1 778 000 francs.

Autre phénomène à souligner : la moitié des souscriptions réalisées l'ont été par les guichets de la Compagnie de Suez, ce qui montre le prestige de Lesseps auprès de la petite épargne. En revanche, les banques, intéressées à la souscription par une commission de placement de 7,50 francs par titre, sans compter les 20 francs par titre pour celles qui font partie du syndicat de garantie[1], se contentent de tirer profit de l'opération par leur seul rôle d'intermédiaires et n'y engagent pas leurs fonds.

La réserve observée par la haute finance est moins due à un ressentiment quelconque à l'égard de Lesseps qu'à la prudence. Marc Lévy-Crémieu, vice-président de la Banque franco-égyptienne, avait envoyé un ingénieur au Panama pour avoir un avis technique, et l'homme était revenu assez pessimiste. Il affirmait, dans un rapport confidentiel, que le canal ne serait jamais rentable et qu'une demi-douzaine de sociétés s'y engloutiraient corps et biens avant qu'un navire y passât. Ces informations ne semblent pas avoir été diffusées, mais la haute finance, avertie néanmoins, demeure dans l'expectative.

L'enthousiasme populaire ayant apporté 600 millions au lieu des 300 demandés, il faut rendre l'argent alors qu'un capital de 600 millions aurait permis de faire face à toutes les dépenses que la Compagnie devra bientôt engager. Lesseps semble avoir répugné à demander autant d'argent, craignant d'effaroucher le public et péchant ainsi, pour une fois, par manque d'optimisme. Il a sans doute écouté les conseils du baron de Reinach, préférant, lui, procéder en une série d'appels de fonds, au fur et à mesure des besoins. C'est une erreur que la Compagnie va chèrement payer.

Si les 300 millions du capital social sont entièrement souscrits, le quart seulement, suivant l'usage, a été versé comptant, et la Compagnie n'a en caisse que 73 750 000 francs car sur les six cent mille actions, dix mille ont été réservées au règlement du syndicat Türr, vendeur de la concession du canal.

A peine constituée, la Compagnie doit procéder à des règlements qui vont vite absorber ce capital. Il y a d'abord la rémunération du syndicat de garantie, puis celle des intermédiaires chargés du placement des titres, la Compagnie de Suez comprise. Le Crédit Lyonnais, la Société Générale, le Comptoir d'Escompte, la Banque de Paris et des Pays-Bas ayant avancé 2 360 000 francs pour garantir l'émission, non

1. Les banques qui constituent le syndicat s'engagent à souscrire un certain nombre de titres, moyennant une prime, en cas d'échec total ou partiel de l'émission. Si celle-ci a été entièrement couverte, elles n'interviennent pas.

seulement rentrent dans leurs frais, mais touchent 11 800 000 francs, montant cumulé de leur commission de placement et de la prime accordée aux syndicataires. Elles recevront aussi des parts de fondateur. Lesseps en a prévu neuf cents qui, comme celles de la Compagnie de Suez, seront démultipliées en neuf mille parts. Marc Lévy-Crémieu en reçoit dix-huit à titre personnel, puis la Compagnie en mettra près de trois cent cinquante à sa disposition, qu'il redistribuera aux banquiers du syndicat.

A ces postes importants, il faut ajouter une série de dépenses dont certaines particulièrement onéreuses, comme la rémunération du Comité américain, doté d'un fond de 12 millions, dont 3 payables à la constitution de la Compagnie, les 9 autres par annuités.

Bientôt il faudra décaisser encore un million pour l'achat d'un siège social, 44, rue Caumartin, derrière l'immeuble de la Compagnie de Suez, rue Charras. Lesseps peut ainsi assumer ses deux présidences sans perdre en trajets un temps précieux. Contrairement aux bruits que l'on fera courir plus tard, son traitement n'a rien d'exagéré : il reçoit 75 000 francs par an alors que Thomson, président du Comité américain, touche 125 000 francs pour ne pas faire grand-chose.

Par la brèche ainsi ouverte dans le capital social, l'argent va continuer de couler à flots sans qu'apparemment personne ne s'inquiète. A la première réunion des actionnaires, au Cirque d'hiver, le 31 janvier 1881, Lesseps est rassurant : les manœuvres des adversaires ont été déjouées ; les préventions des Américains se sont dissipées — c'est sans doute à cela que sert le coûteux Comité américain —, enfin, le coût des travaux, confiés pour leur exécution à la Société Couvreux-Hersent, ne dépassera pas 512 millions de francs.

C'est à peu près le même langage qu'il tient, le 3 mars 1881, toujours au Cirque d'hiver, lors d'une deuxième assemblée générale. Il fait cette fois un tableau séduisant de la situation, prévoyant que les travaux, qui n'ont pas encore été entrepris, seront achevés en 1888 : « L'avenir se présente à nous dégagé de toute incertitude, dit-il ; les épreuves subies pendant les travaux du canal de Suez, et que nous avons su surmonter avec le concours de beaucoup d'entre vous, ne sont plus à craindre pour notre nouvelle entreprise. Tous les nuages de Panama ont été dissipés ; l'horizon s'est éclairci avant de commencer l'exécution de nos travaux. Il n'est pas plus question de la rivalité du Nicaragua que de la prétendue opposition des Etats-Unis... »

Il annonce qu'un premier départ a eu lieu le 6 janvier pour le Panama, trente-cinq personnes, parmi lesquelles Armand Reclus et Gaston Blanchet, chef des travaux, et que, trois jours plus tard, le 6 mars, soixante-trois autres personnes s'embarqueront à Saint-Nazaire pour Colon.

Cette nouvelle soulève un enthousiasme général, et, dans cette ambiance électrisée, on écoute assez distraitement le rapport des trois commissaires aux comptes : MM. Peltier et Tourneux, le comte de Matharel. Sa lecture ne suscite aucune question embarrassante. La rémunération des membres du syndicat, celle du Comité américain, les frais colossaux d'émission, tout cela est dit assez rapidement pour que l'on ne s'arrête pas aux chiffres eux-mêmes, présentés indépendamment les uns des autres. En les rapprochant, on s'aperçoit que plus de 10 % du capital social est déjà dépensé. La Compagnie est donc moins riche qu'on ne le croit. Elle a reçu seulement 73 750 000 francs et en a dépensé 45. Cela montre une certaine habileté dans l'art de jongler avec les chiffres, mais, en ne voulant pas effaroucher l'actionnaire, on risque de le tromper.

*

Les quatre à cinq mille actionnaires qui ont ovationné Lesseps à l'issue de cette deuxième assemblée générale sont fort loin de la réalité en imaginant le Panama comme l'Eden ou l'Eldorado qu'on leur a laissé entrevoir. Les premiers arrivants tomberont de leur haut en découvrant le pays, plus sinistre encore que ses deux villes principales, Colon et Panama, repeintes et pavoisées en l'honneur de Lesseps, comme deux filles à matelots décaties, fardées pour accueillir des permissionnaires en bordée.

Dans cet étroit pays de marécages et de montagnes si boisées qu'on n'y pénètre que la machette à la main, le facteur le plus caractéristique est le climat, plus propre à décourager envahisseurs ou investisseurs que le relief. Il n'y a que deux saisons : celle des pluies, du 15 avril au 15 décembre, et la saison sèche, où il pleut moins. Le mot « pluie » convient mal, d'ailleurs, à ces cataractes qui s'abattent sur la région comme si toutes les vannes célestes s'ouvraient en même temps. Ce sont des Niagaras qui noient tout pendant des heures, voire des journées, faisant monter les rivières de plusieurs mètres en peu de temps et, surtout, provoquant, la chaleur aidant, une humidité telle que tout moisit, pourrit et se décompose en moins d'une journée. Même pendant la saison sèche, on trouve, à son réveil, une couche de moisissure bleuâtre sur les souliers qu'on a brossés la veille au soir. Terre et végétation sont si gorgées d'eau que le sol n'est qu'une masse spongieuse où le pied s'enfonce avec un chuintement de chair écrasée. Partout, l'eau croupit, dégageant une odeur nauséabonde.

Le pays, vaste bouillon de culture, est un musée vivant de toutes les espèces nuisibles et venimeuses, notamment d'insectes dont les variétés découragent les zoologistes. Les savants américains dénombreront plus tard au moins sept cents variétés du moustique propagateur de la malaria.

En dehors de toutes les maladies qui assaillent une population indigène assez dégénérée, les deux grands fléaux qui se succèdent inlassablement, au point de former une véritable ronde de la Mort, sont la fièvre jaune, dont on meurt en quatre ou cinq jours, et la malaria, qui ne prend que vingt-quatre à trente-six heures pour conduire sa victime au cimetière. Il suffit d'ailleurs de visiter ces cimetières pour juger de l'ampleur du mal. Ils sont encombrés et le seront plus encore au fur et à mesure que les travailleurs étrangers arriveront dans l'isthme. On voit souvent la même tombe porter deux dates différentes, ce qui signifie que deux morts se la partagent. Le commerce des cercueils est florissant. A chaque enterrement, les amis du défunt peuvent voir, alignés contre le mur du cimetière, des cercueils attendant des amateurs. Il y a même des cercueils de seconde main, récupérés après un séjour sous terre et encore assez présentables... La mort, étant aussi naturelle que la vie, n'a pas ce côté lugubre qu'elle revêt en Europe et ne donne pas lieu à des scènes dramatiques, mais plutôt à des mondanités. Un médecin canadien installé au Panama décrira ainsi, en 1884, la joyeuse inauguration d'un cimetière : « Tous les hauts fonctionnaires du gouvernement, les consuls, les officiers de l'état-major, les notabilités du commerce et de l'industrie, animaient la solennité de leur présence. La ville avait l'aspect d'un jour de fête. L'enthousiasme manifesté par la population, avoue l'auteur, m'étonna. A l'éloquence des orateurs, on eût pu croire que chacun d'eux briguait l'honneur d'y être enterré le premier[1]. » En quelque vingt mois, ce cimetière engloutira trois mille huit cent quatre vingt-quatre cadavres.

Au début de leur séjour, les nouveaux débarqués croient pouvoir résister au climat. Ils ne tardent pas, malheureusement, à en subir les effets, auxquels se joignent ceux du sentiment d'abandon qu'ils éprouvent dans un pays dénué de tous les agréments de la vie en Europe. Pendant la saison sèche, on ne peut sortir de chez soi entre 10 heures du matin et 3 heures de l'après-midi sans être terrassé par des nappes de feu tombant du ciel, comme du plomb fondu. Le reste de l'année, ce sont des flots d'eau tiède et presque visqueuse que l'on reçoit sur le crâne.

La chaleur empêche de dormir et fait utiliser le hamac plutôt que le lit, ce qui d'ailleurs est plus confortable et plus sûr en cas de tremblement de terre. A Panama, le centre de la vie sociale est le Grand Hôtel, où Lesseps est descendu lors de son premier voyage et que la Compagnie va bientôt acheter pour neuf cent cinquante mille francs. C'est là que s'établit le directeur des travaux ainsi que son état-major en attendant de faire édifier des logements de fonction. Le soir, pour tuer le temps et oublier celui qu'il fait dehors, on boit, on fume, on joue aux cartes. Il y a même une salle de roulette où le chef croupier, avant de commencer la partie, crie : *Mira la bomba !* Aussitôt les autres crou-

1. Dr Nelson, *Cinq Ans à Panama*, p. 170.

piers se mettent à quatre pattes et s'assurent qu'il n'y a pas d'engin explosif sous la table, ainsi que cela s'était produit naguère.

Avant de recruter la main-d'œuvre appelée à exécuter les travaux de creusement et de terrassement, Reclus et Blanchet, soucieux de la santé du personnel, commencent la construction d'hôpitaux qui coûteront fort cher : cinq millions, celui de Colon ; vingt-huit millions, celui d'Ancon, alors que le sanatorium de Taboga ne reviendra qu'à deux millions et demi. Le service sanitaire est d'ailleurs destiné à être une des principales activités de la Compagnie de Panama, débordée par le nombre des malades. Le premier équipement est rudimentaire, encore inadapté aux conditions. En effet, les malades seront classés par nationalités au lieu de l'être par cas, ce qui fait que ceux atteints de la fièvre jaune attraperont de surcroît la malaria, et vice versa. Dans son ignorance des causes de la malaria, que l'on attribue encore au « mauvais air », le personnel des hôpitaux prendra des mesures qui favoriseront la propagation du mal au lieu de le combattre. En effet, pour protéger les lits des fourmis qui envahissent tout, on en isolera les pieds dans des coupelles remplies d'eau qui attireront les moustiques, et ces petits récipients se transformeront en autant d'élevages intensifs. Le docteur Girard, premier chirurgien de la Compagnie, découvrira finalement le virus de la malaria en analysant le sang des nouveaux arrivants, puis en procédant à une seconde analyse sur les mêmes sujets un mois ou deux plus tard.

*

La mort a rapidement frappé parmi le personnel, encore restreint. Le 28 juillet 1881, Henri Bionne est mort de la fièvre jaune à bord du navire anglais qui le ramenait en Europe et, en raison de la rapide décomposition de son cadavre, il est jeté à la mer ; le 25 juillet, Etienne, sous-chef des travaux, meurt soudain de ce que l'on appelle pudiquement une « fièvre cérébrale », et, au mois de novembre, ce sera l'ingénieur Gaston Blanchet, le directeur des travaux, qui disparaîtra. La véritable cause de ces morts n'est pas avouée pour ne pas inquiéter les actionnaires. Les couronnes tressées à la mémoire des disparus servent à masquer la vérité.

Pendant cette année 1881, le fait le plus important à été l'achat par la Compagnie de la Panama Railroad Company, dont l'accord lui était nécessaire pour entreprendre le canal et la voie ferrée indispensable aux travaux. Ce fameux chemin de fer avait été construit en cinq ans par un Américain, William Henry Aspinwall, dont la ville de Colon, en reconnaissance, avait joint le nom au sien pour s'appeler désormais Colon-Aspinwall. Deux faits concernant cette voie ferrée auraient dû alerter Lesseps : elle avait coûté huit millions de dollars, soit six fois plus que le devis d'origine, et avait également coûté la vie à des milliers de Chinois, morts autant de maladies ou d'épuisement que de mal du pays, car il y avait eu parmi eux beaucoup de suicides. Il était malaisé de chiffrer exactement le nombre des morts, car la plupart des ouvriers n'avaient pas d'état-civil et, bien entendu, pas de domicile. Ce n'était qu'une marchandise humaine qui, une fois morte, était mise en tonneaux pour être expédiée à des facultés de médecine ayant besoin de cadavres pour des cours d'anatomie. Avec le produit de ce commerce annexe, on avait pu construire, à l'époque, un petit hôpital dont un des médecins avait constitué un museum de squelettes appartenant aux différents types raciaux venus travailler sur les chantiers.

Enfin, autre fait significatif : le premier directeur de la Panama Railroad, John Lloyd Stechens, était mort de la fièvre jaune en 1852. Cela n'avait pas empêché le chemin de fer de prospérer, rapportant aux actionnaires un dividende de 12 à 15 % tandis que les actions atteignaient un cours inespéré. Ce moyen de transport reste néanmoins bien rudimentaire, et incertain. Il y a trois convois par jour de Colon à Panama, et vice versa. Les gares sont inexistantes ; locomotives et wagons stationnent en pleine rue, ou en pleine nature. On prend ses billets une fois à bord, et le fraudeur se voit empoigné, puis jeté dehors, dans le marais ou au milieu d'un pont. Comme les tabliers de pont ne sont pas garnis, le malheureux doit alors sautiller de traverse en traverse, en résistant au vertige de l'abîme ouvert sous ses pas. Dans la gorge de l'Obispo, une seconde locomotive est attelée en rescousse afin d'aider le convoi à gravir la pente de la Culebra. Au sommet, cette locomotive est détachée, puis le train descend l'autre pente, à contre-vapeur, freins serrés.

Tel qu'il est, ce train ne rend pas seulement de grands services, il est indispensable. Il faut donc l'acquérir, et, comme la Compagnie n'a pas le choix, le Panama Railroad Company va profiter de la situation pour en demander un prix exorbitant. Devançant l'opération, inéluctable, des spéculateurs, entre autres Armand et Michel Heine, ainsi que le baron de Reinach, ont fait monter les cours de l'action qui est passée de cent dollars à deux cent cinquante. Lesseps justifiera devant les actionnaires l'acquisition à ce cours élevé en disant que le taux de capitalisation à 6 % expliquait cette hausse.

Apparaît alors, pour s'occuper de la transaction, un des anciens membres du syndicat Türr, le baron de Reinach, de la banque Kohn, Reinach et Cie. Il avait été directeur du syndicat financier qui s'était occupé de lancer le Canadian Pacific Railway, et c'était lui aussi qui avait facilité les rapports entre Lucien Wyse et les dirigeants de la Panama Railroad Company lorsque Wyse avait obtenu de Bogota la concession du canal et des terrains nécessaires à son exécution. Il fallait donc négocier non seulement le prix de la Panama Railroad Company, mais aussi son consentement à l'établissement du canal à travers le Panama.

Les trois banques qui constituent le Comité américain — Seligmann Brothers, Drexel Morgan & C° et Winslow Lasnier & C° — achètent au nom de la Compagnie de Panama 68 500 des 70 000 actions de la Panama Railroad, au cours de 250 dollars l'action, soit trois fois la valeur réelle. Cela représente un total de 17 500 000 dollars et, au cours du dollar, un investissement de 87 500 000 francs, sans les frais. J.-Y. Mollier chiffre à 93 268 186,73 francs le coût final de l'acquisition. Le paiement se fera par annuités, avec un intérêt de 6 %. Les titres n'étant pas payés comptant, ils restent entre les mains des anciens actionnaires, et le Comité américain met sur pied un autre syndicat pour veiller sur ces actions captives, ce qui rapportera audit syndicat, pour prix de ses veilles, six millions de francs d'honoraires. Comme l'écrit pertinemment J.-Y. Mollier : « On rémunérait le groupe new-yorkais qui conservait les titres d'une compagnie de chemin de fer que l'on avait achetée et on lui versait en outre l'intérêt sur la fraction du capital payable en annuités[1]. »

La Compagnie de Panama, qui n'a reçu lors de l'émission de décembre 1880 que 73 750 000 francs, dont la moitié a déjà été absorbée, ne peut faire face à cette nouvelle charge, et, le 29 juin 1882, lors de l'Assemblée générale des actionnaires, Lesseps propose d'émettre un emprunt de 150 millions de francs sous forme d'obligations. C'est le premier pas vers le gouffre.

1. J.Y. Mollier, *Le Scandale de Panama*, p. 74.

14

RETOUR À SUEZ
1882-1885

En 1850, Flaubert écrivait du Caire à son ami, le docteur Floquet : « ... il est pour moi presque impossible que, d'ici à quelque temps, l'Angleterre ne devienne pas maîtresse de l'Egypte. Elle tient déjà Aden rempli de troupes. Le transit de Suez lui sera très commode pour vous faire arriver un beau matin les uniformes rouges au Caire. On apprendra cela en France quinze jours après, et l'on sera fort étonné. Souvenez-vous de ma prédiction[1]. »

C'était se montrer bon prophète, et l'événement va se réaliser en 1882, mais par un biais que Flaubert n'avait pas prévu. En effet, malgré la vente de ses actions de la Compagnie de Suez, le khédive Ismaïl n'a cessé de s'endetter, moins par gaspillage et prodigalité que dans son dessein mal exécuté de moderniser l'Egypte. Il a fini par accumuler une dette estimée à deux milliards de francs, hors de proportion avec les revenus du pays, déjà fort obérés. Ses besoins d'argent frais ne cessant d'augmenter, il a fini, en essayant de combler ce déficit, par épuiser son crédit auprès de toutes les banques françaises et par susciter chez celles-ci une certaine inquiétude. Aussi se sont-elles groupées en un syndicat pour prendre en commun des garanties de remboursement. Peu à peu, l'économie égyptienne est passée sous contrôle européen et, en 1876, une banque a été spécialement créée pour procéder aux encaissements comme aux règlements de l'Etat égyptien, sous l'autorité de commissaires anglais, italiens et français. A cette mesure humiliante est venue s'ajouter la création d'une Caisse de la dette publique. Aucun impôt ne peut plus être modifié sans son assentiment. Ce sont désormais des techniciens étrangers qui gèrent les finances égyptiennes, et l'amour-propre national — comme celui du khédive — en est profondément froissé.

Deux contrôleurs généraux, l'un britannique et l'autre français,

---

1. Flaubert, *Lettres*, Pléiade, t. I, p. 565.

administrent les chemins de fer ainsi que le port d'Alexandrie. Les difficultés rencontrées dans cette tâche avaient déclenché une enquête sur l'état de l'Egypte, enquête confiée à une commission internationale dont la présidence était revenue à Lesseps. Le 13 août 1878, la commission avait rendu un rapport accablant pour l'administration égyptienne, et même injuste en ce sens qu'on y dénonçait l'arbitraire du pouvoir sans savoir gré au khédive Ismaïl des réformes entreprises pour la mise en valeur du pays. A la suite de ce rapport, le khédive avait constitué un nouveau ministère où les deux membres de la commission, M. de Blignières et sir Rivers Wilson, étaient entrés, l'un prenant les Travaux publics et l'autre les Finances. Le souverain avait dû céder à l'Etat la majeure partie de son domaine privé tandis que l'Etat lui-même donnait en nantissement au syndicat parisien les 15 % qui lui revenaient sur les bénéfices annuels de la Compagnie de Suez.

Le khédive avait dû réduire ses effectifs militaires. Le licenciement de deux mille cinq cents officiers, parmi lesquels beaucoup d'Arabes, alors que l'on conservait les Circassiens, avait provoqué un vif mécontentement. Le 18 février 1879, une manifestation d'officiers avait obligé le khédive à renvoyer ce ministère impopulaire, occasion pour lui de se débarrasser des deux ministres européens. Devant le mécontentement de Londres et de Paris, il avait dû reprendre Rivers Wilson et Blignières, mais, moins d'un mois plus tard, devant une nouvelle émeute, il s'en séparait, tout en conservant le contrôle établi par le syndicat financier. Exaspérés par ces palinodies, les gouvernements britannique et français avaient alors conseillé au souverain d'abdiquer, mais, ne se voyant pas écoutés, ils étaient intervenus auprès du sultan Abdul-Hamid II, lui-même en fâcheuse situation financière, afin d'obtenir sa destitution. Déchu par firman du 25 juin 1879, le khédive Ismaïl avait cédé la Couronne à son fils Thewfik pacha, prince aimable, mais sans grande énergie, aussitôt placé sous la tutelle de sir Evelyn Baring et de M. de Blignières, chargés de contrôler le budget. En 1880, une Commission de liquidation de la dette avait été constituée, qui renforçait encore ce contrôle.

Alors que, sous cette férule étrangère, l'économie égyptienne s'améliorait, le sentiment national s'exacerbait de cette ingérence et provoquait par réaction la montée d'un nationalisme islamique jusque-là presque inexistant. Ce nationalisme avait trouvé dans un jeune officier, Arabi, son interprète et son chef : « Agitateur sans connaissances militaires, écrira François Charles-Roux, de médiocre instruction, de peu de capacité politique, creux et songe-creux, mais beau parleur, doué de la faconde orientale, entraînant, physiquement représentatif d'un type populaire assez caractéristique et pouvant ainsi réussir dans son rôle de tribun auprès d'un public de gens simples[1] », le colonel

1. F. Charles-Roux, *Histoire de la Nation égyptienne*, t. VI, p. 365.

Arabi avait l'allure et la séduction d'un héros, mais sans un caractère à la hauteur de son ambition.

Arabi ne séduisait pas seulement les gens simples, car il produira une forte impression sur Lesseps, toujours prêt à comprendre les aspirations à l'indépendance et parfois à les encourager, tout en essayant de les discipliner. Il est certain qu'il éprouvera de la sympathie pour l'homme et lui accordera spontanément sa confiance alors que ses liens avec la dynastie égyptienne auraient dû l'inciter à plus de réserve[1]. Avant tout, importait pour lui l'intérêt supérieur du canal, et c'est ce qui expliquera son attitude ambiguë lors de la crise de l'été 1882.

Le 17 janvier 1881, à la suite de la mise en retraite anticipée d'un autre colonel, Arabi avait exigé le renvoi du ministre de la Guerre et créé une telle agitation qu'il avait été arrêté, ainsi que deux autres colonels. En apprenant leur arrestation, les trois régiments qu'ils commandaient s'étaient mutinés, puis avaient assiégé le ministère de la Guerre d'où le ministre s'était enfui par la fenêtre de son bureau. Le khédive Thewfik avait dû relâcher les trois officiers, leur rendre leurs commandements et remplacer le ministre en fuite par une de leurs créatures, Mahmoud Samy. Depuis lors, c'était l'armée qui régnait au Caire, laissant au khédive un rôle de figurant.

La Grande-Bretagne s'était émue de ce nationalisme à tendance xénophobe et avait consulté la France sur l'opportunité d'une intervention armée. Le ministre des Affaires étrangères, Barthélemy-Saint-Hilaire, résumait parfaitement l'opinion — et la position — de son gouvernement dans cette lettre à l'ambassadeur de France à Constantinople, analyse pertinente et subtile d'un certain colonialisme : « Je juge absolument comme vous la cause générale de cette agitation dont l'Egypte est le théâtre. Le mouvement est beaucoup plus égyptien qu'on ne le suppose dans le public. Depuis soixante ans et plus que la civilisation essaie, sous diverses formes, de s'introduire dans ce pays, elle y a développé bien des idées, et bien des besoins qui cherchent à se satisfaire. Ces aspirations sont encore bien confuses et bien obscures, mais elles sont réelles ; elles ont le droit de se produire. Toute la difficulté est de savoir comment et jusqu'à quel point on peut pratiquement les contenter. On aurait tort de les méconnaître, de même que l'Egypte, tout en cherchant à sortir de l'ancien désordre, ne doit pas oublier ce qu'elle doit à la France et à l'Angleterre, ou plutôt tous les services qu'elle peut encore en recevoir, à son profit plutôt qu'au leur[2]. »

Pendant toute l'année 1881, l'agitation s'était poursuivie, entretenue par Arabi dans l'armée d'où elle avait gagné l'université El-Azhar,

1. La personnalité du colonel Arabi a été parfaitement évoquée par Philippe Solé dans son roman *Le Sémaphore d'Alexandrie*.
2. F. Charles-Roux, *Histoire de la Nation égyptienne*, t. VI, p. 371.

les étudiants se montrant, comme toujours, les meilleurs soldats de la révolution.

*

Lorsque au début du mois de janvier 1882, Arabi est nommé sous-secrétaire d'Etat à la Guerre, la France et la Grande-Bretagne commencent à trembler pour leurs créances. Arrivé au pouvoir au mois de novembre 1881, Gambetta ne serait pas hostile à une intervention militaire en Egypte aux côtés de la Grande-Bretagne, et, en attendant, il fait remettre au khédive Thewfik un mémorandum dont le ton déplaît fort aux nationalistes et ajoute à l'effervescence. La chute de Gambetta, le 1er février 1882, change un peu la situation, et c'est désormais la Grande-Bretagne, jusque-là réticente, qui souhaite intervenir en Egypte alors que le président du Conseil, Charles de Freycinet, craint l'aventure et ne veut pas engager la France dans une expédition militaire outre-mer.

Au Caire, Arabi continue son ascension vers le pouvoir, passant du sous-secrétariat de la Guerre au fauteuil du ministre et faisant nommer un de ses fidèles, Mahmoud Samy, président du Conseil. L'Assemblée nationale vote une série de mesures destinées à secouer le joug européen en matière financière et, du coup, M. de Blignières démissionne. Arabi multiplie si bien les décisions arbitraires et provocatrices que Londres veut envoyer au Caire une mission de conciliation, pour mettre un peu d'ordre au milieu de l'anarchie. Cette nouvelle ingérence amène la rupture avec Arabi qui réclame la déchéance de la dynastie. Les divergences de vues entre la France et la Grande-Bretagne sur les moyens à employer affaiblissent leur position face aux prétentions et aux agissements du chef nationaliste. En fait, c'est l'agent consulaire anglais, sir Edward Mallet, qui mène la politique européenne au Caire, omettant délibérément d'y associer son collègue français, M. Sienkiewicz.

Pourtant, devant la menace de destitution du khédive, lord Granville, chef du Foreign Office, et Freycinet décident d'apporter un appui officiel au souverain, et les deux pays envoient chacun six navires de guerre croiser devant Alexandrie, et un à Suez.

Le 11 juin 1882, une rixe entre Arabes et Maltais, dans un quartier populeux d'Alexandrie, dégénère en émeute et presque en révolution : on pille les maisons et les magasins des négociants européens, on en pend une cinquantaine, on en blesse autant, sous l'œil indifférent du préfet de police et de la garnison qui n'interviennent pas. Après cette sanglante journée, la colonie européenne se réfugie à bord des navires en rade et y attend la suite des événements.

Lesseps se trouvait à Londres lorsque l'envoi d'une escadre française a été décidé. Alarmé par cette démonstration de force qui pourrait dégénérer en conflit, il s'est hâté de regagner Paris pour plaider lui-même auprès du gouvernement la thèse de la neutralité. Arrivé à l'Elysée pendant un Conseil des ministres, il n'hésite pas à l'interrompre et à demander un entretien particulier à Jules Ferry et Charles de Freycinet : « Je vous avertis qu'on va bombarder Alexandrie, leur dit-il, Alexandrie que nous avons créée, qui a prospéré grâce aux ingénieurs que nous avons envoyés, aux marins, à tous les hommes qui ont civilisé l'Egypte. C'est une ville que j'ai connue avec 45 000 âmes ; elle en a maintenant 200 000 ; c'est une ville qui a été créée par la France, nous ne pouvons pas la bombarder[1]. »

Sur son insistance, Freycinet décide alors d'envoyer à l'amiral Conrad l'ordre de quitter Alexandrie pour rallier Port-Saïd.

Tandis que, le 23 juin 1882, s'ouvre à Constantinople une conférence internationale à laquelle la Porte refuse de participer, Lesseps, inquiet de toutes les rumeurs de guerre qui circulent, télégraphie le 24 de Paris au ministre égyptien Raghab pacha pour lui demander que le gouvernement du khédive se porte garant de la « libre circulation du Canal et du complet fonctionnement de l'entreprise ». Il prie également le ministre de lui adresser par télégramme le texte de cette déclaration de garantie. Le ministre, en retour, se contente de qualifier d'« imaginaires » les rumeurs auxquelles Lesseps fait allusion et l'assure que rien ne viendra troubler la sécurité du canal, mais il est bien évident que si les Anglais débarquent en Egypte, ils s'empareront aussitôt du canal qui est pour eux d'une importance stratégique capitale, et le gouvernement égyptien ne pourra s'y opposer.

Victor de Lesseps, agent supérieur de la Compagnie de Suez en Egypte, a pris soin d'adresser déjà aux commandants des navires britanniques une protestation solennelle en précisant que la Compagnie rendrait « le gouvernement anglais responsable de toutes les conséquences et dommages pouvant résulter de cet abus de force et de cet acte de violence ».

Il est curieux de voir, en ces graves circonstances, Lesseps devenir résolument pacifiste et prêt à beaucoup de concessions pour éviter toute atteinte à l'intégrité juridique et matérielle du canal. Ainsi que l'écrira son meilleur biographe, G. Edgar-Bonnet : « Il méconnaissait l'urgente nécessité d'une action destinée à sauvegarder en Egypte les colonies européennes, le pouvoir légitime et l'ordre dans la rue[2]. » George Edgar-Bonnet relèvera également qu'il aggravait son erreur « par des intempérances épistolaires et verbales qui accentuaient l'effet de ces attitudes ». Son analyse du comportement de Lesseps dans cette affaire est si juste qu'il faut la citer, car elle expliquera certaines de ses réactions lors des premiers mécomptes de Panama. Lesseps est si fort de son bon droit qu'il est devenu une sorte de monarque absolu, avec

1. F. de Lesseps, *Souvenirs de quarante ans*, t. I, p. 244.
2. G. Edgar-Bonnet, *Ferdinand de Lesseps*, t. II, p. 61.

des emportements jupitériens lorsqu'il est contrarié, une volonté devant laquelle tout doit céder, car soutenue par une confiance en soi que sa réussite à Suez avait légitimée. N'avait-il pas eu raison contre les avis des ingénieurs et les mises en garde des diplomates ? « Il multipliait à destination de la France, écrit George Edgar-Bonnet, des dépêches et des lettres d'une extrême vivacité ; ses messages recevaient une vaste publicité, excitant fâcheusement l'anglophobie d'une large fraction de l'opinion française. En exaspérant la Grande-Bretagne, [il] fournissait aux Anglais de sérieux motifs pour souhaiter ce que, précisément, il craignait : la mainmise directe de l'Angleterre sur le canal de Suez[1]. »

La flotte anglaise a bien l'intention de bombarder Alexandrie où des travaux de fortification, hâtivement poussés, lui fournissent un prétexte pour le faire. Le khédive Thewfik, qui avait fui Le Caire et s'était réfugié dans son palais d'Alexandrie, est invité à le quitter pour aller s'abriter à Ramleh.

Le bombardement commence le 11 juillet ; le 12, les forts capitulent, mais, entre-temps, une partie de la ville européenne a été détruite, notamment le consulat de France, et les Egyptiens mettent le feu à ce que les bombes ont épargné. Les troupes d'Arabi évacuent la ville où le khédive peut rentrer. Il est désormais certain que les troupes britanniques vont débarquer et poursuivre celles d'Arabi qui s'est replié dans la région de Suez.

Si la flotte française avait reçu l'ordre de s'éloigner d'Alexandrie pour ne pas participer au bombardement, le principe d'une action militaire commune n'en avait pas été abandonné pour autant, et Freycinet l'avait accepté, à condition d'avoir l'aval de la conférence de Constantinople. Avant de le recevoir, beaucoup d'eau — et de sang — pouvait passer dans le canal de Suez.

C'est pourquoi Lesseps, qui se méfie des lenteurs administratives et des hésitations diplomatiques, se mettra directement en rapport avec Arabi pour obtenir de lui la promesse de respecter la neutralité du canal et de ne pas donner aux puissances un prétexte pour intervenir. Le 19 juillet, les ambassadeurs de France et de Grande-Bretagne persuadent le gouvernement turc de participer à la conférence internationale, et ils informent celle-ci que leurs pays respectifs sont prêts à prendre les mesures nécessaires pour assurer la sauvegarde du canal. La chose est aisée pour la Grande-Bretagne ; elle l'est moins pour la France, où une intervention militaire est subordonnée à l'approbation des Chambres.

Le principe en est débattu le même jour à Paris, au cours d'une séance historique. Freycinet invite les députés à voter un crédit de 7 835 000 francs pour l'envoi d'un corps colonial en Egypte, et Clemen-

1. *Ibid.*, t. II, p. 61.

ceau prononce alors un véhément discours dans lequel il expose sa théorie des races et demande en quoi aider les Anglais aidera les Egyptiens. Il finit par voter le crédit, mais à la condition que, pour toute nouvelle action, le gouvernement consulte la Chambre au préalable : « Nous ne pouvons pas aller en Egypte pour servir les intérêts anglais », conclut-il. La Chambre, finalement, vote les crédits pour mettre la flotte en état d'alerte, et non pour envoyer un corps expéditionnaire.

Le 29 juillet, lorsque le gouvernement réclame un crédit supplémentaire pour la formation d'un contingent de quatre mille hommes destiné à protéger le canal, Clemenceau se déclare hostile à toute intervention, disant notamment : « ... la politique qui consiste à envoyer des soldats français monter la garde sur le canal de Suez, avec défense absolue de pousser des pointes au-delà d'un certain périmètre, alors même qu'ils seraient attaqués, et tout cela pour le plus grand avantage de l'Angleterre, voilà où est, selon moi, la politique de l'humiliation par excellence, l'humiliation suprême, humiliation à laquelle, pour ma part, je me refuse à souscrire[1]. »

Après des interventions passionnées pour ou contre l'envoi d'un corps de troupes, la Chambre refuse, à une écrasante majorité, de voter les crédits. Devant un tel désaveu de son action, Freycinet démissionne, ainsi que son cabinet. En apprenant la dérobade française, lord Dufferin, l'ambassadeur britannique à Constantinople, avoue à son collègue français, le marquis de Noailles : « Quand vous n'auriez envoyé que quatre hommes et un caporal, ç'eût été assez... » C'était, en effet, une question de prestige, et, à partir de ce jour, commence le déclin de l'influence française en Egypte.

Depuis le 19 juillet, Lesseps, qui a quitté précipitamment la France, est dans l'isthme. Il a d'abord rejoint son fils Victor à Port-Saïd et, le 22 juillet, après une rapide inspection, il a pu télégraphier à Paris que chacun était à son poste, en dépit de rumeurs affirmant le contraire.

Les choses se gâtent lorsque les Anglais prétendent utiliser le canal pour l'acheminement de leurs troupes et entendent, au surplus, le faire en n'acquittant pas les droits. Dès le 2 août, Lesseps met l'amiral Hoskins en garde : « J'apprends que le troisième convoi de débarquement anglais à Suez passe par le chenal du canal maritime. C'est un acte de guerre qui constitue une violation flagrante de la neutralité du canal et contre lequel je proteste formellement. L'opération de débarquement peut s'effectuer comme l'ont fait les deux premiers convois, mais toute action de guerre dans la zone du canal maritime peut avoir pour la navigation générale du canal les conséquences les plus graves dont je rends hautement le gouvernement de Sa Majesté britannique responsable. »

1. J.B. Duroselle, *Clemenceau*, pp. 207-209.

Le 5 août, il est à Suez et se rend avec son fils à bord du vaisseau amiral l'*Orion* pour renouveler verbalement sa protestation et voir aussi, vraisemblablement, d'où souffle le vent. Il fait part à Hoskins de l'émoi des populations arabes d'Ismaïlia et lui arrache la promesse que le débarquement dans la zone du canal n'aura lieu qu'à sa demande. Alerté la veille par télégramme des deux premiers débarquements et de la menace d'un troisième, le conseil d'administration de la Compagnie a pris une décision énergique dont le style est de nature à recevoir l'approbation de son président : « Le khédive, dont le pouvoir n'a pas été jugé suffisant pour réunir, sans l'autorisation du sultan, la Méditerranée à la mer Rouge, ne peut avoir une autorité plus étendue lorsqu'il s'agit de porter atteinte aux stipulations formelles du texte de la Commission... Notre compagnie égyptienne ne saurait se prêter à une violation d'une neutralité qui est la garantie du commerce de toutes les nations. »

Devant la confusion de la situation, des Européens du Caire et d'Alexandrie, craignant des mouvements populaires contre les étrangers, ont reflué sur Ismaïlia où Lesseps les accueille et les dirige ensuite vers Port-Saïd, où leurs consuls respectifs s'occuperont de leur embarquement. Il obtient du colonel Arabi l'évacuation de cent vingt Grecs ainsi que celle des malades et du personnel de l'hôpital du Caire.

Le 17 août, Victor de Lesseps se rend à Port-Saïd pour rencontrer l'amiral Hoskins avec lequel il a une entrevue orageuse. Impatienté des arguments qu'il avance en faveur de la neutralité du canal, l'amiral ne veut pas l'écouter, répétant avec mauvaise humeur : « M. de Lesseps est ennemi de l'Angleterre... » Victor de Lesseps regagne Ismaïlia sans avoir pu le persuader que la Compagnie de Suez jouit d'un statut particulier et qu'elle est chez elle dans la zone du canal.

Dans la nuit du 18 au 19, le télégraphe est coupé entre Suez et Ismaïlia, vraisemblablement par des marins anglais. L'amiral Hewett fait aviser l'agent de la Compagnie à Suez, M. Chartrey, qu'il a interdit l'entrée du canal à tous les navires, y compris les canots de la Compagnie, et qu'il n'hésitera pas à employer la force pour faire respecter sa décision. Lesseps proteste aussitôt, bien entendu, contre cette violation flagrante des droits de la Compagnie.

Alors que le 19 au soir on danse, en dépit des événements, chez M. Poilpré, chef du domaine à Ismaïlia, on entend soudain le grondement du canon, ainsi que des coups de feu et des cris. Les Anglais viennent de débarquer à Ismaïlia et, après avoir arrêté quelques agents de police, ils ont investi la ville. Les canons que l'on a entendus pendant la nuit sont ceux de l'*Orion* et du *Carysfort* tirant sur le camp d'Arabi, établi à Néfiche, à une lieue environ d'Ismaïlia. Le capitaine Fitzroy, qui a commandé l'opération, fait saisir les canots de la Compagnie et couper les fils télégraphiques puis, dans la matinée du 20, il prend possession des bureaux du port. Lesseps veut mettre les femmes et les enfants à l'abri en cas de bataille et obtient leur évacuation dans la soirée, mais lui-même et le personnel de la Compagnie doivent rester en ville, ainsi que le leur a signifié le capitaine Fitzroy en ajoutant : « Je suis le maître, maintenant. »

Contrairement à ce que celui-ci avait annoncé, Ismaïlia ne devient pas un champ de bataille, et les seuls dommages à déplorer sont ceux causés au canal par l'inexpérience des marins anglais. A Port-Saïd, où les troupes britanniques ont également débarqué, les bureaux de la Compagnie ont été occupés, l'agent expulsé.

Le 21 août au matin, la canonnade que l'on entendait depuis deux jours cesse enfin. Les autorités navales et militaires anglaises se retrouvent à Ismaïlia et l'amiral Seymour, plus poli que son collègue Hoskins, autorise la Compagnie à reprendre son service. Victor de Lesseps lui fait observer que la Compagnie ne peut assurer l'exploitation sans avoir la libre disposition de ses bureaux et de ses installations. L'amiral y consent et le transit reprend, mais l'occupation britannique s'intensifie avec un débarquement massif à Ismaïlia de vingt mille hommes, afflux de population qui oblige Lesseps à rationner l'eau douce.

Sa résistance aux injonctions britanniques a fortement irrité sir Charles Rivers qui écrira plus tard : « Nous sommes allés en Egypte pour accomplir une œuvre de civilisation et d'ordre. Nous espérions le faire avec la France ; la France s'est abstenue. Nous pensions du moins pouvoir compter sur l'amitié de la Compagnie de Suez. Nous avons trouvé qu'elle témoignait d'une sorte de sympathie envers nos adversaires. Nous en avons été vivement désappointés[1]. » A ces reproches, Lesseps opposera inlassablement la violation de la neutralité du canal par les forces anglaises, mais, comme le remarque George Edgar-Bonnet, la Grande-Bretagne n'a pas attaqué le canal, elle s'est contentée de l'utiliser, à la demande, d'ailleurs, du khédive.

Trois semaines plus tard, l'ordre est rétabli en Egypte par la victoire de sir Garrett Wolseley dont les troupes écrasent à Tell el-Kébir, le 13 septembre, celles d'Arabi et entrent au Caire. Elles seront en Egypte pour longtemps...

Une fois rassuré sur le sort du canal, Lesseps regagne Paris où il arrive le 2 septembre, accueilli à la gare par des amis qui veulent célébrer son retour par un banquet. Il s'y refuse, arguant que l'on pourrait attribuer une signification politique à cette réunion, mais il tient quand même à donner son opinion sur la crise : « On a dit que j'étais l'ami d'Arabi pacha ; j'ai seulement agi en défendant l'œuvre universelle et civilisatrice du canal de Suez. Quant à Arabi, qu'on a qualifié de barbare, je dois reconnaître qu'il a seul respecté la neutralité du canal et que, si le canal est sauf, s'il est resté ouvert à la marine de toutes les nations, c'est à lui qu'on le doit[2]. »

---

1. Cité par G. Edgar-Bonnet, *Ferdinand de Lesseps*, t. II, p. 60.
2. *Le Canal de Suez*, Bulletin décadaire N° 386 du 12 septembre 1882.

*

Cet hommage au colonel Arabi, les rapports qu'il a entretenus avec lui, ont altéré les bonnes relations de Lesseps avec le khédive Thewfik qui lui en gardera longtemps rancune. En Grande-Bretagne, on saisit l'occasion fournie par les récents événements pour s'étonner, voire s'offusquer, de ne pas avoir « dans l'administration et le contrôle [du canal] une part proportionnée à l'importance des intérêts britanniques » et des redevances payées par les navires anglais qui représentent les quatre cinquièmes du trafic.

Le *Times* s'explique à ce sujet dans un article virulent : « La guerre d'Egypte, écrit son auteur, a mis en plein relief la possibilité latente d'ennuis et même de maux sérieux par la suite de l'organisation actuelle du pouvoir de contrôle. M. de Lesseps a pris l'attitude d'un souverain indépendant et s'est adressé au gouvernement de ce pays et à ses officiers responsables dans des termes que peu de souverains indépendants se risqueraient à employer. Il a poussé si loin son opposition aux opérations poursuivies sous l'autorité du khédive et avec la sanction du gouvernement français lui-même que des conséquences, qui auraient pu être graves, n'ont pu être évitées que par la fermeté et les ressources de l'amiral anglais ; il doit être évident, pour toutes les personnes raisonnables, qu'une grande nation ne peut guère se permettre que sa politique soit entravée... par le président d'une Compagnie dans laquelle elle possède 4 000 000 de livres sterling de capital et aux opérations de laquelle elle contribue pour 80 %. »

Et loin de savoir gré à Lesseps d'avoir, envers et contre tous, creusé le canal dont la Grande-Bretagne est la première à bénéficier, le journaliste du *Times* lui reproche de ne pas l'avoir fait plus large et plus profond !

L'article est du 21 septembre et Lesseps, de La Chesnaye où il séjourne, y répond le 23 d'une plume alerte et acérée : « Je viens de prendre connaissance du *leading article* du *Times* dans lequel vous conseillez à votre gouvernement d'accaparer le canal de Suez ou de construire à côté un autre canal maritime. Vous ferez bien, avant de vous engager sérieusement dans cette question, de relire les articles de 1854 à 1857 dans lesquels le *Times*, d'accord avec lord Palmerston, traitait de *bubble*, "uniquement propre à séduire les petites gens de France" mon projet de percement de l'isthme de Suez... » Et il continue sur ce ton en relevant certaines erreurs de chiffres de son adversaire.

Cette idée d'un second canal, exclusivement britannique, trouve un certain appui dans l'opinion, et c'est un nouveau danger auquel Lesseps doit faire face. Trop occupé par son activité à la tête de la Compagnie de Panama, il enverra Charles en Grande-Bretagne afin d'y rencontrer les armateurs anglais et d'envisager un compromis que l'on pourrait soumettre au Parlement. La Compagnie de Suez accepterait dès à présent une réduction de 0,50 franc du droit de transit par tonneau de jauge et une diminution progressive en fonction de l'augmentation des bénéfices. Au-delà d'un certain seuil, il y aurait même une participation des armateurs à ces bénéfices. De plus, certains aménagements de tarif seraient prévus pour les navires voyageant sur lest.

Aussi bien son fils que Fontane, le secrétaire général de la Compagnie, sont convaincus de l'urgence de trouver un accord. Le baron Nathaniel de Rothschild, recevant Marius Fontane, ne lui cache pas son pessimisme : « Je considère la situation comme très grave, extrêmement grave... L'opinion publique est déchaînée. Or l'expérience prouve que lorsque en Angleterre, l'opinion publique, très lente à s'émouvoir, a adopté une idée, il est tout à fait impossible au gouvernement de ne pas céder... Gladstone voudrait ne rien faire, mais autour de lui, dans le Parlement, l'agitation est effroyable... Il est indispensable qu'un accord soit établi[1]. »

Lesseps pense avoir fait suffisamment de concessions pour désarmer les Anglais ; il a eu toutes les peines du monde pour faire accepter son projet de compromis par le conseil d'administration de la Compagnie de Suez, mais les réticences des administrateurs ne sont rien en comparaison des clameurs indignées que provoque aux Communes la lecture du texte. Plutôt que d'accepter un compromis qui ne leur paraît pas suffisamment favorable aux intérêts britanniques, les députés envisagent, cette fois sérieusement, la création d'un second canal. Lesseps, qui est arrivé à Londres au début de juillet 1883 pour signer le texte du compromis, assiste, impuissant, à la tempête qui menace de balayer le ministère Gladstone en obligeant son chef, qui a signé le compromis, à démissionner. Courageusement, Gladstone fait observer que Lesseps, par le firman de concession de 1854, jouit d'un monopole auquel on ne peut porter atteinte. A la Chambre des lords, Granville, chef du Foreign Office, essaie de calmer l'agitation en disant que si la Compagnie de Suez ne veut pas aller plus loin dans ses concessions, il faudra revoir entièrement la question. Malgré la vive insistance des deux Chambres, le gouvernement refuse de remettre en cause les droits de Lesseps, et, le 30 juillet 1883, les Communes repousseront par 282 voix contre 183 une motion visant à faire échec au fameux monopole. On s'en tient donc, pour le moment, au compromis adopté le 10 juillet par le gouvernement britannique.

Reconnaissant à Gladstone de son attitude et de son soutien, Lesseps lui adresse le 20 juillet une longue lettre expliquant sa position : « ... il me semble qu'une partie de l'opinion publique [anglaise] qui s'est prononcée peut-être hâtivement n'a pas compris toute la portée de l'arrangement équitable intervenu. Dans l'intérêt de la paix générale, dans l'intérêt de l'alliance franco-anglaise, indispensable à la civilisa-

1. Cité par G. Edgar-Bonnet, *Ferdinand de Lesseps*, t. II, p. 63.

tion du monde, je vous prie de ne pas vous considérer comme lié envers les armateurs et envers moi-même par les termes de l'accord que nous avons signé. Notre conseil [d'administration] tient des statuts de la Compagnie les pouvoirs nécessaires pour décider le creusement d'une seconde voie maritime et pour arrêter les tarifs à percevoir. En conséquence, tenez pour déclaré qu'alors que notre accord serait suspendu ou même retiré, le creusement du second canal maritime sera immédiatement exécuté et que toutes les diminutions de taxes prévues dans cet accord seront appliquées[1]. »

Lors de la séance de clôture du Parlement, le 21 août 1883, Gladstone exprime encore une fois l'espoir de parvenir à un accord entre la Compagnie de Suez et les classes commerciales britanniques. C'est pour rencontrer celles-ci qu'à la fin du mois d'octobre 1883 Lesseps et son fils Charles retournent à Londres. Le banquet gigantesque organisé pour l'intronisation d'un nouveau lord-maire offre à Lesseps l'occasion de développer son point de vue devant l'élite du haut négoce. Il sait que la partie sera difficile à gagner, car de plus en plus le bruit court que le second canal sera entrepris, qu'il le veuille ou non. On dit même que le khédive en aurait donné la concession, et l'ambassadeur de France se montre assez pessimiste.

Il en faut plus pour impressionner Lesseps qui, fidèle à sa méthode, entreprend une tournée de conférences afin d'éclairer l'opinion britannique et la convertir à ses vues. Il parle à Londres, où il tient plusieurs meetings, à Liverpool, Manchester et Newcastle avant de repartir pour Paris, laissant Charles négocier avec les armateurs. Le 30 novembre 1883, les deux parties tombent enfin d'accord sur un compromis en douze points dont les principaux sont l'agrandissement du canal, la nomination de sept nouveaux administrateurs choisis parmi les armateurs et les grands négociants britanniques, l'augmentation du nombre d'agents de la Compagnie parlant anglais, la suppression des droits de pilotage et la prise en charge par la Compagnie des frais de déséchouement des navires.

En contrepartie, le protocole apporte à Lesseps une garantie, celle que sa concession « constitue un monopole qui interdit pendant toute sa durée la création d'une nouvelle voie de communication entre la Méditerranée et la mer Rouge ». Le voilà tranquille encore pour quatre-vingt-cinq ans... et l'avenir du canal paraît désormais assuré, l'augmentation constante du trafic permettant de compenser la réduction des tarifs.

*

1. Citée par Voisin-bey, *Le Canal de Suez*, t. III, pp. 27-28.

Pendant que Charles de Lesseps négociait à Londres, au début de l'année 1883, son père avait poursuivi sa chimère d'une mer intérieure au Sahara. Il était allé rejoindre en Tunisie le commandant Roudaire qui, l'année précédente, y avait effectué d'importants sondages. Lesseps était accompagné d'ingénieurs et d'entrepreneurs. Parmi ceux-ci figurait Abel Couvreux qui venait d'épouser Mlle Decauville, de la célèbre firme ayant donné son nom à un type de chemin de fer à voie étroite, utilisé pour les grands travaux. Mme Abel Couvreux ayant insisté pour suivre son mari, celui-ci avait cédé, à la condition que, seule femme au milieu d'une équipe masculine, elle s'habillât en homme afin de ne pas choquer les indigènes. Après avoir visité les *chotts* de l'embouchure de l'oued Melah jusqu'à Biskra, Lesseps était revenu convaincu non seulement de la possibilité de créer une mer intérieure, mais de l'urgence qu'il y avait à le faire. A ceux qui s'inquiétaient de l'évaporation, considérable en ce climat, il répondait que la mer intérieure était assurée de durer au moins mille à quinze cents ans, « ce qui, pour une entreprise humaine, équivaut à l'éternité ». Pour lui, il ne faisait aucun doute que cette vaste étendue d'eau favoriserait « le développement de la colonisation en améliorant le climat, en assainissant des régions insalubres et en y apportant la fécondité ».

Les sondages avaient révélé que partout les terrains se prêtaient à une extraction facile et que les travaux seraient relativement aisés, comme on le croit toujours avant de les entreprendre. Dès l'arrivée de l'expédition à Biskra, le 4 avril 1883, un rapport sommaire avait été rédigé que Lesseps avait lu le 15 avril devant l'Académie des sciences. Il y était prévu que le canal mettant la mer intérieure en relation avec la Méditerranée aurait une largeur de vingt-cinq à trente mètres et une profondeur de vingt. Son coût était évalué entre vingt-cinq et trente millions de francs. On envisageait cinq ans de travaux.

L'année suivante, au congrès tenu à Blois par l'Association française pour l'avancement des Sciences, le projet de mer intérieure au Sahara sera vivement critiqué, puis le gouvernement français lui retirera son appui, tout en ne voyant pas d'objection à ce qu'il soit réalisé par une initiative privée. Le projet sera pratiquement abandonné avec la mort de Roudaire le 14 janvier 1885, mais Lesseps, toujours persévérant, obtiendra du bey de Tunis, le 23 novembre 1885, l'autorisation d'entreprendre des forages artésiens et de construire un port dans le sud de la Régence. A défaut de réaliser cette mer saharienne, il essaiera de renouveler l'expérience du domaine de l'Ouady et chargera un ancien militaire, Gustave Landas, de mettre en valeur une concession de dix mille hectares en y plantant quelque quarante-cinq mille oliviers. L'expérience échouera. La dernière tentative de Lesseps, la création d'une Compagnie du Sud tunisien, en pleine affaire de Panama, sera également un échec.

De ce projet de mer intérieure saharienne, il ne restera finalement que le roman de Jules Verne, *L'Invasion de la mer*, qui paraîtra en 1905 et dans lequel l'auteur rendra hommage au génie comme à l'action de Lesseps, un des rares Français qu'il ait admirés.

*

Si cette idée d'une mer au Sahara était une chimère, rien ne laissait entrevoir que celle de percer l'isthme du Panama en était une également. Néanmoins certains craquements, au sens propre du terme et au sens figuré, se sont produits qui devraient servir d'avertissements.

L'entreprise Couvreux-Hersent a ouvert simultanément des chantiers à Colon, où doit être aménagé un nouveau port avec un terre-plein de débarquement, à Monkey Hill, Gatun, Obispo, Emperador et la Culebra où, le 21 janvier 1882, avaient commencé les travaux de la grande tranchée qui devait traverser le massif montagneux.

Dès le mois de février 1882, Couvreux-Hersent avait rétrocédé le dragage du côté atlantique à la firme américaine Huerne, Slaven & Co, et, au mois de novembre, le dragage du côté pacifique à la Franco-American Trading Co. D'autres sous-concessionnaires étaient apparus peu à peu, laissant à penser que Couvreux-Hersent cherchait à réduire ses engagements, ou à s'y soustraire. La société devait se retirer entièrement de l'affaire à la fin de l'année 1882, en déclarant que les travaux seraient beaucoup mieux effectués, et à moindre coût, en divisant le chantier général en plusieurs sections, chacune étant confiée à un entrepreneur spécialisé. On sourit un peu de ce désintéressement, trop beau pour n'être pas un peu suspect. En réalité, la Société Couvreux-Hersent, qui avait perdu son ingénieur, Gaston Blanchet, seul capable d'assumer une aussi lourde responsabilité, s'était rendu compte qu'il lui était impossible d'exécuter son contrat aux prix annoncés par Lesseps. En se`retirant discrètement, sans donner la vraie raison de son départ, elle voulait, comme elle le dira lors de l'enquête, éviter de nuire à la crédibilité de la Compagnie. Un dédit d'un million deux cent mille francs l'avait récompensée de sa discrétion. J.-Y. Mollier voit dans ce retrait une de ces machinations que de grandes sociétés financières pratiquent couramment : « Couvreux et Hersent, écrit-il, ont bien agi à la façon dont la police parisienne avait la certitude qu'ils œuvraient depuis des années, c'est-à-dire en gestionnaires des intérêts de la Société des dépôts et de comptes courants, [percevant] la rétribution d'un marché à 2,50 F le mètre cube de déblai quand ils le facturaient 1,50 à leur rétrocessionnaire et empochaient 1 F de différence au passage. Sur le seul chantier de Colon à Gatun, la commission était de six millions, mais, quand ils se retirent de l'affaire, fin 1882, ils n'en touchaient pas moins un dédit important de 1,2 million. Les actionnaires qui avaient cru que l'engagement de Couvreux et Hersent stipulait une tâche définitive auront bien du mal à savoir qu'en réalité ils disposaient d'une régie qui les autorisait à accomplir le travail où à le faire exécuter par d'autres. De plus, ces ingénieurs laisseront s'installer à leur place la Société des Travaux publics et de construction, elle-même émanation du groupe Donon[1]. »

Un autre départ était aussi de mauvais augure, celui d'Armand Reclus, bien qu'il restât conseiller technique de la Compagnie, mais à Paris. Son successeur, Henri Richier, n'avait pas tardé à démissionner. On peut les comprendre en voyant la situation telle que ne la décrit pas le bulletin de la Compagnie, résolument optimiste et cachant les mauvaises nouvelles.

Dès que les travaux ont commencé, les difficultés matérielles se sont multipliées, provoquant de graves problèmes d'intendance ou d'administration. Les machines arrivent en pièces détachées à Colon, où elles doivent être assemblées. Ce travail, déjà délicat lorsqu'il se faisait à Port-Saïd, est bien plus difficile à Colon où les pièces métalliques rouillent presque instantanément dans cette atmosphère d'étuve. On s'est aussi aperçu avec consternation que les locomotives, importées de France et de Belgique, n'ont pas un rayon de braquage assez grand pour les courbes accentuées de la voie ferrée.

La fièvre jaune et la malaria ont déjà fauché, en plus d'Henri Bionne et de Gaston Blanchet, de nombreux travailleurs dont on attribue la mort, non à l'un ou l'autre de ces fléaux, mais à un manque de précautions et à une mauvaise hygiène de vie. Ils ont, écrit le *Bulletin du canal interocéanique*, négligé « les sages conseils donnés de toutes parts, s'abandonnant à une vie irrégulière, et la maladie vient les visiter ». Enfin, le 8 septembre 1882, un tremblement de terre, accompagné d'un raz de marée, a dévasté Colon et Panama. Dans cette dernière ville, une tour de la cathédrale, en s'effondrant, a crevé le toit de la nef ; le Grand Hôtel a été profondément lézardé. A Colon, une crevasse a ouvert le front de mer, et les pluies violentes qui ont suivi ont transformé la ville en un marécage où tout a sombré. Bien entendu, le séisme a fait de nombreuses victimes, ce qui augmente le nombre des morts. On avait écarté le Nicaragua en raison de ses volcans, mais le Panama semble également peu sûr, et beaucoup de travailleurs se découragent.

Pour réconforter les survivants et voir où en sont exactement les travaux depuis le départ de la Société Couvreux-Hersent, Charles de Lesseps se rend dans l'isthme au mois de mars 1883, emmenant avec lui un nouveau directeur général, Charles Dingler. D'apparence austère et peu communicatif, Dingler a du caractère et le montrera lorsque tout ira mal, affrontant l'adversité avec un courage étonnant, presque surhumain. Il lui faut peu de temps pour juger la situation et y apporter remède. Après avoir inspecté les chantiers, examiné plans et devis,

1. J.-Y. Mollier, *Le Scandale de Panama*, p. 128.

recueilli les opinions de ses futurs collaborateurs, il trace un programme où rien n'est laissé au hasard, à l'incompétence et au gaspillage. Il a malheureusement constaté ce dont Abel Couvreux s'était aperçu déjà : le coût des travaux dépassera — et de beaucoup — les estimations de Lesseps. Il évalue à quarante-cinq millions de mètres cubes les déblais supplémentaires à extraire, mais Lesseps, lorsqu'il l'en informera, répondra que cela n'entraînera pas une augmentation du coût total de l'opération.

Sous l'énergique impulsion de Dingler, l'ordre et l'activité renaissent sur les chantiers où le nombre des travailleurs atteint environ dix mille hommes.

Après la nature du sol et le climat, la main-d'œuvre est le troisième handicap que la Compagnie doit surmonter pour mener à bien ses travaux. La population locale est trop affaiblie par des maladies endémiques, abrutie par l'alcool ou le tabac, en général par les deux à la fois, pour que l'on puisse l'employer utilement. Les Blancs, d'ailleurs, estimeraient déchoir en travaillant comme simples manœuvres ; les métis, assez méfiants à l'égard des Européens, sont d'une grande susceptibilité, affectant d'ignorer les ordres qu'on leur donne en disant qu'ils sont des hommes libres. Néanmoins, métis ou purs Indiens, familiers de la machette, sont indispensables pour frayer un passage à travers la forêt tropicale. En effet, relate un témoin, « jamais un ouvrier européen [ne pourrait] se reconnaître au milieu de cet enchevêtrement de lianes qui relient tous les arbres de la forêt et qui font parfois qu'un arbre coupé se tient encore debout, comme un mât de navire soutenu par ses haubans [1] ». Pour les autres travaux, il faut faire appel à la main-d'œuvre étrangère.

Déjà, pour la construction du chemin de fer, en 1850-1855, on avait fait venir des Chinois qui avaient péri par milliers. La plupart des Jaunes importés depuis cette expérience avaient préféré déserter les chantiers pour s'installer à leur propre compte, ouvrant des blanchisseries ou tenant des gargotes, exerçant ces petits métiers qui, mieux que les grandes entreprises, sont un des plus sûrs moyens de s'enrichir.

Pour les gros travaux, les Noirs paraissent les plus indiqués, car ils sont en principe immunisés contre le climat. Ceux des Antilles françaises, auxquels on a d'abord songé, répugnent à venir travailler dans l'isthme. Descendants d'esclaves libérés en 1848, et confondant l'esclavage avec le travail, ils regardent leur qualité d'hommes libres comme un droit imprescriptible à l'oisiveté. Dès leur arrivée, ils ont manifesté une telle mauvaise volonté qu'il a fallu les renvoyer chez eux.

On a fait alors appel aux Noirs de la Jamaïque, infiniment plus courageux et sans préjugés de classe ou de couleur à l'égard des Blancs. Pour les faire venir, la Compagnie a passé un accord avec un négrier

1. H. Cermoise, *Deux ans à Panama*, p. 82.

qui touche une prime de soixante-quinze francs par tête alors que le transport ne lui coûte, affirme l'historien Zévaès, que dix francs. « Bien entendu, au bout d'une semaine, les Noirs s'en retournent soi-disant à la Jamaïque, de sorte que, comme dans les féeries du Châtelet, ce sont les mêmes qui réapparaissent, et toujours à 75 F par tête. » La fraude a été vite éventée, le nombre des Jamaïcains au travail, stabilisé. Ils s'habituent facilement aux travaux de chantier et se montrent capables d'évoluer, devenant terrassiers chargeant aux wagonnets, chauffeurs, et même, certains, mécaniciens de locomotives. « Des dames sans préjugés, rapporte Zévaès, s'efforcent de [leur] rendre le séjour agréable et, pour leurs gracieux services, sont rétribuées à la rubrique des travaux de terrassement[1]. »

Pour les autres tâches exigeant un minimum de technique et de formation, les Blancs restent les plus efficaces, mais la plupart ne résistent pas au climat et au sentiment d'isolement qu'ils éprouvent dans ce pays sinistre. Leur seul remède est la boisson, leur seule distraction, les cartes ou les dés. Un jeu fort en vogue est ainsi décrit par Henri Cermoise dans ses Souvenirs. Il est constitué « d'un certain nombre de dés dont les faces, au lieu de porter des points, représentent un objet quelconque, soit un navire, un arbre, un caïman. Il y en a même qui sont ornées du portrait de M. de Lesseps. Le tapis de la table reproduit dans différentes cases ces mêmes figures sur lesquelles le joueur met son argent. Le négro agite les dés dans son cornet et paie suivant celles qui sont sorties. Nous ne pouvions faire autrement que de ponter au moins quelques piastres sur Ferdinand de Lesseps ; nous les avons du reste fort proprement perdues[2]. »

Comme sur les chantiers de Suez, cette population hétéroclite essaie de s'entendre au moyen d'un jargon formé de mots français hispanolisés qui ressemble à de l'auvergnat. Le couteau reste encore la meilleure façon de se faire comprendre et il y a de temps en temps des explications sanglantes.

Pour remédier à la rareté des trains et à leur absence de circulation la nuit, on a inventé un moyen de transport original pour aller d'un chantier à l'autre, évacuer un malade vers l'hôpital, ou se rendre en cas d'urgence à Colon ou à Panama. Il s'agit du *hand-car*, engin à quatre roues qui s'emboîtent dans les rails du Panama Railroad. Ce léger châssis est pourvu d'un siège où peuvent s'asseoir, en abrupt sur la voie et sans protection, deux personnes. Derrière elles, sur une petite plateforme, deux Noirs actionnent des manivelles qui, par un système d'engrenages, font mouvoir les roues. Ce véhicule atteint des vitesses de quinze à vingt kilomètres à l'heure. Il arrive que les deux personnes assises à l'avant, parfois des personnalités visitant les chantiers, se trou-

1. Zévaès, *Le Scandale de Panama*, p. 23.
2. H. Cermoise, *Deux Ans à Panama*, p. 33.

vent nez à nez, au débouché d'une courbe, avec une locomotive et son convoi, surtout si la Compagnie a fait ce jour-là chauffer un train spécial. Les occupants sautent alors du véhicule, et Blancs et Noirs fraternellement unis s'efforcent de dégager la voie en faisant basculer le *hand-car* sur le remblai. Il arrive aussi que la nuit, chacun croyant la voie libre, deux *hand-cars* entrent en collision, ajoutant ainsi un ou deux blessés à ceux qu'ils transportaient vers un hôpital.

*

De ces conditions de vie, des difficultés rencontrées par la Compagnie pour le recrutement des travailleurs comme pour l'exécution des travaux, rien n'a vraiment filtré en France où les actionnaires demeurent pleins d'espoir, mais les banques, mieux informées, se montrent réservées. Elles le prouvent lorsque Lesseps procède, le 3 octobre 1883, au lancement d'un emprunt de 180 millions par émission de 600 000 obligations de 300 francs dont le prix, d'abord fixé à 291 francs, est ramené à 285.

Président du syndicat financier chargé du placement, Marc Lévy-Crémieu a pris une option sur 100 000 obligations avec une prime de 10 francs par titre et a donné en option au syndicat 150 000 autres titres à 3 francs de prime. De plus, il a réclamé une commission personnelle de 5 francs par titre, à laquelle s'ajoutera, pour la Compagnie, celle de 3,50 francs qu'elle devra verser aux banques. Celles-ci exigent en outre un don gracieux de 50 000 francs pour récompenser leur constance. Le syndicat réalise ainsi une fructueuse opération, sans courir aucun risque, l'émission ne pouvant qu'être accueillie favorablement par un public encore enthousiaste. Lévy-Crémieu retire de cette opération un bénéfice net de 3 450 000 francs.

Il en sera de même à l'automne 1884 avec une nouvelle émission de 478 762 obligations dont 170 000 seront données en option au syndicat qui encaissera le profit de l'opération sans avoir pris le moindre risque ou engagé la moindre dépense. En effet, la Compagnie assumera entièrement les frais d'impression des prospectus, de leur diffusion, ainsi que ceux de la publicité dans les journaux. Ceux-ci ne la font plus bénévolement, comme au temps de Suez, et vendent assez cher un appui qu'ils imposent si on ne vient pas le leur demander. Ainsi Frédéric Masson réclamera-t-il à Lesseps de la publicité pour le journal bonapartiste *Le Peuple*, et Lesseps cédera en disant : « Je n'ai rien à refuser au journal du prince Napoléon[1]. »

On comprend que, dans ces conditions, une presse abondamment arrosée chante les louanges de la Compagnie de Panama et de son président dont le prestige est encore accru par la hausse de l'action de

1. Archives de la préfecture de police.

la Compagnie de Suez. « Toute la haute banque à Paris et à Londres est autour de M. de Lesseps », affirme le très mondain *Gaulois*... Croit-on que des maisons de banque et des établissements donneraient à une affaire le concours de leur crédit s'ils n'avaient pas la pleine certitude du succès de l'entreprise ? Et pense-t-on que ces sociétés manquent de moyens d'études et de vérification ? » Or, justement, ces banques n'accordent à la Compagnie aucun crédit et se contentent d'absorber une large part de ses rentrées d'argent, comme des parasites assidus à la table d'un nouveau riche, point trop regardant sur la qualité de ses commensaux.

Les banques doivent parfaitement savoir que le creusement du canal, en particulier dans la région du Chagrès, est un véritable travail de Sisyphe, toujours à recommencer, bien que l'on ait prévu des canaux de dérivation pour drainer l'eau de pluie. Celle-ci provoque en effet des éboulements qui recomblent en partie la section du canal que l'on vient de creuser, ensevelissant parfois hommes et machines sous des centaines de tonnes de boue. Il faut agrandir la largeur du canal pour que les berges, si elles s'affalent, n'en obstruent pas le milieu. Evacués par wagonnets Decauville et déchargés dans les vallées voisines où ils s'étagent en terrasse, les déblais ne se solidifient pas à l'air, comme à Suez, mais, perpétuellement détrempés par des pluies diluviennes, ils se démantèlent et s'écroulent, emportant les voies ferrées, avec les locomotives et leurs wagonnets. L'historien américain David McCullough reprochera plus tard aux Français de n'avoir pas compris que le véritable problème était non pas le creusement du canal, mais l'évacuation des déblais. Selon lui, il aurait fallu employer le Panama Railroad, si chèrement acquis, pour transporter ces déblais beaucoup plus loin. « Que Lesseps ait négligé d'envoyer à Panama un spécialiste des chemins de fer, écrira-t-il, fut une de ses plus graves erreurs. »

Les sociétés qui se sont partagé les travaux après le retrait de Couvreux-Hersent sont loin de donner les résultats qu'on en attendait. Certaines n'ont pas le matériel approprié ; c'est la Compagnie qui doit l'acheter, puis le leur louer. Chaque fois que la Compagnie ne peut satisfaire une exigence ou une réclamation du concessionnaire, celui-ci en profite et y trouve une excuse à ses propres manquements, allant jusqu'à demander un dédommagement. Il faut s'incliner, compte tenu des dispositions de certains contrats, et la Compagnie de Panama est sciemment exploitée par quelques concessionnaires pressés de gagner le plus d'argent possible alors qu'il s'en trouve encore dans les caisses. Les observateurs étrangers doutent que le canal puisse être achevé dans les délais prévus, et les plus pessimistes estiment qu'il faudra compter vingt ans de plus pour y parvenir.

*

Plutôt que de se rendre au Panama, où la situation empire au lieu de s'améliorer, malgré les efforts valeureux de Dingler, Lesseps effectue à la fin de l'année 1884 un voyage en Egypte avec une délégation de la Commission internationale d'armateurs et d'ingénieurs chargée d'étudier plusieurs problèmes soulevés à nouveau par la Grande-Bretagne. Outre la question de l'approfondissement et de l'élargissement du canal, il s'agit de la durée du transit, jugé trop long, et de son prix, jugé trop coûteux. La Commission doit également se pencher sur la possibilité d'éclairer le canal afin de pouvoir l'utiliser la nuit, ce qui ferait gagner douze heures sur le temps normal de la traversée.

L'écrivain Jean Lahor, qui accompagne Lesseps, le trouve assez fatigué, vieilli, dormant beaucoup pendant la traversée de Trieste à Port-Saïd, puis, une fois en Egypte, il le voit ressusciter, devenir un homme nouveau, presque un jeune homme, en dépit de ses soixante-dix-neuf ans. Pendant deux mois passés en perpétuels déplacements, il est infatigable et entraînant, étonnant les graves commissaires anglais, allemands ou bataves par son ardeur, son élan, par sa vivacité, la séduction de son esprit, par sa causerie primesautière et franche, et ne dormant plus, mais le dernier au lit, et le premier, dès l'aube, le quittant pour prendre un bain froid, parfois en plein air, et pensant à tous, charmant et causeur, menant, présidant, sans se lasser, les banquets, les bals ; fin diplomate aussi, n'oubliant pas son but, attentif d'abord aux délégués anglais[1]. »

Ce voyage est utile en ce sens qu'il achève de dissiper les dernières préventions britanniques à l'égard de Lesseps. On décide en commun des améliorations qui seront apportées au canal et pour le financement desquelles la Compagnie de Suez lancera le 4 juin 1885 un emprunt obligatoire de cent millions de francs. Ce voyage a un autre résultat heureux. Charles de Lesseps, qui accompagnait son père, et Nubar pacha signent le 18 décembre 1884 une convention permettant à la Compagnie de récupérer pour deux millions de francs quatre mille hectares rétrocédés à la suite de la sentence impériale de 1864.

C'est un voyage aussi trépidant que Lesseps accomplira l'année suivante en Hongrie comme président de la délégation française représentant à l'exposition de Budapest les différentes branches de la Littérature et des Arts. Parmi les quarante membres de cette délégation se trouvent François Coppée, Louis Ulbach, critique dramatique et directeur de *La Revue de Paris*, les peintres Jules Clairin et Robert Fleury, les compositeurs Léo Delibes et Jules Massenet.

Pendant ces quinze jours de fêtes, de discours et de banquets, Lesseps ne cessera d'étonner par sa verdeur et son entrain, dansant dans les bals comme un jeune homme et justifiant ainsi le conseil que

1. J. Lahor, *Revue encyclopédique*, 1er février 1895.

lui donnait sa femme dans une de ses lettres : « Amuse-toi, il faut bien que jeunesse se passe... »

Est-ce pour se venger de cette raillerie qu'il dira un jour à une amie qui précisément s'étonne de sa verdeur et l'en félicite : « Quand Hélène mourra, j'en épouserai une plus jeune... » ?

En vérité, il semble indestructible. Il n'a jamais été malade, ou si peu, et paraît devoir défier les siècles. Est-ce pour cela que l'on a tenté de l'assassiner ? L'année précédente, un ingénieur belge établi à Nice, un certain M. Van A., avait envoyé aux Couvreux, père et fils, un projet de percement de l'isthme de Panama qu'ils avaient fait suivre à Lesseps, et celui-ci l'avait rejeté. L'ingénieur belge avait plusieurs fois écrit ensuite à Lesseps sans obtenir de réponse, puis il lui avait demandé de l'argent. Lesseps n'avait pas davantage répondu. En désespoir de cause, l'homme avait adressé tant aux Couvreux qu'à Lesseps un colis piégé. En ouvrant le sien, Lesseps avait découvert une petite boîte, à l'intérieur de laquelle, en soulevant le couvercle, il avait trouvé une note ainsi conçue : « Allez au fond de la boîte. Vous trouverez l'explication. » Méfiante, Hélène de Lesseps l'avait empêché d'aller plus loin et avait fait porter la boîte, avec son emballage, au commissariat de police. En fait, il y avait en son fond une espèce de petite bombe artisanale.

« On me gâte, avait dit philosophiquement Lesseps, voici qu'on me traite en souverain[1]. »

Sa notoriété ne cesse en effet de grandir. La Compagnie générale transatlantique avait donné son nom, en 1879, à l'un de ses paquebots, affecté précisément à la ligne Marseille-Fort-de-France-La Guayra et Colon, avant de l'être à celle du Havre-Colon. Maintenant, c'est l'Académie française qui songe à lui. Déjà membre de plusieurs sociétés savantes, il ne lui manquait plus que cette consécration suprême et il est élu, le 24 février 1884, au trente-huitième fauteuil, succédant à l'historien Henri Martin. En apprenant la candidature de Lesseps, la plupart de ses rivaux s'étaient désistés.

Lesseps n'avait pas eu, malgré sa gloire, une élection de maréchal. Sur trente-trois votants, il avait recueilli vingt-deux voix. Une était allée à l'abbé Petit, resté courageusement en lice, et dix académiciens avaient déposé des bulletins blancs, ce qui laissait à penser que, point persuadés de l'importance de Lesseps au point de vue littéraire, ils ne voulaient pas s'opposer à l'entrée, quai Conti, d'une personnalité qui honorait la France.

Inauguré par Auger de Moléon de Grenier, ce fauteuil n'avait été occupé que par des inconnus jusqu'à l'élection, en 1775, de Malesherbes. Thiers y avait été à son tour élu en 1833 et y avait siégé pendant presque un demi-siècle.

La réception de Lesseps a lieu le 23 avril 1885. Les portes ont été

---

1. Archives de la préfecture de police.

ouvertes à midi et sept cents personnes, d'après la police, ont trouvé place sous la coupole. C'est dire qu'on s'y écrase. La séance commence à 2 heures. Bien qu'éminent conférencier, Lesseps parle assez brièvement, ne voulant pas laisser croire un instant qu'il se pose en écrivain, et il justifie la brièveté de son discours en disant modestement : « Ne pouvant faire bien, j'ai fait mieux : j'ai fait court. »

A vrai dire, il n'a pas besoin de parler, car sa belle allure et sa réputation parlent pour lui. « Avec sa voix sonore et assurée, sa physionomie énergique, sa face hâlée par le soleil des deux hémisphères, son grand cordon rouge sur l'habit, M. de Lesseps avait l'air d'un général vainqueur, écrira Henry Houssaye, et il y avait dans sa brève éloquence du *veni*, *vidi*, *vici*[1]. » Alors que dans tous ses écrits, dans toutes ses conférences, il n'a jamais fait allusion au père Enfantin et à ses disciples, il leur règle leur compte ce jour-là, par une phrase dédaigneuse, et en même temps flatteuse pour certains des enfants du Père : « De l'aberration saint-simonienne, aujourd'hui si justement oubliée, il n'en est pas moins sorti de parfaits ingénieurs, des économistes distingués et des financiers de premier ordre. » Il termine en laissant deviner qu'on ne le verra pas souvent : « En 1834, le jour où il entrait à l'Académie, M. Thiers disait : “Je vous remercie de m'avoir admis à siéger dans cet asile de la pensée libre et calme”. Je vous remercie, à mon tour, de m'avoir admis à siéger dans cet asile de la pensée libre et calme, bien que je n'ose vous promettre de rester tranquillement assis sur mon fauteuil. »

Renan, directeur en exercice et chargé de lui répondre, avoue que c'est l'homme qu'on accueille, et non l'auteur, en dépit de ses nombreux écrits : « C'est votre personne qui plaît ; vous charmez ; vous avez le don suprême qui fait les miracles, comme la foi, et qui est, à vrai dire, du même ordre ; le charme a des motifs secrets, mais non pas définis. On vous aime, on veut vous voir, et avant que vous ayez ouvert la bouche, on vous applaudit. Vos ennemis appellent cela de l'habileté. Nous autres, nous appelons cela votre magie... »

Il admire chez Lesseps un éclectisme, une absence de préjugés qui lui ont permis de rallier, à Suez, les cœurs et les bras : « Vous évitez, dans votre appréciation des hommes, les étroits jugements des idéologues à outrance, qui croient que toutes les races se valent, et des théoriciens cruels, qui ne voient pas la nécessité des humbles dans la création. »

Evoquant les travaux du canal de Suez et l'autorité qu'exerçait Lesseps lorsqu'il les dirigeait, Renan observe : « ... en fait, vous avez été roi ; vous avez eu les avantages de la souveraineté ; vous avez appris ce qu'elle apprend : l'indulgence, la pitié, le pardon, le dédain. J'ai vu votre royaume dans le désert... »

---

1. A. Bertrand et E. Ferrier, *Ferdinand de Lesseps*, p. 497.

En effet, Renan avait visité l'isthme de Suez en allant à Jérusalem et il avait été vivement impressionné par le culte dont Lesseps était l'objet, tant de la part du personnel de la Compagnie que de celle des Bédouins du désert. Aussi le félicite-t-il d'avoir su, « avec des masses incohérentes, former une petite armée compacte, où les meilleures qualités de la race française sont apparues ». Grâce à lui, « des milliers d'hommes ont eu [en sa personne] leur conscience, leur raison de vivre, leur principe de noblesse ou de relèvement ».

Et Renan achève avec humour : « Vous éprouvez, disiez-vous dans une de vos conférences, quelques inquiétudes qu'au jour du jugement dernier l'Eternel pourra vous reprocher d'avoir modifié sa création. C'est là une crainte bien éloignée, rassurez-vous. S'il y a quelqu'un dont l'attitude, dans la vallée de Josaphat, ne me cause aucune appréhension, c'est bien vous. Vous y continuerez votre rôle de charmeur, et, quant au Grand Juge, vous saurez facilement le gagner. Vous avez amélioré son œuvre, il sera sûrement content de vous voir[1]... »

A 15 h 30, la séance est levée. En sortant, la princesse Mathilde, enthousiasmée, lui dit : « Ah ! mon cher Lesseps, j'ai envie de vous embrasser !

— Mais, je vous en prie... » répond Lesseps, et ils tombent dans les bras l'un de l'autre.

C'est le dernier grand triomphe de Lesseps. Il va bientôt fêter son quatre-vingtième anniversaire et entrer dans une période où, pendant dix ans, il ira d'amertumes en désillusions, de drames en procès, avec, pour l'accompagner dans cette lente descente au tombeau, la faillite pour la Compagnie de Panama et la ruine pour lui.

1. Les textes intégraux des discours de Lesseps et de Renan se trouvent soit dans les *Souvenirs de quarante ans*, de F. de Lesseps, soit dans sa biographie, par A. Bertrand et E. Ferrier, publiée en 1887.

15

LE TONNEAU DES DANAÏDES
1886-1887

Deux ou trois ans plus tôt, lors du banquet annuel des anciens élèves du collège Henri-IV que Lesseps avait accepté de présider, le librettiste Jules Barbier lui avait rendu hommage en accompagnant son toast d'un poème qui avait produit sur l'assistance un effet comparable à celui des mots de *Mané*, *Thécel*, *Parès* se dessinant sur le mur, en lettres de feu, au festin de Baltassar. Lesseps avait été un homme heureux, à qui tout, jusqu'à présent, avait réussi, et Barbier s'étonnait que les méchants n'eussent pas cherché à l'abattre :

Certes, il est surprenant qu'après tant de services,
Tu sois encore exempt de crimes et de vices,
Qu'on n'ait pas remué la fange sous tes pas,
Et qu'en nous présidant, tu ne conspires pas !
Cela viendra ! Ta gloire est trop pure et trop haute
Pour qu'avec toi longtemps le pays reste en faute,
Et ton ardente foi, ton zèle, ton amour
Ont si bien travaillé pour lui, qu'au premier jour,
En dépit des haros et des éclats de rire,
Il faudra bien, hélas ! songer à te proscrire[1] !

Malgré sa bonne intention, cette prophétie était de mauvais goût, mais elle n'allait pas tarder à se réaliser.

A l'assemblée générale des actionnaires de Panama, le 29 juillet 1885, il avait fallu annoncer une notable augmentation du coût des travaux, porté de cinq cent douze à sept cents millions, chiffre encore inférieur à ce qu'il devrait être. On ne pouvait envisager leur achèvement avant le mois de juillet 1889. Ces déclarations ne révélaient pas toute la vérité, tant sur les obstacles matériels qui retardaient le creuse-

1. L. Bridier, *Les de Lesseps*, p. 432.

ment du canal que sur l'effrayante mortalité qui frappait le personnel de la Compagnie. Deux chefs de division, Petit et Sordoillet, étaient morts de la fièvre jaune quinze jours après leur arrivée ; deux ingénieurs les avaient suivis dans la tombe, ainsi que le consul de France. Sur trente-trois Italiens venus travailler aux chantiers, vingt-sept avaient succombé dans le mois de leur débarquement. A l'hôpital d'Ancon, sur vingt-quatre sœurs de charité, deux seulement survivaient, dont la Supérieure, Marie Rouleau, regardée comme une héroïne par la colonie européenne. On comptait une quarantaine de morts par jour, et tous les matins un train spécial les emportait jusqu'au cimetière de Monkey Hill.

Jules Dingler, le directeur des travaux, qui avait fait venir sa famille, avait perdu successivement sa fille, son fils, puis le fiancé de sa fille et, enfin, sa femme. Après chaque disparition, ses collaborateurs l'avaient vu arriver à son bureau, impassible et ponctuel, donnant un exemple de courage qui forçait l'admiration, mais n'empêchait pas de mourir. Pendant l'été 1884, quarante-huit cadres de la Compagnie étaient morts de la fièvre jaune, et le fléau continuait ses ravages. Philippe Bunau-Varilla, qui devait succéder à Dingler, estimera que 20 % des nouveaux venus mouraient rapidement et que les autres perdaient en partie leur efficacité, diminués moralement et physiquement par le climat, la peur de la contagion et l'ennui. Beaucoup de gens atteints par la malaria refusaient d'entrer à l'hôpital pour ne pas s'avouer qu'ils étaient perdus ; ils allaient se cacher pour mourir, ce qui empêchait d'enregistrer leur décès et minorait les statistiques officielles. A l'hôpital, pour ne pas effrayer les malades, on indiquait sur la feuille affichée au pied de leur lit une autre maladie que la fièvre jaune — assimilée à une gastrite — ou la malaria. Une nuit, un patient qui s'était levé avait découvert avec effroi que son cercueil l'attendait sous son lit.

Comme si les fièvres et la pluie ne suffisaient pas, le feu s'était mis de la partie. Au mois de mars 1885, un métis indien avait levé à Colon l'étendard de la révolte et s'était emparé de la préfecture ; il avait instauré un régime de terreur auquel un débarquement de *marines* des Etats-Unis avait mis fin, mais après qu'un incendie, allumé par les rebelles, eût aux trois quarts détruit la ville et surtout les wharfs, empêchant le déchargement du matériel attendu par la Compagnie.

Un autre soulèvement, à Panama cette fois, avait été réprimé avec la même énergie par les *marines*. Tout cela montrait que le Panama n'était pas un paradis, mais un enfer que commençaient à dénoncer, en termes indignés, certains journalistes ou certains voyageurs, comme Henri Maréchal, auteur d'un *Voyage d'un actionnaire à Panama*. *The Financiel News*, à Londres, a fait paraître, sous la signature de J.C. Rodrigues, une série d'articles extrêmement critiques. Bien que n'étant pas allé au Panama depuis cinq ans, Rodrigues avait lu soigneusement les articles de ses confrères, étudié les chiffres, comparé l'état d'avancement des travaux avec les prévisions de la Compagnie, et il en tirait une conclusion pessimiste, insinuant que si, jusqu'alors, la presse n'avait pas dénoncé le péril, c'est qu'elle avait été payée pour se taire : « L'affaire tout entière n'est qu'un canular, écrivait-il, et elle l'a été depuis le début. » Le recueil de ses articles est publié à New York en 1886 sous un titre de nature à inquiéter les actionnaires : *The Panama Canal. Its history, its political aspects and financial difficulties*.

Les travaux, effectivement, n'avancent pas au rythme espéré. Des conflits entre dirigeants se sont ajoutés aux difficultés matérielles. Depuis les deuils qui l'ont frappé, Jules Dingler, déjà peu liant, est devenu si exigeant, colérique et défiant que certains de ses collaborateurs ont démissionné. Lui-même abandonne, et il est remplacé au mois d'août 1885 par Maurice Hutin, usé en un mois par le climat, le travail et les responsabilités. Son poste est alors donné à un tout jeune homme, âgé de vingt-sept ans, Philippe Bunau-Varilla, en qui l'on pourrait voir un nouveau Lesseps.

Comme il est né de père inconnu, certains le soupçonnent même d'être son fils, hypothèse que rien ne permet de confirmer. En tout cas, Philippe Bunau-Varilla est surtout le fils de ses œuvres, arrivé par sa brillante intelligence et son dynamisme, mettant ses talents de diplomate au service de son ambition, très travailleur et persuadé que savoir et travail, en ce siècle où la Science est divinisée, permettent de gouverner le monde. Alors qu'il achevait Polytechnique, il avait joint à son nom primitif de Bunau, celui de sa mère, le nom de Varilla, un mari que la dame avait eu et qui était mort bien avant sa naissance. Devenu Philippe Bunau-Varilla, entré, après Polytechnique, à l'Ecole des Ponts-et-Chaussées, puis mis en disponibilité, il a rallié la Compagnie de Panama où il voulait entrer depuis qu'il avait écouté en 1880 une conférence de Lesseps et avait été fasciné par le personnage.

Il était parti le 5 octobre 1884 comme ingénieur-chef de division et avait surpris, arrivé là-bas, par son air d'extrême jeunesse, accentué par sa petite taille, un visage aigu, net, l'œil vif et une moustache de chat. En le voyant pour la première fois, le consul de France, La Vieille, ancien député de Cherbourg, lui avait avoué son étonnement de voir une compagnie aussi importante que celle de Panama confier la direction générale de ses travaux à quelqu'un de si jeune et si manifestement dépourvu d'expérience, à quoi Bunau-Varilla avait répondu du tac au tac en s'étonnant que le représentant de la République française défendît un principe d'ancienneté sans lequel on n'aurait eu ni Marceau, ni Hoche, ni Bonaparte.

Est-ce pour tenir compte de cette jeunesse insolente et mal appréciée que le *Bulletin du canal interocéanique* l'appellera toujours « M. l'Ingénieur en chef » alors que tous ses subordonnés lui donnent le titre de directeur ? Sa supériorité s'est tout de suite imposée, car il a montré les qualités de sang-froid, de compétence et d'autorité nécessaires pour triompher des obstacles qui avaient découragé ses prédécesseurs. Il a exigé un pouvoir absolu, en prenant aussi la responsabilité des transports et des opérations maritimes. Grand travailleur, prétendant ne pas dormir plus de deux heures par nuit, il étonne et séduit par sa vitalité comme par sa force de volonté. Il veut, déclare-t-il, un rendement d'un million de mètres cubes par mois à compter du 1er janvier 1886. Il va mettre au point un dispositif pour éviter l'éboulement des décharges grâce à des estacades sur lesquelles rouleront les trains amenant les déblais. En attendant de consolider les terrains, il a raffermi les énergies, ressoudé les équipes de techniciens, rattrapé les Noirs qui, flairant le désastre, avaient tendance à s'éclipser avec leur paie avant qu'il ne fût trop tard. Si ces âmes simples ont deviné que l'argent se faisait rare, il est certain que les milieux financiers parisiens le savent encore mieux.

*

L'emprunt du 25 septembre 1884 n'avait pas été complètement couvert. Au mois d'avril 1885, restaient environ soixante-dix mille obligations non souscrites, et celles qui l'avaient été, pour allécher l'épargnant, avaient été mises sur le marché à trois cent trente-trois francs pour une valeur nominale de cinq cents francs. Malgré les efforts du syndicat, il y en avait encore à peu près quarante mille à céder à la fin de l'année 1885, ce qui était fâcheux au moment de lancer un nouvel emprunt.

Le 24 juin 1885, il y avait si peu de monde à l'assemblée générale des actionnaires que Lesseps avait dû convoquer une seconde assemblée pour le 29 juillet. Devant un public plus nombreux, il avait appelé au versement du troisième quart des actions et, en même temps, dénoncé la campagne orchestrée contre la Compagnie de Panama, dont l'action tendait à baisser.

Pour renouveler la formule et la rendre plus séduisante aux yeux du public, Lesseps envisage un emprunt à lots, comme il l'a fait pour la Compagnie de Suez en 1868. Cela nécessite une loi dont le projet doit être soumis aux Chambres et, avant de solliciter officiellement l'autorisation, il rend visite au ministre de l'Intérieur, Allain-Targé, pour savoir si le gouvernement y serait favorable. Il avait préparé cette demande au temps de Jules Ferry qui lui avait donné des assurances verbales, et il s'agit maintenant de savoir si Allain-Targé tiendra les engagements de son prédécesseur. Le ministre se montre peu encourageant : « Prenez garde ! lui dit Lesseps, si la République refuse ce que l'Empire a accordé, je serai obligé de faire tomber la responsabilité sur qui de droit. J'ai derrière moi 300 000 actionnaires et obligataires ; j'ai derrière moi des intérêts très considérables ; j'ai derrière moi toute la presse. Prenez garde, au lieu du concours que je vous offrirais, que je sois obligé de vous rendre responsable de l'échec de la Compagnie[1]. »

Comme le ministre ne se laisse pas impressionner, Lesseps lui envoie Lévy-Crémieu, en pensant que celui-ci sera plus persuasif. Le directeur de la Banque franco-égyptienne emploie d'autres arguments. Il évoque les futures élections législatives, fait allusion à l'influence des journaux et franchit allégrement le pas : « Nous tenons toute la presse, affirme-t-il, nous allons faire une campagne à la Girardin ; prenez-y bien garde. Après tout, vos élections vont venir ; il vous faut des fonds secrets[2]... »

Et, sans gêne aucune, il propose au ministre plusieurs centaines de milliers de francs qu'Allain-Targé refuse ou, du moins, c'est ce qu'il affirmera devant la cour d'assises au mois de mars 1893, sans risquer de démenti, puisque Marc Lévy-Crémieu sera mort entre-temps.

Malheureusement l'idée, bien que repoussée en principe par Allain-Targé, fait son chemin dans le cerveau de Lévy-Crémieu et de bien d'autres. Apparaissent alors quelques personnages prêts à servir d'intermédiaires, ou plutôt d'entremetteurs, entre la Compagnie de Panama et la presse, avec un double objectif : décider les journaux à soutenir, non seulement la Compagnie, mais aussi les candidats gouvernementaux lors des futures élections législatives, candidats qui, s'ils sont élus les 4 et 18 octobre 1885, se montreront reconnaissants en votant la loi autorisant l'emprunt à lots.

La machine infernale est mise en marche, qui va broyer Lesseps, la Compagnie de Panama et déclencher un scandale assez grand pour mettre en péril, outre le gouvernement, la République elle-même.

Le *deux ex machina* de cette ténébreuse entreprise est assez puissant pour imposer sa loi aux ministres et même au président Grévy, sans que l'on sache en quoi il mérite ce pouvoir, et assez mystérieux pour avoir emporté son secret dans la tombe.

*

Cornélius Herz, qui pourrait prendre pour devise *Je ne suis rien, je dois être tout*, apparaît au début de l'année 1883 dans l'entourage de Clemenceau, dont il connaît fort bien l'un des frères, Paul, un des futurs grands patrons de l'industrie française et qui a commencé dans ses bureaux par une modeste sinécure. Qui ne connaît-il pas d'ailleurs ? Il semble intime avec tout le monde, hantant les ministères et certains salons, les rédactions de journaux et les couloirs de la Chambre ; il est le familier d'artistes et de savants, d'hommes politiques et d'écrivains, mais avec un rien de condescendance qui laisse à penser que ces gens,

1. Me Barboux, *Plaidoirie pour Ferdinand de Lesseps*, audience du 13 mars 1893.
2. Rapport Vallé, cité par J.-Y. Mollier, *Le Scandale de Panama*, p. 333.

plus réputés que lui, sont ses obligés, car ils en disent trop de bien pour n'avoir pas reçu de lui quelque service ou pour ne pas s'apprêter à lui en demander un.

Si tout Paris connaît le docteur Cornélius Herz, personne ne peut dire d'où il vient, ni même quelle est sa véritable identité ou, du moins, sa nationalité réelle. Est-il allemand ? américain ? français ? Sa femme, en tout cas, est citoyenne des Etats-Unis. Il faudra le scandale de Panama, les enquêtes des journalistes et des policiers, les interrogatoires des juges et, plus tard, les recherches des historiens pour reconstituer sa carrière : celle d'un affairiste ayant eu le génie du chantage et dont un romancier, Gustave Le Rouge, s'inspirera pour son roman *Le Mystérieux Docteur Cornélius*.

Né en 1845 à Besançon où son père, issu d'un ghetto d'Allemagne, était relieur de livres, élevé aux États-Unis où sa famille avait une seconde fois émigré en 1848, il était revenu en Europe pour achever ses études. Il avait suivi à Paris les cours de l'Ecole de médecine, en avait été renvoyé pour inconduite et, en 1870, s'était engagé, bien que sans diplôme officiel, dans le service sanitaire de l'armée. En temps de guerre, on n'y regarde pas de trop près lorsqu'il s'agit de soigner les blessés, ou de les achever. Il aurait été médecin-major à l'armée de la Loire et, en 1872, il était reparti pour les Etats-Unis, avait enfin décroché un diplôme à l'université de Chicago et avait pu s'installer comme médecin. Marié à la fille d'un patient qu'il avait guéri, il s'était alors établi à San Francisco où il était devenu rapidement une personnalité, présent à toutes les manifestations, mêlé à toutes les combinaisons électorales et, surtout, très introduit dans les milieux d'affaires où ses relations avec des entrepreneurs ou des industriels qu'il avait soignés lui permettaient d'influer sur des passations de marchés.

Croyant au développement industriel de l'électricité, ce qui prouvait son instinct des affaires, il était devenu actionnaire important de plusieurs sociétés, vice-président de la Société des travaux électriques de Californie, ayant ainsi un pied — et souvent les deux mains — dans une série de sociétés d'électricité ou de télégraphe. Son génie propre était de savoir profiter des mauvaises affaires autant que des bonnes. Intuitif, ayant un sens aigu des réalités, il s'était vite aperçu que, dans la vie des entreprises, les deux phases les plus rentables étaient leur création et leur liquidation. Il avait si bien appliqué ce principe, et sa méthode, qu'il avait dû hâter son départ de la Californie pour regagner la France en 1877, fortune faite aux dépens d'associés devenus malveillants à son égard. Fort de cette expérience américaine, il s'était présenté à Paris non en chevalier d'industrie fuyant la vengeance de ses victimes, mais comme l'envoyé personnel du président Hayes à l'Exposition internationale d'Electricité. L'année suivante, il était nommé officier d'Académie, puis chevalier de la Légion d'honneur. En 1881, il devenait officier, puis, en 1884, commandeur, et enfin, deux ans plus tard, grand officier. Seul un civil, étranger de surcroît, pouvait s'élever ainsi dans la hiérarchie d'un ordre dont un général, même victorieux, n'aurait pas franchi les grades avec autant de célérité.

Il avait racheté à Joseph Miot un journal, *La Lumière électrique*, et s'était glissé peu à peu dans de nombreuses entreprises électriques, notamment à la Compagnie générale d'Electricité. Tenu pour un spécialiste en cette matière, il avait été désigné par le gouvernement français pour participer à la commission chargée d'organiser le Congrès international d'électricité de 1881.

En quelques années, grâce à son hospitalité, ses largesses et, surtout, son entregent, que d'autres appelleraient audace ou esprit d'intrigue, il est devenu indispensable, et même inévitable, à croire qu'aucune affaire ou aucun marché ne peut être conclu sans son approbation et surtout son concours, grassement rétribué. Son aspect, pourtant, ne prévient guère en sa faveur, mais on finit par lui faire confiance, un peu par remords de s'être d'abord méfié de lui. Comme l'écrit Zévaès, « toujours à l'affût de choses déjà trouvées, mais inexploitées, de procédés et de brevets imaginés par d'autres, il est un entremetteur extrêmement habile, un lanceur particulièrement adroit. En dépit de son accent tudesque, de son élocution lourde et difficile, il excelle à séduire les banquiers et à s'assurer des concours financiers [1] ».

Désormais, on le trouve engagé dans de nombreuses affaires, autres qu'électriques, où son nom agit comme un sésame pour lui ouvrir les portes, celles des cabinets d'hommes influents comme celles des coffres-forts. Il se sert de son journal pour appuyer certains politiciens ou exercer un discret mécénat auprès de fils d'agents diplomatiques en poste à Paris. Il tisse habilement une toile où bien des gens de milieux divers viendront se prendre. En dépit de ses origines obscures, il s'est adapté à la société parisienne ou, plus exactement, il a séduit cette société en gardant vis-à-vis d'elle une liberté de manières et de ton typiquement américaine ; cette franchise apparente est d'autant plus trompeuse qu'elle cache un esprit retors, une volonté diabolique, une absence complète de scrupules. Il dispose incontestablement d'un certain magnétisme, expérimenté d'ailleurs sur ses patients, et avec succès. Ce magnétisme opère encore mieux sur les bien portants, fascinant les hommes d'affaires que leur expérience et leurs propres malversations devraient rendre plus circonspects. Même Clemenceau sent son cœur d'airain s'attendrir en pensant à lui, et il ira jusqu'à lui demander d'élever ses enfants s'il venait à disparaître... Les enfants du Tigre élevés par un chacal, il y a de quoi faire rêver les historiens !

Cornélius Herz est fort lié avec François Deloncle, chef du cabinet du ministre J.E. Spuller lors du grand ministère Gambetta, avec Louis Delpech, important brasseur d'affaires, avec Jean-Marie de Lanessan,

1. Zévaès, *Le Scandale de Panama*, p. 129.

futur ministre de la Marine, avec le député Yves Guyot, qui aura bientôt le portefeuille des Travaux publics, avec le tout-puissant Adrien Hébrard, directeur du *Temps*, avec le baron de Soubeyran, créateur de la Banque d'escompte et de la Banque hypothécaire, et, aussi étonnant que cela puisse paraître, avec le président de la République, Jules Grévy. Comment un tel homme a-t-il ses entrées à l'Elysée ? On l'ignore. Il ne va pas seulement à l'Elysée ; il est ami également de Jules Grévy, l'homme privé, le simple citoyen, le père de famille. Lorsqu'il entrera en relations avec Charles de Lesseps, Cornélius Herz se vantera de ses liens étroits avec le président de la République, et Charles de Lesseps, prenant cela pour de la forfanterie, montrera un certain scepticisme :

« Ah ! c'est ainsi, vous doutez de mon influence ? s'écriera Herz. Eh bien ! connaissez-vous M. Grévy ?

— Pas personnellement.

— Vous n'avez jamais été à son château de Mont-sous-Vaudrey ?

— Non, jamais.

— Je vous ferai adresser une invitation pour après-demain. »

« En effet, le surlendemain, dira Charles de Lesseps lors de son procès, je recevais une invitation de M. Jules Grévy. Nous nous rendîmes à Mont-sous-Vaudrey, M. Cornélius Herz et moi. Nous y passâmes une journée dans l'intimité de M. le président de la République. Je vis M. Cornélius Herz reçu comme *l'ami de la famille*. Je revins convaincu. »

Charles de Lesseps racontera aussi que, dans le train qui les emmenait vers Mont-sous-Vaudrey, « l'ami de la famille » avait sorti de sa poche deux écrins et les lui avait tendus en lui disant :

« J'ai pris cela rue de la Paix ; vous l'offrirez aux deux filles de Wilson [1] et vous n'en serez que mieux accueilli. »

Il s'agissait de bracelets d'enfant, et Charles de Lesseps, confondu, avait refusé, à quoi Herz, en les reprenant, s'était contenté d'observer : « Vous manquez d'expérience... »

Et c'est lui qui les offrit aux petites-filles du Président, attention dont Mme Grévy ne cessa pendant tout l'après-midi de le remercier [2].

Voilà un des protagonistes du drame de Panama ; l'autre, aussi célèbre, est le baron de Reinach, son complice et bientôt sa victime.

*

Le baron Jacques de Reinach est né Jacob Adolf Reinach, à Francfort, en 1840, d'une famille que les Rothschild regardent comme de

1. Le gendre du président Grévy, impliqué bientôt dans un trafic de décorations qui obligera Grévy à démissionner.

2. Mémoires inédits, de Charles de Lesseps, cités par G. Edgar-Bonnet, *Ferdinand de Lesseps*, t. II, p. 223.

vulgaires usuriers. Il est fils d'un banquier de cette ville et petit-fils d'un marchand de bétail. Par sa mère, Caroline Oppenheim, il appartient à la grande maison de ce nom, bien plus ancienne et beaucoup plus riche. Aussi Adolf Reinach, l'époux de Caroline Oppenheim, devenu député au parlement local et président de la Banque populaire de Francfort, a-t-il voulu s'anoblir afin d'égaler si possible les Rothschild. Créé baron par le roi d'Italie Victor-Emmanuel en 1866, il est ensuite autorisé par le roi de Prusse à faire précéder son nom du *von* magique[1].

Dès 1863, son fils Jacques Reinach était cogérant, avec son beau-père Elie Kohn, d'une banque fondée en 1856 par Simon Emden. Par un système ingénieux où les liens du sang rejoignaient ceux de l'argent, la banque avait grandi, assimilant familles et sociétés pour former une galaxie complexe où, pour un chrétien, il était difficile de se retrouver. Devenu baron à la mort de son père, Jacques de Reinach est, dans la même personne, Scapin et Turcaret, habile à s'insinuer dans la familiarité des grands de ce monde, à les flatter, à les attirer chez lui, à jouer à son tour au grand seigneur, sachant à l'occasion faire le valet pour devenir le maître et dominer sa clientèle, mais sans méchanceté, trop jouisseur, trop amateur de bonne chère et autres plaisirs de la table ou du lit pour n'être pas sybarite en même temps que financier. Pour lui, l'argent est moins un but qu'un moyen. Il parle assez couramment six langues et paraît avoir autant de mains pour tripoter dans les coulisses de la finance ou celles de l'Opéra. Il éprouve, écrit Zévaès, « la même volupté à triompher des résistances d'une jeune vertu chorégraphique que d'une vieille réputation parlementaire[2] ». Il n'a guère de scrupules, mais comprend que d'autres en aient ; il les en excuse et ne les condamne pas. Ainsi, au mois de janvier 1885, il écrit au président de la Compagnie de l'Est algérien pour lui conseiller une opération à faire en profitant de l'absence du comte d'Haussonville « qui ne comprend pas certaines exigences du siècle... »

Homme d'affaires international, traitant avec des confrères aux quatre coins de l'Europe et dans les deux Amériques, connaissant bien son métier, rompu à toutes les techniques de la finance et possédant un flair incontestable en matière économique, Reinach peut regarder de haut ces avocats, professeurs et médecins qui ont abandonné leur clientèle afin de se lancer dans la politique où il est plus aisé de faire fortune, à condition de savoir se vendre. Il n'a qu'un mépris amusé pour ces petits-bourgeois assoiffés d'honneurs et de consécration sociale, ignorant les usages et venant fumer ses cigares ou lapper ses vins comme des affranchis au festin de Trimalcion.

Entre intimes, il ne dissimule en rien son dégoût de ces fonction-

---

1. Il n'y a aucun rapport, sauf l'homonymie, avec la maison de Reinach-Hirtzbach, barons du Saint Empire romain germanique.
2. Zévaès, *Le Scandale de Panama*, p. 73.

naires veules et serviles, clamant leur patriotisme ou leur désintéressement à la tribune et si heureux de *toucher*, sous une forme ou sous une autre, le prix de leurs complaisances à l'égard d'un étranger, d'un Juif, d'un Allemand et, de surcroît, d'un baron, eux qui font si grand étalage de leur républicanisme austère. A vrai dire, on est souvent tenté d'excuser Reinach de les avoir si bien manœuvrés ou exploités. Après la tragique disparition du financier, Charles de Lesseps reconnaîtra honnêtement que Reinach s'était toujours attaché, avec intelligence et même avec une sorte de passion, à la réalisation du canal interocéanique auquel il portait un intérêt presque aussi grand que celui de Lesseps lui-même.

Le baron de Reinach aurait pu continuer de prospérer, devenir un jour député, voire ministre, s'il n'avait pour son malheur rencontré Cornélius Herz, destiné à être son mauvais génie. On les trouve associés — on pourrait écrire : compromis — dans une série d'affaires qui auraient pu fort mal tourner pour eux s'ils n'avaient eu des amis assez puissants pour les tirer des mauvais pas dans lesquels ils s'étaient mis. Ensemble, ils ont spéculé sur des terrains que le ministère de la Guerre avait l'intention d'acheter ; ils ont trempé dans une affaire assez embrouillée de lits pour l'armée, puis dans une autre de conserves alimentaires, ainsi que dans des affaires de sociétés de téléphonie et même dans la construction du futur métropolitain. « On se rend compte, écrira J.-Y. Mollier, qu'entre 1880 et 1888 une véritable tentative de mise en coupe réglée d'une partie des marchés de l'Etat a fonctionné, certes avec plus ou moins de bonheur, mais sans que l'Etat juge utile d'intervenir[1]. » Plus tard, lorsque éclatera le scandale et qu'apparaîtront au grand jour maintes opérations montrant le pouvoir d'accaparement de ces deux hommes, le public aura l'impression qu'à eux deux ils dirigeaient la France et que rien ne se faisait en haut lieu sans leur accord. « Dire — c'est indéniable —, écrira Edmond de Goncourt, que pendant près de vingt ans, les trois maîtres absolus de la France ont été le baron de Reinach, Cornélius Herz, Arton, et que la France, éclairée sur le compte de ces trois personnages, garde pour se gouverner le personnel de leur administration, de leurs bureaux[2]. » Reinach, on le verra, entretenait aussi des relations avec des gouvernements étrangers, renforçant ainsi son influence sur celui de Paris.

Le plus curieux, dans cette collaboration, c'est que dès l'origine il semble que Reinach se soit laissé rouler par Herz, lui abandonnant de gré ou de force la plus grosse part de leurs profits.

*

1. J.-Y. Mollier, *Le Scandale de Panama*, p. 341.
2. E. et J. de Goncourt, *Journal*, t. IV, p. 365.

Lorsque après le demi-échec de l'emprunt de 1884, Lesseps songe à lancer un emprunt à lots et qu'il faut pour cela s'assurer des appuis au Parlement, Cornélius Herz propose à Charles de Lesseps ses bons offices. Il le fait directement, alors que normalement il devrait s'adresser au baron de Reinach qui, après la mort de Marc Lévy-Crémieu, a remplacé celui-ci à la tête du syndicat financier. Dans ses Mémoires, Charles de Lesseps a laissé un récit de cette première entrevue et de la sinistre impression qu'Herz lui avait faite, avec son allure d'« hercule de boulevards », son aplomb, et sa vanité, parlant de ses hautes relations comme un placier en vins vantant ses crus. Herz semblait, comme le Diable boiteux, avoir soulevé tous les toits, pénétré tous les secrets, sondé tous les cœurs et tenir l'honneur des familles, comme celui des hommes politiques, à sa merci. « C'était trop beau pour être séduisant, écrira Charles de Lesseps, et le docteur Herz me quitta sans m'avoir persuadé. »

Voyant qu'il n'avait point convaincu le fils, Herz s'attaque au père, et, dès le lendemain, lui met le marché en main. Avant de s'engager, Lesseps consulte son fils, étonné par l'insistance de ce singulier personnage à vouloir se muer en bienfaiteur de la Compagnie.

« Je crois, dit Charles, qu'il est assez puissant pour nous nuire et qu'il cherchera à le faire s'il ne gagne pas d'argent avec nous. Il m'inquiète... »

Et il se résout à céder au docteur, en dépit de la méfiance qu'il éprouve à son égard, craignant que, évincé, il ne cherche à se venger.

Le marché qu'il propose est clair, à défaut d'être honnête : si on lui promet un pourcentage, environ 2 % du montant de la souscription, il prendra en charge, outre les frais de publicité, toutes les dépenses d'ordre financier inhérentes à l'émission d'un tel emprunt.

« Autant lui qu'un autre... » a soupiré Lesseps en acceptant cette offre.

Le 11 septembre 1885, Herz recevra personnellement de la Compagnie de Panama un acompte de cent mille francs, et, le 2 décembre, un autre, plus substantiel, de cinq cent mille francs, ces deux sommes remises sous forme de bons anonymes afin de ne pas laisser de traces dans la comptabilité de la Compagnie. Le 3 novembre, le baron de Reinach, substitué à Charles de Lesseps, prête à Cornélius Herz deux cent mille francs. « On ignore cependant comment fut utilisée cette somme et si elle servit à financer les élections de certains parlementaires impécunieux, écrit Mollier. On sait, en revanche, que Jacques de Reinach avait envisagé son entrée à la Chambre[1]... » Il y avait renoncé à la demande de son gendre et neveu, Joseph Reinach, qui briguait lui-même un mandat.

Avant d'ouvrir un débat sur cette demande d'emprunt à lots dépo-

1. J.-Y. Mollier, *Le Scandale de Panama*, p. 333.

sée par Lesseps, la Chambre a voulu être éclairée sur la situation exacte de la Compagnie de Panama et elle a chargé d'une enquête sur place un ingénieur, Armand Rousseau, ancien sous-secrétaire d'Etat au ministère des Travaux publics. Rousseau est parti pour Colon, accompagné de Charles de Lesseps et du nouveau directeur des travaux, Léon Boyer, un ancien collaborateur de Gustave Eiffel pour la construction du viaduc de Garabit. En effet, Philippe Bunau-Varilla, mécontent de ne pas se sentir mieux soutenu à Paris, ou plus écouté, vient de démissionner, tout en demeurant sur place en qualité de conseiller technique.

Il n'a pas d'ailleurs été le seul à le faire, et, à Paris, quelques administrateurs prudents ont quitté le navire avant le naufrage : Félix Nouette-Delorme, John Harjès, Jules Herbette et bientôt Piat se sont discrètement retirés. Un article assez dur de Paul Leroy-Beaulieu, paru le 28 juin dans *L'Economiste français*, avait servi de signal d'alarme : « Le vrai patriotisme, écrivait-il, consiste à empêcher son pays de se ruiner au profit d'autrui. L'entreprise du canal de Panama, au point de vue de l'aveuglement de ceux qui y poussent, peut être considérée comme l'équivalent de la guerre de 1870. C'est, toutes proportions gardées, le même désastre qui se prépare, insondable et irréparable. »

Ces démissions, les morts en séries et les difficultés matérielles sans cesse accrues, décident enfin Lesseps à se rendre compte par lui-même de l'état d'avancement des travaux et de celui des esprits, persuadé d'ailleurs, avec son extraordinaire confiance en soi, que sa présence aura un effet bénéfique.

Il a écrit aux présidents des chambres de commerce de Marseille, Paris, Lyon, Bordeaux, Le Havre, Nantes et Rouen pour les aviser de son départ le 28 janvier 1886 et leur présente ce déplacement sous des couleurs résolument optimistes. Il s'agit, dit-il, « d'inaugurer la période d'exécution finale du canal maritime. Tout l'isthme, d'un océan à l'autre, est maintenant occupé par 27 entrepreneurs qui se sont engagés chacun à exécuter sa tâche dans les délais déterminés ». En lisant cela, les bons esprits doivent se demander comment vingt-sept entrepreneurs, aux moyens forcément limités, puisqu'il s'agit en général de petites sociétés, pourront venir à bout de ce qu'une grande entreprise comme Couvreux-Hersent n'a pu faire. Cette lettre est accompagnée d'une invitation à désigner un délégué pour l'accompagner au Panama, délégué dont les frais de voyage seront pris en charge par la Compagnie. Jules Charles-Roux, qui avait déjà représenté la chambre de commerce de Marseille en 1865, pour un semblable voyage à Suez, est de nouveau désigné pour se rendre dans l'isthme du Panama.

Aux délégués des chambres de commerce se joignent un ingénieur allemand, un amiral britannique et le duc de Sutherland. Cette fois, la famille est restée à Paris, même l'intrépide Ferdinande. Cette cohorte arrive à Colon le 7 février 1886, alors qu'Armand Rousseau vient d'en partir après avoir inspecté les chantiers. En dépit des rumeurs qui commencent à courir et des critiques dont il est l'objet de la part de certains collaborateurs, Lesseps est accueilli avec enthousiasme, et l'on montre à son égard une déférence quasi féodale.

« Vous êtes pour nous, lui dit un ingénieur, le chef vénéré autour duquel nous nous rallions, prêts à chaque instant à tout sacrifice, y compris celui de nos vies, pour assurer votre triomphale réussite dans cette œuvre grande et glorieuse. »

Alors que, justement, tant de vies humaines ont déjà été sacrifiées, on peut se demander s'il n'y a pas quelque ironie dans un pareil propos, mais l'orateur est sincère. A l'instar de Napoléon, Lesseps sait inspirer de fanatiques dévouements.

« Avec des cœurs et des âmes comme les vôtres, répond Lesseps, tout est possible. »

Avec Bunau-Varilla qui lui ressemble à tant d'égards, ne serait-ce que par son audace et sa vitalité, les rapports sont un peu tendus. En privé, Lesseps ne lui ménage pas les compliments, mais il se garde de le faire en public, au point que Bunau-Varilla en conçoit quelque aigreur : « Tout hommage rendu à une autre personnalité que la sienne, écrira-t-il, était lui voler un rayon de sa gloire. »

La tournée d'inspection ressemble au retour d'un souverain victorieux dans son royaume. A Panama, on a dressé en son honneur un arc de triomphe au sommet duquel se lit cette inscription : *Gloire au héros du XIXe siècle*. Il loge au palais épiscopal d'où il est la plupart du temps absent, allant partout, visitant tout : chantiers, magasins, hôpitaux, ateliers. Il parle à tout le monde, a la poignée de main facile et une réponse à tout. « M. de Lesseps, écrit un des représentants des chambres de commerce, est comme toujours infatigable à la tête de la caravane : je l'ai vu escalader au galop une pente de la Culebra au milieu d'une tempête de hourrahs de la part des Noirs et des Blancs présents à la scène, émerveillés par tant d'ardeur et de jeunesse. Une tradition dans l'isthme veut qu'il ait circulé dans une robe de chambre éclatante, comme un monarque oriental[1]. »

Dans leur ensemble, les délégués se montrent confiants, bien que mal impressionnés par la mortalité. Tous estiment les travaux trop avancés pour être arrêtés. En revanche, il est certain qu'on ne pourra réaliser un canal à niveau dans les conditions actuelles de coût et de délai. Il va falloir se rallier à la solution des écluses afin de pouvoir ouvrir le canal à la navigation, ce qui n'empêchera pas de continuer, grâce aux revenus d'exploitation, de creuser parallèlement un canal à niveau. Bunau-Varilla s'est employé à convaincre Lesseps, mais celui-ci, tout en comprenant qu'il est obligé d'accepter ce pis-aller, ne veut pas perdre la face et va imperturbablement déclarer aux actionnaires : « Je crois, moi, votre Président, plus que jamais, que d'ici à un an le

1. A. Siegfried, *Suez, Panama et les routes maritimes mondiales*, p. 189.

matériel accumulé dans l'isthme affirmera sa puissance à un tel point qu'il n'y aura plus aucun doute sur la possibilité de creusement du canal maritime à niveau dans les délais fixés et dans la limite des dépenses prévues[1]. »

Plus tard, lors du procès, on accusera Lesseps d'avoir sciemment trompé les actionnaires. De telles déclarations pourraient le laisser croire si l'on ne savait que Lesseps, qui a beaucoup vieilli, malgré les apparences, est la proie d'une idée fixe et s'y accroche avec un entêtement qui le rend aveugle aux réalités, sourd aux conseils.

Le canal à écluses est la solution que préconise également l'ingénieur Rousseau dans le rapport qu'il dépose à son retour à Paris : « J'estime, écrit-il, que le percement de l'isthme est une œuvre possible et qu'elle est engagée aujourd'hui à un point où on ne saurait l'abandonner. Cet abandon serait en effet un véritable désastre, non seulement pour les actionnaires de la Compagnie, qui sont presque tous français, mais pour l'influence française elle-même dans toute l'Amérique... »

L'ingénieur Jacquet, envoyé dans l'isthme par la Compagnie, en est revenu persuadé, lui aussi, que le canal à écluses est la seule solution envisageable, et Léon Boyer, qui a la responsabilité des travaux, est encore plus net. Il juge le canal à niveau trop long à construire et trop coûteux dans un tel environnement. Il a fait venir de France une soixantaine d'ingénieurs et en a perdu la moitié en quelques mois. Comme pour donner plus de poids à son avis, il meurt à son tour, emporté par la fièvre jaune, et Bunau-Varilla, qui en est atteint lui aussi, en réchappe à grand peine. Il ne veut plus rester dans l'isthme et regagne Paris pour entrer comme ingénieur-conseil chez Artigue, Sonderegger & Co, une société américaine qui a obtenu la concession du chantier de la Culebra. Le contrat que la firme a signé avec la Compagnie est particulièrement avantageux, si bien que le secrétaire général de la Compagnie démissionne en signe de protestation.

Après avoir reçu le rapport Rousseau, le ministre des Travaux publics, Charles Baïhaut, l'a transmis à la commission de la Chambre. On pourrait croire ce rapport secret, ou du moins confidentiel. Il n'en est rien puisque *Le Temps*, le 20 mai 1886, en publie un résumé tendancieux qui a pour effet immédiat de faire baisser le cours de l'action. Cette publication intempestive, et faite à l'instigation de spéculateurs à la baisse, indigne *Le Capitaliste* qui écrit le 26 mai : « La note du *Temps* a surpris d'autant plus le monde des affaires que les réflexions de ce journal sur les conclusions de M. Rousseau sont faites dans une forme qui trahit peu de bienveillance et d'intérêt pour l'entreprise de Panama. C'est peut-être aussi la raison pour laquelle cette feuille austère, en veine d'indiscrétion, n'a pas jugé convenable de publier *in*

1. J. Bouvier, *Les Deux Scandales de Panama*, p. 76.

extenso le rapport de l'honorable ingénieur des Ponts-et-Chaussées. Cette publication l'aurait dispensé de commentaires superflus, et, du moins, le public, au lieu de se trouver en présence de morceaux choisis par les soins d'un rédacteur mal avisé, aurait, après lecture du document complet, formulé lui-même ses conclusions. *Le Temps*, s'il a été de bonne foi, a donc manqué de tact et d'intelligence en cette occasion. Il est regrettable encore une fois qu'il ait été l'instrument inconscient, nous le voulons bien, d'un mouvement de bourse qui ne se serait donc pas produit sans son intervention. » On ne saurait mieux dénoncer les agissements ténébreux d'Adrien Hébrard, homme politique et directeur du *Temps*, qui, mettant son journal au service de ses intérêts, ou de ceux de ses amis, édifiera une énorme fortune.

Devant l'émotion causée par cette fuite, le gouvernement demandera une enquête judiciaire, et celle-ci aboutira d'autant moins que la fuite émanait de Baïhaut lui-même.

Ce personnage, auquel le scandale de Panama coûtera sa carrière, est le type achevé de ces députés opportunistes stigmatisés par Barrès dans *Leurs figures*. Né en 1843 — il a donc quarante-trois ans —, il est *arrivé*. La députation l'a conduit au sous-secrétariat d'Etat aux Travaux publics puis au portefeuille lui-même. Ancien polytechnicien, il abrite derrière une respectabilité de façade une vie privée passablement agitée. Vice-président de la Société d'encouragement au bien, il a des maîtresses et, à cause de celles-ci, de gros besoins d'argent que sa position lui permet de satisfaire, à condition de savoir en abuser. Marius Fontane, le nouveau secrétaire général de la Compagnie de Panama, en acquiert la preuve en recevant au mois de juin 1886 un mystérieux visiteur. Il s'agit d'un certain Léopold Blondin, employé au Crédit Lyonnais, familier de Charles Baïhaut. Il vient tout simplement demander à Fontane, au nom du ministre, un don gracieux d'un million de francs pour déposer le projet de loi d'autorisation d'emprunt à lots. Pour montrer à Fontane qu'il ne plaisante pas, il lui précise que le soir même Charles de Lesseps recevra, pour le lendemain, une invitation du ministre à venir le voir. Si Charles de Lesseps accepte de verser le million, le ministre lui annoncera le dépôt du projet, sinon, il restera dans le vague. Etonné, on le serait à moins, craignant un piège, Charles de Lesseps ne donne aucune réponse à Blondin et se rend chez le ministre à l'heure indiquée.

Blondin n'avait pas menti. Baïhaut demeure évasif, et peu disposé apparemment à soumettre le projet de loi à la Chambre. Il ne reste plus à Charles de Lesseps qu'à passer sous les fourches caudines du ministre. Il fait demander Blondin et promet le million. C'est Fontane qui effectue la transaction, chez Blondin où Baïhaut l'a rejoint. Après un certain marchandage, on tombe d'accord pour un versement immédiat de 375 000 francs, puis Fontane remettra au ministre 250 000 francs avant le vote des sénateurs et 375 000 avant l'émission de l'emprunt. Bien entendu, Baïhaut ne donnera aucun reçu de ces versements.

On peut s'étonner que Lesseps, vieillissant certes, mais lucide encore, et son fils se laissent entraîner dans une telle opération qui va les conduire au scandale et à la ruine. Pour les comprendre, il faut tenir compte d'un facteur apparu dans les dernières années du Second Empire et qui s'est considérablement développé sous la IIIe République : la montée d'une classe d'affairistes prêts à tout, du chantage à la corruption, pour gagner de l'argent, et beaucoup d'argent, par trafic d'influence et non par leur travail. Le pouvoir n'est pour eux qu'un moyen de faciliter les affaires, ou de rançonner ceux qui en font. Pour cela, ils ne reculent devant rien, utilisant la puissance grandissante de l'opinion publique et sachant la manipuler par une presse à leurs gages.

Cela, Lesseps, homme de la vieille école, et d'un grand désintéressement personnel, est incapable de le comprendre, et, s'il devine certaines machinations ou ne peut ignorer les chantages dont la Compagnie est l'objet, il croit naïvement qu'en refusant d'y céder il n'entendra plus parler de rien, méconnaissant la rancœur des éconduits. Son fils Charles, qui connaît mieux l'esprit du siècle et le monde des affaires, n'aura jamais le courage de lui ouvrir les yeux, et souvent, croyant agir au mieux, cédera aux maîtres chanteurs sans oser le lui dire ou, s'il le lui avoue, sans lui révéler toute la vérité.

Il faut également ajouter que Lesseps, du jour où l'on a décidé d'adopter provisoirement la solution du canal à écluses, s'est désintéressé de l'entreprise, au moins sur le plan technique, et a laissé Charles régler tous les problèmes à sa place. Il signe encore certaines lettres importantes, certains contrats, accepte volontiers de parler en public, mais ne dirige plus vraiment. Tout au plus donne-t-il parfois un conseil, propose-t-il une solution. C'est à Charles de Lesseps qu'incombe entièrement, désormais, la responsabilité de l'entreprise, et il a dans son fils une confiance absolue, émouvante : « Avec ton bon jugement, tu arrangeras tout comme il faudra, et tout ce que tu feras aura mon approbation », lui écrivait-il déjà en 1883.

Honnête homme, esprit lucide et consciencieux, grand travailleur, Charles de Lesseps a toutes les compétences requises pour diriger sagement une entreprise en période normale. Il n'a ni cette audace ni cette imagination qui permettent de conduire une telle entreprise à travers des périls insoupçonnés, d'improviser des solutions, de déjouer des manœuvres déloyales, de combattre l'adversaire avec les mêmes armes que celui-ci. C'est un bon administrateur, ce n'est pas un capitaine d'industrie, au sens le meilleur du mot. Il a du jugement et l'a prouvé en déconseillant à Lesseps d'accepter la responsabilité du percement de l'isthme de Panama, mais il lui était trop attaché pour refuser de le suivre dans cette aventure, et il est trop loyal pour l'abandonner au moment du danger. Avec une rare abnégation, il va se sacrifier pour épargner son père et lui éviter les catastrophes qui vont bientôt fondre sur la Compagnie, prenant sur lui la responsabilité d'actes qu'il n'a faits qu'à son corps défendant.

*

Le 17 juin 1886, le gouvernement dépose sur le bureau de la Chambre le projet de loi autorisant la Compagnie de Panama à lancer un emprunt à lots, et, le jour même, Blondin apporte à Baïhaut, rue Montchanin où il habite, un premier versement de 250 000 francs et, le 21 juin, au Sénat cette fois, 125 000 francs, soit au total 375 000 francs, montant de l'acompte auquel Marius Fontane, au nom de la Compagnie, s'était engagé.

La commission chargée d'examiner le rapport Rousseau s'était légitimement émue de certains chiffres. Après avoir dépensé 438 millions de francs, la Compagnie n'aurait extrait que 4 millions de mètres cubes de terre sur 103. Les dépenses futures sont évaluées à 875 millions, ce qui porte à 1 300 000 000 au moins le coût du canal, sans compter l'imprévu, toujours à redouter dans ce pays de tremblements de terre et de cyclones. L'emprunt de 600 millions que veut lancer Lesseps ne suffira donc pas pour achever les travaux.

Aussi, par six voix contre quatre et une abstention, la commission s'était-elle opposée au projet de loi. Néanmoins, elle avait demandé à la Compagnie de Panama de lui communiquer son bilan, ainsi que les contrats passés avec les entreprises chargées de l'exécution des travaux. Outragé par ce qu'il regarde comme une insolence, Lesseps avait refusé. Le 9 juillet 1886, il écrit au président du Conseil, Charles de Freycinet, pour lui signifier qu'il retire sa demande d'autorisation d'un emprunt à lots, et il lance aux actionnaires un vibrant appel : « Est-ce par de tels atermoiements, de telles lenteurs, que l'on facilitera à nos travailleurs là-bas l'exécution du canal pour 1889 ? Faut-il encore attendre quatre mois et perdre un temps précieux ? Faut-il livrer la destinée de notre œuvre aux incidents imprévus de la politique ? Faut-il risquer l'intérêt de nos 350 000 actionnaires ou obligataires ? Je ne le pense pas. On m'ajourne, je n'accepte pas l'ajournement. Fidèle à mon passé, lorsqu'on veut m'arrêter, je marche ! Non pas seul, mais avec les 350 000 Français partageant ma confiance patriotique... Et puisque des représentants de mon pays, de mes compatriotes, puisque six députés, par leur attitude, m'empêchent d'aller de l'avant, de marcher avec vous à la conquête pacifique entreprise par la France dans l'isthme de Panama, nous passerons par-dessus l'obstacle, nous irons ensemble à cette deuxième victoire, nous émettrons les six cents millions nécessaires au moyen d'obligations nouvelles. »

Effectivement, Lesseps fait procéder le 3 août 1886 à l'émission de 458 802 obligations d'une valeur nominale de 1 000 francs, avec un intérêt de 3 %. Malheureusement, l'obligation ne réussit à trouver preneur qu'à 450, ce qui diminue fortement la rentrée d'argent frais dont la Compagnie a le plus urgent besoin. Pourtant la presse, habilement soudoyée, s'est montrée favorable : ainsi le philosophe Burdeau, traducteur de Schopenhauer et auteur d'un édifiant traité sur *L'Education morale à l'Ecole*, a touché 30 000 francs pour vanter l'opération dans *Le Globe*.

C'est à cette occasion qu'apparaît, après Cornélius Herz et le baron de Reinach, un troisième larron, Emile Arton, qui va former avec eux un trio infernal.

Né à Strasbourg en 1849, naturalisé français en 1872, il était allé faire fructifier ses talents au Brésil, mais, comme Cornélius Herz quittant précipitamment la Californie, il avait dû fuir le pays. En France, il avait trouvé, pour ses activités, un terrain plus favorable et des partenaires plus crédules. Il jouera bientôt un rôle important dans les négociations d'un fournisseur de dynamite avec la Compagnie de Panama, grande utilisatrice d'explosifs. Pour l'achat de l'éminent Burdeau, il a servi d'intermédiaire, et il recommencera l'année suivante lorsqu'il faudra corrompre une série de parlementaires.

Entre-temps, Philippe Bunau-Varilla a convaincu Lesseps de remplacer la firme Cutbill, Lungo & Van Huttum, qui vient de déclarer forfait, par la Société Artigue, Sonderegger & Co dans laquelle il va entrer bientôt comme ingénieur-conseil. L'intérêt de cette nouvelle société consiste en l'avantage qu'elle offre de pouvoir travailler pendant la saison des pluies, et elle y parviendra, obtenant un rendement inférieur d'un quart seulement à celui des travaux en saison sèche.

Lorsque l'expert judiciaire examinera les comptes de la Compagnie de Panama et les contrats passés avec les entreprises, il découvrira que le financier Guillaume Betzold, dont la Société Cutbill, Lungo & Van Huttum s'était assuré le concours, n'était que le prête-nom du baron de Reinach et de la Banque parisienne. Après le retrait de Cutbill, Lungo & Van Huttum et son remplacement par Artigue, Sonderegger & Co, Reinach avait touché une commission de 0,12 franc par mètre cube extrait sur la redevance de 0,85 franc par mètre cube qu'Artigue, Sonderegger & Co s'était engagée à verser à son prédécesseur, en guise d'indemnité de rupture de contrat à son profit. En se penchant sur la comptabilité de Cutbill, Lungo & Van Huttum, l'expert constatera que ces commissions, et d'autres versées à de plus minces personnages, ont été scrupuleusement réglées jusqu'au début de l'année 1888.

Au cours du procès intenté à la Compagnie de Panama, son défenseur, Me Barboux, justifiera ces avantages occultes en disant que, pour se débarrasser de la société Cutbill, Lungo & Van Huttum, dont le rendement était insuffisant, la Compagnie aurait dû, soit dénoncer unilatéralement le contrat au risque de se voir intenter un procès qui aurait duré longtemps et coûté cher, soit obtenir son consentement, moyennant une forte indemnité. La Compagnie s'était donc arrangée pour faire supporter par Artigue, Sonderegger & Co cette indemnité de résiliation, tout en compensant cette charge supplémentaire par une augmentation du prix versé par mètre cube au nouvel entrepreneur. Dans cet arrangement, la commission de Reinach n'aurait été finalement que 380 000 francs, somme modeste en comparaison de certains profits qu'il réalise ailleurs.

Avant d'entrer chez Artigue, Sonderegger & Co, Bunau-Varilla s'était entendu avec cette société pour qu'après avoir extrait 20 % du cubage prévu au contrat elle pose les voies ferrées nécessaires à l'évacuation des déblais, puis poursuive sa tâche en donnant l'impression d'une plus grande rapidité comme d'une meilleure efficacité que les autres entreprises travaillant sur les chantiers, afin d'obtenir un jour le monopole des travaux dans l'isthme en évinçant peu à peu tous ses concurrents. Le procédé n'est pas d'une parfaite honnêteté, mais il est de bonne guerre en un pays où le principe américain de la réussite à tout prix l'emporte sur les scrupules des consciences françaises, et Dieu sait pourtant si en France, à Paris notamment, hommes d'affaires et politiciens ne s'embarrassent pas de scrupules.

Cette manière d'agir porte ses fruits. L'année suivante, Artigue, Sonderegger & Co obtiendra trois nouvelles tranches de travaux, et elle finira par se tailler la part du lion dans la distribution des différentes parties du canal aux concessionnaires.

Philippe Bunau-Varilla se défendra de l'accusation d'accaparement en alléguant, non sans raison, le peu de garanties qu'offraient, tant au point de vue financier que technique, les petites sociétés qui s'échelonnaient le long du tracé du canal. Leur multiplicité rendait aussi leur contrôle assez difficile. « ... en cas de discussion entre l'une d'elles et la Compagnie, écrira-t-il, toute une nuée d'hommes d'affaires habiles accourait à l'entrepreneur, lui offrant une intervention judiciaire et gratuite pour saisir la Compagnie dans les mailles de la loi colombienne et lui arracher, par des revendications, le plus souvent absurdes, une indemnité aussi forte que possible à partager plus tard entre l'homme de loi et son client[1]. »

Il est donc intéressant de remplacer, dès qu'on le peut, ces petites sociétés par deux ou trois grandes entreprises, dotées d'équipes spécialisées ainsi que de moyens financiers permettant l'achat de matériel adéquat pour effectuer les travaux suivant les normes établies par la Compagnie. La direction générale des Travaux n'aurait plus qu'une mission de contrôle général, sans avoir à intervenir matériellement. Un autre avantage, affirmera Bunau-Varilla, était d'éviter un déplacement de responsabilité au détriment de la Compagnie, les petites sociétés ayant toujours tendance à rendre celle-ci responsable, sous un prétexte

1. P. Bunau-Varilla, *Panama. La création. La destruction. La résurrection*, p. 29.

ou un autre, de tout ce qui survenait de fâcheux. L'inconvénient du système est que l'on revenait ainsi à la conception primitive, à l'époque où la société Couvreux-Hersent assumait seule tous les travaux dans l'isthme.

Les actionnaires doivent se demander pourquoi la Compagnie vante un système, l'abandonne et y revient, toujours avec d'excellentes raisons. Ces palinodies risquent, à la longue, de faire mauvaise impression et d'amener certains esprits rationnels à se poser des questions sur ce qui se passe exactement dans l'isthme.

Après avoir ainsi préparé le plan de travail de la Société Artigue, Sonderegger & Co, Philippe Bunau-Varilla y entre au début de septembre 1886, tandis que son frère Maurice, qui vient de racheter le grand quotidien *Le Matin*, y entre également, comme associé.

A la même époque, une autre société s'introduit à la Compagnie de Panama grâce à un chantage astucieux exercé par Emile Arton, dont le rôle apparaîtra dans toute son importance deux ans plus tard, à l'occasion du débat parlementaire sur une nouvelle demande d'autorisation d'emprunt à lots.

Lorsque Charles de Lesseps s'était rendu au Panama, accompagnant l'expert Armand Rousseau, il avait fait la connaissance, à bord du bateau, d'Emile Arton, envoyé secrètement par la Société centrale de Dynamite avec instructions d'enlever le marché de la Compagnie de Panama, jusque-là cliente attitrée d'une compagnie nord-américaine. Arton ne s'était pas contenté de vanter la supériorité de sa dynamite ; il avait aussi laissé entendre à Charles de Lesseps que l'échec du projet de loi devant la Chambre avait une raison bien simple... En effet, les deux membres de la commission qui avaient donné l'avis le plus défavorable étaient justement Paul Barbé et Le Guay, de la Société centrale de Dynamite, qui avaient vainement proposé leurs services — et leur produit — à la Compagnie. « Notre groupe vous a montré sa force, avait ajouté Arton, cette force, il la mettra à votre service si vous renouvelez votre demande d'obligations à lots en vue d'un canal à écluses[1]. »

Il n'y avait plus qu'à s'incliner. C'est ce que fait Charles de Lesseps en signant, le 2 septembre 1886, avec la Société centrale de Dynamite un contrat dans lequel Arton n'a garde de s'oublier. Désormais, l'explosif français sera le seul acheté par la Compagnie de Panama. Un tel exploit lui vaudra, deux ans plus tard, d'être proposé pour la croix de la Légion d'honneur qui semble, à cette époque, aller de pair avec l'acte de naturalisation française.

En dépit de ces changements dans le mode des travaux, l'atmosphère, au Panama, reste lourde et même empoisonnée, car les morts

1. Mémoires inédits de Charles de Lesseps, cités par G. Edgar-Bonnet, *Ferdinand de Lesseps*, t. II.

se succèdent à un rythme inquiétant. Au mois d'octobre 1886 débarquent trente ingénieurs dont treize sont emportés par la fièvre jaune le mois suivant. Puis c'est le tour de Boyer, le directeur général des travaux, qui meurt en disant : « N'abandonnez jamais Panama... »

Sir Claude Coventry, le consul britannique à Panama, qui s'était rendu avec un ingénieur de la Compagnie et vingt-deux hommes dans la vallée supérieure du Chagrès, en revient seul avec l'ingénieur. Dix hommes ont succombé en route et les douze autres sont trop malades pour rentrer. Le lendemain matin, le consul attend vainement l'ingénieur pour déjeuner avec lui : il était mort dans la nuit.

Le Chagrès continue de poser un problème irritant. Au cours de l'été, une relative sécheresse a fait se contracter l'argile et il en est résulté des crevasses qui ont provoqué de nouveaux éboulements. Il a fallu six semaines pour retirer les soixante-dix-huit mille mètres cubes de terre ayant glissé dans le lit du canal.

Il y a de quoi s'inquiéter, mais Lesseps demeure optimiste. Au mois d'octobre 1886, il se rend à New York pour l'inauguration de la statue de la Liberté. A l'issue de la cérémonie, devant le président des Etats-Unis, Cleveland, il donne rendez-vous à l'assistance pour une autre inauguration, celle du canal reliant les deux océans. « Au revoir, conclut-il, à Panama... »

*

En voyant les déplacements si nombreux de Lesseps, octogénaire et toujours alerte, on peut penser que cette existence en perpétuelle représentation est pour lui un moyen, sinon de s'étourdir, du moins de se rassurer en touchant les dividendes d'un capital de popularité encore intact. Les applaudissements qu'il récolte à chacune de ses apparitions en public couvrent les mauvais bruits qui commencent à se répandre. Il s'assure ainsi des succès personnels qui paraissent garantir celui de son œuvre et lui donnent un avant-goût de cette inauguration à laquelle, en dépit de son âge, il espère assister.

Au début de l'année 1887, sous un mince prétexte — il s'agit de remettre à un vieil ami de jeunesse, Herbette, ambassadeur à Berlin, les insignes de commandeur de la Légion d'honneur —, il part pour l'Allemagne. Le motif invoqué ne paraît pas suffisamment convaincant pour l'opinion publique ; elle y voit une mission secrète auprès de l'empereur Guillaume Ier ou bien une démarche intéressée : obtenir du gouvernement allemand de l'argent pour Panama. Aux questions des journalistes, Lesseps répond avec un air faussement naïf qu'il ne se rend là-bas que parce qu'il est le plus valide de tous les grand-croix de la Légion d'honneur.

Parti le 8 mars de la gare du Nord, par le train de l'aube, il arrive à Berlin le 9, descend à l'ambassade, Leipziger Platz, et, sans un instant de repos, se rend à Potsdam, où il est reçu par l'empereur et l'impératrice.

Le lendemain, il est de nouveau reçu au palais, mais par l'impératrice Augusta seulement, puis, le soir, il dîne chez le duc de Sagan. Dans la matinée du 11 mars, il a une entrevue avec le chancelier Bismarck, entretien dont rien ne filtre et que l'on croit pour cela important, alors qu'il ne s'agit sans doute que d'une visite de courtoisie. Dès le lendemain, *La Lanterne*, à Paris, s'indigne de voir « la France aux pieds de M. de Bismarck pour mettre la Chambre dans la main de MM. de Freycinet et Ferry ».

Pendant les trois jours qu'il passe encore à Berlin, Lesseps déjeune avec le Kronprinz Frédéric, visite le musée ethnographique, voit la princesse de Meiningen, fille du Kronprinz, à Charlottenburg, et *La Walkyrie*, à l'Opéra, puis, le 3 mars, il rend une dernière visite à l'empereur qui, pour son retour à Paris, a fait mettre un wagon-salon à sa disposition.

Il faut se rappeler le climat de haine vivace et vigilante alors existant de part et d'autre du Rhin pour comprendre la levée de boucliers que suscite un tel déplacement, plutôt mondain que politique. On prête à Lesseps les plus noirs desseins ; on l'accuse des pires abaissements devant l'ennemi héréditaire. Certains journaux le vouent aux gémonies. Dès le 14 mars, *La Revanche*, dont le titre à lui seul est un programme, écrit : « On s'inquiète malgré soi en pensant qu'une négociation évidemment grave a dû être confiée à un personnage dont le principal titre patriotique consiste dans le fait d'avoir installé les Anglais dans la Méditerranée, d'avoir changé, à notre détriment, les routes séculaires du commerce, d'avoir détourné de nos ports les denrées asiatiques et ruiné notre agriculture en amenant à vil prix les moissons de l'Inde sur nos marchés et qui s'emploie maintenant à fourvoyer l'épargne dans l'immense flouerie de Panama... » Ce ton haineux montre assez que tout grand homme à ses détracteurs, et toute popularité, ses limites.

Désormais, la meute des journalistes ultra-patriotes et revanchards hurle avec ensemble et le déchire à belles dents. *La Lanterne*, *L'Action, Le Voltaire, La Nation*, et même l'aristocratique *Gaulois* rivalisent de mauvaise foi et de sarcasmes pour dénoncer le traître, accusé en même temps de machiavélisme et de sénilité. Le *Don Quichotte*, une feuille satirique éditée à Bordeaux, tire la morale de l'aventure avec une ballade assez piquante. En voici quelques couplets :

Lesseps vous êtes un grand homme ;
Pour un perceur on vous renomme
Illustre et vaillant entre tous.
A quoi bon quitter votre sphère ?
Percez, percez, c'est votre affaire,
Mais ensuite, restez chez vous.

. . . .
Au lieu d'entreprendre à votre âge
Un trop équivoque voyage
Chez les reptiles et les loups,
Au lieu d'aller faire risette
Au pays où fleurit Herbette,
C'est bien simple, restez chez vous.

A chacun son métier sur terre :
L'un est maçon, l'autre notaire,
Un troisième plante ses choux.
Quand vous jouez au diplomate,
C'est un côté qui nous épate :
Restez, restez plutôt chez vous.

La chose, au fond, n'est pas très claire :
Avec inquiétude on flaire
Un je ne sais quoi là-dessous ;
Vous, le Français chevaleresque,
Voilà qu'on vous soupçonne presque :
Décidément, restez chez vous.
. . . .
Non, renoncez à cette fable,
Soyez le Grand Français ; que diable,
Cela doit suffire à vos goûts !
Mettons que tout ça n'est qu'un songe
Et là-dessus, passons l'éponge ;
Mais désormais, restez chez vous.

Ch. Gilbert-Martin.

Cette tempête, à travers les rédactions et les remous qu'elle provoque dans l'opinion, s'apaise assez rapidement, mais une leçon est à retirer de l'aventure : Lesseps est trop en vue pour se permettre un faux pas. Il doit surveiller ses paroles et ne pas se croire au-dessus des partis ou des factions dans un pays où, depuis la disparition de la monarchie, le pouvoir appartient à ceux qui savent le prendre, si peu dignes ou capables qu'ils soient de l'exercer.

*

Comme chaque année, la Compagnie de Panama procède à un nouvel appel de fonds par lancement d'un emprunt obligataire. Hélas ! sur les 500 000 obligations de 1 000 francs offertes à partir du 26 juillet 1887, il n'y en a que 258 887 de souscrites, et à un prix particulièrement bas, ce qui réduit de moitié la somme attendue. Il est vrai qu'à l'assemblée générale du 21 juillet, Lesseps a dû avouer une partie de la vérité, car il n'est plus possible de la dissimuler : « Je me hâte d'ajouter cependant, a-t-il précisé, car nous vous disons toujours la vérité quelle qu'elle soit [*sic*], qu'il n'est pas probable que nous atteignions cette année la moyenne mensuelle de 2 millions de mètres cubes. La saison pluvieuse s'est manifestée dès le 14 juin avec une violence extraordinaire, et le recrutement des ouvriers n'a pas répondu à ce que nous attendions de l'activité de nos entrepreneurs ; notre programme de 1887 en subira nécessairement les conséquences. »

L'échec de l'emprunt est pour Lesseps une deuxième leçon ; c'en est une aussi pour le baron de Reinach qui a remplacé Lévy-Crémieu comme chef du syndicat financier. Reinach, il est vrai, a d'autres soucis en tête avec le chantage exercé sur lui par Cornélius Herz. Sur quoi s'appuie ce chantage ? Il est malaisé de le savoir. Des affaires louches dans lesquelles ils ont été associés, mais dont Reinach aurait assuré seul la responsabilité ? La chose est possible, mais, en ce cas, Herz, qui a désormais une position presque officielle en France, serait éclaboussé par le scandale s'il éclatait. Il doit s'agir plus vraisemblablement de compromissions de Reinach avec quelque puissance étrangère, entre autres l'Italie, pays auquel il doit son titre et avec lequel il a des liens d'affaires pouvant mener à des combinaisons politiques, voire à la fourniture de renseignements ou de documents concernant la défense militaire française. On ne sait la nature exacte des informations qu'il aurait pu fournir, mais l'affaire doit être grave à en juger par la puissance qu'en tire Cornélius Herz et l'âpreté avec laquelle il extorque à Reinach de plus en plus d'argent, exigeant des commissions ou des parts d'intéressement que Reinach dit avoir déjà payées ou données. Cet argent, Reinach le trouve, en partie, dans les caisses de la Compagnie de Panama, mais il n'ignore pas que ces caisses sont de moins en moins pleines et qu'un jour il ne pourra plus payer.

Le 21 juillet 1887, il écrivait à Lesseps — Charles ou Ferdinand — pour se plaindre des pressions qu'il subissait de la part de Cornélius Herz : « Je lui répondrai que vous avez dit qu'ayant refusé la dernière fois vous ne pouvez lui en donner cette fois-ci, que vous n'avez admis que ceux qui vous ont aidé dans la dernière émission. Je vous préviens pour le cas, *peu probable*, où il viendrait vous relancer directement[1]. » Il s'agissait d'intéresser Cornélius Herz à l'émission de l'emprunt en le faisant participer au syndicat.

Pour n'avoir pas voulu céder, Reinach reçoit le 28 août un ultimatum de Herz qui lui réclame, au titre d'autres affaires, un million et menace de le déshonorer s'il ne le lui envoie pas promptement : « Votre refus serait ma ruine, serait la vôtre, écrit Cornélius Herz,

1. Cité par J. Bouvier, *Les Deux Scandales de Panama*, p. 130.

soyez-en absolument convaincu. Je refuse d'une façon absolue toutes combinaisons, toutes transactions. Ou vous remplissez votre devoir envers moi, ou vous me mettrez dans la pénible obligation de vous sacrifier vous et les vôtres : puisque vous avez été sans pitié pour moi et les miens, mon ami Guillot[1] me télégraphiera la décision que vous aurez prise. Rappelez-vous votre testament. Œil pour œil, dent pour dent. A vous[2]. »

Ce que l'on comprend mal est le ton adopté par Herz, qui ressemble à celui d'un domestique renvoyé essayant de faire chanter son ancien maître en le menaçant de révéler à sa femme ses infidélités. Quand on voit Herz reprocher à Reinach de n'avoir pas eu pitié de lui, on pourrait l'imaginer battant le pavé, sans un toit sous lequel s'abriter, ne sachant comment nourrir ses enfants, alors qu'il est déjà fort riche et ne cesse d'acquérir des immeubles. Acculé, menacé, Reinach se débat, essayant vainement d'attendrir son bourreau d'argent.

Au début de septembre, après plusieurs dérobades, il reçoit de Herz une lettre non datée, mais fort significative et montrant que son auteur a les moyens de le faire céder : « Bien souvent vous avez affiché devant moi un grand mépris pour le gouvernement et la Justice de votre pays. Vous parlez de tous les ministres, de tous les magistrats de votre pays comme s'ils étaient vos humbles serviteurs. Eh bien ! essayez donc de prouver que vous avez raison. Vous ne trouverez ni dans le gouvernement, ni dans la magistrature française personne qui puisse s'associer à vos agissements malhonnêtes et qui veuille essuyer à un degré quelconque les conséquences redoutables et le juste châtiment que votre conduite va amener de plus en plus rapidement sur vous. Payez-moi ce que vous me devez. Demandez-moi pardon de votre triste conduite et peut-être consentirai-je encore une fois à tout oublier[3]... »

Il est plaisant de voir un coquin faire la morale à un autre coquin. En marge de cette lettre, Reinach a noté : « Chantage. » Ayant le couteau sous la gorge, il essaie de trouver de l'argent. Une opportunité se présente à lui avec la construction d'écluses pour permettre l'ouverture du canal de Panama dans le délai prévu. Si cette modification du projet initial permettra de réaliser une économie à long terme, en revanche elle est d'abord coûteuse.

Pour obtenir cette commande de la Compagnie, Gustave Eiffel a dû promettre à Hébrard, le directeur du *Temps*, une commission de 5 % sur le montant définitif des factures de la Société Artigue, Sonderegger & Co, en précisant que le paiement de cette commission s'effectuera au fur et à mesure qu'il sera lui-même payé. En échange, Adrien Hébrard s'engage à soutenir de son influence personnelle et de celle

1. Le député Louis Guillot, qui était devenu le factotum de Cornélius Herz.
2. Cité par J. Bouvier, *Les Deux Scandales de Panama*, p. 140.
3. J.-Y. Mollier, *Le Scandale de Panama*, p. 347.

de son journal les projets d'écluses qu'Eiffel a envoyés à la Compagnie. Eiffel a dû promettre également une commission de 5 % à Reinach, commission calculée, celle-là, sur ce qu'il touchera de la Compagnie de Panama. Pour abandonner ainsi 10 % sur le règlement de ses factures, il faut que son contrat rapporte à Eiffel un bénéfice appréciable, et l'on s'explique ainsi le coût particulièrement élevé des écluses. D'après J.-Y. Mollier, il y aurait encore d'autres commissions à verser, peut-être 2 % à Bunau-Varilla. Lors de l'examen des comptes de Panama, on s'apercevra que, sur cette seule commande d'écluses, Artigue, Sonderegger & Co aura touché 1 800 000 francs, Reinach 1 000 000 et Adrien Hébrard 1 760 000 francs dont il a dû rétrocéder une partie à des confrères ayant également soutenu le projet.

A la fin du mois d'octobre 1887, sans se résoudre à pouvoir annoncer officiellement l'adoption d'un canal à écluses, auquel il restera viscéralement hostile, Lesseps déclare que les travaux seront achevés en 1890 et que vingt navires pourront déjà transiter chaque jour, ce qui rapporterait quelque 100 millions par an. Une telle affirmation surprend les milieux d'affaires car, pour achever les travaux, il faut de l'argent, et celui-ci commence à manquer cruellement. L'action de Panama est tombée à 280 francs et la nécessité d'un nouvel emprunt s'impose à nouveau. Pour le lancer, il faut cette fois révéler que la Compagnie renonce au canal à niveau pour adopter la solution du canal à écluses. Elle annonce avoir chargé l'ingénieur Gustave Eiffel de concevoir et de réaliser dix écluses de 180 mètres de long sur 18 de large et profondes de 49 mètres. Il y en aura cinq du côté Pacifique et cinq du côté Atlantique. Le contrat définitif a été signé le 10 décembre 1887. Dans ces nouvelles conditions, le coût final du canal sera de 1 654 000 000 francs, soit plus de trois fois le coût prévu par Lesseps en revenant de son premier voyage au Panama. Pour financer cette dernière opération, il faut 600 millions que Lesseps espère trouver en revenant à son idée d'emprunt à lots, et il écrit au ministre des Finances pour solliciter l'autorisation du gouvernement.

Le moment est mal choisi, car à une crise économique endémique installée depuis 1882 s'ajoutent une crise politique avec la montée du boulangisme et un scandale assez éclatant pour ébranler la République. Le trafic de décorations auquel se livrait Daniel Wilson, gendre du président Grévy, a été découvert, révélant la corruption du monde parlementaire et celle aussi des plus hautes sphères de l'Etat. Après de nombreuses péripéties — chacune ajoutant au scandale — et des émeutes sporadiques, Grévy a dû démissionner, remplacé par Sadi Carnot choisi, non pour ses capacités, mais parce qu'il ne porte ombrage à personne. Si Clemenceau n'a pas dit, lors de son élection, « je vote pour le plus bête », du moins a-t-il eu ce jugement : « Il n'est pas très fort, mais il porte un nom républicain. » En effet, il descend d'un régicide, et c'est une garantie appréciable alors qu'on se prépare à célébrer le premier centenaire de la Révolution.

C'est dans cette atmosphère d'intrigues et d'agitation dans la rue que Jules de Lesseps, le frère cadet de Ferdinand, s'est éteint le 10 octobre 1887. Son enterrement, le 22, a été pour Lesseps, qui menait le deuil avec trois de ses fils, l'occasion de compter ses amis, car sept à huit cents personnes, ainsi que le haut personnel des Compagnies de Suez et de Panama, se trouvaient réunies à Saint-Pierre-de-Chaillot. Il y avait là ce qu'il est convenu d'appeler le Tout-Paris, c'est-à-dire un mélange hasardeux d'ambassadeurs et de gens de lettres, de haute finance et de vieille aristocratie, d'amiraux et d'altesses en exil. Jules étant son cadet de quatre ans, Lesseps peut se sentir indestructible en voyant moins âgé que lui le précéder dans la tombe, ou bien regarder cet enterrement comme une répétition avant le sien, à la veille de son quatre-vingt-deuxième anniversaire. Il est vrai que sa dernière fille n'a pas encore deux ans et que cette postérité tardive entretient autour de lui une jeunesse éternelle.

*

Les amis des Lesseps, leurs nombreux visiteurs à Paris ou à Ismaïlia, sont tous frappés par l'abondance de cette progéniture et sa vitalité. La maison résonne de leurs cris, de leurs disputes et du bruit de leurs jeux sans que Lesseps en paraisse ennuyé ou simplement dérangé. Il règne en divinité tutélaire et adorée, d'autant plus qu'il est souvent absent. Un dieu ne doit jamais trop se montrer. Chacun de ses retours au foyer donne lieu à des scènes semblables à celles décrites dans l'Evangile pour la réapparition de l'Enfant prodigue. On tue le veau gras, dont bientôt ses détracteurs feront un veau d'or, engraissé sur les chantiers de Panama. Bien que fort jeunes encore, ses enfants savent l'étendue de sa renommée, car ils le voient salué dans la rue par des inconnus, ovationné lorsqu'il sort avec eux dans Paris ou qu'il les exhibe au Racing Club du bois de Boulogne. Ils en sont très fiers et l'adorent, car, en dépit de son âge et de ses occupations, Lesseps sait être un bon père, un peu à la façon d'Henri IV, aimant jouer, parler avec eux, encourageant leurs questions et ne s'impatientant pas de leurs familiarités. Sa favorite est Ferdinande qui l'accompagne souvent dans ses voyages et a déclaré un jour, alors qu'on parlait de mariage en sa présence : « C'est Papa que je veux épouser... » Habituée à partager sa vie errante, elle a plus de liberté de langage à son égard et amuse l'entourage par ses réflexions. Un jour que son père préside une distribution de prix et parle abondamment au milieu d'un silence respectueux, elle le coupe en s'écriant : « Oh ! Papa, donne un prix à ce pauvre Edmond : tu vois bien qu'il attend ! »

C'était un des spectacles favoris des Parisiens qu'une sortie de la famille Lesseps en charrette anglaise emplie d'enfants presque identiques à quelques centimètres près, coiffés de chapeaux Jean-Bart, vêtus de costumes marins, ce qui donnait à la bande l'aspect d'une tournée publicitaire à l'américaine. En voyant passer la voiturée, les gardes du Bois s'attendrissaient : « La charrette est pleine aujourd'hui... » constataient-ils, heureux de voir tout ce petit monde en bonne santé. Au fur et à mesure que ses enfants ont grandi, Lesseps les a juchés sur des poneys, puis sur des chevaux. Marie-Louise Pailleron se rappellera les arrivées de Lesseps et de ses enfants à l'hôtel de Chimay, quai Malaquais. Tout le voisinage était aux fenêtres pour voir passer le Grand Français qui « faisait ouvrir la lourde porte cochère par le concierge, se plaçait à l'entrée de la grande cour, et comptait sa smalah. Quelquefois il arrivait qu'un traînard apportât le désordre et que le portier, ignorant le nombre des enfants, se préparât à fermer la porte avant qu'il fût complet ; alors M. de Lesseps levait son stick : “Ne fermez pas ! Il y en a encore !” et le gosse arrivait, bride abattue, tournait autour de la grande cour sablée, comme autour d'un manège, se rangeait à sa place derrière les premiers arrivés avec une précision et une justesse à faire envie à un piquet de haute école [1] ».

Excellent cavalier, Lesseps attend de ses enfants les mêmes dispositions et ne se laisse attendrir ni par les chutes ni par les cris. Il mène, allant de l'avant, sans un regard en arrière et sans se préoccuper des traînards ou des maladroits. A eux de se débrouiller, et de se ramasser. Un jour qu'une de ses filles refuse en pleurant de monter sur un âne ombrageux, Lesseps lui dit froidement : « C'est bien, tu n'es plus ma fille, je ne veux plus te voir, te parler, t'embrasser. » L'enfant ne peut imaginer pire punition. Aussi, ravalant ses larmes, elle escalade l'âne et s'y cramponne.

Un des grands jeux des enfants, lorsqu'ils se promènent au Bois, est d'essayer de désarçonner Clemenceau, qu'ils détestent, en se jetant en travers de son cheval ou en se livrant à quelque autre exercice intempestif, mais Clemenceau est lui-même trop bon cavalier pour se laisser surprendre.

Il y a chez les Lesseps une liberté d'allure et de ton qui tient sans doute au fait que leurs parents appartiennent tous deux à des familles ayant presque toujours vécu hors de France et sous d'autres cieux, échappant ainsi à l'esprit de bourgeoisie qui, à l'instar du victorianisme en Grande-Bretagne, a imprégné, puis figé la société. Les visiteurs s'ébahissent, lorsqu'ils arrivent au chalet de Lesseps, à Ismaïlia, de voir les enfants s'ébattre nus dans le jardin. S'ils sont un peu plus vêtus à

1. M.-L. Pailleron, *Ferdinand de Lesseps, mon parrain*, in *Revue des Deux-Mondes*, 1er février 1939, p. 582.

Paris, ils font preuve d'une turbulence qui tranche sur les manières guindées des rejetons de la bonne société. Un jour, une amie de Mme de Lesseps trouve celle-ci dans sa chambre et debout sur son lit, une cravache à la main : « Ah ! c'est vous, Marie, dit-elle, en retombant sur ses oreillers. Figurez-vous que les jumeaux veulent absolument apporter leur cheval mécanique sur mon lit ; ils font l'assaut de ma chambre, je ne puis me défendre, ils sont plus forts que moi. »

Robustes, les enfants Lesseps sont également vifs d'esprit, malicieux, aimant les plaisanteries, surtout les mauvaises. Une année, à La Chesnaye où un ennuyeux parent s'était invité, ils jugent que sa visite a suffisamment duré. Pour l'inciter à partir, les aînés de la bande imaginent de lui faire envoyer un télégramme annonçant que la tempête a emporté le toit de son manoir et qu'il doit rentrer d'urgence. Alors que l'indésirable est sur le départ, les auteurs de la plaisanterie, craignant peut-être les foudres paternelles, lui envoient un second télégramme : « Vent contraire a rapporté toit. Tout est en ordre. »

Lesseps continue de pratiquer une large hospitalité, soit en tenant table ouverte, soit en donnant de grandes réceptions dont *Le Figaro* et *Le Gaulois* se font l'écho, énumérant les invités de marque et décrivant les toilettes des femmes les plus riches, sinon les plus belles. Le récit de ces fêtes excitera bientôt la verve amère des petits journaux et des feuilles satiriques lorsque les premiers craquements de Panama permettront d'entrevoir le gouffre dans lequel se sont englouties les économies des petits épargnants.

Ce sont les derniers beaux jours de la famille, alors que le ciel se charge à l'horizon. Un des meilleurs témoins du temps, Ferdinand Bac, qui a rencontré Lesseps chez Victor Hugo, admire en lui le gentilhomme et sa politesse extrême, un peu surannée, car la courtoisie tend à disparaître. « Avec ses petits yeux malins et sa moustache aux pointes effilées, il était peut-être un des derniers hommes d'affaires unissant notre XVIIIe siècle à la hardiesse américaine [1]. »

Homme d'affaires, il l'est jusqu'à l'obsession, non par goût de l'argent, mais par besoin, presque maniaque avec l'âge, de créer. Déjà, au temps de Suez, ses collaborateurs s'étonnaient que la pensée du canal ne le quittât jamais un instant et qu'il ne parlât que de cela. Désormais, il est complètement absorbé dans son rêve, indifférent au bruit du monde. « En dehors des siens et de son œuvre, écrira sa filleule, Marie-Louise Pailleron, rien ne l'intéressait sérieusement. » Au théâtre, ajoutera-t-elle, « il n'écoutait guère, il était le plus souvent autre part, *absent*, quand il n'expliquait pas dans un coin de la loge, à un invité attentif, quelque problème technique sur l'ensablement des estuaires et sur les écluses dont il ne voulait pas, d'ailleurs, dans ses projets ». Et Marie-Louise Pailleron donnera de cette attitude un exemple en

1. F. Bac, *Intimités de la IIIe République*, t. I, p. 91.

racontant qu'un soir, au Français, écoutant *La Nuit d'octobre*, il était sorti de son rêve « pour demander à sa femme qui était cette mariée qui, depuis si longtemps, disait de si beaux vers. Il voulait désigner la Muse dont il avait oublié les premières strophes [1] ».

1. M.-L. Pailleron, *Ferdinand de Lesseps, mon parrain*, in *Revue des Deux-Mondes*, 1er Février 1939, p. 585.

16
LA MISE À MORT
1888-1892

Au début de l'année 1888, la Compagnie de Panama redemande au gouvernement l'autorisation d'émettre un emprunt à lots, et le président du Conseil, Paul Tirard, se penche à son tour sur le rapport Rousseau. Il convoque en son cabinet l'auteur, l'écoute et, plus tard, reconnaîtra que celui-ci avait insisté sur l'urgence des mesures à prendre pour assainir l'entreprise et hâter l'achèvement des travaux. Néanmoins, mal impressionné, il refuse l'autorisation.

Rendu public le 20 janvier 1888, ce refus suscite une certaine émotion dans le pays où s'organise un mouvement de pétitions, soutenu par la presse. Le 1er mars, le député Alfred Michel dépose sur le bureau de la Chambre un projet de loi autorisant l'emprunt, et, devant le nouveau refus du gouvernement, la Chambre, ainsi qu'elle en a le droit, songe à prendre l'initiative de la demande.

En attendant qu'elle le fasse, il faut vivre : aussi la Compagnie émet-elle encore, le 14 mars 1888, 350 000 obligations de 1 000 francs offertes à 460 francs seulement. Au lieu des quelque 160 millions espérés, elle n'en recueille que 35, ce qui montre à quel point son crédit est bas.

La demande d'autorisation a été transmise à une commission de onze députés qui, après l'avoir examinée, se partage en deux camps : cinq membres pour l'autorisation, cinq contre, Félix Faure, en bon Normand, ayant préféré s'abstenir. La partie va être rude, et Cornélius Herz, dispensateur des fonds secrets de la Compagnie, fait ce qu'il faut pour éclairer les membres de la commission sur leur véritable devoir, ou plutôt sur leur véritable intérêt. Deux membres sont acquis déjà : Gilbert Le Guay et Jean-Baptiste Saint-Martin, puisqu'ils sont administrateurs de la Société centrale de Dynamite devenue, grâce aux bons offices d'Arton, le fournisseur exclusif de la Compagnie de Panama. Sans-Leroy, député de l'Ariège, est grassement payé puisque, le lendemain de son vote en faveur de l'emprunt, il déposera au Crédit Lyonnais 200 000 francs. Pesson, député de l'Indre-et-Loire, aura le bon esprit de mourir avant le procès de 1893, mais sa veuve, honnête ou apeurée, restituera 50 000 francs à la Compagnie. Henri Maret, président la commission, qui s'était, la première fois, montré hostile à l'emprunt, a changé d'avis et l'approuve : il signe le rapport de la commission donnant un avis favorable.

Déposé le 23 avril, ce rapport est discuté par les députés dès le lendemain. Les débats commencent mal avec une interpellation de Léopold Goirand qui dénonce les étrangetés du contrat passé entre la Compagnie de Panama et Gustave Eiffel, chargé de la construction des écluses et de la fourniture des portes : « J'ai vu, Messieurs, bien des contrats, rédigés par les intelligences les plus déliées, s'écrie-t-il, je n'en ai jamais vu d'aussi curieux que celui-là... »

En effet, si Eiffel a dû déposer, pour obtenir la commande, un cautionnement d'un million de francs, dont 200 000 francs payables quinze jours après la signature du contrat, et le reste en deux ans, il a déjà reçu, dès la signature, un acompte de 200 000 francs, puis 1 100 000 francs dans les trois mois qui ont suivi. La Compagnie lui a donc fourni — et même au-delà — les fonds nécessaires à son cautionnement. Si l'on additionne les allocations touchées en dehors de tout règlement pour travaux effectués, entre la signature du contrat et le mois d'avril 1888, Eiffel a déjà reçu de la Compagnie 3 750 000 francs contre un versement de sa part de seulement 200 000 francs. « Aujourd'hui, conclut Goirand, grâce au merveilleux contrat que j'ai analysé, nous voyons s'élever peu à peu le colossal monument qui doit, dit-on, rester comme un témoignage de notre industrie nationale ; mais le tour de force dont M. Eiffel pourra surtout se féliciter, ce sera moins d'avoir élevé sa tour que de l'avoir construite avec l'argent des actionnaires de Panama. »

Cette déclaration jette un froid, mais des orateurs, non moins véhéments, se lèvent pour défendre le projet de loi. Là aussi, l'argent de la Compagnie, judicieusement distribué par Arton, fait merveille et donne à quelques députés des accents convaincants. La brillante intervention de celui de la Corse, Emmanuel Arène, n'a coûté que 20 000 francs alors que Dugué de la Fauconnerie a reçu 25 000 francs et beaucoup moins bien parlé. Léon Renault, l'ancien préfet de police, et Bernard Béral, stipendiés par Reinach, se prononcent eux aussi pour l'autorisation. Lorsqu'on passe au vote, le projet de loi est adopté par 284 voix contre 128. Cette majorité confortable est en partie due aux voix achetées, comme celles de Paul Devès, d'Antonin Proust, de Gustave Gobron qui ont touché chacun 20 000 francs. Maurice Rouvier, une des grandes figures du Parlement, a reçu 50 000 francs ; Charles Baïhaut, lui, avait été payé deux ans plus tôt, et grassement, puisqu'il avait reçu 375 000 francs... A ces noms connus, il faut en ajouter d'obscurs : Clovis Hugues, une belle conscience populiste, Tony Révillon,

Emile Jullian, Camille Richard, Alfred Michel, Henri Letellier, Eugène Rigaut, un certain Souligoux, etc.

Pour apaiser les scrupules de journalistes volontiers redresseurs de torts, Emile Arton a équitablement réparti une somme de 300 000 francs entre cinq courriéristes hostiles aux puissances de l'argent. Raoul Canivet, du *Paris*, a reçu 75 000 francs ; Victor et Henri Simond, du *Radical*, également 75 000 francs chacun, Gustave Simond, 25 000 francs seulement, sans doute parce que moins lu. Un certain Papuchon, du *Parti ouvrier*, a touché 50 000 francs.

Charles Floquet, président de la Chambre, a reçu la meilleure part avec 300 000 francs destinés, dira-t-il plus tard, à financer la campagne du candidat gouvernemental lors des élections du Nord, pour faire pièce au candidat boulangiste. C'est un don gracieux de 100 000 francs que recevra le journal *Le Soir*, au mois de juillet, pour bien parler de la Compagnie.

Au Sénat, le projet de loi est adopté sans autant de débats qu'à la Chambre, et la loi autorisant la Compagnie à emprunter 600 millions par émission d'obligations à lots est promulguée le 9 juin 1888. Il y aura six tirages annuels de lots allant de 1 000 francs à 500 000 francs, soit au total 3 390 000 francs à répartir en vingt-cinq ans. Cela peut attirer le petit épargnant, mais montre à quelles extrémités la Compagnie se trouve réduite. Il lui faut promettre beaucoup d'argent pour en trouver un peu. Aura-t-elle seulement les moyens d'effectuer le paiement des lots ? Elle est déjà aux abois, ayant dû, le 14 mai, emprunter 30 millions de francs à la Société Générale et au Crédit foncier. Les seuls frais de campagne et les sommes versées de manière occulte ont absorbé déjà 40 millions.

Le syndicat bancaire a imposé pour cette émission de juin 1888 des conditions que, pour une fois, les circonstances justifient : 2,50 francs par titre, auxquels s'ajoute une prime de 20 francs sur les 800 000 premiers titres, puis une prime dégressive sur les trois fractions suivantes de 400 000 obligations chacune. Au total, la garantie de l'émission coûte 16 millions pour la première tranche d'obligations, 6 millions pour la deuxième, 4 pour la troisième et 2 pour la quatrième.

Pendant toute la durée de l'émission, il faut continuer de soudoyer la presse afin qu'elle soutienne l'emprunt, et jamais la presse ne s'est montrée aussi avide. La Compagnie de Panama est désormais une vaste assiette au beurre où certains ont un doigt, d'autres plusieurs, quelques-uns toute la main. Attirés par cette odeur d'argent, les profiteurs, les parasites, les aigrefins accourent, proposant leurs services, les chiffrant, puis, s'ils sont éconduits, revenant à la charge avec des prétentions plus fortes, haussant le prix avec le ton et finissant par exiger ce qu'ils avaient d'abord sollicité. Leurs prétentions croissent au fil des jours. Après s'être faits payer pour bien parler de la Compagnie, vanter chacun de ses emprunts, diffuser des nouvelles meilleures qu'elles ne le sont en réalité, ils réclament maintenant de plus fortes rétributions pour étouffer les mauvaises rumeurs venues de l'isthme et placer de ci de là quelque écho favorable.

La Compagnie de Panama est devenue la dispensatrice d'une manne à laquelle chacun possède un droit. On remarque, chez ces parasites, deux tendances contradictoires : profiter de la Compagnie et, en même temps, la combattre. Hostiles à sa réussite, ils concourent à sa perte en la rançonnant, mais, en poussant à sa ruine, ils se privent en même temps de la rente qu'ils lui extorquent.

Alors que le projet de loi était en discussion, bien des journalistes étaient venus offrir leurs services, en accompagnant leurs propositions de menaces voilées qui pouvaient s'interpréter ainsi : ou vous rétribuez notre concours, ou bien vous achetez notre silence. Un jour, un huissier avait fait passer à Charles de Lesseps la carte d'un agent de change assez connu. Charles avait prié l'huissier de l'introduire et il avait vu entrer dans son bureau, non l'agent de change, mais un inconnu, accompagné d'un autre homme, et qui avait utilisé cette carte pour forcer sa porte. Un des deux coquins s'était déclaré éditeur, prêt à publier un pamphlet sur le canal de Panama. La couverture avait pour ornement un catafalque avec cette inscription : *A la mémoire des victimes de la folie de Panama*. Il estimait à 15 000 francs son bénéfice sur la vente... Charles de Lesseps avait refusé de céder à ce chantage et la brochure avait paru, vendue sur le Boulevard pendant un certain temps.

Ce chantage est devenu une pratique courante à Paris : « Les grandes sociétés, dira l'expert Vallé dans son rapport sur la Compagnie, se sont définitivement résignées à ces redevances régulières... Elles paient pour qu'on les loue, elles paient pour qu'on ne les attaque pas. »

*

Les journalistes ne sont d'ailleurs que menu fretin comparés aux financiers, comme le révélera l'examen des comptes du banquier Hugo Oberndoerffer qui, pour la seule émission du 26 juin 1888, aura réalisé un profit de 4 439 842 francs.

Cette émission a mis sur le marché 2 millions d'obligations d'une valeur nominale de 400 francs, mais offertes à 360 francs seulement, avec un tirage au sort de lots tous les deux mois. Le public ne mord guère à l'hameçon et n'apporte à la Compagnie que 254 millions sur les 600 espérés. Il est vrai que la malchance s'en est mêlée avec la diffusion d'un télégramme annonçant la mort de Ferdinand de Lesseps, ce qui a aussitôt tari l'afflux des souscriptions. *Le Petit Journal* et *Le Matin* ont largement diffusé cette fausse nouvelle, et Lesseps y verra, non sans raison, une manœuvre de spéculateurs jouant à la baisse. Indigné par la déloyauté du procédé, auquel il est d'autant plus sensible qu'il n'est jamais agréable d'apprendre sa mort lorsqu'on a quatre-vingt-trois ans, il fait diffuser au mois de juillet une brochure intitulée *Notes et Documents. Emission du 26 juin 1888*, relatant et commentant les épisodes de cette dernière bataille, hélas ! perdue.

Le baron de Reinach conseille avec raison d'annuler la souscription et de rembourser pour attendre une meilleure occasion, mais Lesseps ne l'écoute pas. Dans cette affaire, Reinach a été, lui aussi, largement payé pour ses services puisqu'il a reçu de la Compagnie 4 940 000 francs, mais la majeure partie de cette somme a été rétrocédée sous forme de vingt-six chèques au porteur tirés sur la Banque de France et remis à des intermédiaires qui les ont endossés au profit des bénéficiaires réels. Dans cette distribution de la manne panaméenne, Herz, de son côté, a touché 10 millions, ce qui ne lui suffit pas. Le 10 juillet, il télégraphie à Marius Fontane, secrétaire général de la Compagnie : « Votre ami [Reinach] cherche à tricher. Il faut qu'il paie ou saute, et, s'il saute, ses amis sauteront avec lui. Je briserai tout plutôt que d'être volé d'un centime. Avisez, car il n'est que temps. »

Herz ne se plaint pas seulement auprès de Fontane. Il fait aussi ses doléances à deux hommes politiques en vue, Arthur Ranc et Georges Clemenceau, qui jugent l'affaire assez grave pour en avertir le ministre de la Guerre, Freycinet. Celui-ci convoque aussitôt Charles de Lesseps et le prie de ménager Cornélius Herz en conseillant au baron de Reinach de s'exécuter. Reinach a déjà envoyé à Herz, le 18 juillet, deux chèques d'un million chacun, puis lui a fait trois versements de 228 070 francs : « J'ai payé tout le monde, écrit-il à Charles de Lesseps, et le docteur H[erz] en partie. C'est donc le moment de vous donner ma situation afin que vous examiniez où et comment vous pourriez me donner satisfaction. Il s'agit pour moi, non pas de bénéfice, mais de rentrer dans mes débours. Vous m'avez remis 4 940 000 F ; j'ai ajouté de ma poche 4 000 000 ; mon compte exact à ce jour est de 8 940 000 F. Dans ce que vous m'aviez remis, vous comptiez pour moi un bénéfice de 1 500 000 F[1]. »

De tous les chèques qu'il a distribués, Reinach en a remis cinq, le 17 juillet, à Paul Barbé, le directeur de la Société centrale de Dynamite, en remerciement de son vote en faveur de l'emprunt à lots. A ce propos, il faut noter que, l'emprunt n'ayant pas réussi, Reinach réclamera de la succession de Paul Barbé, mort le 28 juillet 1890, une partie de la somme versée. Le tribunal auquel il s'adressera pour faire trancher le litige condamnera les héritiers à lui restituer 330 000 francs sur 550 000.

Au mois de septembre, Herz n'est toujours pas intégralement payé par Reinach. Clemenceau et Floquet interviennent auprès de Ferdinand de Lesseps pour que soit donné satisfaction à l'insatiable

1. Cité par J. Bouvier, *Les Deux Scandales de Panama*, pp. 134-135.

docteur, mais Lesseps et son fils ont d'autres soucis en tête, et trop peu d'argent en caisse, pour se substituer au baron de Reinach.

Ils ont dû créer avec Henri Cottu, administrateur de la Compagnie, une Société civile pour l'amortissement des obligations à lots du dernier emprunt, c'est-à-dire une sorte de caisse d'assurance, alimentée par une contribution de 60 francs par obligation souscrite afin de constituer un fonds placé en rentes françaises ou en titres garantis par le gouvernement, valeurs sûres dont le revenu servirait au paiement des lots, mais l'échec de l'émission ne permet pas de constituer la réserve envisagée. Il reste à souhaiter que le hasard ne fasse pas sortir des lots trop importants...

Voulant rassurer les actionnaires, alarmés par la chute de l'action à 265 francs, Lesseps, à l'assemblée générale du 2 août 1888, leur tient un langage optimiste : « Je ne m'arrêterai pas, leur déclare-t-il. Ai-je le droit de m'arrêter lorsque j'ai derrière moi une armée de fidèles associés, quand la moindre défaillance compromettrait leur œuvre et leur fortune ? Ai-je le droit de m'arrêter quand j'ai la conviction profonde que les obstacles ne résultent pas de la nature de l'entreprise, mais sont ceux suscités par quelques ambitieux déçus et par la convoitise de ceux qui sont toujours prêts à semer la tempête pour s'enrichir des épaves du naufrage ? »

Pour raffermir les cœurs défaillants, et enrayer la chute de l'action qui continue de baisser, Lesseps, accompagné de Charles, effectue une tournée de conférences à travers le pays, parcourant près de cinq mille kilomètres au cours du mois d'octobre et visitant vingt-quatre villes. Rapidement épuisé par cette vie nomade et les voyages de nuit, il renonce à prendre la parole et laisse son fils haranguer l'auditoire. Assis sur l'estrade à côté de lui, il écoute, interrompant de temps en temps l'exposé pour montrer ainsi qu'il en suit le déroulement. Tous deux se rendent aussi à Londres et à Bath, mais l'intérêt qu'ils suscitent paraît aussi épuisé que le crédit de la Compagnie. Malgré tout, Lesseps continue d'espérer contre toute espérance. Il avait naguère envisagé des pourparlers avec des magnats américains, entre autres Vanderbilt, pour lui demander de s'associer avec lui, puis il avait songé à hypothéquer les quelque cinq cent mille hectares de la concession de Panama pour trouver de l'argent, et pour cela il s'était adressé au baron de Rothschild, mais partout il s'était heurté à de courtoises fins de non-recevoir.

Il ne lui reste qu'une issue : se procurer de l'argent grâce à un ultime emprunt que certains appelleront « l'émission de la dernière chance » et d'autres « l'émission de l'agonie ». Pour cela, il rédige un bref appel, se terminant par cette exhortation : « Le moment est décisif ; l'avenir de l'entreprise est entre vos mains ; vous ne voudrez pas la livrer aux spéculateurs qui la convoitent. » Trois jours plus tard, il renouvelle sa démarche en évoquant les quatre cents comités créés pour soutenir la Compagnie, et il en appelle au patriotisme des Français, à ceux qui lui ont fait confiance et doivent lui maintenir cette confiance.

Cette émission désespérée du 12 décembre 1888 porte sur quatre cent mille obligations, reliquat de celles du mois de juin. Un moment, sur une rumeur non vérifiée, Lesseps croit au succès de l'opération. Il arrive à 4 heures de l'après-midi au siège de la Compagnie, annonçant que l'emprunt est couvert, l'entreprise sauvée *in extremis*, et, dans son émotion, il ne peut retenir ses larmes. Un vent de folie souffle sur la foule assemblée dans le hall : on s'exclame, on s'embrasse, on rit, on se félicite, on fait de nouveaux projets. Cette illusion dure jusqu'au lendemain lorsque Charles de Lesseps déclare aux petits porteurs qui assiègent la Compagnie que la nouvelle de la veille était fausse. En réalité, la souscription est inférieure au minimum légal, et la Compagnie devra rembourser les souscripteurs. Conscient de l'impair commis par Lesseps en annonçant prématurément un succès, Charles ajoute : « Mon père est plus jeune d'esprit que moi. Ses déclarations furent faites sur la foi d'une information optimiste que je lui avais rapportée. Le résultat est la faillite ou la reconstitution de la Société. »

Cette fois, l'échec est total. La Compagnie doit suspendre des paiements et solliciter du gouvernement une prorogation de ses échéances à trois mois. Soumise à la Chambre, sa demande est rejetée par 256 voix contre 181. En apprenant ce refus, Lesseps murmure, accablé : « C'est impossible ! C'est une honte ! »

Pour lui, c'est non seulement une défaite, un rêve anéanti, mais la ruine ou peu s'en faut. Il a englouti dans la Compagnie de Panama presque toute sa fortune, et, pour la seule émission de juin 1888, il a souscrit six cent neuf obligations dont le cours va s'effondrer. Il n'est malheureusement pas le seul à être ruiné. Beaucoup de petits épargnants ont perdu toutes leurs économies, qu'ils avaient espéré voir fructifier comme leurs aînés celles placées dans la Compagnie de Suez. Il y a des pleurs, des grincements de dents, quelques suicides spectaculaires, moins nombreux que la légende essaiera de le faire croire, car, dans son ensemble, la masse des actionnaires et obligataires, assommée par la nouvelle, est muette, émue par l'échec du Grand Français, pressentant qu'il y a eu contre son œuvre et lui-même une espèce de conjuration. On le plaint plus qu'on ne l'accuse.

La Compagnie demande au tribunal de Commerce de la Seine la nomination de trois administrateurs provisoires, et le tribunal désigne trois personnalités fort connues : MM. Denormandie, Baudelot et Hue. Leur premier soin est d'essayer de sauver la Compagnie et, pour cela, ils ne ménagent ni leur peine ni leur temps. Ils s'adressent d'abord au ministre des Finances, Paul Peytral, qui, s'abritant derrière un mot d'ordre de Sadi Carnot, leur refuse le soutien du gouvernement. Le 25 décembre, les trois administrateurs tentent une démarche auprès du directeur du Crédit foncier, Christophle, et, le 27, ils ont une longue conférence avec les dirigeants des principales banques parisiennes pour leur exposer la situation. Hutin, l'ingénieur en chef des travaux de la Compagnie, estime à onze millions par mois le coût des travaux jusqu'à leur achèvement. En nantissement d'un prêt, les trois administrateurs proposent les actions du Panama Railroad, mais les financiers appelés au chevet de la Compagnie moribonde refusent de la ressusciter. Déçus dans leur espoir, les actionnaires et obligataires s'en prennent violemment au directeur du Crédit foncier qui, sous leur pression, accepte de rencontrer les anciens administrateurs, le 3 janvier 1889, pour discuter avec eux de la création d'une Société nouvelle de Panama, dont la moitié du capital social serait apportée par les actionnaires et les obligataires de l'ancienne Compagnie.

Hélas ! parviennent à ce moment du Panama des nouvelles propres à glacer les banquiers. L'ordre de suspension des travaux y a jeté le trouble et la désolation. L'émeute y gronde au point que le ministre de la Marine a télégraphié à l'amiral commandant l'escadre aux Antilles de détacher deux navires de guerre pour aller au Panama protéger les intérêts français. En dépit de ces mauvaises nouvelles, les négociations se poursuivent, mais aucune solution positive ne s'en dégage.

Le 26 janvier 1889, Ferdinand de Lesseps tient à l'Hippodrome une assemblée des actionnaires devant laquelle il expose un projet de reprise de la Compagnie et remercie les souscripteurs qui avaient renoncé au coupon du mois de décembre pour assurer la paie des ouvriers, mais il laisse peu d'espoir à ses auditeurs. Effectivement, les banquiers rompent les négociations.

Il ne reste plus à Lesseps qu'à s'incliner. Le 2 février 1889 paraît pour la dernière fois le *Bulletin du canal transocéanique*, et, le 4 février, le tribunal civil de la Seine prononce la dissolution de la Compagnie de Panama, nommant comme liquidateur Joseph Brunet qui, lui aussi, va tenter de reconstituer la Compagnie sur une autre base. Le 6 février, Lesseps lui adresse un émouvant message, acte d'abdication par lequel il sacrifie tout intérêt personnel et même tout amour-propre en faveur de l'œuvre à sauver : « Je remets entre vos mains, comme je le dois, les destinées de l'œuvre entreprise à Panama pour le progrès du monde... Son achèvement par la France est mon but unique. Disposez de moi de toutes manières et dans l'intérêt de ceux qui m'ont suivi et ne m'ont jamais abandonné. Dans les négociations que vous pourriez poursuivre, ne vous préoccupez ni de ma personne, ni de celle de mon fils, ni d'aucun de mes collaborateurs [1]. »

Brunet fait de son mieux pour préserver le matériel de la Compagnie et apaiser les entrepreneurs qui menacent d'employer la force, en

1. Cité par G. Edgar-Bonnet, *Ferdinand de Lesseps*, t. II, p. 249.

armant leurs ouvriers, pour se faire payer. Il envoie sur place un ingénieur pour chiffrer le coût d'achèvement du canal à écluses. La commission technique qui étudiera son rapport estimera que, compte tenu du bon état du matériel, il faudrait huit ans et neuf cents millions pour venir à bout du percement de l'isthme. En attendant de prendre une décision, et surtout d'en avoir les moyens, Brunet résilie les contrats passés avec les entrepreneurs et réussit même à récupérer trois millions auprès de Gustave Eiffel.

*

Revenus de leur stupeur, quelques actionnaires et obligataires de la Compagnie de Panama déposent plainte auprès du procureur général Quesnay de Beaurepaire. Il s'agit de plaintes isolées, vagues et sans autre fondement que l'amertume d'espoirs frustrés. Le procureur ne trouve pas motif à poursuivre et procède au classement sans suite.

D'autres événements font d'ailleurs oublier les malheurs de Panama. Le 5 mars 1889, le suicide de Denfert-Rochereau, directeur du Comptoir d'Escompte, a montré que la Compagnie de Panama n'était pas la seule à connaître des difficultés. La Société industrielle et commerciale des Métaux, également dirigée par Denfert-Rochereau, se trouve elle aussi en état de cessation de paiements. Le général Boulanger, qui s'était posé en défenseur des petits épargnants et avait été élu, le 27 décembre 1888, député de Paris, a mordu la poussière et, au lieu de s'installer à l'Elysée, il s'est enfui à Bruxelles. L'effondrement de son parti, l'ouverture de l'Exposition universelle et l'inauguration de la tour Eiffel occupent désormais l'attention du public.

Depuis la mise en liquidation de la Compagnie de Panama, Lesseps semble de plus en plus absorbé dans son rêve et n'en sort que pour accueillir les visiteurs, disant presque toujours à ceux qui viennent le matin, quels qu'ils soient : « Vous restez à déjeuner ? ». Chez lui, le sens de l'hospitalité reste aussi vif que naguère, autant par goût que pour ne pas imposer à sa famille l'existence retirée que les circonstances auraient commandée. Il continue donc de recevoir, s'attirant ainsi les critiques de petits journaux qui lui reprochent de défier l'opinion.

La plupart de ses visiteurs notent chez lui un déclin de ses facultés intellectuelles et physiques. Recevant le journaliste Ange Morre, il lui explique longuement l'origine de tous les souvenirs qui ornent son cabinet de travail, puis, revenu devant le yatagan offert par le sultan Abdul-Aziz, et par lequel il a commencé cette tournée, il recommence... Il sort néanmoins et prend la parole à l'occasion. On le voit ainsi, le 1er juin 1889, à la messe célébrée à Saint-Augustin en souvenir du prince impérial, cérémonie qu'il ne manque jamais et à laquelle il assistera encore l'année suivante.

Discrètement, famille et amis s'efforcent de le protéger, de le tenir à l'écart, en filtrant les informations, des remous causés par le dépôt de bilan de la Compagnie. Il demeure étranger aux travaux de la commission nommée par le liquidateur Joseph Brunet, remplacé au début de l'année par Achille Monchicourt. Il en ignorera les conclusions, de même qu'il ignorera le mécontentement des nombreux actionnaires, étonnés qu'en dix-huit mois les liquidateurs successifs n'eussent pas achevé leur travail et désigné les responsables de la faillite.

L'insistance de leurs réclamations provoque à la Chambre, le 21 juin 1890, un débat passionné. Un député, Le Provost de Launay, accuse les gens de finance d'avoir littéralement étranglé, puis dépecé la Compagnie de Panama, mais il a mal interprété les chiffres : la rapacité des banques a été moins grande qu'il ne le prétend. Toutefois, l'impression produite est telle que les députés, à une forte majorité, se prononcent pour le renvoi de l'affaire devant le garde des Sceaux, ministre de la Justice, Armand Fallières. Celui-ci transmet le dossier au procureur général Quesnay de Beaurepaire, en le priant de poursuivre s'il y a lieu.

Appelé à une certaine célébrité par le rôle ambigu qu'il va jouer, Quesnay de Beaurepaire est un curieux personnage. Il a débuté comme avocat pour passer en 1876 à la magistrature assise, et même *couchée*, ainsi que diront ceux qui lui reprocheront sa complaisance à l'égard du pouvoir. Il l'a montré d'ailleurs en requérant contre le général Boulanger. J.-Y. Mollier le décrit comme le type achevé du serviteur à qui l'Etat peut tout demander, même le pire. En attendant, il met le dossier sous le coude et ne s'en préoccupera vraiment qu'un an plus tard.

Son inaction n'empêche pas les rumeurs de circuler. On commence à parler d'une gigantesque escroquerie, de millions gaspillés par centaines, de gens connus compromis. Le 8 mai 1890, un informateur de la police écrivait déjà : « On annonce de source absolument sûre que des poursuites correctionnelles vont être exercées contre M. Ferdinand de Lesseps. » Quatre jours plus tard, un autre informateur signalait qu'Amiel, un maître chanteur bien connu, était en relation avec Blowitz, le correspondant du *Times* à Paris, et Loubaresse, directeur d'un journal financier, *La France libre*, pour entreprendre une campagne contre Lesseps[1].

Au fil du temps, ces bruits prennent une consistance alarmante et se trouvent justifiés lorsque, le 11 juin 1891, une instruction est officiellement ouverte contre les administrateurs et dirigeants de la Compagnie de Panama, tandis que le 22 juin un nouvel expert est nommé, pour reprendre les travaux de l'expert comptable Rossignol dont le rapport avait été publié au mois d'octobre 1890. L'ouverture de cette instruction est due à une nouvelle et vigoureuse interpellation à la

1. Archives de la préfecture de police.

Chambre, interpellation dont s'est ému le garde des Sceaux qui a prié le procureur général de rédiger rapidement un mémoire à ce sujet.

Quesnay de Beaurepaire, ainsi secoué, produit en quelques jours un rapport accablant dont le style est presque celui d'un jacobin de 1793, d'un juge au tribunal révolutionnaire, alors qu'il est monarchiste et chrétien, conservateur et hostile à la démocratie, acceptant la République comme un pis-aller. Il ne ménage pas Lesseps, voyant presque en lui un brigand de grand chemin, dépouillant les faibles et les naïfs, « ne montrant aucune probité pour défendre ou pour respecter l'argent d'autrui, l'épargne des petits travailleurs, dont il s'était fait le spoliateur systématique. Et que lui importaient ces gens-là ? Il ne voulait pas tomber, lui ! Et lorsque la situation était manifestement désespérée, il prenait dans leurs poches, comme avant, ainsi qu'on enlève de la terre n'importe où pour boucher un trou béant qui s'ouvre sous les pas... » Il accusait Lesseps d'être seul resté riche au milieu de la ruine générale, et l'on entrevoyait, en lisant ces pages empreintes de réprobation vertueuse, la silhouette de la guillotine.

Une difficulté de procédure a refroidi quelque peu cette ardeur vengeresse. Etant grand officier de la Légion d'honneur, Lesseps ne peut être traduit devant le tribunal correctionnel, comme un vulgaire filou, mais seulement devant la cour d'appel siégeant correctionnellement, ce qui a l'inconvénient de le priver d'un degré de juridiction. En cas de condamnation, il ne pourra faire appel et devra se pourvoir en cassation. La règle de la solidarité entre prévenus rend les autres administrateurs et dirigeants justiciables eux aussi de la cour d'appel. De plus, en vertu des articles 479 et 480 du code d'instruction criminelle, le procureur général ne peut poursuivre que s'il y a crime et non simple délit. En l'occurrence, on ne sait pas encore la nature exacte de l'infraction ; il faudrait, pour cela, commencer par la fin, c'est-à-dire par le verdict de la cour, pour savoir si Lesseps et les administrateurs ont commis un crime ou un délit. Cette difficulté sera tranchée ultérieurement par la chambre criminelle de la Cour de cassation, et le réquisitoire de Quesnay de Beaurepaire, annulé.

Ce n'est qu'après avoir hâtivement déféré aux injonctions du garde des Sceaux que le procureur général reprend un peu plus sérieusement l'étude du dossier, et il commence à douter de la responsabilité personnelle de Lesseps qui lui paraît avoir été trompé plutôt que d'avoir voulu tromper les autres. Aussi éprouve-t-il, à continuer les poursuites, des scrupules qu'il avoue au président de la République, et celui-ci l'approuve : « M. de Lesseps n'est pas un homme de mauvaise foi, lui dit Carnot. Je le croirais plutôt délicat. Seulement, sa fougue naturelle l'emporte. Il raisonne mal et ne sait pas compter ; de là bien des actes fâcheux, accomplis sans intention de nuire[1]. »

1. M. Barrès, *Leurs figures*, p. 41.

Loubet, le président du Conseil, craint, non sans raison, que des poursuites n'entraînent certaines révélations intempestives et, personnellement, il souhaiterait voir classer l'affaire, mais il n'ose demander de le faire au nouveau garde des Sceaux, Louis Ricard, fort hostile à Lesseps pour quelque obscur motif. George Edgar-Bonnet attribue cette aversion profonde à une invitation de Mme Ricard que Mme de Lesseps aurait refusée, ne voulant pas, fervente catholique, aller chez l'épouse d'un anticlérical notoire. Ainsi de petites causes, et surtout la vanité blessée, peuvent-elles avoir de grands effets.

Quoi qu'il en soit, Ricard insiste auprès du procureur général pour qu'il déclenche officiellement des poursuites que seul Sadi Carnot pourrait, au nom de la raison d'Etat, suspendre ou faire annuler. C'est l'intérêt national que Charles de Lesseps a d'ailleurs invoqué en allant le voir à l'Elysée pour lui exposer son système de défense en réponse aux attaques dont son père et lui étaient l'objet. Sadi Carnot l'avait écouté pendant deux heures et l'avait laissé partir sans lui serrer la main...

A peine connue du public, l'annonce de la mise en cause de Lesseps fait scandale en France et à l'étranger. Le *Times*, jadis son adversaire acharné, prend sa défense et s'indigne, à l'instar de presque tous les journaux anglais, que l'on s'attaque à un vieillard, honneur de son pays : « Rien de plus triste que la vue de ce grand homme, sur le bord de la tombe, livré à la haine de ceux qui, souvent par vengeance personnelle, l'amènent devant les tribunaux, cet homme qui a porté si loin dans le monde le nom et la gloire de la France et qui a surtout symbolisé l'initiative et l'audace de sa race. » Une semaine plus tard, le 20 juin, *The Economist*, après lui avoir rendu un semblable hommage, ajoute une remarque assez juste : « Les Français ont certainement une étrange manie, celle de renverser leurs propres idoles. »

Lorsque arrive avenue Montaigne une convocation adressée à Lesseps par le juge d'instruction Prinet, Charles avertit son père avec ménagement, lui présentant cette mesure comme favorable à leurs intérêts puisque destinée à faire la lumière sur leur gestion. Le docteur Moissenet, médecin personnel de Lesseps, s'oppose à ce qu'il se rende à cette convocation, puis cède, à la condition de pouvoir l'accompagner. Prinet l'y autorise d'autant plus volontiers que lui-même est atteint d'un accès de goutte et obligé de garder la chambre. Il recevra donc Lesseps, son fils et le docteur Moissenet chez lui, 68, rue Bonaparte.

L'insistance de Charles a eu raison de l'apathie de son père qui, soudain résolu, déclare : « Je vais y aller. » Il s'habille et arrive rue Bonaparte ayant retrouvé son énergie. Pendant trois quarts d'heure, il répond avec clarté aux questions du juge Prinet, mais sans doute a-t-il deviné en partie ce que Charles essaie de lui cacher car, le lendemain, il refuse de se lever et reste au lit pendant trois semaines, absorbé dans ses pensées, inquiétant le docteur Moissenet qui craint de le voir s'affaiblir rapidement. Un jour, pour l'arracher à son mutisme, Charles lui rappelle une phrase qu'il aimait répéter jadis : « Ce qui est certain, c'est que le bien l'emporte toujours sur le mal », et il l'entend lui répondre, avec lassitude : « S'il n'en était pas ainsi, ce serait à se détruire[1]... » Aveu qui en dit long sur la nature de ses réflexions et les conclusions auxquelles il en est arrivé. Charles lui prend alors la main et lui dit avec conviction : « Ce que je viens de dire, et qui est si vrai, je le tiens de toi ; tu l'as mis en moi avec tant de force que je le croirai toujours ; ce n'est pas à ton âge, je suppose, que l'on change de convictions. »

Dès lors, Lesseps reprend une vie à peu près normale, en ce sens qu'il assiste aux repas, écoute les conversations sans beaucoup s'y mêler, laissant tomber de temps à autre un propos qui montre un certain sens de l'humour ou son esprit d'observation. Son chat angora Oscar et son perroquet Coco lui tiennent compagnie, l'un guettant la tasse de lait qu'on lui apporte à certaines heures, l'autre le fond de verre de vin de Banyuls qu'il boit après les repas. Quand on veut les chasser, en lui disant qu'ils volent son lait ou son vin, il répond avec indifférence : « Que voulez-vous ? Il faut bien que chacun ait sa part... »

Pour qu'il ne tombe pas sur quelque information de nature à troubler sa tranquillité d'esprit, on ne lui donne à lire que des journaux anciens, et il ne semble pas en remarquer la date. Les visiteurs sont triés et chapitrés. Ainsi Zola, venu solliciter sa voix pour sa candidature à l'Académie, est reçu, non par Lesseps, mais par « une grande fillette [qui lui] fait voir, avec dénomination et explication de leurs caractères, tous ses frères l'un après l'autre[2] ».

*

Le 5 janvier 1892, le dossier de Panama est de nouveau évoqué à la Chambre où les députés réclament à l'unanimité que l'on fasse enfin la lumière sur les ténébreuses activités de la Compagnie et ses relations avec certains parlementaires dont un ancien administrateur, Henri Cottu, fait circuler la liste.

Pour agir, il faut toutefois attendre les conclusions de l'expert-comptable Flory, qui rend le 17 mai 1892 un volumineux rapport ne laissant apparaître aucun détournement de fonds effectué à leur profit par les anciens administrateurs ou dirigeants. L'affaire pourrait donc prendre un autre tour si un journal ne la relançait en publiant à partir du 6 septembre 1891 une série d'articles dont chacun suffirait pour créer le scandale que l'on voudrait étouffer.

1. Charles de Lesseps, Mémoires inédits, cités par G. Edgar-Bonnet, *Ferdinand de Lesseps*, II, p. 348.
2. J. et E. de Goncourt, *Journal*, t. IV, p. 123.

L'auteur de ces articles, signés modestement *Micros*, est un petit banquier de la Drôme, un certain Félix Martin, cherchant à se venger de Charles de Lesseps, ainsi qu'il l'avouera devant la commission d'enquête. Il lui avait suggéré en 1888 d'organiser une campagne de pétitions afin de soutenir le projet de loi sur l'emprunt à lots, mais il avait réclamé, pour prix de ses services, des avantages que Charles avait refusé de lui donner. En mesure de représailles, il avait porté ses articles à Edouard Drumont, le directeur de *La Libre Parole*, feuille où l'invective était la règle et l'énormité des accusations monnaie courante, au point de valoir à Drumont de nombreux procès. *La Libre Parole* est donc bien la tribune où Martin peut régler ses comptes, et il ne s'en fait pas faute, accablant Ferdinand de Lesseps, lui reprochant d'avoir corrompu des parlementaires et même des ministres, comme celui des Travaux publics, Charles Baïhaut, dénonçant les manœuvres de la Société centrale de Dynamite pour s'assurer la clientèle de la Compagnie de Panama. Dans un autre article, il désigne Albert Pesson, Henry Maret, Saint-Martin et autres députés comme ayant été achetés soit par Emile Arton lorsqu'ils sont de gauche, soit par Cottu s'ils sont de droite. Il va jusqu'à impliquer dans ce trafic d'influence une personnalité de premier plan, Mgr Freppel, député de Brest, et raconte en détail comment la commission parlementaire de 1888 fut amenée à donner un avis favorable à l'autorisation d'emprunt. S'il mentionne à plusieurs reprises Emile Arton, qui a déjà pris la fuite, étant compromis dans une autre affaire, il n'épargne pas maints députés dont le nom revient inexorablement dans presque tous ses articles, et il s'acharne en particulier sur un banquier, le baron de Reinach.

L'émotion est considérable, aussi bien dans les milieux gouvernementaux que dans ceux de la finance et dans le grand public où l'on s'arrache les numéros de *La Libre Parole* avec l'espoir, jamais déçu, d'y trouver de nouvelles révélations scandaleuses, encore que Micros ait tendance à se répéter.

Cette fois, le gouvernement ne peut demeurer passif, car le régime est éclaboussé, la démocratie mise en cause et la République ouvertement bafouée.

Louis Ricard, le garde des Sceaux, ordonne à Quesnay de Beaurepaire de poursuivre, mais, le 14 octobre, Emile Loubet, président du Conseil, prie le procureur général de passer le voir et lui laisse entendre qu'il n'y a pas lieu de faire du zèle. Ainsi placé entre deux feux, Quesnay de Beaurepaire a un nouvel entretien avec Ricard qui maintient son ordre de déclencher les poursuites alors qu'il n'a jamais voulu lire une seule pièce du dossier. « A la fin de chacune de mes phrases, écrira Quesnay de Beaurepaire, il hochait la tête et répétait, comme l'enfant qui a une idée fixe : "Je veux qu'on poursuive, on poursuivra". Il s'était engagé à le faire auprès de son groupe parlementaire et ne voulait pas être accusé à son tour d'avoir été acheté. »

Le 29 octobre, on est au même point, et Loubet invite Quesnay de Beaurepaire à venir le voir le lendemain. Lors de cette entrevue, il ne lui cache pas que Ricard est seul de son avis, le gouvernement étant hostile à une inculpation pour abus de confiance et escroquerie. Les révélations de Micros montrent qu'une affaire de corruption parlementaire s'ajoute à celle de la gestion des Lesseps, ce qui complique la situation et la rend plus dangereuse.

« Le Parlement est emballé, la presse déchaînée, qu'allons-nous devenir ? gémit Loubet. Qu'on découvre, dans le Panama, des députés ayant trafiqué de leur vote — et MM. de Lesseps ne ménageront personne à l'audience —, la République sera déconsidérée ! »

Attaché au seul côté juridique du problème, Quesnay de Beaurepaire estime qu'il faut savoir d'abord s'il y a crime ou délit, et rappelle que la loi doit être égale pour tous. Le reste ne le concerne pas. Comme Emile Loubet insiste pour avoir son opinion, il incrimine le système, en soulignant que, s'il y a corruption, c'est la faute du régime, « favorable aux déclassés, qui développe les appétits sans le contrepoids nécessaire de l'éducation morale et qui, par le jeu du suffrage universel, attire sur le pavé de Paris une foule d'affamés de jouissance qui n'ont pas d'argent et ne veulent plus se résigner à la pauvreté[1] ».

Malgré son antipathie pour la démocratie, Quesnay de Beaurepaire promet à Loubet d'instruire l'affaire au gré du gouvernement, tout en le prévenant que, s'il doit y impliquer certains députés, il faudra demander à la Chambre la levée de leur immunité parlementaire. En le quittant, Quesnay de Beaurepaire adjure une dernière fois Loubet d'éviter un scandale en se contentant d'un procès au civil, sur les responsabilités encourues dans la gestion de la Compagnie de Panama, pour permettre à celle-ci de se reconstituer, s'il en est temps encore, et d'achever les travaux.

Le 4 novembre 1892, il est de nouveau convoqué place Beauvau où Loubet, qui prétend avoir perdu le sommeil, lui demande un rapport écrit. Il y passe la nuit et, en se présentant au ministère, le lendemain, avec le document réclamé, il trouve Loubet aussi accablé que la veille et, de surcroît, confronté à la grève des mineurs de Carmaux qui va l'obliger à une épreuve de force. Il tombe de son haut lorsque Loubet lui tend une liste de noms de députés, celle qu'Henri Cottu avait communiquée au début de l'année à Constans, le ministre de l'Intérieur, et que celui-ci avait fait photographier avant de la rendre.

Pendant que Loubet, Quesnay de Beaurepaire et Ricard discutent pour savoir si l'on poursuivra ou non en correctionnelle les dirigeants de la Compagnie de Panama, le juge Prinet interroge le baron de Reinach sur l'origine des millions qu'il a reçus de cette Compagnie.

1. Quesnay de Beaurepaire, *Le Panama et la République*, p. 93.

Reinach s'obstinant à lui affirmer qu'il s'agit de simples remboursements d'avances, Prinet, peu convaincu, l'inculpe d'abus de confiance, et, le lendemain, 5 novembre, envoie une commission rogatoire à son domicile, 20, rue Murillo, pour examiner ses papiers. Lorsque le commissaire de police se présente trois jours plus tard chez le baron, celui-ci a eu largement le temps de partir pour Monte-Carlo. Le commissaire n'insiste pas et se retire avec une discrétion peu louable. Il y a là un manque de zèle étonnant, comme si l'on avait voulu laisser à Reinach le temps de mettre sa personne et ses papiers à l'abri.

Entre le 5 et le 15 novembre, Quesnay de Beaurepaire, en proie à divers états d'âme, est de plus en plus persuadé que l'on ne peut rien reprocher à Lesseps, sinon une certaine imprudence. Il est donc, comme Loubet, pour l'abandon des poursuites.

Au Conseil des ministres du 15 novembre, Loubet ouvre la séance en déclarant qu'il faut régler la question de Panama, et il donne la parole au garde des Sceaux, dans l'espoir que celui-ci n'osera pas se prononcer contre l'avis des autres ministres, eux-mêmes favorables à l'abandon. Ricard persiste dans sa résolution, disant qu'il a déjà envoyé au procureur général l'ordre d'intenter des poursuites correctionnelles contre Lesseps, Eiffel et autres. Deux ministres protestent ; les autres se taisent, craignant, s'ils s'opposent au garde des Sceaux, que celui-ci démissionne et révèle ensuite pourquoi, ce qui entraînerait la chute du cabinet. Ce que Ricard n'a pas dit à ses collègues, c'est qu'il n'avait pas indiqué les noms des dirigeants à poursuivre, laissant à Quesnay de Beaurepaire le soin de les désigner afin que celui-ci soit seul responsable au cas où il omettrait dans la liste fatale des personnalités trop compromises. Ce qu'il n'a pas non plus précisé, c'est que la lettre ordonnant les poursuites n'était pas encore envoyée alors qu'il annonçait l'avoir fait. « L'habile homme avait voulu se ménager jusqu'à la dernière minute, pour le cas où son avis serait rejeté, dira Quesnay de Beaurepaire, et ne me fit écrire, en réalité, qu'après le vote du Conseil. Il s'était flatté prématurément de m'avoir envoyé ses instructions afin de placer le cabinet en face d'un fait accompli[1]. »

Le procureur général, qui trouve la lettre de Ricard au début de l'après-midi du 15 novembre, après la fin du Conseil, s'entend aussitôt avec l'avocat général et le juge Prinet pour mettre au point les citations à délivrer aux prévenus, citations les invitant à comparaître le 24 novembre devant la cour d'appel siégeant correctionnellement. Les termes en sont si bien débattus et pesés qu'elles sont achevées seulement le 18 novembre. Le 19, les huissiers chargés de les signifier sont convoqués au Parquet pour en faire les copies habituelles et procéder à la notification aux prévenus avant 6 heures de l'après-midi, afin de respecter le délai légal.

1. *Ibid.*, p. 114.

En homme qui sait vivre, Quesnay de Beaurepaire a recommandé de ne pas délivrer les citations à des concierges ou à des domestiques, mais aux intéressés eux-mêmes ou à un membre de leur famille, afin d'éviter de donner à la chose une publicité fâcheuse, et il a insisté pour qu'on opère avec tact chez Ferdinand et Charles de Lesseps. Il a également pris soin d'avertir Joseph Reinach, gendre et neveu du baron, que ce dernier était compris dans la distribution. On ne pouvait d'autant moins l'épargner que *La Libre Parole*, après avoir consenti à ne plus parler de lui, venait de recommencer sa campagne de harcèlement, imitée par un autre journal ultra-nationaliste, *La Cocarde*.

Alors que les huissiers s'apprêtent à s'égailler à travers Paris pour délivrer ces citations, Loubet adresse à Quesnay de Beaurepaire une dépêche le priant instamment de ne rien faire avant de l'avoir vu, car de graves nouvelles arrivées de l'étranger l'obligent à surseoir. Il lui fixe un rendez-vous au ministère qu'il va rejoindre incessamment, au sortir de la Chambre. Escorté de ses huissiers qu'il retient comme un chasseur une meute, Quesnay de Beaurepaire accourt place Beauvau pour y apprendre que Loubet n'est pas encore rentré. Il l'y attend pendant plusieurs heures et, lorsque Loubet paraît, en fin d'après-midi, il est trop tard, le délai se trouvant expiré, pour faire porter les notifications, devenues caduques.

Le président du Conseil n'est pas revenu seul place Beauvau ; il est accompagné de Burdeau, le ministre de la Marine, et tous deux tiennent avec Quesnay de Beaurepaire une conférence sur l'opportunité des poursuites, notamment à l'égard du baron de Reinach. Ne pourrait-on faire une exception en sa faveur ? suggère Loubet. Le procureur général comprend alors que dépêche et rendez-vous n'étaient qu'un stratagème afin d'empêcher le départ des notifications aux prévenus et de pouvoir modifier la liste fatale en supprimant au moins le nom de Reinach. Burdeau plaide en faveur de celui-ci, disant que par lui on frapperait Joseph Reinach et que, par cette blessure, « le plus pur sang républicain coulerait ». Excédé, le procureur général menace de démissionner, puis l'on se sépare avant d'avoir rien décidé.

*

Le même jour a commencé la longue agonie du baron de Reinach qui s'achèvera par le scandale que l'on avait précisément voulu éviter.

D'abord violemment pris à partie par Micros et *La Libre Parole*, il avait réussi à leur faire baisser le ton et même à obtenir leur silence en leur fournissant des renseignements permettant de mieux accabler ses amis d'iniquité. Si le procédé manquait d'élégance, il s'était révélé fort efficace. Malheureusement pour lui, le baron avait un adversaire encore plus acharné que Micros ou *La Libre Parole* avec Cornélius Herz qui avait chargé *La Cocarde* de prendre le relais de *La Libre*

Parole et fournissait à cette nouvelle feuille des informations de plus en plus compromettantes. Pour Reinach, c'est non seulement le déshonneur, mais celui de sa famille et la ruine de la carrière politique de son gendre. Eperdu, il cherche à désarmer Cornélius Herz et, pour cela, réclame l'intervention d'amis assez haut placés pour intimider le maître chanteur.

Le 19 novembre au matin, il se rend chez Rouvier, le ministre des Finances, lui-même accusé d'avoir été acheté ; il le supplie de l'accompagner chez Clemenceau qui a jadis reçu assez d'argent de Herz pour être en bons termes avec lui. Comme l'écrira très justement Barrès : « Que penser d'un membre du cabinet et d'un chef parlementaire qui assistent un banquier voleur[1] ? »

Reinach veut récupérer la liste des *chéquards* qu'il avait imprudemment dressée au moment de la répartition des fonds secrets de Panama et qui se trouve entre les mains de Herz. En attendant d'aller chez Clemenceau, à 14 heures, Reinach va voir le secrétaire de rédaction de *La Libre Parole*, l'invite à le rejoindre dans sa voiture et, à l'abri des oreilles indiscrètes, il lui avoue son désarroi, ne lui cachant pas que, pour faire taire Micros et Drumont, il a fait passer des informations à ce dernier. Il retrouve ensuite Rouvier chez Clemenceau, mais comme celui-ci n'est pas encore rentré, ils vont tous deux le chercher à la Chambre et, de là, se rendent chez Cornélius Herz. Reinach entre dans le vif du sujet en disant : « M. Rouvier, ministre des Finances, a bien voulu m'accompagner auprès de vous pour joindre ses instances aux miennes et vous demander s'il est en votre pouvoir, comme je le crois, d'apaiser la polémique de *La Libre Parole* et de *La Cocarde*. »

Cynique et glacial, Herz lui répond qu'il aurait fallu venir plus tôt, que maintenant il est trop tard. Reinach, désespéré, veut alors tenter une démarche auprès de Constans, le ministre de l'Intérieur, le premier à connaître les noms des *chéquards* par la liste qu'il avait communiquée au président Carnot. Herz refuse de l'y accompagner. Tandis que Rouvier rentre chez lui, Clemenceau accompagne Reinach chez Constans, avec l'air d'un bourreau chinois conduisant sa victime au lieu du supplice. A son tour, Constans répond qu'il n'a aucun pouvoir sur les journaux d'opposition et qu'il ne peut arrêter la campagne. Agacé par l'insistance de Reinach, il finit par le congédier. S'apercevant qu'il n'a pas d'argent sur lui, le baron lui emprunte cinq francs pour prendre un fiacre et se fait conduire chez son gendre, Joseph Reinach. Clemenceau le quitte alors, aucunement ému par sa détresse et peu soucieux de passer la nuit à le réconforter.

Chez son gendre et neveu, le baron est fort mal accueilli. Le sachant inculpé d'escroquerie par l'obligeant billet du procureur géné-

1. M. Barrès, *Leurs figures*, p. 98.

ral, Joseph Reinach lui reproche avec dureté ses errements et lui dit, furieux : « Vous me coûtez une ambassade ! » Le nouveau paria bat en retraite et, après avoir vainement téléphoné à quelques députés en relations avec Cornélius Herz, il passe un moment chez deux sœurs, supposées être ses maîtresses, puis rentre enfin chez lui vers 2 heures du matin, épuisé, mourant de soif. Il boit beaucoup d'eau après s'être fait servir du café par son valet de chambre.

Celui-ci racontera que, le lendemain matin, lorsqu'il avait voulu pénétrer dans la chambre de son maître, il avait trouvé Joseph Reinach qui lui avait dit : « Ce n'est pas la peine, le baron est mort. »

En effet, Reinach était mort dans la nuit, victime d'une congestion cérébrale, ainsi que le déclarera un médecin envoyé par Loubet ; empoisonné, assureront les uns, tandis que d'autres affirmeront qu'il s'est suicidé. Quoi qu'il en soit, Joseph Reinach a été prévenu à temps — mais par qui ? — puisqu'il est là, fort occupé à trier les papiers du défunt et à en brûler beaucoup. Lorsque, trois jours plus tard, les scellés seront mis rue Murillo, ce qui aurait dû être fait plus tôt, on ne trouvera aucune lettre, aucun document pour la période allant de septembre 1891 à novembre 1892. Après avoir reçu de Joseph Reinach un billet l'informant de la mort de son beau-père et le priant de prévenir les amis, Hébrard, le directeur du *Temps*, a déposé sa carte chez Charles de Lesseps avec cette laconique indication : « Joseph est 20, rue Murillo. »

Cette mort si mystérieuse, et survenue tellement à propos, provoque une émotion considérable et des commentaires en général peu flatteurs pour la mémoire du disparu, accusé de s'être suicidé pour échapper à l'arrestation. Quesnay de Beaurepaire est obligé encore une fois de refaire ses citations, qui sont enfin notifiées le lundi 21 novembre.

*

Ce jour-là, l'orage éclate à la Chambre, où il grondait depuis longtemps. En effet, le 19, tandis que Reinach vivait dans l'angoisse sa dernière journée, tandis que Loubet usait d'expédients pour retarder le départ des citations, un débat houleux avait eu lieu, ouvert sur une déclaration de Charles Floquet qui, accusé de s'être laissé acheter par la Compagnie de Panama, avait, la main sur le cœur, affirmé son innocence, achevant sa déclaration solennelle par ces mots, que l'on aurait pu croire empruntés au sonnet d'Arvers : « Non seulement je n'ai rien exigé, mais je n'ai rien demandé, je n'ai rien reçu. »

Alors qu'il oubliait si légèrement les trois cent mille francs touchés pour assurer les frais d'élection d'un candidat antiboulangiste dans le département du Nord, une petite feuille, *Le Jour*, voltigeait sur les bancs de l'hémicycle, et chacun pouvait y lire, avant de la passer à son voisin, que Floquet, « étant président du Conseil et ministre de l'Intérieur, [n'avait] pas hésité à demander aux grandes institutions de crédit dont faisait alors partie la Compagnie de Panama leur concours financier ».

Pour apaiser l'effervescence, le garde des Sceaux avait annoncé que la justice était saisie, que le procureur général allait délivrer des citations à comparaître et qu'il était encore prématuré d'engager un débat sur la Compagnie de Panama. C'était alors que Loubet avait envoyé sa dépêche à Quesnay de Beaurepaire en lui demandant de surseoir à l'envoi des citations. Le député Louis Barthou ne s'était pas contenté de ces belles paroles et avait réclamé que l'on mît fin à cette conjuration du silence. On avait alors décidé que le débat aurait lieu le lundi 21 novembre.

Ce lundi-là, date mémorable dans l'histoire du scandale de Panama, la séance, ouverte à 14 heures, commence par la discussion d'un projet de loi pour accorder l'assistance judiciaire aux petits porteurs d'actions et d'obligations de la Compagnie de Panama désireux d'intenter une action civile à l'encontre des administrateurs de la Compagnie. La proposition est renvoyée à la commission chargée de l'assistance judiciaire. Un député boulangiste intervient alors pour savoir si l'entreprise a des chances d'être renflouée... A ce moment, Jules Delahaye, député de l'opposition, connu pour sa véhémence et qui se consumait d'impatience, explose : « Panama, c'est le mal qui a gagné le corps social ! s'écrie-t-il. Panama, c'est la curée au grand soleil ! »

Avec une éloquence enflammée, malgré de fréquentes interruptions, il prononce un long discours, ou plutôt une diatribe, un modèle du genre et qui sera reprise presque intégralement dans la plupart des ouvrages consacrés à l'histoire du scandale. Chaque fois qu'il dénonce la corruption, l'achat des consciences et la veulerie des hommes politiques, une longue clameur s'élève des bancs : « Des noms ! », crie-t-on. « Des noms ! », du ton que l'on prenait à Rome, dans l'arène, en réclamant des mises à mort.

Et, chaque fois, Delahaye, imperturbable, répond : « Si vous voulez des noms, votez l'enquête. »

Il parle longtemps, accumulant les détails, beaucoup fort troublants, mais, fidèle à son système, il ne cite jamais un nom, tout en donnant des précisions qui permettent d'en deviner certains. « Il y a deux catégories de personnes qui m'écoutent, dit-il à un moment, celles qui ont touché, et celles qui n'ont pas touché. »

C'est évident, mais son accent de justicier donne à ce truisme le poids d'un verdict. Chacun regarde son voisin avec suspicion. Rappelé à l'ordre par Floquet, président de la Chambre, il réplique : « Je suis étonné, Monsieur le Président, qu'après avoir été mis en cause, vous, personnellement, vous ne soyez pas le premier à vous joindre à la demande d'enquête. »

Il parle ainsi pendant une heure et demie, dans un pandémonium de cris, d'exclamations, d'injures échangées d'un banc à l'autre et même d'empoignades, ce que le *Journal officiel* appellera pudiquement des « mouvements divers ». Seuls les députés socialistes restent à l'écart de la mêlée, comptant les coups, ravis de ce débat fratricide entre factions qui révèle la prostitution de la République bourgeoise au plus offrant.

Après ce déballage, il est impossible, sous peine de se désigner comme coupable, de refuser la nomination d'une commission d'enquête, et le vote a lieu, le 8 décembre 1892, avec une majorité écrasante de trois cent soixante-quatorze voix pour l'enquête. Le ministère, ébranlé, démissionne, pour se reformer presque à l'identique, avec seulement des interversions dans les titulaires de portefeuilles. A la Chancellerie, Léon Bourgeois remplace Louis Ricard et autorise aussitôt l'autopsie du baron de Reinach, enterré avec une hâte suspecte ; il ordonne aussi la saisie de ses papiers — ou de ce qu'il en reste — et la communication du dossier à l'instruction judiciaire. Quesnay de Beau-repaire, opposé à ces trois mesures, est déplacé, nommé président de chambre à la Cour de cassation.

La commission d'enquête ne chôme pas. Dès le 30 novembre, elle a entendu le banquier Thierrée qui n'a pas nié avoir reçu le 17 juillet 1888 un chèque de 3 390 475 francs émis par la Compagnie de Panama, à l'ordre du baron de Reinach. Il avoue également avoir remis au baron la contrevaleur de ce chèque en vingt-six chèques au porteur tirés sur la Banque de France.

Le 3 décembre, ces vingt-six chèques ont été saisis à la Banque, et l'on s'aperçoit qu'ils ont presque tous été endossés par des prête-noms. Il y en a quand même un qui porte au verso la signature d'Albert Grévy, le frère de l'ancien président de la République, et deux d'un montant d'un million chacun encaissés directement par Cornélius Herz. Après quelques recherches, on finira par identifier les bénéficiaires réels de certains chèques : Renault, Gobron, Barbé, de la Société centrale de Dynamite, Dugué de la Fauconnerie, qui se retrouveront bientôt en mauvaise posture.

Le 12 décembre 1892, Gaston Calmette, sous le pseudonyme de *Vidi*, publie dans *Le Figaro* un récit des dernières heures du baron de Reinach : il met en cause Clemenceau et Rouvier pour leurs relations louches avec le financier défunt. Rouvier se voit contraint de démissionner, remplacé aux Finances par Tirard, tandis que Clemenceau se défend dans *La Justice* d'avoir fait vivre ce journal avec l'argent de Cornélius Herz, mais il ne convainc pas grand monde. Et ce n'est pas Herz qui pourra l'aider à se justifier, car, dès que la mort de Reinach a été connue, le maître chanteur a pris le train-paquebot pour Londres, et il ne remettra jamais les pieds en France.

Le 15 novembre, Léon Bourgeois, le nouveau garde des Sceaux, ordonne au procureur général Tenon d'ouvrir une information pour corruption de fonctionnaires publics à l'occasion du dépôt de loi sur l'emprunt à lots de la Compagnie de Panama en 1888. Des mandats d'arrêt sont établis contre Charles de Lesseps, Gustave Eiffel, Marius Fontane, Sans-Leroy, député de l'Ariège, et Henri Cottu, d'ailleurs absent de Paris, car il se trouve en Autriche où il est allé, dit-on, mettre en lieu sûr ses papiers. Le même commissaire Clément, si peu pressé de pénétrer chez le baron de Reinach au mois de novembre, arrête Charles de Lesseps le 16 décembre au matin. A sa femme éplorée, Charles dit calmement : « Tu te lamentes trop tôt ! Tu en verras bientôt d'autres ; nous avons affaire à des imbéciles affolés dont on doit tout attendre... »

Conduit à Mazas, il observe en y arrivant : « On a dû craindre qu'en liberté, j'eusse la langue trop longue, c'est là ce qui me divertit. Libre, j'étais muet ; prisonnier, je deviendrai bavard. »

Des cinq inculpés, Gustave Eiffel, seul, est laissé en liberté. Sa tour tient la justice en respect. Les autres sont mis au secret sans possibilité de communiquer, réduits à un seul repas journalier qu'ils peuvent heureusement faire venir de l'extérieur. Le gouvernement n'a pas osé faire inculper Ferdinand de Lesseps, craignant sans doute une vague d'indignation qui déferlerait de la province sur Paris. Son fils répondra pour lui. Tandis que les prévenus languissent en prison, où Henri Cottu, revenu d'Autriche, est allé volontairement les rejoindre, la Chambre est toujours le théâtre d'affrontements passionnés qui culminent le 20 décembre avec l'intervention de Paul Déroulède, une intervention qui va rester fameuse dans les annales parlementaires et chasser pour longtemps Clemenceau de la scène politique.

La séance a commencé dans l'ennui d'une communication du député royaliste d'Aillières sur le bureau de bienfaisance de Saint-Calais et la politique discriminatoire des pouvoirs publics à l'égard des pauvres qui pensent bien, c'est-à-dire à droite. A ce moment, l'entrée du procureur général Tenon rafraîchit l'atmosphère, et bientôt la tempête va secouer l'hémicycle. Il s'agit de lever l'immunité parlementaire de cinq députés compromis dans l'affaire de Panama. Si le principe inquiète, le chiffre restreint de cinq rassure un peu. Chacun est prêt à sacrifier un collègue. On lit alors les noms : Antonin Proust, ancien ministre des Beaux-Arts, Dugué de la Fauconnerie, Jules Roche, ancien ministre des Finances, Maurice Rouvier, qui vient de rendre ce portefeuille, et enfin Emmanuel Arène, député de la Corse, qui constate ironiquement : « C'est la première fois que je figure sur une liste ministérielle... »

Les autres font triste mine, encore que Rouvier proteste avec énergie, disant que, n'ayant pas suffisamment de fonds secrets à sa disposition pour défendre la République, il avait dû chercher de l'argent ailleurs. Les députés votent la levée de l'immunité, heureux de s'en tirer à si bon compte. En effet le bruit court que plus de cent d'entre eux auraient reçu de l'argent de la Compagnie de Panama...

Après tant d'émotions, les députés s'apprêtent à partir lorsque Déroulède, député de Paris, champion du nationalisme, réclame la parole, ayant déposé une demande d'interpellation sur les mesures disciplinaires à prendre par le grand chancelier de la Légion d'honneur contre Cornélius Herz. Comme celui de Jules Delahaye, son discours est un morceau d'anthologie. On l'écoute avec autant d'admiration que d'effroi :

« En quoi, du reste, offensé-je vos oreilles et vos consciences ? s'exclame-t-il en voyant l'effet produit par ses paroles. Je dis qu'un instant avant l'heure où M. de Reinach se suicidait, un jour avant que M. Rouvier démissionnât, alors que les plus gros événements étaient suspendus sur nos têtes, il y avait eu conciliabule secret, non pas chez le chef de l'Etat, chez des magistrats, chez des juges, mais chez et avec ce M. Cornélius Herz qu'on avait mis si haut, qu'on avait fait si lestement monter de grade en grade jusqu'aux plus hautes dignités de notre Légion d'honneur, et qui avait réellement l'air d'être le maître omnipotent des pouvoirs publics et de tenir dans ses mains tous les fils même du Parlement français... Voilà ce qui m'étonne, voilà ce qui m'inquiète. Et c'est pour commencer à le faire un peu descendre de ces hauteurs menaçantes et mystérieuses que je demande que M. Herz perde enfin la qualité de grand officier de la Légion d'honneur.

« ... Qui donc parmi nous est venu proposer de lui faire place dans nos rangs ? Qui donc a peu à peu, et si vite en même temps, patronné, nationalisé en France cet étranger ? Car vous vous rendez bien compte qu'il ne s'est pas présenté tout seul, que ce n'est même pas un autre étranger qui l'a pris par la main et poussé au milieu de nous : il y a fallu un Français, un Français puissant, influent, audacieux, qui fût tout ensemble son client et son protégé, son introducteur et son soutien.

« Sans patronage et sans patron, le petit Juif allemand n'aurait pas fait de telles enjambées sur la route des honneurs, il n'aurait pas mis si peu d'années à sortir si complètement, si brillamment, de son bas-fond. Je le répète, il a fallu un présentateur, un ambassadeur pour lui ouvrir toutes les portes et tous les mondes, le monde politique surtout. Il lui a fallu le plus complaisant et le plus dévoué des amis pour qu'il pût frayer d'égal à égal, de pair à compagnon avec les ministres, tantôt avec les directeurs de journaux, tantôt même, je le sais, avec le général Boulanger.

« Or, ce complaisant, ce dévoué, cet infatigable intermédiaire si actif et si dangereux, vous le connaissez tous, son nom est sur toutes les lèvres ; mais pas un de vous, pourtant, ne le nommerait, car il est trois choses en lui que vous redoutez : son épée, son pistolet, sa langue. Eh bien ! moi, je brave les trois et je le nomme : c'est M. Clemenceau. »

Celui-ci a beau s'écrier que Déroulède « en a menti », le député de Paris ne lâche pas sa proie et demande ce que Clemenceau a pu vendre à Herz secrètement, puisqu'il affirme ne lui avoir jamais rien vendu ouvertement.

« C'est à se demander, poursuit-il, si, ce qu'il attendait, je ne dis pas ce qu'il exigeait de vous, M. Clemenceau, ce n'était pas précisément tous ces renversements de ministères, toutes ces agressions contre les hommes au pouvoir... C'est à détruire que vous consacrez vos efforts. Que de choses, que de gens vous avez brisés ! Votre carrière est faite de ruines[1] ! »

Un tel échange de propos conduit à un échange de balles qui a lieu deux jours plus tard, sans résultat d'ailleurs. Moralement, Déroulède a porté à Clemenceau un coup mortel dont il ne se relèvera que vers 1908 en affichant des idées conservatrices, ce qui lui vaudra de Paul de Cassagnac cette apostrophe vengeresse : « Il est trop tard, à votre âge, Monsieur, après une vie de loup enragé, pour vous déguiser en berger[2]. »

Cette dénonciation des menées de Clemenceau, la fuite de Herz à l'étranger, la mort, naturelle ou non, de Reinach, la révélation des chèques et de leurs bénéficiaires ont plongé Paris dans un état pré-révolutionnaire. Les cris de « Mort aux députés ! » se mêlent aux complaintes des chanteurs de rue débitant à l'orgue de Barbarie les malheurs du petit épargnant. Une littérature abondante envahit les kiosques, les librairies, les éventaires des marchands ambulants. Des officines à mi-chemin entre le chantage et les transactions louches multiplient les pamphlets sur les crimes des capitalistes et les dessous de l'affaire. Bien des publications sont illustrées ; certains dessins, notamment ceux de Forain, sont des réquisitoires ou, mieux, des condamnations sans appel. La cruauté du dessin est soulignée par la férocité de la légende. Une femme fait ainsi la morale à son mari : « Je suis de l'avis de ton fils : tu nous as déshonorés en acceptant de l'argent, mais tu nous ruinerais en voulant le rendre. » Un gardien de prison, ouvrant un judas pour leur permettre de jeter un coup d'œil dans une cellule, recommande à des visiteurs : « Chut !... celui-là, c'est un ministre ! », ou encore, Marianne, bien en chair, tendant à un huissier, avec des pincettes, un grand cordon de la Légion d'honneur et lui disant : « Portez ça au dégraisseur ! »

1. P. Erlanger, *Clemenceau*, p. 226.
2. *Ibid.*, p. 311.

Parodiant le fameux sonnet de José-Maria de Hérédia, *Les Conquérants*, Tristan Bernard cloue au pilori ces prédateurs sans scrupules et sans frein :

Comme un troupeau docile au Maître Capital,
Du Palais-Bourbon, proche la Madeleine
Ceusse de la Montagne et ceusse de la Plaine
S'en venaient attirés par le guichet fatal.

Ils venaient pour palper l'avantageux métal
Accru depuis longtemps au fond des bas de laine,
Mais leur rut obstiné vidait leur poche pleine
Aux nids luxurieux du monde horizontal...

Les titres en disent long sur le contenu de certaines brochures. On vend aussi sur les boulevards des chèques de la *Société spéciale des valeurs à l'eau de Panama*, « émis pour favoriser le passage des bateaux qui transportent les pots-de-vin, assiettes au beurre, etc., et développer l'estampage, le rétamage et le nettoyage de l'Epargne française ». Le siège social est rue Vide-Gousset, les succursales en forêt de Bondy ou aux carrières d'Amérique.

La grande presse est, elle aussi, déchaînée, épiloguant à satiété sur les diverses phases, incidents et rebondissements de l'affaire. *Le Gaulois* ayant écrit que Lesseps « avait vécu quelques semaines de trop », Mme de Lesseps réplique par une lettre hautaine et attristée qui remet à sa place l'auteur de l'article : « Je ne m'attarderai pas sur cette phrase peu digne d'un chrétien, car celui qui l'a écrite doit être incapable de songer à une épouse et des enfants qui aiment et vénèrent profondément ce vieil homme, dont la vie précaire leur est plus chère que tout au monde. Ce n'est pas un crime d'être abattu par l'âge. On n'aperçoit autour de cet ouragan de haine déchaîné contre un vieillard de quatre-vingt-sept ans nulle trace de sollicitude pour les actionnaires de Panama qui ont été égarés, ni le moindre désir de sauver une aventure magnifique destinée à enrichir le pays. Au contraire, il y a la satisfaction de je ne sais quelle jalousie ressentie par des médiocres en face de cette figure d'un désintéressement unique dans l'Histoire. Jamais ils ne trouveront un autre être humain qui, ayant accompli Suez, se serait retrouvé les mains vides sans avoir même assuré l'avenir de sa nombreuse famille, un fait dont je suis fière et dont mes enfants sont fiers avec moi.

« Je suis fataliste, comme mon mari l'a toujours été. On doit croire que les événements se produisent selon un schéma établi à l'avance. Je ne suis sûre que d'une chose et d'une seule, et c'est l'inflexible, l'absolue probité de mon mari et de ses fils[1]. »

---

1. Cité par A. de Lesseps, *Moi, Ferdinand de Lesseps*, p. 334.

Les employés de la Compagnie de Suez en sont si bien persuadés qu'ils se réunissent et votent une adresse de soutien que, le 1er janvier 1893, ils vont solennellement porter à la prison de Mazas pour qu'elle soit remise à Charles de Lesseps.

17

DES JUGES SANS JUSTICE
1893-1894

L'inculpation de Gustave Eiffel et de plusieurs dirigeants de la Compagnie de Panama, l'arrestation de certains d'entre eux ont montré la volonté du gouvernement de faire un exemple, autant pour rendre hommage à la morale que pour ne pas être accusé de complicité. Un nouvel incident vient révéler que le mal est encore plus profond qu'on ne le croyait.

Interrogé par le conseiller Prinet, Charles de Lesseps lui avait expliqué le système avec lequel il avait dû composer pour assurer à la Compagnie le soutien de la finance et de la presse. Il avait ainsi justifié, du moins à son avis, la forte commission de 1 828 000 francs versée à Hugo Oberndoerffer en échange de son appui pour l'émission de juin 1888, commission dont une partie avait été rétrocédée à divers *coulissiers* pour s'assurer leur appui.

Il est toujours dangereux d'évoquer de gros bénéfices devant des magistrats chichement rétribués ou de leur ouvrir des perspectives sur les arcanes de la finance, sur un monde où l'argent se compte par millions et non plus en pièces de cent sous. Lorsque Prinet en était venu au baron de Reinach, surpris que celui-ci ait reçu à titre personnel un chèque de 3 390 475 francs, Charles de Lesseps avait répondu, non sans une certaine candeur : « M. de Reinach est un des financiers les plus importants de Paris, mêlé à toutes les affaires. Quand une affaire se présente, il est pour ou contre ; il est donc très utile de l'intéresser dans l'affaire pour obtenir son concours qui devient alors très précieux grâce à ses relations et à sa grande activité. Sur les 3 390 475 F dont vous parlez, je crois qu'il a dû consacrer une partie de cette somme à rémunérer lui-même certains concours. »

Ce qui a été le plus cher, car souvent sans contrepartie, a été l'achat des consciences, celles des hommes politiques et des journalistes. On calculera que la Compagnie, en neuf ans, aura distribué à la presse et à tous les intermédiaires 104 923 111 francs, dont, pour la presse uniquement, 22 027 350 francs. Les journaux ainsi *arrosés* sont aussi bien de grands quotidiens que d'éphémères feuilles de chantage, poussées sur une affaire en décomposition comme des champignons vénéneux. Toute la grande presse a rançonné la Compagnie sans scrupules : *Le Petit Parisien*, *Le Petit Journal* qui, bien que *petit*, a eu suffisamment d'appétit pour absorber à lui seul plus de 500 000 francs ; *La France*, également gourmande, avec 250 000 francs ; *Le Figaro*, avec 408 000 francs tandis que les autres se sont contentés en moyenne de sommes allant de 10 000 à 150 000 francs, tels *Le Moniteur universel*, *Gil Blas*, *Le Gaulois*, *L'Evénement*, *Le* XIX*e siècle*, *Le Télégraphe*. *Le Temps* a été modeste avec seulement 119 000 francs, mais il est vrai que son directeur, l'affairiste Adrien Hébrard, s'était amplement rattrapé par ailleurs.

Interrogé de nouveau le 26 décembre 1892 par le juge Franqueville sur une somme de 975 000 francs en bons anonymes dont les livres de la Compagnie n'indiquent pas l'emploi, Charles de Lesseps répond qu'il a remis pour 600 000 francs de bons à Cornélius Herz. Il hésite à préciser la destination des 375 000 francs restants, mais, craignant d'être accusé de détournement de fonds à son profit, il révèle alors le nom du bénéficiaire : Charles Baïhaut, le ministre des Travaux publics, qui, en 1886, pour appuyer la demande d'autorisation d'emprunt à lots, avait exigé une commission personnelle d'un million. Ces 375 000 francs représentaient l'acompte, et il s'en était tenu là puisque la demande avait été rejetée. Interrogé sur ce point deux jours plus tard, Marius Fontane confirme les faits.

Accablé par ce double aveu qui révèle au sein du gouvernement une corruption égale à celle de l'Assemblée, Franqueville essaie d'abord d'obtenir le silence de Charles de Lesseps en lui montrant dans quelle situation il risquerait de mettre la magistrature. Puis, comme Charles ne veut pas se sacrifier sur l'autel de la patrie, il convoque en son cabinet Baïhaut qui commence par tout nier, en bloc. Confronté avec Charles de Lesseps, puis avec Fontane, et enfin avec Blondin, l'ancien ministre est trahi par un mari jaloux dont la femme avait été sa maîtresse. Armengaud apporte la preuve matérielle qui réduit à néant les dénégations farouches du ministre en révélant que celui-ci a versé, précisément à cette date, au Comptoir d'Escompte, dont il n'était pas client jusqu'alors, une somme correspondant à celle en question. Convaincu, le juge Franqueville envoie Baïhaut coucher le soir même à Mazas.

*

Lorsque, le 10 janvier 1893, s'ouvre le procès en correctionnelle, Charles de Lesseps dispose avec les aveux de Baïhaut d'une carte maîtresse dont il n'hésitera pas à se servir. Les autres prévenus sont là, près de lui ; Marius Fontane, Henri Cottu, Gustave Eiffel. Seul Ferdinand de Lesseps a été dispensé de comparaître.

L'acte d'accusation reproche aux dirigeants et administrateurs de la Compagnie de Panama de s'être livrés « à des manœuvres frauduleuses pour persuader de l'existence de fausses entreprises » et d'avoir essayé « d'escroquer tout ou partie de la fortune d'autrui ».

Qualifier la Compagnie de Panama de « fausse entreprise » est une accusation trop exagérée pour être prise au sérieux. Charles de Lesseps a beau jeu pour prouver qu'il a dû, au contraire, afin d'assurer le fonctionnement de Panama, composer avec ceux qui s'y montraient hostiles ou essayaient de lui nuire afin d'en tirer un avantage. Il avait dû ménager la presse, et payer les uns pour qu'ils parlent bien de la Compagnie, les autres pour qu'ils n'en parlent pas. Avec calme, et une certaine ironie, il explique au tribunal que les mœurs ont changé depuis que son père avait fondé la Compagnie de Suez en faisant directement appel à l'épargne, sans le concours des banques et de la presse. Aujourd'hui, il faut subventionner les journaux, parfois leur verser des mensualités régulières pour qu'ils soutiennent une affaire. Mais ce n'est pas ce qui coûte le plus cher, poursuit-il. On doit également nourrir la horde affamée, jamais rassasiée, des maîtres chanteurs, des créateurs de feuilles ou de petits journaux faits uniquement pour attaquer la Compagnie, qui meurent aussi rapidement qu'elles sont nées, réduites au silence par un don, mais qui renaissent à chaque occasion, car le chantage est sans trêve, et sans fin. Ce n'est pas le premier pas qui coûte, mais les autres, de plus en plus onéreux. Aux guichets de la Compagnie venaient émarger des quémandeurs revendicatifs, venimeux, que l'on renvoyait, après leur avoir fait l'aumône, et qui revenaient un peu plus tard, avec des exigences nouvelles.

La salle écoute, étonnée d'abord, puis stupéfaite en voyant étalées au grand jour ces mœurs de la presse. Et encore Charles de Lesseps est-il discret, s'abstenant de citer des noms. Il n'y a pas que la presse, enchaîne-t-il, il y a les syndicats de garantie constitués par des maisons de banque honorablement connues, mais qui font payer chèrement leurs services, surtout lorsqu'elles devinent le client dans une passe difficile. Elles prennent peu de risques, et de grosses commissions. Les profits qu'elles réalisent suscitent l'émulation. Pourquoi la Compagnie de Panama aurait-elle été une chasse gardée, réservée à quelques privilégiés ? Les petits banquiers, les financiers en chambre et les agioteurs voulaient aussi, dit-il, leur part de l'aubaine. Ils accouraient, réclamant une participation, même modeste, à l'opération en cours. Une participation dans un syndicat de garantie était d'ailleurs le moyen de récompenser un service occulte ou d'amadouer un spéculateur jouant à la baisse. A ces gens de finance s'étaient joints des hommes du monde, à ménager en raison de leur position sociale. On leur donnait aussi pour qu'ils parlent bien de la Compagnie dans leurs cercles, dans des salons influents. Et Charles de Lesseps d'avouer qu'en comparaison de cette faune avide, il avait toujours trouvé les journalistes très *gentils*.

Le président lui reproche alors d'avoir largement payé les syndicataires sans s'inquiéter de savoir comment ceux-ci rétrocédaient une partie des fonds, de cet argent qui appartenait en fait aux souscripteurs. Charles de Lesseps répond que, si l'argent avait été à lui, il aurait préféré renoncer à défendre sa société plutôt que de subir cet esclavage, mais que, justement, s'agissant des fonds des souscripteurs, il n'avait agi ainsi que pour assurer la survie de la Compagnie, et l'achèvement des travaux.

Il est indéniable, et le rapport Flory le confirme, que ni Ferdinand de Lesseps, ni ses fils, ni aucun des administrateurs n'ont retiré, hormis leurs salaires ou leurs jetons de présence, un profit personnel de l'entreprise et que le déficit est dû à des imprudences, à une mauvaise gestion, à des circonstances imprévues, sinon imprévisibles. Il n'y a eu ni fraude ni malversations. Seule demeure injustifiée, observe imprudemment le président, une somme de 975 000 francs sur laquelle il réclame une explication.

Cette fois, Charles de Lesseps ne peut laisser planer sur son père ou sur lui le moindre soupçon. Il prononce alors le nom de Herz pour 600 000 francs, puis celui de Baïhaut. Le président Périvier l'arrête et veut passer outre, ajoutant d'un air négligent : « Tout est déjà connu... », mais l'auditoire, encore ignorant de l'arrestation de l'ancien ministre, apprend de la bouche de Charles tous les détails de la transaction et la destination réelle des 375 000 francs. Dans la salle, l'émotion est considérable, et le président essaie vainement de ramener le calme. C'est alors que, volant au secours du magistrat, l'avocat général accuse Charles de Lesseps d'avoir poursuivi un but criminel.

Me Barboux, l'avocat de Charles, proteste et rappelle que son client a été contraint de céder aux exigences du ministre. Le président Périvier soutient l'avocat général en remarquant que les 375 000 francs n'ont pas été extorqués par la force et que Charles de Lesseps les a versés de son plein gré. « Comme on donne sa montre au coin d'un bois ! réplique Charles.

— On va chercher les gendarmes ! s'exclame ingénument le président.

— Mais quand c'est le gendarme qui est le voleur ? » lui demande Charles, à la grande joie du public.

A tous points de vue, Charles de Lesseps apparaît comme la figure marquante du procès. D'abord, il a bon air, et même grand air. « Chez MM. Cottu et Charles de Lesseps, écrira Barrès, quelque chose d'aimable et de mondain subsistait » sur ce banc de correctionnelle. « Son intelligence conquérait ces professionnels. Par instants, il guidait les débats. Et le président Périvier, enclin à glisser dans le ton familier, disant : "Monsieur Charles va nous expliquer cela... — C'est maître

Charles qu'il faudrait dire", jetait M. Waldeck-Rousseau aux jeunes avocats assis derrière lui[1]. »

Les témoins cités à la barre offrent un seul intérêt, celui de divertir l'assistance. Ce sont, pour la plupart, de pauvres hères, inconsolables d'avoir vu s'évanouir leur rêve de fortune et qui en veulent aux Lesseps de leurs illusions perdues, sans pouvoir citer un fait précis contre la Compagnie, sans apporter un début de preuve, et qui se perdent en longues disgressions, malgré les efforts du président pour les ramener à l'objet du débat.

L'expert Flory est plus disert lorsqu'il analyse certains passages de son volumineux rapport, mais il avoue ne rien pouvoir reprocher aux Lesseps ni aux administrateurs, sauf une certaine imprévoyance et parfois une certaine incompétence en matière de calcul du coût des travaux ou d'estimation de leur durée. Me Barboux répond qu'il est impossible de prévoir avec précision, et même avec une marge assez grande, le coût de grands travaux, surtout lorsqu'ils sont exécutés à l'étranger. Certes, on a déjà dépensé au Panama le double des sommes annoncées, mais le canal de Marseille a coûté trois fois plus cher que prévu, celui de Manchester, 385 millions au lieu de 245, et le seul Opéra de Paris, dont le devis était de 23 millions, en a coûté 43.

Les ingénieurs appelés à donner leur avis confirment l'impossibilité de chiffrer avec précision, lors du début des travaux, leur coût final, surtout au Panama où la nature du sol et le climat bouleversent les notions habituelles. On ne pouvait que se livrer à de vagues estimations en attendant d'avoir deux à trois années d'expérience.

Rendant compte le lendemain de cette première audience, un reporter du *Figaro* écrit qu'on en sort « avec une sensation de vertige, dans un état de stupeur en face de ces *manieurs d'argent*, enrichis sans jamais rien produire, uniquement par l'audace, l'intrigue, la force de la richesse déjà acquise, raflant les gros sous du paysan et les économies du petit employé, péniblement amassées[2] ».

Le 17 janvier 1893, l'avocat général prononce un réquisitoire aussi véhément qu'injuste, accusant Ferdinand de Lesseps d'avoir majoré des factures, de s'être livré à des manœuvres dolosives, lui reprochant des collusions avec les entrepreneurs et concédant seulement, comme à regret, que si le père et le fils ont détourné des fonds, ou se sont rendus complices de détournements, du moins n'était-ce pas à leur profit personnel. Il estime à six cents millions les sommes dépensées indûment, dilapidées en frais somptuaires, en traitements exagérément élevés, en versements faits aux journaux, et il termine en reprochant à Ferdinand de Lesseps d'avoir sciemment trompé le public lorsqu'il affirmait en

1. M. Barrès, *Leurs figures*, p. 234.
2. Cité par Zévaès, *Le Scandale de Panama*, p. 166.

1888 qu'avec les six cents millions de l'emprunt à lots il pourrait achever le canal.

Lorsqu'il s'arrête enfin, le portrait qu'il a brossé de Ferdinand de Lesseps est si noirci qu'il n'en sera que plus aisé à son défenseur de prendre le contre-pied et de réduire à néant bien des accusations mensongères, à commencer par celle de mauvaise foi. Il expose avec chiffres à l'appui que, loin de s'enrichir, Lesseps et son fils ont englouti dans la Compagnie de Panama presque toute leur fortune et qu'ils ont dû subir la loi d'une jungle impitoyable, celle des affairistes, jungle devant laquelle leur honnêteté les laissait désarmés. Sa plaidoirie un peu verbeuse, un peu trop fleurie de citations ainsi que d'appels aux mânes des grands hommes de l'Antiquité, de références à l'Histoire et aux Lettres, mais étayée de chiffres et d'explications techniques, se déroule avec la majesté d'un fleuve et s'étendra sur deux audiences, berçant le public de ses périodes bien balancées, l'endormant parfois, mais le réveillant soudain par quelque phrase assassine ou quelque propos solennel.

Il avait, en commençant sa plaidoirie, mis l'accent sur le rôle funeste du gouvernement : « D'où viennent, avait-il demandé, entre les procès d'aujourd'hui et les procès d'autrefois, la différence de procédure et cet appareil plus sévère ? Le voici, Messieurs : la politique était étrangère aux procès d'autrefois ; elle seule a commencé le procès d'aujourd'hui. »

C'est à l'audience du 26 janvier qu'il répond avec le plus de verve et même d'impertinence au ministère public reprochant aux prévenus d'avoir payé trop cher le concours des journaux : « Puisque vous reconnaissez que cette marchandise était nécessaire et que nous devions l'acheter, comment pouvez-vous nous accuser d'abus de confiance pour l'avoir payée trop cher, si à l'aide des lumières spéciales dont la prévention dispose elle ne peut pas nous dire exactement le prix que nous devions payer et nous indiquer le moyen à l'aide duquel nous aurions pu l'obtenir[1] ? »

Il invoque le précédent des Sociétés de l'Est algérien et du Chemin de fer du Sud de la France, autorisées légalement à dépenser en frais d'émission 8,75 % des sommes demandées au public, pour ne pas trouver excessif le pourcentage de 7,5 que représentent les frais d'émission des différents emprunts de la Compagnie de Panama. « Vous ne pouvez pas critiquer le principe, observe-t-il, mais vous critiquez le quantum ; alors je reviens à la même question : veuillez nous dire quelles sommes le Parquet autorise à payer aux banquiers, aux coulissiers et aux divers intermédiaires ? Vous êtes dans l'impossibilité de le faire, vous êtes obligés de reconnaître que les personnes que vous poursuivez n'ont pas touché un sou de ces sommes [et] que, contrairement à ce qui se passe

1. H. Barboux, *Plaidoirie pour MM. Ferdinand et Charles de Lesseps*, p. 219.

dans plus d'une affaire, elles n'ont ni sous leur nom, ni sous un nom emprunté, figuré dans aucun syndicat, reçu aucune commission, et vous les accusez de détournement alors qu'il est absolument certain que ces sommes ont été loyalement, de bonne foi, avec l'autorisation du Conseil, dépensées dans l'intérêt exclusif de la société [1]. »

Ce qui est répréhensible, en fait, n'est pas d'avoir consacré des sommes importantes à la rémunération de services, mais de les avoir versées à des individus comme Reinach ou Herz, idoles tombées de leur piédestal. Me Barboux dépeint avec brio les deux personnages : « M. le baron Jacques de Reinach n'était un inconnu pour personne. Il occupait sur l'échelle financière un degré plus élevé que M. Lévy-Crémieu, car il était homme de banque en même temps qu'homme de bourse... Son alliance avec un homme qui s'est fait une place considérable dans le Parti républicain [2] augmentait encore la notoriété de son nom. M. de Reinach était actif, empressé, ingénieux. Il avait des façons fort communes, mais le monde a toujours là-dessus des trésors d'indulgence pour les financiers. Aussi M. le baron de Reinach voyait-il nombreuse et très bonne compagnie. Et si l'on tenait à connaître toutes ses relations, au lieu d'aller demander le secret de sa mort à l'inviolabilité du tombeau, il était plus simple d'entendre des témoins qui ne manquaient point ; seulement, au lieu de les chercher du côté de Panama, il fallait les chercher parmi ses accusateurs ; et quand j'entends depuis deux mois tant de gens nier avec colère qu'on les ait vus avec lui en Galilée, je me demande en vérité comment ils ont les oreilles faites pour n'avoir pas entendu le coq chanter [3]. »

Cette biblique allusion met la salle en joie. Mais l'évocation de Cornélius Herz est un morceau d'éloquence encore plus piquant : « Faut-il parler maintenant d'un autre personnage auquel on se plaît en ce moment à attribuer une sorte de génie malfaisant et de puissance diabolique ?... Qu'un homme ait compris tout le parti que, dans notre société, un intrigant sans scrupules peut tirer de la vanité des uns et de l'avarice des autres, qu'en se montrant prêt à rendre tous les services il ait pénétré tous les secrets, et qu'il se soit ainsi rendu maître de la considération d'un tas d'hommes publics, voilà, Messieurs, ce qui ne saurait surprendre personne et qui, à mon sens, ne mérite pas autre chose que le mépris. Mettez Figaro à l'école de Robert Macaire, et vous obtiendrez quelque chose comme ce personnage singulier qui pendant dix ans a eu le pied dans tous les ministères, la main dans toutes les intrigues et, ce qui est pis, dans toutes les bourses, et qui depuis deux mois tient tant de personnes tremblantes sous la menace de ses capricieux oracles... » Et rappelant la seule entrevue de Charles de

1. *Ibid.*, p. 222.
2. Clemenceau.
3. Zévaès, *Le Scandale de Panama*, p. 221.

Lesseps avec Herz, il avoue qu'il vaut peut-être mieux encore pour son client s'être laissé extorquer six cent mille francs que de l'avoir aidé à s'avancer dans la hiérarchie de l'ordre de la Légion d'honneur[1].

L'allusion à Clemenceau répand de nouveau la gaieté dans la salle. Me Barboux parle encore un certain temps, puis achève sa plaidoirie par un bel hommage à Ferdinand de Lesseps ; « Son étoile à pâli, dit-il, l'audace a été vaincue, mais le nom... Vous oubliez donc, M. l'Avocat général, que ce nom depuis longtemps n'appartient plus à M. de Lesseps ; qu'il est à vous, à nous, à la France entière. Vous oubliez donc que, lorsqu'il y a quelques années, ce vieillard encore vigoureux franchissait la frontière, les peuples se précipitaient au-devant de lui, dételaient ses chevaux, traînaient sa voiture et criaient, non pas "Vive Lesseps !" mais "Vive la France !" Vous oubliez donc que, lorsqu'il se rendait dans les cours étrangères, les rois et même le vieil empereur qui nous a si cruellement vaincus et humiliés se levaient pour venir au-devant de lui. Et ce qu'ils saluaient ainsi dans sa personne, c'était le génie même de notre race, race passionnée, mais généreuse, confondant dans un même idéal la gloire et la fraternité, obstinée à travailler, pour les autres, semant à pleines mains sur le monde des découvertes et des idées dont elle ne recueille pas le fruit, et toujours prodigue de son or comme de son sang dès qu'il s'agit d'être utile à la cause de l'humanité ! Voilà ce qu'ils saluaient, en la personne de M. de Lesseps. Et c'est là, M. l'Avocat général, ce que vos mains, vos mains honnêtement criminelles, s'efforcent de ternir[2] ! »

Les avocats des autres prévenus prennent à leur tour la parole et défendent leurs clients respectifs : Me du Buit pour Marius Fontane, Me Martini pour Henri Cottu et, enfin, pour Eiffel, Waldeck-Rousseau, homme important dont l'autorité peut rivaliser avec celle des juges. Il parle en peu de mots, mais ce qu'il dit porte. Ainsi, à propos des traitements élevés que touchaient les directeurs et les ingénieurs de la Compagnie, il avait, lors de la première audience, observé avec un humour glacé : « Voilà des appointements qu'envieraient nos fonctionnaires, s'ils cherchaient dans leurs fonctions autre chose que la satisfaction du devoir accompli. »

Pour défendre Eiffel, il se retranche habilement derrière le quitus donné par le liquidateur judiciaire et soutient que le grand ingénieur, n'ayant été qu'un exécutant, ne peut être accusé d'abus de confiance. En achevant sa plaidoirie, sèche et mordante, il s'anime un peu en disant que Gustave Eiffel a donné « à la pauvre humiliée de 1870 — c'est-à-dire la France — un peu de gloire ». Cela fait bondir Maurice Barrès qui note rageusement : « Propos d'une effronterie à faire rougir le singe de M. de Lesseps à La Chesnaye, mais il fallait qu'Eiffel en

1. *Ibid.*, p. 232.
2. *Ibid.*, p. 239-240.

eût pour son argent[1]. » En effet, l'ingénieur versera cent mille francs d'honoraires à Waldeck-Rousseau tandis que Me Barboux demandera seulement douze mille francs aux Lesseps.

L'injustice de la plupart des accusations portées contre les inculpés, l'éloquence et le savoir-faire de leurs avocats, la mauvaise impression laissée par les témoins à charge et un certain revirement d'opinion en faveur des Lesseps, grâce au sang-froid de Charles, font espérer un acquittement. On y croit d'autant plus que les faits incriminés se trouvent prescrits depuis longtemps. Seuls en effet peuvent être examinés les faits survenus depuis le 11 juin 1888 puisque l'ouverture d'une information n'avait été décidée par le Parquet que le 11 juin 1891. Le délai de prescription de trois ans s'imposait aux juges.

Aussi le verdict du 9 février 1893 tombe-t-il comme un couperet, révoltant l'opinion par sa sévérité. En dépit de l'absence de toute preuve, le tribunal a retenu la responsabilité des prévenus pour escroquerie et abus de confiance. Ferdinand de Lesseps et son fils Charles sont condamnés à cinq ans de prison et trois mille francs d'amende ; Gustave Eiffel à deux ans de prison et vingt mille francs d'amende ; Fontane et Cottu à deux ans de prison et trois mille francs d'amende. Ferdinand de Lesseps ignorera toujours la sentence dont il a été frappé. Comme elle ne lui sera pas signifiée, il ne pourra se pourvoir en cassation et restera sous le coup de cette condamnation infamante. Charles de Lesseps, Fontane et Cottu retournent à Mazas purger leur peine, et Gustave Eiffel, arrêté en sortant du palais de justice, y est conduit le soir même.

Quelques comparses ont bénéficié d'une ordonnance de non-lieu : Emmanuel Arène, Devès, Léon Renault, Jules Roche, Albert Grévy et Thévenet. Lorsque, à la Chambre, le garde des Sceaux sera interrogé sur la raison de ce non-lieu, il déclarera : « Je n'ai, en ce qui concerne les décisions de la justice, qu'une chose à répondre, et j'ai besoin de la dire enfin, car depuis un mois que, par le devoir de ma fonction, je suis réduit au silence, en vérité j'étouffe...

— Oui, s'écriera Déroulède, vous étouffez l'affaire ! »

*

A La Chesnaye, où l'on attend avec anxiété le verdict, Emile Berr, un journaliste du *Figaro*, est là pour effectuer un reportage et, semble-t-il, pour servir de porte-parole à la famille. Dans son article du 11 février, il raconte qu'arrive à La Chesnaye un premier télégramme, envoyé par Mme Cottu pour annoncer sa venue le soir même. Sans doute est-ce pour apprendre aux Lesseps, avec ménagement, une mauvaise nouvelle. Puis, peu après, arrive un second télégramme adressé au journaliste et qui lui

1. M. Barrès, *Leurs figures*, p. 239.

donne le dispositif du jugement. C'est donc lui qui en informe aussitôt une amie de Mme de Lesseps en la priant de mettre celle-ci au courant. La réaction de Mme de Lesseps est d'une grande dignité, teintée d'une certaine ironie à l'égard du pouvoir : « J'aime mieux cela, dit-elle. Le père et le fils condamnés, c'est complet. L'énormité même du scandale servira mieux notre honneur qu'une demi-injustice... Moi, ajoute-t-elle, je n'ai pas besoin d'être consolée. Je suis au bout de mon calvaire, c'est fini, mais je leur en veux de n'avoir pas eu pitié de ces enfants, je leur en veux surtout d'avoir attendu pour frapper un tel homme l'heure de sa déchéance physique, le moment où il devait être hors d'état de parler, de se défendre... Il a un nom qui survivra à tout et que je suis fière de porter[1]... »

Le même jour, *L'Intransigeant* publie un curieux article, expliquant que Lesseps a été une fois de plus victime d'intérêts politiques. L'arrêt du 9 février, affirme l'auteur, n'est pas celui dont les conseillers avaient discuté l'avant-veille et qui accordait le bénéfice des circonstances atténuantes en raison de l'âge avancé de Lesseps, excusable d'avoir eu des faiblesses et des illusions. Dans la rédaction primitive, il n'était condamné qu'à trois mille francs d'amende, mais le président Périvier avait été appelé par le garde des Sceaux place Vendôme et, lorsqu'il en était revenu, une heure et demie plus tard, l'amende était aggravée d'une condamnation à cinq années de prison. Les condamnations des autres inculpés avaient été, elles aussi, revues par la ministre. Charles de Lesseps, condamné à deux ans de prison, s'en voyait infliger cinq ; Fontane écopait de deux ans de prison au lieu de trois mois et Henri Cottu, qui n'avait été frappé que d'un mois de prison, passait lui aussi à deux ans. « Comme la Cour ne pouvait laisser deviner ce remaniement, même à son greffier, précise le journaliste, M. Périvier dut recopier lui-même les trois derniers feuillets de son arrêt. » D'après l'auteur de cet article, le gouvernement, attaqué à la Chambre sur sa faiblesse à l'égard de certains coupables, aurait ainsi réagi contre les accusations.

Le Matin, lui, flétrit l'ingratitude de la nation envers Lesseps, et *Le Gaulois* reproche à la République de condamner Lesseps comme s'il s'agissait d'un dangereux gangster.

En France, en Europe et même aux Etats-Unis, intéressés pourtant à l'échec de la Compagnie de Panama, l'annonce de la condamnation de Lesseps produit un effet désastreux. La honte en rejaillit, non sur lui, mais sur le régime, et la République achève de se discréditer aux yeux des monarques européens ou, du moins, aux yeux de ceux qui n'ont pas besoin, comme le tsar, de l'épargne française. Il sera piquant de constater plus tard que la Russie, terre de tous les mirages, aura été aussi fatale aux petits épargnants français que le canal de Panama.

---

1. *Le Figaro*, 11 février 1893.

Partout les honnêtes gens sont révoltés d'une injustice à travers laquelle ils se sentent eux-mêmes atteints. Un bel exemple est alors donné par Lyautey qui, chef d'escadron à Madagascar, a dans son effectif, comme engagé volontaire, Ismaïl de Lesseps, un des fils que Lesseps a eus de son second mariage. Apprenant le verdict du 9 février, il fait sortir des rangs, lors d'un exercice, Ismaïl de Lesseps et, de manière à être entendu de tous, il lui dit : « Brigadier de Lesseps, il vient de se commettre contre votre père et ceux qui portent votre nom un crime national. Au nom de tous ceux qui ont le souci de l'honneur du pays, je vous exprime ici leur indignation, et je vous présente leurs excuses. Cavaliers, présentez le sabre... Trompettes, sonnez aux champs ! »

Puis il donne l'accolade au jeune homme en larmes et le colonel Donop en fait autant.

*

Ce premier procès fini, un second commence aussitôt. Cette fois, Charles de Lesseps doit répondre, en cour d'assises, du crime de corruption de fonctionnaires publics. Avec lui se retrouvent au banc des prévenus Marius Fontane, le ministre Baïhaut et Blondin, son complice, le sénateur Béral, les députés Sans-Leroy, Antonin Proust, Dugué de la Fauconnerie et Gobron.

A toutes les épreuves physiques et morales qui l'accablent s'ajoute pour Charles de Lesseps celle de savoir son père inquiet pour lui et pouvant soupçonner une partie de la vérité. Si étranger qu'il est devenu au monde extérieur, Ferdinand de Lesseps s'étonne en effet de ne plus voir régulièrement son fils aîné qui venait naguère à La Chesnaye, où il vit désormais, lui faire presque chaque semaine son rapport. A plusieurs reprises, Charles a essayé de justifier par lettres sa longue absence et, avant l'ouverture de son procès en cour d'assises, il obtient la permission de faire, entre deux gendarmes, une visite à son père.

Le 26 février 1893, après une nuit en chemin de fer, les deux policiers et lui débarquent à La Chesnaye. Charles présente les deux hommes en les faisant passer pour des amis, ce qui justifie leur présence à table au déjeuner. La conversation se ressent de cette présence, mais Lesseps, heureux de voir son fils, ne lui pose guère de questions et paraît avoir oublié jusqu'à l'existence de la Compagnie de Panama.

Le procès pour corruption devant la cour d'assises de la Seine s'ouvre le 8 mars 1893. On s'y écrase évidemment, car ce sera un spectacle encore plus édifiant, sur les mœurs contemporaines, que celui du procès en responsabilité devant la cour d'appel. On s'attend à des révélations scandaleuses, à des répliques piquantes, à des interventions dramatiques, et le public ne sera pas déçu. Cela commence avec la réflexion d'un curieux qui déclare, en pénétrant dans la salle bondée : « Cela sent mauvais ici.

— Oui, réplique un autre curieux, cela sent le bouc émissaire. »

Il serait fastidieux de reprendre en détail les audiences de ce nouveau procès, toutes consacrées à l'examen des comptes de la Compagnie et à l'historique des rapports de ses dirigeants avec le trio infernal : Reinach, Herz, Arton. Que le premier soit mort et les deux autres en fuite à l'étranger ne facilite pas les choses et fait retomber sur Charles de Lesseps, qu'on a sous la main, toute la responsabilité de cette entreprise de corruption. Il se défend avec son flegme et sa précision habituels, expliquant, comme il l'a déjà fait lors du premier procès, l'engrenage dans lequel il a été pris malgré lui.

« En 1879, dit-il, nous avons commencé comme des bourgeois, sans publicité, sans syndicats, sans rien donner aux financiers et aux banquiers. Nous nous étions adressés directement à l'épargne, et l'épargne nous avait apporté quoi ? Trente millions. Quand nous avons recommencé, on nous a fait comprendre qu'il fallait recourir à des précautions préalables, verser 800 000 F à M. de Girardin qui nous avait combattus sous sa signature, compter en un mot avec toutes les influences. Ce n'est pas moi qui ai inventé les mœurs politiques et financières de notre époque. J'ai subi toutes les exigences. Et, malgré tout, nos dépenses d'émission sont demeurées bien inférieures à celles de certaines grandes entreprises industrielles ou financières garanties par l'Etat, bien inférieures aux frais de publicité et de banque consentis par le gouvernement aux grands établissements publics de ce pays. Nous avons demandé environ un milliard et demi à l'épargne française, et nos dépenses d'émission n'ont pas dépassé cent millions[1]. »

A un moment, le président, impatienté des longues explications techniques de Charles de Lesseps, le prie de les abréger.

« Non, répond l'accusé, j'ai le temps. Tout cela est nécessaire à ma défense. »

Il reconnaît avoir remis des sommes importantes à Reinach et à Herz, mais dit avoir toujours ignoré l'usage qu'ils en avaient fait, ce que confirme Achille Monchicourt, le liquidateur judiciaire. Il répète avoir agi dans le seul intérêt de la Compagnie, laissant même entendre qu'il n'aurait pas refusé des subsides à un sénateur ou un député peu scrupuleux si celui-ci le lui avait demandé en échange de son vote. Au point où il en était, il ne pouvait rien négliger... En revanche, il proteste énergiquement contre l'accusation de corruption active : il n'a jamais, de lui-même, offert de l'argent à qui que ce soit ; il s'est contenté d'en donner lorsqu'on lui en demandait, avec des raisons valables.

Trois personnages de marque viennent alors à la barre expliquer leur rôle en certaines occasions. Ainsi Charles de Freycinet reconnaît avoir insisté auprès de Charles de Lesseps pour qu'il engage Reinach à payer Herz qui commençait à devenir dangereux, précisant même

1. Cité par Zévaès, *Le Scandale de Panama*, p. 178.

que c'était à la prière de Ranc et de Clemenceau qu'il avait accepté de s'entremettre ; Clemenceau a des pudeurs de vierge en évoquant ses relations avec Cornélius Herz et, faute de pouvoir les nier, il explique avoir toujours obéi à sa conscience, et non aux ordres de Herz ; enfin, Charles Floquet conteste avoir reçu de l'argent de la Compagnie de Panama pour l'aider à faire élire dans le département du Nord un candidat antiboulangiste. Ses protestations d'innocence irritent l'auditoire qui devient houleux. Me Barboux se taille un succès en lisant une lettre dans laquelle Floquet déclare à son correspondant : « J'aurais poussé la candeur un peu loin si, devant les sommes distribuées à la presse par la Compagnie de Panama, je n'avais pas suivi d'aussi près que possible cette répartition[1]. »

Complètement démonté, Floquet quitte la salle sous les huées. Les explications embarrassées de ces trois hommes politiques ont produit un déplorable effet en révélant la pourriture d'un régime où tout est à vendre. Alors que ce procès dévoile toutes les compromissions des élus de la République, étalant au grand jour leur vénalité, leur égoïsme et leur âpreté, ainsi qu'une complète absence de civisme, un coup de théâtre apporte un peu d'air frais dans cette enceinte nauséabonde et permet au public de ne pas désespérer de la nature humaine.

Mme Cottu, épouse de l'administrateur emprisonné, demande à être entendue. Elle l'est, mais ce qu'elle commence à dire fait regretter à la cour d'avoir accédé à sa demande. En effet, ce qu'elle raconte est si peu croyable que la salle retient son souffle afin de mieux l'écouter.

Elle révèle avoir reçu, à la fin du mois de décembre 1892, un certain Golliard venu lui délivrer un message officieux du gouvernement, soucieux d'étouffer discrètement l'affaire. Les termes du marché se résumaient ainsi : en échange d'un non-lieu pour certains accusés — dont Cottu — avec mise en liberté immédiate, les personnes en question éviteraient, lors de leur interrogatoire, de citer certains noms. Flairant un piège, elle avait demandé que cette proposition lui fût faite par quelqu'un de plus autorisé que cet émissaire presque anonyme qui, lors d'autres visites, s'était contenté de lui répéter que le ministre de la Justice, Emile Bourgeois, et le ministre de l'Intérieur, Loubet, maintenaient leur offre. Elle avait alors exprimé le désir de rencontrer un des deux ministres, et Golliard lui avait proposé de voir auparavant le directeur de la Sûreté générale, Henri Soinoury. Celui-ci l'avait reçue dans son cabinet, le 7 janvier 1893, et, après une conversation assez oiseuse, il avait fini par démasquer ses batteries en la priant de lui fournir un document qui permettrait de compromettre un politicien de droite, puisque jusque-là on ne trouvait de compromis dans le scandale de Panama que des hommes politiques de gauche. Avec esprit, elle lui avait répondu ignorer si les amis de son mari possédaient un document

1. Cité par G. Edgar-Bonnet, *Ferdinand de Lesseps*, t. II, p. 333.

de ce genre, mais que, si c'était le cas, elle ne voyait pas pourquoi ils s'en dessaisiraient. Soinoury avait insisté en vain, lui promettant, si elle cédait, de l'autoriser à voir son mari en prison. Elle était repartie sans rien promettre et, le lendemain, un commissaire de police était venu lui apporter chez elle, avenue du Bois, des permis de communiquer. Elle les avait refusés, ne voulant aucune compromission avec ceux qui avaient emprisonné son mari, puis elle avait estimé qu'il était de son devoir d'informer la Justice de ces agissements.

« J'ai fini, Monsieur le Président », dit-elle en baissant les yeux d'un air modeste.

La fureur et la consternation sont peintes sur les visages des magistrats, la joie et la délectation sur ceux des auditeurs. En quelques minutes, Mme Cottu a changé le cours du procès, devenu celui du régime, et en sortant elle sera l'objet d'une ovation délirante avant d'être applaudie pour son courage par une presse unanime.

Devant Soinoury, qu'on a aussitôt mandé, Mme Cottu réitère sa déposition avec le même accent de vérité, sans varier dans son récit, alors que le directeur de la Sûreté s'embrouille dans ses dénégations, perd pied, finit par avouer l'entretien dans son bureau, mais nie avoir promis quoi que ce soit à son interlocutrice. En ce cas, lui dit-on, pourquoi a-t-il fait venir Mme Cottu, amenée par un commissaire ?

C'est un nouveau scandale ajouté à tous les précédents. Léon Bourgeois, personnellement mis en cause, abandonne pendant vingt-quatre heures son portefeuille afin de venir témoigner comme simple citoyen. Il essaie de réfuter la déposition de Mme Cottu, mais il ne convainc pas plus que ne l'a fait Soinoury. Seuls les magistrats, par solidarité républicaine, feignent de le croire. Enhardi, il essaie de se défendre en reprochant aux accusés de sortir de leur rôle en devenant accusateurs à leur tour et en ayant l'impudence de mettre en cause un ministre. Ecœuré, le public proteste et Me Barboux reproche à Léon Bourgeois de vouloir se substituer aux juges. Bref, l'audience s'achève, comme la précédente par un triomphe personnel de Mme Cottu et une défaite morale de la justice autant que du gouvernement, reconnu coupable des manœuvres qu'il impute aux administrateurs de la Compagnie de Panama

Lorsque le procès reprend, le lendemain, l'avocat général Laffon ne trouve rien d'autre à dire que ces mots : « Ecartons tout ce qui est relatif à l'incident de Mme Cottu... », manière assez désinvolte, et fort mal accueillie, d'étrangler la vérité.

Bien qu'écarté, l'incident Cottu entrera dans l'Histoire, et même dans la Littérature avec Anatole France qui en fera un récit alerte, à peine travesti, dans *Les Opinions de M. Jérôme Coignard*, roman qui ne paraîtra qu'en 1923, alors que d'autres affaires ont fait oublier un peu celle de Panama.

Lorsqu'il sera élu sous la coupole au fauteuil de Ferdinand de

Lesseps et prononcera son éloge, Anatole France ne cachera pas son estime et sa sympathie pour le créateur du canal de Suez et attribuera son échec à Panama, non à une faute de sa part, mais à des causes diverses, indépendantes de sa volonté : « A peine m'est-il permis d'indiquer les plus générales, dira-t-il, et de dire qu'en France la volonté lente, sourde, parfois obscure, mais continue et souveraine qui soutint l'œuvre de Suez n'était plus là... ; et que plus rien dans la direction faible, diffuse et changeante des affaires publiques n'était désormais capable, ni de contenir les convoitises d'une troupe de financiers, d'aventuriers et de politiciens pillards, ni d'arrêter cette panique instinctive des foules, qui en un moment renverse tout[1]. »

Pour minimiser la déclaration de Mme Cottu, l'avocat général, en prononçant son réquisitoire, essaie de noircir au maximum Ferdinand de Lesseps et son fils, ainsi que les administrateurs de la Compagnie, leur reprochant d'avoir continué à diriger l'entreprise alors qu'ils la savaient vouée à l'échec et voyant dans Baïhaut comme dans les autres parlementaires corrompus d'innocentes victimes de Lesseps. Comme il l'a fait lors du premier procès, Me Barboux réfute avec vigueur les assertions de l'avocat général, soulignant le parti pris du gouvernement qui fait de ce procès une affaire politique.

Après avoir entendu Charles de Lesseps leur rappeler une dernière fois qu'il n'a eu qu'un but, sauver la Compagnie, les jurés se retirent pour délibérer. Ils reviennent deux heures plus tard avec le verdict : Charles de Lesseps est condamné à un an de prison, avec confusion de peine, c'est-à-dire que cette année ne s'ajoutera pas aux cinq dont l'a déjà gratifié la cour lors du procès en responsabilité. Blondin, agent de Baïhaut, se voit infliger deux ans de prison. Enfin Baïhaut, reconnu comme le principal coupable, est condamné à cinq ans, peine assortie d'une amende de sept cent cinquante mille francs et de la dégradation civique. Il ne perdra pas tout à fait son temps durant sa détention puisqu'il en tirera un livre de souvenirs, *Impressions cellulaires*. Les autres prévenus sont acquittés. A l'annonce du verdict, Fontane a éclaté en sanglots, pleurant sur le sort de Charles de Lesseps dont il espérait voir l'intégrité mieux reconnue. Me Barboux, furieux, s'est écrié : « Plus jamais je ne plaiderai devant ces gens-là ! »

Charles de Lesseps est obligé de regagner sa cellule où il sera maintenu au secret pendant trois semaines encore. Vers le milieu d'avril, sa femme est autorisée à venir le voir et, deux mois plus tard, il peut espérer une rapide amélioration de son sort car la Cour de cassation a cassé, le 15 juin, la décision de la cour d'appel jugeant correctionnellement. Sa condamnation à cinq ans de prison tombe et il ne lui reste plus à purger que la peine d'un an prononcée par la cour d'assises. En principe, un détenu qui a fait la moitié de sa peine est

1. Cité par M.-C. Bancquart, *Anatole France*, p. 211.

libérable, et Charles de Lesseps pourrait s'attendre à une libération prochaine. Assez mesquinement, le gouvernement le laisse en prison et ne le relâchera que le 15 septembre.

Il n'en aura pas fini pour autant avec l'Etat. En 1896, il se verra réclamer, en vertu du principe de solidarité entre condamnés, l'amende infligée à Baïhaut et que celui-ci ne peut payer. Au montant de sept cent cinquante mille francs s'ajouteront les intérêts et les frais, non négligeables. Bien que la Compagnie de Suez lui ait maintenu son traitement de directeur pendant toute la durée de son emprisonnement, il connaît déjà de graves difficultés financières, étant ruiné par la faillite de Panama, et, trois ans plus tard, ne pourra évidemment régler les quelque neuf cent mille francs réclamés à Baïhaut. Pour éviter la prison, il devra se réfugier à Londres et ne reviendra en France qu'au début de l'année 1899, après avoir transigé avec le fisc.

En attendant ce dernier rebondissement d'une affaire dont il n'aimera jamais parler, il est un homme libre, et son premier acte, en sortant de prison, est de partir pour La Chesnaye.

*

Son arrivée rend un peu de mémoire et de vie à son père. Au cours de leurs conversations quotidiennes, Ferdinand de Lesseps retrouve certains souvenirs, évoque certains personnages. Un jour, Charles aborde avec lui la question de Panama en lui disant son chagrin d'avoir été séparé de lui pendant si longtemps. Il lui dit aussi combien son nom est encore entouré de l'estime générale.

« Qu'est-ce qui t'avait retenu ? demande Lesseps. On a cherché à abuser de nous ?

— Quand on a fait Suez, on a le respect de tous, répond Charles. Panama se fera aussi et tu en auras le mérite.

— Il serait bien à désirer qu'on fît Panama.

— Il se fera, déclare Charles. Te souviens-tu qu'il y a cinq ans, tu m'as dit : "Pourvu que l'honneur soit sauf !" Depuis, je n'ai pas oublié ta parole. J'ai eu à me donner de la peine, mais aujourd'hui je puis t'assurer que ton honneur est sauf.

— Nous avons accompli notre mission, murmure Lesseps, tout ce que nous avons fait, nous l'avons fait honnêtement. Tu as eu dans mon œuvre la part principale, tu sais que je t'aime bien.

— Tu ne parles pas beaucoup, poursuit Charles. Entouré comme tu es, je peux rarement causer avec toi. Tu peux être paisible, sûr que ton honneur est intact, que chacun te respecte[1]. »

Charles a deviné juste en pensant que son père, en dépit de son

1. Mémoires de Charles de Lesseps, cités par G. Edgar-Bonnet, *Ferdinand de Lesseps*, t. II, p. 349.

apathie, était rongé par la pensée de Panama, car, après cette conversation, il semblera plus serein, sans pour autant s'intéresser davantage au monde extérieur.

Est-il conscient de sa décision lorsqu'il accepte, à la prière de Charles, de participer pour six cent soixante-quinze mille francs à la constitution de la Compagnie nouvelle de Panama, fondée par Achille Monchicourt, le liquidateur judiciaire, afin de continuer les travaux dans l'isthme ?

Déjà, peu avant sa mort, le baron de Reinach avait tenté de ressusciter la Compagnie selon le vœu de Philippe Bunau-Varilla qui, dans son livre sur Panama, publié en 1892, dressait un tableau de la situation, avec chiffrage du coût de l'opération. Prenant pour base la valeur intrinsèque des titres de l'ancienne Compagnie et celle des actions du Panama Railroad, il pensait disposer d'une garantie suffisante pour émettre un emprunt de quarante-cinq millions auquel s'ajouterait une souscription publique évaluée à cent soixante-quinze millions. Pour aider au lancement, il comptait sur un bel élan patriotique, écrivant : « Il faut que la presse et les établissements de crédit prêtent leur concours à prix coûtant. On a le droit de leur demander ce service en raison des sommes considérables que leur a versées l'ancienne Compagnie et qui font peser sur eux une dette de reconnaissance, dont ils s'acquitteront en prêtant à l'œuvre un concours désintéressé[1]. »

C'était une manière à peine déguisée de dire qu'ils devaient rendre gorge et la leçon fut comprise, ainsi qu'on le verra. En conclusion de son projet, Philippe Bunau-Varilla estimait à cinq cents millions le budget global nécessaire à l'achèvement des travaux.

Le 26 juillet 1892, avant le début des procès qui firent à la Compagnie défunte une si fâcheuse publicité, Charles Hiélard avait obtenu l'accord de Monchicourt pour constituer une nouvelle Société du canal de Panama dont le comité se composait de personnalités de la presse comme Dupuy, directeur du *Petit Parisien*, Edouard Lebey, directeur de l'Agence Havas, Henri Poidatz, secrétaire du *Petit Journal*, Adrien Hébrard, l'inévitable directeur du *Temps*, décidément de toutes les combinaisons, et de deux députés, François Deloncle et Jules Charles-Roux, un féal de Lesseps. N'ayant pu décider les banques à le soutenir, Hiélard avait dû abandonner son projet.

Deux ans plus tard, Philippe Bunau-Varilla voit enfin son idée se réaliser avec la formation, le 26 juin 1894, de la Compagnie nouvelle du canal de Panama, compagnie à laquelle apportent leurs capitaux les financiers qui ont si bien profité de l'ancienne. Ils n'y ont pas été contraints, certes, mais l'acte apparaît comme une sorte de réparation morale, et il sera considéré comme tel par les historiens. Henri Germain, le fondateur du Crédit Lyonnais, donne 4 millions ; le Crédit

1. Ph. Bunau-Varilla, *Panama. Le Passé. Le Présent. L'Avenir*, p. 15.

industriel et commercial, 2 ; Hugo Oberndoerffer, 3 800 000 francs et Gustave Eiffel, qui avait gagné trop facilement 30 millions en apporte 10. A l'instigation de Charles, Ferdinand de Lesseps a donc donné 675 000 francs, et Charles lui-même, ainsi que son frère Victor, en feront autant, ce qui achèvera de les ruiner[1].

La Compagnie de Suez est heureusement là pour sauver son fondateur et sa famille. Le 13 février 1894, le conseil d'administration de la Compagnie avait nommé Lesseps, « empêché par son âge et son état de santé de prendre part au travaux du conseil », président honoraire. Charles et Victor, qui avaient démissionné du comité de direction, étaient restés administrateurs.

Le 5 juin 1894, à l'assemblée générale des actionnaires de la Compagnie de Suez, l'atmosphère est d'abord assez houleuse, et la réélection de Charles de Lesseps comme administrateur vivement contestée. Lors du vote, il n'a recueilli que 1 120 voix alors que ses collègues en ont eu 1 699. Ne voulant pas être un sujet de discorde, il demande la parole et termine son bref discours par ces mots : « Ne me nommez pas si vous croyez que je ne puis vous rendre le plus petit service. Si vous croyez que je suis inutile et, à plus forte raison, nuisible, Messieurs, ne me nommez pas, et je garderai dans mon cœur une profonde reconnaissance pour les vingt-cinq ans de confiance que vous m'avez témoignée. »

Il est finalement maintenu dans son poste, et on aborde ensuite une question délicate, elle aussi mise aux voix : le versement d'une rente à Ferdinand de Lesseps, complètement ruiné, ainsi qu'à ses enfants afin de leur permettre un train de vie conforme à leur rang. Jules Guichard lance un vigoureux appel à la gratitude des actionnaires : « Le Conseil a été unanime à penser que la Compagnie avait un grand devoir à remplir envers son fondateur. Sans son génie, sans sa foi persévérante, le canal maritime n'existerait pas. Tandis qu'avec un désintéressement absolu M. de Lesseps a constitué la Société de Suez sans se réserver aucun avantage personnel, son œuvre est une source de fortune pour le commerce universel ; elle est glorieuse pour la France qui l'a suivi, pour l'Egypte qui l'a secondé ; elle est enfin fructueuse pour les actionnaires dont il a assuré la prospérité. Nous vous proposons donc de voter une pension viagère de 120 000 francs pour la famille de celui qui a tant de titres à votre reconnaissance[2]. »

Par 1 299 voix contre 485 et 8 bulletins nuls, les actionnaires votent la proposition de Jules Guichard, nouveau président de la Compagnie de Suez qui vient de succéder à Lesseps dont il a été longtemps le collaborateur. Celle-ci versera désormais soixante mille francs par an à

---

1. La Société américaine qui achèvera le canal rachètera la société française et son matériel pour 40 millions de dollars.
2. Bulletin décadaire, *Le Canal de Suez*, juin 1894.

Mme de Lesseps jusqu'à la mort de son mari, puis quarante mille francs après sa disparition. Les treize enfants survivants auront, de leur côté, soixante mille francs à se partager, mais après la mort de leur père, ils bénéficieront des vingt mille francs qui ne seront plus versés à Mme de Lesseps. Lorsque celle-ci disparaîtra, sa pension de quarante mille francs sera réversible sur leur tête. Ainsi auront-ils un jour cent vingt mille francs à se partager. Enfin, l'acte notarié précisera que ces pensions seront à la fois incessibles et insaisissables.

*

Ferdinand de Lesseps va entrer bientôt dans sa quatre-vingt-neuvième année. Il ne quitte plus La Chesnaye, ni sa chambre ni son fauteuil, immobile et muet. Le 17 novembre 1894, afin de le distraire et d'essayer de ranimer ses souvenirs, sa femme organise une réception limitée à la famille et à quelques amis pour célébrer le vingt-cinquième anniversaire de l'inauguration du canal de Suez. Deux jours plus tard, c'est l'anniversaire de sa naissance que l'on célèbre, également dans l'intimité.

Le 1er décembre, alors qu'il a depuis longtemps cessé de fumer, il demande un cigare, à l'étonnement des siens qui ne comprennent pas cette fantaisie et s'inquiètent. Le lendemain, pendant le déjeuner, il est pris de frissons et doit s'aliter. On fait aussitôt venir le médecin de Vatan, le docteur Marchand, qui constate un état fiévreux. Le 3 décembre arrive de Paris le docteur Laval qui s'installe à son chevet. Le mal est sans espoir comme sans remède et, le 8 décembre, Ferdinand de Lesseps s'éteint dans les bras de son fils aîné.

Charles fait embaumer le corps que veillent des religieuses d'une école autrefois fondée par Lesseps. Tout le pays vient s'incliner devant sa dépouille et c'est un long défilé, mêlant tous les âges, toutes les classes, toutes les conditions, bel hommage à celui qui s'était toujours voulu au-dessus des partis, des confessions rivales et des préjugés.

Craignant qu'en honorant un grand homme il montre à quel point il est lui-même composé d'hommes petits, le gouvernement fait savoir qu'il souhaite une inhumation discrète à Vatan pour éviter qu'une cérémonie à Paris serve de prétexte à des manifestations. Charles refuse, estimant que la place de son père est dans le caveau de sa belle-famille au Père-Lachaise.

Dans le monde entier, l'annonce de la mort de Lesseps est accueillie avec émotion. Tout ce qui avait pu récemment ternir son image est oublié. Seul subsiste et s'impose au public le souvenir du créateur de Suez, du fondateur d'une Compagnie devenue au fil des ans une puissance internationale et un Etat presque souverain. Le bulletin de la Compagnie du 12 décembre est encadré de noir en signe de deuil, et, bel hommage involontaire, à la Bourse, l'action de cinq cents francs franchit ce jour-là, pour la première fois, le cap des trois mille francs.

Venant de La Chesnaye, le corps arrive dans la matinée du 14 décembre à l'hôtel Lesseps, 11, avenue Montaigne, et de là il est transporté jusqu'à l'église Saint-Pierre-de-Chaillot[1] où le service funèbre commence à midi. La police a encerclé l'église, essayant d'empêcher amis ou curieux d'y pénétrer. Le prince Murat, représentant l'impératrice Eugénie, doit faire un esclandre afin de pouvoir franchir le barrage. Lorsque la cérémonie s'achève, à une heure un quart, le cortège prend la direction du Père-Lachaise. Trois cent cinquante à cinq cents personnes, estimera la police, suivent le corbillard, harnaché de couronnes envoyées par de nombreuses personnalités ou par des sociétés. Les plus remarquées, car prouvant l'attachement de ses anciens collaborateurs, sont celles des principaux établissements de la Compagnie de Suez jalonnant le canal : Port-Saïd, Ismaïlia, Port-Thewfik, et aussi Le Caire. La foule est respectueuse et, au passage du cercueil, elle se découvre. Comme les plus jeunes fils de Lesseps ont encore des cheveux longs, tombant sur leurs épaules, et portent des culottes à la française, au lieu de pantalons, des gens s'étonnent : « Oh ! les petites filles en costume de bicyclette... » Sur les Champs-Elysées, une bande d'énergumènes essaie de bloquer le convoi, mais elle est rapidement dispersée. Le trajet dure longtemps, sous un ciel gris d'où suinte une petite pluie fine, obstinée. Lorsqu'on arrive au cimetière, deux mille personnes y sont déjà rassemblées.

Devant le caveau, celui des Autard de Bragard, se succèdent les discours d'usage. Un obscur académicien, Gérard, parle au nom de l'illustre compagnie, puis Joseph Bertrand au nom de l'Académie des sciences. Viennent ensuite le vice-président de la Société des gens de lettres, le président de la Société de Géographie et celui des anciens élèves du collège Henri-IV. Le meilleur discours, le plus vrai, le plus sincère, est celui de Jules Guichard, le président de la Compagnie de Suez. Lorsque le prêtre entonne le « De profundis », la pluie s'arrête, un pâle rayon de soleil perce les nuages et persiste jusqu'à la fin de la cérémonie.

De tous côtés, pendant des semaines et même des mois, affluent avenue Montaigne ou à la Compagnie de Suez des messages de souverains, d'hommes politiques, de savants, de chefs d'entreprise et de tous ceux pour qui Lesseps avait incarné la France à l'étranger, et su donner de celle-ci une autre image en montrant qu'il y avait des victoires à remporter ailleurs que sur les champs de batailles. Il est mort trop tôt pour voir réalisé son dernier rêve, mais l'avenir lui donnera raison avec l'ouverture à la navigation, le 7 janvier 1914, du canal de Panama. Les travaux d'achèvement, effectués par les Américains, reviendront à trois

1. Il s'agit de l'ancienne église, assez petite et datant du XVIIe siècle.

cent cinquante-deux millions de dollars, sans tenir compte de ce qui avait été dépensé déjà entre 1880 et 1888, c'est-à-dire au moins quatre fois le coût du canal de Suez. Il en sera de même pour le cubage à extraire, de quatre fois supérieur à ce qu'avait prévu Lesseps qui, à l'époque, ne disposait pas de moyens pour évaluer correctement la tâche et encore moins de ceux lui permettant de la mener à bonne fin. Néanmoins, le matériel laissé sur les chantiers par la Compagnie de Panama sera récupéré, puis utilisé par la nouvelle Compagnie, et les ingénieurs américains reconnaîtront volontiers sa haute qualité technique.

C'est une vieille drague française, *le Marmot*, qui, le 10 décembre 1913, inaugurera le passage à travers la Culebra, cause principale de toutes les difficultés éprouvées par Lesseps. La première traversée officieuse du canal, le 7 janvier 1914, vingt ans après sa disparition, sera effectuée par un ancien bateau-grue français, *l'Alexandre-Lavalley*, dont le nom symbolisait l'aventure de Suez et la réussite de Lesseps.

De tous les éloges, un des plus justes est sans doute celui d'un journaliste oublié, mais qui, par la qualité de son article, mérite de ne pas l'être. Rendant hommage au disparu, il voit en lui, non pas le responsable du krach de Panama, mais la victime d'une société moderne aussi dénuée de scrupules que pressée de s'enrichir rapidement, à n'importe quel prix : « Faire de lui le bouc émissaire d'une époque de vertige économique, d'erreurs financières et d'aberrations sociales, le charger de tous les péchés d'Israël comme on l'a fait avec tant d'inconscience et de passion, c'est manquer d'équité autant que de justice », avait écrit Ange Morre en apprenant la mort de Lesseps. Et il poursuivait ainsi : « Malgré les fautes qu'il a pu commettre dans les quinze dernières années de sa vie, malgré son insuffisance à la fois physique et intellectuelle à diriger la vaste entreprise dans laquelle il s'était jeté, il faut bien le dire, avec plus d'intrépidité que de raison et de jugement, M. de Lesseps n'en demeure pas moins l'une des plus imposantes figures du siècle. Il n'y a pour nous aucune utilité à vouloir l'amoindrir. L'Histoire, d'ailleurs, mettra toute chose à sa place. Entre le créateur de Suez, même temporairement diminué par l'aventure de Panama, et ses détracteurs, elle n'hésitera pas[1]. »

Jugement que l'Histoire, effectivement, ratifiera en donnant à Lesseps sa vraie place, entre Napoléon et Victor Hugo, car ce conquérant pacifique, en modifiant la création divine et en ouvrant aux hommes de nouvelles routes à travers le monde, aura été, à sa manière, un grand poète de l'action.

1. Ange Morre, *Le Journal*, 8 décembre 1994.

ANNEXE I

TECHNIQUE DE CREUSEMENT DU CANAL DE SUEZ

C'est Lavalley qui a inventé la *drague à long couloir*, destinée, comme l'excavateur Couvreux, à montrer que le percement de l'isthme de Suez a contribué au perfectionnement des engins de chantier du temps.

Le creusement du canal s'effectue d'abord à sec, c'est-à-dire par les fellahs munis de leur pioche et du couffin qui sert à transporter les déblais à moins que ceux-ci ne soient, comme on l'a vu, recueillis sur leur dos par d'autres fellahs. Dès qu'une certaine profondeur est atteinte, on fait couler dans la partie évidée suffisamment d'eau pour que les dragues puissent y flotter. Les déblais qu'elles extraient sont déversés dans des chalands qui les transportent jusqu'à l'une ou l'autre des berges où des grues à vapeur, d'une volée d'environ dix mètres, les déchargent. Ces déblais sont utilisés pour le remblayage des berges. Malheureusement celles-ci ne sont pas encore assez affermies pour qu'on puisse y établir des voies ferrées permettant la circulation de wagons et l'évacuation rapide de ces déblais. Cela entraîne une série de manutentions qui, même si la main-d'œuvre est bon marché, se révèlent coûteuses à la longue.

Pour y remédier, on a imaginé de doter les dragues d'un couloir métallique par lequel les déblais seraient évacués, mais, rapporte un témoin, « la tentative avait échoué en raison de l'indécision même avec laquelle on opérait, et aussi parce que les couloirs allongés présentaient un porte-à-faux excessif, qu'il fallait équilibrer en suspendant de l'autre côté de la drague des contrepoids très pesants, au grand préjudice de la facilité de manœuvre de tout l'appareil[1] ». De plus, comme les berges s'élèvent au fur et à mesure que l'on y répand les déblais, le couloir de la drague doit surplomber suffisamment la rive pour que les vases ou les sables extraits, voire les fragments de roc, glissent vers la terre comme sur un plan incliné.

Lavalley a dessiné un bâti beaucoup plus haut, d'environ quatorze mètres au-dessus du pont de la drague, pour que le couloir puisse s'ajuster à des berges ayant atteint déjà une certaine hauteur. Le couloir a été allongé de manière à ce qu'une drague en action atteigne avec son couloir l'une ou l'autre

1. O. Ritt, *Histoire de l'isthme de Suez*, p. 330.

rive. Ces couloirs, d'abord de cinquante mètres de long, finiront par en avoir soixante-dix. Pour équilibrer cette charpente aérienne, entièrement faite de cornières entrecroisées et pesant à peu près cinq tonnes, Lavalley, abandonnant le système du contrepoids, fait reposer une partie du couloir sur un appui en tôle et en fer supporté par un chaland stationné entre la drague et la berge.

Souvent, malgré l'inclinaison du couloir, la matière extraite n'est pas assez fluide pour glisser jusqu'à la berge et s'amasse au milieu du couloir, bloquant l'évacuation et pesant fortement sur le chaland. Une pompe envoie alors des jets d'eau assez puissants pour dissoudre cette masse et la pousser vers la sortie.

Contrairement à ce que croient les visiteurs, impressionnés par la hauteur de la superstructure, ces dragues sont stables au point que les oscillations des couloirs y sont à peine ressenties. Il est vrai que ces oscillations, résultant d'un porte-à-faux du couloir entre la berge et le chaland, sont partiellement absorbés par des tirants qui relient le couloir aux deux extrémités du chaland. Même des coups de vent, parfois violents, ne compromettent pas cette stabilité.

Voisin, de son côté, a conçu un élévateur fonctionnant à partir d'un chariot à huit roues se déplaçant sur une voie ferrée parallèle au canal, lorsque la berge enfin consolidée permet d'en établir une. Ce chariot supporte un bâti fait de poutres de fer de 45 mètres de long et sur lequel circule un treuil avec lequel on décharge les caisses de déblais apportées par les chalands. Ces caisses, d'une contenance de 3 mètres cubes, sont amenées sur des flotteurs, espèces de longues boîtes rectangulaires en tôle ayant 17,50 mètres de longueur et 1,10 mètre de large sur 1,25 mètre de profondeur. Chaque flotteur est constitué de deux boîtes jumelées par huit cloisons à claire-voie entre lesquelles sont placées les caisses de déblais qui, lorsqu'elles sont pleines, se trouvent presque au ras de l'eau.

ANNEXE II

LA COMPAGNIE DE SUEZ : MODÈLE SOCIAL

Le personnel est divisé en six catégories. Les quatre premières correspondent aux agents titulaires, aux agents auxiliaires, aux capitaines-pilotes et aux ouvriers. Les matelots et gens de service composent les deux dernières catégories. L'avancement se fait en passant à la classe supérieure et les augmentations de salaires sont de 5 à 10 % tous les trois ou quatre ans. La journée de travail est de dix heures et les heures de nuit, de plus en plus nombreuses à mesure qu'approchera la date de l'ouverture du canal, sont payées avec une majoration de 50 %.

Aux malades, la Compagnie verse une demi-solde et assure des soins gratuits à l'hôpital ou à domicile, innovation étonnante, au même titre que les congés pour suites de maladie, par exemple pour changer d'air après une fièvre attrapée dans l'isthme. En ce cas, le convalescent, s'il gagne moins de cinq cents francs par mois [1], touche une allocation quotidienne de cinq francs.

Les congés normaux sont fixés à trois mois et demi tous les trois ans avec solde entière et indemnité pour frais de voyage en Europe si le salaire annuel est inférieur à huit mille francs. Après vingt ans de service, mais la Compagnie est trop récente encore pour appliquer cette disposition, les congés sont accordés tous les deux ans, et celui qui suivra la période accomplie de vingt ans sera exceptionnellement de six mois.

Pour le personnel classé, les statuts prévoient une retraite avec 60 % du salaire après trente ans de service, ainsi qu'une retraite proportionnelle, quelle que soit la durée du service, en faveur du personnel âgé de plus de soixante ans ou licencié pour raison de service ou de santé. Le fond de retraite doit être financé par un prélèvement de 2 % sur les bénéfices, et aucune cotisation n'est réclamée aux salariés.

La retraite est réversible par moitié sur la tête de la veuve ou, à défaut, sur celles des enfants mineurs. Il est même possible, sur décision du conseil d'administration, d'accorder la pension de réversion, en cas d'absence de veuve ou d'enfant, à la personne dont le membre du personnel était le soutien, disposition vraisemblablement inspirée par le fait que bien des salariés, qui ne

1. Environ 10 000 francs 1998.

sont pas des anges, ont égayé leur célibat de quelque enfant du pays, épousée devant la Nature, ce que l'on appelle alors un « mariage arabe ».

Pour le personnel non classé, correspondant aux deux dernières catégories, matelots et gens de service, il n'y a pas de retraite, mais un régime de secours, avec majoration pour charges de famille, et laissé à la décision du Conseil. Il faut néanmoins avoir servi vingt ans. La pension, si elle est accordée, est réversible, à concurrence de 50 % au profit de la veuve et des enfants.

Des allocations sont aussi prévues pour des cas intéressants dont les dossiers doivent être instruits par un conseil spécial, dit « de famille », et formé par la réunion de tous les chefs de service.

En ces années 1860-1870, toutes ces dispositions statutaires n'ont pas encore pu jouer. Elles ne commenceront à s'appliquer qu'à partir de 1875, première année d'ailleurs où la Compagnie réalisera enfin des bénéfices. Cette année-là, le coût du régime social pour l'exercice sera modeste : 21 234 francs, mais il atteindra 680 575 francs dix ans plus tard, montrant ainsi son efficacité [1].

A ces avantages hypothétiques s'en ajoutent de bien réels : pour tout employé qui se marie après son entrée à la Compagnie, celle-ci lui verse une prime égale à un mois de traitement s'il se marie en Europe, un demi-mois s'il se marie en Egypte. Dans le même esprit, elle accorde un mois supplémentaire à l'employé déjà marié lorsque sa femme vient le rejoindre en Egypte.

1. Tous ces chiffres sont tirés de l'ouvrage de J. Roux, *L'Isthme et le Canal de Suez*, t. II, p. 25.

ANNEXE III

L'AFFAIRE DES TONNAGES

Dans son règlement de navigation du 11 août 1869, la Compagnie de Suez précisait que les droits devaient être calculés sur le tonnage officiel du navire, établi par les papiers du bord. Elle s'était vite aperçue que le chiffre inscrit sur ces papiers non seulement était très inférieur à la capacité réelle de charge et qu'il tendait à diminuer de plus en plus, mais que, de surplus, il était calculé en fonction de critères variant d'un pays à l'autre. En fait, après avoir approuvé le projet du canal et s'être félicités des économies qu'il leur permettrait de réaliser, les armateurs trouveraient maintenant normal de l'utiliser gratuitement, et ils font de leur mieux pour y parvenir.

En France, on calculait la charge réelle du navire en suivant la règle du 18 août 1839 qui fixait à 40 % du tonnage brut la déduction à opérer pour l'espace occupé par les machines et la soute à charbon, ce qui était beaucoup. Avec le perfectionnement des machines à vapeur depuis trente ans, cette proportion ne correspondait plus à la réalité, et la plupart des nations avaient adopté la règle anglaise de 1854, dite *système Moorsom*, qui prenait pour base le volume exact de toutes capacités propres à recevoir un chargement, puis à le moduler de manière à la rapprocher des anciennes règles, et enfin à déduire un pourcentage forfaitaire pour les machines et le combustible.

Dès la fin de la première année d'exploitation du canal, la Compagnie avait effectué une enquête auprès des chambres de commerce et de spécialistes du problème, et elle en avait conclu que « le mode de perception provisoirement adopté... consistant à prendre le tonnage net comme base d'application de la taxe de navigation a eu pour double résultat de soumettre les navires de diverses nations à un traitement différent et de porter atteinte aux recettes de la Compagnie [1] ».

En prenant pour base de perception le tonnage *utile*, on en arrivait à ne rien demander aux navires de guerre, aux paquebots-poste, où tout l'espace était sacrifié aux machines afin d'accroître leur vitesse, et aux yachts de plaisance, dont beaucoup ont la taille des *steamers* des compagnies maritimes. La Compagnie voit ainsi 50 % des recettes espérées lui échapper, perte qui risque

1 Rapport du 6 octobre 1871.

de s'aggraver. Percevoir la taxe de transit en fonction des papiers de bord, c'est laisser les ressources de la Compagnie à la merci des gouvernements et des jaugeurs des différents pays.

Après de savants calculs, la commission chargée par la Compagnie d'étudier la question propose un nouveau système, inspiré de celui de Moorsom, mais comportant un correctif qui permettrait d'augmenter les droits d'à peu près 30 % sur les voiliers et de 43 % sur les vapeurs, ceux-ci constituant déjà l'essentiel du trafic du canal.

La Compagnie de Suez a donc décidé qu'à compter du 1er juillet 1872 elle percevrait un droit de dix francs par tonneau sur la capacité réelle du navire en prenant pour base le tonnage *brut* inscrit sur les papiers de bord lorsqu'il sera calculé suivant le système Moorsom, ce qui ne peut que convenir aux armateurs britanniques, les principaux clients du canal. Pour les navires des autres nations, dont le tonnage ne sera pas calculé suivant la méthode anglaise, on l'établira en fonction du barème le plus récent de la Commission internationale du Danube, accepté déjà par tous les utilisateurs de ce fleuve. Les bâtiments sans papiers de bord, ou munis de papiers incomplets, seront jaugés par les agents de la Compagnie, suivant les règles anglaises.

Cette décision a été acceptée sans soulever d'objections de la part des gouvernements britannique et français, mais les protestations des autres pays n'ont pas tardé. Toujours méfiante à l'égard de Lesseps, la Porte a demandé au gouvernement égyptien d'ordonner à la Compagnie « de surseoir à toute modification de la taxe de transit ». Alors que le puissant *Board of Trade* de Londres a gardé le silence, les Messageries maritimes, ex-Messageries impériales, n'ont pas craint de se mettre en rapport avec les armateurs anglais pour former un front commun contre une décision dont elles contestent la légalité au point d'avoir assigné la Compagnie de Suez devant le tribunal de commerce de la Seine.

Un autre opposant s'était révélé avec Charles Lesseps, le cousin lointain, rédacteur et gérant du journal de la Compagnie, *L'Isthme de Suez*, devenu après l'ouverture du canal un bulletin décadaire intitulé *Le Canal de Suez*, et publié directement par la Compagnie. Furieux d'apprendre que le conseil d'administration de la Compagnie avait voté la suppression de *L'Isthme de Suez*, dont le coût n'était plus en rapport avec l'intérêt qu'il présentait depuis la fin des travaux, Charles Lesseps avait fondé son propre journal, *Le Canal des Deux-Mers*, avec, en sous-titre, *Journal du commerce universel*. Il en était le rédacteur en chef, la gérance étant assumée par Léon Pinet. A propos de la question du tonnage et du calcul des droits de transit, il avait violemment critiqué la décision de la Compagnie et réussi à grouper derrière lui un certain nombre d'actionnaires qui avaient protesté à leur tour, par écrit, contre le tarif nouveau approuvé par l'assemblée générale des actionnaires. Cette protestion avait été publiée par *Le Canal des Deux-Mers* et celui-ci généreusement distribué dans Paris. Charles Lesseps avait même eu la satisfaction de voir deux des plus ardents de ses abonnés, MM. Breton et Morellet, devenir administrateurs de la Compagnie et mettre la discorde dans le conseil. Aussi la Compagnie n'a-t-elle pas hésité à faire assigner devant le tribunal civil de la Seine les sieurs Breton et Morellet, ainsi que Charles Lesseps et Pinet, leur réclamant pour trouble apporté aux opérations de la Compagnie, une indemnité de cinq cent mille francs.

Le tribunal, par jugement du 16 août 1872, reconnaît l'hostilité de Charles Lesseps et de ses complices à l'égard de la Compagnie, blâme leurs agissements, mais estime que ceux-ci n'ont causé aucun préjudice à la Compagnie de Suez qui est déboutée de sa demande.

Lesseps, qui séjournait alors en Egypte, était aussitôt revenu en France pour prendre en main la situation. Il aurait souhaité que le gouvernement français intervînt auprès de Londres et de Constantinople, mais le duc Decazes, ministre des Affaires étrangères, avait estimé qu'il fallait attendre, avant d'agir, de connaître la décision du tribunal de commerce de la Seine, dont il était permis d'espérer un jugement dicté par le patriotisme autant que par l'équité. Malheureusement, ce tribunal donne raison aux Messageries maritimes. Celles-ci ont en outre entrepris, de concert avec des armateurs étrangers, une démarche auprès de la Porte afin que celle-ci oblige la Compagnie de Suez à revenir à l'ancien mode de perception jusqu'à ce que la question soit tranchée par une autorité compétente. Le ministre des Affaires étrangères ottoman a donc prié les puissances intéressées de constituer une commission internationale à laquelle serait soumis le problème.

A Paris, le duc Decazes, favorable à la thèse de la Compagnie, prie l'ambassadeur de France à Constantinople d'agir en ce sens auprès du gouvernement turc, jugeant équitable que chaque navire soit taxé suivant son tonnage utile et ajoutant que la situation financière de la Compagnie justifie l'application de ce principe.

*

Toujours prêt à se faire son propre avocat et à défendre lui-même sa compagnie, Lesseps débarque à Constantinople le 13 janvier 1873 et ne perd pas une minute en adressant sur-le-champ un mémoire au gouvernement turc. Il y insiste sur le devoir de taxer les navires de toutes nationalités de façon similaire, en fonction de « la capacité réelle et utilisable des navires en dehors de l'espace qu'il est juste de réserver pour l'équipage, les agrès, apparaux et machines ».

Soudain, l'horizon s'éclaircit. La Compagnie, qui avait fait appel du jugement rendu le 26 octobre 1872 par le tribunal de commerce de la Seine, a le plaisir de voir les Messageries maritimes déboutées de leur demande par la cour d'appel[1]. Thiers, chef du pouvoir exécutif, a chargé Barthélemy-Saint-Hilaire de dire à Lesseps qu'il partageait son point de vue sur le principe de la taxation des navires et qu'il défendrait la Compagnie vis-à-vis de la Grande-Bretagne.

A la Chambre, un député ayant demandé la communication des correspondances échangées au sujet de la commission de Constantinople, le duc Decazes brosse un tableau du conflit entre la marine marchande voulant transiter au plus bas prix et l'intérêt de la Compagnie de Suez à qui cette marine doit justement la baisse de ses coûts d'exploitation par le raccourcissement de ses rotations de navires. Il précise que c'est à la Porte d'être juge de l'interprétation à donner aux clauses du firman de concession, notamment à l'expression

1. Les Messageries maritimes formeront un pourvoi que la Cour de cassation rejettera par arrêt du 23 février 1874.

« tonne de capacité », employée par le rédacteur de l'acte. Encouragé par son ministre autant que par Lesseps, l'ambassadeur de France à Constantinople se montre plus ferme à l'égard du gouvernement turc, persuadé, comme l'a déclaré le duc Decazes à l'Assemblée nationale, qu'il faut empêcher « cette œuvre véritablement française... de passer dans d'autres mains que celles qui l'avaient exécutée ». Le duc Decazes fait aussi observer à la Grande-Bretagne qu'elle ne doit s'en prendre qu'à elle-même de la nécessité où se voit la Compagnie de Suez d'appliquer strictement son tarif pour assurer sa survie. Si le gouvernement britannique ne s'était pas opposé systématiquement au projet de canal et ne s'était pas ingénié à entraver sa réalisation, le canal aurait été ouvert plus tôt à la navigation et aurait coûté beaucoup moins cher.

Après cinq mois passés à Constantinople en démarches variées, Lesseps regagne Paris le 14 juin 1873. Quinze jours plus tard, le Conseil des ministres ottoman décide de retenir la capacité utilisable des navires comme base d'imposition et recommande à la Compagnie de Suez d'adopter comme système de jaugeage celui de Moorsom ; en cas de refus de sa part, le gouvernement turc ferait appel à une commission internationale.

Satisfaite, la Compagnie accepte cette décision, et la commission internationale, annoncée pour le 15 septembre 1873, ne se réunit que le 6 octobre à Constantinople où ses vingt-quatre délégués, représentant douze pays, tiendront jusqu'au 18 décembre une vingtaine de séances.

Celles-ci sont agitées, car les délégués ont souvent, des clauses du firman, des interprétations qui diffèrent de celles de la Porte. Le but de la commission est de rechercher une conciliation entre les interprétations différentes ; or, elle donne elle-même un sens nouveau à l'expression « capacité utilisable », si bien que les délégués français, MM. d'Avril et Rumeau, refusent de participer plus longtemps aux travaux et, en signe de protestation, quittent la commission.

La décision finale est un compromis entre les divers points de vue : tout navire doit être muni d'un certificat de jauge indiquant le tonnage brut, c'est-à-dire la capacité totale du navire, et le tonnage net, c'est-à-dire la capacité réelle après déduction des espaces non utilisables pour le fret. Les taxes de transit seront appliquées sur le tonnage net, le total des déductions pour machines à vapeur et soutes à charbon ne pouvant dépasser 50 % de la capacité brute.

La Compagnie de Suez est autorisée à majorer la taxe de dix francs par tonneau de trois francs pour les navires jaugés suivant les recommandations de la commission, et de quatre francs pour les autres. Ces surtaxes seront abandonnées dès que le trafic atteindra deux millions six cent mille tonneaux annuels[1] et seront remplacées par une surtaxe unique de deux francs cinquante.

Lesseps n'est qu'à demi content de cette décision, et il formule aussitôt une contre-proposition pour une surtaxe un peu plus élevée jusqu'à ce que la Compagnie ait payé ses dettes envers ses actionnaires — trente millions de coupons arriérés — et qu'elle ait effectué les travaux indispensables à une meilleure navigabilité du canal.

La réponse à cette demande arrive avec un commandement turc d'avoir à obéir sur-le-champ sous peine d'y être contraint par la force armée. Furieux,

1. Ce chiffre ne sera dépassé qu'en 1880

Lesseps retire sa contre-proposition et déclare reprendre, au nom des actionnaires, l'intégralité de leurs droits, protestant à l'avance contre toute violence pouvant être faite à la Compagnie et précisant qu'il rendra le gouvernement turc responsable du préjudice qui pourrait lui être causé par la décision de la commission.

Le marquis de Vogüé, ambassadeur de France auprès de la Porte, essaie vainement de démontrer à celle-ci que la commission n'a aucun droit pour intervenir dans les rapports entre le gouvernement turc et une compagnie égyptienne. Il s'agit là d'une affaire interne, et, de toute manière, cette commission internationale, à vocation purement technique, ne peut se transformer en cour de justice. Ennuyé de ces complications, le ministre ottoman avoue à l'ambassadeur qu'il a subi des pressions et que, s'il avait été libre, il n'aurait pas agi envers la Compagnie comme il l'a fait. Pour le moment, et afin d'être agréable à la Compagnie de Suez, il veut bien repousser au 1er juillet 1874 la date d'application du nouveau mode de calcul de la taxe. Connaissant l'humeur de Lesseps et craignant sa réaction, l'ambassadeur croit prudent d'alerter le gouvernement français sur les complications que pourrait entraîner une prise de position trop nette et surtout trop véhémente du président de la Compagnie : « Quant à M. de Lesseps..., puisqu'il a préféré se renfermer dans l'exercice pur et simple des droits qu'il tient de son acte de concession, il est à désirer, pour le succès de sa cause, qu'il se maintienne sur le terrain strictement légal et ne donne prise, par aucun côté, aux attaques d'adversaires décidés et vigilants[1]. » On ne saurait dire, en termes plus choisis : « Surveillez Lesseps et retenez-le. »

Lesseps est en effet prêt à se battre ou, du moins, à résister pour ne céder qu'à la force, afin de pouvoir prendre le monde à témoin de la violation du droit dont la Compagnie a été victime. Il a transformé le conseil d'administration en conseil de guerre et, le 11 avril 1874, il avise le ministre égyptien de l'Intérieur de sa position définitive : « J'opposerai, en ma qualité de chef d'une compagnie financière universelle et comme citoyen français, une résistance absolue à la violation d'un contrat bilatéral accepté et accompli par 40 000 actionnaires français. »

Telle est la tension entre la Compagnie de Suez et le gouvernement égyptien qu'il suffirait d'une étincelle, un banal incident, pour mettre le feu aux poudres. Devant la fermeté de Lesseps, le gouvernement égyptien demande à Constantinople, au cas où Lesseps fermerait le canal, d'être autorisé à se substituer à la Compagnie pour assurer le transit.

Ministres, ambassadeurs et chancelleries échangent de nombreux télégrammes sur ce brûlant sujet. A Constantinople, le ministre des Affaires étrangères prie l'ambassadeur turc d'effectuer une démarche auprès du gouvernement français pour que celui-ci modère un peu Lesseps. L'avis est entendu, car, le 16 avril, le duc Decazes écrit au marquis de Vogüé : « J'ai cru tout d'abord nécessaire d'arrêter au plus tôt le Président de la Compagnie dans la voie dangereuse où il s'est engagé, et je viens d'adresser des instructions à cet effet à notre consul à Alexandrie. Pour atténuer la fâcheuse impression produite par M. de Lesseps et pour prévenir les complications qui pourraient compromettre gravement les intérêts de son entreprise, je lui fais

1. Lettre du 30 mars 1874

conseiller, en lui déclarant catégoriquement que nous ne le suivrions pas sur un autre terrain, d'appliquer, dès la fin du mois, les quatre premiers articles de l'avis de la Commission, c'est-à-dire le droit de 14 F par tonneau de jauge nette calculée d'après la méthode anglaise et celui de 13 F lorsque cette jauge serait modifiée par l'application des règles danubiennes. »

A Londres, on envisage à nouveau d'acheter le canal, ce qui aurait le double avantage d'évincer Lesseps, décidément trop encombrant, et de pouvoir contrôler entièrement une voie maritime qui sert presque exclusivement les intérêts britanniques. Cela n'empêche pas Disraëli, dans un moment d'objectivité, d'avouer que Lesseps n'a pas tort : « L'affaire Lesseps devient sérieuse, écrit-il le 23 avril 1874 à lord Derby ; il n'est pas douteux que Lesseps va nous chercher noise — du moins ce que nous appelons noise, car pour autant que je puisse en juger, le droit est de son côté. Je n'aime pas la perspective de voir fermer le canal pendant des mois, ce qui sera probablement le cas. Pourrions-nous suggérer à la Porte d'ajourner sa décision durant un mois et, entre-temps, conclure un arrangement ? Lesseps est toujours prêt à négocier sur la base du droit [1]. »

A Constantinople, on est pris entre deux feux, c'est-à-dire entre les puissances qui somment la Turquie de faire appliquer les décisions de la commission internationale, et Lesseps qui crie au brigandage et au meurtre. Obligé de prendre parti, le gouvernement turc se range à l'avis des puissances et ordonne au khédive Ismaïl de mettre en application le nouveau tarif à compter du 20 avril 1874. Avisé de cette décision par télégramme, Lesseps répond, également par télégramme, qu'il refuse de se soumettre et que le 29 avril la Compagnie suspendra le service du canal.

En ce cas, il ne restera plus qu'à employer la force, au grand regret de Vogüé qui termine ainsi, dans une lettre au duc Decazes, le récit de ses démarches : « Il est bien à désirer que M. de Lesseps comprenne la situation que lui ont faite les circonstances et qu'il se décide à suivre les sages conseils qui lui ont été donnés ; l'intérêt des actionnaires exige de sa part certains sacrifices, et ce serait mal les servir que de ne pas exécuter les avis inspirés au cabinet de Versailles par sa profonde sympathie pour la Compagnie du canal non moins que par une appréciation exacte des dangers auxquels l'expose la résistance de son Président [2]. »

Les dangers se concrétisent par l'envoi dans la zone du canal de mille hommes de troupe, commandés par des officiers américains, et de cinq mille Bédouins, tandis que deux navires de guerre mouillent devant Port-Saïd. Il n'y a plus qu'à s'incliner, ce que fait Lesseps, la rage au cœur, ulcéré que le khédive ait pu prendre les armes contre le canal et que le gouvernement français ne l'ait pas mieux soutenu. Le 26 avril, il envoie au ministre égyptien de l'Intérieur sa soumission écrite, en l'assortissant d'une « protestation contre la décision de la Porte ottomane afin qu'elle soit signifiée à Constantinople », et il écrit deux jours plus tard au marquis de Cazaux, à Londres : « La guerre ne fait que commencer. » Le consul de France en Egypte, qui s'est donné beau-

1. Cité par G. Edgar-Bonnet, *Ferdinand de Lesseps*, t. II, p. 33.

2. Voisin-bey, *Le Canal de Suez*, t. II, p. 25. Toutes les citations de correspondances diplomatiques concernant cette affaire sont empruntées à ce tome II.

coup de mal pour tenter d'apaiser les adversaires, écrit de son côté au duc Decazes : « Si M. de Lesseps a cédé, il ne l'a fait qu'à son corps défendant. »

Le conseil d'administration et les actionnaires de la Compagnie de Suez ne peuvent que suivre leur président, mais désormais la Compagnie adressera chaque année au khédive, afin qu'il en informe le gouvernement turc, un état de la perte résultant pour elle de l'application du tarif imposé.

Pour mieux protester contre ce qu'il appelle « l'attentat commis le 26 avril 1874 », Lesseps a même envoyé son fils Charles à Constantinople, et il a chargé en même temps le secrétaire général de la Compagnie, Marius Fontane, d'aller à Londres pour essayer d'obtenir l'appui du gouvernement britannique contre la Porte, mais Londres fera la sourde oreille, et il devra se résigner.

Le 2 décembre 1874, lors de l'assemblée générale des actionnaires, il montre une modération relative, estimant qu'il ne faut pas prendre un parti définitif dans un moment de « juste irritation », mais il demande à l'assemblée, ainsi qu'au conseil d'administration, de lui donner tout pouvoir pour agir au mieux des circonstances. Puis, évoquant les tribulations récentes de la Compagnie, il communique aux actionnaires cette indignation qu'ont éprouvée, deux mois plus tôt, lors du coup de force égyptien, tous les employés du canal : « La décision qui venait d'être imposée par la force armée à la Compagnie, leur explique-t-il, était la justification la plus complète de sa résistance. Il était impossible, en effet, de violer plus catégoriquement un contrat écrit, non seulement contre les intérêts sacrés des propriétaires du canal, mais encore contre l'intérêt du contrat général. L'acte de concession reposait sur deux grands principes : que les taxes devaient être basées sur le tonnage exact et qu'elles devaient frapper également tous les navires. Or, la décision de la commission substituait arbitrairement au tonnage vrai, loyalement établi, un tonnage officiel, inexact, favorisant les bâtiments de guerre et les paquebots-poste, ceux-ci au détriment des navires de commerce. Ainsi les gouvernements n'avaient pas craint de se faire eux-mêmes la part du lion dans l'acte de spoliation à l'égard des actionnaires en affranchissant de la surtaxe leurs propres navires et ceux qu'ils s'étaient engagés à subventionner. »

Transportée d'une juste indignation, égale à celle de leur président, les actionnaires lui votent, à l'unanimité, les pleins pouvoirs.

BIBLIOGRAPHIE *

About (Edmond), *Le Fellah. Souvenirs d'Égypte*, Hachette, 1905.

Alem (Jean-Pierre), *Enfantin, le Prophète aux sept visages*, J.J. Pauvert, 1963.

Allemagne (Henry-René d'), *Les Saint-Simoniens, 1827-1837*, Librairie Gründ, 1930.

Arlès-Dufour, *Le Percement de l'isthme de Suez. Enfantin. M. de Lesseps*, Paris, 1869.

Autin (Jean), *Pierre Savorgnan de Brazza*, Perrin, 1985.

Baillière (Henri), *En Egypte. Journal d'un touriste*, B. Baillière et Fils, Librairie de l'Académie impériale de Médecine, 1867.

Bancal (Léon), *Gambetta à Marseille, 1869*, Bulletin officiel du Vieux-Marseille N° 10-11, avril-mai 1933.

Baratier (Edouard), *Histoire de Marseille*, sous la direction d'E. Baratier, Privat, Toulouse, 1973.

Barboux (Henri), *Plaidoirie pour Ferdinand de Lesseps*. Affaire de Panama, 1893.

—, *Plaidoirie pour MM. Ferdinand et Charles de Lesseps*, Société anonyme de publications périodiques, 1893.

Barrault (A. et E.), *Politique du canal de Suez. Questions techniques et économiques*, Imprimerie Claye, 1856.

Barrès (Maurice), *Leurs figures*, Collection Nelson, Paris Edimbourg, 1902.

Barthélemy (Auguste), *Marseille et Suez : Hommage à Ferdinand de Lesseps*, Camoin, Marseille, 1858.

Barthélemy-Saint-Hilaire, *Lettres sur l'Egypte*, Michel Lévy, 1857.

Batbedat (Th.), *De Lesseps intime*, F. Juven, s.d.

Beatty (Charles), *Ferdinand de Lesseps*, Del Duca, 1957.

Belly (Félix), *Percement de l'isthme de Panama par le canal de Nicaragua*, Bureau du canal, 1858.

Berchère (N.), *Le Désert de Suez. Cinq mois dans l'isthme*, Hetzel, 1863.

Berger-Carrière (Jacques), *La Famille de Grivégnée*, Suppléments de *Miroir de l'Histoire*, N° 41 et 44, 1964.

---

* Le lieu d'édition des ouvrages est Paris, sauf indication contraire. Je n'ai précisé « Paris » que dans les cas où l'édition n'était pas datée.

BERTEAUT (S.), *Ferdinand de Lesseps et son œuvre*, Marseille, 1874.
BERTRAND (A.) & FERRIER (E.), *Ferdinand de Lesseps, sa vie, son œuvre*, Charpentier, 1887.
BINEAU (Pierre), *Le Canal de Suez*, Éditions de Minuit, 1954.
BLAKE (G.H.), *The Suez Canal*, University of Durham, 1975.
BOURGEOIS (Émile) et CLERMONT, *Rome et Napoléon III*, Armand Colin, 1907.
BOUVIER (Jean), *Les Deux Scandales de Panama*, Collection Archives, Julliard, 1964.
BRESSOLES (Paul), *Liquidation de la Compagnie de Panama*, Rousseau, 1894.
BRIDIER (L.), *Une famille française : les de Lesseps*, 1900.
BROCHE (François), *Maurice Barrès*, J.-C. Lattès, 1987.
BUNAU-VARILLA (Philippe), *Panama. Le Passé — Le Présent — L'Avenir*, Masson, 1892.
—, *Panama. La Création — La Destruction — La Résurrection, Plon, 1913.*
—, *La Grande Aventure de Panama*, Plon, 1919.
BURCHELL (S.C.) & A. CHASSIGNEUX, *Le Canal de Suez*, Editions R.S.I., 1967.
CANGARDEL (Henri), *Jules Charles-Roux*, Éditions transatlantiques, circa, 1941-1942.
CARETTE (Mme), *Souvenirs intimes de la cour des Tuileries*, 2e série, Paul Ollendorf, 1890.
CARRÉ (Jean-Marie), *Voyageurs et Écrivains français en Egypte*, Institut français d'archéologie orientale au Caire, 1956.
CASTRIES (duc de), *Les Rendez-vous de l'Histoire*, Perrin, 1979.
CERMOISE (Henri), *Deux Ans à Panama. Notes et récits d'un ingénieur au canal*, C. Marpon et E. Flammarion, 1886.
CÉSARI (F.A. & R.), *Ferdinand de Lesseps. Le « Maître » de La Chesnaye*, Office du Tourisme de Vatan, 1994.
CHARLES-ROUX (François), « Un précurseur ignoré de Lesseps », *Revue des Deux-Mondes*, 1er avril 1960.
—, « Ferdinand de Lesseps et Abd el-Kader », *Revue de la Méditerranée* N° 70, 71 et 72, Alger, 1956.
—, *L'Égypte de 1801 à 1882*, t. VI de l'*Histoire de la Nation égyptienne*, publiée sous la direction de Gabriel Hanotaux, Plon, 1936.
CHARLES-ROUX (F.) & GOBRY (J.E.), « Lesseps et le projet de mer intérieure saharienne », *Revue des Deux-Mondes*, août 1957.
CHARLÉTY (Sébastien), *Histoire du saint-simonisme 1825-1864*, Paul Hartmann, 1931.
CHASTENET (Jacques), *Histoire de la IIIe République. Triomphes et malaises*, Hachette, 1954.
CHATER (Khalifa), *Dépendances et Mutations coloniales ; la régence de Tunis de 1815 à 1857*, Université de Tunis, 1984.
CHIAPPE (Jean-François), *La France et le roi : de la Restauration à nos jours*, Perrin, 1994.
CLAUZEL (général), *Observations... sur quelques-uns des actes de mon administration à Alger*, Imprimerie Henri Dupuy, 1831.
—, *Explications du maréchal Clauzel*, Ambroise Dupont, Paris, 1837.
CLOT-BEY (Docteur), *Aperçu général sur l'Egypte,* 2 vol., Société belge de librairie, Bruxelles, 1840.
— *Le Percement de l'isthme de Suez : Discours de réception à l'Académie de*

Marseille le 5 août 1860, Imprimerie Barlatier, Feissat et Demonssuy, Marseille, 1860.
COLONNA-CECCALDI (Cte), « L'Isthme de Suez en 1860 », *Nouvelle Revue*, 1885.
COURAU (Robert), *Ferdinand de Lesseps*, Grasset, 1932.
DANSETTE (Adrien), *Deuxième République et Second Empire*, Arthème Fayard, 1942.
—, *Les Affaires de Panama*, Perrin, 1934.
DAUTRY (J.), *Le Percement de l'isthme de Suez*, Éditions Bourrelier et Cie, 1947.
DAVID (C.), *Souvenirs d'un voyage dans l'isthme de Suez et au Caire*, 1865.
DESPLACES (Ernest), *Le Canal de Suez : épisode de l'histoire du XIXe siècle*, Hachette, 1858.
DONADELLO (Charles-André), *Ferdinand de Lesseps, sa famille et sa descendance*, Éd. Christian, 1989.
DOUIN (Georges), *Correspondance des consuls de France en Egypte, 1802-1804*, Société royale de Géographie d'Egypte, Le Caire, 1925.
—, *Histoire du règne du khédive Ismaïl*, t. I : *Les Premières Années du règne*, 1863-1867 ; t. II, *L'Apogée, 1867-1873*, Stampata in Roma Nell'Istituto Poligrafico delle Stato per la reale Sociéta di Geografica d'Egitto, 1933-1934.
DRUEZ (Charles), *Traversée navale : état des travaux du canal de Panama au 31 décembre 1887*, Jouhandeaux, 1888.
DRUMONT (Édouard), *La Dernière Bataille*, E. Dentu, 1890.
DU CAMP (Maxime), *Souvenirs littéraires*, 2 vol., Hachette. 1892.
DUROSELLE (Jean-Baptiste), *Clemenceau*, Fayard, 1988.
EDGAR-BONNET (George), *Ferdinand de Lesseps : le créateur de Suez*, Plon, 1951.
—, *Ferdinand de Lesseps : après Suez. Le Pionnier de Panama*, Plon, 1959.
ELBÉE (Jean d'), *Ferdinand de Lesseps*, Éditions littéraires de France, 1943.
ERCKMANN-CHATRIAN, *Souvenirs d'un ancien chef de chantier à l'isthme de Suez*, Paris, 1876.
ERLANGER (Philippe), *Clemenceau*, Perrin, 1968.
FARGETTE (Guy), *Méhémet-Ali. Le fondateur de l'Egypte moderne*, L'Harmattan, 1996.
FÉRAUD (Capitaine), *Précis historique et militaire de l'expédition française en Italie*, Imprimerie Garnaud, Marseille, 1849.
FILON (Augustin), *Souvenirs sur l'impératrice Eugénie*, Calmann-Lévy, 1920.
FONTANE (Marius), *Voyage pittoresque à travers l'isthme de Suez*. Illustrations de Riou, 1870.
FORAIN (Jean-Louis), *Les Temps difficiles*, Charpentier-Fasquelle, 1893.
FOURMONT (H.J.), *Panama. Le canal provisoire et le canal définitif*, Rouen, 1887.
FROMENTIN (Eugène), *Carnets de voyage en Egypte*, O.C. Pléiade, Gallimard, 1984.
GAILLARD (Léopold de), *L'Expédition de Rome en 1848*, Éd. Jacques Lecoffre, 1861.
GALBERT (Cte de), *D'Athribis à Port-Saïd. Extraits de lettres sur l'Egypte et l'isthme de Suez*, Paris, 1867.
GARETS (Ctesse des), *Auprès de l'impératrice Eugénie*, Calmann-Lévy, 1928.

GASPARD-HUIT (Pierre), *L'Homme de Suez*, Presses de la Cité, 1984.
GAUGUIN (Paul), *Lettres à sa femme et à ses amis*, Bernard Grasset, 1946.
GOBY (Jean-Édouard), *Un grand ingénieur français : Voisin-bey*, 1821-1818, Mémoire dactylographié.
—, « Contribution des coopérateurs de Suez à la connaissance et à l'histoire de l'isthme et du Canal maritime, 1854-1956 », *Bulletin du Souvenir*, t. I, avril 1980.
—, « Les conseillers techniques de Ferdinand de Lesseps et de la Cie universelle de Suez », *Revue des Ingénieurs*, avril-mai 1958.
—, *Bibliographie critique du canal de Suez*, Paris, 1959.
GONCOURT (Edmond & Jules de), *Journal*, 4 vol., Fasquelle-Flammarion, 1956.
GRAMMONT (H. de), *Un pacha d'Alger précurseur de Ferdinand de Lesseps*, Alger, 1896.
HALÉVY (Daniel), *La République des ducs*, Grasset, 1937.
HALLBERG (Ch. W.), *The Suez Canal*, New York, 1931.
HAYWARD (Fernand), *Pie IX et son temps*, Plon, 1948.
HEIMERMANN (Benoît), *Suez et Panama : la fabuleuse épopée de Ferdinand de Lesseps*, Arthaud, 1996.
ILBERT (Robert) & YANNAKIS (Ilios), *Alexandrie 1860-1960*, Éditions Autrement, 1992.
JEANNE (René), *Ferdinand de Lesseps*, Éd. Didier, Toulouse, circa 1941.
JOHNSON (Barbara), *A World of Difference*, Chapitre *Erasing Panama*, John Hopkins University Press, USA 1987.
KELLER (E.), *Le Général de La Moricière*, 2 vol., Librairie militaire de J. Dumaine, 1879.
KOSTOLANY (André), *Le Roman d'une entreprise*, Éd. Pierre Tisné, 1939.
LA BÉDOLLIÈRE (G. de), *De Paris à Suez*, 1870.
LA GORCE (Pierre de), *Histoire de la Seconde République française*, t. II, Plon, 1909.
LANGLADE (Jacques de), *Disraëli*, Perrin, 1996.
LECONTE (C.), *Promenade dans l'isthme de Suez*, (1865).
LESSEPS (Alex de), *Moi, Ferdinand de Lesseps*, Olivier Orban, 1986.
LESSEPS (Barthélemy de), *Voyage de M. de Lesseps du Kamtchatka en France*, 2 vol., 1788.
LESSEPS (Ferdinand de), *Ma mission à Rome. Mai 1849*, Mémoire présenté au Conseil d'Etat, Amyot, 1849.
—, *Réponse de M.F. de Lesseps au ministère et au Conseil d'État, août 1849*, Amyot, 1849.
—, *Percement de l'isthme de Suez. Exposé et documents officiels. Rapport et projet de la commission internationale*, 2 vol. Plon, 1856.
—, *New Facts and Figures Relative to the Isthme of Suez Canal*, Wilson, London, 1856.
—, *Egypte et Turquie*, Plon, 1864.
—, *Lettres, Journal et documents pour servir à l'histoire du canal de Suez*, 5 vol., Didier, 1875-1880.
—, *Sur le caractère scientifique et civilisateur des grandes entreprises industrielles ayant pour but de faciliter les relations entre les peuples*, Institut de France, 1883.
—, *Souvenirs de quarante ans*, 2 vol., *Nouvelle Revue*, 1887.

—, « Lettres à Voisin-bey », *Bulletin d'Études historiques et géographiques de l'isthme de Suez*, t. V, pp. 161 à 222.

—, *Journal d'Egypte, 7 novembre 1854-7 février 1855. Lettres à Mme Delamalle*, publiées par Philippe Zoumeroff. Tirage à 200 exemplaires hors commerce, Imprimerie Drapeau-Compo à Beugné-l'Abbé, 1986.

Linant de Bellefonds (Adolphe), *Mémoires sur les principaux travaux d'utilité publique exécutés en Egypte depuis la plus haute Antiquité jusqu'à nos jours*, A. Bertrand, 1872-1873.

McCullough (David), *The Path Between the Seas. The Creation of the Panama Canal, 1870-1914*, Simon & Schuster, New York, 1977.

Mansel (Philip), *Constantinople*, John Murray, London, 1995.

Marlowe (John), *The Making of the Suez Canal*, Cresset Press, London, 1964.

Martin (Étienne), *La Question d'Egypte, l'Angleterre et le canal de Suez*, Paris, 1892.

Masson (G.), *De Suez à Port-Saïd*, 1864.

Ménard (Louis), *Lettres inédites*, Presses universitaires, 1932.

Mérimée (Prosper), *Lettres à la comtesse de Montijo*, Le Divan, 1936.

Micard (Étienne), *Le Canal de Suez et le Génie français*, Éd. Pierre Roger, 1930.

Mollier (Jean-Yves), *Le Scandale de Panama*, Fayard, 1991.

Morand (Edmond), *Le Canal de Suez et l'histoire extérieure du Second Empire*, Eugène Figuière, 1936.

Morra di Lavriano (Cte), *Journal de voyage en Egypte. Inauguration du canal de Suez*, Librairie Gründ, 1997.

Mzali (Mohammed Salah), *Les beys de Tunis et le roi des Français*, Maison tunisienne de l'Édition, Tunis, 1976.

Nelson (Docteur), *Cinq Ans à Panama et le canal interocéanique de M. de Lesseps*, J.B. Feyrreyrol, 1890.

Nicolo (G.), *Inauguration du canal de Suez. Voyage des souverains*, imprimé aux frais du khédive, 1870.

Nicoullaud (Auguste), *Inauguration du canal de Suez.* Aquarelles de Riou, Dupont, 1869 — Une édition faite à l'Imprimerie Le Nil, à Alexandrie.

Nubar Pacha, *Mémoires*, édités par Mirritt Boutros-Ghali, Librairie du Liban, Beirut, 1983.

Olivesi (A.), *Les Élections de 1869*, Paris, 1960.

Pailleron (Marie-Louise), « Ferdinand de Lesseps, mon parrain », *Revue des Deux-Mondes*, 1er février 1939.

Paluel-Marmont, *Lesseps, le perceur d'isthmes*, Mame, à Tours, 1946.

Panama, *Bulletin du canal interocéanique, 1879-1889.*

Pérez (Joseph), *Histoire de l'Espagne*, Fayard, 1996.

Ponsolle (Paul), *Le Tombeau des milliards*, Paris, 1893.

Poydenat (Henri), « Le Canal de Suez et la poésie française », *Revue des Deux-Mondes*, 15 octobre 1953.

— *Le Canal de Suez*, Collection Que sais-je ?, PUF, 1955.

Pudeney (John), *Suez. De Lesseps'Canal*, Readers Union O.M. Dent & Sons Ltd, London, 1969.

Quesnay de Beaurepaire, *Le Panama et la République*, Juven, s.d.

Ramière de Fontanier (Arnaud), *Marseille et l'Egypte au* XIXe *siècle. Les*

Orientalistes et le canal de Suez, « L'Orient des Provençaux », Catalogue de l'exposition, Novembre 1982-Février 1983.
Reclus (Armand), *Panama et Darien*, Hachette, 1881.
Ribeyre (Félix), *Voyage de S.M. L'Impératrice en Corse et en Orient*, Eugène Pick, de l'Isère, 1869.
Richard, « Rapport fait à la Société impériale zoologique d'acclimatation sur le haras de M. F. de Lesseps », *Bulletin de la Société*, avril 1860.
Ritt (Olivier), *Histoire de l'isthme de Suez*, Hachette, 1869.
Romain (Louis de), *Cent Jours en Orient*, E. Barassé, Angers, 1875.
Roux (Jules), *L'Isthme et le Canal de Suez*, 2 vol., Hachette, 1901.
Sautereau (G.), *Le Canal de Panama transformé en lac intérieur*, L'Express des journaux, Paris, 1889.
Schonfield (Hugh J.), *Ferdinand de Lesseps*, Herbert Joseph, London, 1937.
Siegfried (André), *Suez, Panama et les routes maritimes mondiales*, Armand Colin, 1940.
Simiot (Bernard), *Suez, 50 siècles d'Histoire*, Arthaud, 1974.
Sinoué (Gilbert), *Le Dernier Pharaon : Méhémet-Ali*, Pygmalion Gérard Watelet, 1997.
Smith (G. Barnett), *The Life and Entreprises of Ferdinand de Lesseps*, W.H. Allen, London, 1895.
Sorin (Élie), *Suez. Histoire de la Jonction des deux mers*, Brunet, 1870.
Suarez (Georges), *La Vie orgueilleuse de Clemenceau*, Gallimard, 1930.
Suez *Journal de l'Union des Deux-Mers — L'isthme de Suez, 1858-1870.*
—, *Bulletin décadaire du Canal de Suez, 1871-1894.*
—, *Bulletin de l'Association du Souvenir de Ferdinand de Lesseps et du canal de Suez.*
—, *Centenaire de la mort de Ferdinand de Lesseps, 1894-1994*, plaquette éditée en 1994 par l'Association.
Taboulet (Georges), « Aux origines du canal de Suez. Le conflit entre Ferdinand de Lesseps et les saint-simoniens », *Revue historique*, PUF, octobre et décembre 1968.
Taglioni (Ch.), *Deux mois en Egypte. Journal d'un invité du khédive*, Amyot, 1870.
Tesson (Thierry), *Ferdinand de Lesseps*, Jean-Claude Lattès, 1992.
Thomassy (J.), *La Question de Suez et la politique de l'Angleterre*, Paris, 1883.
Vattier (Guy), *Les Grandes Heures de l'histoire de Panama*, Les Productions de Paris, 1965.
Vaultier (Roger), « Le Canal de Suez et la médecine », *Presse médicale* N° 84, 21 novembre 1965.
Verne (Jules), *L'Invasion de la mer*, Collection 10-18, Union générale d'Éditions, 1978.
Vincent (Jacques), *Ferdinand de Lesseps intime*, Éditions Latines, 1935.
Voisin-bey, *Le Canal de Suez. Historique, administratif et actes constitutifs de la Compagnie, 1854 à 1902*, 7 vol., Vve Charles Dunod, 1902-1906.
Wilson (Sir Arnold T.), *The Suez Canal*, Oxford University Press, 1939.
Yturbide (Pierre), « Une famille bayonnaise. Les de Lesseps », *Bulletin de la Société des Sciences et des Arts*. Bayonne, 1909.
Zévaès (Alexandre), *Le Scandale du Panama*, Éditions de la Nouvelle Revue critique, 1931.

REMERCIEMENTS

En premier lieu, je remercie les descendants de Ferdinand de Lesseps qui m'ont reçu avec une amabilité rappelant celle de leur aïeul : le comte Roland de Lesseps, son petit-fils, Mme Pierre Dorise, née Myriam de Lesseps, la comtesse Bernard d'Harcourt.

J'ai été accueilli avec la même courtoisie à la *Compagnie de Suez*, aujourd'hui *Suez Lyonnaise des Eaux*, par M. Jean-Paul Calon, président de l'*Association du Souvenir de Ferdinand de Lesseps et du canal de Suez*. MM. Jean Pouchol, Patrick Billioud et Philippe Capron m'ont donné toutes facilités pour consulter le fonds de la bibliothèque et m'ont aimablement communiqué les documents ou précisions dont j'avais besoin, me permettant de travailler dans cet immeuble historique du 1, rue d'Astorg, où tant de souvenirs retracent les étapes de l'histoire du canal de Suez.

J'ai trouvé un accueil identique à la *Chambre de Commerce* de Marseille où M. Patrick Boulanger, directeur du département du Patrimoine, a mis à ma disposition tout ce qui, au point de vue historique ou iconographique, était lié à la construction du canal de Suez.

Aux *Archives départementales des Bouches-du-Rhône*, j'ai pu consulter le fonds constitué par l'ambassadeur François Charles-Roux, président de la *Compagnie de Suez* de 1948 à 1957, et donné par sa fille, Mme Gaston Defferre.

A l'*Institut de France*, Mme M. Lamarque a bien voulu me communiquer certains éléments sur l'élection de Ferdinand de Lesseps à l'*Académie française*, et, aux *Archives de la préfecture de police*, M. Charlot, leur conservateur, m'a réservé le meilleur accueil, comme l'a fait Mme J. Causé à *La Revue des Deux-Mondes*.

Quelques personnes m'ont particulièrement aidé en me donnant accès à des sources encore inédites ou peu connues. Le marquis de Quinsonas-Oudinot m'a ainsi prêté les papiers de son aïeul, le général Oudinot, duc de Reggio, concernant l'intervention française à Rome en 1849, et le comte de Boiry m'a communiqué les passages des Mémoires inédits du général Espivent de La Villesboisnet relatifs au rôle de Ferdinand de Lesseps pendant cette période.

Le vicomte Delamalle, possesseur des lettres adressées par Ferdinand de Lesseps à sa belle-mère, Mme Delamalle, et à son beau-frère, Victor Delamalle, m'en a communiqué la teneur, parfois différente de la transcription faite par Lesseps dans son recueil *Lettres, Journal et documents pour servir à l'histoire du canal de Suez*.

Le comte Charles de Bernis a bien voulu me prêter une copie du Journal inédit que la comtesse de Nadaillac, née Delessert, a tenu pendant son voyage en Turquie et en Egypte avec l'impératrice Eugénie en 1869.

Mme Toso, née Couvreux, m'a conté plusieurs anecdotes sur Abel et Alphonse Couvreux, les grands entrepreneurs qui ont pris une part si importante à la construction du canal de Suez, et m'a prêté un recueil de coupures de presse et de photographies du temps.

M. Henri Cottu, petit-fils de l'administrateur de la *Compagnie de Panama*, m'a prêté l'enregistrement qu'il a fait des souvenirs de son père, alors enfant lors de l'affaire de Panama, mais se rappelant fort bien certains épisodes de celle-ci.

S.A. le prince Hussein Toussoun, descendant de Mohammed-Saïd, vice-roi d'Egypte, a bien voulu m'éclairer sur la généalogie de la dynastie des khédives, et S.A. le prince Fayçal-bey de Tunisie m'a fort aimablement procuré des extraits de deux ouvrages, édités à Tunis et concernant les relations de la France avec la Tunisie lorsque Mathieu de Lesseps, père de Ferdinand, y était consul. La comtesse Clauzel a complété ma documentation à ce sujet en me prêtant divers écrits du maréchal Clauzel sur la conquête de l'Algérie et le rôle alors joué par Mathieu de Lesseps.

M. Henri Pastré m'a fait parvenir un très intéressant dossier sur l'implantation des Pastré en Egypte au début du XIXe siècle et leurs relations avec Ferdinand de Lesseps.

Comme toujours, j'ai trouvé une aide précieuse et avisée auprès de Mlle Françoise Marchand et de M. Jean-Claude Lachnitt, grand connaisseur du Second Empire.

M. Jean Hournon, spécialiste également de cette période au point de vue iconographique, a mis généreusement à ma disposition tout ce qu'il avait réuni sur le canal de Suez, sur celui de Panama ainsi que sur Ferdinand de Lesseps et sa famille.

Il m'est particulièrement agréable de remercier la marquise de Matharel et sa fille, la baronne Ludwig von Bomhard, qui m'ont accompagné — et supporté — pendant tout un mois passé en Egypte afin d'y retrouver le souvenir de Ferdinand de Lesseps et de l'époque héroïque de la construction du canal. Je remercie très vivement M. Franck Goddio, fils de Mme de Matharel et l'un des maîtres actuels de l'archéologie sous-marine, qui nous a si parfaitement reçus pendant notre séjour à Alexandrie.

J'exprime aussi ma gratitude à tous ceux qui m'ont soit prêté des livres ou des documents, soit mis en relations avec des personnes pouvant me communiquer des informations intéressantes : le comte d'Amarzit, la comtesse Bertrand d'Astorg, Mme J. de Cabarrus, la marquise de Casa-Pizarro, M. Jacques Cauchies, S. Exc. l'ambassadeur François Charles-Roux et Mme François Charles-Roux, le comte Philippe de Chastellux, M. Jean-Marc Delannay, le docteur Antoine Denis, Mlle Brigitte de Diesbach, M. Pascal Equinoxe, M. Gabriel Faÿ, le vicomte Alain du Fou, Mme François Fournier, le prince Domenico Gabrielli, Mme Paul Ghali, le chevalier Xavier de Ghellinck Vaernewyck, M. André Guyaux, M. Jacques Malatier, Mme Jean de La Martinière, M. Pierre R. Mauger, Mme Claude D. Michoud, M. Guy Musquère, M. Jean-Michel Scaramanga, Mme C. Teulé, le père Gérard Viaud, le marquis de Vogüé.

Enfin, je tiens à remercier tout particulièrement Jean d'Hendecourt qui, chargé de la révision générale du texte, a rempli cette tâche ingrate avec beaucoup de soin.

Index des noms de personnes

TABLE

Cet ouvrage a été composé par
Nord Compo (Villeneuve-d'Ascq)
et imprimé sur presse Cameron
par **Bussière Camedan Imprimeries**
à Saint-Amand-Montrond (Cher)

Achevé d'imprimer en août 1998

N° d'édition : 1364. – N° d'impression : 983876/1.
Dépôt légal : août 1998.

Imprimé en France